主　编：李盛华

副主编：张德宏

编写人员：（以姓氏笔画排序）

田　军　田　雁　冯玉香

李　亮　杨丽萍　张景华

徐柏林　原明明　裴学军

甘肃省中医院年鉴

2008—2010

THE YEARBOOK OF GANSU PROVINCE HOSPITAL OF TRADITIONAL CHINESE MEDICINE 2008-2010

主编/李盛华

图书在版编目(CIP)数据

甘肃省中医院年鉴.2008～2010／李盛华主编.—兰州:兰州大学出版社,2013.3
ISBN 978-7-311-04069-7

Ⅰ.①甘… Ⅱ.①李… Ⅲ.①中医医院—甘肃省—2008～2010—年鉴 Ⅳ.①R197.4-54

中国版本图书馆CIP数据核字(2013)第048039号

策划编辑 刘 杰
责任编辑 武素珍 张 萍 马继萌
封面设计 刘 杰

书 名 甘肃省中医院年鉴2008—2010
作 者 李盛华 主编
出版发行 兰州大学出版社 (地址:兰州市天水南路222号 730000)
电 话 0931-8912613(总编办公室) 0931-8617156(营销中心)
0931-8914298(读者服务部)
网 址 http://www.onbook.com.cn
电子信箱 press@lzu.edu.cn
印 刷 兰州人民印刷厂
开 本 889 mm×1194 mm 1/16
印 张 44(插页8)
字 数 1119千
版 次 2013年3月第1版
印 次 2013年3月第1次印刷
书 号 ISBN 978-7-311-04069-7
定 价 160.00元

●省委书记陆浩，省长徐守盛及省委常委、秘书长姜信治来院视察

●卫生部副部长、国家中医药管理局局长王国强，副省长咸辉来院视察

●副省长张晓兰慰问医院女职工

● 2008 年至 2009 年 5 月医院领导班子

● 2009 年 5 月至 2010 年医院领导班子

●卫生部部长陈竺看望慰问医院赴舟曲抢险救灾医疗队

●卫生部副部长尹力听取医院赴舟曲抢险救灾医疗队工作汇报

●中医药制剂深受舟曲灾区群众欢迎

●赴灾区医疗救援队出发

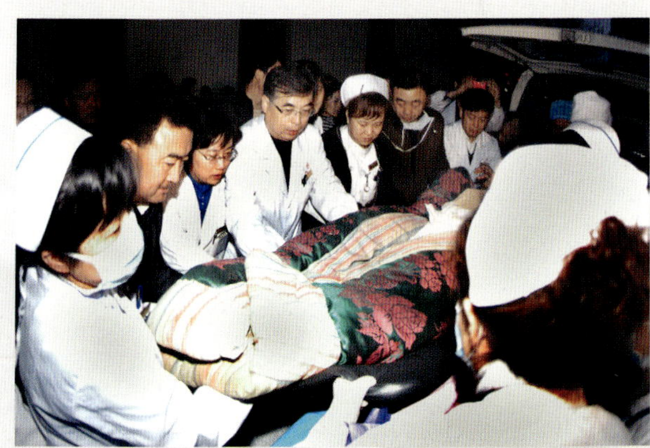

●全院动员抢救玉树震灾伤员

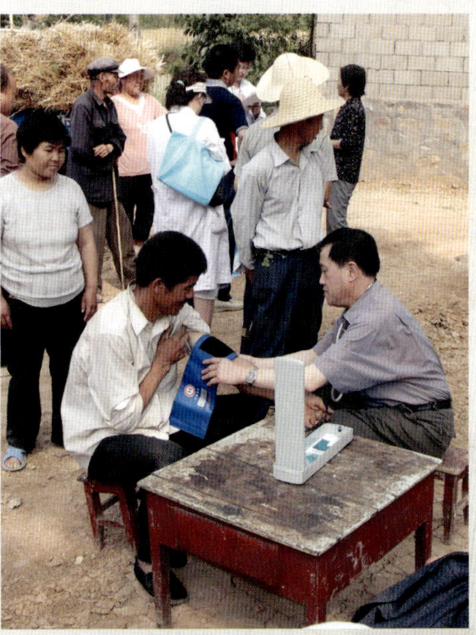

●医院派出工作队赴“5·12”地震灾区进行流行病调查和医疗保健服务

● 医院党委组织全院职工向玉树灾区捐款

●医院青年志愿者在“5 · 12”震区

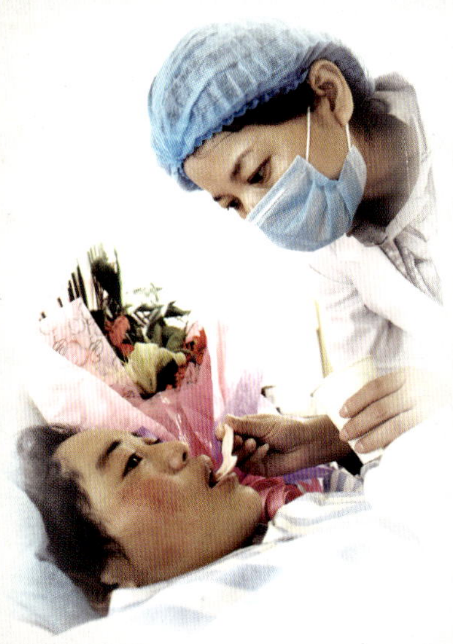

● 对玉树灾区伤病员精心医护

●医疗救援队在玉树结古镇

●医院团委组织青年哀悼舟曲遇难同胞

●医院开展“学习实践科学发展观”活动

●医院开展“创先争优”活动

●“中医学习经典、西医学习中医”开班典礼

●继承老中医药专家学术经验出师大会

●歌颂祖国喜迎国庆六十华诞

●医院举办首届中医文化节

●副省长咸辉为“甘肃省骨科临床医学中心”揭牌

●名老中医“王自立名医工作室”成立

● 老专家传授中草药炮制技艺

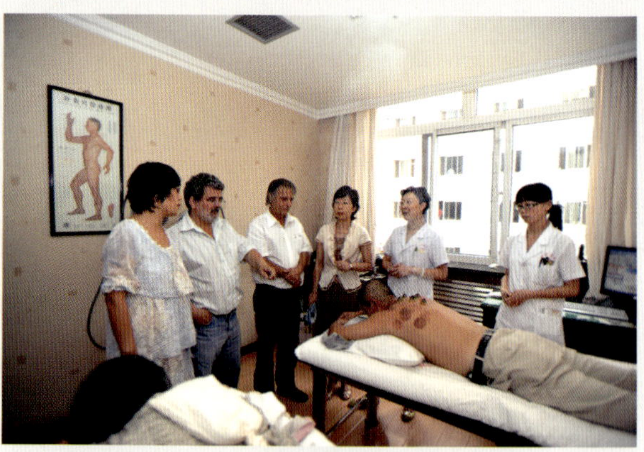

●中医药特色治疗引起外国专家的浓厚兴趣

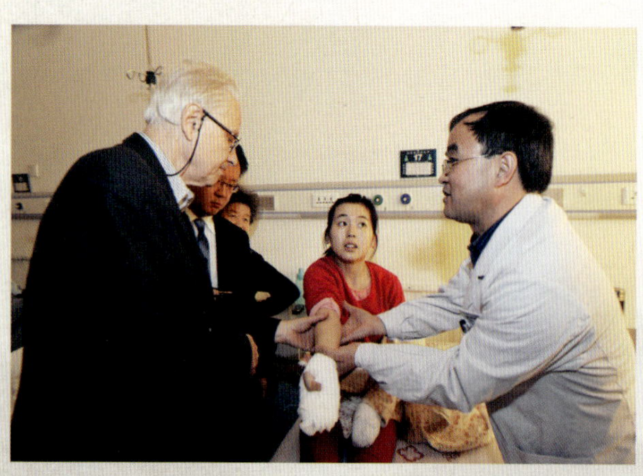

●风湿病科开展国际学术交流

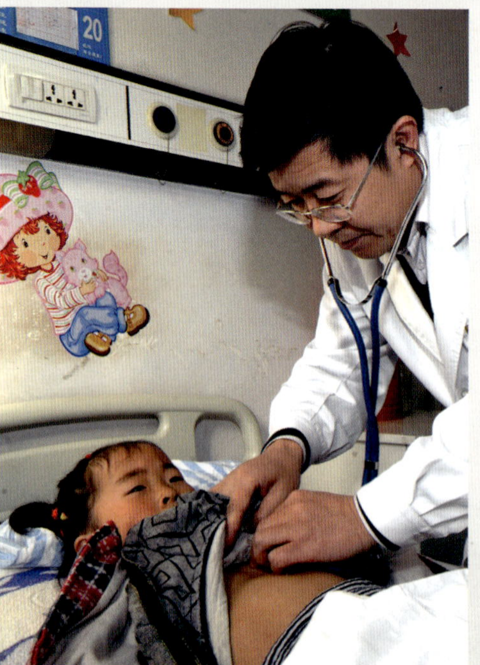

● 心胸外科积极开展小儿先心病治疗

●医院成为甘肃省腹腔镜诊疗技术培训基地

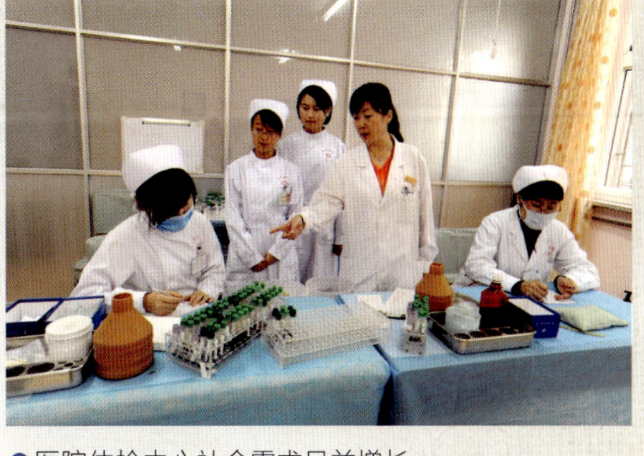

●医院体检中心社会需求日益增长

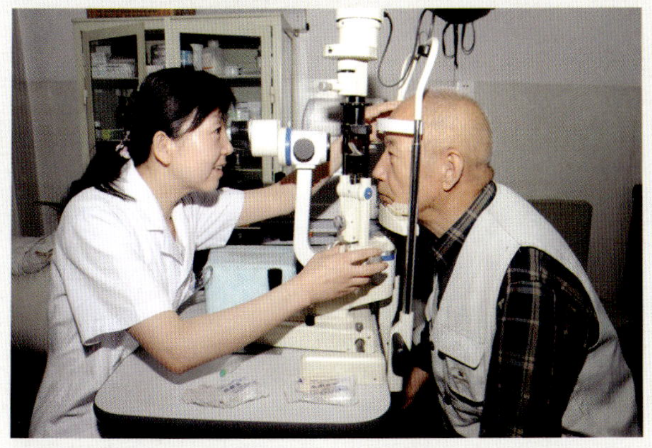

●医院眼科不断发展壮大

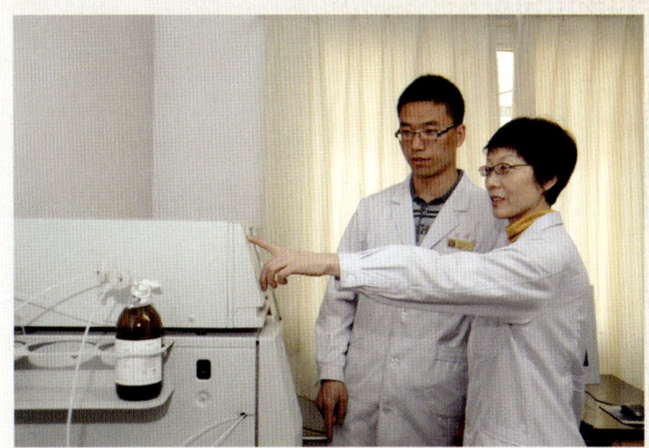

●中心实验室为临床提供科研实践平台

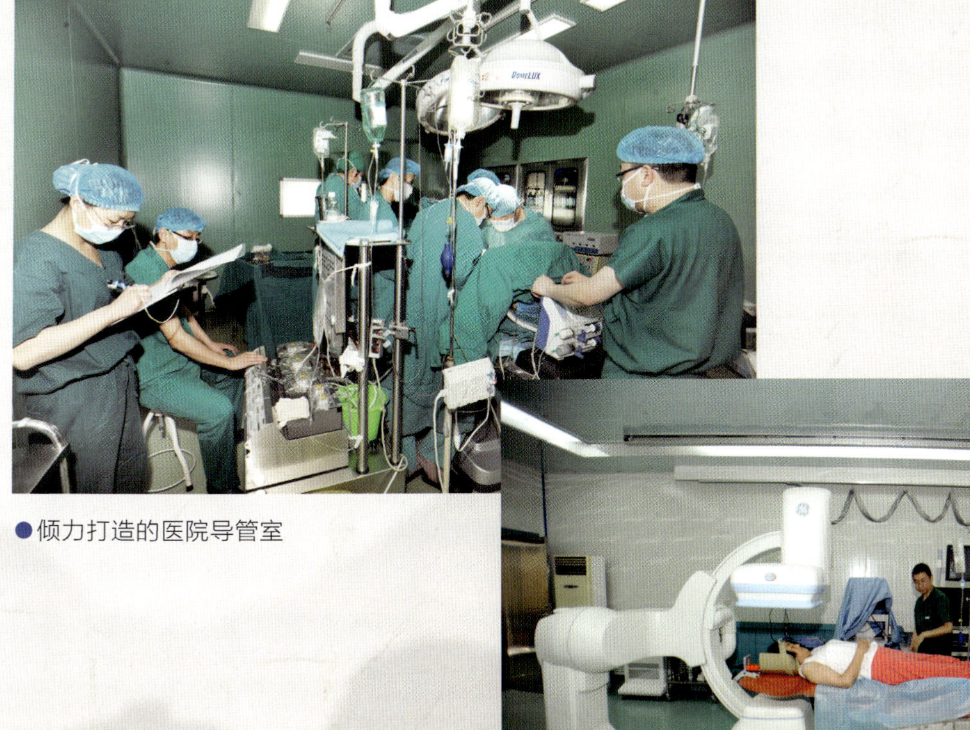

●倾力打造的医院导管室

●新引进的大型数字血管造影机

●医院门诊医技综合楼开工奠基

●消毒供应中心改造建设工程启动

●医院和兰州昌盛植物油有限责任公司土地补偿协议签约

●医院组织管理干部赴新加坡国际管理学院进修

●餐饮中心投入使用让后勤服务水平再上新台阶

●明亮洁净的新式天然气锅炉房投入使用

●“感动中国”2010年度十大人物王万青来院做报告

●医院参与2008北京奥运会圣火传递

●走进军营为祖国卫士献爱心

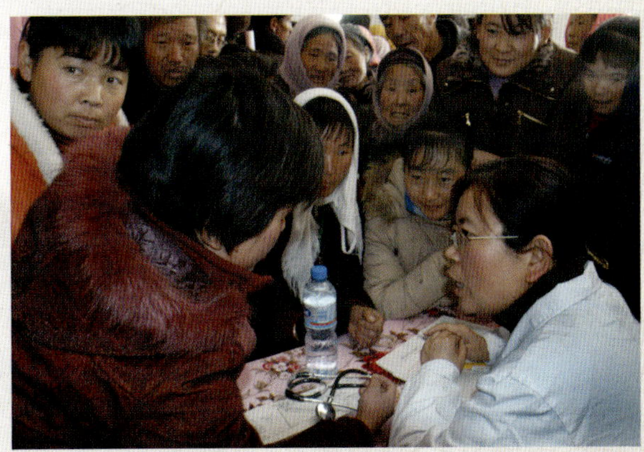

●深入基层向农民群众送温暖

●李盛华荣获卫生部“有突出贡献中青年专家”称号

●韩艳当选中国妇女第十次代表大会代表

●冯守文、赵军荣获“全省卫生系统抗震救灾先进个人”称号

●医院参加 2010 年全省职工技能大赛及“中药炮制”省级决赛获佳绩

●赵继荣、张定华当选“全国百名杰出青年中医”

●党建中、王海东、张洪涛荣获“全省卫生系统医德医风先进个人”称号

●二病区护理部荣获全国卫生系统护理专业“巾帼文明岗”称号

●医院多支医疗队被评为“甘肃省实施万名医师支援农村卫生工作先进医疗队”

●鄢卫平当选“全国抗震救灾模范”

●刘国安当选全省先进工作者

●沈涛荣获甘肃省五一劳动奖章

●谢兴文当选甘肃省直机关十大杰出青年

编写说明

一、《甘肃省中医院年鉴 2008—2010》(以下简称《年鉴》)真实、准确、重点记载了医院2008—2010年的整体发展变化,翔实地记载了医院的重点工作和重大活动,以及各部门开展的新技术和新业务等。

二、《年鉴》将甘肃省中医药研究院研究所工作纳入编写内容,具体工作在医院相关的各临床科室工作内反映。

三、《年鉴》参照之前编修的三册《甘肃省中医院年鉴》的编写体例,按照类、目、细目三个层次编写。分特载、专项工作、重要文件选编、大事记、党群工作、行政工作、门诊工作、临床工作、护理工作、医技科室工作、研究所工作、专项管理委员会、人物、荣誉、资料统计 15 个章节。

四、《年鉴》记载的各部门以 2010 年 12 月 31 止设置的党政职能部门和临床、护理、医技科室为准。二级科室内容在一级科室表述,二级科室只作列表。

五、《年鉴》收录简介及名录者,均按所任职务(称)时间先后顺序排列。已在院志和以往年鉴中收录的人物不再重复记载,职务(称)变动的,在《大事记》中反映。本年鉴将省级和厅级领军人才收录在《人物》篇中。

六、《大事记》中记载的集体和个人荣誉,将不在《荣誉》章节中重复反映。

七、《年鉴》资料主要来源于医院档案室文档,以及各部门、个人提供的相关工作资料。为保证史料真实、准确,收编材料均由执笔人撰稿后交相关部门征求意见,并经编写组集体审核定稿。

八、《年鉴》由院务部牵头,抽调职能部门人员利用业余时间编写。编写过程中得到各部门的大力支持和配合,谨以年鉴的出版致以诚挚的敬意和感谢。编写中疏漏和缺憾在所难免,敬请广大职工和读者批评指正并提出宝贵意见,我们将在下一册年鉴的编写中借鉴参考,力求日臻完善。

《甘肃省中医院年鉴》编写组

二〇一一年十一月

编写说明

目 录

特 载

医院基本建设

其他项目

甘肃省骨伤科临床医学中心建设

专项工作

科学发展观

全国中医医院管理年活动

重要文件选编

工作总结

医院机构、床位变化

各类规章制度及其他

行政工作

门诊工作

临床工作

护理工作

医技科室工作

研究院工作

专项管理委员会

人物

荣誉

资料统计

甘肃省中医院年鉴2008—2010

THE YEARBOOK OF GANSU PROVINCE HOSPITAL OF TRADITIONAL CHINESE MEDICINE 2008-2010

特　载

汶川地震

甘肃省中医院汶川地震抗震救灾纪实

2008年5月12日14时28分，四川省汶川县发生里氏8.0级强烈地震，此次地震是新中国成立以来破坏性最强、涉及面最广、救援难度最大的地震灾害，给国家和人民群众的生命财产造成了重大损失。甘肃省陇南、甘南、天水、平凉、庆阳等地区也不同程度受灾，并造成人员伤亡。为了积极应对灾情，最大限度地保障人民群众的身体健康和生命安全，根据甘肃省卫生厅的总体部署，5月12日晚，医院领导班子组织召开紧急会议，研究制订救援方案，决定成立抗震救灾领导小组，取消全院职工休假，立即启动Ⅰ级响应紧急预案。医务部、护理部、总务部、药剂科、设备科等部门夜以继日，通力合作，迅速抽调业务骨干，配备卫生应急装备，全力做好紧急救援准备。5月13日，医院组建的第一支医疗队携带救援物资奔赴陇南市开展救援工作。首批医疗救援队由医务部主任、主任医师韩艳带队，队员有普外科副主任、副主任医师杨维建，脊柱骨三科副主任、副主任医师鄢卫平，神经外科副主任张崇岳，外科主治医师朱晓铭，手足微创骨科主治医师贾国龙、李岩以及具有丰富临床护理经验的护理人员张丽平、郑倩君、李文娟，司机蒋永忠、邵杰、安亚兵等共15人。他们在余震不断，道路严重受损，随时有飞石滚落的情况下，冒着生命危险赶往灾区。经过14小时的长途跋涉，救援队于当天夜间12点左右顺利抵达陇南市康县，并迅速投入到紧张有序的救援工作中。5月20日至27日，医院医务部副主任、副主任医师杨宏武，脊柱骨三科主治医师赵军先后到文县、武都开展志愿者活动，他们为灾民分发药品、搭建帐篷、搬运救灾物资、开展现场治疗。5月21日，医院团委举行了志愿者签名倡议活动，号召大家行动起来，全力以赴投入到抗震救灾行动中去。5月21日晚，从成县转来的6名伤员抵达医院。此前李盛华院长召集脊柱骨一科、二科，创伤骨一科，胸外科，小儿骨科，关节骨科的主任和专家，提前做好伤员的会诊救治准备工作。当颠簸了6小时的伤员抵达医院后，接诊工作顺利按照预定的方案有序展开，为伤员的及时救治赢得了宝贵的时间。主攻骨与关节疾病中西医结合治疗的李盛华院长，亲自召集相关专家，根据每位伤员的不同伤情，迅速组织了全面会诊，制订了详细的诊疗方案，随后将6名伤员分科收治，医务人员通过细心检查，精心治疗，悉心护理，让灾区来的每一位伤员都得到最有效的治疗。同时，医院还组织青年志愿者为伤员的生活提供力所能及的帮助。由于医院在此次抗震救灾过程中的积极、主动、细心、从容的表现，受到省市领导多次好评。5月26日，医院心理医师周云霞参加省上组织的第二批心理卫生救援队奔赴灾区。主要任务是举办灾后心理危机干预培训，组建灾后心理救援队伍，在灾区群众中进行心理健康教育，筛查重点干预对象，并进行个别心理辅导、咨询和治疗。6月12日，经省卫生厅同意，医院再次派出由副院长冯守文同志带队，由韩艳、周毓萍、程烜、李喜香、李红专、周明旺、宋渊、张东鹏等15人组成的地震灾后伤情与常见病调查队，他们伴着余震，顶着烈日，冒着大雨，趟河水，翻大山，啃干粮，克服困难，顽强拼搏，出色地完成了调查工作任务。调查队先后深入武都、文县、成县、康县、徽县、舟曲6个重灾区(县)16个乡镇，开展为期13天的灾后伤情及多发病调查，同时为灾区民众开展卫生健康宣教等工作，为甘肃省卫生系统灾后重建和民众身心健康干预方面提供了翔实的数据和材料。

在救灾期间，医院党委紧急部署募捐工作，号召全院广大党员以及干部职工立即行动起来，积极响应党中央关于支援和帮助灾区人民的指示精神，伸出援助之手，奉献一片爱心，贡献一份力量，以实际行动支援抗震救灾。全院党员向地震灾区人民交纳特殊党费共计 89720 元，全院干部、职工为抗震救灾捐款共计 205560 元。

此次抗震救灾过程中，在院领导的带领下，全院职工紧密配合，迅速行动，日夜奋战，无私奉献，完成了艰苦卓绝的医疗救援、卫生防疫等任务，为保证灾区人民生命安全和身体健康做出了重大贡献。因抗震救灾成绩突出，鄢卫平被中共中央、国务院、中央军委评为“全国抗震救灾模范”；鄢卫平、杨宏武、周云霞被卫生部、国家食品药品监督管理局、总后勤部卫生部评为“抗震救灾医药卫生先进个人”；李盛华被中国科协评为“中国科协抗震救灾先进个人”；鄢卫平被中共甘肃省直属机关工委评为“抗震救灾优秀共产党员”；冯守文、罗克龙、赵军、张崇岳、周毓萍、李喜香、史文宇、周明旺、陈涛、邵杰被甘肃省人事厅、甘肃省卫生厅评为“全省卫生系统抗震救灾工作先进个人”；冯守文被甘肃省民政厅评为“甘肃省社会组织抗震救灾先进个人”；赵军被民进中央评为“民进全国抗震救灾优秀会员”，被民进甘肃省委员会评为“优秀会员”；张彦彩被中国农工民主党甘肃省委员会授予“抗震救灾优秀农工党员”称号；海青岳、贾青重被全国医院报刊学会评为“全国医院报刊抗震救灾先进个人”。

灾害无情　人间有爱

（摘自 2008 年 6 月 2 日《甘肃日报》　罗克龙）

5 月 12 日，四川汶川大地震发生时，甘肃省中医院设在医院 2 号楼 7 楼的手术室里，医护人员正在专心为患者做手术。当时施行手术的每一位医务人员没有惊慌，没有呼喊，谁也没有停下手术，而是镇定地、默默地、安全地坚持做完手术。危难时刻，白衣战士们不忘责任，想到的首先是患者的生命安全，每一位经历了那惊心动魄一幕的患者，投向医务人员的都是感激和信任的目光。

灾情牵动着全院干部和职工的心。根据省卫生厅的总体部署和安排，5 月 12 日晚，李盛华院长主持召开紧急会议，研究制订救援方案，决定成立抗震救灾小组，取消全院职工休假，立即进入战备状态。医务部、护理部、总务部、药剂科、设备科等部门夜以继日，通力合作，迅速抽调业务骨干，配备卫生应急装备，全力做好紧急救援准备。

5 月 13 日上午 9 时 30 分，首批由 15 名医护人员组成的救援队伍肩负救死扶伤的神圣使命，赶赴我省受灾最严重的陇南市开展救援工作。院领导和医护人员纷纷捐款，奉献爱心。尤为难能可贵的是，医院大多数离退休人员、招聘人员以及来院实习的学生，也都踊跃捐款。退休专家、原副院长唐士诚捐款 1000 元，离休干部、原医务部主任车明希捐款 500 元，87 岁高龄的离休干部、原副院长孙继旺捐款 400 元，在外地休养的退休专家夏永潮委托同事代为捐款……真情系灾区，关爱汇暖流。截至 5 月 15 日下班时，全院 13 个党支部 861 人共捐款 66310 元。5 月 16 日，经医院领导研究决定，再以医院名义捐助 5 万元。5 月 18 日，院长李盛华和副院长马忠祥、舒劲带队参加省精神文明办、省红十字会举办的赈灾义演和现场捐助活动。截至 5 月 18 日晚，累计捐款达到 11.7 万元。

生命在平凡的工作中闪光

——记甘肃省中医院赴康县救援医疗队

（摘自 2008 年 5 月 21 日《中国中医药报》 周颖）

当人们的目光集中在四川汶川震区的时候，震波对甘肃陇南等地区造成的巨大危害也不容忽视。记者日前连线甘肃省中医院医疗队队长韩艳时，她讲述了医疗队工作的情况以及自己的亲身感受，并代表全体医疗队员表达了一个心声："救治伤员的责任重大，我们一定克服一切艰难险阻，完成党和政府交给我们的光荣任务。"

抢救英雄护士　大家分秒必争

5 月 12 日，汶川地震波及甘肃陇南等地区，并造成当地人员伤亡、房屋倒塌，灾情严重，甘肃省迅速组建抗震救灾医疗卫生救援医疗队奔赴前方。省中医院医疗队一行 15 人于 5 月 13 日起程，经过 14 小时的路途颠簸，当天夜间 12 点左右到达甘肃省陇南市康县人民医院。一到灾区，他们就立即投入到抢救工作中。

在搭建的临时帐篷里，医疗队员在为抢救一位英雄护士而忙碌着。这位 30 多岁的当地护士，在地震发生时因为转移病人被砸伤了，致使颅脑出血，头皮裂伤，胳膊和腿两处骨折，生命危在旦夕。医疗队员被这位同行的感人事迹所感动，想方设法，克服一切困难挽救她的生命。

由于伤员伤势严重，不便转诊，医疗队员决定就地实施手术。地震造成原手术室损坏而不能使用，他们就在门诊选择一间相对完好的房子作为临时手术室；没有固定医疗器材，他们就与一个厂家联系，这个厂家带着价值 3 万元的医疗器械，连夜开车从兰州送到康县给予无偿捐赠。这一切，为抢救英雄护士的生命赢得了时间。经过手术，这位护士现已转危为安，身体正在恢复中。

医护密切配合　创造生命奇迹

一位伤员多处骨折，血肉模糊，如不及时手术，可能会被截肢，甚至失去生命。医疗队员、甘肃省中医院骨科副主任医师鄢卫平急忙仔细查看，确定连续两次的手术方案。

中午时分，气温达到了 30 ℃，简易帐篷中更是热得透不过气来。鄢卫平身穿手术衣，头戴手术帽，脸上戴着大口罩，再加上工作紧张，额头上全是汗水。时间一分一秒过去了，8 小时鄢卫平顾不上吃饭，顾不上休息，一鼓作气坚持为伤员做完手术。他刚松了一口气，随后又给另一位病人做手术。鄢卫平说：作为一名医生，能为伤员及时解除病痛，感到很欣慰。他的高超医术，保住了患者的生命和肢体，使得患者和家属非常感动。

医疗队员、护士长张丽平的专业技术过硬，输液一次针刺到位，大大减轻了患者的痛苦。有的伤员到医院时浑身上下都是灰尘，伤口感染。张丽平不嫌脏，不怕累，主动为患者洗脸擦身，清洁伤口，做好术前准备，为配合治疗起到了很大作用。

开展义诊咨询　安抚灾区民众

康县地处山区，早晚温差很大，可导致一些高血压病患者血压升高，一些存在潜在疾病的人还会引发疾病，再加上因地震造成的心理障碍，患病人数比较多，医疗队决定到灾民集中的大棚区开展义诊咨询，安抚灾区民众。

大棚区有上千灾民，到处是搭建的帐篷。听说省城医疗队来了，灾民们都围了过来。医疗队员针对不同情况，有的进行心理咨询，有的测量血压，有的分发药品，有的指导灾民用药，受到了当地群众的欢迎。

失去父母的小王目光呆滞，沉默不语，没有表情，他的叔叔带他来看病。一位医疗队员马上与小王交谈起来，并耐心劝说安慰，进行心理干预。赵大妈在地震中失去了儿子，伤心不已，加上气温升高，高压一下子达到 180 mmHg，另一位医疗队员一边为其测量血压，一边开导她，还把自己带的降压药送给了赵大妈。

此外，医疗队还克服其他困难，坚持为灾民服务。由于余震不断，他们只好在车上坐一夜，第二天继续投入工作；狂风暴雨天，他们帮助医院转移伤员，没有担架，就抬、搬、背，直到把伤员转移到安全地方。队长韩艳是医疗队中最年长的，她跑前跑后，联系工作以及安排医疗队的吃、住、行等具体事宜，两条腿都跑肿了；朱晓铭大夫看到因地震几天没有进食而虚脱的伤员，急忙掏钱买早点给他们吃；大部分医疗队员都将自己带的干粮送给了灾民……

平凡的工作，孕育了一个个生命的奇迹。

关于成立医院抗震救援领导小组的通知

中医办发〔2008〕46号

省中医药研究院，医院各部门、各科室：

5月12日，四川省汶川县发生7.8级地震后，我省陇南、甘南、天水、平凉、庆阳等6个地区也不同程度受灾，并造成人员伤亡。为了积极应对灾情，最大限度降低死亡率、致残率，保障人民群众的身体健康和生命安全，根据省卫生厅的总体安排和部署，经医院研究决定，成立医院抗震救援领导小组。

组　长：李盛华

副组长：李谦英

成　员：孙援朝　冯守文　马忠祥　舒　劲　王　舒　黄腾辉

领导小组下设四个工作组：

一、医疗救治组

组　长：舒　劲

副组长：韩　艳　王　颖　姜　礼

成　员:杨宏武　张德宏　马郑萍　马真琴

二、药械保障组

组　长:冯守文

副组长:罗燕梅　黄仕君

成　员:李开贵　李贵臻

三、物资保障组

组　长:马忠祥

副组长:安富德

成　员:马小明　张文斌　郑兰欣

四、信息宣传组

组　长:孙援朝

副组长:卫晓雯　罗克龙

成　员:王晓蓉　徐柏林　海青岳　贾青重

医院将分二批四组组建10~12人的医疗救援队伍,深入灾区第一线开展医疗救助工作。

医院全体干部职工务必要从讲政治、顾大局、维护国家稳定的高度,高度重视此次灾情的救援工作。全院干部职工要以人民利益高于一切的责任感和使命感,投入到抗震救灾工作中,急人民群众之所急,解人民群众之所难,把党和政府的关怀送到每一个受灾群众中去,共同夺取抗震救灾斗争的胜利。

特此通知。

二〇〇八年五月十三日

赴汶川地震灾区医疗救援队员名单

5月13日,第一批医疗救援队赴陇南灾区(15人)

队　长:韩　艳

队　员:杨维建　鄢卫平　张崇岳　朱晓铭　史文宇　张文贤　贾国龙　李　岩　郑倩君　张丽平　李文娟　蒋永忠　邵　杰　安亚兵

5月20日,医务部副主任、副主任医师杨宏武,骨科主治医师赵军参加了中国共青团甘肃省委组织的青年志愿者救助队奔赴灾区

5月26日,医院心理医师周云霞参加省上组织的第二批心理卫生救援队奔赴灾区

6月12日,医院派出地震灾后伤情与常见病调查队(15人)

队　长:冯守文

队　员:韩　艳　周毓萍　程　烜　李喜香　李红专　周明旺　宋　渊　张东鹏　李亚忠　邵　杰　叶丙霖　王久夏　张彦军　张玉昌

三鹿奶粉

“三鹿奶粉”事件纪实

2008 年 9 月，“三鹿婴幼儿配方奶粉”重大安全事故发生以后，医院积极应对，从 9 月 16 日开始，门诊开通了食用三聚氰胺奶粉婴幼儿筛查绿色通道，门诊大厅张贴免费筛查通知，免挂号、B 超、尿检费用。在各楼层显著位置张贴儿科诊断、B 超检查、尿检指示标志。9 月 20 日，为方便接诊，医院在门诊东侧院内搭建帐篷，认真对待每一位“问题奶粉”的婴幼儿患者，本着早一刻发现治疗，多一份康复保证的筛查治疗原则，积极地为广大患者服务。共筛查婴幼儿患者 1274 人次，B 超检查 1270 人次，尿检 1076 人次，收治入院 48 名患儿。医院首席主任医师、甘肃省名中医刘国安教授根据其多年的临床研究和实践经验，在药剂科的有力配合下，研制出院内中药制剂“尿石康糖浆”和“肾水康糖浆”，在临床上取得了满意的疗效。

关于成立甘肃省中医院三鹿婴幼儿配方奶粉重大安全事故医疗救治小组的通知

各部门、科室：

为了切实做好我院有关三鹿婴幼儿配方奶粉重大安全事故医疗救治工作，医院决定成立三鹿婴幼儿配方奶粉重大安全事故医疗救治小组。现将组成人员及工作职责通知如下：

一、小组组成

组　长：舒　劲　冯守文

副组长：韩　艳　姜　礼　王　颖

成　员：盛　丽　沈玉鹏　靳　锋　赵永强　周　晟　胡雅杰　张德宏　周毓萍　唐　锐　王　莉

二、工作职责

1.负责组建诊疗专家，组织制订医疗救治工作方案和措施并组织实施。

2.指导救治工作，培训相关医护人员。

3.汇总、收集医疗救治工作情况，并按要求每天 15 时按时上报上级部门。

二〇〇八年九月十六日

附件：

1.甘肃省中医院三鹿婴幼儿配方奶粉重大安全事故医疗救治小组工作流程及要求

2.食用含三聚氰胺奶粉婴幼儿泌尿系统结石诊疗方案(试行)

3.含三聚氰胺奶粉婴幼儿泌尿系统结石超声诊断标准(试行)

4.食用含三聚氰胺奶粉婴幼儿泌尿系统结石诊疗流程

5.食用含三聚氰胺奶粉婴幼儿泌尿系统结石超声检查排查流程

甘肃省中医院三鹿婴幼儿配方奶粉重大安全事故医疗救治小组工作流程及要求

1.门诊免费流程：门诊挂号室设置三鹿婴幼儿配方奶粉重大安全事故患儿免费救治绿色通道。接诊医师发送超声检查电子医嘱后，同时给超声医师填写检查单，患儿家长可持检查单直接去超声室免费检查。在此之前已缴费者，由接诊科室主任告知医务部，再由患儿家长凭发票到医务部开报销通知，最后在财务部办理门诊报销手续。

2.住院部免费流程：已确诊需住院的患儿，由开住院证的科室主任告知医务部，并由患儿家长凭住院证到医务部签字后去住院处办理住院手续(下班休息时间告知总值班，由总值班负责签字)。出院时由出院科室人员给患儿办理出院手续，并让患儿家长在出院发票及一日清单上签字认可所产生的费用，然后出院科室人员到医务部办理签字手续，最后将出院发票交至财务部保存。

3.各相关科室要做到免费治疗，门诊接诊医生要按登记内容要求做好登记工作，同时要做好门诊日志的登记。不能拒收病人，要留足床位，积极给予患儿诊治，及时观察病情变化，及时做好会诊，必要时及时转诊至指定救治医院。对重症患儿要高度重视，力争不发生死亡病例。

4.各相关科室要对本科医护人员进行培训，严格执行诊疗方案，规范治疗，规范用药，确需应用抗生素者，务必按抗生素使用原则规范应用，要保证最大限度不产生并发症，降低重症患儿的出现率，确保不因不恰当的治疗遗留后遗症。

5.超声检查要开通绿色通道，根据来诊患儿情况指定专机检查，保证患儿及时检查，不排长队。

6.门诊导医对 3 岁以下就诊患儿要重点询问，做好分诊、导医工作。

7.门诊接诊情况于次日早 9 时以前由门诊部负责收集各相关接诊科室前一天就诊登记表并交至医务部，住院部收治情况由医务部负责收集汇总。医务部、预防保健科负责做好每日 15 时前的向相关上级部门的日报告、零报告的上报工作。

食用含三聚氰胺奶粉婴幼儿泌尿系统结石诊疗方案(试行)

一、临床表现

(一)不明原因哭闹,排尿时尤甚,可伴呕吐。

(二)肉眼或镜下血尿。

(三)急性梗阻性肾衰竭,表现为少尿、无尿或水肿。

(四)尿中可排出结石,如男婴结石阻塞尿道可表现为尿痛、排尿困难及急性尿潴留。

二、诊断要点

(一)有食用含三聚氰胺婴幼儿配方奶粉喂养史。

(二)有上述临床表现中的一项或多项。

(三)实验室检查:尿常规(肉眼或镜下血尿)、血生化、肝肾功能、尿钙/尿肌酐(一般正常)、尿红细胞形态(非肾小球源性血尿)、甲状旁腺激素测定(一般正常)。

(四)影像学检查:首选泌尿系B超检查。必要时行腹部CT平扫和静脉尿路造影(无尿或肾衰竭时禁忌),有条件的可行肾核素扫描,评价分肾功能。

三、B超检查特点

一般性特点:双肾肿大;实质回声增强,实质多为正常厚度;肾盂肾盏轻度扩张,肾盏圆钝;如梗阻位于输尿管腔内,则梗阻点以上输尿管扩张;部分病例肾周脂肪垫及输尿管周围软组织水肿;随病程发展,肾盂壁及输尿管壁可出现继发性水肿增厚改变;少数病人可探及少量腹水。

结石特点:结石绝大部分累及双侧肾集合系统及双侧输尿管;输尿管结石多位于肾盂输尿管交界处、输尿管跨越髂动脉段及输尿管膀胱连接部;结石呈碎渣样聚积,累及范围较大,后方为淡声影,绝大多数与草酸钙结石不同,可探及结石后缘;结石所致尿路梗阻较完全。

四、鉴别诊断

(一)血尿的鉴别:注意排除肾小球源性血尿。

(二)结石的鉴别:结石一般为透X线的阴性结石,泌尿系X线片不显影,可与不透X线的阳性结石如草酸钙、磷酸盐等结石鉴别。

(三)急性肾衰竭的鉴别:注意除外肾前性及肾性肾衰竭。

五、治疗

(一)立即停止食用含三聚氰胺婴幼儿配方奶粉。

(二)内科保守治疗:补液、碱化尿液,促进结石排出;纠正水、电解质及酸碱平衡紊乱。保守治疗过程中密切检测尿常规、血生化、肾功能,复查B超(尤其注意肾盂、输尿管扩张程度和结石形态与位置的变化)。因结石较为松散或呈沙粒样,自行排出可能性较大。

(三)合并急性肾衰竭的治疗:首先应纠正高血钾等危及生命的情况,如应用碳酸氢钠及胰岛素。如条件具备,应尽早采取腹膜透析、血液透析等方法,必要时外科治疗。

(四)外科治疗:经内科保守治疗结石形态和位置无改变,并且肾积水及肾损害加重,B超检查提示肾盂、输尿管扩张加重或显影延迟，或者肾衰竭无条件进行血液净化或腹膜透析时，可手术解除梗阻。可选择小儿膀胱镜或塑料管镜逆行输尿管插管(F3-4)引流、超声引导下经皮肾造瘘引流、手术切开取石、经皮肾镜取石等。因结石较为松散，成分以尿酸为主，病人为婴幼儿，体外震波碎石有较大的局限性，可造成肾脏损伤，需慎重考虑，一般不推荐使用。

常用的五种外科方式：

1.小儿膀胱镜、输尿管镜等内窥镜下插F3-4双“J”型输尿管导管，一般可见输尿管管口喷黄色、白色物或碎渣结石。一侧失败并不影响治疗效果，通过引流、梗阻后利尿使对侧也可得到治疗。留置双“J”型输尿管导管1周左右，进行B超检查，如果结石排出，可以拔管；1个月后复查静脉肾盂造影。

2.如病情危重，可行经皮肾穿刺或切开肾造瘘，以缓解病情。

3.结石嵌顿或插管失败，可行手术切开取石。

4.对于结石较大，位于肾盂内，且有肾盂扩张，具备经皮肾镜取石条件者，可试行经皮肾镜取石术。

5.对于年龄小，尿道细而无法进行内窥镜治疗或不具备内窥镜治疗条件者，可以切开膀胱直视下插入输尿管导管治疗。

六、随诊

患儿经治疗，尿中排出结石，梗阻解除，一般情况好转，肾功能恢复正常，排尿通畅可出院。出院后随访3个月，6个月后复诊。

复诊内容：尿常规、泌尿系B超、肾功能检查，必要时行静脉肾盂造影。

初次B超检查有阳性发现或可疑病例，1个月后复查。

含三聚氰胺奶粉婴幼儿泌尿系统结石超声诊断标准(试行)

超声检查对婴幼儿泌尿系结石具有临床诊断意义，可以作为筛查诊断的主要方法。

一、检查前准备

1.设备条件：采用高频探头，如是变频探头，将频率调至最高，焦点调至肾窦水平。

2.扫描方式：采用仰卧位、侧卧位背部多切面扫描。

3.如患儿不能配合，检查前按每千克体重0.5 mL服水合氯醛。

二、诊断标准

1.肾脏大小：长径、宽径。

2.观察肾实质厚度及回声：实质多为正常或增厚，回声正常或增强。

3.肾盂、肾盏：测量肾盂前后径，正常或轻度扩张，肾盏变钝，如有梗阻，肾盂分离明显。随病程发展，肾盂壁及输尿管壁可出现继发性水肿增厚改变。少数病例可探及少量腹水。

4.结石诊断标准：多切面扫描，高频探头(7 MHz)可探及≥2 mm强回声，普通腹部探头(3.5 MHz)可探及≥3 mm强回声，后方伴声影，无声影或“彗尾”征。

5.输尿管探查：全程扫描输尿管，重点扫描三个生理性狭窄段及后尿道部位。

6.膀胱充盈时，注意观察膀胱内异常强回声及输尿管开口处喷尿现象。

食用含三聚氰胺奶粉婴幼儿泌尿系统结石诊疗流程

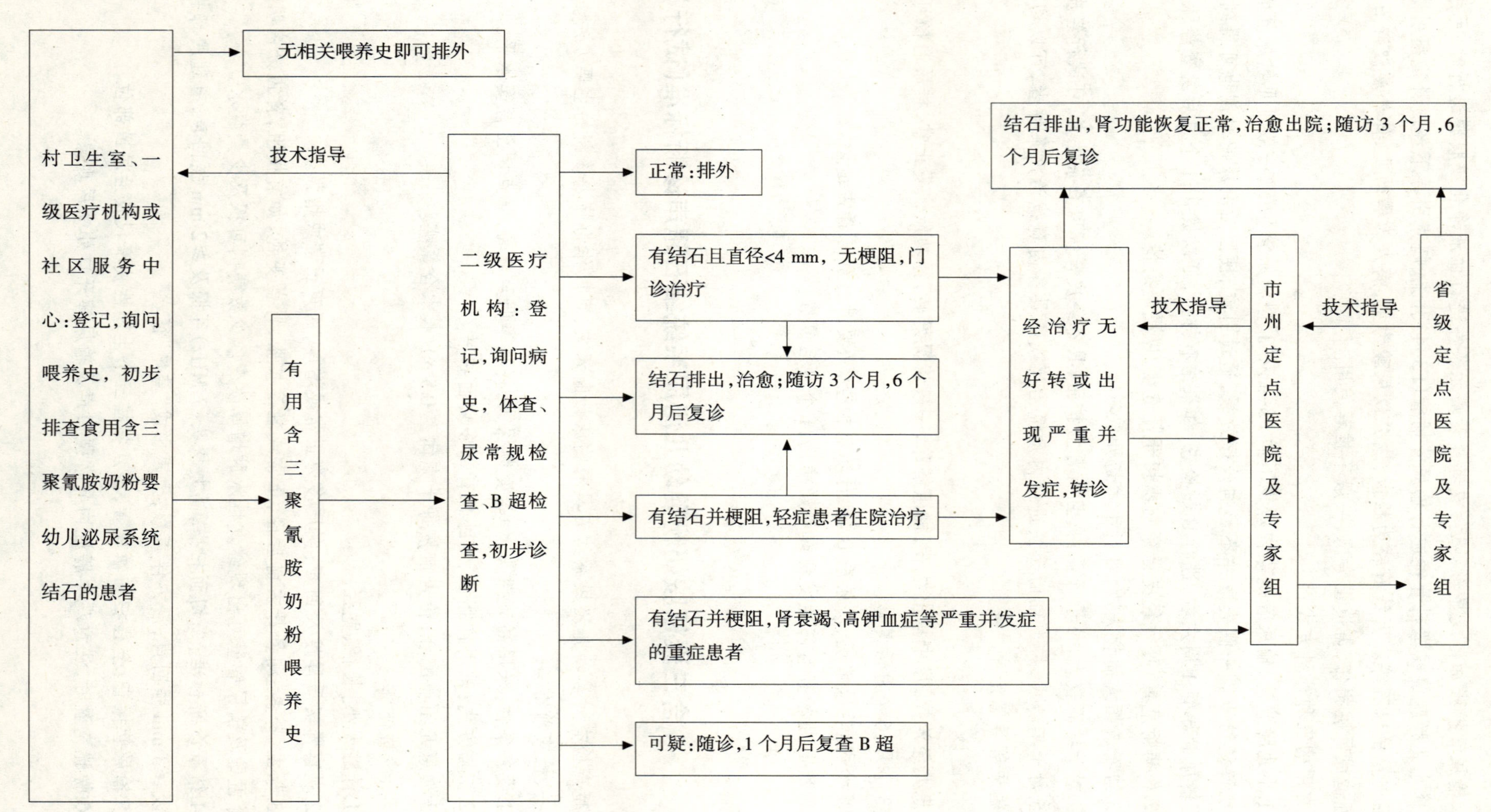

食用含三聚氰胺奶粉婴幼儿泌尿系统结石超声检查排查流程

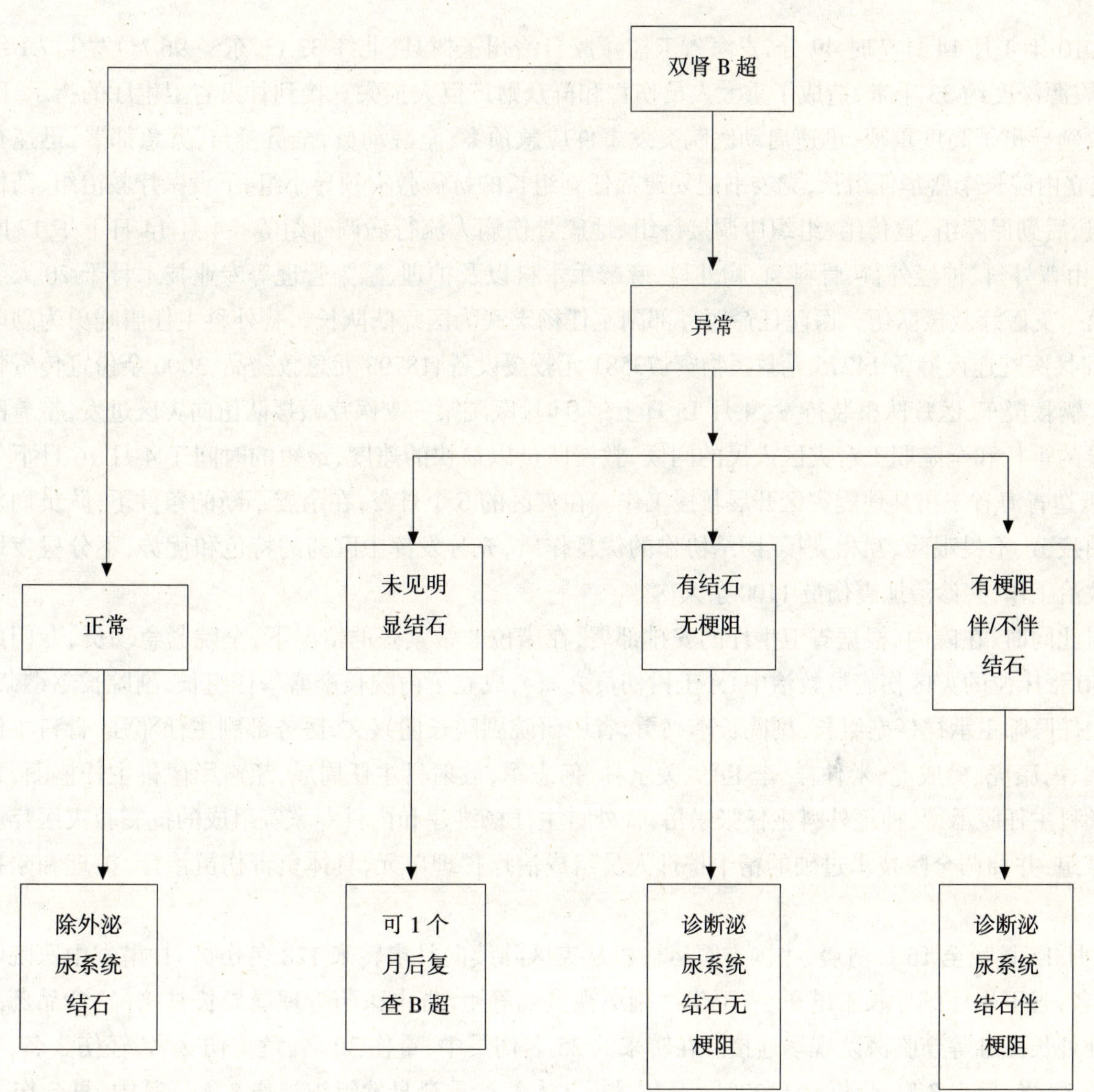

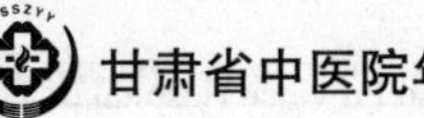

玉树地震

甘肃省中医院青海玉树地震救灾纪实

2010年4月14日7时49分,青海省玉树藏族自治州玉树县(北纬33.1°,东经96.7°)发生7.1级地震,震源深度约33千米,造成了重大人员伤亡和群众财产巨大损失。接到甘肃省卫生厅的指示,医院党政领导班子高度重视,迅速启动医院突发事件应急预案,全院动员,全员参与,紧急部署,迅速行动。成立由院长李盛华任组长,党委书记妥建福任副组长的抗震救灾领导小组,下设医疗救治组、药械供给组、后勤保障组、宣传组、组织协调接待组、地震骨伤病人流行病调研组等。4月14日下午17时30分,由普外科、神经外科、骨科、心胸外科、麻醉手术科以及护理、感染管理等专业技术骨干20人组建成第一支医疗救援队伍,医院任命医务部副主任杨宏武为医疗队队长,普外科主任唐晓勇为副队长。同时,医院连夜筹备14275元救援物资、73581元救援设备、18793元急救药品、3000余份宣传资料以及4辆救援车,医疗队整装待发。4月15日上午9时,医院第一支医疗救援队伍向灾区进发,带着医院领导的重托和全院职工对灾区人民的问候,救援队员以最快的速度、最短的时间于4月16日下午17时抵达青海省玉树县地震灾区开展救援工作。在灾区的6个日夜,在余震不断的条件下,队员们发扬不怕疲劳、不畏艰险、互相支援、团结协作的优良作风,充分发挥中医药的特色和优势,不分昼夜地开展救治工作,共诊治地震伤员1100余人次。

与此同时,在院内,根据省卫生厅的安排部署,在床位非常紧张的情况下,全院紧急动员,专门成立了50张床位的灾区伤病员救治中心(玉树伤员之家),成立了由院长李盛华任组长,副院长赵继荣、首席主任医师王承祥任副组长,副院长李兴勇,省中研院副院长谢兴文,医务部副主任邓强,骨科主任赵道洲、冯康虎、樊成虎、米仲祥、李卫平、关永林、何志军,放射科主任周晟,超声影像科主任盛丽,重症医学科主任脱承德,神经外科主任张崇岳,普外科主任杨维建和内科专家等组成的抗震救灾医疗救治专家组,并抽调全院技术过硬的精干护理人员组成治疗护理单元,具体负责伤员治疗、护理和陪护工作。

4月15日晚至16日清晨,中国空军运输机从灾区陆续向甘肃转来128名伤员,甘肃省中医院收治35名,省卫生厅副厅长常继乐、省卫生厅副巡视员刘静生、省中医药管理局局长甘培尚、食品药品管理处处长王胜等亲临医院现场迎接。在转来的35名伤员中,重伤30名,危重伤2名,轻伤3名;年龄最大77岁,最小3岁;骨折病人27人(开放骨折3人),严重全身软组织损伤8人。其中,复合伤30例,合并骨盆骨折7例,合并肝脾挫伤1例,肋骨骨折并血气胸2例,重症挤压综合征1例,合并股骨骨折3例,合并颅脑损伤11例,合并胫腓骨骨折5例,上肢骨折3例,下肢骨折15例。作为省内建院最早、规模最大的三级甲等中医院,医院骨伤科作为甘肃省临床医学中心,在发挥中医特色和优势,尤其是在筋伤和骨折整复方面有着得天独厚的优势,能够多、快、好、省地为灾区医治创伤是医院神圣的责任。

玉树地震灾区伤员来到医院,所有伤员都由主管医生、主管护士和陪检护士组成一对一的救治小组，有条不紊地进行诊断、检查、治疗、护理。护理人员精心地为伤员洗头、洗脸、擦身、拍背、按摩，更换新的病员服，送上可口的饮食，并为他们提供整套的生活用品。在完善相关检查，明确诊断后，按照“救命为先，救肢为辅；保守为主，手术为辅；中医为主，西医为辅；中医与西医相结合，手法与手术相结合，中药内服与中药外治相结合，临床救治与心理治疗相结合”的治疗原则，医院为每一位伤员制订了详细的诊疗方案，充分发挥中医手法、针灸、中药、熏蒸、理疗等传统医学优势，发挥中医简、便、验、廉的特点，充分展示甘肃省骨伤临床医学中心的实力，积极、科学、规范、系统地救治好每一位伤员。对于必须手术的伤员，采用手术治疗并中药调理的方法加以治疗。对于四肢骨折合并软组织损伤而又无手术指征的病人，采用医院自制的陇中伤科洁肤液擦洗消毒，消定膏和玉红膏外敷活血化瘀消肿止痛，手法复位、小夹板或石膏外固定、打牵引，医院自制药品损伤胶囊、消肿止痛合剂、健胃止痛合剂、防风感冒颗粒、陇中清热解毒液、杜仲腰痛丸、清宁胶囊等口服中药促进伤员康复。同时，对于符合条件的病人，运用针刺、艾灸、理疗、中药熏蒸等方式，促进其身体康复。针对灾区伤员多伴有心理创伤的特点，医院积极安排心理咨询人员进行心理干预以加强治疗。

4月16日上午8时，医院内科专家组进入病区进行协助诊治，心理咨询医师全面介入进行心理疏导和心理治疗。按照专家组确定的治疗方案，中医手法治疗、中药治疗、急诊手术、康复治疗，一切都在有条不紊地进行。在救治过程中经实验室检查发现部分伤员有乙类传染性疾病，如乙肝，为防止院内感染和传染病的进一步传播，医院公共卫生科和感染管理科全面介入检查指导，并将伤员进行分类隔离治疗，对医务人员进行有针对性的传染病知识培训，同时对伤员家属及陪员进行免费检查，防止交叉感染。

医院积极推广使用中医传统疗法和中药制剂，向省第二人民医院、兰大一院、兰大二院提供损伤胶囊、消肿止痛合剂、消定膏共132盒/包，为兰大二院提供艾条16盒，为解放军第一医院送去损伤胶囊36盒，消肿止痛合剂、健胃清肠合剂、陇中清热解毒液、陇中伤科洁肤液各24瓶，用于灾区伤员的救治和康复工作。

在35名伤员和26名陪员来到医院后，医院及时为他们配备了各种生活用具，在病房摆放鲜花营造温馨的气氛，为陪员定宾馆休息。餐饮中心每天提供富有营养的饮食，送到病人床头，医护人员为病人喂饭、喂药。为尊重藏族同胞的生活习惯，医院千方百计为他们购置了酥油、青稞面、炒面及牛羊肉，使伤病员心情愉悦。经过医护人员的精心治疗和悉心护理，截至6月份，39名伤病员（后期有4名陪员转归为病员）均陆续康复出院。

自灾害发生以来，医院全体党员、干部、职工群众时刻惦记着灾区同胞，以实际行动积极参加抗震救灾行动。4月18日，医院党委举行为青海玉树地震灾区献爱心捐款活动，全院13个党支部856人共捐款132636元。其中，甘肃中医学院实习学生捐款561元。5月4日，甘肃省副省长咸辉陪同青海省政协副主席陈资全率领的青海省省级领导慰问团，专程看望和慰问来自青海玉树地震灾区的转运伤员以及医院的一线医务人员。陈资全代表青海省委省政府向医院赠送“玉树抗震救灾医疗救治纪念”牌匾以及代表藏族人民深情厚谊的藏绣牦牛图，同时为医院赠送10万元慰问金。

为了展示医院医务人员救死扶伤的操守和众志成城、共克时艰的精神，激励广大医务人员进一步弘扬抗震救灾的精神，更好地为人民群众提供一流的医疗服务，医院在兰州市博物馆隆重举办了“玉树地震医疗救援纪实”摄影展，同兰州市电视台联合在东方红广场举办了“甘肃省中医院救治玉树地震伤员大型图片展”，得到了社会各界的高度赞扬。

在此次抗震救灾过程中，医院领导高度重视，在第一时间派出医疗救援队，精心治疗来自灾区的

39 名伤病员。在医疗救治工作中，广大医务人员团结一致、忠于职守，用精湛的医术和无尽的爱心谱写了救死扶伤的时代凯歌。我院急诊骨科因抗震救灾工作表现出色，被授予"全省卫生系统玉树抗震救灾医疗卫生救援先进集体"称号；谢兴文、罗克龙、杨宏武、唐晓勇、李晓萍被授予"全省卫生系统玉树抗震救灾医疗卫生救援先进个人"荣誉称号。

救治玉树伤员　中医骨伤优势凸显

（摘自 2010 年 4 月 26 日《中国中医药报》　高新军　郑访江）

甘肃省中医院收治玉树地震伤病员 35 人，吃中药、扎针灸，72%的伤员采用中医保守疗法，特别是其中 3 个棘手病例，采用中医骨伤治疗方法，都取得了满意的疗效。

"能用中医，不用西医；能吃中药，不吃西药；能保守治疗，不做手术。"这是甘肃省卫生厅党组书记、厅长刘维忠给收治玉树地震伤员的甘肃省中医院所做的指示。该院院长李盛华告诉本院职工："我们一定要用事实来证明，中医骨伤优势明显，中医药完全有能力参与应对突发公共卫生事件！"

4 月 15 日晚上，35 名地震伤病员陆续入院，李盛华要求以副院长赵继荣为组长的医疗救治组，充分发挥中医药特色优势，全力救治伤病员。经过一夜诊查，赵继荣认为：有 10 名重伤员必须先施行手术，再使用中医药；22 人可保守治疗，避免手术；而另外 3 例重症病人情况较复杂，会诊的西医专家也为之犯难。

手法复位救治复杂骨折见奇效

67 岁的尕玛旺多入院时，由于肝脾挫裂、骨盆骨折、髋臼骨折、腰椎横突骨折、全身软组织严重损伤而导致失血性休克，情况危急。如果立即进行手术，骨盆骨折手术的大出血量及病人肝脾的损伤可能会导致他失血过多而下不了手术台。西医骨外科专家表示，只能先常规补液，再择期手术。

赵继荣认为，目前病人情况危重，必须先转到 ICU（重症监护室）急救治疗，密切观察，同时使用中医手法复位髋骨移位，再行下肢牵引。

尕玛旺多有亲人在地震中遇难，儿媳和孙子无论如何都不愿与他分开，如今祖孙三代同住一个病房。由于语言不通，医护人员无法向其解释。细心的医院党委书记妥建福发现一个叫扎西兰周的藏族伤员汉话讲得不错，沟通能力强，就告诉他尕玛旺多的病情，希望他能做通尕玛旺多家人的思想工作。

在扎西耐心细致的解释下，尕玛旺多的家人终于相信了医院，相信了医护人员，同意尕玛旺多进入 ICU 治疗。

于是，赵继荣对尕玛旺多施行中医手法复位，并用消定膏、杜仲腰痛丸等院内制剂外敷内服以活血化瘀、消肿止痛。之后，病人由于挤压伤产生的恶心、呕吐、头痛等症状也逐渐消失。目前，尕玛旺多状态平稳，还能双手合十说"谢谢"。家人看到他病情好转，对赵继荣和医护人员千恩万谢。

"中期我们再采用强筋健骨的方法促进骨折愈合，后期康复以滋补肝肾、强壮筋骨为主。大概有 6~

8周时间，尕玛旺多就可以出院了！”赵继荣告诉记者。

动静结合治小腿骨折优势尽显

另一个叫布羊的22岁小伙子情况很糟糕。他在地震中左下肢胫腓骨骨折，被救出后，他自己感觉“腿要掉了一样”，于是用布把小腿紧紧地包裹。送到甘肃省中医院时，皮肤严重损伤，大面积坏死，同时伴有右小腿挤压伤、全身多处软组织损伤。

“西医治疗胫腓骨骨折一般都是手术切开复位，钢板内固定，这种方法会破坏骨膜和周围解剖结构，骨头生长很慢，而骨折愈合后还要取出钢板，造成二次创伤。”赵继荣解释，“这位病人由于皮肤坏死，目前无手术条件，至少需要2周时间，等皮肤恢复后才能做手术。”

“但病情不等人，眼看病人如此痛苦，又怎能让他再等？中医药针对这种情况有独到的优势。”赵继荣给布羊内服活血化瘀的中药——损伤散和消肿止痛合剂，湿敷陇中伤科洁肤液，消炎抗感染，促进皮肤恢复。

三四天后，布羊腿上的肿胀消退了，皮肤水泡也没了，创口也开始修复。赵继荣抓住时机，给布羊进行手法复位，并用小夹板外固定。4月22日，布羊入院第8天，记者看到他精神很好，小腿皮肤已基本恢复。“两次拍片显示，骨折对位对线良好。”赵继荣说。

“西医的复位是切开复位，更重视解剖结构；而中医讲功能复位，主张筋骨并重、动静结合，要求病人在外固定的情况下适量运动。由于中医手法复位不破坏骨折周围结构，骨折愈合较快。”赵继荣给记者讲述中医治疗胫腓骨骨折的特点，“中医认为，骨头需要静，肌肉、软组织需要动，因此通过外固定让骨头静养，而让踝关节运动促进功能锻炼，同时进行肌肉等张训练，帮助以后的功能恢复。”

颅脑损伤针灸一次见效

15床是位40多岁的藏族女伤员。入院时由于颅脑损伤导致弥漫性血肿，出现头痛、头晕、恶心、呕吐等颅内压增高的症状。一般来说，颅脑内弥漫性血肿没有特效疗法，只能服用维生素、输液、静养。而中药配合针灸治疗颅内弥漫性血肿，优势明显。

赵继荣给这位病人服用活血化瘀、消肿止痛的头痛逐瘀汤等中药，同时配合针刺疏通经络，以艾灸温经通络止痛，促进组织修复。“颅脑损伤往往会使颅内压增高，出现脑缺氧，从而产生头晕、恶心等症状。针灸一次，症状就明显减轻。”赵继荣介绍。通过连日来的中药和针灸治疗，这位女伤员已能下地活动，生命体征平稳，全身软组织损伤也大为好转。

“我现在很好！谢谢！”她激动地用不太流利的汉语表达自己的心情。

北京协和医院派往兰州协助救治地震伤员的专家在了解甘肃省中医院运用中医药治疗这三例伤员的情况后，连连赞叹，并对中医骨伤治疗表示钦佩。

“中医骨伤治法有其优势，但对于一些急危重症，还需用西医抢救，待病情平稳时再施以中医药手法等治疗，效果好于单一的治疗。”赵继荣强调，“使用中医还是西医，要根据病情需要。但对于复合损伤，中医药优势明显。”

关于成立甘肃省中医院抗震救灾领导小组的通知

中医办发〔2010〕69号

省中医药研究院,医院各部门:

2010年4月14日7时49分,青海省玉树藏族自治州玉树县发生7.1级地震,造成重大人员伤亡和财产损失。为更好配合兄弟省的医疗救助工作,医院迅速启动突发事件应急预案,决定成立抗震救灾领导小组,组成如下:

组 长:李盛华

副组长:妥建福

成 员:孙援朝 冯守文 马忠祥 舒 劲 李兴勇 赵继荣 谢兴文 潘 文 卫晓雯

下设七个小组:

一、医疗救治组

组 长:赵继荣

副组长:杨宏武 马郑萍 邓 强

一组成员:唐晓勇 李红专 姚双吉 裴生太 南学彦 刘红喜 包海军 张亚维 王世太 刘志汉 曹发文 刘翠林 谢 圆 廖玉婷 孙静波 杨衍迪

二组成员:柳海平 谭 萍 张崇岳 李玉吉 何国华 张天太 尤从新 朱换平 杨世霞 袁冰华 张雪霞

二、宣传报道组

组 长:孙援朝

副组长:罗克龙 徐柏林

成 员:裴学军 海青岳 田 军 李 亮

三、后勤保障组

组 长:李兴勇

副组长:安富德 张 磊

成 员:苏官优 李亚忠 邵 杰 安亚兵 王 恒

四、药械供给组

组 长:舒 劲

副组长:刘效栓 李贵臻 李喜香

成 员:薛 军 高天虹 姜玲艳 徐思羽

五、地震灾区流行病学调查研究小组

组 长:李盛华

副组长：冯守文

外科组：李兴勇　赵继荣　谢兴文　柳海平　邓　强　张亚维　李玉吉　李红专　裴生太
尤从新　刘红喜　朱换平

内科组：舒　劲　谭　萍　姚双吉　包海军　杨世霞　曹发文

六、接待组

组　长：马忠祥

副组长：邓强

成　员：刘庆龙　田　军　李　亮　苏官优

七、急诊骨科组（灾区伤员之家）

主　任：赵继荣

副主任：谢兴文　邓　强　王想福

（八病区床位30张）

一组组长：谢兴文　邓　强

成　员：赵振文　安　福　张小岗　田继东

护理单元：李晓萍　赵　燕　刘延霞　尹晓慧　赵　昭　陈　辉　丁小萍　杨舒涵　邸晓燕

（四病区床位20张）

二组组长：王想福

成　员：尤从新　杨　峰　蒋振兴

护理单元：刘秀芳　贾文芳　许艳华　吕　玫　杨玉芝　魏淑兰　范玉霞　许莎丽　郑　玮
陈雪梅　陈素萍　康红艳　曾晓琴　张林茹　路　丹

二〇一〇年四月十五日

赴玉树地震灾区医疗救援队员名单

队　长：杨宏武

副队长：唐晓勇　李红专

队　员：包海军　姚双吉　裴生太　南学彦　刘红喜　刘翠林　张亚维　王世太　刘志汉
曹发文　谢　圆　廖玉婷　孙静波　杨衍迪　李亚忠　邵　杰　安亚兵　王　恒

舟曲泥石流

甘肃省中医院舟曲特大山洪泥石流灾区伤员救治情况纪实

2010年8月8日凌晨,一场突如其来的特大暴雨,在甘肃省甘南藏族自治州舟曲县引发特大山洪泥石流灾难,灾情十分严重,给当地人民群众造成重大的人员伤亡和财产损失。灾情就是命令,时间就是生命。舟曲泥石流地质灾害牵动着全国人民的心,也牵动着甘肃省中医院全体医务工作者的心。

一、积极组建医疗救援队伍,奔赴灾区实施救援任务

灾害发生后,医院党政领导班子给予高度重视,院长李盛华、党委书记妥建福紧急安排部署救援工作,迅速启动甘肃省中医院突发公共卫生事件应急预案,全院动员,全员参与,紧急部署,迅速行动,先后组建三支救援队共23人奔赴灾区开展医疗救援工作。

8月8日中午,以赵继荣副院长为组长的第一支10人医疗救援队冒着酷暑紧急赶赴灾区。医院为医疗队配备了各种精密仪器,2辆救援车,并携带12万多元的急救物资和50余种救援药品,于当晚10时到达舟曲城南。因车辆无法通行,队员摸黑步行2小时到达舟曲县医院,连夜查看所有伤员并开展救援工作。期间开展手术两台,对收治的33名伤员进行了会诊,充分发挥中医药的特色与优势,医疗队带去的代表医院特色的损伤胶囊、消定膏等为伤员的救治起到了很好的作用。

8月15日凌晨4时30分,医院第二支医疗救援队携带5吨的中药饮片、院内制剂及煎药器具,在院长李盛华的带领下启程,奔赴舟曲灾区。16日早晨9时,在卫生厅应急办公室的协调下,医院与舟曲县政府进行了捐赠药品交接仪式。在交接仪式上,院长李盛华介绍了医院捐赠药品的品种、数量以及药品的功效。针对灾区湿度大、温度高引发湿疹患者多的现象,医院捐赠的药品主要为以治疗湿疹为主的中药饮片和院内制剂湿疹膏。

8月17日,医疗队的医疗救助工作全面展开,院长李盛华、皮肤科主任医师李和平参加舟曲县医院门诊病人诊治工作,药剂科刘效栓主任及其他人员指导、帮助舟曲县医院煎煮汤药。李院长接诊了多名骨伤患者中,其中有一名患者是省公安厅的警官,做检查时,根据患者症状,判断该患者为脚趾骨折,通过影像结果确定该患者为不稳定性骨折后,立即对该患者进行了石膏固定术。

在舟曲短短的四天时间里,李院长带领的省中医院医疗救援队不停地奔跑在灾区的各个角落,同灾区的志愿者一起救助伤员、运送药品和物资等,安抚在泥石流中失去家园的人们,他们代表中医院,为舟曲灾区的抢险工作做出了应有的贡献。

8月17日,医院第三支医疗救援队携带大批救援物资启程奔赴舟曲灾区。参加医疗队的同志有权晓理、曹发文、李栋、李亚忠4名同志,他们此行的主要任务是在灾区开展医疗救援与传染病防疫工作。

救援队员们肩负着对灾区医疗救援工作的重任,带着医院领导的重托和全院职工对灾区人民的问候，以最快的速度，在最短的时间内奔赴灾区；队员们发扬不怕疲劳、不畏艰险、互相支援、团结协作的优良作风，发扬救死扶伤的优良传统，全力以赴，不分昼夜地奋战在救灾的第一线；他们在极其艰苦的条件下，冒着生命危险，守护在灾区群众身边，为灾区群众送医送药，诊治疾病，解除痛苦，以实际行动再一次谱写了白衣天使的高尚品德，展示了省中医院人的精神风采和技术实力。

按照卫生厅的总体部署，医院在积极派出医疗卫生救援队赶赴灾区开展工作的同时，举全院之力，积极准备好伤员救治工作。为迎接灾区转运伤员，李盛华院长先后5次主持召开工作会议，带领相关人员深入临床一线安排部署伤员接收工作，对伤员接治工作的每个环节做出具体安排，并提出明确要求。

医院对伤病员接诊、医疗救治、心理干预、组织保障进行了周密部署。预留30张备用病床；成立了包括骨科、普外科、胸外科、神经外科、呼吸科、消化科等多个专业学科的30余名专家组成的救治专家组，负责对危重伤员进行巡诊和会诊。并抽调全院技术过硬的精干护理人员组成治疗护理单元，具体负责伤员治疗、护理、陪护工作。各接收科室立即制订工作方案，保证了整个救治工作组织周密、有条不紊地进行。院长李盛华始终坚守在工作第一线，抓落实工作，精心组织，周密部署，及时为转运伤员准备各种必备的医疗和生活用具，尽力将转运伤员救治工作做到万无一失，确保转运伤员能够得到及时妥善的救治。

二、发挥中医特色与优势，全力救治舟曲灾区伤病员

2010年8月9日晚9时40分，由舟曲灾区转运来兰州的第一名伤员桑亚丽入住医院心胸外科接受治疗。8月10日上午10时20分，第二批3名伤员李永平、李五玉、李建新入住创伤骨一科。晚7时19分，第三批3名伤员杨露梅、高原、冯玉英入住脊柱骨二科。至此，医院共接收来自舟曲灾区的7名伤员。

在接收的7名伤员中，男伤员3名，女伤员4名；藏族3名，汉族4名；年龄最大的56岁，最小的4.5岁。伤情以多发软组织损伤和挤压伤为主，1名伤员合并双侧胸腔积液，1名伤员合并颅脑损伤和右踝部损伤，1名伤员合并右股骨骨折。

8月15日上午11时，医院接到省卫生厅指令，甘肃省中医院负责接收15名来自陇南成县泥石流灾区的伤员。接到命令后，医院迅速动员，抽调专门人员成立救治领导小组、医疗救治组、护理单元和专属病房，总务部及时配备了相关物资和伤员生活日用品。下午3时，一切工作准备就绪，等待伤员入住。晚7时20分，载着15名伤员的救护车驶入医院，早已迎候在楼下的医护人员按照事先的部署，有条不紊地将伤员接入病房。

在接收的15名伤员中，男伤员9名，女伤员6名；汉族13名，藏族2名；年龄最大的69岁，最小的16岁。伤情以多发软组织损伤为主，部分伤员伴有骨折、异物和皮肤擦伤。

8月17日，医院又接收2名成县转来的伤员。8月19日，医院接收在舟曲抗洪救灾中受伤的英雄——杨中海，诊断为股骨干骨折。至此，医院共接收灾区伤员25名。

伤员入院后，医院专门为他们准备了爱心病房。后勤管理部在每个房间内摆放鲜花、餐具、洗刷用具及新的病员服，还特别为他们制订了合理的膳食营养方案，做到及时送饭到床边，并为病员及陪员提供细心周到的生活保障服务；护理部为他们配备了一对一的护理人员，以加强护理工作；心理干预人员第一时间进驻病房，进行心理疏导与干预，以减轻他们心理上的创伤。同时，各医疗组迅速完善相关检查，组织专家会诊，明确诊断，开展手术对症治疗。

作为甘肃省最大的中医医院，医院积极发挥中医特色优势，尤其是在筋伤和骨折整复方面的优势，按照“中医为主，西医为辅；中药内服与中药外治相结合；临床救治与心理干预相结合”的治疗原则，为每一位伤员制订详细的个性化诊疗方案，充分发挥中医手法、针灸、中药、熏蒸、理疗等传统医学的优势及简、便、验、廉的特点，积极、科学、规范、系统地救治好每一位伤员。对于必须手术的伤员，医院积极采用手术治疗并中药内调外敷的方法促进其康复。对于软组织损伤的病人，采用陇中伤科洁肤液擦洗消毒，消定膏外敷活血化瘀、消肿止痛，口服中药等手段，促进其康复。同时，对于符合条件的病人，充分运用针刺、艾灸、理疗、中药熏蒸等方式，促进其身体康复。目前，医院已为灾区伤员准备了消定膏、损伤散、玉红膏、杜仲腰痛丸、陇中清热解毒液、陇中伤科洁肤液、健消肿止痛合剂、防风感冒颗粒、藿香正气丸等十余种中药制剂。针灸理疗康复人员巡查病房，为患者提供康复理疗服务。中医药治疗率达 100%。针对灾区伤员多伴有心理创伤的特点，医院积极协调安排专业心理咨询人员进行心理干预以加强治疗，促进伤员康复。

灾区伤员入院后，副省长咸辉、卫生部应急办主任梁万年、省妇联领导康娅红等领导纷纷在第一时间赶赴医院，看望并慰问在舟曲泥石流地质灾害中受伤的人员和参与救治的医护人员。在病房里，领导们询问伤员病情，嘘寒问暖，并向他们送上鲜花和慰问品，送去了党和政府的温暖与祝福。同时，还征询医护人员和伤员意见，参加专家组对危重伤员的会诊，共同研究治疗方案。

舟曲特大泥石流地质灾害发生后，中医院全体干部职工密切关注救灾工作，积极响应院党委的号召，紧急行动起来，充分发扬中华民族“一方有难，八方支援”和“灾害无情，人间有爱”的优良传统，纷纷向舟曲灾区人民伸出援助之手，慷慨解囊，奉献爱心，支援灾区共渡难关。8 月 10 日上午，医院举行了隆重的捐款仪式，截至 8 月 11 日 12 时，全院 770 名职工共捐款 96731.50 元。

为了宣传医院在此次灾害救治中所取得的成绩，弘扬广大医务人员的抢险救灾精神，医院在甘肃省博物馆举办了“舟曲特大泥石流灾害医疗救援纪实”摄影展，得到了良好的社会反响。在此次救灾行动中，我院涌现出了一大批先进个人，其中，李和平被中共甘肃省委、省政府、甘肃省军区联合授予“舟曲抢险救灾模范”称号，李盛华、赵继荣、罗克龙、刘效栓、田旭东、邓强、张磊、张德娟、曹发文被授予“全省卫生系统舟曲特大泥石流灾害医疗卫生救援先进个人”称号。

肩负起中医药行业的神圣职责

——记甘肃省中医院院长李盛华舟曲救灾事迹

（摘自 2010 年 9 月 6 日《健康报网》 王倩 罗克龙）

8 月 7 日夜至 8 日凌晨，甘肃省甘南藏族自治州舟曲县突发特大山洪泥石流灾害，造成重大人员伤亡。面对这突如其来的天灾，甘肃省中医院及时把全院的中心工作放在医疗救援工作上，作为负责全院工作的李盛华院长更是率先垂范，在第一时间迅速反应，组织全院力量开展了大量及时有力的救援工作。

树立大局意识，及时启动应急机制

李盛华同志，男，51岁，骨伤科博士生导师，主任医师，中共党员，甘肃省领军人才。李盛华同志作为省中医院的主要负责人，本着对人民高度负责的态度，确保人民群众的生命财产安全，对舟曲特大山洪泥石流灾害，果断采取以下措施：一是在接到省卫生厅命令后，立即启动医院突发事件紧急预案；二是成立医院抗洪救灾领导小组，安排部署各项救援工作；三是在第一时间内组建医院医疗救援队伍奔赴灾区实施医疗救援；四是在接到省卫生厅关于医院接收转运伤员的指令后，李盛华同志深夜召集开会，并带领相关人员深入临床一线安排部署伤员接收工作，及时为转运伤员准备了各种必备的医疗和生活用具，并合理组建医疗治疗小组，尽力将转运伤员救治工作做到万无一失，确保转运伤员能够得到及时妥善的救治；五是全面参与和指导灾区转运伤员的救治工作；六是带领由9人组成的中医医疗救援队伍，携带中草药和医院自制药品于8月15日凌晨5时奔赴灾区，为灾区群众和救灾人员送医送药。

科学指挥，准确定位救治方案

8月9日晚至今，省中医院陆续接诊舟曲和陇南灾区转运伤员24名。李盛华同志身为中医骨伤专业博士生导师，有着丰富的临床经验。在他的领导下，医院为每位伤员确定一名专职管床医生和责任护士，他对所有伤员的病情一一进行查房讨论，和同志们一起研究诊疗方案。他果断提出了富有中医特色的伤员救治方案，即在完善相关检查，明确诊断后，按照“救命为先，救肢为辅；保守为主，手术为辅；中医为主，西医为辅；中医与西医相结合，手法与手术相结合，中药内服与中药外治相结合，临床救治与心理治疗相结合”的治疗原则，医院为每一位伤员制订了详细的诊疗方案，充分发挥中医手法、针灸、中药、熏蒸、理疗等传统医学优势，发挥中医简、便、验、廉的特点，充分展示甘肃省骨伤临床医学中心的实力，积极、科学、规范、系统地救治好每一位伤员。目前，24名伤员病情稳定，各种中医特色治疗正在有条不紊地进行当中。

明确分工，责任落实到位

灾情发生后，李盛华同志启动了医院突发事件紧急预案：一是周密部署，落实责任。按省卫生厅领导的重要指示精神，李盛华同志根据医院实际，适时召开4次专题工作会议，研究部署伤员救治工作，并形成主要领导亲自抓，分管领导具体抓，一级抓一级，全面落实责任制。二是实行床位包干，加强指导。在转运伤员救治过程中，他要求各主管院长立即组织院内外专家进行会诊，加强对各类危重病人的安全巡查，同时指导医务工作人员做好各种心理干预和志愿服务工作。三是强化值班，在岗在位。要求医院领导、行政总值班和各类值班人员24小时坚守岗位，通信畅通，保证上传下达的渠道畅通，保证整个救灾工作正常进行。

身先士卒，奔赴灾区实施救援

为获得第一手舟曲灾情，李盛华同志时时关注电视和网络上的各种报道，密切关注灾情和伤员处置情况，综合分析后，及时组建医院第二、三批救援队伍，并密切保持与省卫生厅的联系。8月14日下午，在得知舟曲灾区需要大量中药材进行卫生防疫的消息后，李盛华同志主动向省卫生厅请缨参战，他亲自安排筹集到各类中药材和医院自制药品：黄柏1吨，苍术1吨，苦参500千克，生百部500千克,滑石粉2吨,湿疹膏566盒,玉红膏100盒,伤科洁肤液72瓶,清热解毒液72瓶等,并迅速配备了医用储药桶、一次性消毒口杯和医用垃圾袋等医用器具,并带领9人的救援队伍于8月15日凌晨5时奔赴灾区。

此次舟曲特大山洪泥石流灾情虽然非常严重,但省中医院全院干部职工在李盛华院长的实时指挥下,全院上下众志成城,抗洪救灾,积极发挥中医药的特色与优势实施治疗,没有发生一例人员伤亡,最大限度地降低了受伤群众的痛苦,使前线救援和院内救治工作得以有力有序的开展。

关于成立医院舟曲泥石流灾害医疗救援工作领导小组的通知

中医医发〔2010〕114号

省中医药研究院,医院各部门:

2010年8月8日凌晨1时许,我省甘南藏族自治州舟曲县遭受特大泥石流地质灾害,造成重大人员伤亡和财产损失。根据省委、省政府和省卫生厅的安排部署,为切实做好医疗救助工作,医院决定迅速启动突发事件应急预案,成立舟曲泥石流灾害医疗救援工作领导小组,组成如下:

组　长:李盛华

副组长:妥建福

成　员:孙援朝　冯守文　马忠祥　舒　劲　李兴勇　赵继荣　卫晓雯

下设七个小组:

一、前线救治组

组　长:赵继荣

副组长:邓　强

成　员:唐晓勇　田旭东　李玉吉　魏国俊　朱换平　赵　燕　罗卫民　丁宪林

二、医疗救治组

组　长:舒　劲

副组长:杨宏武　马郑萍

成　员:米仲祥　董　林　赵道洲　王想福　王兰娣　党建中　杨宝平　脱承德　杨维建
张参军　裴重重　张德娟　唐　锐　丁玉芬　安桂香　袁冰华　张雪霞

三、专家组

组　长:李盛华

副组长:赵继荣

成　员:王承祥　盛　丽　李妍怡　徐义先　赵道洲　米仲祥　党建中　张定华　樊成虎
靳　锋　冯康虎　李卫平　周　晟　王兰娣　田旭东　唐晓勇　杨维建　谭　萍

脱承德　张崇岳　赵永强

四、宣传报道组

组　长:孙援朝

副组长:罗克龙　徐柏林

成　员:裴学军　海青岳　田　军　李　亮

五、综合协调组

组　长:马忠祥

副组长:张德宏　张丽平

成　员:刘庆龙　田　军　杨丽萍　黎媛媛

六、后勤保障组

组　长:李兴勇

副组长:安富德　张　磊

成　员:司国智　杨继承　张爱萍　施建成

七、药械供给组

组　长:冯守文

副组长:刘效栓　李贵臻　李喜香

成　员:高天虹　任　筠　顾万红　沈　涛

特此通知。

二〇一〇年八月八日

赴舟曲泥石流灾区医疗救援队名单

第一批:2010年8月8日

队　长:赵继荣

副队长:邓强

队　员:唐晓勇　田旭东　李玉吉　魏国俊　朱换平　赵　燕　罗卫民　丁宪林

第二批:2010年8月15日

队　长:李盛华

队　员:刘效栓　李和平　沈　涛　海青岳　苏庆光　苏官优　蒋永忠

第三批:2010年8月18日

权晓理　曹发文　李　栋　李亚忠

医院基本建设规划

兰州昌盛植物油有限责任公司原址土地补偿划拨入院纪实

多年来,基础设施陈旧、医疗用房紧张一直制约着医院的发展,而基于历史原因,医院周围用地不断被附近单位和居民以各种形式占有,至20世纪80年代中后期各方面规范化后,医院土地面积仅60亩,发展受到很大局限。2007年10月9日,《甘肃日报》刊登兰州市国有土地使用权拍卖和挂牌出让公告,内容显示:七里河北街199号(原227号),兰州军区后勤部企业管理局西北实业总公司以东、吴家园(144-1号规划路)以南、七里河北街(121-1号规划路)以西、甘肃省中医院家属院以北,占地面积22.063市亩(兰州油脂厂),将要拍卖出让。

10月28日,基建办向医院主要领导呈送《关于对兰州油脂加工厂土地拍卖一事进行购置的提案(建议)报告》。医院班子紧急讨论商议通过,立即向省卫生厅申请参与G0604号土地的拍卖。10月29日上午,省卫生厅领导、院领导召开专题会议,就《关于对兰州油脂加工厂土地拍卖一事进行购置的提案(建议)报告》,共同进行了研究讨论并到该土地现场进行了实地查看,会议原则通过医院参加对G0604号土地的国土使用权竞拍,同日省卫生厅正式复函批准。

10月30日,医院邀请兰州市土地局相关专家及兰州诚信工程造价咨询有限公司相关专家就医院参加拍卖相关事宜进行了讨论分析,并向院领导呈送《兰州油脂加工厂土地拍卖购置投资经济指标预测分析》和《医院扩购土地储备有利因素与困难分析》。当天晚上,医院召开院长办公会,就《兰州油脂加工厂土地拍卖购置投资经济指标预测分析》和《医院扩购土地储备有利因素与困难分析》进行了研究讨论,确定参与竞拍的相关事宜。10月31日,院领导班子成员集体学习有关土地拍卖的相关知识。

2007年11月1日上午10时,兰州市国土资源局在兰州规划土地大厦召开土地拍卖会。竞拍过程极为激烈,起拍价为3400万元的土地经几轮竞拍后飙升至1.3亿元,仅剩医院和另一拍方北京永华行投资有限公司,鉴于资金情况,医院领导与省卫生厅主要领导现场紧急磋商,果断放弃继续竞拍。北京永华行投资有限公司以1.31亿元中拍。此次参与土地竞拍虽然没有达到预期目的,但是医院在省卫生厅的大力支持下寻求规模发展的信心和勇气更加坚定了,对身边的这块土地也始终没有放弃关注。

2008年世界经济风起云涌,北京永华行投资有限公司因资金原因,最终出人意料地放弃了该土地的拥有权。

7月10日,医院向省卫生厅、兰州市政府、省政府分级呈送《关于申请划拨省中医院业务建设用地的报告》,争取政府划拨该宗土地为医院使用。8月13日,在医院召开的基建专题会议上,李盛华院长指示主管领导和相关部门就兰州油脂厂土地转让事宜,与该厂立即开展谈判。10月13日,经多次接触洽谈后,马忠祥副院长带领相关部门负责人就该土地转让事宜与该厂负责人进行了首次正式谈判。

10月19日,李盛华院长带领医院相关部门负责人,与兰州市粮食局负责人和油脂厂负责人进行了第二次正式谈判。10月22日，马忠祥副院长带领医院相关部门负责人，与油脂厂负责人进行第三次正式谈判，油脂厂出价8600万元。10月30日，马忠祥副院长带领医院相关部门负责人，与兰州市粮食局领导、油脂厂负责人进行了第四次正式谈判，价格协商到6400万元。11月5日，医院召开院长办公会，就油脂厂土地转让事宜再次进行了专题讨论。11月19日，院领导和医院相关部门负责人与兰州市粮食局领导、油脂厂负责人进行最终谈判，最后商定转让价为6150万元。

2009年3月8日上午11时26分，甘肃省中医院与兰州昌盛植物油有限责任公司就22.063亩土地划拨补偿在兰州举行协议签字仪式。省政府副秘书长张正锋、省卫生厅厅长刘维忠、省粮食局局长何水清、省建设厅厅长李慧、省监察厅副厅长王永红和兰州市政府副市长杨志武等领导同志应邀参加签约仪式。省发改委、省财政厅、省卫生厅、省粮食局、省建设厅、省国土资源管理局、省审计厅和监察厅、兰州市政府、兰州市发改委、兰州市财政局、兰州市土地局、兰州市粮食局和兰州市经委等省市部门的领导也参加了签约仪式。省卫生厅厅长刘维忠、兰州市粮食局局长肖伟和兰州市国土资源管理局局长丁祖全同志分别致辞。签约仪式由省卫生厅副厅长李存文同志主持。至此，历时旷久的这块土地之争终于得以圆满回归医院，医院占地面积达到80亩，为今后医院的大发展奠定了最为紧要和坚实的基础。

2009年，医院根据新增土地面积这一状况，在原2007年设计规划的基础上，又委托甘肃省建筑设计研究院进行了新的医院基本建设规划设计，并于2010年12月通过兰州市规划局审定。整个规划内容基本分为门诊医技综合楼与2、3号住宅楼建设，住院部内科楼与科研制剂大楼建设，住院部骨外科楼与1、4号住宅楼建设，建设周期分为三期，计划在15~20年完成。

关于对兰州油脂加工厂土地予以划拨的请示

中医办发〔2008〕69号

省卫生厅：

近年来，在省委、省政府和省卫生厅的关怀支持下，我院医、教、研工作得以长足发展，社会效益、经济效益十分显著。按照综合性三级甲等中医院建设标准，以中医骨科为主体、以专科专病建设和中草药研发为两翼的业务发展模式，突出中医药特色的办院方针，各项工作步入持续稳定发展阶段。随着门诊人次、住院人数的不断增加，原有医疗用房已无法保证医疗就治需求，急需拓展业务用房建设。医院土地现状面积少，内部医疗区、住宅生活区、服务区等布局相互交织，规划布局条件差，依据《中医综合医院建设标准规范》，现有土地无法实现规范要求，严重制约着医院的可持续发展。

一、现有土地制约医院发展的相关因素

(一)医院占地面积狭小，地域形状不规则，发展没有土地储备。

(二)医院区域内的土地现状无法实现医院发展规划(外科大楼、内科大楼、制剂楼、职工高层住宅楼以及停车场和庭院广场)。

(三)拟新建的科研制剂楼无土地建设,直接影响中草药研发及院内中药制剂的生产。

(四)甘肃省中医药研究院归并中医院后,无办公和科研用房,直接影响中医药研究工作的开展。

(五)批复准建的门诊大楼的规划区域内需拆迁安置旧楼 124 户职工,需大量资金而无法安置,新建职工住宅楼无土地储备。

二、医院整体规划及新建门诊大楼前期工作受阻现状

围绕建院以来无整体规划的现状,我院完成的整体改造规划,均因土地问题,诸多设计专家对规划方案提出了质疑性问题,使整体规划反复易稿,至今无法形成布局合理、切实可行的整体改造规划方案。列入 2008 年省级重点工程的门诊医技综合大楼,规划选址区域在医院东侧新建。选址区域内有社会居民 45 户,医院 1、2、3 号住宅楼住户 124 户需拆迁异地安置。若新建住宅楼解决职工住宅将会降低成本,方便职工,但实无土地完成此事。社会居民的拆迁安置和医院职工的异地安置问题现直接影响门诊医技综合大楼的建设进度。

三、拟划拨的兰州油脂加工厂现状

兰州油脂加工厂位于我院东北侧,西面、南面均与我院界墙接壤,东临七里河北街,北临吴家园,面积 14708.9 平方米(22.063 亩)。该单位因产业结构等原因现已破产,人员安置、设备处理均已完成,现仅剩土地所有权。2007 年 10 月 9 日兰州市国有土地使用权挂牌出让,起拍价 3400 万元,基准地价评估 4053 万元。拍卖后中标单位因资金等方面原因至今未动工建设。

四、医院申请划拨土地所具潜力

(一)医院医疗区域、生活区域将能明确划分,改善就医环境。医院绿化面积同步增大,环境更加优美。

(二)土地面积的增加会为医院下一步发展奠定良好基础,制剂科研楼、外科大楼、内科大楼及绿化广场、院内环形通道等其他设施同步完成。

(三)新建门诊医技综合大楼区域内的拆迁、安置问题会得到解决,门诊医技综合大楼建设可尽快实施。

(四)院内统一规划设计方案能实现规划目标。

(五)医院发展规划的实现需要土地的储备,能保证今后发展空间。

鉴于我院土地储备现状及门诊楼建设受阻问题,恳请省厅给予高度重视,申请政府对该土地予以协调划拨,部分补偿资金医院自筹解决。以切实解决我院土地现状之困难,加快医院基础设施建设,促进中医事业发展。

专此请示,请予批复。

二〇〇八年七月十七日

兰州市人民政府市长办公会议纪要

——研究兰州昌盛植物油有限公司原国有土地划拨给省中医院的有关问题

〔2008〕77号

时间：2008年11月20日下午

地点：市政府405室

主持：杨志武

参加人员：余海云　丁祖全　肖　伟　高忠霞　李长江　李　治

议定事项：

会议听取了市国土局关于兰州昌盛植物油有限公司原使用土地拍卖受阻后协商划转省中医院的情况汇报，就尽快盘活土地促进企业易地新建涉及的具体问题进行了研究，并将形成的意见专题汇报张津梁市长同意。现将会议议定事项纪要如下：

一、原则同意市国土局将兰州昌盛植物油有限公司原企业用地划拨给省中医院的意见，按照有利于我省中医事业和我市粮油加工产业双赢发展的原则，在进一步支持省中医院发展的同时，考虑到企业迁建和发展的需要，由市粮食局、兰州昌盛植物油有限公司和省中医院在充分协商一致的基础上，确定土地的具体补偿标准，签订正式协议，并尽快将补偿资金落实到位。

二、由市国土局负责妥善处理好与北京永华行投资有限公司土地拍卖违约问题，依法依规做好解除土地出让合同的相关工作。在此基础上，由市规划局负责调整用地性质，重新定点给省中医院，由市国土局按程序为省中医院办理用地手续，其中涉及的有关具体事宜按程序报市土地领导小组会审定。

三、兰州昌盛植物油有限公司实施易地新建要符合全市总体规划的要求，迁建工作必须在安置好职工、处理好债务和做好新厂建设规划的前提下进行，不留后遗症。原企业用地的补偿资金原则上全部用于新厂建设，具体的管理使用问题由粮食部门征求市财政局、市经委等部门意见，按有关规定和程序办理。

兰州市人民政府市长办公会议纪要

——研究兰州昌盛植物油有限责任公司土地补偿金有关问题

〔2009〕16 号

时间:2009 年 3 月 17 日下午

地点:市政府 405 室

主持:杨志武

参加人员:鲁福有　孙敏毓　高忠霞　陆爱华　李长江

议定事项:

会议听取了市粮食局关于兰州昌盛植物油有限责任公司土地补偿金管理和使用问题的汇报。现将会议议定事项纪要如下:

一、由市粮食局负责,按协议约定将甘肃省中医院 6150 万元土地补偿金存入市粮食局的专用账户。

二、由市粮食局负责,保证资金专款专用,确保做好兰州昌盛植物油有限责任公司的新厂建设和职工安置的各项工作。

三、该项资金的使用由市粮食局和兰州昌盛植物油有限责任公司共同协商,按有关规定使用,市财政局负责监督,市审计局做好资金使用情况的审计工作。

医院基本建设

甘肃省中医院门诊医技综合楼建设项目开工

(摘自 2009 年 12 月 6 日《每日甘肃网讯》　记者李艺霞)

12 月 6 日上午 10 时,甘肃省中医院门诊医技综合楼开工奠基仪式隆重举行。省委常委、常务副省长冯健身,省委常委、省委秘书长姜信治,省人大常委会副主任崔玉琴,副省长咸辉,省政协副主席侯生华,国家中医药管理局副局长吴刚等出席仪式并为项目奠基。

省中医院门诊医技综合楼建设工程是省级重点工程,规划总建筑面积 3.86 万平方米,总投资 1.4

亿元。该项目的建设，将极大地改善省中医院的就医条件，对于医院中医药特色和优势的发挥、综合服务能力和水平的提高具有重要意义。

甘肃省中医院创建于1953年12月8日，半个多世纪以来，特别是近年来，医院紧紧围绕党的卫生工作方针，按照省委、省政府的总体部署，在省卫生厅的领导和社会各界的大力支持下，医院历届领导班子团结和带领全院干部职工努力拼搏、艰苦创业、不断进取，努力为病人提供优质的医疗服务，使医院实现了跨越式发展。医院现有职工1026人，其中专业技术人员819人，副高以上专家182人，享受国务院政府特殊津贴7人，甘肃省名中医6人，省优秀专家4人，省领军人才5人，厅中青年学术技术带头人15人，有博士、硕士学历人员114人，有博士、硕士研究生导师21人。医院占地面积84亩，开放病床800张，设有18个病区，46个临床医技科室，13个研究所，83个专病专科门诊，5个二级实验室和1个中心实验室。年门诊量35万余人次，年住院患者1.4万余人次。平均床位使用率保持在100%。医院骨科被确定为国家中医药管理局重点学科、重点专科和全国骨科重点研究室建设单位，被中华中医药学会评为中医骨伤名科。脑病科、消化科为国家中医药管理局重点专科建设单位。中医骨科、脑病科、消化科、药剂科、老年病科为省级临床医学重点学科，另有7个省级重点中医药专科。

据悉，2009年3月，医院在省市相关部门的支持下，成功购置了兰州昌盛植物油有限公司22亩土地，为医院的可持续发展奠定了良好的空间。

甘肃省发展和改革委员会
关于甘肃省中医院门诊医技综合楼建设项目立项的批复

甘发改社会〔2007〕130号

省卫生厅：

你厅《关于申请对省中医院门诊医技综合楼建设项目立项技资的报告》（甘卫规财发〔2005〕384号）收悉。经研究，同意甘肃省中医院门诊医技综合楼立项建设。现将有关事项批复如下：

一、项目建设的必要性

甘肃省中医院是一所集医疗、教学、科研、预防保健、康复、急救和中药制剂生产为一体的省属三级甲等中医医院。该院现有职工726名，其中专业技术人员578名，有病床600张，平均年门诊量16万人次。经过50多年的发展，该院已建成骨科、心脑病科等32个功能齐全、设备先进、技术力量雄厚的医技科室和8个临床教研室、14个临床教学组。承担着省中医学院、省中医学校和市县中医院进修人员多学科、多层次的临床教学任务。该院的骨科被确定为国家级重点学科建设单位，心脑科、老年病科、消化科、药剂科被确定为省级重点中医药专科。同时，该院经省上有关部门批准注册的院内制剂有46个剂型86个品种，是全省中医院中生产院内制剂最多的医院，充分发挥了中医药“简、便、廉、验”的特点,为全省中医药事业的发展做出了积极的贡献。但由于业务用房紧张,基础设施滞后,人流物流不畅,特别是建于1970年的三层简易门诊楼,面积狭小拥挤,严重影响了诊疗活动和群众就医,制约了该院各项业务的发展。为了彻底改善省中医院的门诊条件,更好地服务于人民群众,建设新的门诊医技综合楼十分必要。

二、建设规模及内容

根据全省区域卫生规划及省中医院当前和未来一定时期的发展需求,同意省中医院新建一幢门诊医技综合楼,总建筑面积控制在3.2万平方米以内。

三、投资估算及资金来源

根据兰州市同类建筑平均造价并考虑该项目实际情况,项目估算总投资6400万元。资金可通过申请国家补助、省级配套、银行贷款、项目单位自筹等多渠道筹措解决。

请据此抓紧开展项目前期工作,并按程序报我委审批。

二〇〇七年三月十九日

关于省中医院门诊医技综合楼建设项目立项的批复

甘卫规财发〔2007〕146号

省中医院:

省中医院门诊医技综合楼建设项目经省卫生厅研究同意,报经省发改委审批后,省发改委以《甘肃省发展与改革委员会关于甘肃省中医院门诊医技综合楼建设项目立项的批复》(甘发改社会〔2007〕130号)同意立项建设。现批复如下:

一、建设规模及内容

根据全省区域卫生规划及省中医院未来发展需要,同意新建门诊医技综合楼,建筑面积控制在3.2万平方米以内。

二、投资估算及资金来源

项目土建估算总投资6400万元。资金通过申请国家补助、省级配套、银行贷款和医院自筹等多渠道解决。

三、项目管理

省中医院门诊医技综合楼建设项目法人为省中医院李盛华,承担项目法人相关责任。请你院严格按照建设工程相关法律法规,做好项目可行性研究报告编制工作,并报省卫生厅审批。

此复。

二〇〇七年七月二十四日

在甘肃省中医院门诊医技综合楼奠基仪式上的讲话

甘肃省副省长 咸辉

（2009 年 12 月 6 日）

各位来宾，同志们：

上午好！

今天，我们在这里隆重举行甘肃省中医院门诊医技综合大楼开工奠基仪式，这是省中医院发展史上的一件大事，也是全省医疗卫生系统的一件喜事。在此，我代表省政府对这项工程的开工建设表示热烈的祝贺！向前来参加奠基仪式的国家中医药管理局吴刚副局长和各位嘉宾表示热烈的欢迎！向关心和支持省中医院门诊医技综合大楼建设的各有关单位表示衷心的感谢！

甘肃省中医院始建于 1953 年。多年来，始终坚持突出特色的办院方向，坚持以病人为中心、以质量为核心的办院宗旨，不断扩大服务规模，拓宽服务领域，提高服务质量，社会效益和经济效益不断提升。经过多年的建设，医院已发展成为一所集中医医疗、教学、科研和预防保健为一体的综合性三级甲等中医院，先后荣获“全国卫生系统先进集体”“全国百姓放心示范医院”等荣誉称号，骨科被确定为国家重点学科，已成为西北最大的骨伤科基地，为全省人民的医疗保健做出了积极贡献。

目前，省中医院的基础设施与所承担的医疗、教学、科研任务的需求相差较大，严重制约了医院的可持续发展。在国家发改委、国家中医药管理局和省委、省政府的关心下，在省直有关部门的大力支持下，省中医院门诊医技综合大楼今天终于开工建设了。它的建成，对于完善医院服务功能，提升医疗、教学和科研水平，促进我省中医药事业发展，必将起到积极的推动作用。希望省中医院以门诊医技综合大楼的建设为契机，进一步明确发展目标，突出办院方向，发挥特色优势，积极推进管理创新、科技创新、服务创新，切实提高医院的竞争能力，努力创办患者满意、社会满意、政府满意、职工满意的一流医院。希望建设单位精心组织，规范施工，真正把这一工程建设成为形象工程、标志工程、廉政工程。同时，希望有关部门对该项目的建设继续给予更多的关心和支持，积极帮助解决工程建设中遇到的困难和问题，同心协力推进工程建设。

最后，预祝工程建设进展顺利，早日竣工！祝愿各位来宾、同志们工作顺利，身体健康！

谢谢大家！

在甘肃省中医院门诊医技综合楼奠基仪式上的讲话

省卫生厅党组书记、厅长　刘维忠

（2009 年 12 月 6 日）

尊敬的各位领导、各位专家、各位来宾们：

大家上午好！

今天，我们怀着十分高兴的心情，在这里参加省中医院门诊医技综合楼奠基仪式暨开工典礼。首先我谨代表省卫生厅向省中医院门诊医技综合大楼的开工表示热烈的祝贺！向省委、省人大、省政府、省政协和各部门的领导，以及长期以来对我省卫生工作大力支持的社会各界朋友表示衷心的感谢！

今天，医院门诊医技综合楼隆重奠基是省中医院硬件建设的一大项目，国家中医局给了 2000 万、省上给了 4000 万的建设经费，它的建成可以极大地改善广大病员的就医条件，缓解病人看病难的问题。希望省中医院和施工、监理等单位一起，以高起点搞好医院门诊医技综合大楼的建设，从功能设置到建设质量都要全面体现高标准，把省中医院的医院门诊医技综合大楼建成全省中医系统的标志性建筑。要贯彻落实国家建设项目的各种法律法规和招投标政策，加强监督监管，实施阳光工程，把门诊大楼建设成卫生系统的廉政工程。同时，也希望省中医院在加快硬件建设的同时，更要重视软件建设，按照三级甲等中医院的标准加快专病专科建设和人才队伍建设，加快内部运行机制，规范医疗行为，严格住院费用和门诊费用的增长，坚持把社会效益放在首位，把患者利益放在首位，为缓解群众的看病难、看病贵做出贡献，为构建和谐社会和医院的健康持续发展再创辉煌。

最后，预祝省中医院门诊医技综合楼工程建设顺利，祝各位领导、各位来宾、朋友们身体健康，万事如意！

谢谢大家！

在甘肃省中医院门诊医技综合楼奠基仪式上的讲话

甘肃省中医院院长 李盛华

（2009 年 12 月 6 日）

尊敬的冯省长、姜秘书长：

尊敬的崔主任、咸省长、侯主席、吴局长：

尊敬的各位领导、各位嘉宾、同志们，朋友们：

今天，省中医院彩旗飘飘，鼓乐阵阵，人心振奋，群情激昂！在这喜庆祥和、百业兴盛的美好时刻，全院职工期待已久、翘首盼望的省级重点建设项目——甘肃省中医院门诊医技综合楼将开工建设，这是医院发展史上一件具有里程碑意义的大喜事！此时此刻，我们全院干部职工感到由衷的高兴和无比的喜悦！在此，请允许我代表医院领导班子和全院干部职工，向在百忙之中前来参加开工奠基仪式的各位领导和嘉宾，表示热烈的欢迎和衷心的感谢！

甘肃省中医院创建于 1953 年 12 月 8 日，再过两天，我们将迎来医院 56 周岁的生日。回顾半个多世纪的发展历程，特别是近年来，我们紧紧围绕党的卫生工作方针，按照省委、省政府的总体部署，在省卫生厅的坚强领导和社会各界的大力支持下，医院历届领导班子团结和带领全院干部职工努力拼搏、艰苦创业、不断进取，努力为病人提供优质的医疗服务，使医院实现了跨越式发展。医院现有职工 1026 人，其中专业技术人员 819 人，副高以上专家 182 人，享受国务院政府特殊津贴 7 人，甘肃省名中医 6 人，省优秀专家 4 人，省领军人才 5 人，厅中青年学术技术带头人 15 人，有博士、硕士学历人员 114 人，有博士、硕士研究生导师 21 人。医院占地面积 84 亩，开放病床 800 张，设有 18 个病区，46 个临床医技科室，13 个研究所，83 个专病专科门诊，5 个二级实验室和 1 个中心实验室。年门诊量 35 万余人次，年住院患者 1.4 万余人次，平均床位使用率保持在 100%。医院骨科被确定为国家中医药管理局重点学科、重点专科和全国骨科重点研究室建设单位，被中华中医药学会评为中医骨伤名科。脑病科、消化科为国家中医药管理局重点专科建设单位。中医骨科、脑病科、消化科、药剂科、老年病科为省级临床医学重点学科，另有 7 个省级重点中医药专科。经过医院几代人、几届领导班子的辛勤努力，在基础设施建设、综合服务水平、人才队伍建设、中医药文化建设等方面都取得了长足的进步与发展。先后涌现出党的十三大代表、十五大代表、白求恩奖章获得者、全国三八红旗手、全国妇代会代表、全国抗震救灾模范等先进典型人物。医院先后被评为全国卫生系统先进集体、全国百姓放心示范医院、全国医院文化建设先进单位等荣誉。这些成绩的取得与省委、省政府和省卫生厅以及各级领导的关心支持是分不开的，也是全院职工不懈努力、勤奋工作的结果。

近几年，随着国家医疗卫生体制改革的不断深入和社会卫生事业的快速发展，中医药事业发展也迎来了新的春天。2007 年 6 月，省卫生厅将省中医药研究院划省中医院托管。实行一套人马、两块牌子管理,有机整合了人、财、物,借助两家平台,真正成为了医教研为一体的综合性、临床研究教学型医院。2009 年 3 月,医院在省市相关部门的支持下,成功购置了兰州昌盛植物油有限公司 22 亩土地,为医院的可持续发展奠定了良好的空间。医院请专业机构做了整体发展规划,明确了区域布局和整体建设三步走的发展战略。但是,省中医院作为一所三级甲等中医院,由于基础设施落后、病房严重不足、住院环境简陋、就诊流程不畅等问题,影响着医院整体服务功能的发挥。特别是建设于 20 世纪 70 年代初的门诊楼,已经远远不能满足群众的就医需求,基础设施与就医环境问题已经成为制约医院发展的瓶颈问题。这些困难得到了国家发改委、国家中医药管理局和省委、省政府的高度重视,在省发改委、省财政厅、省建设厅、省卫生厅、兰州市委和市政府的大力支持下,2007 年 3 月立项批准筹建门诊医技综合楼,2008 年该项目被省政府确定为省级重点工程。为了建设好这一宏大工程,我们从实际出发,严格按照国家建设标准,先后委托多家国内外知名建筑设计单位进行设计,经论证和评议,最终确定了山东建筑设计院的设计方案,今年 10 月,该设计方案通过了兰州市规划委员会的审定。医院门诊医技综合楼项目规划总建筑面积 3.86 万平方米,总投资 1.4 亿元,项目得到国家中医药管理局重点中医院建设资金 2000 万元,省发改委项目专项资金 500 万元,地方国债专项资金 4000 万元,国外政府贷款 600 万美元。我们还将多方争取配套资金,以尽快完成项目建设。

促进甘肃中医事业的发展,为广大人民群众健康服务,既是党和政府以人为本、执政为民理念的具体体现,更是我们甘肃中医人报效祖国、服务人民应尽的职责。我们将以科学发展观为指导,紧紧围绕建设规划的既定目标,发扬团结奋进、顽强拼搏的精神,加快建设进程,确保工程质量,力争二至三年把规划蓝图变成美好的现实,在全省中医界打造一个“功能齐全、设备完备、管理科学、理念创新”的门诊医技综合大楼,为甘肃中医事业发展做出新的贡献。

实践证明,医院的每一步发展,都得到了各级党委、政府的大力支持和社会各界的鼎力相助。借此机会,我们再一次向所有关心和支持医院发展的各位领导、各位朋友表示衷心的感谢!并衷心希望大家能够一如既往地支持医院的工程建设,一如既往地关心省中医院的发展。

我们坚信,在省委、省政府的坚强领导和省卫生厅的具体指导下,有社会各界的通力帮助,有建设单位和监理单位的辛勤工作,有全院职工的努力奋斗,我们一定能够把门诊医技综合楼打造成精心之作、经典之作、品牌之作、荣誉之作,为全省中医事业构建一个发展交流的平台,向党和人民交上一份满意的答卷!

最后,衷心祝愿各位领导身体健康、工作顺利、家庭幸福、万事如意!

谢谢大家!

其他项目

甘肃省发展和改革委员会
关于甘肃省中医院科研制剂楼项目建议书的批复

甘发改社会〔2010〕1150号

省卫生厅：

你厅《关于申请对省中医院科研制剂楼建设项目进行立项投资的报告》（甘卫规财发〔2010〕322号）收悉。经研究，同意建设甘肃省中医院科研制剂楼，现就有关事项批复如下：

一、项目建设的必要性

甘肃省中医院始建于1953年，医院目前医疗业务用房总面积71845平方米，其中：住院部建筑面积26337平方米，制剂楼、科研室、实验室、中医药研究院办公室建筑面积2457平方米，门诊楼建筑面积4389平方米，正在新建的门诊医技综合楼建筑面积38662平方米，现开放病床800张。甘肃省中医药研究院成立于1994年，2007年由省中医院托管至今，内设17个中医药制剂研究所、16个实验室。多年来，省中医院充分利用我省得天独厚的中医药资源和医院临床资源，开发研制并经甘肃省食品药品监督管理局批准注册的院内制剂剂型有颗粒剂、合剂、煎膏剂、胶囊剂、浓缩丸等27种剂型54个品种，其中“损伤散”“消定膏”等20多个品种被临床广泛使用，年产值500多万元，社会效益和经济效益较为明显。

省中医院制剂楼建于20世纪80年代，建筑面积600平方米，业务用房面积不足，布局不合理，生产工艺流程达不到现行规范要求。而省中医药研究院是将医院的单身宿舍改造为科研、实验、办公用房，面积也十分狭小，严重制约了省中医院中医药研发工作的正常开展。因此，建设集科研、制剂及实验室、示教室于一体的科研制剂楼是非常必要的。

二、建设规模及主要内容

拟建的科研制剂楼位于省中医院院内，初步核定总建筑面积为2.6万平方米，主要建设内容包括药剂科室、中药制剂室、科研用房、教学用房、实验室、制剂大型设备用房等。建筑主体为地上20层、局部4层，框架结构。

三、投资估算及资金来源

参照兰州市同类建筑综合造价，核定项目总投资7800万元，建设资金通过申请国家和省级补助、医院自筹等渠道筹措解决。

请据此抓紧开展项目前期工作，并按照基本建设程序和《甘肃省政府投资项目管理暂行办法》等有关要求，严格控制建设规模、建设标准和项目投资，认真执行项目法人责任制、招标投标制、工程监理制和合同管理制规定，加强管理，确保项目规范有序实施。

二〇一〇年十二月三十一日

关于下达2010年全省第三批经济适用住房建设投资计划的通知

甘发改投资〔2010〕652号

有关市发展改革委、建设局(委)、国土资源局,各企、事业单位:

根据有关企、事业单位经济适用住房项目资金落实和前期工作进展情况,现下达全省2010年第三批经济适用住房建设投资计划(详见附件),并就有关事项通知如下:

一、本批计划主要以符合经济适用住房政策规定、建设条件基本具备的新开工项目为主。计划所下达的新开工面积为职工住房面积。对按城市规划要求和实际情况需合建的临街商业用房及公用设施工程,应根据国务院和省政府有关投资体制改革的规定办理。不准将住宅建设成本摊入商业用房成本。

二、本批经济适用住房贷款事宜,由各商业银行按照《中华人民共和国商业银行法》《贷款通则》和《经济适用住房开发贷款管理办法》,在对项目经过认真评估、审核和确保信贷资产安全的前提下,自主审贷。各商业银行对列入计划的经济适用住房项目,应加快项目评估速度,缩短评估时间;对审查同意的项目,应按照银行规定程序及审批权限,尽快办理有关贷款手续,按工程建设实际需要及时发放贷款。

三、按照《国务院关于坚决遏制部分城市房价过快上涨的通知》(国发〔2010〕10号)、《国务院办公厅关于促进房地产市场平稳健康发展的通知》(国办发〔2010〕4号)和建设部、国家发展改革委等七部门联合下发的《经济适用住房管理办法》(建住房〔2007〕258号)精神,省上将进一步加强经济适用住房建设和销售环节的管理,凡向社会销售经济适用住房的开发企业,必须是取得房地产开发资质的企业,购房者应是现租购公房面积没有达到标准的低收入家庭。组织职工集资建设的经济适用住房,要严格控制建设标准。所建经济适用住房仅限于向本单位无房户和住房困难户职工出售,不得向社会销售。

四、按照《国务院关于解决城市低收入家庭住房困难的若干意见》(国发〔2007〕24号)和《甘肃省人民政府关于解决城市低收入家庭住房困难的意见》(甘政发〔2007〕92号)精神,各地和有关部门要认真落实经济适用住房建设的各项调控政策,严格控制经济适用住房结构比例,尽量使用已有建设用地或存量土地,使经济适用住房保持较低的价位,严禁开发商以经济适用住房的名义牟取暴利。各级发展改革、建设、土地等管理部门要认真落实经济适用住房的开发建设条件,严格按照基本建设程序认真做好项目的规划、建设工作。发展改革部门要加强对经济适用住房计划执行情况的落实和检查;建设部门要加强对建筑市场的管理和工程质量的监督,确保经济适用住房的工程质量;国土资源部门要将经济适用住房新增建设用地纳入用地计划,严格核定用地标准。

五、为便于及时向国家有关部门报告我省经济适用住房建设进度，要进一步加强经济适用住房的统计工作。请各有关项目单位在每季度后第一个月 10 日前，将经济适用住房投资完成情况（见附件二、三）一式两份，分别报送省发展改革委投资处、省住房和城乡建设厅住房保障处。

二〇一〇年六月二日

附件：

甘肃省 2010 年第三批经济适用住房建设投资计划表（与医院相关）

甘肃省 2010 年第三批经济适用住房建设投资计划表

序号	单位名称	2010 年施工面积			2010 年计划投资			2010 年银行贷款建议数							自有资金（万元）	备注
		合计（万m^2）	续建项目	新开项目（万m^2）	合计（万元）	续建项目	新开项目（万元）	合计（万元）	工商银行	农业银行	中国银行	建设银行	交通银行	其他银行		
1	甘肃省中医院	5.5		5.5	12000		12000								12000	七里河区省中医院院内

关于省中医院锅炉房改造装修的批复

甘卫规财函〔2010〕93号

省中医院：

你院《关于锅炉房粉刷装修的请示》(中医办发〔2010〕27号)收悉。经研究,同意你院对旧锅炉房进行改造粉刷装修。投资概算50万元,经费由你院自筹解决。

根据《甘肃省招标投标条例》和省政府《关于印发2009年政府集中采购目录限额标准和货物服务项目公开招标数额标准的通知》(甘政办发〔2009〕11号)要求,施工单位通过招标或政府采购方式确定。

此复。

二〇一〇年三月三日

兰州市人民政府办公厅
关于做好兰州市2010年第二批燃煤锅炉
限期改造有关工作的通知

兰政办发〔2010〕183号

城关、七里河、西固、安宁、红古区人民政府,市政府有关部门,各有关单位：

为确保全市"十一五"污染减排目标任务全面完成,现就做好今年城区第二批燃煤锅炉限期改造有关工作通知如下：

一、2010年第二批计划改造燃煤锅炉154台，总吨位1104吨，全部改造完成后可减排二氧化硫3262.449吨,烟尘2045.87吨(详见附表),列入改造计划的单位要抓紧制订方案,及早衔接落实改造资金,根据实际情况,采取清洁能源(天然气、地源热泵、电)、集中联片供热、洁净煤水煤浆技术等改造方式进行改造,确保于10月15日前完成改造任务。

二、市政府有关部门和单位要切实负起责任，积极做好燃煤锅炉改造的相关服务工作，为改造工作顺利进行提供便利条件。财政补助资金按照分级负责的补助原则和标准执行。省属单位补助资金由其主管部门向省级财政申请补助。中央在兰单位、企业和驻兰部队、铁路部门改造补助资金由其向上级主管部门申请解决。

三、燃煤锅炉改造工作由各区政府具体负责，市环保局负责督促检查。今年采暖期结束后，对列入改造计划的燃煤锅炉，环保部门停止办理排污许可证，市质监局吊销锅炉安全许可证。对未按期完成改造锅炉单位，环保部门停止审批新、改、扩建设项目，并对责任单位进行处罚。

二〇一〇年七月十三日

附件：

兰州市 2010 年第二批燃煤锅炉改造计划表

兰州市2010年第二批燃煤锅炉改造计划表

序号	单位	现有燃煤锅炉			改造后污染物削减量(吨/年)	
		台数	吨位	总吨位	烟尘	二氧化硫
1	解放军第一医院	1	6	6	43.2	69.12
		1	10	10		
		1	15	15		
2	兰州商学院(段家滩)	2	15	30	72.0	112.50
		1	4	4		
3	兰州大学	4	15	60	120.0	192.00
		1	6	6		
4	兰州城市学院	2	10	20	80.0	128.00
		1	4	4		
5	西北民族大学	3	10	30	64.0	102.40
		1	6	6		
6	甘肃省人民医院	1	4	4	9.6.0	15.36
		2	6	12	24.0	38.40
7	甘肃省监狱企业集团兰州阀门有限责任公司	2	10	20	40.0	64.00
		1	20	20		
8	兰州金牛轨道装备有限公司	2	20	40	112.0	179.20
		1	30	30		
9	兰州理工大学	1	4	4	120.0	192.00
		1	6	6		
		1	10	10		
		1	15	15		
		1	20	20		
10	青岛啤酒(甘肃)农垦股份有限公司	3	10	30	96.0	153.60
11	兰州黄河佳酿啤酒有限公司	2	20	40	160.0	256.00
12	甘肃省中医院	3	4	12	28.8.0	46.08
		1	10	10	16.0	25.60
13	兰州资源环境职业技术学院	1	2	2	28.0	44.80
		2	6	12		
		1	10	10		
14	甘肃交通职业技术学院	1	4	4	20.8	33.28
		2	10	20		
15	甘肃省有色金属地质勘查局	1	6	6	14.4	23.04
16	甘肃省医药学校	1	3	3	0.8	1.28
17	兰州电子工业学校	1	0.5	0.5	0.8	1.28
18	甘肃联泰柏道路集中供热站	2	10	20	32.0	51.20

甘肃省骨伤科临床医学中心建设

甘肃省骨伤科临床医学中心建设纪实

1956年12月,医院设置中医正骨科门诊,1959年在综合病房内设立骨科专业组,病床15张,郭均甫为负责人,医生2名。1961年12月16日,医院"中医正骨科"正式成立,设置床位15张。

1992年,骨科病床扩至107张,分设骨病和骨伤2个病区。1993年4月,医院在骨科的基础上,成立了"中医骨伤病研究所",把临床实践与科研相结合,重点开展中医治疗骨伤病的研究工作。同年12月,骨科床位增至150张,医生28名。

1995年,骨外科大楼建成,骨科在原2个病区的基础上,调整扩大为3个科室,分别为骨病科、小儿骨科、骨伤科,共设床位161张。1996年2月,成立脊柱颅脑骨科,设病床50张。1998年11月,成立创伤正骨科,病床45张。截至1999年12月,骨科共有5个病区,总床位256张,医师57名。同年,骨科被医院确定为"一体两翼"业务发展模式中的龙头科室。

2000年10月8日,中医骨科被甘肃省卫生厅确定为甘肃省临床医学重点学科,同年,中医骨科被国家中医药管理局确定为重点专科建设单位。

2003年, 骨科被确定为国家中医药管理局重点专科,2009年被确定为国家中医药管理局重点学科、第一批重点研究室。

2010年9月,骨科被确定为甘肃省骨伤科临床医学中心、甘肃省中医骨科临床研究基地,在脊柱骨一科、脊柱骨二科、脊柱骨三科、创伤骨一科、创伤骨二科、关节骨科、小儿骨科、手足微创骨科8个二级分科的基础上又增加了运动创伤科、康复骨科、整复骨科、急诊骨科、风湿骨病科5个二级分科。

至此,医院骨科作为甘肃省首批临床医学中心之一,拥有一个骨伤病研究所和13个二级分科。共开放床位405张,在西北地区是目前最大的骨伤科临床基地,是甘肃中医学院附属医院及中医骨伤科学硕士研究生培养点、天津中医药大学博士生培养点。中心有高级职称者34名,中级职称者46名;博士研究生导师1名,硕士研究生导师8名;博士研究生2名,在职博士研究生4名,硕士研究生27名;有卫生部突贡专家1名,中华中医药科技之星1名,获得政府特殊津贴1名,省级领军人才第一层次2名、第二层次1名,厅级领军人才6名,省级"333"人才1人,"555"创新人才2人,西部之光访问学者3名。

长期以来,骨伤科临床医学中心以陇中正骨手法为基础,积极探索四肢骨折、退行性疾病(如颈椎病、腰椎间盘突出症)的手法治疗,不断提高疗效。骨科创始人郭均甫老先生献出的祖传秘方"展筋丹""消定散""珍珠生肌散""损伤散"等,用于治疗跌打损伤,疗效显著。医院先后开发出了以"损伤散""消定膏""消肿止痛合剂"等为代表的22种临床疗效显著的"陇中"牌骨伤系列用药,本着"西医诊断,中医治疗,手法为主,中药为先,内外同治,筋骨并重,治疗与功能锻炼相结合"的原则,大力探索中西医结合的微创治疗方法,将关节镜技术、椎间盘镜技术、显微外科技术与中医药治疗相结合,对各种微创技术进行规范性探索,形成一套具有陇中特色的中西医结合的微创治疗理念和体系。

关于调整甘肃省中医院骨伤科临床医学中心领导小组成员的通知

中医办发〔2010〕156号

省中医药研究院、医院各部门:

建设甘肃省临床医学中心是省卫生厅为进一步适应新时期卫生改革发展形势，着力加强全省医疗卫生重点学科和人才队伍建设,提升我省医疗技术水平和卫生服务能力,推进医学科技发展的重要举措。根据《甘肃省临床医学中心建设实施办法》《甘肃省中医院骨伤科临床医学中心建设实施方案》《甘肃省临床医学中心考核及财政专项补助资金分配办法》《甘肃省临床医学中心建设责任书》《甘肃省临床医学中心评审标准》《省卫生厅关于建设首批甘肃省临床医学中心的批复》(甘卫人发〔2010〕8号)文件精神和2010年9月27日省卫生厅专家组复核检查意见,结合我院骨伤科临床中心成立新的分中心实际情况,为确保骨伤科临床医学中心的建设进度和质量,督促各项工作的完成,原中心领导小组已不能满足中心建设、发展的需要。经医院研究决定,调整甘肃省中医院骨伤科临床医学中心领导小组(各临床科室、骨科研究所负责人为各分中心组长),具体通知如下:

甘肃省中医院骨伤科临床医学中心领导小组:

主　任:李盛华

副主任:李兴勇　赵继荣　谢兴文

成　员:张德宏　杨　波　邓　强　赵　军　王承祥　赵道洲　樊成虎　冯康虎　米仲祥　李卫平　关永林　何志军　董　林　柳海平　鄢卫平　李红专　李玉吉

联络员:邓　强(常务秘书)

职　责:负责向卫生厅报送中心建设情况,内容包括:领导关心重视情况、规划的制定和实施,管理制度和运行机制建设,资金的配套落实,人才队伍建设、设施改善及设备购置,科研攻关、学术交流、重点诊疗技术开发及成果转化和应用,取得的经济和社会效益等情况。

秘　书:骨伤科研究所张德宏(汇总院领导科研、学术交流、论文等进展)

脊柱骨一科:温剑涛

创伤骨一科:张　堃

脊柱骨二科:王兴盛

创伤骨二科:申建军

手足微创骨科:赵　萍

脊柱骨三科:陈国栋

小儿骨科:陈志龙

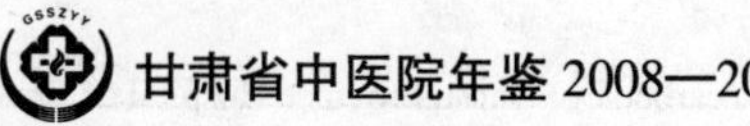

关节骨科：叶丙霖

整复骨科：张彦军

急诊骨科：魏国俊

运动创伤科：吴锦秋

康复骨科：柳　直

中心实验室：李　晶

各科秘书必须于每月 30 日之前（不分节假日）将各分中心有关建设情况（人才队伍建设，设施改善及设备购置，科研攻关、立项、鉴定，学术交流，论文发表，重点诊疗技术开发及成果应用，经济和社会效益等情况）以电子版形式（E-mail：dengqiang11576@sohu.com 或 QQ：1031518835）报告联络员，由联络员汇总后向卫生厅汇报。

中心日常工作由医务部负责，中心将根据各分中心建设情况，对做出特殊贡献，尤其是在科研、论文、论著、汇总材料等方面有突出贡献的科室或个人从专项资金中给予一定的奖励。

二〇一〇年十二月十九日

在甘肃省“骨伤科临床医学中心”和“中医骨科临床研究基地”挂牌仪式上的讲话

甘肃省副省长　咸辉

（2010 年 9 月 9 日）

同志们：

今天，由省中医院主办的国家级继续教育项目“中西医结合骨科微创治疗新技术学习班”在兰州顺利开班，我们同时举行“甘肃省骨伤科临床医学中心”和“甘肃省中医骨科临床研究基地”的挂牌仪式。首先，我代表省政府，对各位领导及专家的到来表示热烈的欢迎！向省中医院表示热烈的祝贺！

为进一步适应新时期卫生改革发展需要，着力提升我省医疗技术水平和卫生服务能力，省政府于今年出台了《甘肃省人民政府关于扶持和促进中医药事业发展的实施意见》，省卫生厅在加强全省医疗卫生重点学科建设和高层次人才培养方面采取了一系列重要措施，实施了“甘肃省临床医学中心”和“甘肃省中医临床研究基地”建设的举措，通过公开、公平、公正的评审程序，最终评选出了 5 个临床医学中心和 3 个中医临床研究基地。其中，甘肃省中医院被确立为“骨科临床医学中心”和“中医骨科临床研究基地”。

临床医学中心和中医临床研究基地的成功建设，必将培养出一支创新能力强、结构科学合理的学术团队，凝练特色研究方向，产出一批标志性的医学科技成果；也将形成一套符合甘肃省实际情况的医学学科建设和卫生人才培养的有效机制；更为重要的是，中心的成功建设将大力促进全省医学科学技术的发展，提升全省医疗卫生技术整体水平，更好地为全省人民的身体健康服务。

甘肃省中医院作为我省首家三级甲等中医院，医院的骨科在坚持发扬中医特色，运用中医正骨技术治疗各种骨科疾病的过程中，吸取西医之长，坚持走中西医结合道路，开展新技术、新业务，已成为国家中医药管理局重点专科，设有370张床位，被中华中医药学会评为中华骨伤名科。今天，甘肃省中医院能获此殊荣，是省委省政府对甘肃省中医院工作的充分肯定，在这里再次向医院表示祝贺！

我们在清醒认识到骨伤科临床医学中心在中医骨科发展中发挥着重要作用的同时，仍需从我省实际情况出发，认识和把握我省医疗卫生工作面临的形势和任务，认清骨伤科临床医学中心发展所面对的种种问题与困难。希望在日后的建设工作中，医院能从对我省中医药事业长远发展负责的高度，注意把握好以下几个方面的工作：

一要扩大规模、提高质量，把骨伤科临床医学中心建设成西北领先、全国知名的医学临床中心；

二要加强配套设施建设，增添先进配套设备；

三要加强人才队伍建设，培养出一支专业化、高水平的中医临床研究队伍；

四要加大技术力量的投入，突出中医特色，实行中西医结合，创建骨伤专业医疗特色。

总之，骨伤科临床医学中心的成立，对于省中医院而言，将是一次良好的发展机遇，希望大家能坚定信心，扎实工作，不断进取，通过三年的骨伤科临床医学中心建设，力争建成一个管理现代、服务精良、技术先进、设备完善的具有一定规模的全省标志性医疗中心，实现业务技术和硬件水平全省领先，在西北地区具有一定优势，争取达到国内先进水平。

最后，祝省中医院的事业能够蒸蒸日上，为甘肃卫生事业的发展做出更大的贡献！

祝各位专家、同志们工作顺利，身体健康！

谢谢大家！

在甘肃省“骨伤科临床医学中心”和“中医骨科临床研究基地”挂牌仪式上的讲话

省卫生厅党组书记、厅长　刘维忠

（2010年9月9日）

尊敬的咸省长，各位领导、各位专家、各位来宾：

大家好！

今天，我们在省中医院举办“中西医结合骨科微创治疗新技术学习班”，并举行“甘肃省骨伤科临床医学中心”和“甘肃省中医骨科临床研究基地”的挂牌仪式。首先，我代表省卫生厅，向出席会议的各位领导和专家表示热烈的欢迎！向省中医院表示衷心的祝贺！

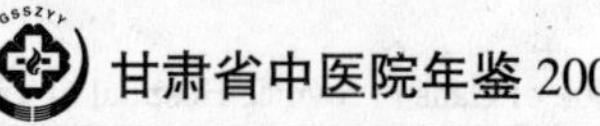

众所周知,中医药学是中华民族几千年来与疾病做斗争的智慧结晶。她以其独特的理论体系、丰富的实践经验和卓越的临床疗效立于世界医学之林,被誉为世界传统医学的一枝奇葩。中医药是我国医药卫生事业的重要组成部分。近年来,在省委省政府的高度重视和大力支持下,我省各级卫生部门和全体中医药工作者,以改革为动力,在发展中医药事业方面做出了不懈探索和努力,使得中医医疗体系进一步建立健全,我省中医各项事业也取得了长足发展。

为认真贯彻落实《甘肃省人民政府关于扶持和促进中医药事业发展的实施意见》,进一步提升中医药防病治病能力和自主创新能力,促进全省中医药事业快速稳步发展,省卫生厅研究决定,在省级医疗卫生机构开展甘肃省"临床医学中心"和"省级中医临床研究基地"的建设工作,本着公平、公正、公开的原则,经层层评审,最终确立了5个临床医学中心和3个中医临床研究基地,甘肃省中医院负责建设甘肃省"骨伤科临床医学中心"和"中医骨科临床研究基地"。

"临床医学中心"和"中医临床研究基地"的总体目标,是利用3年左右的时间,逐步建立起符合自身发展规律的中医药临床和科技创新机制,建成一批重点学科和专科,培养一支专业化、高水平的中医临床科研队伍,全面提高中医药防病治病能力和自主创新能力,争取建成省内或国内一流的临床医学中心和省级中医临床研究基地。

省中医院骨科是国家中医药管理局"十一五"重点专科、省卫生厅临床医学重点学科。医院在骨科建设过程中,坚持发扬中医特色,积极吸取西医之长,坚持走中西医结合道路,通过长期的尝试和探索,积累了丰富的经验,取得了显著的成效。目前,骨科已经被评为中华骨伤名科,已成为西北最大的骨伤科基地,在"5·12"地震、三鹿奶粉事件、非典防治、青海玉树地震和舟曲特大山洪泥石流灾害救援等突发事件中,医院的骨科和部分中医专科发挥了独特的优势,医院的中医传统疗法和自制药品为伤员的早日康复和疾病的控制做出了应有的贡献。今天,骨伤科临床医学中心和研究基地的设立,是省委省政府大力支持的结果,也是省中医院不断努力的结果,希望省中医院再接再厉,能继续保持良好的发展势头,再创辉煌!

当然,在看到这些成绩的同时,我们还应该认识到我省中医药事业发展还面临着严峻挑战,存在着许多问题。比如影响和制约中医药事业发展的体制、机制等问题还没有得到根本解决,中医人才储备不足,中西医发展不平衡等。在当前和今后一个时期,希望医院能积极探索建设临床医学中心和研究基地的新思路、新途径,着力抓好以下几个方面的工作:

一要扩大规模,整合资源,尽快实现床位数的增长,把骨伤科临床医学中心建设成西北领先、全国知名的医学临床中心;

二要加强在关键设备设施配置方面的投入,积极探索现代诊疗设备、技术与中医药的有机结合;

三要加强人才队伍建设,积极探索培养中医药高级临床人才的新路子,着力培养一支专业化、高水平的中医临床研究队伍;

四要加大技术力量的投入,充分发挥中医药特色与优势,大力推进中西医结合,创建骨伤专业医疗特色,提高中医药防治疾病的能力。

甘肃省"骨伤科临床医学中心"和"中医骨科临床研究基地"在省中医院的设立,为省中医院骨科的发展创造了难得的机遇,希望大家能抓住机遇、坚定信心,解放思想、大胆探索,求真务实、扎实工作,为加快推动中医药事业科学发展做出新的更大贡献!预祝本次学习班圆满成功!

祝各位领导、各位专家工作顺利,万事如意!

谢谢大家!

专项工作

科学发展观

关于成立省中医院学习实践科学发展观活动领导小组的通知

中医党发〔2008〕9号

各党支部：

按照中央和省委的要求以及省卫生厅党组的统一安排，我院参加全省第一批学习实践科学发展观活动，从2008年9月开始，到2009年2月基本结束。为了加强对学习实践活动的组织领导，经2008年10月15日院党委决定，成立开展深入学习实践科学发展观活动领导小组。现将组成人员名单通知如下：

组　长：李谦英　党委书记
副组长：李盛华　党委委员、院长
　　　　孙援朝　党委副书记
成　员：冯守文　党委委员、副院长
　　　　马忠祥　党委委员、副院长
　　　　舒　劲　党委委员、副院长
　　　　包　珠　省中医药研究院党支部书记

领导小组下设办公室
主　任：孙援朝（兼）　党委副书记
副主任：罗克龙　党委办公室主任
　　　　刘梦华　人力资源部主任
　　　　卫晓雯　院长办公室主任
成　员：郑　慧　人力资源部副主任
　　　　南国正　工会副主席
　　　　王晓蓉　党委办公室副主任
　　　　乔　莉　团委副书记
　　　　徐柏林　院长办公室干部

二〇〇八年十月十六日

关于印发《甘肃省中医院开展深入学习实践科学发展观活动实施方案》的通知

中医党发〔2008〕10号

各党支部：

现将《甘肃省中医院开展深入学习实践科学发展观活动实施方案》印发给你们，请严格按照本实施方案规定的时间步骤和具体要求组织实施，并将活动进展情况及时报送医院学习实践活动办公室。

二〇〇八年十月十六日

甘肃省中医院开展深入学习实践科学发展观活动实施方案

根据中央和省委关于开展深入学习实践科学发展观活动（以下简称“学习实践活动”）的总体部署，按照省卫生厅党组的具体安排，省中医院参加全省第一批学习实践活动，从2008年9月开始，到2009年2月基本结束。为确保我院学习实践活动有计划、按步骤、高质量地进行，确保活动取得实效，根据《甘肃省卫生厅开展深入学习实践科学发展观活动的实施方案》，结合医院实际制订如下方案。

一、指导思想

开展深入学习实践科学发展观活动，是党的十七大做出的重大战略部署。学习实践活动要全面贯彻党的十七大精神，高举中国特色社会主义伟大旗帜，以邓小平理论和“三个代表”重要思想为指导，按照中央和省委的统一部署和卫生厅党组的总体安排，以医院领导班子和县以上党员领导干部为重点，认真学习实践科学发展观，准确把握科学发展观的重大意义、科学内涵、精神实质和根本要求。努力改造主观世界，切实增强贯彻落实科学发展观的自觉性和坚定性，着力转变不适应、不符合科学发展观的思想观念，着力解决影响和制约医院改革与发展以及群众反映强烈的突出问题，着力构建充满活力、富有效率、有利于科学发展的体制机制，全面提高医疗服务能力和水平，努力推动医院各项事业科学发展。

二、目标要求

各党支部要深化对搞好学习实践活动重要性和必要性的认识，切实增强责任感和使命感，以认真负责的态度、改革创新的精神、求真务实的作风，切实抓好学习实践活动，努力实现党员干部受教育、科学发展上水平、人民群众得实惠，确保学习实践活动取得实实在在的成效。

学习实践活动以医院领导班子成员及副县以上党员领导干部、各党支部书记为重点，全体党员参加。具体达到以下目标要求：

1.思想认识显著提高。紧密联系党员、干部特别是领导干部的工作和思想实际，按照贯彻落实科学发展观的要求，继续解放思想，统一认识，进一步加深对科学发展观的理解，切实转变不适应、不符合科学发展要求的思想观念，牢固树立又好又快的发展理念。在要不要科学发展、能不能科学发展、怎么样科学发展等重大问题上达成共识，增强贯彻落实科学发展观的自觉性和坚定性。

2.突出问题得到解决。努力解决医院工作中影响和制约科学发展的突出问题，解决影响社会和谐稳定的突出问题，解决党员干部党性、党风、党纪方面群众反映强烈的突出问题；进一步理清医院促进科学发展的工作思路，完善科学发展规划；进一步加强领导班子思想政治建设，推动广大党员特别是党员领导干部讲党性、重品行、做表率，努力提高领导科学发展的能力和水平。

3.体制机制更加完善。着重建立健全体现科学发展要求的体制机制，努力为科学发展观的贯彻落实提供制度保障。

4.科学发展有效推进。坚持把务求实效作为开展学习实践活动的出发点和落脚点，通过学习实践活动，把科学发展观的要求转化为推进科学发展的坚强意志、谋划科学发展的正确思路、领导科学发展的实际能力、促进科学发展的政策措施、增强党性修养提高思想觉悟的自觉行动，努力推进科学发展，奋力开创各项工作的新局面。

三、方法步骤

开展学习实践活动，首先要认真做好思想、组织等各项准备工作。动员大会之后，各党支部要根据医院党委的安排，对学习实践活动进行专题研究和部署，做好思想发动。思想发动要增强针对性，注重实效性，注意克服可能出现的厌倦心理和畏难情绪，充分调动广大党员干部参加学习实践活动的积极性。开展学习实践活动要着重把握坚持解放思想、突出实践特色、贯彻群众路线、正面教育为主的原则。根据围绕科学发展主题确定活动实践载体的要求，按照卫生厅党组的总体部署，在职能部门组织开展“岗位练兵”，在业务科室开展“技术比武”活动，不断提高医务人员为患者服务的能力和水平；通过推荐符合条件的年轻医务人员作为“西部之光”访问学者，到国内名院学习深造，推荐具有发展潜力的、外语水平过关的优秀青年医务人员赴境外深造，组织研究生俱乐部成员开展学术交流活动，营造浓厚的学术氛围，促进科研能力和学术水平跃上新台阶；在全院开展评选十佳医生及院内名中医活动；继续在全院实行护士长以上中层干部竞聘上岗，通过开展主题实践活动，进一步提高干部队伍综合素质，不断提高工作效能，增强干部履职尽责能力，打造一支思想过硬、业务过硬、作风过硬的干部队伍。

学习实践活动分三个阶段进行。

（一）学习调研阶段（9月底至11月26日）。重点抓好三个环节：

1.学习培训（9月底至10月31日）。要制订学习培训计划，班子成员以及副县以上中层干部要参加厅里组织的集中培训；对党委中心组成员、各党支部支委等学习骨干组织进行一次集中的理论培训；我们还将邀请省委党校或省委讲师团教授做一次学习实践活动辅导报告；适当时间可以安排先进典型在一定范围做报告。学习实践活动办公室要结合医院实际，结合医院中心工作列出学习讨论专题，由中心组成员分头准备，然后组织集中的交流讨论。通过个人自学、集中培训、专题辅导、交流研讨等形式，组织党员认真学习党的十七大精神和省第十一次党代会精神，学习《毛泽东邓小平江泽民论科学发展》和《科学发展观重要论述摘编》，学习胡锦涛等中央领导同志和陆浩书记等省委领导同志的一系列重要讲话精神，学习刘维忠厅长、李存文副厅长等卫生厅领导的讲话精神，党员领导干部还要认真学习《深入学习实践科学发展观活动领导干部学习文件选编》。领导班子和成员要在通读有关学习材料的基础上，对重点篇目进行精读，积极参加中心组学习，带头到基层支部做学习报告。每个党员要撰写不少于一万字的学习笔记和至少两篇学习心得体会。要拓宽学习途径，创新学习载体，丰富学习内容，提高学习培训的效果。

2.深入调研(11 月 1 日至 14 日)。各支部要结合各自工作特点，着重围绕建立健全保障和促进科学发展的体制机制、体现和服务科学发展的规章制度等方面开展调研。要通过召开社会监督员座谈会、政协委员及民主党派代表座谈会、工休座谈会等形式，广泛听取来自各方面的意见和建议。领导班子成员要结合自己分管的工作确定重点调研课题，带头深入基层，广泛听取意见建议，认真撰写调研报告，及时交流调研成果。要认真总结经验教训，精心选择正反两方面的案例进行剖析，努力提高分析解决实际问题的能力，更好地从理论与实践结合上增强对落实科学发展观的认识和理解。

3.围绕科学发展观开展解放思想大讨论(11 月 15 日至 26 日)。按照科学发展观要求，针对实际工作中的主要问题和党员干部的思想状况，采取多种形式，确定若干研讨专题，组织开展解放思想大讨论，引导广大党员特别是党员领导干部把思想认识从那些违背科学发展观要求的观念、做法和体制机制的束缚中解放出来，克服满足现状、因循守旧等思想，树立正确的发展观和政绩观，增强贯彻落实科学发展观的自觉性和坚定性。通过大讨论，进一步加深广大党员特别是党员领导干部对科学发展观的理解，切实增强忧患意识、责任意识和机遇意识，进一步开阔眼界、开阔思路、开阔胸襟，在事关医院科学发展全局的重大问题上深化认识、统一思想，抓住重点，破解难题。

(二)分析检查阶段(11 月 27 日至 12 月 26 日)。重点抓好三个环节：

1.召开领导班子专题民主生活会(11 月 27 日至 12 月 6 日)。专题民主生活会要围绕深入贯彻落实科学发展观，进一步推动科学发展确定主题。领导班子成员要结合分工，重点查找个人和班子在贯彻落实科学发展观方面存在的突出问题，查找党性、党风、党纪方面群众反映强烈的问题，深刻分析原因，开展严肃认真的批评与自我批评。民主生活会前，领导班子成员之间要普遍开展谈心，充分沟通思想，认真撰写发言材料，做好充分准备。要组织党员认真参加所在支部的专题组织生活会，按照科学发展观要求分析查找自身存在的差距和不足，明确努力方向。对民主生活会和组织生活会，既要严格要求，提高质量，又要注意调动和保护党员干部的积极性。专题民主生活会与 2008 年的班子民主生活会合并召开，适当扩大列席人员范围。召开专题民主生活会时我们将邀请省卫生厅党组派人列席，加强指导。

2.形成领导班子分析检查报告(12 月 7 日至 16 日)。领导班子分析检查报告要紧密联系实际，在认真回顾十六大以来贯彻落实科学发展观情况，充分运用学习调研、征求意见和专题民主生活会成果的基础上，认真查找贯彻落实科学发展观方面存在的突出问题，深刻分析主客观原因特别是主观原因，提炼出贯彻落实科学发展观的总体思路、目标原则、重点任务、保障措施和加强领导班子自身建设特别是思想政治建设的具体措施。医院党政主要领导要全程主持分析检查报告的撰写。

3.组织群众评议(12 月 17 日至 26 日)。领导班子分析检查报告形成后，要认真组织评议，广泛征求党员、群众的意见。在全院开展“我为医院发展献良策”活动，鼓励干部职工为医院发展建言献策。凡是有利于改善服务、加强管理、提高效率、促进改革、加快发展的合理化建议都要采纳并列入整改落实方案。要注意吸收熟悉医院情况、有较强参政议政能力的人员参加评议。参评人员既要有本单位的党员和群众,还要邀请患者代表参加。评议人员可着重从对科学发展观的认识深不深、查找的问题准不准、原因分析得透不透、发展思路清不清、工作措施可行不可行等方面对分析检查报告进行审查把关。群众评议中提出的正确意见要认真吸收,充分体现到分析检查报告中来。分析检查报告和评议结果要在一定范围内公开。

(三)整改落实阶段(12月27日至2009年2月24日)。重点抓好三个环节:

1.制订整改落实方案(12月27日至2009年1月14日)。整改落实方案应以分析检查报告为依据,注重针对性和可操作性。要对查摆出来的突出问题和需要完善的制度,按轻重缓急和难易程度,分别提出整改落实的目标、方式和时限要求,明确分管领导、分管部门和责任人。整改落实方案制订后,采取适当方式向党员、群众公布,接受监督。

2.集中解决突出问题(2009年1月15日至2月13日)。进一步明确科学发展的工作思路、工作方法和工作方向,切实解决查找出来的、通过努力能够解决的突出问题。注重选准解决问题的突破口和切入点,什么问题突出就重点研究解决什么问题。医院领导班子侧重解决关系医院科学发展、维护群众健康利益的思路和重大政策措施等问题,各支部侧重解决本支部范围的突出问题,同时要下大力气解决事关群众切身利益的问题。对涉及多部门的问题,要增强大局意识,加强协调配合,积极探索上下互动、左右联动解决问题的有效方式。

3.完善体制机制(2009年2月14日至2月24日)。从促进科学发展的需要出发,积极稳妥地推进体制机制创新和制度建设,努力解决制度缺失和体制障碍等突出问题,逐步形成保障和促进科学发展的制度体系。认真清理现有规章制度,就切实做好废、改、立工作做出安排。医院着重建立健全体现科学发展要求的体制机制和规章制度。要从活动一开始就重视做好创新体制机制工作,认真学习掌握党的卫生工作方针政策和国家法律法规,借鉴学习调研成果,充分运用领导班子分析检查报告,勇于突破制约科学发展的体制机制束缚。对于需要上下共同努力才能解决的体制机制问题,可以向相关机构提出建议。

学习实践活动基本完成时,要做好活动的总结工作,并采取适当方式向党员、群众通报情况。在此基础上,对学习实践活动进行群众满意度测评,主要测评群众对解决影响和制约科学发展突出问题的满意度、对开展学习实践活动实际效果的满意度。测评结果要以适当方式向群众公布。根据测评情况,进一步完善整改落实措施,确保学习实践活动中尚未解决的突出问题继续得到有效解决。

四、组织领导

要切实加强对学习实践活动的领导和指导,思想上高度重视,工作上落实责任,组织上提供保障,确保学习实践活动各项措施落到实处。

1.落实领导责任。为了切实加强学习实践活动的组织领导,医院成立学习实践活动领导小组,统一领导医院学习实践活动。各位院领导将按照业务分工确定联系点,实行分工负责,有关科室应配合分管领导深入联系点调查研究、督促检查、具体指导,使联系点成为学习实践活动的示范点。党员领导干部要发挥带头作用,积极参加领导班子和所在支部的活动,结合各自分工建立联系点,负责对有关支部的检查指导工作,防止活动走过场、出偏差。

2.鼓励探索创新。在坚持学习实践活动基本要求的前提下,针对各支部的不同特点,党员领导干部和普通党员等不同对象,提出有针对性的具体要求,创新各具特色的活动载体。各支部开展学习实践活动的具体方式方法可结合实际做出安排,鼓励大胆探索。要充分发挥党支部的作用,积极探索有效形式，确保广大党员全员参与、全程参加。要充分发扬民主，尊重群众首创精神，认真听取群众意见和建议，注意发挥专家的作用。学习实践活动要讲成本、重实效，防止铺张浪费，切忌搞文山会海，杜绝形式主义。

3.营造良好氛围。各支部以及学习实践活动办公室要通过院报、宣传板报、工作简报、医院网站等多种途径，大力宣传科学发展观的科学内涵、精神实质和根本要求，宣传开展学习实践活动的重大意义，宣传学习实践活动的部署、要求、做法、经验成效和先进典型，营造良好的舆论氛围。

4.做到两手抓、两不误、两促进。各支部要把学习实践活动当作推动工作的重要机遇和强大动力，把学习实践活动同深入贯彻落实党的十七大精神和省第十一次党代会精神，同弘扬伟大抗震救灾精神和甘肃精神，同推动广大党员特别是党员领导干部讲党性、重品行、做表率，同开展“强化岗位练兵，推动技术比武”主题实践活动相结合，通过学习实践活动促进各项工作，用各项工作的实际成果来衡量和检验学习实践活动的成效。

学习实践活动中，要重视做好个人学习笔记、会议记录、文件管理等工作，为学习实践活动和检查指导提供文字依据。学习实践活动的有关情况，要及时向省卫生厅学习实践活动领导小组报告。

关于印发省中医院学习实践科学发展观活动动员大会领导讲话的通知

中医党发〔2008〕11号

各党支部：

现将省卫生厅党组副书记、副厅长李存文同志和院党委书记、学习实践活动领导小组组长李谦英同志在省中医院学习实践科学发展观活动动员大会上的讲话印发给你们，请组织传达学习，认真贯彻落实。

二〇〇八年十月十六日

附件：

1.李存文副厅长在甘肃省中医院深入学习实践科学发展观活动动员大会上的讲话

2.李谦英书记在深入学习实践科学发展观活动动员大会上的讲话

在甘肃省中医院深入学习实践科学发展观活动动员大会上的讲话

甘肃省卫生厅党组副书记、副厅长　李存文

（2008年11月15日）

同志们：

今天，省中医院召开大会，对深入学习实践科学发展观活动进行动员和部署，这标志着省中医院深入学习实践科学发展观活动已经正式展开了。根据中央部署，从今年9月开始，用一年半左右的时间，在全党分三批开展深入学习实践科学发展观活动。按照省上的统一安排，省卫生厅系统属第一批参加学习实践活动的单位，开展活动的时间从现在开始，到2009年2月基本结束。

根据省卫生厅深入学习实践科学发展观活动领导小组的安排，为切实加强对厅系统各单位学习实践活动的指导和督促检查，省卫生厅党组研究确定了各位厅领导和厅机关各处室学习实践活动联系点，主要职责有四项：一是了解掌握各单位学习实践活动进展情况，及时提出意见建议；二是总结学习实践活动中创造的新鲜经验，发现和推广先进典型；三是发现学习实践活动中存在的问题，及时督促，认真解决；四是开展调研，及时向省卫生厅学习实践活动领导小组反映情况，当好参谋。

刚才，冯守文同志宣读了医院的实施方案，这个方案很好，符合上级党组织的要求和中医院的实际。深刻阐述了开展学习实践活动的重大现实意义和紧迫性，明确了学习实践活动的目标要求，做出了全面的安排部署。这个动员讲话，充分体现了中央和省委关于开展深入学习实践科学发展观活动的精神，具有很强的指导性、针对性和可操作性，我完全赞同。下面，我代表指导检查组，就搞好这次学习实践活动和指导检查工作，讲几点意见。

一、认真学习贯彻中央和省委的精神，牢牢把握学习实践活动的正确方向

在全党开展深入学习实践科学发展观活动，是十七大做出的一项重大战略部署，是用中国特色社会主义理论体系武装全党的重大举措，党中央对开展深入学习实践科学发展观活动高度重视。9月14日，中央印发了《关于在全党开展深入学习实践科学发展观活动的意见》，对在全党开展学习实践活动进行了安排部署。9月28日，省委召开了全省学习实践活动动员大会，省委书记陆浩同志做了重要讲话，对全省开展深入学习实践科学发展观活动进行了动员，提出了明确要求，做出了全面安排部署。10月10日，省卫生厅召开了学习实践活动动员会，刘维忠厅长对厅系统开展学习实践活动进行了深入的思想动员，提出了明确的要求。关于开展学习实践活动的主要精神，集中体现在党的十七大报告和胡锦涛总书记、习近平同志、李源潮同志的有关指示和重要讲话中，体现在省委书记陆浩同志的讲话和省委的《实施意见》及《实施方案》中。我们一定要认真学习、深刻领会、全面贯彻，确保学习实践活动的正确方向。根据中央和省委精神，搞好这次学习实践活动，重点要把握好以下五个方面：

第一，在指导思想上。一要高举一面旗帜，就是高举中国特色社会主义这面伟大旗帜；二要突出一个主题,就是突出深入学习实践科学发展观这个主题;三要围绕一个总要求,就是通过学习实践活动,达到党员干部受教育,科学发展上水平,人民群众得实惠;四要把握一个重点,就是学习实践活动以县以上领导班子和党员领导干部为重点;五要抓好"三个着力",就是通过学习实践活动,着力转变不适应、不符合科学发展观要求的思想观念,着力解决影响和制约科学发展的突出问题以及党员干部党性、党风、党纪方面群众反映强烈的问题,着力构建有利于科学发展的体制机制,提高领导科学发展、和谐发展的能力,使党的工作和党的建设更加符合科学发展观的要求,把本单位的发展积极性进一步引导到科学发展上来,把科学发展观贯彻落实到卫生事业发展的各个方面。

第二,在目标要求上。要努力达到提高思想认识、解决突出问题、创新体制机制、促进科学发展"四句话"的目标要求。提高思想认识,就是要继续解放思想,统一认识,进一步加深广大党员干部特别是领导干部对科学发展观的理解,增强贯彻落实科学发展观的自觉性和坚定性,转变不适应、不符合科学发展观要求的思想观念,在事关本单位科学发展全局的重大问题上达成共识。解决突出问题,就是努力解决影响和制约科学发展的突出问题,解决影响社会和谐稳定的突出问题,解决党员干部党性、党风、党纪方面群众反映强烈的突出问题,进一步明确本单位促进科学发展的工作思路,进一步加强领导班子思想政治建设。创新体制机制,就是要把建立健全保障和促进科学发展的体制机制作为关键来抓,为贯彻落实科学发展观营造良好的政策制度环境,着重建立健全体现科学发展要求的规章制度。促进科学发展,就是通过学习实践活动,把科学发展观的要求转化为推进科学发展的坚强意志、谋划科学发展的正确思路、领导科学发展的实际能力、促进科学发展的政策措施、增强党性修养提高思想觉悟的自觉行动,努力促进经济社会又好又快的发展。

第三,在主要原则上。在学习实践活动中要牢牢把握坚持解放思想、突出实践特色、贯彻群众路线、正面教育的原则。坚持解放思想,就是以解放思想为先导,努力克服和转变不符合科学发展的思想观念,破除制约科学发展的政策制度和条条框框,使党员干部特别是领导干部的思维方式、思想方法、工作理念、工作措施,都能更加符合科学发展观的要求。突出实践特色,就是紧紧围绕科学发展的主题,紧密结合本单位的实际,把开展学习实践活动与贯彻落实党的十七大的一系列重大部署结合起来,与总结本单位科学发展的典型经验结合起来,与推动本单位卫生事业发展结合起来,通过学习推动实践,在推进实践中深化学习。贯彻群众路线,就是充分发扬民主,吸收群众全程参与,认真听取群众的意见建议,虚心向群众学习,真诚接受群众监督。确定活动目标、制订活动方案要征求群众意见;活动过程中要请群众评议,让群众监督;活动成效如何要由群众评判,切实把群众满意作为评价活动成效的重要依据。正面教育为主,就是坚持高标准、严要求,组织广大党员、干部深入学习实践科学发展观,实事求是查找存在的问题,深刻分析产生问题的原因,全面总结经验教训,认真开展批评和自我批评,进一步明确努力方向。

第四,在解决重点问题上。就是要解决好五个方面的重点问题。一是按照科学发展观第一要义是发展的要求,着力解决发展思路不清、发展信心不足、发展方式落后、发展质量不高、发展后劲不足等问题。二是按照核心是以人为本的要求,着力解决群众意识淡薄,不能深入了解群众愿望、顺应群众要求,对群众合法权益维护不够,对社会和谐稳定重视不够等问题。三是按照全面协调可持续的基本要求,着力解决片面发展、盲目发展、只顾眼前发展等问题,尤其要解决单纯追求速度,不重视单位长远发展,不重视质量和效益,不重视协调发展等问题。四是按照根本方法是统筹兼顾的要求,着力解决全局意识不强,缺乏战略思维,不能妥善处理局部利益和整体利益、单位利益和全省利益、个人利益和集体利益、当前利益和长远利益的关系,有令不行、有禁不止、政令不畅通等问题。五是按照贯彻落实科学发展观必须加强和改进党的建设的要求，着力解决党性不强、党风不正、执行党纪不严的问题，在世界观、人生观、价值观、权力观、地位观、利益观方面存在的问题，尤其是党员意识不强，理想信念动摇，宗旨意识淡薄，党员领导干部政绩观不正确，作风漂浮以及形式主义、官僚主义严重等问题。要从本单位的工作实际出发，坚持什么问题突出就着力解决什么问题，尽力而为、量力而行，防止面面俱到，抓不住重点，找不准问题，影响活动效果。

第五，在方法步骤上。重点要抓好学习调研、分析检查、整改落实3个阶段11个环节的工作。第一阶段是学习调研，这个阶段重点抓住学习培训、深入调研、围绕科学发展观进行解放思想大讨论三个环节；第二阶段是分析检查，这个阶段重点抓住召开领导班子专题民主生活会、形成领导班子分析检查报告、组织群众评议三个环节；第三阶段是整改落实，这个阶段重点抓住制订整改落实方案、集中解决突出问题、完善体制机制三个环节。再加上启动环节和收尾总结环节，总共是11个环节。

二、采取有力措施，确保学习实践活动全面落实

开展学习实践活动，是全党政治生活中的一件大事。要把学习实践活动摆上重要议事日程，作为单位党的建设的重中之重，高度重视，精心组织，把深入学习、提高认识贯穿始终，把解放思想、改革创新贯穿始终，把解决问题、完善体制机制贯穿始终，把依靠群众、发扬民主贯穿始终，确保活动取得实效。

第一，要保证学习实践活动的时间落实。

这次省卫生厅系统作为参加第一批开展学习实践活动的单位，时间为期半年，但实际真正可用于学习实践活动的时间，只有4个多月的时间，要完成3个阶段11个环节的学习实践内容，可谓任务重、时间紧，再加上今年最后3个月的工作量很大，对学习实践活动或多或少都会形成冲击。因此，要在工作中做到两不误，两促进，想方设法合理安排工作，调整工作节奏，充分保证学习实践活动的时间。每周安排集体学习时间一般不少于2个半天。在安排学习实践活动时，要认真分析各个环节的重点任务，制订周密细致的计划，合理分解每个阶段每个环节的任务，确保制订的计划有可操作性。

第二，要保证学习实践活动的人员落实。

这次学习实践活动，是全党继保持共产党员先进性教育后的又一次集中教育活动，重点是领导班子和党员领导干部。在学习的组织上，单位的领导首先要按照要求负起责任，主要负责同志要认真履行第一责任人的职责，分管领导要认真履行直接责任人的职责，加强对学习实践活动的领导。学习实践的各个环节也要落实责任到具体部门，要指定负责人，确保每个环节有人组织、有人实施、有人监督。在学习的参与上，要保证党员干部全员参加学习实践活动，确因工作原因不能参加学习的，其所在的支部要有具体的补课措施。

第三，要保证学习实践活动的内容落实。

在学习实践活动中，要组织广大党员干部认真学习党的十七大精神，认真学习《毛泽东邓小平江泽民论科学发展》和《科学发展观重要论述摘编》，县处级以上领导干部还要认真学习《深入学习实践科学发展观活动领导干部学习文件选编》，通过扎实的理论学习，使广大党员全面理解科学发展观的科学内涵、精神实质、根本要求，努力掌握科学发展观所体现的马克思主义基本立场、基本观点、基本方法。要丰富学习实践活动的内容，通过举办集中培训、专家辅导、知识竞赛、演讲比赛、研讨论坛等多种方式开展学习实践活动，通过多种形式推动学习实践活动。活动中要做到“七个一”，即一个专用笔记本，搞好一个活动专栏，一篇学习体会，一份专题报告，一个爱心活动，一个先进典型，一个实践载体。

第四，要保证学习实践活动的效果落实。

学习实践活动中，我们要做到真学、真懂、真用。通过扎实开展学习实践活动，使我们真正领会科学发展观的内涵，并用先进正确的思想理论武装我们的头脑，并用科学发展观指导我们的具体工作，进一步解放思想，实事求是，大胆创新，积极探索改进我们的工作，推动卫生事业的发展。衡量学习效果的落实，要看我们是否紧贴卫生工作实际认真查摆问题，是否能用科学发展观解决问题，整改措施是否让人民群众满意，制订发展规划是否做到了统筹兼顾，广大党员干部的思想作风是否真正得到转变。

三、统筹兼顾，正确处理好五个方面的关系

我们要把学习实践活动当作推动工作的重要机遇和强大动力，把学习实践活动同深入贯彻落实党的十七大精神，同纪念改革开放30周年活动，同弘扬伟大抗震救灾精神，同推动广大党员特别是党员领导干部讲党性、重品行、做表率紧密结合起来，同做好单位当前的重点工作结合起来，同推进单位各项改革发展任务结合起来。通过学习实践活动促进各项工作，用各项工作的实际成果来衡量和检验学习实践活动的成效，尤其要妥善处理好五个方面的关系。

第一，要妥善处理好学习与实践的关系。这次学习实践活动与以往集中学习教育不同，既要认真学习理论，还要抓好实践。学习是基础，只有通过全面深入的学习，才能掌握先进的思想理论，用正确的思想武装我们的头脑。实践是手段，必须要用学习的成果来指导实践，改进我们的工作，使我们的工作更加符合科学发展的方向。

第二，要妥善处理好工作与活动的关系。今年全省卫生工作任务很重，一方面，要抓好各单位业务工作和改革发展的具体工作，另一方面，还要认真完成学习实践活动各个阶段的工作。这次学习实践活动跨越岁末年初，重要会议多、节假日多、工作头绪多。我们要充分认识开展学习实践活动与做好当前工作的内在一致性，不要有畏难情绪，要善于运用科学发展观来指导学习实践活动，合理调配时间，妥善处理好学习实践活动和做好当前各项工作的关系，做到围绕中心、服务大局、统筹兼顾、合理安排。既不能脱离各项业务工作孤立地搞学习实践活动，也不能因为业务工作忙而不认真抓学习实践活动。要把学习实践活动的成效体现到完成各项任务、解决突出问题和促进卫生事业发展上，以推动卫生事业稳定发展和各项工作取得成绩的标准来衡量和检验学习实践活动的成效。

第三，要妥善处理好时间与质量的关系。在活动中，既不能因为赶抢学习时间而忽视学习质量，影响学习效果，也不能因为强调学习质量而忽视学习进度，影响学习实践活动的整体进程。一定要按照省卫生厅的统一要求，在规定的时间内完成各个阶段各个环节规定的任务。

第四，要妥善处理好大方案与小方案的关系。省委和省卫生厅都制订了相应的实施方案，是大方案，我们单位也根据自己的特点制订了切实可行的实施方案，是小方案。小方案要在大方案的框架内，不能偏离大方案的指导，不能与大方案有抵触。但小方案也不能生搬硬套，照抄大方案，小方案的制订要体现我们单位的特点，要有针对性，使人一看就能感到是量体裁衣，确实是为我们单位制订的。

第五，要妥善处理好规定动作与自选动作的关系。要立足实际，开拓思维，积极探索，从组织方式、活动形式、活动载体、评价活动效果和体制机制建设等五个方面大胆创新，把开展活动与工作实际更加紧密地结合起来，体现出卫生特色，体现出单位特色。要做到规定动作不能少、自选动作有创新，使学习教育活动开展得有声有色，使活动的成效更多地体现在困难问题的化解和重点工作的推进上，努力实现打造特色亮点、创造鲜活经验、推动加快发展的目标。

参加省中医院学习实践活动的指导检查工作，对厅领导和机关同志来说，既是一项光荣的任务，也是一次难得的学习调研机会。省中医院作为我省规划最大的中医综合医院，广大干部和职工在长期的工作实践中积累了很多的好经验，形成了好作风，创造了好业绩，为全省卫生事业做出了应有的贡献，特别是很多党员专家和医务人员长年工作战斗在第一线，大家无私奉献，艰苦工作，创造了许多可歌可泣的先进事迹，涌现出了许多优秀典型，这些都应该是我们开展学习实践活动的鲜活教材和榜样。

同志们，开展学习实践科学发展观活动，是新的时代党的建设工作的一项重大政治任务。我们相信，有省委的正确领导，有省中医院党委卓有成效的工作，有广大党员干部和群众的关心、支持和积极参与，我们一定能够圆满完成上级交给我们的各项任务，向党和人民交出一份满意的答卷。

李谦英书记在深入学习实践科学发展观活动动员大会上的讲话

——提高思想认识　加强组织领导　确保深入学习实践科学发展观活动取得实效

（2008年10月15日）

同志们：

中央决定，从今年9月开始，用一年半时间，在全党分批开展深入学习实践科学发展观活动。最近，中央和省委都专门召开了会议，对这项工作进行了全面部署。10月10日，省卫生厅党组召开省卫生厅系统深入学习实践科学发展观活动动员大会，对厅系统学习实践活动进行具体安排和大会动员。在厅系统动员会议上，刘维忠厅长做了重要讲话，提出了明确具体的要求，厅里很快确定了与各单位联系的指导检查组，这项工作已在厅系统全面展开。为了认真贯彻中央、省委和卫生厅党组会议精神，切实抓好医院深入学习实践科学发展观活动，医院党委进行了专题研究，下面我代表院党委讲几点意见：

一、提高认识，深刻理解学习实践活动的重大意义

科学发展观就是用科学的世界观和方法论来看待和解决为什么发展、为谁发展和怎样发展的问题。在全党开展深入学习实践科学发展观活动，是党的十七大做出的重要战略部署，是用中国特色社会主义理论武装全党的重大举措。

提出科学发展观，是以胡锦涛同志为总书记的党中央根据我国经济社会发展进入全面建设小康社会、加快推进社会主义现代化的新的发展阶段的客观实际，坚持一切从我国国情出发，针对当前经济社会存在的现实矛盾和问题，深刻总结了国内外在发展问题上的经验教训，吸收人类文明进步的新成果，着眼于丰富发展内涵、创新发展观念、开拓发展思路、破解发展难题而提出来的。在新世纪新阶段，只有始终坚持以科学发展观为指导，发展才能有新思路，改革才能有新突破，开放才能有新局面，工作才能有新举措。近年来，医院在省委、省政府和省卫生厅的正确领导下，经过全院广大干部职工的辛勤努力，医院在基本设施建设、医院内涵建设、医院文化建设等方面都取得了长足的进步和发展。但是我们还要清醒地看到，医院在科学发展方面还存在一些问题，面对诸多挑战。比如，医院的基础建设还面临诸多困难；学科建设还有待于不断完善；医疗服务的质量和水平还有待进一步提高；医务人员的服务意识还有待进一步转变；一些党员干部的事业性和责任感还不强，党员意识和服务意识淡薄，业务水平不过硬，先锋模范作用发挥得还不好；有的政策理论水平不高，运用科学发展观理论指导工作实践、解决实际问题的能力还不强等。这些问题的存在，都影响着医院工作乃至整个医疗卫生事业的全面、协调、可持续发展。因此，深入扎实地开展学习实践科学发展观活动对于我们来说，不仅非常必要，也十分紧迫，需要我们进一步把思想真正统一到科学发展观上来，统一到中央和省委的重大决策上来，统一到厅党组的具体要求上来，自觉地用科学发展观来指导我们的工作，改进我们的作风，推动医院各项工作又好又快的发展。

二、把握关键，切实增强学习实践活动的针对性

省卫生厅党组对厅系统学习实践活动的指导思想、主要原则和目标要求都做了明确规定，并对学习实践活动有针对性地提出了具体要求。各党支部要认真学习，深刻领会，准确把握，结合实际，切实抓好贯彻落实。

第一，紧贴医院工作实际，准确把握学习实践活动的指导思想。

这次学习实践活动的指导思想、核心内容，就是高举一面旗帜、突出一个主题、围绕一个总要求、把握一个重点、抓好三个着力点。高举一面旗帜，就是高举中国特色社会主义伟大旗帜。在学习实践活动中，要着力教育引导广大党员干部，充分认识改革开放30年来我国社会主义的辉煌成就，振奋精神，激昂斗志，更加坚定为社会主义事业奋斗和全面建设小康社会的信念。突出一个主题，就是促进科学发展。对于我们单位而言，就是要以这次学习实践活动为契机，把深刻学习领会科学发展观、自觉践行科学发展观和推动医院科学发展紧密结合，分析查找制约和影响医院各项工作健康发展的各种不利因素，不断创新工作思路和改进工作方法，探索促进医院工作再上新台阶的有效手段。围绕一个总要求，就是党员干部受教育，科学发展上水平，人民群众得实惠。要通过学习实践活动，使广大党员干部系统地接受一次中国特色社会主义理论体系教育，进一步把科学发展的理念转化为促进工作的动力，体现于推进医院工作科学发展的实际效果，不断满足人民群众日益增长的健康需求，真正让人民群众看到变化、得到实惠。把握一个重点，就是教育活动的重点是各党支部书记以及县处级以上领导干部，特别是医院班子成员。医院领导班子和县处级以上党员领导干部承担着领导科学发展的主要责任，各党支部书记是所在支部学习实践活动的直接责任人，是推动科学发展观的主要组织者和实践者，对科学发展观的认识水平和领导科学发展的能力，直接决定着科学发展观贯彻落实的成效。学习实践活动一定要充分发挥领导班子、领导干部的带头作用。党委班子成员要认真负责地抓好各自联系点的学习实践活动。抓好三个着力点，即着力转变不适应、不符合医院科学发展观的思想观念，着力解决影响和制约医院科学发展的突出问题和党员干部党性、党风、党纪方面群众反映强烈的突出问题，着力构建有利于医院科学发展的体制机制，提高促进医院各项工作科学发展的能力，把科学发展观贯彻落实到医院工作的各个方面。这是贯彻落实科学发展观的实践要求，也是这次学习实践活动的切入点和突破口，学习实践活动成效大与小，就要看这“三个着力”落实得怎么样，各支部一定要在这三个方面狠下功夫，确保取得实效。

第二，立足卫生事业发展现状，准确把握学习实践活动的目标要求。

中央把这次学习实践活动的目标要求概括为四句话，即提高思想认识，解决突出问题，创新体制机制，促进科学发展。我们要结合单位实际，针对行业特点和卫生事业发展现状，找准工作的切入点，把握好工作的落脚点。

一是提高思想认识。搞好学习实践活动，抓好学习、提高认识是基础。检验这次学习实践活动的成效，首先要看用科学发展观武装头脑是否下了真功夫，看对推动科学发展的重要性和紧迫性的理解和把握是否有了新提高，看在转变影响和制约科学发展的思想观念、方式方法、体制机制方面是否有了新突破。所以要把深入学习、提高认识放在首位。这也是搞好学习实践活动的前提和基础。每个支部都要认认真真抓好对中央和省上有关文件精神的学习、对厅系统活动方案的学习、对三个教育读本的学习。通过学习实践活动，促使广大党员干部特别是领导干部进一步加深对科学发展观的理解，进一步增强贯彻落实科学发展观的自觉性和坚定性，引导党员、干部深刻领会科学发展观同邓小平理论、"三个代表"重要思想既一脉相承又与时俱进的内在联系，系统掌握科学发展观所体现的马克思主义立场、观点和方法。要把深入学习科学发展观同开展解放思想大讨论有机地结合起来，以解放思想为先导，进一步把广大党员、干部的思想认识从那些违背科学发展观要求的观念、做法和体制机制的束缚中解放出来，努力转变不适应、不符合科学发展观要求的思想观念，在事关医院科学发展的重大问题上达成共识。

二是解决突出问题。就是要以解放思想、开拓创新的精神，全面分析医院工作面临的新形势、新要求、新任务，坚持实事求是，深入调查研究，不断采取切实有效的措施，努力解决影响和制约医院各项工作科学发展的突出问题。我们将根据卫生部提出的重点解决五个方面的问题的工作思路，按照国家中管局提出的五个结合的要求，把学习实践活动同总结改革开放30年来的中医药工作的经验教训结合起来，同开展中医"三名三进"、中药"三名三保"、中医教育"三名三培"工程结合起来，同加强医院自身建设结合起来，用科学发展观审视工作，破解难题，解决一些影响和制约科学发展的突出问题以及群众反映强烈的突出问题。我们要针对卫生事业发展滞后于经济社会发展，医疗服务能力提高滞后于人民基本医疗保健需要，中医医院发展滞后于西医医院发展，医院面临严重资金困难以及卫生事业发展依然存在的体制性、机制性和结构性矛盾等客观现状，深入分析存在差距的原因，探寻医疗卫生事业发展规律，找出影响医疗卫生事业发展、制约我们医院科学发展的主要矛盾，逐步消除发展瓶颈，破解发展难题。同时，还要针对群众反映强烈的党员干部在党性、党风、党纪方面的突出问题，进一步加强领导班子和党员干部思想政治建设，使广大党员干部特别是县处级以上领导干部真正做到讲党性、重品行、做表率。我们将根据省卫生厅安排，在职能部门组织开展"岗位练兵"，在业务科室开展"技术比武"活动，在全院开展评选名中医活动，同时，继续在全院实行护士长以上中层干部竞聘上岗。通过开展这四项活动，进一步提高干部队伍综合素质，不断提高工作效能，增强干部履职尽责能力，打造一支思想过硬、业务过硬、作风过硬的干部队伍。

三是创新体制机制。体制机制管全局、管根本、管长远。从学习实践活动一开始，我们就要高度重视做好创新体制机制工作，要把解决现实问题和建立长效机制紧密结合起来，针对管理体制、工作机制、事权划分、利益分配等方面存在的突出问题，加大改革攻坚力度，在转变职能、理顺关系、规范运行上下功夫，进一步健全和完善各项规章制度，逐步探索建立有利于科学发展的新体制、新机制，为贯彻落实科学发展观营造良好的制度环境。

四是促进科学发展。通过学习实践活动，充分发挥党的政治优势和组织优势，把科学发展观的要求转化为推进科学发展的坚强意志、谋划科学发展的正确思路、领导科学发展的实际能力、促进科学发展的政策措施、推动科学发展的自觉行动，努力促进医院工作又好又快的发展。

第三，结合医院发展需要，准确把握学习实践活动的主要原则。

坚持解放思想、突出实践特色、贯彻群众路线、正面教育为主，是开展这次学习实践活动必须把握的主要原则。这四条原则，是总结我们党多次开展集中教育活动，特别是学习实践活动试点工作经验的重要成果,各党支部一定要牢牢把握,自始至终领会好、贯彻好、落实好。坚持解放思想,就是要始终在克服和转变不符合科学发展的思想观念,破除制约科学发展的条条框框上下功夫,努力使广大党员干部特别是领导干部的思维方式、思想方法、工作理念、工作措施,都能更加符合科学发展观的要求,都有利于推动科学发展。党的十七大对发展医疗卫生事业提出了"建立基本医疗卫生制度,提高全民健康水平"的新目标,我们正面临医药卫生体制改革的艰巨任务,如果我们因循守旧,故步自封,没有创新,就会贻误发展机遇。只有在解放思想上迈出新步伐,医药卫生体制改革才能有新突破,医院发展才能见到新成效。突出实践特色,就是要准确领会这次学习实践活动与以往集中教育活动的区别,始终在"学习"与"实践"两个方面下功夫,紧扣实践来深化学习,既要深入学习科学发展观的政策理论,也要结合"岗位练兵"和"技术比武"学习各种业务知识,通过学习来推动实践上水平,达到提高本领、改进作风,切实解决影响卫生事业科学发展的实际问题,取得人民群众看得见、摸得着的实际效果。贯彻群众路线,就是要始终依靠群众,充分相信群众,广泛发动群众,组织群众有序参与学习实践活动,倾听他们的意见和呼声,解决他们最希望解决的问题,并把群众满意作为评价活动成效的重要依据。这里面的群众,既包括本院干部职工,也包括广大就诊患者。正面教育为主,就是要充分调动党员干部的主观能动性,激发党员干部学习实践科学发展观的内在动力,始终坚持正面教育、自我教育,查找和剖析问题,从严要求,不搞人人过关,引导党员干部通过学习实践活动,形成推进医院工作科学发展的共识和强大合力。

三、加强领导,务求学习实践活动取得实际效果

开展深入学习实践科学发展观活动,是全党政治生活中的一件大事。要保证这次活动取得实效,达到预期目的,关键在于切实加强组织领导。从一开始就要坚持高标准、严要求,力求取得实效,坚决防止流于形式和走过场。

第一,要建立健全组织领导机构和工作保障机制。为了加强对学习实践活动的领导,医院成立了深入学习实践科学发展观活动领导小组。领导小组的主要职责是:对学习实践活动做出安排,提出要求;督促检查各支部学习实践活动部署和措施的落实情况;听取学习实践活动的情况汇报,研究解决问题,总结推广经验,提出工作意见;对学习实践活动进行全面总结。领导小组由我担任组长,盛华院长和援朝书记任副组长,其他各位党委成员任领导小组成员,学习实践活动领导小组下设办公室,负责对学习实践活动的具体安排、指导和日常工作。

为保证这次学习实践活动真正取得实效,要建立以下三项制度。一是要建立领导责任制。我作为这次学习实践活动的第一责任人,将以高度的责任感和足够的工作精力投身于学习实践活动,分管领导要履行直接负责人的职责,党员领导干部要发挥带头作用,积极参加领导班子和所在支部的活动,结合各自分工建立联系点。各党支部书记是所在支部的直接责任人,同样要认真负责地按照党委的要求,以高度的政治责任感抓好落实工作,对学习实践活动是否取得实效、群众是否满意负责。二是要建立督查制度。按照逐级负责的原则,党委班子成员要加强对学习实践活动的指导和督促检查;学习实践活动办公室也要认真履行职责,及时收集和反馈信息,加强与各党支部的联系。各支部要高度重视,精心组织,抓好落实,同时还要积极支持和配合活动办公室的工作。三是要建立群众监督评价制度。在学习实践活动中,要充分吸收群众参与,广泛征求和听取群众的意见。要及时向群众公布有关情况,主动接受群众的监督。在学习实践活动结束前要进行群众满意度测评。多数群众不满意的,必须及时"补课"。

第二,要积极探索创新。要在坚持中央和省委确定的总体要求和基本步骤的前提下,从实际出发,针对本单位、本支部、本部门的工作特点，积极探索搞好学习实践活动的新途径、新方法，探索推进科学发展的新思路、新措施。开展学习调研，进行分析检查，抓好整改落实，都要紧贴医院工作实际，突出卫生单位特点，体现卫生行业特色，切实提高学习实践活动的针对性和实效性。

第三，要加强思想宣传和引导。要以中央和省委文件精神为基本依据，按照厅党组的具体安排，加强舆论宣传和思想引导，充分运用院报、工作简报、宣传板报、医院网络等，深入宣传科学发展观的科学内涵、精神实质和根本要求，大力宣传开展学习实践活动的重大意义、指导思想、目标要求和主要原则。要宣传学习实践活动中取得的成绩和好的做法，及时总结和推广学习实践活动的成功经验，为学习实践活动的健康发展营造良好的舆论氛围。同时要及时向省卫生厅学习实践活动领导小组办公室报告反馈学习实践活动情况，及时总结推广成功经验和做法。

第四，要把学习实践活动同推动当前工作紧密结合起来。开展学习实践活动的根本目的，是为了全面贯彻落实党的十七大精神，更好地学习实践科学发展观，保证党的路线方针政策和中央重大决策的贯彻执行，把全面建设小康社会和中国特色社会主义伟大事业继续推向前进。这次学习实践活动为期半年，跨越岁末年初。在此期间，会议多、节假日多、工作头绪多，但绝不能以工作或其他借口为由而影响参加学习实践活动，要做到学习时间、学习人员、学习内容、学习效果四个保证。各党支部、各部门、各科室以及广大党员干部要充分认识开展学习实践活动与做好当前工作的内在一致性，不要有畏难情绪，要善于运用科学发展观来指导学习实践活动，要按照厅党组的要求，合理调配时间，妥善处理好学习实践活动和做好当前各项工作的关系，做到围绕中心、服务大局、统筹兼顾、合理安排。既不能脱离各项业务工作孤立地搞学习实践活动，也不能因为业务工作忙而不认真抓学习实践活动。要做到把开展学习实践活动，同转变思想观念，创新工作方法，加快医院发展紧密结合起来；同执政为民，解决人民群众特别是广大农民群众看病难、看病贵的问题，保障人民群众身体健康紧密结合起来；同廉洁行医，纠正不正之风，加强卫生行风建设紧密结合起来；同从严治党，加强党组织和党员队伍建设紧密结合起来。要把学习实践活动的成效体现到完成各项工作任务、解决突出问题和促进卫生事业发展上，以推动医院发展和各项工作取得成绩的标准来衡量和检验学习实践活动的成效。

近年来，党中央和国务院把继承传统文化，发展中医药事业放在很高的位置上，卫生厅党组也高度重视中医药发展面临的困难和存在的问题，在发展卫生工作的理念上、政策上、措施上、资金上等方面更多地关注中医药事业。我们坚信，在科学发展观理论的正确指引下，在厅党组的正确领导和大力支持下，在卫生厅指导检查组的指导帮助下，在全院广大干部职工的共同努力下，医院的学习教育活动一定能够取得预期效果，医院的各项工作一定会得到又好又快的发展。

谢谢大家！

关于印发《甘肃省中医院深入学习实践科学发展观活动领导小组成员调研方案》的通知

中医党函〔2008〕1号

各党支部：

现将《甘肃省中医院深入学习实践科学发展观活动领导小组成员调研方案》印发你们，请结合实际，按照厅党组和院党委要求，认真做好专题调研环节的各项工作。

甘肃省中医院学习实践活动领导小组办公室

二〇〇八年十月二十四日

甘肃省中医院深入学习实践科学发展观活动领导小组成员调研方案

省中医院学习实践活动领导小组办公室

根据省卫生厅党组关于深入学习实践科学发展观活动的总体部署和要求，按照《甘肃省中医院开展深入学习实践科学发展观活动实施方案》的安排，结合医院工作和领导小组成员分管工作，制订医院领导小组成员深入学习实践科学发展观活动调研方案。

一、调研目的

以“抓改革、重质量，为患者提供一流健康服务”为学习实践活动主题，精心组织开展调查研究，认真总结工作中贯彻落实科学发展观的成功经验，切实找准并着力解决影响和制约医院科学发展的突出问题、关系群众切身利益的突出问题，以及党员干部党性、党风、党纪方面群众反映强烈的突出问题，努力形成一批针对性、操作性以及创新性强的调研成果，推动调研成果转化为促进科学发展的政策和制度，着力构建有利于科学发展的体制机制。

二、调研题目

李谦英调研题目：加强领导班子建设，提高医院管理水平

配合部门：党委办公室、工会

李盛华调研题目：创新医院管理，推动科学发展

配合部门：院长办公室、人力资源部

孙援朝调研题目：医院基层党组织建设

配合部门：党委办公室、团委

冯守文调研题目：贯彻落实《中国护理事业发展纲要》和《护士条例》的思考

配合部门：护理部、门诊部

马忠祥调研题目：关于加强医院基本建设管理的思考

配合部门：总务部

舒劲调研题目：医院内涵建设

配合部门：医务部、院长办公室

包珠调研题目：党务工作创新

配合部门：中研院党支部

三、调研方式

专题调研活动主要采取问卷调查、开设媒体专栏、座谈研讨等形式，要求围绕医院改革与发展，紧密结合业务工作实际，有针对性地开展工作。通过深入基层，调查掌握第一手资料，选择正反两方面的案例进行剖析，提高分析解决实际问题的能力，更好地从理论与实践结合上增强对落实科学发展观的认识和理解，从而把学习调研成果，转化为医院工作科学发展的实际成效。

四、进度安排

（一）调研准备（10月25—30日）

1.研究制订调研方案，设计访谈提纲和调查问卷。

2.开展调研工作的宣传，营造良好的氛围。

3.在医院网站开设专栏，征询社会各界对医院工作的意见和建议。

（二）集中调研（11月1—14日）

1.开展实地调研、问卷调研和座谈研讨。

2.各调研组撰写并提交调研报告。

3.综合汇总媒体收集的意见和建议。

（三）成果运用（11月14日前）

1.举办调研成果汇报交流会。

2.遴选部分优秀调研报告经院党委会审定后，上报省卫生厅学习实践活动工作领导小组办公室。

3.为开展解放思想大讨论做好准备。

五、有关要求

（一）紧密结合业务工作实际。专题调研要与创新体制机制、促进科学发展相结合，与正在开展的医疗卫生体制改革相结合，与落实中医中药“三名”战略相结合，与全面落实年度工作计划相结合，努力把学习调研成果转化为医院科学发展的实际成效。

有的放矢，突出针对性。要按照科学发展观的要求，立足大局，围绕卫生改革与发展的实际问题，精心确定专题调研题目。要研究思路，探索规律，认真总结经验教训，选择正反两方面的案例进行剖析，努力提高分析、解决实际问题的能力，更好地从理论与实践结合上增强对落实科学发展观的认识和理解。

(二)求真务实,转变作风。专题调研要深入到基层,调查掌握第一手资料,不简单听取工作汇报。要注意走群众路线,尊重实践,尊重群众首创精神,集中群众智慧。要敢于摸实情,勇于讲实话,敢于提实策。另外,每位副县级以上党员干部也要结合自己的工作自拟题目,开展调研。医院学习实践活动领导小组成员以及副县级以上党员干部专题调研书面报告,请于11月12日之前送院学习实践活动办公室。

关于做好深入学习实践科学发展观活动学习调研阶段工作的通知

中医党发〔2008〕12号

各党支部:

根据省卫生厅深入学习实践科学发展观活动领导小组《关于做好深入学习实践科学发展观活动学习调研阶段工作的通知》(甘卫党发〔2008〕50号)和《甘肃省中医院开展深入学习实践科学发展观活动实施方案》的总体部署,现就学习调研阶段工作安排如下:

一、总体要求

按照科学发展观的要求,坚持紧密联系工作实际,在学习中调研,在调研中学习,组织党员干部深入学习党的十七大精神和中央关于科学发展观的一系列重要论述;深入开展调查研究,广泛征求群众意见建议,着重梳理影响制约科学发展的突出问题;有效开展解放思想大讨论,使广大党员特别是医院领导班子和党员领导干部、各党支部书记普遍受到一次全面系统的科学发展观教育,对科学发展观的重大意义、科学内涵和根本要求的理解把握更加深刻,贯彻落实的自觉性和坚定性进一步增强,对我省卫生事业发展和医院发展的阶段性特征认识更加清醒,加快医院改革与发展的决心和信心进一步坚定。

二、主要任务

(一)准备动员工作(10月14日前)。

1.制订实施方案。院党委召开专题会议传达学习省委和省卫生厅学习实践活动动员大会精神,学习省卫生厅学习实践活动实施方案,研究部署学习实践活动启动工作。根据省卫生厅学习实践活动动员大会精神、省卫生厅学习实践活动实施方案,在深入调查研究的基础上,结合单位工作实际,制订医院学习实践活动实施方案。

2.做好组织准备。为了切实加强学习实践活动的组织领导,成立深入学习实践科学发展观活动领导小组和工作机构。

3.召开动员大会。10月15日召开动员大会,对学习实践活动进行总体部署和大会动员。通过层层动员,把广大党员尤其是县处级以上领导干部的思想和行动切实统一到中央和省委的统一部署上来,统一到省卫生厅党组的总体安排上来，积极投入到学习实践活动之中，形成浓厚的活动氛围。动员大会要请省卫生厅学习实践活动领导小组派人参加。各党支部要在动员大会后深入细致地做好党员干部的思想发动工作。

（二）扎实开展学习培训（10月18—31日）。

学习实践活动办公室要尽快制订学习计划，采取多种形式，组织广大党员干部认真学习中央和省委有关文件精神和学习读本，进一步加深对科学发展观的理解。

一要认真组织党委中心组学习，发挥领导班子的表率作用。要抓好党委中心组学习，集体学习、交流研讨不少于3次，其中组织党员干部集体讨论不少于2次。学习中要认真做好读书笔记，撰写心得体会不少于1篇。领导班子成员要逐人进行重点发言，针对问题开展讨论并交流学习体会。

二要适当开展集中培训教育，发挥学习骨干的带动作用。为了促进学习，提高认识，增强效果，要组织开展集中培训、专题辅导、集体研讨、领导干部讲解和宣讲报告等。对各党支部支委、机关职能部门副科级以上党员干部进行一次集中辅导和培训，11月上旬，邀请国家第九批博士服务团成员做一次主题交流。

三要抓好党员干部理论学习，打好学习实践活动的理论基础。积极组织党员干部坚持自学与党支部组织集中学习相结合，精读《科学发展观重要论述摘编》《毛泽东、邓小平、江泽民论科学发展》《深入学习实践科学发展观活动领导干部学习文件选编》，同时要学习党的十七大精神和省十一次党代会精神、中央和省委领导同志的重要讲话精神以及卫生厅领导在厅系统学习实践活动动员大会上的讲话精神。学习培训阶段，医院领导小组成员要到所联系的基层做一次学习辅导报告。

（三）深入开展调研（11月1—14日）。

开展调研是理清科学发展思路的基础，也是解决整改问题的基础。

1.党员领导干部要围绕影响我省卫生事业科学发展和改善民生方面存在的突出问题，围绕影响医院科学发展的突出问题，创新体制机制，提高服务水平。要结合个人分管工作，分别带领有关部门和科室负责人拟定调研提纲，开展调查研究，每人撰写一篇调研报告。要按照科学发展观的要求，重新审视当前发展思路、工作措施、项目建设和工作成效，总结经验教训。党员领导干部到基层支部和科室开展调研不少于1次，在11月14日前完成调研报告。并在中心组学习研讨会上进行交流，开展调研要注意走群众路线，尊重实践，尊重群众首创精神，集中群众智慧。

2.积极讨论交流。医院领导班子和党员领导干部要联系实际，认真组织开展落实科学发展观的讨论，于11月14日前分别召开一次学习调研交流会，班子成员做专题发言，汇报交流调研成果。

3.广泛征求意见。要通过召开座谈会、设立征求意见箱、发放征求意见函、个别谈话、走访科室、开通热线电话和网络等多种方式，多渠道、多形式地征求社会各界和群众对医院领导班子和党员领导干部在贯彻落实科学发展观方面和群众反映强烈的突出问题的意见建议。要鼓励广大干部职工通过各种渠道积极建言献策，要对征求到的各方面的意见建议进行分类归纳梳理，原汁原味地向领导班子和党员领导干部本人反馈。

4.组织开展为民办实事活动。对在调研过程中了解的医院发展中存在的突出问题和人民群众反映强烈的突出问题，要即知即改，能够解决的抓紧解决，以实际行动展示学习实践活动的实际效果。要紧密结合实际，联系领导班子、领导干部和全体党员在思想观念、发展思路、工作措施、体制机制、工作成效等方面不符合、不适应科学发展观的突出问题，联系党员个人在思想、工作、作风等方面的具体情况，从群众反映最强烈、意见最大、推动发展最紧要和马上能够办到的事情做起，坚持边学习、边思考、边实践、边改进。在解决突出问题、转变工作作风、加强效能建设等方面,积极推行有效的措施,努力促进当前工作,让群众切实感受到学习实践活动带来的新变化。

(四)有效开展解放思想大讨论(11 月 15—26 日)。

按照科学发展观的新要求,紧紧围绕要不要科学发展、能不能科学发展、怎么样科学发展等重大问题,组织领导干部和广大党员干部开展“深入解放思想,推动科学发展”大讨论。

1.具体讨论议题为:

一是如何在创新卫生事业科学发展的体制机制和改革政策制度上实现新突破;

二是如何在改善医院基础设施建设方面实现新突破;

三是如何在医院内涵建设上实现新突破;

四是如何立足岗位在提高职能部门服务效能上实现新突破;

五是如何在构建和谐医患关系上实现新突破;

六是如何创新新时期的党建工作。

2.围绕“科学发展在身边”“科学发展从我做起”“卫生事业科学发展”等专题,通过专题报告、集体研讨、演讲会、座谈会、讨论会和宣讲报告等形式,深入开展大讨论。

3.领导干部要带头参加讨论。医院领导班子成员要结合专题,对照科学发展观的要求和工作差距,认真准备发言提纲,积极参加讨论,带头解放思想,推动本单位的思想解放。

医院学习实践活动领导小组成员在搞好自身学习的同时,要深入联系点,督促检查学习实践活动的落实情况,调研了解医院科学发展中存在的突出问题和人民群众反映强烈的突出问题,进一步在事关科学发展全局的重大问题上统一思想,达成共识。学习实践活动领导小组要认真履行职责,切实加大督促检查指导力度,定期不定期调阅党员领导干部的学习笔记、调研日记和心得体会,及时发现并协调解决工作中存在的问题,总结推广好的经验和典型,确保整个学习调研阶段工作扎实开展,不走过场。

三、保证措施

(一)加强领导,落实责任。医院学习实践活动领导小组成员要切实负起学习实践科学发展观活动的领导责任,真正把学习调研活动牢牢抓在手上,周密部署,精心组织,抓好各项工作任务的落实。班子成员要充分发挥带头作用,带头搞好学习,带头开展调研,带头开展讨论,带头解决问题,带动和促进广大党员积极参与学习调研工作。

(二)强化宣传,营造氛围。要充分运用宣传专栏、医院网络、医院院报、工作简报等形式,采取群众喜闻乐见的形式,大力宣传学习实践活动中的好做法、好经验,宣传党组织和党员中的先进典型,为学习实践活动营造良好的舆论氛围,推动学习实践活动健康深入的开展。要把每个环节的工作做实、做细,做出亮点和特色。

(三)检查督导,搞好小结。学习调研阶段基本结束时,领导小组要对班子成员和全体党员的学习情况进行一次检查,主要检查学习的时间是否得到保证,学习的内容是否落实,调研活动是否真正开展,群众意见是否真正听取,学习调研是否达到预期目的。要根据检查情况,对第一阶段的工作进行小结,形成本阶段总结材料,提出下阶段安排意见,上报省卫生厅学习实践活动领导小组并提出转段申请,经审查同意后召开会议进行小结与转段动员。活动办公室要按照卫生厅学习实践活动领导小组的要求,每周以书面形式向卫生厅领导小组办公室报告一次工作进展情况,重点汇报医院开展学习实践活动的好的做法和经验、工作创新的亮点和特色、存在的问题和不足及意见和建议等。重要情况要随时报告。

二〇〇八年十月二十二日

关于做好深入学习实践科学发展观活动整改落实阶段工作的通知

中医党发〔2008〕16号

各党支部：

根据省卫生厅深入学习实践科学发展观活动《实施方案》和医院学习实践活动的具体安排，2008年12月27日至2009年2月24日为整改落实阶段。这一阶段是体现学习实践活动成果的重要阶段。为了切实做好整改落实阶段的各项工作，现将有关工作通知如下：

一、制订整改落实方案（2008年12月27日至2009年1月14日）

制订整改落实方案是有计划、分步骤解决突出问题和创新体制机制的前提条件，对于学习实践活动能否取得实效至关重要。在这一阶段，医院将以领导班子分析检查报告为基础，认真研究制订整改落实方案。

1.继续深化理论学习。要紧密联系当前国际国内经济形势发展变化，联系医院工作实际，进一步深化学习。在继续深入学习中央规定必读书目的基础上，重点学习胡锦涛总书记在纪念党的十一届三中全会召开三十周年大会上的讲话精神，学习党的十七届三中全会和中央经济工作会议等精神，同时认真学习全省领导班子思想政治建设会议、省委第十一届五次全委会精神，进一步加深对科学发展观的理解，进一步加深对国情、省情、院情以及当前我省卫生事业发展形势的认识，为做好整改落实阶段的工作奠定坚实的思想基础。

2.明确整改落实项目。要对征求到的意见和建议，对领导班子专题民主生活会上查摆出来的突出问题，以及制度缺失和体制性障碍等方面的问题，在全面研究分析的基础上，认真进行梳理归类，明确哪些问题已经具备条件，在学习实践活动中可以解决；哪些问题难度较大、暂不具备条件，经过一段时间的努力才能解决。对于体制创新问题，要区分废、改、立三种类型，明确哪些是已经过时的、应该废止，哪些是经实践检验不够科学合理、需要进一步修改完善，哪些是新的形势任务要求必须建立的。

3.提出整改落实措施。对需要解决的突出问题和需要创新完善的体制机制，要按照轻重缓急和难易程度，分门别类地提出整改落实的工作目标、方式方法和时限要求。学习实践活动中，可以解决的问题和完善的体制机制，要提出明确的具体步骤和整改时限；需要一段时间才能解决和完成的，要列出大体进度表；确有困难，需要较长时间才能解决和完成的，也要理清工作思路，明确努力方向。

4.明确整改落实责任。要把需要解决的问题和体制创新的任务，具体分解到分管领导、分管部门和科室，把责任落实到具体部门和责任人。对于涉及多个部门和科室的问题，要明确主要责任部门、科室和责任人，同时明确相关部门、科室和负责同志的责任。

5.公布整改落实方案。制订的整改落实方案，在征得省卫生厅学习实践活动办公室同意的基础上，要采取适当方式公布，做出公开承诺，接受党员群众监督。

二、集中解决突出问题（2009 年 1 月 15 日至 2 月 13 日）

解决突出问题是学习实践活动能否取得实效的关键，也是赢得群众满意的必然要求。要结合开展“抓管理，重质量，提供人民满意的健康服务”的主题实践活动，选准解决问题的突破口和切入点，切实解决查找出来的、通过努力能够解决的突出问题。

1.制订或完善发展计划。要按照科学发展观的要求，进一步理清发展思路，明确发展方向，制订或完善本医院的发展规划，明确近期和中长期的发展目标、工作重点、主要措施和实施步骤，使领导班子工作有方向、有决策、有依据。

2.集中解决重要问题。要按照存在什么问题解决什么问题、什么问题突出就重点解决什么问题的要求，紧紧抓住影响和制约科学发展观的突出问题、群众反映强烈的突出问题和党性党风方面存在的突出问题，选准突破口和切入点，采取切实有效的工作措施，认真加以解决。要紧密结合医院实际，重视解决思想作风、工作作风、工作效率和服务水平等方面的问题。要注意做部门协调，整合资源，形成解决问题的合力，争取在学习实践活动期间取得一些实实在在的实践成果。

3.以务实作风解决问题。解决问题要坚持尽力而为、量力而行的原则，既要积极主动、奋发有为，又要立足实际、务求实效；既要防止畏难情绪、无所作为，又要避免搞形式主义、短期行为和“政绩工程”。要敢于动真格，善于出实招，扎扎实实抓整改、办实事、解难题、促发展，努力使学习实践活动真正成为群众满意的工程。

4.努力推动当前工作。要将整改的成效体现在推动当前工作上。把开展学习实践活动与贯彻落实党的十七届三中全会精神、推进卫生事业改革发展结合起来，与总结改革开放 30 年经验、坚定科学发展的信心结合起来，与全面完成今年各项工作任务、谋划好明年的工作结合起来，与加强干部队伍建设、搞好领导班子和领导干部年度考核结合起来，切实以整改落实促进医院工作又好又快的发展。

三、完善体制机制（2009 年 2 月 14 日至 2 月 24 日）

体制机制建设带有长期性、根本性、稳定性，关系到科学发展观的深入贯彻落实。学习实践活动办公室要从促进科学发展的需要出发，积极稳妥地推进体制机制创新和制度建设，努力解决制度缺失和体制障碍等突出问题，逐步形成保障和促进科学发展的制度体系。

1.建立和完善保障科学发展的制度体系。在做好体制机制创新工作的同时，要紧密结合医院实际，着力建立和完善科学发展保障民生的具体政策措施和规章制度，形成有利于科学发展的正确导向，增强落实科学发展观的执行力。要本着“精而管用”的原则，选择几项当前迫切需要而且实践基础比较好的制度，抓紧时间，注重质量，尽快修改完善。

2.增强体制机制和制度建设的针对性与操作性。体制机制创新和制度建设要充分运用学习调研和分析检查成果，主动听取社会各方面的意见，特别要听取利益相关群体和工作对象、服务对象的意见和建议，尽可能兼顾各方面的利益。同时，注意做好上下衔接工作，对需要上下互动才能解决的问题，及时向相关机构提出建议，取得支持配合，务求措施办法切实可行，增强体制机制的科学性、针对性和操作性。

学习实践活动基本完成时，要做好活动的总结工作，并采取适当方式向普通党员和干部群众通报情况。在此基础上,对学习活动进行群众满意度测评,测评范围要与学习实践活动征求意见的范围一致,主要测评群众对解决影响和制约科学发展突出问题的满意度、对开展学习实践活动实际效果的满意度。测评结果以适当形式向群众公布。根据测评情况,进一步完善整改落实措施,确保学习实践活动中尚未解决的突出问题继续得到有效解决。

二〇〇九年十二月三十日

关于印发李谦英同志在医院学习实践科学发展观活动整改落实阶段动员会议上的讲话的通知

中医党发〔2008〕17号

各党支部:

现将院党委书记、学习实践活动领导小组组长李谦英同志在医院学习实践科学发展观活动分析检查阶段总结暨整改落实阶段动员会议上的讲话发你们,请认真组织传达学习,贯彻执行。

二〇〇九年一月八日

在医院学习实践科学发展观活动分析检查阶段总结暨整改落实阶段动员会议上的讲话

李谦英

(2008年12月31日)

同志们:

在省卫生厅学习实践活动领导小组的正确领导下,经过一个多月紧张有序的工作,医院学习实践活动分析检查阶段的任务已基本完成,按照省卫生厅党组的统一部署,转入整改落实阶段。今天会议的主要任务是,贯彻落实省委和省卫生厅党组的总体部署和具体要求,回顾总结学习实践活动分析检查阶段的工作,研究部署下一阶段的工作。

最近,根据形势任务的发展变化,中央和省委进一步加大了指导力度,推动学习实践活动深入开展。12月20日，中央召开深入学习实践科学发展观活动视频会议，习近平同志发表重要讲话，对在学习实践活动中深入学习贯彻胡锦涛总书记在纪念十一届三中全会召开30周年大会上的讲话和中央经济工作会议精神，扎实搞好学习实践活动后一阶段的各项工作，做了全面安排部署。12月21日，省委学习实践活动领导小组召开会议，省委书记、省委学习实践活动领导小组组长陆浩同志对贯彻落实中央有关会议精神，深入推进我省学习实践活动整改落实阶段的工作，提出了具体明确的要求。12月25日，省委召开了学习实践科学发展观活动分析检查阶段总结暨整改落实阶段动员会议，对进一步抓好学习实践活动做出了安排部署。12月26日，省卫生厅党组召开转段动员会，对厅系统学习实践活动分析检查阶段工作进行了总结，对一下阶段的工作进行了安排部署。对于这些新精神和新要求，我们一定要在学习实践活动中认真贯彻落实。下面，我讲两个方面的问题。

一、分析检查阶段的工作情况

分析检查阶段是整个学习实践活动承上启下的关键阶段，在这一个月的时间里，医院领导班子认真落实省卫生厅的工作要求，准确把握政策，精心组织推进学习实践活动，整个分析检查阶段工作健康有序开展，取得了明显成效。

一是继续抓深化学习。深化理论学习、打牢思想基础，是高质量进行分析检查的前提条件。进入分析检查阶段以后，按照医院党委的安排，各支部继续深化理论学习，结合各自实际组织开展了学习讨论。采取多种形式，引导党员干部深化对中央重大政策措施的理解，深化对改革开放30年中国特色社会主义建设事业成就和经验的理解，深化对科学发展观重大现实指导意义的理解，做到了活动推进一步，学习跟进一步，使自我剖析有了新的思想基础，使理清思路有了新的努力方向，增强了分析检查阶段工作的现实性和针对性。

二是广泛听取意见建议。为了查清、找准制约医院科学发展的深层次问题和原因，在前期研讨自查的基础上，在分析检查阶段进一步广开言路、开门纳谏，继续深入征求意见，在网络上公开刊登征求意见函，广泛听取职工群众和社会各界的意见建议。医院学习实践活动办公室对征求到的意见建议进行认真归纳梳理，并向领导班子进行了汇报。意见建议基本可以归纳为7个方面31条，其中班子建设与机关作风方面5条，党的建设方面2条，业务建设方面8条，基本建设方面2条，医院管理方面7条，分配制度方面3条，解决职工切身利益方面4条。

三是认真开展对照检查。领导班子成员普遍开展了坦诚深入的谈心活动，认真撰写了个人发言材料，召开了高质量的导师民主生活会。班子成员紧紧围绕学习实践活动的主题，紧紧围绕科学发展方面的问题，紧密结合自身存在的问题与不足，进行了深刻分析和检查，很好地开展了批评与自我批评。通过深入开展批评与自我批评，进一步找准了问题，统一了思想，理清了推动医院工作科学发展、促进医患和谐的思路。

四是形成班子的分析检查报告。学习实践活动领导小组认真对照科学发展观要求，充分运用学习培训、调查研究、开展解放思想大讨论和专题民主生活会形成的共识，以理清医院科学发展思路为重点，认真起草撰写分析检查报告，提出了医院推动和服务科学发展的主要方向、总体思路、重点任务和工作措施。在分析检查报告的形成过程中，班子召开党委会议进行了专题研究，又通过支部书记会议意见，通过医院网络收集各方面的意见建议，使起草报告的过程成为进一步统一思想、凝聚力量、激发干劲、推动工作的过程，为整改落实奠定了坚实基础。

在充分肯定成绩的同时，我们必须清醒地看到，前一阶段的工作中还存在一些问题和不足。一是由于年终岁末工作头绪比较多，一些支部抓学习实践活动的力度有所减弱，一些党员干部有一定的松懈情绪；二是有的支部专题组织生活会质量还不够高，个别支部还没有落实；三是从主观上查找问题、剖析根源不够深刻，提出的努力方向不够具体明确。对于这些问题，我们一定要高度重视，在下一阶段工作中认真加以克服和解决。

二、整改落实阶段的工作要求

整改落实是学习实践活动的最后一个阶段，也是前两个阶段工作的最终目标和落脚点。能否抓好这一阶段的工作，对整个学习实践活动能否真正取得实践成果和制度成果至关重要。这一阶段的主要任务是，进一步明确整改目标，落实工作责任，集中解决突出问题，全力推进体制机制创新，确保学习实践活动取得实效。这里，我就如何把握关键环节，突出工作重点，抓住主要矛盾，强调四个方面的问题。

第一，要精心制订工作方案，明确整改落实的目标方向。制订一个好的工作方案，是推进整改落实工作的重要依据和前提。整改落实方案一定要在领导班子分析检查报告的基础上研究制订，要把解决问题和完善制度的各项工作进一步具体化，使整改落实工作目标更清晰、要求更具体、责任更明确，为整个整改落实工作打下良好基础。总的要求是做到"三明确一承诺"，即明确整改的任务、方式和时限要求，明确整改落实的具体办法和措施，明确分管领导、分管部门的责任，整改方案要以适当方式公开，并向群众做出承诺。整改落实方案可行不可行，符合不符合实际，是否抓住了主要矛盾和关键问题，必须征求群众意见，接受群众评判。因此，在整改落实方案形成后，我们将主动听取、广泛吸纳各方面意见建议，对方案进行修订完善。尤其要把需要解决的突出问题、整改的时限、责任部门和责任人向群众进行公布，公开做出承诺，接受群众监督。

第二，要始终体现实践特色，集中力量解决突出问题。解决突出问题是这次学习实践活动的重要目标，是贯穿学习实践活动全过程的一项重要工作。在前面两个阶段中，都不同程度地解决了一些问题，但这仅仅是初步的。在整改落实阶段，需要进一步加大力度、集中力量、下功夫解决突出问题。一是必须着力解决影响和制约科学发展的全局性问题。要围绕中央提出的学习实践活动需要重点解决好的五个方面的问题，紧密结合我省卫生工作实际，结合医院工作实际，确定解决问题的重点。作为医疗服务单位，解决问题一定要从为推动全省卫生事业科学发展、更好履行职能入手，着力解决思想观念、思想方法、工作作风、工作效率、服务水平、体制机制等方面的问题，而不能用解决本单位内部的一般性问题，来代替影响和制约科学发展全局性问题的解决。二是解决问题必须要有求真务实的作风和态度。要坚持尽力而为、量力而行的原则，既要积极主动、奋发有为，又要立足实际、务求实效；既要防止畏难情绪、无所作为，又要避免搞形式主义、短期行为和"政绩工程"。要敢于动真格，善于出实招，扎扎实实抓整改、办实事、解难题、促发展，努力使学习实践活动真正成为群众满意的工程。要通过解决问题来进一步明确发展思路、发展目标和发展措施，为今后的长远发展奠定基础。三是解决问题必须和落实当前的重点任务结合起来。要紧密联系国内外经济形势的新变化，结合贯彻落实胡锦涛总书记在纪念党的十一届三中全会召开30周年大会上的重要讲话精神，结合贯彻落实全国经济工作会议、省委全委会议、全省经济工作会议精神，抢抓机遇，着力解决当前在医院发展医疗服务方面存在的突出问题，切实推进医院各项工作又好又快的发展。

第三，全力推进体制机制创新，形成保障科学发展的制度体系。贯彻落实科学发展观，推动科学发展，必须有科学的体制机制做保障。医院发展面临的一些深层次矛盾和问题，很多都与体制机制不健全、不完善、不科学有关。为此，在这次学习实践活动中创新体制机制，是提高医院制度建设整体水平的难得机遇。体制机制创新是第三阶段的重点工作。一是要突出体制机制创新的工作重点。必须站在推动医院科学发展的高度来认识，要在前一阶段工作的基础上，进一步加大力度，全力以赴推进这项工作，力争拿出高质量的成果。二是要把握好体制机制创新的着力点。体制机制创新，最关键的是要在解放思想、深化改革上下功夫，要敢于触及深层次矛盾，勇于突破制约科学发展的体制机制障碍；要在吃透情况、研究问题上下功夫，瞄准发展中的薄弱环节和最需要破解的难题，提出推动科学发展的新政策、新措施、新办法；要在系统配套、可操作性上下功夫，从实体性和程序性两个方面，规定清楚实现科学发展应该做些什么、由谁来做、怎样去做、怎样监督落实等。三是要强化体制机制创新的措施。体制机制创新是一项系统工程，需要全院上下共同协作，做到资源共享、优势互补、集思广益，形成工作合力。在体制机制创新过程中，一要做好基础性工作。要抓住制约科学发展的体制机制障碍，反复调研，反复讨论，形成解决问题的思路和方案，真正提出能够保障科学发展的创造性措施和办法。二要做好研究论证工作。要多方面听取有关专家学者、领导干部和各部门、各科室及服务对象的意见建议，反复调研，反复论证，反复修改完善。三要做好纵向衔接工作。一些涉及重大人权事权划分、突破现行政策法规的内容，一定要慎之又慎，并及时向上级报告，请求指导，力求使创新的体制机制与中央的政策规定相一致，与省情和医院实际相符合，以便于能落到实处，长期发挥作用。这里面需要强调的是，不能简单地以规章制度的建立完善代替体制机制的创新，也不能以制订的工作计划、发展规划代替体制机制创新，既要按照进度要求完成任务，更要注重工作成果的质量和水平。

第四，要紧紧依靠职工群众，做好学习实践活动的总结和测评。学习实践活动搞得好不好，关键看党员和群众满意不满意。中央和省委要求，这次学习实践活动基本结束时，要做好整个学习实践活动的总结和群众满意度测评工作。这对于确保学习实践活动取得实效、扩大学习实践活动影响、坚定广大党员干部群众实践科学发展观的信心，都具有重要意义。在总结工作方面，一定要实事求是，既要总结我们工作中的好经验、好做法和取得的成效，也要总结工作中存在的问题和不足，更要进一步明确改进的措施和今后的努力方向，为今后推进科学发展奠定良好基础。在满意度测评方面，要做到客观公正，测评的内容要把握好两个重点，一是对解决突出问题的满意度，二是对活动开展情况的满意度。关于满意度测评的评价内容、测评方式、评价主体的确定等，都要按规定进行，确保满意度测评的真实性、可靠性。真正使学习实践活动达到预期的目的，取得实实在在的成效。

第五，确保学习实践活动真正取得实效。

一是要进一步靠实领导责任。领导班子成员要进一步强化责任意识，要敢于负责，敢于作为，不等不靠，扎扎实实抓好自己分管领域内的整改工作。对存在的问题要心中有数，对整改的重点要统筹谋划，对整改的进度要合理安排，务必把整改落实工作牢牢抓在手上。要把党员领导干部在学习实践活动中的表现、抓落实的态度和作风、取得的成效，纳入满意度测评环节，让群众进行认真评议，评议结果要作为考核评价领导班子和领导干部能力的一项重要依据。

二是要进一步抓住重点环节。在集中整改落实阶段，要在解决问题、完善制度两个环节上狠下功夫。解决问题，要选准突破口和切入点，抓住那些事关医院全局、经过努力能够在近期解决的问题。集中开展学习实践活动只有半年多的时间，不可能解决所有的问题。要使问题真正得到解决，实现长期科学发展，必须要有能长期起作用的机制做保障。特别是要在医德医风方面探索有效的制度办法。

三是要进一步强化督查落实。学习实践活动进入后期，往往容易出现松懈情绪。学习实践活动领导小组和办公室，要切实增强工作的主动性和预见性，超前思考，超前部署，加强指导，始终掌握工作的主动权。要进一步发挥舆论宣传的引导作用，对学习实践活动中的好做法、好典型，要加大力度发掘宣传，特别要注意宣传医院在贯彻上级决策，促进医院发展、改善民生方面的各项政策措施和取得的实效,引导广大党员干部群众进一步坚定搞好各项工作的信心。

四是要进一步做到统筹兼顾。整改落实阶段正值年终岁首,节假日多、会议多,任务重。要正确处理好推进学习实践活动与搞好当前各项工作的关系，把开展学习实践活动与贯彻落实党的十七届三中全会精神结合起来,与贯彻落实中央经济工作会议精神、保持经济平稳较快发展结合起来,与学习胡锦涛总书记在纪念党的十一届三中全会召开30周年大会上的讲话精神、坚定改革发展信心结合起来,与全面完成今年的工作任务、谋划好明年各项工作任务结合起来,坚持统筹兼顾,一手抓活动开展,一手抓工作推进,以学习实践活动推动当前工作,在推动当前工作中深化学习实践活动,使学习实践活动真正成为推动科学发展的强大动力。

同志们,学习实践活动越到后期,要求越高,责任也越大。我们必须严格按照中央和省委的要求,按照厅党组的部署,扎实有效地做好各项工作,把党员干部受教育、科学发展上水平、人民群众得实惠的总要求落到实处,为医院科学发展做出新贡献。

谢谢大家。

全国中医医院管理年活动

关于转发卫生部2008年"以病人为中心,以提高医疗服务质量为主题"的医院管理年活动方案和医院管理评价指南(2008版)的通知

中医医发〔2008〕90号

各部门、科室:

卫生部决定自2008—2010年在全国继续开展"以病人为中心,以提高医疗服务质量为主题"的医院管理年活动,并且正式发布了《2008年"以病人为中心,以提高医疗服务质量为主题"的医院管理年活动方案》(卫医发〔2008〕28号)和《医院管理评价指南(2008版)》(卫医发〔2008〕27号),现转发给你们,请组织学习,认真贯彻执行。

二〇〇八年八月二十日

附件:

1.卫生部关于印发《2008年"以病人为中心,以提高医疗服务质量为主题"的医院管理年活动方案》的通知

2.卫生部关于印发《医院管理评价指南(2008版)》的通知

卫生部关于印发《2008 年“以病人为中心，以提高医疗服务质量为主题”的医院管理年活动方案》的通知

各省、自治区、直辖市卫生厅局，新疆生产建设兵团卫生局，部直属有关单位，部属部管医院：

为贯彻落实党的十七大精神，根据 2008 年全国卫生工作会议部署，经研究，决定自 2008—2010 年在全国继续开展“以病人为中心，以提高医疗服务质量为主题”的医院管理年活动。本阶段医院管理年活动总体原则是巩固成果、深化管理、持续改进、不断创新、提高水平；活动重点是按照我部《医院管理评价指南(2008 年版)》有关要求，开展医院管理评价工作；活动目标是逐步建立和完善我国医院管理评价指标体系，探索建立医院管理评价制度和医院管理长效机制。我部将根据 2008—2010 年各年度卫生工作重点，逐年提出医院管理年活动年度重点工作。

现将《2008 年“以病人为中心，以提高医疗服务质量为主题”的医院管理年活动方案》印发给你们，请认真组织实施。

二〇〇八年五月十二日

2008 年“以病人为中心，以提高医疗服务质量为主题”的医院管理年活动方案

在总结 2005—2007 年医院管理年活动经验的基础上，根据 2008 年全国卫生工作会议部署，制订本方案。

一、指导思想

贯彻落实党的十七大精神，坚持以科学发展观为指导，以病人为中心，以提高医疗服务质量为主题，按照巩固成果、深化管理、持续改进、不断创新、提高水平的总体原则，坚持公立医院公益性，加强医院管理，落实院长责任，提高医疗质量，保障医疗安全，改进服务作风，降低医药费用，通过深化医院管理年活动，逐步建立我国医院管理评价指标体系、医院管理评价制度以及医院管理长效机制，努力实现为人民群众提供安全、有效、方便、价廉的医疗卫生服务的总体目标，促进社会主义和谐社会建设。

二、活动范围

全国各级各类医院，重点是公立医院。

三、活动原则

(一)医院管理评价工作与年度重点工作相结合。各省级卫生行政部门按照《医院管理评价指南

(2008年版)》有关要求,组织开展辖区内的医院管理评价工作,并组织开展卫生部确定的2008年医院管理年活动重点工作。

(二)医院自查与卫生行政部门督查相结合。医院对照《医院管理评价指南(2008年版)》有关要求及年度医院管理年活动重点工作,加强医院管理,自查落实情况。各省级卫生行政部门在实施医院管理评价工作的同时,要至少组织1次对医院年度重点工作开展情况的督导检查。卫生部对各省、自治区、直辖市医院管理评价工作和医院管理年活动重点工作开展情况进行抽查或全面督导检查。

(三)阶段性工作与建立长效机制相结合。在年度医院管理年活动重点工作及医院管理评价工作的基础上,逐步探索建立适合我国国情的医院管理评价指标体系、医院管理评价制度及医院管理长效机制。

四、活动内容

(一)逐步建立医院管理评价指标体系。

1.各级各类医院对照《医院管理评价指南(2008年版)》,自主加强医院管理,提高和持续改进医疗质量,保障医疗安全,改善医疗服务,控制医疗费用不合理增长,努力为人民群众提供安全、有效、方便、价廉的医疗服务。医院院长作为第一责任人组织开展医院管理工作。

2.各省级卫生行政部门对照《医院管理评价指南(2008年版)》,结合本辖区实际情况,制定本辖区医院管理评价办法和适用于不同级别、不同类别的医院管理评价指标体系,并组织实施。

3.各省级卫生行政部门可以将医院管理评价工作同医院评审、医院等次复核等工作有机结合。

4.卫生部在各省、自治区、直辖市医院管理评价指标体系的基础上,建立我国医院管理评价指标体系。

(二)2008年医院管理年活动重点工作。

1.建立畅通、高效的院前急救—院内急诊“绿色通道”。

(1)以设区的市为单位设立院前医疗急救机构,有统一的院前急救电话呼叫号码,院前医疗急救机构具备急救呼叫受理、指挥调度、现场救护、转运监护功能。

(2)科学、合理地设计院前急救网络,网络医院职责明确,认真落实。

(3)有院前急救—院内急诊有效、快速衔接的工作机制和工作流程,院前急救医疗机构和医院职责明确,有效落实。

(4)院内急诊符合《医院管理评价指南(2008年版)》的有关要求。

(5)院前急救—院内急诊“绿色通道”畅通、高效。对急危重症患者现场急救和途中监护及时、规范,合理选择转运医院;医院急诊对急危重症患者抢救迅速、规范,有保障患者先救治后付费的制度。

(6)卫生行政部门组织开展院前急救—院内急诊联合演练,定期检查“绿色通道”工作机制和工作流程落实情况。

2.病人安全目标。

(1)制订重大医疗过失行为、医疗事故防范预案和处理程序,及时报告、分析、处理重大医疗过失行为和医疗事故。

(2)严格执行查对制度,提高医务人员对患者身份识别的准确性。

(3)提高用药安全。

(4)建立和完善在特殊情况下医务人员之间的有效沟通,做到正确执行医嘱。

(5)严格防止手术患者、手术部位及术式发生错误。

(6)严格执行手卫生,落实医院感染控制的基本要求。

(7)防范与减少患者坠床与跌倒事件的发生。

(8)鼓励主动报告医疗安全(不良)事件。

3.全国三级医院急诊科青年医师基本技能岗位训练和竞赛。

(1)各省级卫生行政部门组织开展三级医院急诊科青年医师基本技能训练和选拔赛。

(2)在各省级卫生行政部门选拔的基础上,卫生部组织开展三级医院急诊科青年医师基本技能岗位竞赛。

(3)各省级卫生行政部门可以组织本辖区其他级别、类别医院急诊科青年医师基本技能岗位训练和竞赛。

竞赛活动方案另行下发。

4.单病种质量控制。

(1)急性心肌梗死;

(2)心力衰竭;

(3)住院病人社区获得性肺炎;

(4)缺血性脑梗死;

(5)髋膝关节置换术;

(6)冠状动脉旁路移植术。

六项单病种质量控制指标见附件。

5.合理使用抗菌药物。

(1)省级卫生行政部门及时转发《卫生部关于施行〈抗菌药物临床应用指导原则〉的通知》(卫医发〔2004〕285号)和《卫生部办公厅关于进一步加强抗菌药物临床应用管理的通知》(卫办医发〔2008〕48号)。

(2)医院要落实《卫生部关于施行〈抗菌药物临床应用指导原则〉的通知》(卫医发〔2004〕285号)和《卫生部办公厅关于进一步加强抗菌药物临床应用管理的通知》(卫办医发〔2008〕48号)的制度,并认真组织实施。

(3)医院认真落实处方点评制度,通过处方点评,促进医师临床合理应用抗菌药物。

五、组织实施

(一)工作部署(2008年5月)。

1.卫生部下发通知并召开医院管理年工作会议,对2008年深化医院管理年活动有关工作进行部署。

2.各省级卫生行政部门根据通知和会议要求,部署本辖区医院管理年活动。

(二)组织实施(2008年5月—2009年4月)。

1.制订方案。各省级卫生行政部门制订本辖区2008年深化医院管理年活动实施方案。

2.贯彻落实。医院对照《医院管理评价指南(2008年版)》及医院管理年活动年度重点工作,开展医院管理年活动。各省级卫生行政部门负责组织实施。

3.检查指导。各省级卫生行政部门在组织开展医院管理评价工作的同时,对医院开展年度重点工作情况进行督查、评价、检查和指导,确保实施效果。

4.督导检查。卫生部按照《医院管理评价指南(2008年版)》及本方案有关内容和要求,对各省级卫生行政部门和各地医院开展医院管理年活动情况进行督导检查或抽查。

（三）总结交流（2009年5月）。

卫生部对各地医院管理评价及医院管理年年度重点工作开展情况进行总结，组织召开经验交流会，并推动在全国建立和完善医院管理评价指标体系，研究建立医院管理评价制度和医院管理长效机制。

六、工作要求

（一）克服松懈思想，切实加强领导。连续三年开展的医院管理年活动，是卫生系统坚持以人为本，贯彻科学发展观，促进医疗卫生事业健康发展，解决人民群众反映突出的看病就医问题，构建社会主义和谐社会的一项重大举措。全面实现医院管理年活动和医院管理的目标，需要各级卫生行政部门和各级各类医院的积极参与和共同努力，要不断积累和总结经验，克服松懈和厌倦情绪，切实加强对医院管理年活动的领导，做好再宣传、再发动工作，采取有效措施，确保各项目标的实现。

（二）实施整体评价，带动重点工作。在实施全面的医院管理评价的同时，还要落实2008年深化医院管理年活动重点工作。在医院管理年活动开展过程中，各省级卫生行政部门要认真组织实施，有方案、有重点、有措施。同时，也要进一步明确和加大医院院长责任，促使医院自主加强管理，围绕工作重点和工作要求制订具体措施，确保工作目标实现。医院管理年活动要以点带面，同时推进医院管理评价指标体系建立和年度重点工作的落实，全面提高医院管理水平。2008年医院管理年活动重点内容中的“建立畅通、高效的院前急救—院内急诊‘绿色通道’”的重点开展地区是奥运会赛区城市，其所在省的省级卫生行政部门要加强组织领导和监督检查，制订和完善相关方案，组织实施演练。

（三）做好总结交流，树立宣传先进。各省级卫生行政部门要对本辖区医院管理评价工作及医院管理年活动年度重点工作情况进行及时总结，发现、树立和宣传先进典型和先进经验，为在全国推广先进经验、建立医院管理评价指标体系奠定基础。

（四）完善指标体系，建立长效机制。加强医院管理是一项长期任务，要靠制度和机制来保障。各省级卫生行政部门要按照医疗卫生管理法律、法规、规章及卫生部有关要求和工作部署，不断完善医院管理评价指标体系，探索建立医院管理评价制度和医院管理长效机制，将医院管理从阶段性活动逐步转入制度化、规范化、法治化的常态管理轨道，不断提高我国医院管理和医疗服务水平。

附件：

六项单病种质量控制指标

一、急性心肌梗死

（一）到达医院后即刻使用阿司匹林（有禁忌者应给予氯吡格雷）。

（二）实施左心室功能评价。

（三）再灌注治疗（仅适用于STEMI）。

1.到院30分钟内实施溶栓治疗；

2.到院90分钟内实施PCI治疗；

3.需要急诊PCI患者,但本院无条件实施时,须转院。

(四)到达医院后即刻使用β-阻滞剂(无禁忌证者)。

(五)住院期间使用阿司匹林、β-阻滞剂、ACEI/ARB、他汀类药物有明示(无禁忌证者)。

(六)出院时继续使用阿司匹林、β-阻滞剂、ACEI/ARB、他汀类药物有明示(无禁忌证者)。

(七)为患者提供急性心肌梗死(AMI)健康教育。

(八)平均住院日/住院费用。

二、心力衰竭

(一)实施左心室功能评价。

(二)到达医院后即刻使用利尿剂+钾剂。

(三)到达医院后即刻使用血管紧张素转换酶(ACE)抑制剂或血管紧张素Ⅱ受体拮抗剂(ARB)。

(四)到达医院后即刻使用β-阻滞剂。

(五)醛固酮拮抗剂(重度心衰)。

(六)住院期间维持使用利尿剂、钾剂、ACEI/ARBs、β-阻滞剂和醛固酮拮抗剂(有适应证,若无副作用)有明示。

(七)出院时继续使用利尿剂、ACEI/ARBs、β-阻滞剂和醛固酮拮抗剂(有适应证,若无副作用)有明示。

(八)非药物心脏同步化治疗(有适应证)。

(九)为患者提供心力衰竭(HF)健康教育。

(十)平均住院日/住院费用。

三、住院病人社区获得性肺炎

(一)判断是否符合入院标准。

(二)氧合评估。

(三)病原学诊断。

1.住院24小时以内,采集血、痰培养;

2.在首次抗菌药物治疗前,采集血、痰培养。

(四)抗菌药物时机。

1.入院8小时内接受抗菌药物治疗;

2.入院4小时内接受抗菌药物治疗;

3.入院6小时内接受抗菌药物治疗。

(五)起始抗菌药物选择。

1.重症患者起始抗菌药物选择;

2.非重症患者起始抗菌药物选择;

3.目标抗感染药物的治疗选择。

(六)初始治疗72小时后无效者,重复病原学检查。

(七)抗菌药物疗程(平均天数)。

(八)为患者提供戒烟咨询/健康辅导。

(九)符合出院标准,及时出院。

(十)平均住院日/住院费用。

四、缺血性脑梗死

(一)卒中接诊流程。

1.按照卒中接诊流程；

2.神经功能缺损NIHSS评估；

3.45分钟内完成头颅CT、血常规、急诊生化、凝血功能检查。

(二)房颤患者的抗凝治疗。

(三)组织纤溶酶原激活剂(t-PA)/或尿激酶应用的评估。

(四)入院48小时内阿司匹林或氯吡格雷治疗。

(五)评价血脂水平。

(六)评价吞咽困难。

(七)预防深静脉血栓(DVT)。

(八)出院时使用阿司匹林或氯吡格雷。

(九)为患者提供卒中的健康教育。

(十)住院24小时内接受血管功能评价。

(十一)平均住院日/住院费用。

五、髋膝关节置换术

(一)实施手术前功能评估(属二次或翻修或高难度复杂全髋)。

(二)预防抗菌药应用时机。

(三)预防术后深静脉血栓形成。

(四)手术输血量大于400 mL。

(五)术后康复治疗。

(六)内科原有疾病治疗。

(七)手术后出现并发症(深静脉血栓和肺栓塞等生理和代谢紊乱)。

(八)为患者提供髋与膝关节置换术的健康教育。

(九)切口愈合：Ⅰ/甲。

(十)住院21天内出院。

(十一)平均住院日/住院费用。

六、冠状动脉旁路移植术

(一)到达医院后即刻使用阿司匹林与内科再灌注治疗。

(二)CABG手术适应证与急症手术指征。

(三)使用乳房内动脉。

(四)预防性抗菌药物应用时机。

(五)术后活动性出血或血肿再手术。

(六)手术后并发症治疗。

(七)为患者提供冠状动脉旁路移植术(CABG)的健康教育。

(八)切口愈合：Ⅰ/甲。

(九)住院21天内出院。

(十)平均住院日/住院费用。

卫生部关于印发《医院管理评价指南(2008版)》的通知

各省、自治区、直辖市卫生厅局,新疆生产建设兵团卫生局,部直属有关单位,部属部管医院:

为贯彻落实党的十七大精神,科学、准确、客观评价医院,指导医院加强内涵建设,不断提高医院管理水平,为人民群众提供安全、有效、方便、价廉的医疗服务,在总结《医院管理评价指南(试行)》(以下简称《评价指南(试行)》)实施3年来经验的基础上,我部组织对《评价指南(试行)》进行了修订。现将《医院管理评价指南(2008年版)》(以下简称《评价指南(2008年版)》)印发给你们,请认真贯彻落实。

《评价指南(2008年版)》是建立我国医院管理评价指标体系的重要基础,医院管理评价指标体系是国家医疗质量保障与持续改进体系的重要组成部分。《评价指南(2008年版)》重点适用于三级综合医院,各省、自治区、直辖市可以根据本辖区实际情况,在《评价指南(2008年版)》的基础上,建立本辖区不同级别、不同类别医院管理评价指标体系,并将有关工作情况及时报我部。我部将在各省、自治区、直辖市医院管理评价工作实践的基础上,不断修订《评价指南(2008年版)》,逐步建立和完善我国医院管理评价指标体系,全面提高我国医疗质量和医院管理水平。

二〇〇八年五月十三日

医院管理评价指南(2008年版)

为加强医院管理,科学、客观、准确地评价医院管理,指导医院强化内涵建设,坚持“以病人为中心”,提高管理水平,持续改进医疗质量,保障医疗安全,改善医疗服务,控制医疗费用,为人民群众提供安全、有效、方便、价廉的医疗卫生服务,根据医疗卫生管理法律、法规、规章,制定本指南。

一、医院管理

(一)依法执业。

1.严格执行医疗卫生管理法律、法规、规章、诊疗护理规范。

2.严格按照卫生行政部门核定的诊疗科目执业,医院及科室命名规范。

3.不使用非卫生技术人员从事诊疗活动。

4.专业技术人员具备相应岗位的任职资格,不超范围执业。

5.按照规定申请医疗机构校验。

6.按照规定发布医疗广告。

（二）组织机构和管理。

1.医院管理组织机构设置合理，满足管理工作需要。

2.有完整的规章制度和岗位职责，并能及时修订完善，职工熟悉本岗位职责及相关规章制度。

3.实行院长负责制，建立科学决策机制，“三重一大”事项经集体讨论并按规定程序报批。院级领导把主要精力用于医院管理工作，推进医院管理职业化进程。

4.建立院、科两级管理责任制，院、科级领导了解和掌握国家有关医疗卫生管理法律、法规、规章及有关卫生政策，至少每两年接受一次专门的管理专业知识培训，不断提高科学管理水平。

5.制订年度工作计划和中、长期发展规划，内容包括学科建设和人才梯队建设，并组织实施。

（三）人力资源管理。

1.有适宜的人力资源配置方案，落实岗位职务聘任制，卫生专业技术人员学历和专业结构合理，满足医院功能任务和管理的需要。

2.建立卫生专业技术人员准入、考核、评价体系，落实医师考核办法，建立专业技术档案。

3.建立卫生专业技术人员岗前培训、继续教育和梯队建设制度并组织实施。

4.加强重点学科建设和人才培养，建立学科带头人选拔机制。

5.建立激励和奖惩制度，完善医院奖金分配综合目标考核机制，实行按岗位、工作量、服务质量和工作绩效取酬的分配机制。

（四）应急管理。

1.有突发事件（突发公共卫生事件、灾害事故等）应急预案并组织演练。

2.承担突发事件紧急医疗救援任务。

3.及时、妥善处理医院突发事件。

（五）信息系统。

1.医院信息系统符合《医院信息系统基本功能规范》，满足医院管理和临床工作需要。

2.信息系统运行稳定、安全和高效，可连续、系统、准确地收集、整理、分析和反馈医院管理和医疗质量控制等所需要的信息，能够与其他医疗机构、卫生行政部门及相关部门实现信息共享。

3.严格执行保密制度，实行信息系统操作权限分级管理，保障网络安全，保护患者隐私。

（六）财务与价格管理。

1.贯彻落实《会计法》《预算法》《审计法》《医院会计制度》和《医院财务制度》等相关规定，只设置一个财务管理部门，集中统一规范财务管理，加强预算管理和内部审计，医院、部门、科室无账外账和“小金库”。

2.建立规范的经济活动决策机制和程序，实行重大经济事项领导负责制和责任追究制。

3.实行医院成本核算，降低运行成本。控制医院资产负债率，保障国有资产安全。

4.无科室承包，医务人员收入分配不与医疗服务收入直接挂钩。

5.按照《价格法》等有关价格政策，严格执行医疗服务收费和药品价格。无国家规定之外收费项目，无分解项目、比照项目收费和重复收费。

6.执行国家药品、高值耗材集中招标采购政策和价格政策规定。

7.实行医疗服务价格公示制度，向社会公开收费项目和标准，采取价格查询、费用日清等措施，提高收费透明度。及时答复患者的费用查询，处理价格投诉。

8.费用结算方式便捷。

（七）后勤保障管理。

1.有适宜的后勤保障管理组织、规章制度与人员岗位职责。后勤保障服务能够坚持“以病人为中心”的服务理念，满足医疗服务流程需要。

2.水、电、气、物资供应等后勤保障满足医院运行需要。

3.为员工提供餐饮服务，为患者提供营养膳食指导，提供营养配餐和治疗饮食，满足患者的治疗需要，保障饮食卫生安全。

4.医疗废物、污水的管理和处置符合规定。

5.安全保卫组织健全，制度完善，人员、设备、设施满足要求。

（八）医疗仪器设备管理。

1.有适宜的医疗仪器设备管理保障组织、规章制度与人员岗位职责。

2.建立健全设备和设施论证、招标、采购、保养、维修、更新及应用分析制度。

3.按照《大型医用设备配置与使用管理办法》的规定，合理配置使用甲、乙类大型医疗设备。

4.有保障设备处于完好状态的制度与规范，急救生命支持系统仪器设备保持待用状态，建立全院应急调配机制。

（九）院务公开管理。

1.建立院务公开的领导体制和工作机制，落实院务公开的领导和组织实施工作。

2.动员广大职工充分行使民主权利，积极参与院务公开。

3.院务公开内容符合规定。

4.院务公开形式体现便利、快捷、有效的原则。

二、医疗质量管理与持续改进

（一）医疗质量管理组织。

1.建立院、科两级医疗质量管理组织，院长为医疗质量管理第一责任人，定期专题研究医疗质量和医疗安全工作，科主任全面负责科室医疗质量管理工作。

2.医疗质量管理职能部门组织实施全面医疗质量管理，指导、监督、检查、考核和评价医疗质量管理工作，严格监管记录，定期分析，及时反馈，落实整改。建立多部门医疗质量管理协调机制。

3.建立医疗质量管理组织，包括医疗质量管理委员会、伦理委员会、药事管理委员会、医院感染管理委员会、病案管理委员会、输血管理委员会和护理质量管理委员会等，定期研究医疗质量管理等相关问题。

（二）全程医疗质量与安全管理和持续改进。

1.制订医疗质量与安全管理和持续改进方案，并组织实施。

2.定期进行全员医疗质量和安全教育，牢固树立医疗质量和安全意识，提高全员医疗质量管理与改进的意识和参与能力。

3.强化“基础理论、基本知识、基本技能”培训，严格执行诊疗技术操作规范，遵循诊疗常规。

4.认真执行医疗质量和医疗安全的核心制度，包括首诊负责制度、三级医师查房制度、疑难病例讨论制度、会诊制度、危重患者抢救制度、手术分级制度、术前讨论制度、死亡病例讨论制度、分级护理制度、查对制度、病历书写基本规范与管理制度、交接班制度、临床用血审核制度等。实行医疗质量责任追究制。

5.完善各类会诊制度，医师外出会诊严格执行《医师外出会诊管理暂行规定》。

6.建立医疗风险防范、控制和追溯机制，按规定报告医疗不良事件，不瞒报和漏报。

（三）医疗技术管理。

1.医疗技术服务与功能和任务相适应，符合诊疗科目范围，符合医学伦理原则，技术应用保障安全、有效。

2.医疗技术管理符合规定，建立健全医疗技术和人员资质准入、分级管理、监督评价和档案管理制度。

3.建立医疗技术风险预警机制，制订和完善医疗技术损害处置预案，并组织实施。对新开展医疗技术的安全、质量、疗效、费用等情况进行全程追踪管理和评价，及时发现医疗技术风险，采取相应措施，降低风险。

4.科研项目的医疗技术符合法律、法规和医学伦理原则，按规定审批。在科研过程中，充分尊重患者的知情权和选择权，签署知情同意书，保护患者安全。

5.不应用未经批准或已经废止和淘汰的技术。

（四）主要专业部门医疗质量管理与持续改进。

1.非手术科室医疗质量管理与持续改进。

（1）实行患者病情评估制度，遵循诊疗规范制订诊疗计划，并进行定期评估，根据患者病情变化和评估结果调整诊疗方案。

（2）加强运行病历的监控与管理，落实核心制度和规范要求，提高医疗质量，保障治疗安全、及时、有效、经济。

（3）落实三级医师负责制，加强护理管理。

（4）规范治疗，合理用药，严格执行《抗菌药物临床应用指导原则》及其他药物治疗指导原则、指南。

（5）有危重病人抢救流程，规范三级医师报告和职责，提高抢救成功率；严格并发症和医院感染事件报告制度，不瞒报和漏报。

（6）按手术诊疗管理有创诊疗操作。

（7）开展重点病种质量监控管理。

2.手术科室医疗质量管理与持续改进。

（1）实行患者病情评估制度，遵循诊疗规范制订诊疗计划，并进行定期评估，根据患者病情变化和评估结果调整诊疗方案。

（2）实行手术资格准入、分级管理制度，重大手术报告、审批制度。

（3）加强围术期质量控制，重点是术前讨论、手术适应证、风险评估、术前查对、操作规范、术后观察及并发症的预防与处理、医患沟通制度的落实。术前：诊断、手术适应证明确，术式选择合理，患者准备充分，与患者沟通并签署手术和麻醉同意书、输血同意书等，手术前查对无误。术中：手术操作规范，输血规范，意外处理措施果断、合理，术式改变等及时告知家属或委托人。术后：观察及时、严密，早期发现并发症并妥善处理。提高术前诊断与病理诊断相符率。

（4）麻醉工作程序规范，术前麻醉准备充分，麻醉意外处理及时，实施规范的麻醉复苏全程观察。

（5）加强运行病历的监控与管理，落实核心制度和规范要求，提高医疗质量，保障治疗安全、及时、有效、经济。

（6）落实三级医师负责制，加强护理管理。

(7)规范治疗,合理用药,严格执行《抗菌药物临床应用指导原则》及其他药物治疗指导原则、指南。

(8)有危重病人抢救流程,规范三级医师报告和职责,提高抢救成功率;严格并发症和医院感染事件报告制度,不瞒报和漏报。

(9)采取有效措施,缩短择期手术患者术前平均住院日。

3.门诊工作医疗质量管理与持续改进。

(1)门诊布局合理,符合医院感染预防与控制要求。

(2)有分诊、导诊服务,落实首诊负责制和科间会诊制度。

(3)依据工作量及需求,合理配置专业技术人员,落实普通门诊、专科门诊、专家门诊职责,提高门诊确诊能力,保障门诊诊疗质量。

(4)规范门诊医疗文书,有书写质量监控措施。

(5)制订突发事件预警机制和处理预案,提高快速反应能力。

(6)开展多种形式的门诊诊疗服务,满足患者不同就医需要,方便患者就医。

(7)严格执行传染病预检分诊制度和报告制度。

4.急诊医疗质量管理与持续改进。

(1)急诊科独立设置,急诊专业队伍稳定,人员相对固定,设备设施完备,布局合理,满足急诊工作需要,符合医院感染控制要求。

(2)急诊医务人员经过专业培训,能够胜任急诊工作,急诊抢救工作由主治医师以上(含主治医师)主持或指导,不断提高急危重症患者抢救成功率。

(3)急救设备、药品处于备用状态,急诊医护人员能够熟练、正确使用各种抢救设备,熟练掌握心肺复苏急救技术。

(4)加强急诊质量全程监控与管理,落实核心制度,尤其是首诊负责制和会诊制度,急诊服务及时、安全、便捷、有效,提高急诊分诊能力,建立急诊"绿色通道",科间紧密协作。建立与医院功能任务相适应的重点病种(创伤、急性心肌梗死、心力衰竭、脑卒中等)急诊服务流程与规范,保障患者获得连贯医疗服务。

(5)加强急诊留观患者管理,提高需要住院治疗急诊患者的住院率,急诊留观时间平均不超过72小时。

(6)急诊抢救医疗文书书写规范、及时、完整。

(7)医患沟通充分。

5.重症监护病房医疗质量管理与持续改进。

(1)重症监护病房布局合理,人员、设备、设施配备与其功能、任务相适应,科间紧密协作,保障诊疗工作需要。

(2)建立健全重症监护病房质量管理制度,并组织实施。

(3)医务人员实行岗位准入管理,强化理论和技能培训,提高业务水平。

(4)严格执行患者入、出重症监护病房标准。

(5)加强重症监护病房医院感染管理,严格执行手卫生规范及MRSA等特殊感染病人的隔离。对呼吸机相关性肺炎、血管内导管所致血行感染、留置导尿管所致感染实行监控。

(6)加强运行病历监控与管理,落实核心制度和岗位职责,规范全程管理,严密观察、及时处理患者病情变化，提高危重患者抢救成功率。

6.感染性疾病科管理。

(1)感染性疾病科建设符合规定，严格执行门诊患者预检分诊制度。

(2)严格执行《传染病防治法》及相关法律、法规、规章和规范。建立健全规章制度并组织实施，有效预防和控制传染病的传播和医源性感染。

(3)有专门部门或人员负责传染病疫情报告工作，并按照规定进行网络直报。

(4)定期对工作人员进行传染病防治知识和技能的培训。

7.临床检验质量管理与持续改进。

(1)贯彻落实《病原微生物实验室生物安全管理条例》《医疗机构临床实验室管理办法》等有关规定。临床实验室集中设置，统一管理，资源共享。实验室管理统一标准，统一质控，保证质量。

(2)临床实验室布局与流程安全、合理，符合医院感染控制和生物安全要求。

(3)开展检验项目符合卫生行政部门公布的目录，不开展淘汰和未经批准的项目。特殊实验室取得审批许可。

(4)临床检验项目满足临床需要，并能提供24小时急诊检验服务，实施"危急值报告"制度。

(5)落实全面质量管理与改进制度，按照规定开展室内质控，参加室间质评。对床旁检验项目按规定进行严格比对和质量控制。

(6)检验报告及时、准确、规范，严格审核制度。

(7)遵守检验项目和检测仪器操作规程，定期校准检测系统，并及时淘汰经检定不合格的设备与试剂。不使用未经批准的设备与试剂。

(8)患者、医师与护理人员对检验部门服务满意。

8.病理质量管理与持续改进。

(1)病理部门布局、设施、设备、工作流程和人员结构合理，管理规范，满足临床工作需要。

(2)建立并执行病理质量管理制度，定期开展质量评价和改进工作，严格执行标本核对制度。

(3)病理报告及时、准确、规范，严格审核制度。

(4)提高冰冻切片与石蜡切片的诊断符合率。病理切片、蜡块保存符合规定。

(5)环境保护及人员防护符合规定。

(6)患者、医师与护理人员对病理部门服务满意。

9.医学影像质量管理与持续改进。

(1)贯彻落实《放射性同位素与射线装置安全和防护条例》《放射诊疗管理规定》等相关法律、法规和规章，依法取得《放射诊疗许可证》《大型医用设备配置许可证》等。

(2)专业设置、人员配备及其设备、设施符合医院功能任务要求，满足临床需要，能提供24小时急诊检查服务。

(3)执行技术操作规范，实行质量控制，开展临床随访，定期进行质量评价。

(4)保证医学影像资料质量，报告及时、准确、规范，严格审核制度。

(5)环境保护、操作人员与患者个人防护达到标准要求。

(6)患者、医师与护理人员对医学影像部门服务满意。

10.药事质量管理与持续改进。

(1)贯彻落实《药品管理法》《医疗机构药事管理暂行规定》《处方管理办法》《抗菌药物临床应用指

导原则》《麻醉药品临床应用指导原则》和《精神药品临床应用指导原则》等有关法律、法规和规范。

(2)药学部门布局、设施和工作流程合理,管理规范,能为患者提供安全、及时、有效的药学服务。

(3)建立突发事件药品供应与药事管理机制。

(4)建立"以病人为中心"的药学管理工作模式,开展以合理用药为核心的临床药学工作。制定、落实药事质量管理规范、考核办法并持续改进。

(5)建立临床药师制,开展临床药学工作。健全临床用药的监督、指导、评价制度,开展药物安全性监测、药物不良反应与药害事件的监测和报告、抗菌药物临床应用监测,协助做好细菌耐药监测。提供合理用药咨询服务,积极推广个体化给药方案。

(6)加强处方管理,落实处方点评制度,提高处方质量,保障合理用药。

(7)加强特殊药品的管理,包括毒性药品、麻醉药品、精神药品、放射药品的购置,使用与安全保管。

(8)不使用非药学专业技术人员从事药学技术工作,不使用无批号、过期、变质、失效药品,不生产、销售、使用未经批准的制剂。

(9)患者、医师与护理人员对药学部门服务满意。

11.输血质量管理与持续改进。

(1)落实《献血法》和《医疗机构临床用血管理办法(试行)》《临床输血技术规范》等有关法律和规范。

(2)设立输血科,具备为临床提供24小时配血、供血服务的能力,满足临床需要,无非法自采供血。

(3)建立输血质量全程监控,严格掌握输血适应证,科学、合理用血。

(4)制订、实施控制输血感染的方案,严格执行输血技术操作规范。

(5)落实临床用血申请、登记制度,履行用血报批手续,执行输血前检验和核对制度。完善输血反应及输血感染疾病的登记、报告和调查处理制度。

12.医院感染管理与持续改进。

(1)根据国家有关的法律、法规,按照《医院感染管理办法》要求,制定并落实医院感染管理的各项规章制度。

(2)根据《医院感染管理办法》要求和医院功能任务,建立完善的医院感染管理组织体系。

(3)医院感染管理部门实行目标管理责任制,职责明确。

(4)医院的建筑布局、设施和工作流程符合医院感染控制要求。

(5)落实医院感染的病例监测、消毒灭菌监测、必要的环境卫生学监测及医院感染报告制度。

(6)加强对医院感染控制重点部门的管理,包括感染性疾病科、口腔科、手术室、重症监护室、新生儿病房、产房、内窥镜室、血液透析室、导管室、临床检验部门和消毒供应室等。

(7)加强对医院感染控制重点项目的管理,包括呼吸机相关性肺炎、血管内导管所致血行感染、留置导尿管所致尿路感染、手术部位感染、透析相关感染等。

(8)医务人员严格执行无菌技术操作、消毒隔离工作制度、手卫生规范、职业暴露防护制度。

(9)对消毒药械和一次性使用医疗器械、器具相关证明进行审核,按规定可以重复使用的医疗器械,实施严格的清洗、消毒或者灭菌,并进行效果监测。

(10)开展耐药菌株监测,指导合理选用抗菌药物。协助抗菌药物临床应用监测与管理。

(11)加强卫生安全防护工作，保障职工安全。

13.病案质量管理与持续改进。

(1)贯彻落实《医疗事故处理条例》《病历书写基本规范(试行)》和《医疗机构病历管理规定》等有关法规、规范。

(2)医疗文书书写真实、客观、及时、准确、完整、规范。

(3)建立健全病历全程质量监控、评价、反馈制度，重点加强运行病历的实时监控与管理，提高病历质量。

(4)建立病案管理制度并组织落实，病案保存时限符合规定。

(5)严格执行借阅、复印或复制病历资料制度，按规定保护患者隐私。

14.介入诊疗质量管理与持续改进。

(1)严格执行《心血管疾病介入诊疗技术管理规范》，依法取得相应资质。

(2)专业设置、人员配备及其设备和设施符合医院功能任务要求，满足临床需要，能提供24小时诊疗服务。

(3)严格执行技术操作规范，实行科学的质量控制标准，开展临床随访，定期进行质量评价。

(4)因病施治，合理治疗，严格掌握介入诊疗技术的适应证。

(5)建立介入诊疗器材登记制度，保证器材来源可追溯。不违规重复使用一次性介入诊疗器材。

(6)环境保护与个人防护达到标准。

15.血液净化质量管理与持续改进。

(1)专业设置、人员配备及其设备和设施符合医院功能任务要求，布局合理。

(2)有质量管理制度落实措施保障安全。

(3)严格执行医院感染管理制度与程序，有完整的监测记录与应急管理预案。

(4)血液透析机与水处理设备符合要求。

(5)透析液的配制符合要求，透析用水化学污染物、透析液细菌及内毒素检测达标。

(五)护理质量管理与持续改进。

1.护理管理组织。

(1)严格按照《护士条例》规定实施护理管理工作。制定健全的护理工作制度、岗位职责、护理常规、操作规程等，并保证实施。

(2)根据医院的功能任务建立完善的护理管理组织体系。

(3)护理管理部门实行目标管理责任制，职责明确。

(4)护理管理部门结合医院实际情况，制定护理工作制度，并有相应的监督与协调机制。

2.护理人力资源管理。

(1)有明确的护士管理规定，有护士的岗位职责、技术能力要求和工作标准。

(2)对各级各类护士的资质、各岗位的技术能力有明确要求，同工同酬。

(3)对各护理单元护士的配置有明确的原则与标准，确保护理质量与患者安全，病房护士与床位比至少达到0.4:1，重症监护室护士与床位比达到(2.5~3):1，医院护士总数至少达到卫生技术人员的50%。

(4)有紧急状态下对护理人力资源调配的预案。

(5)制订并实施各级各类护士的在职培训计划。

3.有护理质量考核标准、考核办法和持续改进方案。有基础护理、专科护理质量评价标准,并建立可追溯机制;定期与不定期对护理质量标准进行效果评价;按照《病历书写基本规范(试行)》书写护理文件,定期质量评价;有重点护理环节的管理、应急预案与处理程序;护理工作流程符合医院感染控制要求。

4.临床护理管理。

(1)体现人性化服务,落实患者知情同意与隐私保护,提供心理护理服务。

(2)基础护理与等级护理措施到位。

(3)护士对住院患者的用药、治疗提供规范服务。

(4)对围术期护理患者有规范的术前访视和术后支持服务制度与程序。

(5)提供适宜的康复和健康指导。

(6)各种医技检查的护理措施到位。

(7)密切观察患者病情变化,根据要求正确记录。

5.危重症患者护理管理。

(1)对危重患者有护理常规,措施具体,记录规范、完整。

(2)护理管理部门对急诊科、重症监护病房、手术室、血液净化等部门进行重点管理,定期检查、改进。

(3)保障监护仪的有效使用。

(4)保障对危重患者实施安全的护理操作。

(5)保障呼吸机使用、管路消毒与灭菌的可靠性。

(6)建立与完善护理查房、护理会诊、护理病例讨论制度。

6.有护理差错报告和管理制度。主动报告护理不良事件;完善专项护理质量管理制度,如各类导管脱落、患者跌倒、压疮等;能够应用对护理不良事件评价的结果,改进相应的运行机制与工作流程、工作制度。

7.手术室与中心供应室的管理。

(1)手术室与中心供应室工作流程合理,符合预防和控制医院感染的要求。

(2)制定并实施相关的工作制度、程序、操作常规。

(3)与临床保持良好的沟通机制,满足临床工作和住院患者的需要。

三、医院安全

(一)医疗服务安全。

1.开展全员医疗服务安全教育,提高医疗服务安全意识。

2.落实医疗服务安全监督、分析、评价和改进工作。

3.建立医疗纠纷防范和处置机制,及时妥善处理医疗纠纷。制定重大医疗安全事件、医疗事故防范预案和处理程序,按照规定报告重大医疗过失行为和医疗事故。

4.有防范非医疗因素引起的意外伤害事件的措施。

5.有明确的患者安全目标,并组织实施。

(二)建筑、设备、设施安全。

1.医院基本建设符合规划要求。

2.建筑符合《综合医院建筑设计规范》。建筑布局体现"以病人为中心"的服务理念,满足医疗服务流程需要。

3.设备、设施安全运行，防止漏电、漏气、漏水等。

4.消防通道畅通，无障碍物。消防设备齐全，标志醒目，专人管理，设有消防预警系统。有火灾事故的应急预案，并定期演练。遇紧急状态时，有与外界通信联络的可靠方式和安全畅通的疏散路线。

5.具有双路供电系统和自备发电配送能力，保证手术室、导管室、产房、重症监护病房、急诊科、血液透析室、输血科(血库)等重点部门的用电需要。

(三)危险物品及要害部门安全。

1.建立医用放射性物质、剧毒试剂等危险物品的安全管理制度，并认真落实。

2.有处理放射事故等意外事件的预案。

3.加强对放射科、检验科、医用氧舱、同位素室、氧气供应室、危险品仓库、配电室、压力容器及电梯等重要部门的安全管理。

四、医院服务

(一)维护患者合法权益。

1.充分发挥医学伦理委员会维护患者合法权益的作用。

2.尊重和维护患者的知情同意权、隐私权、选择权等。按照法律、法规、规章等有关规定，进行药品和医疗器械临床试验、手术、麻醉、输血以及特殊检查、特殊治疗等，取得患者书面知情同意。在医疗服务过程中，保护患者隐私。

3.建立并实施院务公开制度，按规定及时发布有关医疗服务信息。

4.建立并落实医患沟通制度，使用患者及其家属易于接受的方式和理解的语言。

5.公开患者投诉渠道和流程，及时、妥善处理投诉，对存在的问题分析总结，落实整改。

6.尊重患者的民族风俗习惯及宗教信仰。

(二)服务行为和医德医风。

1.贯彻执行《医德考核办法》，尊重、关爱患者，主动、热情、周到、文明地为患者服务。

2.有医德医风建设的制度、奖惩措施，并认真落实。

3.医院及其工作人员不得通过职务便利谋取不正当利益。

4.严禁推诿、拒诊患者。

5.提供多层次的医疗护理服务，满足不同层次人员的医疗需求。

6.规范服务行为，保障医疗质量，不断提高患者和社会对医疗服务的满意度。

(三)服务环境和服务流程。

1.门诊有就诊咨询、导诊以及其他便民服务。

2.服务环境清洁、舒适、温馨，服务标志规范、清楚、醒目。

3.入院与出院、诊断与治疗、转科与转院等连续性服务流程合理、便捷。

4.优化流程，简化环节。挂号、划价、收费、取药、采血等服务窗口的数量和布局合理，缩短患者等候的时间。

5.采取有效措施，提高医技科室工作效率，缩短出具检验、检查报告的时间。

五、医院绩效

(一)社会效益。

1.在医疗服务过程中，始终把社会效益放在首位，履行相应的社会责任和义务。

2.认真完成政府指令性任务,积极参加政府组织的社会公益性活动。完成卫生行政部门下达的城市医院支援农村和社区卫生工作、支援边疆卫生工作、援外医疗等指令性任务。

3.根据医疗卫生管理法律、法规、规章,提供全面、连续的医疗服务。为下级医院转诊的急危重症患者和疑难病患者提供诊疗任务;为下级医疗机构提供技术指导,开展双向转诊。

4.履行公共卫生职能,开展健康教育、科普宣传,普及防病知识,开展重大疾病、传染病以及慢性非传染性疾病的防治工作。承担突发公共卫生事件和重大灾害事故紧急医疗救援任务。

5.承担教学、科研和人才培养工作。三级医院承担高等医学院校的临床教学和实习工作,开展毕业后教育和继续医学教育,建立医学人才分层次培养体系,多渠道培养高级临床医学人才;承担下级医院技术骨干的临床专业进修任务;承担国家级、省级科研课题。

(二)工作效率。

1.医院年门诊人次、急诊人次、急诊抢救人次、手术人次、入出院人次。

2.医师人均每日担负诊疗人次,医师年均出院人次,医师人均每日担负住院床日。

3.平均住院日、术前住院日,平均开放病床数、实际开放总床日数、实际占用总床日数、出院者占用总床日数,病床使用率、病床周转次数。

4.门诊患者人均医疗费用、门诊患者人均药品费用,住院患者人均医疗费用、住院患者人均药品费用,住院床日平均费用,门诊处方人均费用,与上年度的比较。

(三)经济运行状态。

1.药品收入及占医疗总收入的百分比,药品进销差价收入及占医疗总收入的百分比,与上年度的比较。

2.单价在2000元以上的一次性耗材收入占医疗收入的百分比。

3.医疗服务收入占业务收入的百分比及与上年度的比较。

4.百元业务收入的业务支出、每名职工平均业务收入、人员经费占业务支出比例。

5.资产负债率、固定资产净值率、固定资产增长率、净资产增长率、固定资产收益率、流动资产收益率。

6.流动比率和速动比率。

7.成本核算。

六、部分评价指标

(一)法定传染病报告率。

(二)重大医疗过失行为和医疗事故报告率。

(三)药品和医疗器械临床试验、手术、麻醉、特殊检查、特殊治疗,履行患者告知率。

(四)完成政府指令性任务比例。

(五)入出院诊断符合率。

(六)手术前后诊断符合率。

(七)临床主要诊断、病理诊断符合率。

(八)CT检查阳性率(无此设备的不做要求)。

(九)MRI检查阳性率(无此设备的不做要求)。

(十)大型X光机检查阳性率(无此设备的不做要求)。

(十一)急危重症抢救成功率。

(十二)清洁手术切口甲级愈合率。

(十三)清洁手术切口感染率。

(十四)麻醉死亡率。

(十五)尸检率。

(十六)医院感染现患率。

(十七)医院感染现患调查实查率。

(十八)临床检验室内质控、室间质评项目及结果。

(十九)普通门诊具有主治医师以上专业技术职务任职资格的本院医师比例。

(二十)院内急诊会诊到位时间。

(二十一)急诊留观时间。

(二十二)急救物品完好率。

(二十三)病历合格率。

(二十四)处方合格率。

(二十五)成分输血比例与输血适应证合格率。

(二十六)医疗事故发生件数、等级、责任程度。

(二十七)挂号、划价、收费、取药、采血等服务窗口等候时间。

(二十八)检验、心电图、超声、影像常规检验检查项目自检查开始到出具结果的时间。

(二十九)术中冰冻病理自送检到出具结果的时间。

(三十)门诊患者中预约患者的比例。

(三十一)平均住院日。

(三十二)择期手术患者术前平均住院日。

(三十三)同一病例7天内再住院率。

(三十四)病床使用率。

(三十五)病床周转次数。

(三十六)药品收入占医疗收入比例。

(三十七)基础护理合格率。

(三十八)危重患者护理合格率。

(三十九)医疗器械消毒灭菌合格率。

(四十)病房床位与病房护士比例。

(四十一)医院资产负债率。

(四十二)职工对医院管理组织机构和领导工作满意度。

(四十三)患者、医师与护理人员对检验科服务满意度。

(四十四)患者、医师与护理人员对医学影像部门服务满意度。

(四十五)患者、医师与护理人员对药学部门服务满意度。

(四十六)患者、医务人员对医院后勤服务满意度。

(四十七)已出院患者对医疗服务满意度。

七、三级综合医院评价指标参考值

(一)法定传染病报告率100%。

(二)重大医疗过失行为和医疗事故报告率100%。

(三)药品和医疗器械临床试验、手术、麻醉、特殊检查、特殊治疗,履行患者告知率100%。

(四)完成政府指令性任务比例100%。

(五)入出院诊断符合率≥95%。

(六)手术前后诊断符合率≥95%。

(七)临床主要诊断、病理诊断符合率≥60%。

(八)CT检查阳性率≥70%。

(九)MRI检查阳性率≥70%。

(十)大型X光机检查阳性率≥70%。

(十一)急危重症抢救成功率≥80%。

(十二)治愈好转率≥90%。

(十三)清洁手术切口甲级愈合率≥97%。

(十四)清洁手术切口感染率≤1.5%。

(十五)麻醉死亡率≤0.02%。

(十六)尸检率≥15%。

(十七)医院感染现患率≤10%。

(十八)医院感染现患调查实查率≥96%。

(十九)临床化学室间质评全年平均及格(VIS≤120)。

(二十)血液学室间质评全年平均及格(改良偏离指数DI≤2)。

(二十一)免疫室间质评全年平均成绩在全国平均水平以上。

(二十二)细菌室间质评全年鉴定正确率≥80%。

(二十三)普通门诊具有副主任医师以上专业技术职务任职资格的本院医师比例≥60%。

(二十四)院内急会诊到位时间≤10分钟。

(二十五)急诊留观时间≤48小时。

(二十六)急救物品完好率100%。

(二十七)合格病历率≥90%。

(二十八)处方合格率≥95%。

(二十九)开展成分输血比例≥85%。

(三十)输血适应证合格率≥90%。

(三十一)挂号、划价、收费、取药等服务窗口等候时间≤10分钟。

(三十二)大型设备检查项目自开具检查报告申请单到出具检查结果的时间≤48小时。

(三十三)血、尿、便常规检验,心电图、影像常规检查项目,自检查开始到出具结果的时间≤30分钟,生化、凝血、免疫等检验项目自检查开始到出具结果的时间≤6小时,细菌学等检验项目自检查开始到出具结果的时间≤4天。

(三十四)超声自检查开始到出具结果的时间≤30分钟。

(三十五)术中冰冻病理自送检到出具结果的时间≤30分钟。

(三十六)平均住院日≤15天。

(三十七)择期手术患者术前平均住院日≤3天。

（三十八）病床使用率85%~93%。

（三十九）病床周转次数≥19次/年。

（四十）药品收入占医疗总收入比例≤45%。

（四十一）基础护理合格率≥90%。

（四十二）危重患者护理合格率≥90%。

（四十三）医疗器械消毒灭菌合格率100%。

（四十四）全员开放病房床位与病房护士比为1:0.4。

（四十五）住院医师规范化培训率100%，培训合格率≥90%。

（四十六）职工对医院管理组织机构和领导工作满意度≥80%。

（四十七）患者、医师与护理人员对检验科服务满意度≥90%。

（四十八）患者、医师与护理人员对医学影像部门服务满意度≥90%。

（四十九）患者、医师与护理人员对药学部门服务满意度≥90%。

（五十）患者、医务人员对医院后勤服务满意度≥90%。

（五十一）已出院患者对医疗服务满意度≥90%。

注：部分评价指标计算方法及说明

病床使用率：指“实际占用总床日数”与“实际开放总床日数”之比。

病床周转次数：指“出院人数”与“平均开放床位数”之比。

平均住院日：指“出院者占用总床日数”与“出院人数”之比。

实际开放总床日数：指年内医院各科每日晚12时开放病床数总和，不论该床是否被患者占用，都应计算在内。包括因故（如消毒、小修理等）暂时停用的病床，不包括因医院病房扩建、大修理或粉刷而停用的病床及临时增设的病床。

实际占用总床日数：指医院各科每日晚12时实际占用病床数（即每日晚12时的住院人数）总和。包括实际占用的临时床位，患者入院后于当晚12时以前死亡或因故出院所占用的床位。

平均开放病床数：实际开放总床日数/本年日历日数（365）。

出院者占用总床日数：指出院者（包括正常分娩、未产出院、住院经检查无病出院、未治出院及健康人进行人工流产或绝育手术后正常出院者）住院日数的总和。

急危重症抢救成功率：指急危重症患者抢救成功人次数与抢救总人次数之比。

入出院诊断符合率：诊断符合患者数/（出院患者数-疑诊患者数）×100%。

手术前后诊断符合率：指手术前后诊断符合人数与手术患者总人数之比。

CT检查阳性率：指CT检查中检出阳性的人次数与CT检查总人次数之比。

药品收入占医疗收入比例：指药品收入与医疗收入之比。

总收入：指单位为开展业务及其他活动依法取得的非偿还性资金。总收入包括财政补助收入、上级补助收入、医疗收入、药品收入和其他收入等。

药品收入：指医疗机构在开展医疗业务活动中所取得的中、西药品收入。

门诊患者人均医疗费用：又称每诊疗人次医疗费用。即（医疗门诊收入+药品门诊收入）/总诊疗人次数。

住院患者人均医疗费用：又称出院者人均医疗费用。即（医疗住院收入+药品住院收入）/出院人数。

医师人均每日担负诊疗人次：诊疗人次数/平均医师人数/251。

医师人均每日担负住院床日:指实际占用总床日数/平均医师人数/365。

法定传染病报告率:指医疗机构在某一时期内法定传染病报告病例数占总病例数(漏报病例数+已报告病例数)的百分比。

关于印发甘肃省中医院2009年中医医院管理年活动方案的通知

省中医药研究院,各部门、各科室:

为认真贯彻落实《中共中央国务院关于深化医药卫生体制改革的指导意见》和《国务院关于扶持和促进中医药事业发展的若干意见》精神,根据国家中医药管理局《2009年"以病人为中心,以发挥中医药特色优势为主题"的中医医院管理年活动方案》及国家中医药管理局制定的《中医医院管理评价指南(2008年版)》,为进一步加强我院内涵建设,为广大人民群众提供更加优质的中医药服务,经2009年9月8日院长办公会决定,制定我院2009年"以病人为中心,以发挥中医药特色优势为主题"的中医医院管理年活动方案。现印发给你们,请认真学习并遵照执行。

二〇〇九年九月十日

甘肃省中医院2009年"以病人为中心,以发挥中医药特色优势为主题"的中医医院管理年活动方案

为认真贯彻落实《中共中央国务院关于深化医药卫生体制改革的指导意见》和《国务院关于扶持和促进中医药事业发展的若干意见》精神,根据国家中医药管理局《2009年"以病人为中心,以发挥中医药特色优势为主题"的中医医院管理年活动方案》及国家中医药管理局制定的《中医医院管理评价指南(2008年版)》,为进一步加强我院内涵建设,为广大人民群众提供更加优质的中医药服务,保障医疗安全,结合我院实际情况,制定我院2009年"以病人为中心,以发挥中医药特色优势为主题"的中医医院管理年活动实施方案。

一、指导思想

深入学习实践科学发展观,坚持"质量至上、安全第一、预防为主、综合治理"的方针,全面落实医

院2009年“充分发挥中医特色与优势，大力推动继承创新，弘扬中医药文化，深化医院改革，加强医院管理”的工作主题，唱响“安全发展”主旋律，将“医疗质量万里行活动”“中医中药中国行活动”与“以病人为中心，以发挥中医药特色为主题”的中医医院管理年活动相结合，进一步加强医疗质量与医疗安全管理，着力促进医疗质量的持续改进，不断提高医疗服务质量和效率，更好地保障患者的合法权益，努力为群众提供安全、有效、方便、价廉的医疗服务。

二、组织管理

医院成立“医疗质量万里行”活动领导小组。

组　长：李盛华

副组长：妥建福

组　员：孙援朝　冯守文　马忠祥　舒　劲　李兴勇　赵继荣

领导小组下设办公室，负责活动具体工作安排。

主　任：张德宏

副主任：杨宏武

成　员：邓　强　马郑萍　马真琴　周毓萍　罗燕梅　李喜香　李贵臻　徐柏林　刘廷梦

三、工作任务

（一）严格执行《中医医院管理评价指南（2008版）》有关内容，坚持中医为主的发展观，按照医院“大力发展中医”战略，进一步挖掘中医特色优势潜力，扩大中医药诊疗范围，在临床路径管理和单病种费用控制管理中充分体现中医药优势。

（二）强化人力资源管理，优化卫生技术人员结构，配备充足的中医药人员。根据中医医院等级和规模，合理配备各级各类人才。

（三）规范科室设置，强化中医执业意识，增强综合实力。按照有关规定，合理设置临床科室，并按照规定命名。制订并实施常见病及中医优势病种中医诊疗方案，加强执业医师中医基础理论和基本技能的考核。

（四）以重点专科建设为重点，带动业务发展。制订并实施专科建设发展规划、工作计划以及发挥中医药特色优势的整体措施。完善和不断优化各重点专科常见病及重点病种的中医诊疗方案，并对临床疗效进行评价。重视本专科名老中医学术经验继承，加强专科学术继承人培养。

（五）严格中药药事管理，进一步提升中医药建设。按照《医院中药房基本标准》建设中药房，严格执行《医院中药饮片管理规范》《医疗机构中药煎药室管理规范》等相关制度。

（六）打造中医文化氛围，营造良好就医环境。按照《关于加强中医医院中医药文化建设的指导意见》的文件要求，做好医院的文化建设，中医药文化充分体现医院宗旨和价值观念，建立并不断完善行为规范体系，形成富含中医药文化特色的服务文化和管理文化。建筑风格、内部装饰、医院标志等体现医院中医药文化。

（七）加强宣传力度，全员培训教育，提升服务品质。多角度、多方式向社会宣传医院的特色专科和技术，把医院打造成我省中医系统最有影响力的中医医院。

（八）贯彻落实《医疗技术临床应用管理办法》《处方管理办法》《抗菌药物临床应用原则》《病原微生物实验室安全管理条例》《医疗机构临床实验室管理办法》《医院感染管理办法》等有关规定，严格执行手术分级管理制度，进一步提高处方点评内涵质量，加强对重点科室和环节的医院感染控制工作，严防医院感染事件发生。

(九)严格执行病历书写规范,将中医医疗机构和综合医院病历书写相关内容有机整合,严格完成时限,提高病历书写内涵质量,加大检查督导和惩罚力度。

(十)做好基础设施、技术装备、作业环境的安全生产工作,确保消防安全,标志醒目,通道畅通,强化水、电、汽和医疗设备的日常维护管理,防范意外伤害事故发生。

四、重点工作

根据国家中医药管理局《2009 年"以病人为中心,以发挥中医药特色优势为主题"的中医医院管理年活动方案》文件精神,重点做好以下工作。

(一)贯彻实施《医疗技术临床应用管理办法》,认真做好医疗技术临床应用管理,重点落实以下几项工作:

1.建立健全医疗技术临床应用管理的相关规章制度,各科主任是本科室医疗技术临床应用管理的第一责任人;各科室要建立医疗技术管理档案,对开展的各类医疗技术进行技术审核,严格管理。

2. 对已经开展的医疗技术进行全面梳理,重点是须由卫生行政部门准入方可临床应用的医疗技术。

3.实施手术分级管理制度,制订具体实施措施,对医师的专业技术能力进行审核并通过后,方可授予相应的手术权限,并实施动态管理。

(二)继续贯彻实施《处方管理办法》《抗菌药物临床应用指导原则》《关于加强全国合理用药监测工作的通知》和《卫生部办公厅关于抗菌药物临床应用管理有关问题的通知》,积极推进临床合理用药。重点落实以下几项工作:

1.认真落实处方点评制度,对处方实施动态监测及超常预警,对不合理用药及时予以干预。

2.按照《抗菌药物临床应用指导原则》的规定,建立健全抗菌药物分级管理制度,明确各级医师使用抗菌药物的处方权限,切实采取措施推进合理用药工作。

3.以严格控制Ⅰ类切口手术预防用药为重点,进一步加强围术期抗菌药物预防性应用的管理。加强临床微生物检测、抗菌药物临床应用和细菌耐药监测工作,逐步建立抗菌药物临床应用和细菌耐药预警机制。

4.建立健全毒、麻、精、放等特殊药品的安全管理制度并认真落实。

5.认真做好合理用药监测工作,监测医院要按照监测工作方案的要求,认真、及时、准确地做好数据的收集和上报工作。

(三)继续推进与落实"病人安全目标"。

(四)根据《病原微生物实验室生物安全管理条例》《医疗机构临床实验室管理办法》等有关规定,对实验室生物安全、质量管理控制和管理进行全面检查,重点检查制度建设、硬件设施、人员管理、应急处置、执行落实等情况。

(五)全面排查后勤保障部门、安全保卫等部门基础设施存在的安全隐患。重点落实以下几项工作:

1.建立完善的安全生产组织领导、管理机构、规章制度、操作规程、标准等,认真组织落实。

2.加强对安全生产中药设施、装备、关键设备和装置的日常管理维护、保养并保障安全运行,防止漏电、漏汽、漏水;完善劳动保护用品的配备和使用。

3.确保消防通道通畅,无障碍物,消防设备齐全,标志醒目,专人管理,设有消防预警系统。

4.加强应急管理,完善各类应急预案的制订、应急救援物资的配备和维护,定期开展应急演练。

5.加强对放射科、氧气供应室、危险品仓库、配电室、压力容器及电梯等重要部门的安全管理。

6.贯彻执行《临床用血管理办法》和《临床输血技术规范》,保证临床用血安全。

7.贯彻落实《医院感染管理办法》和相关技术规范,加强重点部门、重点环节的医院感染控制工作,有效预防和控制医院感染。

8.贯彻落实《病历书写基本规范(试行)》和《医疗机构病历管理规定》,开展运行病历质量评比活动。

五、组织实施

共分为三个阶段。

(一)工作部署阶段(2009 年 9—10 月)。该阶段重点教育职工树立牢固的质量意识、安全意识,具体安排如下:

1.加强宣传教育。在全院大力开展宣传活动,制订切实可行的宣传计划,下发《甘肃省中医院 2009 年医疗质量万里行活动实施方案》。

2.各科室组织开展“以病人为中心,以发挥中医药特色为主题”的医院管理年及 2009 年“医疗质量万里行”活动的专题讨论,提高全员质量意识,寻找医疗隐患,制订整改措施。

3.对科主任、护士长进行管理知识培训。

(二)组织实施阶段(2009 年 10 月—2010 年 3 月)

1.把本次活动与创建卫生厅百姓放心医院、病人安全目标、临床路径管理和单病种质量控制等结合起来,建立健全医院管理评价制度和医院管理长效机制,推进医院管理和医院评价工作全面开展。

2.以主要工作为重点,结合 2008 年医院管理年活动中存在的不足,进一步梳理各项管理规章,提高规章制度的执行力。

3.强化医务人员的“三基”训练和考核。

4.落实临床路径和单病种质量管理方案,各临床科室不断优化单病种治疗方案。对临床路径和单病种质量控制执行情况进行全面检查。

5.举办法律知识培训 1~2 次,重点是对医疗纠纷投诉分析及《医疗事故处理条例》的学习与贯彻执行。

6.加强急危重病人以及重点环节、重点部门的管理。完善院内急救系统的管理,保证绿色通道畅通,组织急诊科医务人员进行业务知识培训,保证各环节医疗质量;全面落实医院感染控制措施,降低院内感染发生率。

7.加强医疗文书规范化培训,提高病案书写质量,加强病历终末质量控制力度,出科之前对每一份病历进行检查。

8.检查重要部门、重点医疗环节的管理情况。重点检查病情告知、知情同意谈话记录及签字情况。如:手术、麻醉、输血、急危重症特殊检查(增强 CT、造影、损伤性诊断穿刺等)、特殊治疗(溶栓、介入等),共检查 3~4 次。

9.进一步提升处方点评内涵,强化合理用药意识,落实各项设备设施安全制度,防范非医疗因素意外伤害事件的发生。

10.开展临床用药排名制度。

(三)总结交流阶段(2010 年 4—5 月)

1.医院对实施两项活动情况进行全面总结,对医疗、护理服务质量工作情况进行分析和总结。

2.对薄弱环节，逐一制订改进措施，监督落实，从而不断提高医疗服务质量水平。

3.迎接市、区卫生局对医院两项活动开展情况的督导检查。

六、工作要求

(一)强化质量意识，切实加强领导。

医疗质量是医院的立院之本、管理的核心，关系群众的身心健康和生命安全，关系医院的形象和声誉。各科室要进一步强化医疗质量和安全意识，明确科室主任是医疗安全管理的第一责任人，切实加强组织领导，加大检查、指导力度，确保活动取得实效。

(二)重在质量建设，消除安全隐患。

各科室要重视内涵建设，从人才、技术、管理等方面入手，培训、教育、检查相结合，完善各项规章制度，建立健全内部医疗质量管理和控制体系。同时要加大对重点部门、重点区域、重点环节和重点人员的管理、检查力度，对医疗技术、医疗服务、建筑、设备、设施、危险物品及要害部门中的安全隐患进行全面梳理排查，发现问题及时整改，消除安全隐患，防范医疗事故，杜绝医疗差错。

(三)明确活动目标，发动全员参与。

此次活动的最终目标是提高医疗质量、保证医疗安全、和谐医患关系，核心是“医疗质量持续改进”，切入点是“万里行”。各科室要围绕活动核心，积极行动，主动协调，组织全科室人员广泛参与，加强舆论宣传引导，营造良好的活动氛围。

二〇〇九年九月十日

以病人为中心　突出中医药特色优势
扎实有效开展医院管理年活动

——甘肃省中医院2009年中医医院管理年活动工作汇报

甘肃省中医院院长　李盛华

（二〇一〇年七月五日）

根据国家中医药管理局和甘肃省卫生厅、甘肃省中医药管理局的工作部署，我院以科学发展观为指导，紧紧围绕以病人为中心，以突出中医药特色优势为主线，开拓创新，狠抓内涵，扎实开展2009年中医医院管理年活动，全面提升了医院管理水平和服务水平。下面我从医院概况、2009年医院管理年活动开展情况、取得的成效及今后努力的方向四个方面向在座的各位领导和专家做一汇报，不足之处，敬请指正！

一、医院概况

医院概况之一：历史沿革和发展

甘肃省中医院位于兰州市七里河区，地处城市中心的西部。其北侧不足二百米就是古老的黄河。这条流淌了千年的母亲河，见证了甘肃省中医院从小到大的成长历程。

甘肃省中医院始建于1953年12月8日，前身是一个中医门诊部，仅有几间简陋的平房、简单的诊疗设备和十几名医护人员。历经五十七年的沧桑岁月和几代中医院人的艰苦努力，现今的甘肃省中医院已经发展成为一所综合性三级甲等中医院。不仅是甘肃省中医医疗、教学、科研、康复、保健和急救的重要基地，也是甘、青、宁三省区规模最大的中医院。

医院占地面积84.6亩。现有职工1143人，其中专业技术人员993人，占职工总数的86.9%。副高以上专家192人，博士12人，硕士156人，博士研究生导师2人，硕士研究生导师28人，享受国务院政府特殊津贴专家7人，卫生部有突出贡献中青年专家1人，甘肃省名中医6人，省级优秀专家5人，省级领军人才5人，厅级中青年学术技术带头人15人，“西部之光”访问学者5人。

医院开放床位800张，设有83个专科专病门诊，46个临床医技科室，18个病区；设有22个研究所，5个二级实验室和1个中心实验室；设有ICU、CCU、NCU和120急救中心。医院配置有MRI、CT、全数字化平板血管造影机、奥林帕斯260电子内镜系统、奥林帕斯2500全自动生化分析仪、高档彩超等大中型诊疗设备。

医院概况之二：坚持中医药特色，形成中医药优势

中医院只有依托中医药特色才能求生存、谋发展！

多年来，我院坚持“中医辨证、西医诊断、中医为主、西医为辅”的诊疗方针，充分发挥中医药优势，形成和总结出一批中医特色疗法、适宜技术和诊疗常规，建立起一批国家和省级的中医药重点专科。骨科（设有8个二级分科）为国家中医药管理局重点学科和重点专科，是全国骨科重点研究室建设单位，被中华中医药学会评定为中医骨伤名科，是甘肃省临床中心医学科；脑病科、脾胃病科为国家中医药管理局重点专科建设单位；中医骨科、脑病科、老年病科、脾胃病科、药剂科为省级临床医学重点学科；中医脑病科、脾胃病科、药剂科、老年病科、肾病科为省中医管理局重点中医药专科。

此外，凭借甘肃省独特的药材资源优势和我院名老中医的人力资源优势，我院还研发了“损伤散”“消定膏”“中风膏”“补脑膏”等54个院内制剂。医院药剂科为国家中医药管理局的中医院中药制剂能力建设单位。

医院概况之三：科研力量和科研成果

科技创新是医院发展的原动力。在国家自主创新发展战略的指引下，我们大胆解放思想，积极探索中医院科技创新的新模式，并取得了一些成果。

首先，我们抓住机遇，创建了“院院结合”的科技创新模式。2007年6月，我院受省卫生厅委托，接管了甘肃省中医药研究院。借此机会，我们把办医院和办研究院结合为一体，对接形成了22个临床医学研究所。各研究所所长同时又是医院相应临床科室的负责人，这不仅为科技人才的发展提供了理论和实践的“双平台”，也为临床医技的提高提供了学术和科研的“后动力”。

在近两三年中，我们借助“院院结合”新模式“筑巢引凤”，大量引进学科带头人及博士和硕士。这些学科带头人及高学历的新生力量，汇入医院原有的人才队伍，为医院的发展提供了源源不断的新鲜血液。

其次，我们利用扶持政策，积极推动院内科研。近五年来，我们出台了一系列鼓励和扶持院内科研

的政策，调动了院内医护人员科技创新的主动性和积极性。医院科研项目共立项省级课题 108 项，鉴定 78 项，获奖 39 项，部级科技成果奖 10 项；在省级以上杂志发表学术论文 1188 篇，出版医学专著 43 部。

医院概况之四：救死扶伤，勇于奉献

五十七年的时光，弹指一挥间；五十七年的努力，也打造了甘肃省中医院这个进取的团队，培养造就出一批优秀的医护人员。医院先后被评为“全国卫生系统先进集体”“全国青年文明号信用建设示范创建单位”“全国百姓放心示范医院”。急诊科被卫生部和共青团中央授予“全国青年文明号”称号。在应对非典、“5·12”大地震、“三鹿奶粉”、玉树大地震等突发事件的考验中，我院作为省内最大的中医院，责无旁贷地冲锋在第一线，不辱使命地做出了积极贡献。在今年的玉树抗震救灾工作中，医院单独组建医疗救援队，作为全国四只中医医疗救援队伍之一，奋战在抗震救灾最前线，院本部成为省卫生厅系统收治玉树伤员最多的医院。

医院概况之五：展望

目前，我院已步入了管理创新、科技创新、服务创新、文化创新的良性发展轨道。如今，我们又为医院下一步的发展，描绘出一幅新的建设蓝图。在建的 3.86 万平方米门诊医技综合大楼以及即将建设的科研制剂大楼、骨外科大楼等医疗用房，将从很大程度上改变我院的医疗硬件，改善患者的就医条件。我们对未来充满了信心！

二、2009 年中医医院管理年活动开展情况

中医医院管理年活动开展情况之一：统一思想，提高认识，精心部署

1.领会主题，加强领导

2009 年中医医院管理年活动是由国家中医药管理局具体部署，贯彻落实国家有关扶持和促进中医药事业发展政策的重要举措。它的核心内容是发挥中医药特色优势，目的是在深化医药卫生体制改革中，引导和促使中医医院在加强医疗质量安全管理，提高医疗服务质量和效率，全面提升整体管理水平的基础上，强化以中医为主的发展方向，注重突出中医药特色，充分发挥中医药优势，为人民群众提供更加优质的中医药服务。我院领导班子高度重视管理年活动的开展，多次组织院办公会议认真学习研究国家中医药管理局下发的《2009 年“以病人为中心，以发挥中医药特色优势为主题”的中医医院管理年活动方案》《中医医院文化建设指南》等有关文件精神，深刻领会 2009 年中医医院管理年活动精神。成立了以院长李盛华同志亲自挂帅的医院管理年活动领导小组，设立了医院管理年办公室，健全了开展管理年活动的组织机构，为医院管理年活动的开展提供了强有力的组织保障。

2.学习经验，统一思想

为了更好地开展中医医院管理年活动，直观感受中医药特色优势在中医医院发展中的重要性，学习借鉴先进的中医医院管理经验和特色诊疗经验，我院自 2009 年 6 月开始，组织医院中层干部 61 人次分三批六个队，到广东省中医院、江苏省中医院、湖南中医药大学第一附属医院、福建省中医院、新疆维吾尔自治区中医院等 33 所医院分别学习和交流，兄弟医院先进的管理理念、迅猛的发展态势及突出的中医特色对我院中层干部触动颇深，使我们看到了差距，找到了努力方向，认识到加强中医药特色优势建设的重要性、必要性和紧迫性。2010 年 3 月至 6 月，医院又分两批 32 人次前往新加坡国际管理学院接受现代医院高级管理培训，兄弟医院的管理经验及国际先进的管理理念，使我们在医院管理年活动方案的制订和实施时，得到了启迪，打开了思路，也更加务实。

3.广泛动员，全员参与

我院大力营造“以病人为中心，以发挥中医药特色优势”的中医医院管理年活动氛围，召开了2009年中医医院管理年动员大会，利用全院职工大会、院周会、科主任会议、医疗质量季度分析会、阶段工作总结反馈会、自查工作布置会等，反复强调开展中医医院管理年活动的重要性和必要性，并且及时通报活动开展情况；另外，医院还制作了《员工手册》，使管理年活动深入每位员工心里，提高了全院职工对2009年中医医院管理年活动的认识，促进了员工主动参与中医医院管理年活动。

中医医院管理年活动开展情况之二：结合实际，突出主题，全面落实

1.制订方案，指导实施

根据国家中医药管理局和甘肃省卫生厅、甘肃省中医药管理局开展2009年医院管理年活动的要求，结合我院实际情况，通过查排问题、研讨措施，群策群力，及时制订和印发了我院2009年医院管理年活动方案，明确了2009年我院医院管理年活动工作是以满足人民群众对中医药服务的需求为出发点，狠抓内涵建设，以突出中医药特色为重点，“以病人为中心，以发挥中医药特色优势”为主题。方案还明确了各级组织机构的工作职责，开展活动的实施步骤、目标要求、督导内容、具体措施要求等，形成了分级负责、层层抓落实的活动氛围。

2.定期督查，抓好落实

按照活动方案要求，我院定期组织开展了自查自纠、专项检查等多层次和多形式的院内督查，尤其是临床科室医疗质量，特别把中医内涵质量、中医药特色优势指标以及医疗安全作为专项检查的重要内容，形成常态管理，确保了管理年活动各项工作落到实处，并取得了实效。

3.认真整改，促进提高

根据国家中医药管理局2009年中医医院管理年活动的具体要求，我院将自查过程中发现的问题，及时反馈给相关科室，责令责任科室着手整改，主管部门做好监督管理。如针对临床科室和重点专科有诊疗规范执行不到位的现象，我院对全部出院病历进行检查，对执行不到位的科室和个人进行通报批评；又如我院修订了临床科室医疗质量考核评分标准，以加强对临床科室发挥中医药特色优势的考核力度；对医院自制药品的使用进行单项考核等。这些整改措施有力，收效良好，保证了管理年活动工作质量的持续提高。

中医医院管理年活动开展情况之三：把握方向，搭建平台，提供全面中医药服务

1.完善机制，发挥中医导向作用

我院坚持“现代化、大综合、多特色、强专科”的办院方向；以“狠抓内涵，突显特色，服务争优，强化管理，稳步推进”为近期工作思路；明确了以中医为主的发展方向，把加快推进中医药特色优势建设作为医院的工作核心，并明确写进医院的发展纲要中。不断完善促进发挥中医药特色优势的考核制度与激励机制，充分调动员工参与医院建设发展的积极性。如鼓励临床医师运用中药、院内制剂；结合省卫生厅的推荐，将20种我院自制药品向全省推广使用。医院还把中医治疗率、中医疾病诊断准确率、入院证候诊断准确率、辨证论治优良率纳入考核指标，引导医生在临床工作中充分应用中医药，突出特色优势，提高临床疗效，充实中医药特色建设内涵。

2.合理配备中医药人员，保证中医医院姓“中”

中医医院要发挥中医药特色优势，中医医院要保持姓“中”，中医药人才是关键。我院严格按照三级中医医院建设要求，合理配备领导班子、管理人员及中医药专业技术人员。主要职能部门负责人（医务、护理、教育、科研）8人，其中，中医药专业技术人员5人，比例为62.5%；全院执业医师330人，其

中，中医类别执业医师(含执业助理医师)共 248 人，比例为 75.2%；全院药学专业技术人员 59 人，其中，中药专业技术人员 44 人，比例为 74.6%。临床科主任及护理部主任、药学部主任等重点科室主任职称均达到了三级中医院配备要求。

3.规范临床科室名称，体现中医特点

随着医院规模的扩大，医院二、三级分科得到了进一步细化。目前，医院有 46 个临床医技科室，为了更好地体现中医特色，按照《国家中医药管理局关于规范中医医院与临床科室名称的通知》要求，我院及时对临床科室名称进行了梳理，并结合我院具体情况，规范了各临床科室的命名。

4.完善服务平台建设，凸显中医药特色优势

建立以中医药特色诊疗为核心的"陇上名医馆"。我院在原兰州市城关区小沟头门诊的基础上，投入大量资金筹建了"陇上名医馆"，名医馆在内外装修上都充分体现了中医药文化氛围，而且在诊疗上重点突出了中医非药物治疗手段。并坚持派遣以我院名中医为专家队伍的人员前往"陇上名医馆"坐诊。通过这些举措，使我院特色的中医药优质服务直接延伸到兰州市中心城区。

斥巨资，为医院可持续发展夯实基础。2009 年 3 月，我院投入巨资购入了兰州昌盛植物油有限责任公司因"出城入园"项目搬迁腾出的 22.063 亩土地。在此基础上，医院对整体布局进行了规划，并获市规划局批准，使医院今后的发展更加趋于科学合理。目前，医院建筑面积达 3.86 万平方米的新门诊医技综合大楼主体工程已开工建设。下一步，根据医院整体规划，将逐步建设科研制剂大楼、骨外科大楼、内科大楼等医疗业务用房，医院将在今后建成拥有 1800 张床位以上的现代化综合性中医院，以确保为广大人民群众提供优质的中医医疗服务环境和手段。

建立了甘肃省首家中医"治未病"中心。医院作为国家中医药管理局"治未病"预防保健服务试点单位，于 2008 年率先成立了甘肃省首家中医"治未病"中心。中心设立了亚健康专科门诊和治未病门诊，开办了健康系列讲座，宣传治未病的知识，开展了中医体质辨识，为亚健康人群提供中医药服务。编写出版了《中医老年保健与养生》一书。"治未病"中心申报的科研课题"敦煌医学中'治未病'思想在老年病的研究"获 2009 年甘肃省自然科学基金立项。同时，针灸科、呼吸科、名医工作室、"治未病"中心为患者提供冬病夏治服务。通过这些措施，"治未病"中心已成为我院发挥中医药特色优势建设的又一平台。

5.加强协作交流，拓宽中医药舞台

医院 2009 年派出 60 多人次参加各种中医药学术交流会，加强与同行的交流，互补优势，拓宽我院的医疗服务领域和发展空间，为医院中医药事业发展再铺新平台。

充分发挥我院作为甘肃省中医药行业的龙头作用，加强对基层医院中医药技术骨干的进修培养，采取对基层医院进修人员免收进修费等措施，既受惠了基层医院，又扩大了我院中医药医疗服务半径。

中医医院管理年活动开展情况之四：加大投入，夯实基础，促进中医药特色优势发挥

1.加强人才培养，提供中医药特色优势发挥的智力支撑

中医药人才是中医医院中医药特色优势发挥的主体，加强中医药人才培养一直是我院实施人才兴院的重要战略。医院多年来坚持实施人才培养工程，近十年来分别实施了"113""223""334"人才培养工程，目前已分别对 3 个层次近百名医务工作者在学术和科研方面进行了政策和资金倾斜，推进了医院中医药人才的快速发展和积累。

师承教育是培养高层次中医药人才的快速通道。我院根据中医药人才的成长规律，认真组织实施

老中医药专家学术经验继承工作。我院师承工作第一至三批指导老师共10人,带教继承人18人;省级第二至三批指导老师共14人,带教继承人28人;第四批国家级指导老师4人,带教继承人8人;第四批省级指导老师3人,带教继承人6人,第四批老中医药专家学术经验继承工作正按实施方案如期完成阶段性工作。同时,我院与中国中医科学院联合培养的首批1名师承博士研究生已顺利完成了博士生开题报告,表明我院高层次中医药人才培养跨上了新台阶。名医工作室作为继承和发扬中医药学术、培养高级中医药人才的重要平台,也已纳入我院名医工程实施项目当中。我院名老中医王自立教授主持的"王自立名医工作室"因建设成效突出,荣获2009年"全国先进名医工作室"称号。

根据省卫生厅"西医学中医,中医学经典"的有关精神和要求,医院从2009年以来,先后举办了两届为期半年和三个月的全省"西学中"培训班,已有来自全省各地的百名西医人员在我院系统接受了中医理论及临床知识的培训,促进了中医药事业的推广。另外,我院还组织编发了《中医经典必背》摘要手册,被广大临床工作人员亲切地称为"红宝书"。

鼓励举办中医药继续教育培训,提高整体学术水平。自2009年以来,我院已成功举办了3项国家级中医药继续教育项目,12项省级中医药继续教育项目。在医院的大力支持下,这些学习班均取得圆满成功,加强了与院外学术权威的学习交流,提升了我院的学术影响力,也促进了人才队伍素质的提高。

2.优先配置适用设备,完善中医药特色优势发挥的硬件条件

中医诊疗设备是中医药特色优势发挥的重要硬件基础,我院在引进先进的现代化诊疗设备的同时,还结合国家中医药管理局《关于推荐第一批中医药诊疗设备的通知》精神,结合医院实际,逐年增加投入,引进了中医诊疗适用设备达88种214台,为保障中医药特色优势发挥打下了良好基础。

中医医院管理年活动开展情况之五:务求实效,强化建设,提高中医药服务能力

1.着力推进重点专科建设,打造中医特色优势品牌

医院现有国家中医药管理局重点学科、重点专科各1个,国家中医药管理局重点专科建设单位2个,省级临床医学重点学科5个,省级重点中医药专科5个,省级重点中医药专科建设单位2个。其中,医院骨科被中华中医药学会评定为中医骨伤名科,全国骨科重点研究室建设单位,甘肃省首批5个临床医学中心之一,为中医药行业争得了荣誉。

为了有力推进专科建设,医院制订了专科建设发展规划,明确了专科专病建设的要求和建设目标,明确了各专科的发展思路和方向。同时,积极支持重点专科参加国家中医药管理局重点病种协作组工作。

医院在加强重点专科重点病种质量控制方面,一是着重从督导重点专科诊疗方案实施情况入手,对重点专科诊疗方案难点、疗效进行定期分析、评估;二是把我院名老中医疗效确切的中医特色诊疗方法推广应用到临床,不断优化诊疗方案,发挥中医药优势,提高临床疗效。

重点专科以提高临床疗效为核心开展临床研究,2009年共立项省级课题9项。重点专科的发展带动了医院整体学术水平的提升,在一些常见病、多发病以及疑难病治疗领域取得了新进展,显现了医院的中医药特色优势。

2.持续抓好临床科室建设,提高中医药服务能力和水平

认真梳理专科中医治疗优势病种,逐步形成专科特色诊疗方案。目前,医院每个临床科室均设有前三位中医优势病种诊疗规范,并定期整理、总结,分析难点,持续改进。

加强临床科室业务考核,使中医药诊疗手段在全院推广。我院对临床科室医疗服务质量实行月考

核制度，医疗质量尤其是中医医疗质量是其中重要的考核内容，考核结果与绩效分配挂钩，引导和促进临床科室加强中医内涵建设，发挥中医药特色优势，增强中医药服务能力。

积极推广有效的院内制剂在全省调剂使用。目前，医院有正式注册的院内制剂17个剂型54个品种，其中，20个品种的院内制剂被省卫生厅、省食品药品监督管理局推广在全省调剂使用。2010年4月的门诊处方中，中药(饮片、成药、医院制剂)处方比例达84.41%，中药饮片处方占门诊处方总数的30.84%。

积极开展中医诊疗新技术、新项目。如中药结肠透析治疗慢性肾衰竭，穴位敷贴治疗哮喘、慢性荨麻疹等呼吸系统疾病及过敏性疾病等。

3.加快传统特色专科建设，树立特色品牌

一是扩展了成熟中医特色专科病区，使脑病科由1个病区扩展到2个病区，病床数达到64张，并建立了中医模式的卒中单元，推进了特色专科建设；二是将针灸科独立设置病区，设置床位40张，为推拿学科发展提供了更好的条件；三是整合门诊治疗中心，集中中医特色疗法，在门诊用房极为紧张的情况下改造装修门诊二楼，使之成为中医药氛围浓郁、治疗特色鲜明的中医特色治疗中心；四是成立了中医康复治疗中心，充分发挥中医康复技术的临床应用；五是创建了“陇上名医馆”，树立名医品牌，发挥名医效应。

中医医院管理年活动开展情况之六：规范为本，严格管理，保障中医药特色优势发挥

1.规范中药房建设，健全管理制度

我院按照《医院中药房基本标准》规范中药房建设，中药房建筑布局和功能完善，并不断完善中药药事管理制度，鼓励支持药剂人员参加中医药管理政策、中医药知识的系统培训，坚持开展临床药学工作，加强中药饮片处方质量控制，开展中药饮片处方质量评价，促进中药饮片处方质量的提高，保证中药饮片用药安全，强化中药临床质控工作。2010年6月，由省总工会、省人力资源和社会保障厅、省工业和信息化委员会、省国资委主办，省卫生厅承办，我院协办的首届全省职工技能大赛中药炮制省级决赛在我院举行。来自全省各医院、学校、企业的29支队伍87名参赛选手济济一堂，切磋中药炮制技艺。通过理论技能角逐，我院荣获团体第一、第二及个人前四名，这一活动的举办对促进我院乃至全省中药饮片炮制加工质量的提高具有极其重大的意义和推动作用。

2.严格饮片管理，确保饮片质量

我院严格执行《医院中药饮片管理规范》，认真落实中药饮片验收、处方调剂复核等制度。率先在甘肃省内全面使用小包装中药饮片，保证了饮片纯净、剂量准确，提高了中药调剂效率并易于调剂后的复核，同时也有利于患者监督调剂质量，使广大患者在感受中医药服务的同时，认识中药，了解中医，从而有利于普及中医药知识。

3.严格煎药室管理，保证饮片煎煮质量

我院全面使用中药饮片煎药机煎煮饮片，严格执行《医疗机构中药煎药室管理规范》，严格煎药流程管理，定期开展煎药人员的业务培训和考核，提高煎药人员的业务素质，并将煎药室管理作为中医药事管理的一项重要内容，确保了中药饮片煎煮质量。

4.加快中药制剂建设，保障中医药特色优势发挥

近年来，我院把统筹好中医与中药的协调发展列入医院建设与管理的重要内容中。在专科专病建设取得成效的同时，认真实施中医药制剂能力建设项目，积极筹建医院科研制剂楼，扩大中药制剂生产科研能力，带动院内制剂研发，以专科带动专药，以专药促进专科，形成良性互动，以保障中医药特

色优势得到更好的发挥。

中医医院管理年活动开展情况之七:加强文化建设,传承文化瑰宝,增强核心竞争力

中医药文化是中医医院建设发展之魂,我院将加强中医药文化建设贯穿于医院发展全过程,把中医药文化融入到医院办院宗旨和方向当中,融入到医院管理与服务当中,融入到中医药特色优势的传承与发扬当中,融入到医院环境与建筑当中,为医院发展注入无穷活力。

1.加强文化建设,在培育医院价值观念体系中充分体现中医药文化

中医药文化的价值观念是中华民族深邃的哲学思想、高尚的道德情操和卓越的文明智慧在中医药中的集中体现,在培育医院价值观念体系中充分体现中医药文化,是提高中医医院创造力和核心竞争力的源泉,是中医药事业生存和发展的基本保证。为此,医院始终围绕“质量、服务、爱心、和谐”的医院核心理念,遵循“严谨、仁爱、传承、创新”的医院院训,落实“坚持以病人为中心,以社会满意为目标;坚持把质量视为医院的生命,把医德和人才视为医院的本钱,把信誉视为医院的效益,积极为病人提供优质、高效、安全、价廉、便捷的服务”的医院服务宗旨。并将其融入医院院徽及院歌的设计内涵中,鼓舞和带动了医院各项事业的大发展。

2.加强文化建设,在医院环境形象体系建设中充分体现中医药文化特色

医院环境形象是中医医院展示与传播中医药文化的重要途径。我院不断优化医院环境形象,例如,确立了富有传统中医药文化特色的医院院标。在门诊走廊、候诊区、病区等区域设立中医文化宣传牌、中医药标本展柜,并且悬挂中医药防病治病的基本知识等,让员工及群众直观地感受到中医药特色的存在,营造出浓郁的中医文化氛围。

3.加强文化建设,在完善医院行为规范体系中充分体现中医药文化

行为规范是中医药文化在中医医院的执行方式，是保障中医医院及其职工的行为遵循和体现中医药文化的主要手段。我院根据管理的要求以及中医药文化核心理念,制定并完善了包括医院管理规范、充分体现中医药文化的诊疗服务规范在内的各项行为规范,并督导执行,促进了医疗服务质量和服务效率的提升。

中医医院管理年活动开展情况之八:安全第一,强化院感管理,持续改进院感工作质量

1.落实重点部门的院感管理

我院将重点部门的医院感染管理纳入了医院持续发展规划中，按照部颁的管理规范，对重点部门、重点环节的建筑布局和流程进行了改造及新建设项目前期的合理布局设计,使其符合院感要求。同时,加大院感经费投入,完善清洗、消毒硬件设施配备。

2.加强医务人员手卫生工作

医院把加强医务人员手卫生工作列入院感常态工作重点之一,除认真落实《医务人员手卫生实施规范》和《医务人员手卫生制度》,还制作了《洗手流程图》,进行全员培训和操作考核,合格率100%,使手卫生工作真正得到落实和加强。

3.实行院感质量考评制度,提高院感管理效能

我院持续实行《医院感染管理办法》,把临床科室感染管理完成质量作为评价科室院感工作的重要考核内容进行每月考评,结果与绩效分配挂钩,并对存在的问题进行反馈、追踪整改,从而达到促进院感工作质量持续改进的目的。同时,医院和科室负责人签订了院感管理责任书,责任到人,促进了管理效果,提高了院感管理效能。

中医医院管理年活动开展情况之九:追求更好,推进示范,持续提高护理服务水平

1.启动"优质护理服务示范工程"活动

今年4月我院召开了"优质护理服务示范工程"活动全院动员大会,积极创建3个示范病房。2008年6月在全院范围内开展了为住院患者提供免费陪检、陪送工作。并按照医院管理要求,合理配备护理人员,积极引导护理人员回归护理岗位,通过采取系列措施,进一步提高护理服务水平和服务质量,为人民群众提供安全、优质、满意的护理服务。

2.健全护理管理制度和护理常规

我院按照医院管理年要求,成立了护理质量管理委员会,建立了护理质量评价体系,着重加强重点部门、重点环节护理质量控制。并根据我院二级分科变化,及时修订完善各科中西医护理常规,加强床头交接制度,落实班班床头交接工作,修订了14项护理质量考核表及专科护理质量考核表。将护士长夜查房改为护士长总值班,以新的分级护理指导原则为基础,加强基础护理工作。2009年开始与广东省中医院建立对口学习机制,每期3个月,选派4~6名护士长和护理骨干赴广东省中医院进修学习。截至目前,已选派4批护理人员前往进修学习。

3.加强护理质量的监管和考核

医院每年举行一次全院护理人员中医基础理论知识及技能培训考核,组织一次护理安全应急预案演练(如输液反应、摔倒、猝死等的应对演练),开展中心吸引装置吸痰法、动静脉采血、心肺复苏等培训,培训后严格考核,考试率达100%,考试(核)合格率达100%。进一步提高了临床护士的业务水平,保证了护理质量及安全。

4.积极组织开办各类护理培训

护理人员系统接受中医药知识和技能岗位培训(培训时间不少于100学时)的人数为317人,占护理人员总数的94.63%。

三、开展2009年中医医院管理年活动取得的成效

通过开展中医医院管理年活动,切实促进了医院健康发展,取得了一定成效。

中医医院管理年活动取得成效之一:医院精神文明新风尚随处可见

通过加强中医药文化建设,强化了行业作风。拒收"红包"290余人次,总计金额7万余元,很好地树立了医院社会形象。2009年初,医院再次派出专人赴兄弟省份医院学习调研,在此基础上,进一步形成了加强医院文化建设的规划纲要。7月举办了书画摄影和中草药标本展览,8月编辑院报文化专版,9月举办祝福祖国歌咏大赛,11月参加省上组织的中医药文化交流活动,12月举办了文化集中展示活动。通过这一系列的文化创建活动,进一步凝聚员工力量,振奋医院精神,塑造医院形象,扩大医院影响力。

中医医院管理年活动取得成效之二:医疗质量和医疗业务稳步提高

医院加强内涵质量和中医药特色优势建设,不仅使医院的中医特色更加鲜明,而且得到群众的广泛认同。我院中医治疗率常年保持在80%以上。2009年出院人次达到1.4万,同比增长14.8%;开放病床数达到800张,病床使用率为96.3%,同比增长5.7个百分点。进入2010年后,全院床位使用率更是保持在100%。

中医医院管理年活动取得成效之三:专科建设与学科发展跨上了新台阶

医院被国家中医药管理局确认为中医医院中药制剂能力建设单位和全国骨科重点研究室建设单位。骨科被确定为国家中医药管理局重点学科和重点专科,脑病科、脾胃病科为国家中医药管理局重点专科建设单位,2009年顺利通过了国家中医药管理局"十一五"重点专科(专病)项目建设中期评估。

中医医院管理年活动取得成效之四:科研教学成果丰硕

2009年医院科研项目共立项15项,鉴定12项,获奖7项;省中医药研究院科研项目立项4项,获奖1项。

四、中医医院管理年活动深入开展的努力方向

我院持续开展医院管理年活动,在促进中医药特色优势发挥的保障机制、激励措施、中医药人才培养、中医药特色优势建设等方面取得了一定成效。总结经验,我们也清醒地看到一些不足,如具有深厚中医功底的高层次中医药人才还缺乏,确有疗效的中医诊疗设备有待进一步研发,专科建设的科学评价体系还不够完善,中医药文化建设有待进一步细化等。通过研究分析不足,使我们认清了深入开展中医医院管理年活动的努力方向。

努力方向之一:继续坚定中医办院方向不动摇

我院要继续在领导班子配备、人员配置、科室设置、诊疗方法和手段的运用等方面突出中医药主体地位,大力加强特色中医专科专病建设,抓好"三名(名医、名科、名院)"工程建设,突出中医药的特色和优势,为人民群众提供质优价廉的中医药服务。我们将继续深入学习,深刻领会国家和省厅有关扶持和促进中医药发展的文件精神,抢抓我省前所未有的中医药发展历史机遇,坚定中医医院建设和发展的信心。

努力方向之二:进一步深化中医药文化建设

我院要在今后的基础建设中加大在环境形象、医院标志、内部布局、立面设计和环境设计中充分融入中医药文化特色,从医院整体形象方面充分体现中医药文化的要素,丰富中医药文化的内涵。

努力方向之三:继续加强高层次中医药人才队伍建设

我院要继续以提高学术水平为中心,把培养中医药学科带头人和技术骨干摆在突出位置,重点培养,加快培养。以中医药文化素养、理论功底、临床能力培养为重点,提高学科带头人和技术骨干的综合素质及实践能力,促进队伍整体素质的提高和医院核心竞争力的提升。

努力方向之四:持续改进医疗质量

质量是医院的生命,我院要继续强化医疗核心制度的落实,抓好医疗质量的环节控制,完善医疗质控体系,提高医疗质量,进一步强化安全教育,防范医疗风险,确保医疗安全。

努力方向之五:继续谋求长效管理

我院将通过不断总结中医医院管理年活动经验,建立科学、规范的医院管理机制,促进医院持续健康发展,努力实现我院"中医特色鲜明、医学平台先进、科教成绩显著、医院管理科学、行业服务优质的现代化中医医院"的奋斗目标,为构建和谐社会,保障人民群众健康做出更大贡献!

谢谢大家!

甘肃省中医医院

二〇一〇年七月五日

关于印发《甘肃省中医院医院管理年活动整改工作方案》的通知

中医办发〔2010〕132号

各部门：

近期，国家中医药管理局和省卫生厅组织专家对我院2009年"以病人为中心，以发挥中医药特色优势为主题"的中医医院管理年活动进行了督导检查。依据省卫生厅《关于全省中医医院管理年活动督导结果的通报》（甘卫中函〔2010〕433号）内容，为认真贯彻落实国家中医药管理局《2009年"以病人为中心，以发挥中医药特色优势为主题"的中医医院管理年活动方案》精神，进一步加强医院内涵建设，为人民群众提供更加优质的中医药服务。经医院研究决定，现将制定的《甘肃省中医院医院管理年活动整改工作方案》印发给你们，请认真组织学习，并贯彻落实。

二○一○年九月十日

甘肃省中医院医院管理年活动整改工作方案

为认真贯彻落实国家中医药管理局《2009年"以病人为中心，以发挥中医药特色优势为主题"的中医医院管理年活动方案》精神，切实解决我院在管理年活动中存在的问题和不足，进一步加强医院内涵建设，为人民群众提供更加优质的中医药服务，依据省卫生厅《关于全省中医医院管理年活动督导结果的通报》（甘卫中函〔2010〕433号）内容，结合医院实际，特制定整改工作方案如下：

一、发挥中医特色优势的措施

参照《中医医院管理指南（2008版）》，医院经营管理科要尽快出台进一步完善发挥中医药特色优势的鼓励和考核办法，在科室综合考核目标中将发挥中医药特色优势作为重要指标，考核指标应具有可操作性。加大对中药饮片、自制制剂和手法特色等非药物治疗等中医药特色优势项目的考核和奖惩力度。

二、人员配备

医院人力资源部要通过院内调整、引进和接收相关专业中医人才等方式，尽快解决心血管疾病防治中心、泌尿外科、神经外科主任中无中医类别执业医师，耳鼻喉科、神经外科、普外科、泌尿外科、心血管疾病防治中心、脊柱骨三科六个科室执业医师比例达不到60%的现状。加强护理聘用人员的管理，解决护理聘用人员工资待遇较低、人员不稳定、流动性较大的现状。

临床教学部要通过院领导西学中、拜中医名师或带教甘肃中医学院硕士研究生，解决领导班子中中医药人员比例不到60%的问题。

三、临床科室建设

医院人力资源部要按照《国家中医药管理局规范中医医院与临床科室名称的通知》要求，进一步规范医院各科室名称，例如脾胃病(消化)科、糖尿病(内分泌)科的命名方法。

医院将加大对各临床科室中医诊疗设备的投入，在政策上予以优惠，提高临床科室使用设备的积极性。医务部要会同设备科、经营管理科对各临床科室设备使用情况进行摸底，要求各科室对设备使用情况进行专门登记，找出在临床科室确实使用不足的设备及原因，加大奖励和处罚的力度，切实解决中医诊疗设备使用量不足的现象。

各临床科室要重视对本科室重点病种中医诊疗技术的搜集和总结工作。医院要求各中医科室至少开展两项非药物中医治疗技术，西医科室至少开展一项非药物中医治疗技术。在医院范围内进行非药物中医治疗技术的推广学习，全院西医科室人员实行有计划地分 2~3 批学习中医特色疗法；参照卫生厅关于综合医院开展中医会诊制度，首先在医院骨外科系统建立针灸科康复科会诊制度，对术后康复患者进行会诊；在条件容许的情况下，为在相关科室配备针推专业业务人员等方式、方法，加快医院中医药特色诊疗优势的培育。

通过在今年三基考试中增加中医内容，组织加强中医基础理论的培训学习，在全院范围内举办经典理论比赛、针灸拔火罐比赛、骨科手法整复比赛等，解决医院个别医生中医基础理论不扎实的问题。并进一步加强非药物疗法登记和门诊日志的规范管理。

四、重点专科建设

医院医务部要加强对中医骨伤科、中医脾胃病科、中医脑病科国家重点专科建设的管理力度。通过对重点专科人员进行全员培训，认真学习重点专科建设的规范要求。规范并确立优势病种诊疗方案，找出真正的难点、重点，以及解决办法，尽快完善优势病种治疗难点及解决措施等相关材料的梳理，并在临床中实际应用。完善专科建设制度，监督落实各重点专科做好科室发展规划、科室工作计划及诊疗规范的优化工作和计划。重视重点专科网络体系建设，建设网络视频系统。切实解决重点专科建设工作计划不完整，临床科室命名欠规范(不完全符合国家中医药管理局的有关要求)，常见病及优势病种诊疗方案无优化，无定期分析、总结和评估，中医诊疗设备和诊疗项目数量不达标，非药物治疗人数比偏低等问题。

五、中药药事管理

医院将加快门诊医技综合楼建设步伐，使门诊医技综合楼尽早投入使用，彻底解决门诊成药房使用面积不足的问题。在现有条件下，通过内部调整医疗用房，最大限度地改善门诊成药房的办公用房条件。通过完善信息系统管理，进一步加强对门诊处方的规范化管理。

通过加强煎药质量的监督检查，由原来的一季度一次改为一月一次，同时检查的数量加大到 10 剂药；建立征求患者和医护人员登记制度，定期征求患者及医护人员的意见，争取让患者和医护人员对医院的煎药质量满意，使煎药室的煎药质量得到提高。

门诊中药饮片调剂室配电子秤；加强门诊中药房人员的业务学习，提高门诊调剂的质量；建立门诊调剂质量监督制度，每月定期抽查调剂后中药饮片的重量，使其所有调配的中药饮片的重量误差均在规定的范围内，解决门诊中药饮片调剂的重量误差偏大的问题。

六、中医药文化建设

根据医院文化建设规划，党务部要研究制定符合医院实际的、具有自己特色的文化建设体系，提出具体的可操作的实施方案，明确医院文化建设的工作计划和工作重点。通过组建医院合唱团，建设医院文化长廊，院领导讲解文化建设核心价值体系的相关内容，使医院文化的核心内容入脑入心，从而凝聚力量，提高核心竞争力。

通过结合科室特点，补充中医药元素如中药配伍歌诀、针灸穴位图谱、某种疾病的辨证原则等内容的宣传。注重医院庭院文化建设，统一规划，包括整体布局医院庭院文化建设，使标志性雕塑、文化石、造像等逐步到位，营造浓郁的医院文化氛围。

“中医学经典、西医学中医”活动

“中医学经典、西医学中医”开展情况

根据甘肃省卫生厅《关于开展“中医学经典、西医学中医”活动的通知》(甘卫函发〔2009〕45 号)精神，2009 年省卫生厅在全省范围内开始开展“中医学经典、西医学中医”活动。截至目前，在全省范围内共开展了四期“西医学习中医”培训班，其中，甘肃省中医院承办了第一期和第三期，第二期和第四期由甘肃中医学院承办。2009 年 4 月至 9 月，由医院临床教学部负责筹办了为期 6 个月的全省第一期“西医学习中医”培训班，共有 50 名学员参加了培训。2010 年 4 月至 6 月，全省第三期“西医学习中医”培训班在医院顺利举办，共有 50 名学员参加了培训。

关于开展“中医学经典、西医学中医”活动的通知

甘卫函发〔2009〕45号

各市、州卫生局，人事局，厅直有关单位，兰州大学第一、二医院，甘肃中医学院附属医院：

为了提高全省广大医护人员的中医药理论素养，增强运用中医药防治疾病的业务技能，充分发挥中医药的特色和优势，更好地为人民健康服务，经研究决定，从2009年开始，在全省医疗卫生系统大力开展“中医学经典、西医学中医”活动，现将有关事宜通知如下：

一、参加人员

全省各级、各类医疗卫生机构中的医师。

二、学习内容

(一)中医人员学习中医四大经典著作。教材为高等中医药院校中医药类专业使用的第7版《内经》《伤寒论》《金匮要略》《温病学》(中国中医药出版社出版)。

(二)西医人员学习中医学。教材为全国高等学校供基础、临床、预防、口腔医学类专业使用的第7版《中医学》(人民卫生出版社出版)。

三、学习方式

采取个人自学为主与适当集中辅导相结合的方式进行，每人每年可选择1~2门课程学习，可参加“中医学经典、西医学中医”中医药继续教育项目或“甘肃中医药在线”远程教育项目。各市州、各单位在医护人员自学的基础上，结合实际，组织集中辅导。省中医药管理局将组织经典著作培训班和西医人员脱产学习中医班，省级每年最少办2个脱产班，培养100人以上。市、州也要举办脱产中医学习班。

四、组织领导

开展此项活动是加强中医药工作的重要举措。各级卫生行政部门、各单位要高度重视，切实加强组织领导。省卫生厅负责此项工作的宏观指导和协调。各市(州)、县(市、区)卫生局，各单位负责本地和本单位的具体实施与管理，制订切合实际的计划和安排，提供必要的设施和条件，加强指导和考核，将学习中医四大经典著作和中医学的工作列入专业技术人员年度继续教育考核内容，努力提高学习的质量和效果。

五、考核管理

开展“中医学经典、西医学中医”活动的情况将作为医院等级评审、专科学科建设和卫生科研项目立项工作的重要参考依据。

在医护人员职称聘任时，考核中医药知识，将中医药继续教育学分作为条件之一，中医人员每年学习四大经典、西医人员学习中医学的继续教育学分不得低于5分。晋升高级职称时，除审查中医药继续教育学分外，在高级技能考试中中医人员加考四大经典，西医人员加考《中医学》。

六、经费安排

开展“中医学经典、西医学中医”活动所需经费通过多渠道方式筹集，各级卫生行政部门要积极协调同级部门支持安排专项补助经费，或从职工教育经费中调剂列支部分经费等办法筹集，主要用于教材采购、组织教学、专题讲座、考试考核等。

七、其他事宜

省卫生厅委托甘肃中医学院编写《中医四大经典著作考试大纲》《中医学考试大纲》，以供考试考核使用。

参加“甘肃中医药在线”远程教育的学员可登陆 http://gs.itcmedu.com 学习。

二〇〇九年二月二十四日

在天津中医药大学专家
赴甘肃省开展“西医学习中医”学术讲座开幕式上的讲话

甘肃省人民政府副秘书长　张正锋

二〇〇九年七月十日

尊敬的石学敏院士、刘昌孝院士：
各位专家、同志们：

今天，天津中医药大学石学敏院士和刘昌孝院士、张金钟书记一行，来我省为“西医学中医、中医学经典”培训班开展学术讲座和交流。受咸辉副省长的委托，我代表甘肃省人民政府，向各位专家表示衷心的感谢！

甘肃省作为中药材和中医文化大省，省委、省政府非常重视中医药事业的发展。1984 年，省政府召开全省振兴中医工作会议，做出《关于振兴中医事业的决定》，全省在中医药工作中，以改革创新为动力，机构建设为基础，人才培养为重点，专科建设为突破口，提高服务能力为目标，中医事业得到了恢复和振兴，尤其是 2000 年省人大制定颁布《甘肃省发展中医条例》，加快了全省中医的法制进程。2001 年在政府机构改革中，增设甘肃省中医药管理局，加强中医的行业管理。2004 年，省政府又做出《关于加快中医事业改革与发展的决定》，并召开全省中医工作会议，进一步明确中医工作的指导思想和目标任务。将贯彻实施《中华人民共和国中医药条例》和《甘肃省发展中医条例》贯穿于中医药工作始终，大力实施中医“三名三进”和中药“三名三保”工程，使全省中医药事业取得了长足的进步与发展。今年，省卫生厅组织开展“西医学中医活动”，贯彻“中西医并重”方针。其目的就是为了普及中医药知识，切实提高全省西医人员的中医药水平和提高对中医药的理解和认识，从而自觉为群众提供安全、有效的中医药服务，更多地汲取生命科学以及其他科学的新理念、新技术，提升中西医结合研究的水平。

甘肃省将积极扶持中医医院发展、中医药的开发利用，形成完整的发展中医药政策体系，力争在完善中医药服务体系、建立中医药预防保健服务体系、加强中医药人才队伍建设、抓好综合医院中医药工作、加强中医药科研开发等方面取得积极进展，推动中医药各项工作全面发展。

希望省卫生厅认真组织开展好这次"西医学习中医"活动，加强与天津中医药大学等高等科研院所的交流与合作，借鉴他们先进的中医政策和管理经验，把我省的中医药事业不断推向前进。

最后，祝愿各位专家身体健康，在甘之行顺利平安！

谢谢大家！

在天津中医药大学专家
赴甘肃省开展"西医学习中医"学术讲座开幕式上的讲话

甘肃省卫生厅党组书记、厅长　刘维忠

二○○九年七月十日

尊敬的石学敏院士、刘昌孝院士：

各位专家、同志们：

今天，应省中医院的邀请，天津中医药大学石学敏院士和刘昌孝院士、张金钟书记一行八人，来我省为"西医学中医、中医学经典"培训班开展学术讲座和交流，这是我省开办"西医学习中医"培训班以来，举办的规格最高的一次学术讲座。在这里，我代表甘肃省卫生厅，向各位专家表示衷心的感谢！

甘肃是华夏文化的发祥地之一，也是中医药学的发祥地之一。在人文景观、文化遗产、中药资源等方面有着得天独厚的优势，不仅中药材自然资源丰富，而且历代名医辈出，如三皇五帝时的医祖岐伯、三国时期的名医封衡、两晋时代的针灸鼻祖皇甫谧等。甘肃省是全国中药材资源大省之一，产量居于全国前列，有中药材 1527 种，种植面积达 246.4 万亩。近年来，甘肃省加大了对中医药事业的扶持力度，全省中医机构基础设施建设得到明显加强，中医药服务体系逐步建立，服务能力和水平持续提高。

从全国中医药工作的整体水平看，与兄弟省市相比较，无论是资金投入和基础设施建设，还是人才梯队和品牌专科建设等诸多方面，我们都还存在很大的差距。要使我省中医药事业能够又好又快地发展，就必须解放思想，开拓思路。我们在全省推行"中医学经典、西医学中医"活动，省委书记陆浩和省长徐守盛分别对"西医学习中医"活动做了重要批示，其目的就是为了加大中医药人才培养，充分发挥中医药"简、便、廉、验"的优势，着力缓解人民群众"看病难、看病贵"的问题。我们聘请甘肃省中医药界高年资、高水平的中医药和中西医结合专家讲课，强化中医人员对中医经典的掌握，对西医人员集中全脱产培训，激发他们运用中医药知识的积极性、主动性，普及中医药知识；晋升中医职称要加考中医经典著作，晋升西医职称要加考中医药内容；在医院等级评审标准修订中，增加对综合医院中医科病床设置比例、中医人员的数量、西医科室转入中医科康复等诊治患者数量、中西医共同查房及中药消耗量等情况的考核量化指标；我们通过各种方式和途径促进中西医团结，加快中医药人才培养，推动我省中医药事业快速发展。目前，我省的 14 个市（州）卫生局已先后启动西医脱产学习中医工作，预计将有近千名西医脱产学习中医。

多年来，天津中医药大学一如既往地支持甘肃中医事业的发展，分别派出针灸专业王舒教授、中药学专业王阳教授来支援省中医院的学科建设和业务发展。这次，各位专家在百忙之中来我省开展学术讲座，为"西医学习中医"学员们传经送宝，这必将在我省中医事业发展史上留下辉煌的一页。

最后，祝愿各位专家和领导身体健康，工作顺利！

谢谢大家！

在全省"西医学习中医"培训班第一期开班仪式上的讲话

甘肃省中医院　李盛华

二〇〇九年四月一日

尊敬的咸省长：

尊敬的刘厅长、李厅长、郑局长：

尊敬的各位领导、老师、学员们：

早上好！

为提高我省广大医护人员的中医药理论素养，增强运用中医药防治疾病的业务技能，加强中西医结合人才的培养，在省卫生厅、省中医管理局统一部署和大力支持下，由省中医院承办的全省西医学习中医第一期培训班如期开班了。在此，我代表省中医院向给予我院承办全省"西医学习中医"第一期培训班的省卫生厅、省中医管理局表示感谢，同时向参加培训的各位学员表示热烈的欢迎！

甘肃省中医院始建于 1953 年 12 月，是我省建院最早、规模最大的省级综合性三级甲等中医院。医院现有职工 938 名，实际开放床位 800 张，设有 16 个病区，46 个临床医技科室，83 个专科专病门诊。五十多年来，几代省中医人始终坚持以病人为中心，以质量为核心的办院宗旨，大力挖掘传统中医药的特色和优势，逐步拓展服务范围，提高医疗诊治水平，不断改善基础设施和就医环境，医院的发展逐年在变化，社会效益和经济效益逐年提升，为城乡居民的医疗保健事业做出了应有的贡献。省中医药研究院归并省中医院后，实现了中医药研发和临床运用的有机结合。

医院拥有一批名中医和学术技术带头人，他们使医院的业务不断传承创新，为医院奠定了深厚的学术根基，造就了医院良好的学术传统和育人氛围，推动着甘肃中医事业的发展。医院骨科是国家中医药管理局重点专科、重点研究室建设单位；消化科、脑病科是国家中医药管理局重点专科建设单位；骨科、心脑科、老年病科、消化科、药剂科是甘肃省临床医学重点学科，心脑科、老年病科、消化科、药剂科、肾病科是甘肃省重点中医药专科。医院有骨伤科博士研究生导师 1 名，有中医内科、中西医结合临床、中医骨伤、方剂学等专业硕士研究生导师 19 名；医院中医特色突出，兼备现代医学实力，中医医、教、研整体水平处于全省领先地位，是甘肃省中医医疗、教学、继续教育、科研、预防、康复、保健和急救的重要基地。

中医药在我国传统文化与传统科技中是历史最悠久、体系最完整、应用最普及的，她凝聚着中华民族的智慧，蕴涵着丰富的人文科学和哲学思想，她是长期医疗实践中逐渐形成的具有独特风格和诊疗特点的医学体系。去年在首都纪念毛泽东“西学中”批示50周年大会上，卫生部部长陈竺指出中西医结合是中国特有的医学模式，应更多地汲取生命科学以及其他科学的新理念、新技术手段，提升中西医结合研究的水平。我们今天举办西医离职学习中医培训班是培养中西医结合医生的一条重要途径，是培养发展中医药学的一支重要力量，也是为进一步促进中西医结合在未来医学中发挥作用。

我们这期西医学习中医培训班以理论培训为主，教材为《中医学基础》《中医诊断学》《中药学》《方剂学》《针灸学》《中医内科学》《中西医导论》等。在学习期间除讲授中医理论外，还安排一定时间邀请中医药专家进行专题辅导讲座及临床实践。为保证培训班的教学和临床实践质量，医院做了认真积极的准备，配备了具有一定教学经验和临床经验的中医及中西医结合副教授、副主任医师以上专家带教。同时，也为培训班学员准备了良好的学习和生活环境。

下面我就全省西医学习中医第一期培训班提几点要求：一是要认识到位。参加培训的每位学员要从思想上真正认识到西医学习中医的实质意义，做到尊重老师，虚心刻苦求学；要严格遵守培训纪律，认真完成6个月的学习任务。二是要认真学习。举办这次培训班，从课程设置、师资配备、教学管理、教材的选择以及时间等方面都进行了周密安排，培训内容丰富，具有较强的针对性和实用性，为各位学员提供了一次了解中医、学习中医的机会。希望参加培训的各位学员要珍惜这次难得的学习机会，克服工作和生活困难，按时参加培训，沉下心来，安心学习，确保教学计划顺利实施。三是要严格考核。根据省卫生厅、省中医管理局要求，培训期间将进行入学、期中、期末三次考试，培训结束经考试合格者，颁发“甘肃省西医学习中医班结业证书”，并授予省级Ⅰ类中医药继续教育学分25分。

最后，祝全省西医学习中医第一期培训班、全省中医学习经典班取得圆满成功。向给予这次培训班教学工作大力支持的各位带教老师表示谢意，并祝参加培训班的各位学员在培训期间身体好、心情好、学习好，顺利完成学习任务。

谢谢大家!

创先争优活动

关于成立创先争优活动领导小组及办公室的通知

中医党发〔2010〕6号

各党支部：

为认真贯彻落实中央、省委和省卫生厅党组关于在党的基层组织和党员中开展创先争优活动的安排部署，深入开展创建先进党组织、争当优秀共产党员活动，经院党委研究决定成立医院创先争优活动领导小组及办公室。现将有关事项通知如下：

一、领导小组组成人员及主要职责

组　长：妥建福　党委书记

副组长：李盛华　党委委员、院长

孙援朝　党委副书记

冯守文　党委委员、副院长

马忠祥　党委委员、副院长

舒　劲　党委委员、副院长

李兴勇　党委委员、副院长

赵继荣　党委委员、副院长

卫晓雯　纪委副书记

成　员：赵国杰　中医药研究院书记

罗克龙　党务部主任

郑　慧　人力资源部副主任

张定华　第一党支部书记

赵道洲　第二党支部书记

鄢卫平　第三党支部副书记

田旭东　第四党支部书记

张文斌　第五党支部书记

乔　莉　第六党支部副书记

王　颖　第七党支部书记

周　琪　第八党支部书记

黄仕君　第九党支部书记

李秦生　第十党支部书记

南国正　第十一党支部书记

孙锦艳　第十二党支部书记

领导小组主要职责：贯彻落实省卫生厅党组关于创先争优活动的安排部署；组织领导各党支部开展创先争优活动。

二、领导小组办公室组成人员及主要职责

主　任：罗克龙

成　员：周　琪　孙锦艳　杨灵歌　徐柏林　裴学军　海青岳　李　亮

办公室设在党务部。

办公室主要职责：按照领导小组要求，负责综合协调、文书运转、督导检查以及营造氛围、编辑简报、媒体宣传等工作。

二〇一〇年五月十日

关于印发创先争优活动实施方案的通知

中医党发〔2010〕7号

各党支部：

现将甘肃省中医院《关于在医院基层党组织和党员中深入开展创先争优活动的实施方案》印发你们，请结合实际认真贯彻落实。

二〇一〇年五月十日

关于在医院基层党组织和党员中深入开展创先争优活动的实施方案

根据中央和省委的总体部署和要求，按照省卫生厅党组《关于在省卫生厅系统基层党组织和党员中深入开展创先争优活动的实施方案》，结合医院实际，特制订创先争优活动实施方案。

一、总体要求

深入开展创先争优活动，要认真贯彻落实党的十七大和十七届三中、四中全会精神以及省委十一届七次会议精神,以邓小平理论和“三个代表”重要思想为指导,以深入学习实践科学发展观为主题,从医院实际出发,改革创新,务求实效,统筹推进党的基层组织建设,充分发挥基层党组织的战斗堡垒作用和共产党员的先锋模范作用,在推动科学发展、促进社会和谐、服务人民群众、加强基层组织实践中建功立业。

二、主要内容

开展创先争优活动,以创建“五好”先进基层党组织、争当“五模范”优秀共产党员为主要内容。

先进基层党组织的基本要求是,学习型党组织建设成效明显,出色完成党章规定的基本任务,努力做到“五个好”:一是领导班子好。领导班子深入学习实践科学发展观,认真贯彻党的路线方针政策,团结协作,求真务实,勤政廉洁,有较强的凝聚力和战斗力。二是党员队伍好。党员素质优良,有较强的党员意识,能够充分发挥先锋模范作用。三是工作机制好。规章制度完善,管理措施到位,工作运行有序。四是工作业绩好。本单位各项工作成绩显著,围绕中心、服务大局的成效明显。五是群众反映好。基层党组织在群众中有较高威信,党员在群众中有良好形象,党群干群关系密切。

优秀共产党员的基本要求是,模范履行党章规定的义务,努力争当“五个模范”:一是自觉学习的模范。认真学习实践科学发展观,学习新知识、新技能,不断提升党性意识,提高党员素质。二是争创佳绩的模范。在本职岗位上埋头苦干、开拓创新、无私奉献,带头争创佳绩。三是服务群众的模范。主动联系群众,积极为群众解难题、办实事,自觉维护群众正当权益。四是遵纪守法的模范。自觉遵守党的纪律,模范遵守国家法律法规以及医院各项规章制度。五是弘扬正气的模范。带头弘扬正气,发扬社会主义新风尚,自觉维护稳定,争当文明守法好公民、好职工。

要把创先争优活动同设立党员监督岗,讲党性、重品行、做表率活动结合起来,同开展作风建设年活动结合起来,同建设学习型党组织结合起来,同精神文明创建活动结合起来,同医德医风建设结合起来,继续开展党员主题实践活动,推动医院各项工作科学发展。

三、目标任务

1.推动科学发展。巩固和扩大深入学习实践科学发展观和开展“作风建设年”活动成果,切实抓好各项整改任务的落实,进一步解决影响和制约科学发展的突出问题。基层党组织认真履行职责,自觉贯彻党的路线方针政策,推动单位科学发展。党员以模范行动影响和带动广大职工群众努力完成各项工作任务。

2.促进社会和谐。党组织和党员要做好群众的思想引导工作,积极践行社会主义核心价值体系,营造崇尚先进、积极向上的社会风气。发挥基层党组织联系群众、组织群众、维护稳定的作用,主动排查矛盾,化解纠纷。发挥党员在维护稳定、促进和谐方面的作用,及时了解群众思想动态,理顺情绪,凝聚人心;在急难险重任务和重大突发事件面前,立场坚定,旗帜鲜明,迎难而上,敢于负责,发挥表率。

3.服务人民群众。党组织和党员认真贯彻党的群众路线,充分尊重群众,认真听取和及时反映群众意见,为群众提供各方面服务,帮助群众解决工作和生活中的实际问题,积极参加党员志愿服务活动,进一步密切党群干群关系。

4.加强基层组织。进一步优化党组织设置,选好配强基层党支部负责人,推进学习型党组织建设。党员队伍活力增强,基层党支部战斗堡垒作用充分发挥。通过创先争优活动,大力推进党建工作基本队伍、基本阵地、基本制度、基本载体和基本保障建设再上新台阶。

四、方法步骤

开展创先争优活动,围绕迎接建党 90 周年、向党的十八大献礼两个重大阶段展开,分四个步骤进行。

(一)广泛发动,安排部署(2010年4月—5月底)。

主要抓好三项工作:一是动员部署。5月中旬召开动员大会,进行安排部署,搞好宣传发动。二是制订方案。要结合医院实际制订创先争优活动实施方案,对党组织和党员参加活动提出明确目标和具体要求。要把学习实践活动整改落实后续工作纳入其中,并采取适当方式向群众公布,进行承诺,接受群众监督。三是组织学习。要系统编辑印发创先争优活动学习资料,认真组织学习胡锦涛总书记在全党深入学习实践科学发展观活动总结大会上的重要讲话和相关文件,统一思想认识,积极投入到创先争优活动中来。

(二)全面争创,扎实推进(2010年6月—2011年6月底)。

开展活动期间,首先要广泛征求各方面的意见建议,认真梳理党组织和党员存在的突出问题,与深入学习实践科学发展观和开展"作风建设年"活动中的整改任务一同抓好落实,进一步解决影响和制约科学发展的突出问题,在解决问题中深化活动效果。在此基础上统一开展"五项活动":

1."党性教育"活动。充分发挥红色教育资源和各类学习培训活动的作用,采取重温入党誓词、回顾党的成就、学习党史知识以及党的方针政策、领导干部讲党课等形式,对党员普遍进行党性教育。基层党组织要在2010年"十一"前,集中一周时间,组织党员进行一次党性分析,在职党员要撰写党性分析报告,并组织群众对党员进行评议。

2."岗位奉献"活动。要围绕医院中心任务,从各自岗位特点出发,组织党员开展岗位练兵、技术比武、劳动竞赛、技术创新等活动,努力发挥党员监督岗作用,不断提升工作水平,在本职岗位上创一流业绩。

3."服务群众"活动。各党支部要结合本支部的工作特点,确定具体活动内容,组织党员开展志愿服务、结对帮扶、走访慰问等活动,深入做好党员联系和服务群众工作,帮助群众解决实际问题。

4."亮牌示范"活动。通过佩戴党员党徽、设立党员先锋岗、划定党员责任区、确定领导联系点等形式,把党员身份亮出来,把干部作用发挥出来。

5."组织创新"活动。加强基层支部班子、阵地、活动、制度和保障的规范化建设,扩大组织覆盖,强化组织功能,增强创造力、凝聚力、战斗力。完善基层党建述职、考核、评议制度,健全党领导的基层民主机制,推进党建工作创新。2011年"七一"前,医院将选树一批先进基层党组织、优秀共产党员和优秀党务工作者进行表彰奖励。评选表彰对象要注重工作实绩和职工群众公认度,采取自下而上、层层推荐的方式产生。

(三)对标定位,晋档升级(2011年7月—2012年6月)。

要发挥先进典型示范带动作用,提升整体工作水平。主要抓好三项工作:

1.树立先进典型。以受表彰的对象为重点,确定一至两个基层组织和党员队伍建设工作的示范点,扩大典型影响力。

2.搞好对标定位。所有基层党支部和党员,都要对照先进典型,对照工作标准,查找自身差距,明确努力方向,制订跟进、赶超的具体措施,形成比、学、赶、帮、超的浓厚氛围。

3.实施晋档升级。对照创先争优标准,着眼全面提升素质,加强党组织建设,使处于先进的当好标杆、中间状态的规范提高、相对后进的改变面貌,要让"五个好"党组织、"五个模范"党员的比例都有较大幅度的提高。

(四)系统总结完善(2012年7月—党的十八大召开前)。

围绕向党的十八大献礼,这一阶段重点抓好四项工作:一是展示成果。通过举办创先争优活动图片展、创建成果研讨会等多种形式,全面回顾开展创先争优活动情况,集中展示活动成果,特别要展示通过活动促进科学发展的成果。二是搞好总结。医院党委及其各支部都要对开展创先争优活动进行系统总结,认真总结经验,查找不足,进一步研究制订改进措施。三是考核评议。医院党委对基层党支部、基层党支部对党员开展创先争优活动情况进行考核,并采取适当方式组织党员、群众进行评议,在此基础上接受上级党组织考评。四是完善机制。对开展创先争优活动中行之有效的做法用制度的形式固定下来,形成创先争优的长效机制。

五、组织领导

1.明确领导责任。医院党委负责本单位创先争优活动,成立创先争优活动领导小组,下设办公室,负责创先争优活动的组织领导。医院领导班子成员要建立创先争优活动联系点,切实担负起开展创先争优活动的领导责任,党委书记是整个活动的第一责任人,各党支部书记是本支部的第一责任人。所有基层党支部和党员都要积极投身创先争优活动,实现组织和党员全覆盖。

2.加强督促检查。医院党委将采取听取汇报、交流研讨等形式,了解活动进展情况,研究解决遇到的问题,总结推广经验,推动活动顺利开展。每位班子成员要适时对自己联系的支部和党员开展创先争优活动情况进行点评,实事求是肯定取得的成绩,指出存在的问题和努力方向。对思想不重视、工作不得力的,要严肃纠正,限期整改。

3.搞好舆论宣传。充分运用院报、网络、工作简报等宣传载体,大力宣传先进典型事迹,大力宣传开展创先争优活动的经验做法和实际效果。要通过组织专题文艺演出、巡回报告、张贴标语等形式加大宣传力度,形成学习先进、崇尚先进、争当先进的良好风气。

4.听取群众意见。要让广大职工群众充分参与到活动中来,主动听取大家的意见建议,接受群众监督,并通过党内创先争优,影响和带动全院范围开展创建先进集体,争当优秀医生、优秀护士、优秀管理者、优秀带教老师等活动,在全院形成创先争优浓厚氛围,促进医院各项工作再上新台阶。

创先争优活动日程安排

1.2010 年 5 月 4 日,书记办公会,传达厅党组会议精神,安排部署医院创先争优活动,做好活动前期准备及动员会筹备工作;

2.2010 年 5 月 10 日,党委会,研究活动部署,讨论修改实施方案,确定领导小组名单,审定动员大会议程;

3.2010 年 5 月 12 日,召开动员大会;

4.2010 年 5 月 15 日之前,印发学习资料汇编;

5.2010 年 5 月 30 日之前,举办抗震救灾图片展览,根据上级安排和要求推荐报送抗震救灾先进典型;

6.2010 年 6 月中旬,邀请省委党校教授上党课;

7.2010 年 6 月下旬,组织开展纪念建党 89 周年纪念活动,包括党员宣誓活动、双优一文明表彰等;

8.2010年7月，征求党内外群众意见建议，认真梳理党组织和党员存在的突出问题，及时进行反馈，提出整改计划；

9.2010年7月至活动结束，开展“岗位奉献”“技术比武”“亮牌示范”“组织创新”等活动；

10.2010年8月，确立党员先锋岗（监督岗），印发监督岗要求，发挥示范引导作用；

11.2010年9月下旬，组织党员撰写党性分析报告，开展党员评议活动；

12.2010年11月，对各支部开展活动情况进行一次检查，班子成员对联系点开展活动情况进行点评；

13.2010年12月，对开展活动情况进行年度小结，评选表彰2010年度优秀医生、优秀护士、优秀管理者、优秀带教老师；

14.2011年5月之前，对各支部开展活动情况进行第二次检查，对开展活动一年来的情况进行小结；

15.2011年“七一”前，选树一批先进基层党组织、优秀共产党员和优秀党务工作者进行表彰奖励；

16.2011年7月，确定一至两个基层党支部和党员队伍建设工作的示范点，扩大典型影响力；

17.2012年“七一”前，举办创先争优活动图片展；

18.2012年7月，医院党委对基层党支部、基层党支部对党员开展创先争优活动情况进行考核；

19.2012年7月至活动结束前，制定和完善医院党务工作规范，形成创先争优的长效机制；

20.2012年7月至党的十八大召开前，对整个活动进行全面总结。

围绕中心　服务大局　精心组织　周密部署
广泛深入地开展创先争优活动

——党委书记妥建福在深入开展创先争优活动动员大会上的讲话

（2010年5月12日）

同志们：

刚才，冯守文副院长传达了中央和省委关于开展创先争优活动有关文件精神以及省卫生厅党组会议精神，孙援朝副书记宣读了医院党委关于开展创先争优活动的实施方案，下面，就如何做好这项工作我讲几点意见。

一、充分认识开展创先争优活动的重要意义，切实把思想认识统一到中央和省委以及卫生厅党组的决策部署上来

在党的基层组织和党员中深入开展创建先进基层党组织、争当优秀共产党员活动，是党的十七大做出的一项重大决策部署，全院广大共产党员一定要充分认识开展创先争优活动的重要意义，切实增强责任感和使命感，深入扎实地搞好创先争优活动，为推进医院跨越式发展提供强大动力和组织保证。

充分认识开展创先争优活动的重要意义，是贯彻党中央重大决策部署的前提保证。在党的基层组织和党员中深入开展创先争优活动，对于进一步抓好学习实践科学发展观活动整改落实工作、完善长效机制、推动学习实践科学发展观向深度和广度发展。对于激发各级党组织和广大党员的生机活力、提高党的执政能力、保持和发展党的先进性，对于进一步加强医院基础工作，不断夯实党的执政基础，对于促进各级党组织和广大党员更好地联系和服务群众、始终保持党同人民群众的血肉联系，对于推动党的建设更好地围绕中心、服务大局，实现我们的奋斗目标，具有十分重要的意义。我们一定要把思想统一到中央和省委的部署上来，统一到卫生厅党组和医院党委的具体要求上来，从战略和全局的高度，充分认识深入开展创先争优活动的重要意义，奠定开展创先争优活动的思想基础。

切实增强开展创先争优活动的责任感和使命感，是贯彻党中央重大决策部署的思想保证。责任，是对职工群众高度负责、对医院事业发展高度负责精神的体现；使命，是贯彻落实中央决策部署的自觉意识。在新形势、新任务、新要求下，作为基层党组织和广大共产党员要不断增强搞好创先争优活动的政治责任感和历史使命感，认清自己肩负的重大责任，以高度负责的态度、改革创新的精神、求真务实的作风，大力加强基层组织建设，在推进医院跨越式发展的伟大实践中创先争优、建功立业。责任重于泰山，使命无上光荣，各党支部和党员要充分发挥战斗堡垒作用和先锋模范作用，不负重托，不辱使命，把责任化作动力，把使命化作行动，扎扎实实把中央和省委的重大决策部署落到实处，让中央和省委满意，让职工群众受惠。

二、准确把握创先争优活动的主题、内容和基本要求，扎实推进创先争优活动

医院制订的实施方案，认真贯彻了中央和省委的要求和卫生厅党组的部署精神，对深入开展创先争优活动的总体要求、主要内容、目标任务、方法步骤和组织领导等五个方面做了具体安排，各党支部和广大党员要按照这个方案，切实抓好贯彻落实。

要准确把握创先争优活动的总体要求。全面贯彻落实省委意见和厅党组的总体要求，关键是要把握好"推动科学发展、促进社会和谐、服务人民群众、加强基层组织"的活动目标。关键是要在推进医疗卫生改革、抓好医院内涵建设、落实重点建设项目、解决群众看病难看病贵等实际问题方面要有新举措，取得新成效。这也是在我们医院开展这项活动的根本出发点和落脚点。

要准确把握创先争优活动的内容与主题。创建"五个好"先进基层党组织、争做"五个模范"优秀共产党员是开展创先争优活动的主要内容，也是整个活动的主题，是对基层党组织和共产党员提出的基本标准，也是对全院各个基层党支部和党员的普遍要求。无论创建先进党组织还是争当优秀党员，其最终目的是要发挥战斗堡垒作用，发挥影响和带动作用，催进医院的各项工作。所以这项活动必须紧紧围绕医院中心工作来开展，要把创先争优活动同开展作风建设年活动结合起来，同建设学习型党组织结合起来，同医院的内涵建设结合起来，同我们的精神文明创建活动结合起来，同医务人员的职业道德建设工作结合起来，围绕党员主题实践活动，推动医院各项工作科学发展。

要准确把握创先争优活动的方法步骤。重点围绕迎接建党 90 周年、向党的十八大献礼两个重大活动展开，按照实施方案确定的四个步骤进行。从现在起到 5 月底为第一阶段，主要任务是广泛动员部署，明确领导责任，细化工作任务。第二阶段的主要任务是全面开展创先争优活动。第三阶段的主要任务是查找差距，明确方向，制订跟进、赶超的具体措施。第四阶段的主要任务是集中展示活动成果，搞好活动总结，进行考核评议，建立开展创先争优活动的长效机制。

要把握好创先争优活动的关键环节。一要抓好学习，把学习贯穿于整个活动的始终。领导小组办公室要尽快编辑印发专门的学习资料，建立专门的学习笔记，这是搞好创先争优活动的前提。二要抓好创建活动，把开展活动贯穿于创先争优的始终。在历时两年的争创活动中，我们将相继开展"党性教育""岗位奉献""服务群众""亮牌示范""组织创新"五项活动，抓好这些活动是争创活动的关键环节。配合争创活动，医院党委决定，今年七一前夕，党委将邀请省委党校教授上党课，将集中组织党员宣誓活动和"双优一文明"的表彰活动。三要主动接受群众监督，一方面要吸收职工群众和非党员干部参加，广泛听取群众意见建议。另一方面要主动接受群众监督。我们设立党员监督岗、公布监督电话的目的就是为了让大家明白党员应该在哪些方面体现先进性，在哪些方面发挥示范引导作用，在哪些方面接受群众监督。

三、加强组织领导，确保创先争优活动取得实效

深入开展创先争优活动，是对医院各党支部贯彻落实科学发展观执行力的重要检验，是医院党委以及各党支部必须肩负的重大政治责任。

一是要明确领导责任。各党支部书记必须高度重视创先争优活动，主动担负起本支部领导和指导责任，履行第一责任人职责，对领导小组及办公室布置的相关任务，要认真抓好，贯彻落实。领导班子成员还要建立创先争优活动联系点，及时了解、沟通、指导支部开展好工作。

二是要加强督促检查。院党委将采取听取汇报、交流研讨等形式，了解活动进展情况，研究解决遇到的问题，总结推广成功的经验与做法，推动活动顺利开展。每一位领导班子成员要对自己联系的基层党支部和党员开展创先争优活动情况适时进行点评，实事求是地肯定取得的成绩，指出存在的问题和努力方向。对思想上不重视、工作上不得力的，要限期整改。

三是要调动起广大职工群众参与的积极性。要让广大职工群众参与到活动中来，主动听取群众的意见建议，接受群众监督，并通过基层党支部和党员创先争优活动，影响和带动全院干部职工崇尚先进、学习先进、争做先进。

四是要营造浓厚氛围。要充分应用报刊、网络、简报等宣传媒介，大力宣传先进基层党组织和优秀共产党员的典型事迹，大力宣传我们医院在开展创先争优活动中的具体做法和成功经验。

同志们，开展创先争优活动是当前一项重大的政治任务，中央、省委以及卫生厅党组高度重视，职工群众满怀期待。我们要按照中央和省委的统一部署，以对党负责、对职工群众负责的态度，扎实开展好创先争优活动，加快推进医院改革与发展，以优异成绩迎接建党90周年！

党委书记妥建福对创先争优活动进行阶段性总结

11月23日下午，在省纪委驻省卫生厅纪检组组长段巍来院调研时，医院党委书记妥建福对医院前一阶段创先争优活动进行阶段性总结，并对下一步工作提出要求。现将原文刊发，请各支部组织学习讨论。

医院创先争优活动领导小组办公室
2010 年 11 月 25 日

段巍组长检查督导工作汇报材料

甘肃省中医院党委书记　妥建福

根据厅党组的近期工作安排，今天，段组长一行来院调研指导工作，重点检查督导我院党风廉政建设、医德医风建设和开展创先争优活动情况，充分说明厅党组对我们医院尤其是医院党委工作的高度重视和大力支持。

我来医院一年多的时间，尽管时间不长，但见证了医院的发展与变化。这两年是医院大事要事多、工作任务重、发展速度比较快的两年。医院党委明确提出把“团结奋斗、共谋发展、服务患者、惠及职工”作为党委工作的指导思想。坚持以邓小平理论和“三个代表”重要思想为指导，全面落实科学发展观，按照中央提出的党建工作要求，以坚定理想信念为重点加强思想建设，以造就高素质干部队伍为重点加强组织建设，以保持党同人民群众血肉联系为重点加强作风建设，以健全民主集中制为重点加强班子建设，围绕中心、凝聚力量，不断改进和创新党委工作，党委一班人视团结为医院生命，视团结为医院发展的基石，视团结为一切力量的源泉，党委一班人不光将团结讲在口头上，而是落实在实际工作，真正落实在言行中，真正做到了“心往一处想，劲往一处使”。团结奋斗，共谋发展。尤其注重在医院的改革和建设实践中，在应对重大突发事件中充分发挥党委的职能和作用，为医院改革和发展提供有效的思想和组织保证，较好地发挥了政治核心与监督保证作用。

根据调研组的要求和安排，我重点对开展创先争优活动情况做一简要汇报，关于党风廉政建设和医德医风建设情况由卫晓雯书记来汇报。

根据中央和省委的统一部署，按照省卫生厅党组的具体安排，从 2010 年 5 月中旬开始，医院在全体党员干部中开展了创先争优活动。医院党委严格按照中央和省上的要求，紧紧围绕医院的中心工作，精心组织，周密安排，狠抓落实，较好地完成了前一阶段的各项工作任务。

一、加强组织领导，提高思想认识

在省卫生厅系统创先争优活动动员大会之后，医院党委立即召开书记办公会议，对医院活动的开展、实施方案的拟定、具体工作的安排以及领导机构的组建做了初步的讨论和研究。2010 年 5 月 10 日召开院党委会，决定成立党委书记为组长，其他班子成员为副组长的创先争优活动领导小组，抽调专人组成领导小组办公室，明确了各自职责，落实了工作任务。结合实际制订了《甘肃省中医院创先争优活动实施方案》，制作了学习实践活动宣传专栏，统一配发了专门的学习笔记，编辑印发了创先争优活动学习资料。在充分准备的基础上，5 月 12 日下午召开了全院党员动员大会，进行系统安排部署和充分的思想发动，党委书记做了题为《围绕中心、服务大局、精心组织、周密部署、广泛深入地开展创先争优活动》动员讲话，强调要充分认识开展创先争优活动的重要意义，切实把思想认识统一到中央和省委的重大部署上来，统一到卫生厅党组和医院党委的具体要求上来。要求基层党支部和广大共产党员要不断增强搞好创先争优活动的政治责任感和历史使命感，认清自己肩负的重大责任，以高度负责的态度、改革创新的精神、求真务实的作风，大力加强基层组织建设，把创先争优活动同设立党员监督岗，讲党性、重品行、做表率活动结合起来，同开展作风建设年活动结合起来，同建设学习型党组织结合起来，同精神文明创建活动结合起来，同医德医风建设结合起来，继续开展党员主题实践活动，推动医院各项工作科学发展。

二、明确学习任务，抓好工作落实

为了抓好学习任务的落实，活动一开始，党委就提出要把学习理论贯穿活动始终，把提高思想认识贯穿活动始终。为了统一思想、提高认识，党委进一步强化干部的理论学习制度，重新修订了关于加强党委中心组学习的意见，重新调整了党委理论学习中心组的范围，为每位中心组成员统一配发了专门的学习笔记，坚持每月按时组织一次集中学习和研讨，有重点地组织学习党的十七届四中、五中全会精神，卫生工作方针政策和新的医改方案等党的最新理论成果。尤其是对如何建设学习型党组织，如何发挥党委的职能和作用，如何发挥每个党员干部的模范带头作用，提出了明确具体的要求。实际工作中能够把学习贯彻党的路线方针政策与落实党委工作思路结合起来，与落实医院行政方面的具体工作任务结合起来，与构建和谐医患关系、创建平安医院的工作实践结合起来，与医院文化建设工作结合起来，较好地发挥党委的职能和作用，为医院改革和发展提供有效的思想和组织保证。

一是有针对性地确定学习内容。活动一开始，重点组织学习了中央和省委领导的一系列讲话、刘维忠厅长的讲话及医院的实施方案、中央规定的学习资料。二是注重学习方法的多样性和灵活性。采取党员自学与集中学习相结合、集中辅导与邀请报告相结合、安排部署与督促检查相结合等多种形式，年内，党委先后组织党员干部集中学习6次，邀请省委党校教授陈永恭进行学习专题辅导1次。广大党员结合学习情况，紧密联系工作实际，撰写心得体会并进行交流。三是突出了学习的实效性。始终突出用科学发展观指导医院工作实践，把创先争优活动融入医院的工作实际。党委书记在中心组学习会上反复强调，一是要把创先争优活动贯穿到医疗服务工作实践之中。既要培育精湛的医术，又要追求良好的医德，还要推出医疗服务方面的先进典型。在做好日常医疗服务工作的同时，随时做好突发事件应急工作，还要有针对性地制订应急预案，做到有备无患，从容应对。二是要把创先争优活动贯穿到党风廉政建设和行业行风建设工作的实践当中。要争当优质服务模范、职业道德模范、遵纪守法模范。三是要把创先争优活动贯穿到医院建设的工作实践当中。强调医院建设不光是主管领导和基建部门的事，应该是全院干部职工共同关注、共同参与的事，要把创先争优活动贯穿到医院建设的方方面面。四是要把创先争优活动贯穿到医院文化建设工作的实践当中。动员每一位干部职工要为医院文化建设出谋划策，贡献力量。

三、结合医院实际，开展争创活动

一是开展"增强党性、转变作风"活动。结合卫生厅系统作风建设年活动，大力开展"党员党性教育"工程，通过重温入党誓词、领导干部讲党课、邀请专家做报告、学习党性教育读本、每月组织观看反腐教育碟片、邀请司法机关干警上法制教育课、开展市内警示教育活动、组织观看教育影片《第一书记》等，集中开展党性教育活动8次，着力进一步提高全院党员的党性修养。计划在12月初，分党支部集中开展一次党性分析活动，采取党员自评、群众（患者）测评、组织审评等方式，对全院在职党员的思想、学习、工作、纪律、作风等方面进行深入分析。

二是开展“忠于职守、爱岗敬业”活动。采取岗位练兵、行业竞赛、医疗技能比武等形式，不断提升全院医疗技术水平，增强干部职工忠于职守、爱岗敬业的团队意识，不断提高人民健康保障能力和服务水平。6月下旬，医院承办全省职工技能大赛及中草药炮制省级决赛，医院取得团体第一的好成绩；7月30日，医院组织新入院的61名员工进行上岗前宣誓，教育和引导青年医务人员献身中医事业，继传统之绝学，承中医之精髓，恪守医德，牢记院训，尊师守纪，严谨刻苦，传承创新，全面发展，为祖国传统医学的发展和人类身心健康奋斗终生；8月初，药剂科组织了具有趣味性的知识竞赛和论辩活动；9月中旬，医院选调唐锐、郭云霞等七位选手参加“全省卫生行业护理岗位技能大赛”决赛，她们以良好的团队精神、过硬的心理素质、扎实的临床护理技能及理论功底，在35个参赛团体中获得团体一等奖。为了加强节假日的医疗安全和提高我院的急救应急能力，配合节假日在岗值班人员的检查，医院于10月4日组织了急诊急救现场演练；10月下旬，医院药剂科张民等三人代表我院参加甘肃省抗菌药物管理及临床合理应用知识竞赛，张民获得本次竞赛个人二等奖；最近又组织了技能大赛。通过这些活动，全院党员职工参与创先争优活动的积极性明显提高。

三是开展“服务患者、争创一流”活动。落实“首诊负责制”，推行“一体化服务”，在实践中不断规范服务流程、提升服务标准，引导党员带头注重细节、注重贴心、注重安全，使患者顺心，使患者家属放心。根据党员岗位职能和特点，年内开展了在兰州社区巡诊义诊活动，分五批组织60多名医务人员进社区、进农村、进学校，把一流技术、一流服务、一流形象送到群众中去。同时，还组织到岷县、渭源等医疗帮扶点开展结对帮扶、科普宣传、患者回访等活动，不断提高和改进服务。

四是开展“身份亮牌、党员示范”活动。在院内醒目位置设立党员形象公示栏，同时，结合岗位实际提出参加活动的承诺，主动接受群众监督。为在实际工作中充分发挥党员的先锋模范作用，医院党委向全体党员提出六个方面的要求：

1.学理论、讲党性，践行宗旨。

2.医德好、医风正，乐于奉献。

3.勤学习、精医道，开拓进取。

4.思改革、谋发展，与时俱进。

5.多沟通、善协调，团结协作。

6.守法纪、严律己，清正廉洁。

另外，医院计划继续开展“十佳五优”（优秀科主任、优秀护士长、优秀医生、优秀护士、优秀员工）服务明星评选活动，树立一批党员身边的先进典型，发挥先进典型的示范带动作用。年内，医院有12名党员当选卫生厅直属单位第三次党代会代表；15位同志被评为医院优秀共产党员；7位同志被评为玉树抗震救灾先进个人；8名同志被评为舟曲抗灾先进个人；2名同志被评为精神文明建设先进个人，3名同志被评为医德医风先进个人，医院也被确定为兰州市文明单位，医院党委被评为抢险抗灾优秀党组织。

四、发挥特色优势，全力救治灾区伤员

面对几次巨大灾难，党委明确提出把支援灾区抢险抗灾作为创先争优活动的主战场。

青海玉树地震灾害发生后，甘肃省中医院第一时间派出医疗救援队，为了充分发挥党组织的作用，在医疗队成立了临时党支部，鲜红的党旗在玉树灾区高高飘扬。

临时党支部团结和带领20名队员，克服道路不畅、高原缺氧、气候寒冷、语言不通等各种困难，在极其困难的条件下现场救治灾区伤员1100多名，出色地完成了救援任务，赢得了灾区人民的赞誉。在灾区，临时党支部在方便群众办事，传递党的声音，普及抗震自救知识，为受灾群众搭建临时帐篷，组织医疗队员开展一线救援等方面，发挥了积极作用。危险来了，他们先想到群众；困难来了，他们先照顾群众；救灾物资来了，他们先发给群众。受灾群众说："看到飘扬在防震篷上的党旗，我们的心就踏实了。"

在灾区的日日夜夜，20名医疗队员互帮互助，互相鼓励，团结一心，共克时艰。临时党支部在凝聚人心、鼓舞士气、宣传群众、组织群众方面也发挥了积极作用。在灾区，他们经历了生与死的考验，留下了难以磨灭的记忆，同时对党的认识有了新的升华。杨宏武，一个普普通通的名字，一名普普通通的医生，一名普普通通的共产党员。青海玉树地震发生以后，尽管他的父亲刚刚离世，上有年近古稀的母亲需要照顾，还有可爱的女儿即将参加中考，但当他得知青海玉树发生强烈地震的消息以后，第一个向医院领导请缨，要求亲自带队去灾区参加医疗救援。他坚信，凭着曾经从事志愿者服务的工作经历，凭着扎实的外科基础，还有六七年管理工作的经验，一定能够把这支队伍带好，为灾区人民早日渡过难关、摆脱伤病折磨奉献自己的绵薄之力，尽一名党员应尽的职责。舟曲泥石流灾害发生以后，根据省委省政府的紧急部署，按照刘维忠厅长的指示精神，甘肃省中医院再次以国医之责，挺身担当。医院先后派出了3批医疗队员，院内接诊救治25名灾区转运伤员，组织了全院性的捐助活动，同时以自己的方式组织了一系列哀悼活动。灾害发生不久，医院安排由副院长赵继荣带领第一批队员急赴舟曲，连夜查看和救治伤员，根据省上的统一部署安排转运伤员；灾情发生以后，医院迅速部署接诊转运伤员，药剂科成立党员先锋队，日夜加班准备急救药品和防疫中草药；防疫阶段，院长李盛华亲赴灾区送医送药，救治伤员，央视对我院救治伤员和送医送药情况进行了报道。甘肃省中医院广大干部职工再次以无所畏惧的英雄气概、团结一致的强大力量、精益求精的职业精神，在重大自然灾害面前书写了国医救治的壮丽诗篇。

实践证明，医院基层党组织不仅能够组织党员干部全面贯彻落实党的路线、方针、政策和医院党委的各项决议，能够团结和带领职工群众为医院的改革和发展贡献力量，而且能够在关键时刻充分发挥战斗堡垒作用。尤其是在青海玉树地震和舟曲特大泥石流灾害救灾工作中，各党支部都能从讲政治、讲大局的高度出发，认真做好各项工作，党委有号召、有部署，支部就能够很快地贯彻落实，表现出较强的凝聚力和战斗力。许许多多共产党员以自己的实际行动，展示新时期共产党员的风采，维护了党的光辉形象。关键时刻，党员干部能够豁得出去，冲得上去，不畏艰险，勇挑重担，成为职工群众的主心骨、带头人，真正成为带领职工群众前进的先进分子。期间，医院两次组织捐款，从党委部署到上交款项，短短几天时间，全院就有近900人捐款，共计23万多元。其中，有280多名党员带头捐款。参与人数之多，捐款额度之大，落实速度之快，在整个卫生系统名列前茅，在中医院历史上也是第一次。这充分体现了党组织的凝聚力、向心力和感召力。10月底，医院召开抗灾抢险工作座谈会，大家有一种共同的感觉就是：灾难面前，体现出强大的精神力量，体现出强大的凝聚力和向心力，而且体现出很强的责任意识。从领导到员工，从党员到群众，从医务人员到工勤人员，大家齐心协力，救灾期间，无一人请假。对于转运伤员，都能从政治高度、从职业责任出发，尽心竭力做好工作。灾难面前，充分发挥了党员干部的模范作用。关键时刻，我们的队伍能够拉得出来，冲得上去，豁得出来，发挥了模范带头作用。

日前，甘肃省中医院进一步深入学习贯彻十七届五中全会精神，加强职业道德建设，深化创先争优活动，全院医务人员向社会做出六项承诺：

一、树立以病人为中心、以质量为核心的思想，坚持全心全意为人民健康服务的方针；

二、加强职业道德建设，弘扬白求恩精神，医务人员恪守医德，做到廉洁自律，遵纪守法，不吃请、不受礼，不收受病人“红包”，不以医谋私，加强与病人的联系沟通，建立诚信和谐的新型医患关系；

三、严格执行各项卫生法规、各项医疗规章制度和各项技术操作常规，加强医疗质量和安全管理，确保医疗安全。

四、严格执行“首诊医师负责制”和“三级医师负责制”，无生、冷、硬、顶、推、拖现象，做到热情服务，礼貌接诊，细心问诊，合理施治，合理检查，合理用药，合理收费。为患者提供安全、有效、便捷、价廉的医疗服务。

五、严格执行医疗信息公示制度，保障患者知情权。执行各项检查、药品价格、医疗服务等公示制度，接受群众监督。

六、医务人员及工作人员着装整洁，文明行医，礼貌服务。

五、开展创先争优活动的几个特点

一是不断创新学习形式，改进学习方法。结合医院实际，综合运用专题讲座、主题发言、交流研讨、外出调研和学习考察等多种有效形式，借助网络媒体等现代化手段，将集中学习与分散学习相结合，专家辅导与个人自学相结合，增强了学习的主动性和自觉性。把建设学习型党组织、学习型医院作为促进医院发展的重要内容。在坚持抓好党委中心组学习的同时，院长提出每月召开质控会议时，由院领导推荐学习一篇改革和管理等方面的理论文章，不断强化干部队伍素质，提高管理能力。此外，医院每月把理论学习情况作为部门考核的一项内容，从而敦促干部把理论学习落到实处，收到实际效果。

二是把开展创先争优活动同加强医院宣传工作结合起来，使争创活动有了舆论支持。年内，医院先后在兰州市博物馆、东方红广场举办了青海玉树抗震救灾图片展览，在城关和七里河社区组织了巡回展览和义诊活动，在甘肃省博物馆举办了舟曲抗灾摄影展览，积极参与了全省卫生系统书画摄影展，编辑印发了医院院报 5 期，编辑抗灾专辑《大爱无疆》在卫生单位交流，很好地配合了创先争优活动的开展。

三是把开展创先争优活动同医院文化建设工作结合起来，使争创活动显得有声有色。年内，医院配合一些大型活动，组织开展了一系列文化推广活动，邀请专家开展了文化讲座，设计制作了反映医院精神理念的文化墙，在病区增设古代名医名言警句画框，邀请书法大家书写了院训、大医精诚论等，组建杏林合唱团演唱医院院歌等。通过一系列文化推广活动，也使创先争优活动显得有声有色。

下一步，医院党委将按照厅党组的要求，按照直属单位党委的一系列部署和要求，结合医院具体实际，把争先创优活动拓展到工青妇等群众组织当中，实实在在开展一些创新性活动，在加强学习、提高素质中创先争优，在围绕中心、推进医院工作中创先争优，在服务患者、服务职工中创先争优，在树立典型、学习典型中创先争优。特别要在继续提高思想认识，把握基本要求，掌握科学方法等方面下功夫，力争把创先争优活动真正落到实处，抓出成效。

二〇一〇年十二月二十三日

全省职工技能大赛

关于举办2010年甘肃省职工技能大赛省级决赛的通知

甘职技组办〔2010〕2号

各市州、省级产业(系统),大企业(集团),有关单位职工技能素质提升活动组委会(领导小组):

按照《2010年甘肃省职工技能素质提升活动实施方案》的安排,现就举办甘肃省职工技能大赛省级决赛的有关事项通知如下:

一、决赛工种

省级决赛的工种确定为:中药炮制、地质钻探工、车工、输电线路工、白酒勾调、钻井·柴油机等六个。

二、决赛名称及承办单位

1.甘肃省职工技能大赛“中药炮制”省级决赛

承办单位:甘肃省卫生厅

2.甘肃省职工技能大赛“地质钻探工”省级决赛

承办单位:甘肃省地质工会

3.甘肃省职工技能大赛“车工”省级决赛

承办单位:长庆油田公司

4.甘肃省职工技能大赛“输电线路工”省级决赛

承办单位:甘肃省电力公司

5.甘肃省职工技能大赛“白酒勾调”省级决赛

承办单位:甘肃省食品工业协会

6.甘肃省职工技能大赛“钻井·柴油机”省级决赛

承办单位:川庆钻探长庆钻井工程总公司

三、参赛范围

1.“中药炮制”由14个市州卫生局及省卫生厅直属单位组队参加;

2.“地质钻探工”由全省地矿局直属单位及钻井队组队参加;

3.“车工”由产业(系统)及相关大企业集团组队参加;

4.“输电线路工”由14个市州电力公司及直属单位组队参加;

5.“白酒勾调”由在甘白酒生产企业组队参加;

6.“钻井·柴油机”由中石油钻井企业组队参加。

四、参赛人员

企事业单位职工(包括农民工)均可报名参加各市州、省级产业(系统)和大企业(集团)组委会组织的比赛,经选拔后组队参加省级决赛,各工种参赛名额将根据规模另行通知。

五、决赛方式

比赛分初赛(选拔)和决赛两个阶段进行。

初赛(选拔)由各市州、省级产业(系统)和大企业(集团)组委会(领导小组)组织实施;决赛由省组委会办公室和各承办单位组织实施。

六、决赛时间

2010年全省职工技能大赛省级决赛启动仪式暨"中药炮制"比赛开幕式6月中旬进行。其他工种的省级决赛将在7—9月进行。

七、决赛内容

决赛依据《国家职业标准》高级工的要求命题,分理论知识和实际操作两部分,理论知识成绩占30%,实际操作占70%。通用工种试题均从省职业技能鉴定指导中心国家题库抽取,题库无试题的特殊工种,将由主办单位与行业有关部门组织专家命题,并报省职业技能鉴定指导中心核准,省组委会办公室备案。

八、组织机构

甘肃省职工技能大赛省级决赛在省职工技能素质提升活动组委会的领导下,由组委会办公室组织实施(办公室设在省总工会职工技协办公室)。

九、决赛奖励

省级决赛的奖励按《2010年甘肃省职工技能素质提升活动实施方案》中确定的奖励办法执行。

十、有关事宜

1.要认真组织,精心安排,搞好省级决赛工种的初赛(选拔)工作,扩大参赛面,提高比赛质量。

2.要在组织参加省级决赛的同时,安排好本级其他工种的技能比赛,及时上报决赛方案。需从国家题库提取试题的,请于比赛前一个月将比赛方案和工种报省职业技能鉴定指导中心试题科,以便安排试题抽取和制作。

3.要加强信息沟通,以便省组委会办公室安排监审、指导和宣传报道等工作,保证技能大赛顺利进行。

4.各工种决赛期间将安排技术精英演(展)示活动。

省总工会职工技协办公室
二〇一〇年四月六日

关于申请承办全省首届中药技能大赛的请示

中医医发〔2010〕8号

省卫生厅：

甘肃省中医院是一所以中医、中药为特色的三级甲等医院，其所属药剂科已有56年的中药修治历史。此间不仅积累了丰富的中药炮制、中药鉴别经验和宝贵的修治理论，也涌现了如从事中药加工炮制半个世纪、连续三届担任国家和省级中药经验传承指导老师王子义等知名药学前辈，以及他所带出的一大批中药后起之秀，可谓药学人才济济，技术力量雄厚。为确保患者用药的安全性、有效性、可靠性和经济性，医院投入了大量的资金改善中药加工炮制室的软、硬条件。相继建成了中药教研室、中药研究室，添置了转盘式切药机、电动剁刀机、滚筒式炒药机、摇摆震动式筛药机、SF-400柴田式粉碎机、高速粉碎机、电动磨刀机等加工炮制机械，建造了占地260 m^2 的玻璃幕墙采光回风对流式中药饮片干燥平台，从而为中药传统炮制技艺向标准化、规范化、科学化、现代化迈进奠定了坚实的基础。在优势技术和资源平台支撑下，省中医院先后成功主办了六届全省中药加工炮制暨新制剂开发研讨大会，使广大药学工作者全面掌握了中药传统炮制和鉴别学术精华，也了解了中药现代化的新思路、新方法和新理论。基于以上我院在中药领域所积淀的宝贵经验和实力，为大力弘扬中医药文化，全面锻炼中医药队伍，充分展示中药技能，我院申请承办全省首届中药技能大赛，具体实施方案如下：

一、指导思想

以“三个代表”重要思想为指导，深入贯彻落实科学发展观，切实提高全省中药人员的业务水平和专业技术能力，为群众提供更加安全、有效的中药服务，从而推进我省中药事业的发展。

二、大赛方式

全省首届中药技能大赛由省卫生厅、省人力资源与劳动保障厅、团省委、省总工会负责组织，省卫生厅人事处主办，省中医院承办，具体分三个阶段：

第一阶段：全省首届中药技能大赛前规范化培训（由甘肃省中医院承办）；

第二阶段：全省首届中药技能大赛资格选拔赛（由各市、州卫生局负责）；

第三阶段：全省首届中药技能大赛决赛（由甘肃省中医院承办）。

三、大赛时间

各市、州卫生局的资格选拔赛应在2010年4月15日—5月31日开展，请各市、州卫生局将参加决赛的选手和领队名单于2010年8月1日前上报。9月26日—28日举行决赛，比赛结束后，对优秀团体和选手予以表彰奖励。

四、大赛内容

1.理论知识笔试：包括中药鉴定学、中药炮制学基础知识100题。时间总计为120分钟，每项成绩分别为50分，满分100分。

2、实际操作比赛:由中药鉴别和中药炮制两部分组成,时间总计为30分钟,每项成绩分别为100分,满分200分。

以上笔试和技能考试成绩总分为300分。

五、参赛选手条件

1.50周岁以下,全省各中药生产企业、医疗机构中的中药工作者。

2.省直单位单独组队参加。各市、州卫生局以卫生局为单位组队参加,每地区派1支参赛队,不接受个人报名参赛。

3.每个参赛队4人。其中,领队1人,选手3人。

六、奖励办法

1.团体奖项

设全省首届中药技能大赛团体一等奖1名,二等奖3名,三等奖6名;

2.个人奖项

根据个人决赛成绩设立个人一等奖10名,二等奖20名,三等奖30名,"优秀个人奖"若干名。

七、其他有关事宜

1.参赛参考资料在举办的全省首届中药技能大赛培训班上一并下发;

2.培训及决赛时间和地点另行通知。

以上请示妥否,请批示!

二○一○年一月十一日

关于印发2010年全省卫生专业岗位技能比武活动安排计划的通知

甘卫人函〔2010〕197号

各市、州卫生局,厅直各单位,兰州大学第一、二医院,甘肃中医学院附属医院,各有关单位:

为继续深入开展"卫生人才建设年"活动,进一步激励广大卫生专业人员立足岗位学习技术的热情,推动卫生系统群众性岗位练兵活动的开展,培养更多的品德高尚、技术精湛、贡献突出的卫生专业技术人才,经研究,2010年省卫生厅拟举办全省中药炮制、护理、传染病疫情处置、口腔、合理用药和采供血等6项岗位技能比赛活动。现将具体安排计划印发给你们,请在各级、各单位层层竞赛的基础上,组织相关人员参加。各承办单位要认真组织,积极做好协调、服务等工作,确保比赛活动公平、公正、公开、顺利进行。

二○一○年四月二十三日

2010年全省卫生专业岗位技能比武活动安排计划

项目名称	承办单位	举办时间	举办地点	比赛形式	参加人员	联系人及电话
全省中药炮制技能大赛决赛暨2010年甘肃省职工技能大赛启动仪式	省中医院	6月中旬	兰州	理论测试 操作技能	各市州卫生行业、省属各医院、中药企业中药专业技术人员	李喜香、廖松青 (0931)2687057， 15002550389，15293188506
全省护理专业技能大赛决赛	兰州大学第一医院 （临床医疗）	7月中旬	兰州	理论测试 操作技能	各市州和省属大型企事业单位医疗机构护理人员	柳陆 13919815128
	省卫生学校 （卫生教育）	7月中旬	兰州	理论测试 操作技能	全省大中专医学院校护理及助产专业学生	黄刚 (0931)8270415，13088742851
全省疾病控制系统突发传染病疫情应急处置技能竞赛	省疾控中心	8月中旬	兰州	理论测试 操作技能	全省疾控机构专业技术人员	刘建地 (0931)8266716，13919293301
全省口腔专业技能大赛决赛	兰州市口腔医院	9月中旬	兰州	理论测试 操作技能	各市州、省属医院及大型企事业单位医院口腔专科专业技术人员	吴颖 (0931)8879652，15002611138
全省抗菌药物管理及临床合理应用知识竞赛	兰州大学第二医院	10月上旬	兰州	理论测试	各市州、省属医院及大型企事业单位医院临床医师和药师	焦海胜 (0931)8942571，13919031139
全省采供血技能大赛决赛	省红十字血液中心	10月中旬	兰州	理论测试 操作技能	各市州中心血站、省血液中心采供血岗位专业技术人员	李永铭 (0931)8312519

2010 年全省职工技能大赛启动仪式暨“中药炮制”省级决赛简介

按照《关于印发〈2010 年甘肃省职工技能素质提升活动实施方案〉的通知》(甘职技组办〔2010〕1 号)、《关于举办 2010 年甘肃省职工技能大赛省级决赛的通知》(甘职技组办〔2010〕2 号)和省卫生厅《关于印发 2010 年全省卫生专业岗位技能比武活动安排计划的通知》(甘卫人函〔2010〕197 号)文件精神，定于 2010 年 6 月下旬举办全省中药炮制技能决赛暨 2010 年甘肃省职工技能大赛省级决赛启动仪式。

一、决赛名称及主办、承办、协办单位

决赛名称:2010 年全省职工技能大赛省级决赛启动仪式暨中药炮制比赛。

主办单位:省总工会、省人力资源和社会保障厅、工业和信息化委员会、国有资产监督管理委员会。

承办单位:甘肃省卫生厅。

协办单位:甘肃省中医院。

二、参赛单位

参加此次赛事的有甘肃中医学院、甘肃省人民医院、甘肃省中医院、兰州大学第一医院、兰州大学第二医院、甘肃中医学院附属医院、甘肃省第二人民医院、甘肃省肿瘤医院、甘肃省妇幼保健院、甘肃省中医药研究院、甘肃省中医学校、武山矿泉疗养院以及全省各地州市卫生局、甘肃省中药企业等 29 家单位 87 位选手参赛。

三、与会领导

甘肃政协副主席栗震亚、甘肃省卫生厅厅长刘维忠、甘肃省卫生厅副厅长李存文等省、厅领导。

四、竞赛时间

6 月 24—27 日进行。

五、竞赛及报到地点

竞赛地点:甘肃省中医院。

报到地点:兰州市友谊宾馆贵宾楼一楼大厅(兰州市七里河区西津西路 16 号)。

六、日程安排

6 月 24 日,上午:各参赛代表队报到;下午:召开各参赛队领队会议,抽取参赛顺序号,参赛队员实地查看决赛场地。19:30 理论考试。

6 月 25 日至 26 日:开幕式及决赛。

6 月 27 日上午:闭幕式。

七、组队方式与报名要求

全省中药炮制技能决赛由省卫生厅承办，省中医院协办。大赛分初赛和决赛两个阶段进行。初赛由各市、州卫生局和省级医院负责组织实施，厂矿企业医疗机构原则上参加所在地区的初赛。省属大型企事业单位医院，可单独组织初赛，并报名参加省级决赛。在初赛选拔的基础上，各市、州卫生局，省级医院和省属大型企事业单位医院，分别组队参加决赛。每个参赛队为 4 人，其中领队 1 人，选手 3人。

八、决赛内容

决赛内容包括中药炮制理论知识和操作技能比赛两部分，试题由全省中药炮制技能决赛领导小组制定。

（一）理论知识笔试：中药炮制学基础知识，题型为填空、选择、简答题。时间总计 120 分钟。

（二）操作技能比赛：中药炮制操作，参赛选手用 6 种炮制方法炮制提供的药品，时间总计 60 分钟。

决赛成绩总分为 100 分，其中理论知识占 30%，操作技能占 70%。

九、决赛方式

比赛分初赛（选拔）和决赛两个阶段进行。

初赛（选拔）由各市州、省级产业（系统）及大企业（集团）组委会（领导小组）组织实施；决赛由省组委会办公室和各承办单位组织实施。

十、活动目标

甘肃省首届中药炮制大赛秉承严谨、仁爱、传承、创新的医学宗旨，以理论与实践相结合的竞赛方式，全面展示优秀的中药特色炮制技艺。大力提高职工技能水平，加速培养造就知识型、技术型、创新型职工队伍，营造爱岗敬业、诚实守信、乐于奉献的良好职业风尚，不断把全省中药炮制职工技能素质提升活动引向深入，加大中药炮制技能培训力度，提高中药炮制比赛质量，大力提升职工技能素质。

十一、组织机构

甘肃省职工技能大赛省级决赛在省职工技能素质提升活动组委会的领导下，由组委会办公室组织实施（办公室设在省总工会职工技协办公室）。

在 2010 年全省职工技能大赛启动仪式暨“中药炮制”省级决赛开幕式上的讲话

省政协副主席　栗震亚

（2010 年 6 月 25 日）

同志们：

今天，我们在这里隆重举行 2010 年全省职工技能大赛启动仪式暨“中药炮制”省级决赛开幕式。首先，我对 2010 年全省职工技能大赛活动的启动和“中药炮制”省级决赛的顺利举办表示热烈的祝贺！向受到表彰的2009年全省职工技能大赛省级决赛第一名和“五一劳动奖章”获得者表示热烈的祝贺！借此机会，向全省广大职工和参赛选手表示亲切的慰问！

近年来，在各级党委、政府的重视和支持下，各级工会组织和政府有关部门认真学习贯彻党的十七大精神，全面落实科学发展观，坚持以经济建设为中心，认真实施工业强省、科教兴省战略，紧紧围绕全省经济社会发展大局，组织广大职工广泛开展了多种形式的练功比武、技术攻关、技术改造、职业培训、技能晋级等经济技术活动，有效地提高了职工队伍的技术素质，推动了企业技术进步和改革发展。特别是2004年底以来，省总工会、省人力资源和社会保障厅、省工信委、省国资委等部门联合开展了全省百万职工技能素质提升活动。活动开展五年多来，全省共有300多万名职工参与了600多个工种的技能比赛，近12.5万名职工晋升了技术等级，涌现出了一大批业务精通、技术精湛、爱岗敬业、勇于奉献的高素质技能人才。实践证明，开展职工技能素质提升活动对于进一步调动和激发广大职工的积极性和主人翁责任感，推动企业技术创新和技术进步，为促进全省经济发展发挥了积极作用。

2010年是全省职工技能素质提升活动实施新三年计划的最后一年。省上将举办“中药炮制”“输电线路工”等6个工种的省级技能决赛。目前，全省11个市州、12个省级产业（系统）、15个大企业（集团）正在开展194个工种的技能比赛。我相信，随着这项活动的全面展开，必将对提升全省职工技能素质产生积极而深远的影响。

当前，全省医药卫生体制改革已进入攻坚阶段，特别是国务院近日出台的扶持甘肃经济社会发展的优惠政策，对卫生工作提供了千载难逢的发展机遇。发展医疗卫生事业，人才是关键。广大卫生专业技术人员是卫生系统最基本的人力资源，努力建设一支具有高度社会责任感、技能水平出众的医疗人才队伍，不仅事关卫生事业的发展，而且直接关系到人民群众的切身利益，关系到党和政府的形象。组织开展岗位练兵和技术比武等活动，为卫生系统广大职工提供了学习、交流和展示才华的舞台。我相信，这次“中药炮制”技能大赛和今年卫生系统其他5项技能大赛的举办，必将极大地调动广大卫生专业技术人员学业务的积极性，促进卫生行业群众性岗位练兵和技能比武活动的深入开展。

同志们，人才兴则民族兴，人才强则国家强。前不久，中央召开全国人才工作会议，颁布了《国家中长期人才规划纲要》，提出了我国人才发展的战略目标、指导方针、总体部署和重大举措。在全省广泛开展职工技能比赛，对于提高广大职工的技术素质，增强职工适应市场的竞争能力，促进企业技术进步，促进经济社会发展，具有十分重要的意义。希望各地、各部门站在落实科学发展观，贯彻中央人才工作会议精神，服务全省工作大局的高度，进一步深化对开展职工技能素质提升活动重要意义的认识，切实增强工作的责任感和紧迫感，从各地、各自的职能和特点出发，采取有力措施切实抓紧抓好。相关部门要主动承担起职责，加强协调，互相配合，广泛发动，精心策划，下大力气抓好不同类型、不同层次的技能比赛工作。要健全各项制度，制订工作计划，加强对活动的管理、检查、评比、考核，促进活动向经常化、制度化、长效化方向发展。希望全省各行各业的广大职工积极投身到技能比赛中去，相互交流学习，切磋技艺，提高技能，为推动企业技术进步和我省经济发展方式转变做出新的更大的贡献。

最后，祝全省职工技能大赛和“中药炮制”省级决赛取得圆满成功！

谢谢大家！

在2010年全省职工技能大赛启动仪式暨“中药炮制”省级决赛开幕式上的讲话

省卫生厅厅长　刘维忠

（2010年6月25日）

尊敬的栗主席，各位领导、各位专家、各位选手，同志们：

在省总工会、省人社厅、省工信委和省国资委的大力支持下，2010年全省职工技能大赛启动仪式由省卫生厅承办，与全省卫生行业“中药炮制”省级决赛一起，在省中医院拉开帷幕。首先，我代表省卫生厅表示热烈的祝贺！向各位评判专家、参赛选手和大赛工作人员表示诚挚的问候！向出席开幕式的各位领导和来宾表示热烈的欢迎！

卫生系统是一个专业性和服务性较强的行业，全省约有11万名在职职工。他们是卫生服务的主要提供者，承担着保障全省人民群众健康的重要使命。加强卫生人才队伍建设，是发展卫生事业、提高医疗服务水平的重要举措。近年来，全省卫生系统紧密结合加强卫生服务体系建设和深化医疗卫生体制改革等中心工作，积极实施卫生人才战略，大力开展“卫生人才建设年”活动，全面整合卫生人才资源，健全人才工作机制，加大人力资源开发工作，取得了显著成效。2009年，全省公开选拔5000名高校毕业生到乡镇卫生院工作。建立了5个省级临床医学中心。层层评审、推荐产生了126名甘肃省领军人才。调整进修培训思路，采取内引外联、对口支援等形式，建立了卫生专业技术人员逐级培训机制。加强护理队伍建设，积极推广临时聘用护理人员人事代理和劳务派遣制度。协调乡镇政府设置卫生管理机构，大力推进疾控机构进医院。2010年，继续选拔4500名医学类大学毕业生、招聘130名执业医师到乡镇卫生院工作，开展省级重点学科和省卫生厅领军人才评选工作，继续落实卫生人员进修培训任务，还将举办6场全省性技能大赛活动。实践证明，开展群众性岗位练兵和技能比武活动，不仅有利于调动卫生人员立足岗位、潜心钻研的意识，促进医疗服务水平的提高，而且还有利于锤炼卫生人员的工作作风，培养积极向上的行业精神风尚。全省卫生系统要把岗位练兵和技能比武活动作为卫生人才工作的一项重要内容，积极会同工会、妇联、共青团等部门，精心组织，深入持久地开展下去。

中医药是中华民族的宝贵财富，为中华民族的繁衍昌盛做出了巨大贡献。近年来，甘肃省在发展中医药事业方面做了不懈的探索和努力，中医药工作政策不断完善，中医医疗体系进一步建立健全，中医人才培养和服务水平显著提高。“西学中”活动在全省得到普及，每年培养中西医结合医生700多人。综合医院的中医药工作显著加强，中医院和综合医院中医科的床位补助标准提高到西医床位补助标准的1.5倍，省级医院每床位补助达到2.1万元。建立了西医科室邀请中医师查房、会诊制度。落实城镇基本医疗保险和新型农村合作医疗中中医药住院起付线降低30%，报销比例提高20%的优惠政策。提高了部分中医治疗价格和中医挂号费用。加强中医特色(纯中医)乡镇卫生院和社区卫生服务中心建设,在乡镇卫生院等级评审标准中要求就诊人数、总收入和药品收入的1/3必须是中医药治疗。省卫生厅和省食品药品监督管理局联合开展了以县为单位的中药材资源调查,组织中医药专家根据当地的疾病谱排序和中药材资源编制十个左右能治疗当地常见病的处方。乡村医疗机构利用这些处方和中医适宜技术治疗常见病,新农合给予全额报销。同时出台鼓励、支持村医使用中医药的政策。省卫生厅、省食药局出台了部分院内制剂省内使用的办法。在疾控机构设立了中医科,卫生监督所设立了中医监督科。在深化医改工作中,我们提出了走发展中西医结合的路子,充分发挥中医简、便、验、廉的特点和优势。进一步加强中西医结合人才建设,出台鼓励政策,开展省、市、县、乡、村五级"师带徒"活动,选择1000位名中医作为师傅,选择3000名左右的中西医执业医师作为徒弟,结队培养3年,彻底解决甘肃省中西医结合后继乏人的问题。加强综合医院中西医结合工作,综合医院成立中医管理科和中医科,每个西医科室配备一名以上中医针灸医生,考核西医科室的中药消耗量和中医治疗人次,与科室奖金挂钩。加强基层的中西医结合工作。加强中医药进基层工作,乡村医疗机构和社区中心利用地产中药材和中医适宜技术治疗常见病,新农合给予全额报销。加强公共卫生领域中西医结合工作。各级疾病预防控制中心和妇幼保健机构成立中医科,各级卫生监督所成立中医监督科,把中医技术引入医疗卫生行业的各个领域。探索中医治疗艾滋病、乙肝、耐药性结核、糖尿病、高血压等疾病的方法。把中医与现代化仪器的使用有机结合起来,创造一个新的医学模式。我相信,全省卫生行业中药炮制大赛的举办,必将进一步规范中药炮制的基本知识和技能,调动中医药工作者钻研业务、苦练内功的积极性,提高中医药诊疗技术和服务质量,促进全省中医事业的健康、快速发展。

最后,希望各位评判专家坚持原则,严格评判,确保比赛的公平、公正和公开。希望各位参赛选手遵守竞赛规则和赛场纪律,服从评判,尊重对手,团结协作,顽强拼搏,取得优异成绩。

预祝大赛取得圆满成功!

甘肃省总工会关于授予2010年全省职工职业技能大赛省级决赛各工种第一名及获得第三届全省职工优秀技术创新成果一等奖的单位和个人甘肃省五一劳动奖状、五一劳动奖章的决定

甘总工发〔2010〕81号

2010年,全省各企事业单位和广大职工围绕提高职工队伍素质、促进企业技术进步、增强企业创新能力,积极开展职工经济技术创新和职工职业技能比赛活动,涌现出一批先进集体和先进个人。为表彰先进,激励广大职工学业务、赛技能、思创新和谋发展的积极性,营造"劳动光荣、知识崇高、人才宝贵、创造伟大"的时代新风,推动全省百万职工职业技能素质提升活动深入持久发展,省总工会决

定：授予2010年全省职工职业技能大赛省级决赛各工种第一名的屈浩宇等10名同志甘肃省五一劳动奖章；授予第三届全省职工优秀技术创新成果一等奖获得单位甘肃省地质环境监测院甘肃省五一劳动奖状；授予第三届全省职工优秀技术创新成果一等奖获得者冯彦伟等9名同志甘肃省五一劳动奖章。

希望受到表彰的先进集体和先进个人珍惜荣誉，发扬成绩，再接再厉，不断创造新业绩，继续做出新贡献。全省广大职工要以他们为榜样，继承和发扬工人阶级的光荣传统，立足本职，学赶先进，勤奋学习，刻苦钻研，争创一流，不断提高自主创新能力，为推动全省科技进步、促进经济又好又快发展贡献智慧和力量。

此件发各市州总工会、省级产业（系统）工会、省总直属基层工会。

二〇一〇年十一月十八日

附件：

甘肃省五一劳动奖状、奖章获得单位和个人名单

甘肃省五一劳动奖状、奖章获得单位和个人名单

一、甘肃省五一劳动奖状获得单位

甘肃省地质环境监测院（第三届全省职工优秀技术创新成果一等奖）

二、甘肃省五一劳动奖章获得个人

屈浩宇　白银供电公司景泰送电工区高级工（2010年全省职工技能大赛“输电线路工”省级比赛第一名）

沈　涛　甘肃省中医院中药师（2010年全省职工技能大赛“中药炮制”省级比赛第一名）

张智良　甘肃徽县金徽酒业有限公司高级品酒师（2010年全省职工技能大赛“白酒勾调”省级比赛第一名）

王永武　甘肃省地矿局水文地质工程地质勘察院中级工（2010年全省职工技能大赛“地质勘探工”省级比赛第一名）

杨立华　川庆钻探长庆钻井总公司50673钻井队高级工（2010年全省职工技能大赛“钻井·柴油机工”省级比赛第一名）

刘　烁（女）　甘肃省环境监测中心站助理工程师（2010年全省职工技能大赛“环境监测”省级比赛第一名）

魏小霞（女）　兰州市第二人民医院护师（2010年全省职工技能大赛“卫生护理”省级比赛第一名）

王小荣　兰州交通大学机械工程实践中心技师（2010年全省职工技能大赛“数控铣工”省级比赛

第一名）

余正存　白银有色集团公司技师(2010 年全省职工技能大赛“数控车工”省级比赛第一名）

高永祥　甘肃有色金属高级技工学校校办工厂技师(2010 年全省职工技能大赛“数控加工中心”省级比赛第一名）

冯彦伟　兰州兰石集团国民油井石油工程有限公司产品研发部副经理、工程师(第三届全省职工优秀技术创新成果一等奖）

党养增　白银供电公司副总工程师、生产技术部主任（第三届全省职工优秀技术创新成果一等奖）

满开泉　兰州铁路局兰州电务段副段长、高级工程师（第三届全省职工优秀技术创新成果一等奖）

徐长英　西和县六巷铅锌矿助理工程师(第三届全省职工优秀技术创新成果一等奖）

范正林　中石油玉门油田分公司青西油田作业区经理助理、生产运行部部长(第三届全省职工优秀技术创新成果一等奖）

仝天永　天水锻压机床有限公司技术中心主任、设计师、教授级高级工程师(第三届全省职工优秀技术创新成果一等奖）

梁文生　长风信息集团平板天线工作组组长、高级工程师(第三届全省职工优秀技术创新成果一等奖）

郝永信　靖远煤业集团有限责任公司红会第一煤矿矿长、高级工程师(第三届全省职工优秀技术创新成果一等奖）

李光明　甘肃省交通规划勘察设计院有限责任公司工程师（第三届全省职工优秀技术创新成果一等奖）

省卫生厅关于表彰 2010 年全省职工技能大赛中药炮制省级决赛获奖单位和个人的决定

甘卫人发〔2010〕281 号

各市州卫生局，省卫生厅直属各单位，兰州大学第一、二医院，甘肃中医学院附属医院，各有关单位：

为广泛深入开展全省卫生系统技能比武和岗位练兵活动，进一步规范中药炮制技术操作，提高中药炮制理论和技能水平，激发广大医务人员刻苦钻研业务的热情，促进全省医疗卫生事业的发展，由省总工会、省人社厅、省工信委和省国资委主办，省卫生厅于 2010 年 6 月 25 日至 27 日在兰州承办了 2010 年全省职工技能大赛中药炮制省级决赛。各地、各单位高度重视，精心组织，参赛选手团结协作、顽强拼搏，大赛取得圆满成功。省卫生厅决定对取得优异成绩的单位和个人予以表彰，授予甘肃省中医院代表队“团体一等奖”；授予甘肃省中医药研究院、嘉峪关市卫生局、甘肃中医学院等3支代表队“团体二等奖”；授予甘肃省中医学校、定西市卫生局、兰大一院、甘肃省第二人民医院、甘肃中医学院附属医院等5支代表队“团体三等奖”；授予天水市卫生局、甘肃省人民医院、酒泉市中医院、兰州佛慈制药有限公司、平凉市卫生局、甘肃省肿瘤医院、临夏州中医院等7支代表队“团体优胜奖”；授予甘肃省中医院、定西市卫生局、甘肃省人民医院、天水岐黄药业有限公司、兰州安泰堂中药饮片有限公司等5支代表队“优秀组织奖”。沈涛、杨小源、张宏武等3名同志获得“个人一等奖”；葛新春、张兆芳、唐缠缠、李芸、张晓明、丁海军、张春林等7名同志获得“个人二等奖”；黄清杰、毛和平、严锦绣、肖吉元、刘元、吴平安、高颖、朱春晖、罗玉萍、刘涛、常承芳等11名同志获得“个人三等奖”；包金莲、蔡长明、王蓉、吉娜、王友增、戴晓雁、曹娟、陈煜娟、崔永青、张跃民、高传鹏、李小鹏、吕永红、田学光、吴志成、李瑞林、张开海、苏继朝、刘岩峥、罗黎明、赵宇舒等21名同志获得“个人优秀奖”。

希望获奖单位和个人珍惜荣誉，再接再厉，进一步发扬救死扶伤的人道主义精神，积极钻研业务理论，提高业务技能，为保障人民群众的身体健康做出新的更大的贡献。

二〇一〇年六月二十七日

附件：

2010年全省职工技能大赛中药炮制省级决赛获奖单位和个人名单

2010年全省职工技能大赛中药炮制省级决赛获奖单位和个人名单

团体一等奖（1个）：甘肃省中医院

团体二等奖（3个）：甘肃省中医药研究院
嘉峪关市卫生局
甘肃中医学院

团体三等奖（5个）：甘肃省中医学校
定西市卫生局
兰大一院
甘肃省第二人民医院
甘肃中医学院附属医院

团体优胜奖（7个）：天水市卫生局
甘肃省人民医院
酒泉市中医院
兰州佛慈制药有限公司

平凉市卫生局
甘肃省肿瘤医院
临夏州中医院

个人一等奖(3名):沈　涛　甘肃省中医院
杨小源　甘肃省中医药研究院
张宏武　甘肃省中医院

个人二等奖(7名):葛新春　甘肃省中医药研究院
张兆芳　甘肃中医学院附属医院
唐缠缠　庄浪县中医院
李　芸　甘肃中医学院
张晓明　甘肃省中医院
丁海军　甘肃省中医学校
张春林　兰大一院

个人三等奖(11名):黄清杰　甘肃省中医药研究院
毛和平　酒钢医院
严锦绣　武威市医药有限公司
肖吉元　兰大二院
刘元定　定西市中医院
吴平安　甘肃中医学院
高　颖　嘉峪关市卫生局
朱春晖　甘肃省人民医院
罗玉萍　兰州佛慈制药有限公司
刘　涛　兰泰医院
常承芳　临夏州医院

个人优秀奖(21名):包金莲　兰泰医院
蔡长明　甘肃省人民医院
王　蓉　甘肃省第二人民医院
吉　娜　甘肃省中医学校
王友增　天水太盛祥有限公司
戴晓雁　甘肃省肿瘤医院
曹　娟　兰州佛慈制药有限公司
陈煜娟　甘肃省第二人民医院
崔永青　嘉峪关市卫生局
张跃民　定西市卫生局
高传鹏　定西市中医院
李小鹏　天水岐黄药业有限公司
吕永红　白银市中西医结合医院
田学光　酒泉市中医院

吴志成　甘肃中医学院附属医院
李瑞林　天水市中西医结合医院
张开海　甘肃陇脉药材有限公司
苏继朝　平凉市中医院
刘岩峥　甘肃省肿瘤医院
罗黎明　酒泉市中医院
赵宇舒　白银市中西医结合医院

医疗安全百日活动

关于开展医院医疗安全百日活动的通知

中医医发〔2010〕36号

省中医药研究院，医院各部门：

为进一步提高医院医疗服务质量，保障医疗安全，积极防范各种医疗纠纷和事故，根据省卫生厅有关文件精神，医院决定在全院范围内开展医疗安全百日活动，现将活动有关事宜通知如下。

一、指导思想

本次活动将以科学发展观为指导，旨在加强加深全院职工医疗安全意识，强调一个目标、两个提高、三个重点、四个减少、五个满意。一个目标就是："安全、质量、持续、改进"；两个提高就是："提高医疗质量，提高全员素质"；三个重点就是："手术安全、合理用药、控制院感"；四个减少就是："减少并发症、减少不良事件、减少医疗风险、减少医疗投诉"；五个满意就是："社会满意、患者满意、政府满意、医疗机构满意、医院职工满意"。

通过本次活动将促进医院各部门、各科室深入查找安全隐患，提高医疗安全意识，加强医疗安全管理，努力实现国家要求的为人民群众提供安全、有效、方便、价廉的医疗卫生服务的总体目标。

二、组织与领导

医院成立医疗安全百日活动领导小组，组成如下：

组　长：李盛华

副组长：妥建福

成　员：孙援朝　冯守文　马忠祥　舒　劲　李兴勇　赵继荣　卫晓雯

领导小组下设办公室，负责本次活动的具体实施，组成如下：

主　任：赵继荣

副主任：杨宏武　邓　强　马真琴　马郑萍

成　员:左　进　樊成虎　米仲祥　赵道洲　冯康虎　何志军　原　睿　靳　锋　廖志峰
徐义先　杨维建　赵永强　张崇岳　李卫平　关永林　王承祥　王兰英　谭　萍
邴雅珺　刘永民　陈国廉　李妍怡　张洪涛　张定华　王兰娣　王海东　王玉珠
盛　丽　周　晟　程　烜　黄小玲　陈进凡　刘效栓　张参军　王　辉　张剑峰
谢朝晖　金钰钧　徐彩凤　李树君　张丽平

办公室日常工作由医务部负责。

三、活动目标

(一)落实院领导提出的一个目标、两个提高、三个重点、四个减少、五个满意。

(二)开展全员医疗安全教育,提高医疗安全意识。

(三)落实医疗安全监督、分析、评价和改进工作。

(四)完善医疗纠纷防范和处置机制,完善重大医疗安全事件、医疗事故防范预案和处理程序,及时妥善处理医疗纠纷。

(五)落实非医疗因素引起意外伤害事件的防范措施。

(六)完善医疗质量和安全管理考核体系。修订综合质量考核管理办法,突出医疗安全在绩效考核中的地位,加强对医疗质量和医疗安全的监管和考核。

(七)贯彻落实领导班子定期研究医疗质量与医疗安全的工作制度,定期开展医疗质量安全分析、评价,查找医疗安全隐患,针对问题制订并落实整改措施。

(八)护理管理

1.进一步健全和完善护理工作制度、岗位职责、护理常规、操作规程等,并保证实施。实行目标管理责任制,职责明确。

2.进一步健全和完善护理质量考核标准、考核办法、持续改进方案,对护理质量标准执行情况进行效果评价。

3.提高护理人员对患者识别的准确性,严格执行查对制度。

4.加强巡视,做好基础护理工作,分级护理措施到位。

5.防范与减少患者跌倒与压疮事件的发生。

6.危重症患者护理管理,严格口头医嘱执行制度,除紧急抢救急危重症患者外不得执行口头医嘱。对危重患者有护理常规,措施具体,记录规范完整。

7.完善护理不良事件报告和管理制度,鼓励主动报告护理不良事件。

四、实施步骤

(一)宣传动员学习阶段(时间自3月1日至3月31日)

召开动员大会,并通过院周会、科晨会、宣传专栏等形式向全院职工进行广泛动员,做到人人知晓医疗安全百日活动的目的、意义和要求,增强紧迫感和责任感。

各科室组织医务人员进行以医疗安全百日活动为主题的学习活动,学习内容以《中华人民共和国执业医师法》《护士管理条例》《医疗事故处理条例》《医疗机构病历管理规定》《处方管理办法》《抗菌药物临床应用指导原则》和《卫生部办公厅关于抗菌药物临床应用管理有关问题的通知》及2010年即将开始执行的新的《中华人民共和国侵权责任法》中有关医疗问题的相关条例为重点,同时继续深入学习《甘肃省中医院医师不良执业行为积分管理暂行办法(试行)》《甘肃省中医院医疗纠纷(事故)防范处理管理办法》等医院工作制度、医疗核心制度和医疗操作规范。

医务部将组织举行医疗安全教育专题讲座、临床用药点评会、手术分级管理办法讲座等活动。本阶段最后一周，各科室开展自查自纠，找出问题，找出隐患，同时将学习情况和自查情况以书面形式上报医务部。

（二）自查整改阶段（时间自4月1日至4月30日）

结合医院管理评审中发现的问题，逐项进行梳理，进行自查，对存在的问题要制订整改措施，及时进行整改，并形成自查整改报告，于4月20日以前交医疗部。医务部将配合各科室根据结果有针对性地进行整改，消除安全隐患。在此基础上，根据院领导的讲话"狠抓业务学习和医疗安全，两手都要抓，两手都要硬"的要求举行全院中医技能大赛。

同时要求各科室根据业务特点选择10个经典名方，涵盖本科室常见病、多发病，报医务部备案并在临床推广应用。

（三）督查落实和总结阶段（时间自5月4日至5月20日）

医院组织督查组对各科室整改情况进行检查、督导和评价，对医疗质量和医疗安全管理中存在的薄弱环节与问题，进行重点督查，确保整改取得实效。督查组将督查情况对所查科室进行反馈并在全院进行通报。各科室结合医院督查组和行政主管部门检查情况，再次有针对性地对本科室存在的安全问题和隐患彻底整改，促进医疗质量和医疗安全的持续改进。

同时医务部将根据前两个阶段发现的问题，有针对性地对医院之前出台的各项有关医疗安全的制度、规定、文件进行必要的修订，集中下发。同时将医院核心制度印制成册，做到全院人手一本，进行学习。

2010年5月21日至2010年6月10日进行总结表彰。对在医疗安全百日活动中涌现出来的先进集体和个人进行表彰和奖励。

五、活动要求

（一）提高认识，高度重视。要牢固树立医疗安全是医疗的生命线的思想，坚持质量第一、安全第一、生命至上、以人为本的理念，科学诊治，规范操作，优化流程，细化服务，全心全意为患者服务。

（二）完善制度，强化管理。各科室要以医疗安全百日活动为契机，完善各项制度，细化工作措施，认真查找隐患，把提高医疗质量，保障医疗安全，改善医院服务的各项工作落到实处。

（三）落实整改，持续改进。各科室要将威胁医疗安全的危险因素逐一进行排查，对自查、督查中发现的问题要立即整改，不断提高医疗质量，保障医疗安全。

（四）加强监督，落实责任。各级负责人要加强对本部门、本科室活动开展情况进行监管，对自查、督查中发现的问题要督促整改。对活动期间严重违反有关规定，忽视医疗安全隐患，造成医疗事故发生的人员，医院将从严处理。

本次活动内容涉及面广，几乎涵盖了医院医疗活动的各个方面。通过本次活动，全院各部门一定要牢固树立医疗安全意识，努力提高医疗质量，切实把百日安全活动的各项措施落到实处，不断提高医院的综合服务能力和水平，全心全意为患者服务。

二〇一〇年三月三日

在医院医疗安全百日活动动员大会上的讲话

省中医院院长　李盛华

（2010 年 3 月 4 日）

尊敬的王厅长、王局长、白处长，同志们：

今天，医院组织召开“医疗安全百日”活动的动员大会，省卫生厅王晓明副厅长、省中医药管理局王春道副局长、省卫生厅医管处白飞副处长在百忙之中出席动员大会，充分体现出省卫生厅对此项活动的高度重视。医院开展持续改进医疗质量，确保医疗服务安全为主题的“医疗安全百日”活动，是加强医院管理、提升医院综合服务水平的重要举措，也是医院贯彻落实科学发展观的主要体现。前面继荣院长已经对活动做了具体安排和部署，希望同志们抓好落实工作，下面我就医疗安全讲几点意见。

一、认清形势，充分认识开展“医疗安全百日”活动的重要意义

当前，医院正处于快速发展阶段，机遇和挑战并存。开展以“持续改进医疗质量，确保医疗服务安全”为主题的“医疗安全百日”活动，是贯彻落实科学发展观，坚持以人为本、以病人为中心，为群众提供安全、有效、方便、价廉的医疗卫生服务的必然要求，对于强化医院内涵建设和内部管理，提高医疗服务质量，保障人民群众健康和生命安全，促进中医事业健康发展具有重要意义。医疗安全是医疗质量管理的核心内容，是一所医院综合管理水平的重要标志。近年来，通过医院上上下下的艰苦努力，医疗质量建设取得了长足的发展。但是，我们也应该清醒地认识到，个别部门、科室医疗质量有所下降，存在较大的医疗安全隐患。去年我院连续发生几起重大医患纠纷，给医院造成巨大经济损失，社会影响恶劣，管理部门工作者身心疲惫，直接责任人追悔莫及。我们应当从中汲取教训，反思自身存在的问题，进一步强化安全意识，增强责任意识，加强质量管理，确保医疗安全。

二、树立服务意识，提高医疗质量

要转变以疾病为中心的传统观念，树立以病人为中心的现代服务理念。要注意维护医患双方的权利，在医疗行为的每一个过程中，充分体现一切为病人服务的宗旨。一要做到及时服务，提高服务工作效率。二要注意服务态度，尊重病人。三要尊重患者的知情权，履行告知手续，要与患者多交流、多沟通，建立良好的医患关系，使患者有信任感和安全感。良好的医疗服务是医务工作者所必备的素质，而优质的医疗质量是解决病患的根本所在。医学是一门科学，随着人类疾病谱的变化，也是一门不断发展和进步的科学，医疗服务质量的好坏，对于患者而言，是生死攸关的大事，医疗质量高，或许可以将患者从死亡边缘救回来，医疗质量低，也会使患者和家属遗恨终生。可以说，医疗质量是医疗服务永恒的主题，也是医疗服务的根本。作为一所中医医院，和大型西医医院比设备、赛人才，我们处于劣势，但是在稳步提高医疗质量的同时，我们可以持续改进服务质量，要两手抓，两手都要硬，要作为一项长期工程抓实、抓好。

三、增强责任意识，防范医患纠纷，确保医疗安全

"健康所系，性命相托"，面对人民群众的关注和政府的期望，我们如何来理解"责任"二字，落实"责任"二字，追究"责任"二字，是在座各位医务人员和管理者应认真思考的话题。医疗安全的问题，归根到底是管理的问题。救治患者也是管理的问题，我们每一位管理者都必须从维护医院自身发展、保障人民健康的角度出发，深入领会"责任"的重要内涵，确立"人民健康高于一切，医疗安全重于泰山"观念，以高度的责任感和使命感抓好医疗安全工作。国家实行一把手负责制和责任追究制，科室负责人是医疗安全的第一责任人，我们要层层落实责任制，认真督查，严格考核，奖罚分明。

医疗安全事关群众的生命健康和切身利益，如何强调都不为过，在这方面，我们有痛苦的教训。要把医疗安全列入重要议事日程，警钟长鸣，牢固树立安全意识和忧患意识，行医时要有"如临深渊、如履薄冰"的警觉，完善并贯彻落实各项医疗卫生规章制度，减少医疗安全事件的发生，保护患者安全；各部门、科室要严格按照医疗安全管理的相关法律法规的要求，采取有效措施，确保医疗安全。着重抓好重点方面和重点环节。一是重点之事，即急危重症和疑难病员的诊断和诊疗。要严格执行医疗过程中的十三项核心制度，对急危重症或涉及多科的病例，要严格实行首科首诊负责制，疑难疾病要及时组织会诊，明确诊断，实施有效治疗，增强护理力量。二是关键之时，在节假日、夜间、交接班之际要配足力量，以应付突发事件，要严格交接班制度，以免出现脱空断档。三是多事之地，对容易发生问题的急诊、骨科、外科、儿科、心血管诊疗中心、重症监护室、手术室等要加强领导，重点管理。四是关键之人，对急诊人员、外科人员、骨科人员以及业务技术较差人员要重点教育，重点防范。五是重要之物，要定期对药品、器械、急救物品进行全面检查，使药品、器械、急救物品保持良好的应急状态，要加强药品质量管理和临床使用管理，确保临床合理用药、规范用药和安全用药。

四、加强领导，落实责任，确保"医疗安全百日"活动取得实效

医院各级职能管理部门要有强有力的领导措施，明确职责，落实责任，确保医疗安全工作的各项措施落到实处，起到实效。护士长以上干部继续每月观看警示教育片；医务部组织执行医疗事故月分析会；认真执行院长和科主任查房制度，执行医务人员不良执业积分记录，实行药品使用、抗生素使用、青霉素使用、自费药品使用等4个排名制度；实行每月合理用药(器械)的点评制度。要着力落实防范医疗纠纷的工作措施。各部门要认真、全面地开展自查自纠，医务部在此基础上开展督导检查，特别是对重点部门、关键环节要进行重点检查，做到发现问题，及时整改。

同志们，人民健康高于一切，医疗安全重于泰山。只要医疗安全隐患不消除，医疗质量不提高，服务态度不改善，这些问题不解决，我们会永远"坐在火山口上"，寝食不安。做好这些工作，既不是一朝一夕可以完成，也不是"难于上青天"。只要大家统一思想，明确目标，下定决心，正视不足，强化管理，真抓实干，我相信，有省委、省政府和省卫生厅的正确领导，有全院干部职工的共同努力，有社会各界的支持配合，我们的"医疗安全百日"活动一定能够取得圆满的成功。

谢谢大家！

关于对医疗安全百日活动先进集体和个人进行奖励的通知

中医医发〔2010〕139 号

省中医药研究院，医院各部门：

根据《关于开展医院医疗安全百日活动的通知》（中医医发〔2010〕36 号）文件要求，经 2010 年 11 月 18 日院长办公会议研究决定，对活动期间涌现出的在医疗安全和医疗管理方面表现突出的先进集体和个人予以奖励。名单如下：

一、先进集体（7 个）

肛肠（痔瘘）科

风湿病科

儿科

急诊科

脑病（神经内）科

心内科

小儿骨科

以上科室各奖励人民币 500 元。

二、先进个人（14 人）

王承祥　左　进　唐晓勇　刘永民　刘效栓　杨瑞龙　杜自忠　张天太　李　岩　王维斌

连　琄　袁冰华　王亚宁　田雪梅

以上同志各奖励 200 元。

二〇一〇年十一月二十九日

学科建设与人才培养

重点学(专)科建设与人才培养

医院有国家中医药管理局“十一五”重点专科1个(中医骨科),建设单位2个(脑病科、消化科),甘肃省卫生厅临床医学重点学科5个(中医药剂科、中医骨科、中医脑病科、中医老年病科、中医消化科),甘肃省中医药管理局中医药重点专科4个(中医心脑科、中医消化科、中医药剂科、中医老年病科)。为有力推进专科建设,医院制订了专科建设发展规划,明确了专科专病建设的要求和建设目标,以及各专科的发展思路和方向。于2009年开通了视频网络平台,加强与国家中医药管理局的配合及与协作单位的交流,积极支持重点专科参加国家中医药管理局中医临床路径的制定和协作组工作。

骨伤科,2003年被评为国家中医药管理局“十一五”重点专科,2010年9月,被确定为甘肃省骨伤科临床医学中心和甘肃省中医骨科临床研究基地, 是省卫生厅确定的全省首批五个临床医学中心之一和三个临床研究基地之一。科室现有12个二级分科,床位设置365张。3年间共开展新技术新业务23项:重度膝关节屈曲挛缩(或内翻并骨缺损)畸形的全膝关节置换术;颈椎后路双开门椎管扩大成形术;人工桡骨小头置换术;椎间盘切除Cage融合术治疗颈椎病、腰椎管狭窄症等;自制C型椎体复位器治疗胸腰椎骨折;C–D技术治疗青少年脊柱侧弯; Ⅰ期后路钉棒加前路钢板术治疗下颈椎骨折脱位;小腿内侧皮瓣联合小腿外侧皮瓣修复胫前软组织缺损;Ilizorov支架行股骨延长(8厘米)治疗;取喙肩韧带重建喙锁韧带并锁骨钩钢板固定治疗;陈旧性Ⅳ度肩锁关节脱位;360°截骨单一入路治疗脊柱($T_{9,10,11,12}$)结核,伴后凸、侧弯畸形、巨大脓肿;闭合复位外固定架固定术治疗耻骨上下耻骨折分离移位;脊柱侧凸位胸前路矫形术;Ilizorov技术治疗骨折术后骨不连;外伤后骺板骨桥形成切除术;全脊柱椎弓根螺钉技术治疗青少年重度特发性脊柱侧弯;经椎弓根“蛋壳技术”行骨肿瘤切除、灭活治疗腰椎体骨囊肿;臂丛神经损伤神经转位修复术;髋关节结核关节融合术后人工全髋关节置换术;人工全髋关节置换术后假体周围骨折使用wagnerSL人工全髋关节翻修术。确定和优化了腰痛病、项痹病、胫腓骨骨折病、膝痹病4个优势病种的诊疗方案。共发表论文99篇,承担国家级科研课题3项和省部级科研课题15项,科研获奖12项。

脑病科,2008年被评为国家中医药管理局“十一五”重点专科建设单位,设有床位64张。3年间开展新技术新业务6项:建立“卒中单元”;肌电图诱发电位仪测定脑干诱发电位(BAEP)、视觉诱发电位(VEP)、体感诱发电位(SEP);左侧锁骨下动脉闭塞支架置入血管成形术;前交通动脉瘤弹簧圈栓塞术;右侧颈内动脉重度狭窄支架置入血管成形术;上矢状窦血栓形成静脉窦溶栓术。3年来科室不断优化中风病、痴呆病和眩晕病的诊疗方案,以“佛手”系列方剂为研究方向,以中风膏和补脑膏治疗重点疾病的临床和实验研究为重点,完成科研项目6项,其中1项获2008年度甘肃省科学技术进步奖三等奖;在研课题5项,3年发表论文42篇,承担甘肃中医学院、兰州大学和甘肃中医学校等单位的中专、大专、本科、研究生等不同层次临床教学工作，成为我省中医及中西医结合脑病学的重要的人才培养基地，毕业硕士研究生 11 名，培养在读硕士研究生 10 名。引进博士 1 人、硕士 2 人，在职攻读硕士和博士学位的 2 人。2008 年 12 月，李妍怡任医院首席主任医师，并被评为院内名中医。2009 年 6 月，高压氧治疗中心挂靠科室管理，2010 年 8 月，科室更名为脑病(神经内)科。

消化科，2008 年被评为国家中医药管理局"十一五"重点专科建设单位。3 年共开展新技术新业务 3 项：十二指肠狭窄扩张并支架植入术；应用成人内窥镜对小儿患者的治疗和应用；电子胃镜下高龄食管癌患者扩张并食管支架植入术，与外科联合开展首例腹腔内镜探查术，开展 APC 镜下治疗技术，提升了内窥镜的诊断层次。3 年间，科室床位由 35 张增至 40 张，门诊、住院部工作量逐步上升，完成并优化了胃痞、胃脘痛、鼓胀 3 个优势病种的中医诊疗方案。在省级以上期刊发表论文 8 篇，全国会议交流 6 篇，省级会议交流 2 篇。完成省科技厅课题 1 项，在研省科技厅项目 2 项。积极举办和参加国家级继续教育项目及会议。2010 年 8 月，科室更名为脾胃病(消化)科。

药剂科，作为甘肃省卫生厅临床医学重点学科和甘肃省中医药管理局中医药重点专科，3 年内研发了复方萱草颗粒、姜石肠炎康颗粒、痛风平颗粒、清热解毒合剂、伤科洁肤液 5 种新制剂。科室严格执行中标文件精神，积极参与药品招标工作，完善采购制度，强化科室班组考核标准，完善了各类制度，加大了对班组的考核力度；医院制剂检验上了一个新台阶，提高了内控标准。有 23 个院内制剂在全省医疗机构推广使用，与 22 家地、县级医院签订了销售协议。在"三鹿奶粉"事件、甲流感染、地震泥石流等突发公共卫生事件中，积极做好药品保障工作，完成了甲流一号的生产任务。3 年内，发表论文 56 篇，科研鉴定 6 项，立项 8 项，获奖 3 项，出版专著 2 部。每年定期派 2 名同志外出进修学习，且至少举办一期省级培训班。

老年病科，设置床位 33 张，引进动态血糖监测结合原有胰岛素泵形成"双 c"系统，科学标准治疗老年糖尿病，疗效显著。针对老年高血压病及冠心病，先后引进心电图机，24 小时动态心电图、动态血压监测，提高了临床诊断水平，且能够动态监测临床用药效果。针对危重抢救病人，科室引进中心遥测监护仪，提高了临床危重患者抢救成功率。开展中药浸渍足浴治疗老年慢性病新业务；同时开发了专病专证专方，疗效显著。中医老年病学专业通过国家药物临床试验基地认证。发表论文 7 篇，出版专著 1 部。科研立项 1 项，结题 3 项，其中 1 项获甘肃省皇甫谧二等奖。成功举办 2 期省级中医药继续教育项目。

医院在加强重点学科、专科建设的同时，积极培养卫生专业技术人才，制订人才培养计划，认真实施"223""334"人才培养工程，推进了医院中医药人才的快速发展和积累。

2008 年，为改善和优化医院人才队伍结构，结合医院人才培养计划，先后制定、修订下发了《甘肃省中医院名中医评选管理办法》等相关文件。按照评选程序，授予李盛华、李妍怡、靳锋、贾正中、王承祥、左进、张定华、孙其斌 8 名同志"甘肃省中医院名中医"荣誉称号。经医院学术委员会考核、测评，续聘王自立、刘国安、廖志峰 3 名同志为首席主任医师，聘任李盛华、李妍怡 2 名同志为首席主任医师。引进了博士研究生 3 名、硕士研究生 24 名，学科带头人 2 名。严格按照"223"人才考核程序，对 62 名"223"人才进行了考核，其中第一层次 12 人，第二层次 20 人，第三层次 30 人。根据甘卫人发〔2007〕111 号文件精神，省中医药研究院由医院托管后，对内实行统一管理，潘文、王海东 2 名同志为省"555"创新人才工程第二层次人选，姜华同志为省医疗卫生中青年学术技术带头人，均直接进入第一层次；王玉珠同志于 2007 年 10 月被确定为省医疗卫生中青年学术技术带头人，由第二层次直接进入第一层次；新增张洪涛同志为第二层次人选。

2009 年，医院加强了“223”人才考核和师承教育管理，制定了《老中医药专家学术经验继承工作管理办法》，对 6 名指导老师和 15 名继承人进行了平时考核和阶段考核，对 65 名“223”人才进行了年度考核。同年度，李盛华、王承祥 2 名同志入选甘肃省领军人才第一层次，舒劲、潘文、赵继荣 3 名同志入选第二层次；王自立工作室被中华中医药学会授予“全国首届先进名医工作室”荣誉称号，王自立主任被聘为中国中医科学院临床医学（中医师承）专业博士生导师；根据《关于推荐第七批甘肃省优秀专家工作的通知》文件精神，推荐王承祥同志参加第七批甘肃省优秀专家评选。

2010 年 1 月，结合医院人才培养工作实际，停止执行《甘肃省中医院“223”人才培养实施办法》，新出台了《甘肃省中医院、甘肃省中医药研究院“334”人才培养实施办法》（中医人发〔2010〕17 号）。经个人申报、专家评审、院长办公会议研究，确定李盛华等 62 名同志为甘肃省中医院、甘肃省中医药研究院“334”人才第一、二、三层次人选。第一层次 22 人：李盛华、舒劲、李兴勇、赵继荣、潘文、李妍怡、闵云山、王承祥、陈成、姜华、盛丽、赵道洲、徐义先、王兰英、王海东、王玉珠、张定华、刘效栓、程烜、李喜香、周晟、胡敏棣。第二层次 18 人：谢兴文、靳锋、樊成虎、党建中、杨维建、张洪涛、刘永民、郦雅珺、张德宏、王颖、董林、田旭东、柳海平、鄢卫平、赵永强、东红、曹红霞、邓强。第三层次 22 名：李卫平、王兰娣、马郑萍、张崇岳、崔文建、王想福、李玉吉、慕明燕、王春爱、王闻奇、薛建军、谢朝晖、李红专、赵军、张晓岚、柳直、陈志龙、史文宇、张文贤、杨涛、张磊、高雪华。完成首次岗位设置和院内 65 名“223”人才的考核复评。申报 2010 年卫生部有突出贡献中青年专家 4 人、享受政府特殊津贴候选人员 1 人，中华中医药学会科技之星 2 人，甘肃省卫生系统领军人才 43 人。全年两院共引进专业技术人员和接收毕业生 84 名，其中：引进高层次人才 12 名，主任医（药）师 2 名，副主任医师 6 名，其他 4 名；接收各类毕业生 66 人，其中博士研究生 3 名，硕士研究生 53 名，本科生 10 名，研究生学历以上人员占接收人员的 67%，是医院历史上引进人才和接收毕业生整体层次最高、数量最大的一年，为医院的快速发展奠定了人才基础。

为深入推进“卫生人才建设年”活动，加强基层卫生人才队伍建设，根据省委组织部、省卫生厅的安排，3 年内共接收安排“甘霖计划”进修人员 25 名来医院进修学习，圆满完成进修学习任务。截至目前，医院有享受国务院政府特殊津贴的专家 8 名，卫生部有突出贡献中青年专家 2 名，甘肃省名中医 7 名，甘肃省优秀专家 4 名，甘肃省领军人才 5 名，甘肃省卫生厅系统领军人才 24 名，博士研究生导师 2 名，硕士研究生导师 28 名，“西部之光”访问学者 6 名，博士研究生 12 名，硕士研究生 145 名。

国家中医药管理局关于公布“十一五”重点专科(专病)建设项目名单的通知

国中医药发〔2007〕57号

各省、自治区、直辖市卫生厅局,中医药管理局,中国中医科学院,北京中医药大学:

根据《中医药事业发展“十一五”规划》,国家中医药管理局“十一五”重点专科(专病)建设项目(以下简称“重点专科项目”)是我局组织实施的重点项目之一。依据总体工作方案确定的程序,确定了首都医科大学附属北京中医医院皮肤科等615个重点专科建设项目,现予以公布(具体名单见附件),并就有关事宜通知如下:

1.重点专科项目建设周期为2008年1月至2010年12月。

2.请按照《国家中医药管理局“十一五”重点专科(专病)项目建设管理办法》(国中医药发〔2007〕51号)及《国家中医药管理局“十一五”重点专科(专病)项目建设目标与要求》(国中医药发〔2007〕50号),切实加强项目建设工作。

3.名单中北京、天津、辽宁、上海、江苏、浙江、福建、山东、广东等九省(市)的重点专科项目,中央财政今年未予以安排项目建设资金。请上述九省(市)按照《国家中医药管理局“十一五”重点专科(专病)项目建设管理办法》第十二条的有关规定,对名单中政府举办的重点专科项目给予相应经费支持。

二〇〇七年十二月二十九日

附件：

国家中医药管理局“十一五”重点专科(专病)建设项目名单

国家中医药管理局“十一五”重点专科(专病)

甘肃省					
编码	标注	单位名称	项目名称	项目类别	专科/病
28J1X1L116K101	△	甘肃省中医院	骨伤科	中医药	专科
28J1X1L102K102	▲	甘肃省中医院	脑病科	中医药	专科
28J1X1L106K103	▲	甘肃省中医院	脾胃病科	中医药	专科
28J1X1L115K104	▲	甘肃中医学院附属医院	儿科	中医药	专科
28J2X1L117K105	▲	白银市中医医院	针灸科	中医药	专科
28J2X1L119K106	▲	陇南市中医院	眼科	中医药	专科
28J2X1L105K107	▲	庆阳市中医医院	血液病科	中医药	专科
28J2X1L121K108	▲	武威市中医医院	康复科	中医药	专科
28J2X1L102K109	△	天水市中医院	脑病科	中医药	专科
28J2X1L123K110	▲	天水市中医院	糖尿病科	中医药	专科
28J2X1L217K111	▲	天水市中西医结合医院	针灸科	中医药	专科
28J2X1L306K312	△	甘南藏医药研究院附属藏医院	脾胃病科	藏医药	专科

关于命名第三批甘肃省重点中医药专科的通知

甘卫函发〔2008〕293 号

各市、州卫生局，厅直有关单位，甘肃中医学院附属医院：

按照《甘肃省重点中医药专科（专病）建设管理办法与检查标准》，省卫生厅委托各市、州卫生局组织专家对 2005 年确定的第三批甘肃省重点中医药专科（专病）建设单位进行了实地评审验收，经专家组评审验收和各市、州推荐，省卫生厅审查同意，将甘肃省中医院肾病科等 26 个专科（专病）确定并命名为第三批甘肃省重点中医药专科，并以甘肃省中医管理局的名义授牌。

希望被命名为甘肃省重点中医药专科的单位再接再厉，进一步突出中医药特色，提高临床疗效和学术水平，扩展业务范围，提高服务质量，加快中医医院的建设步伐。

二〇〇八年八月二十八日

附件：

第三批甘肃省重点中医药专科名单

第三批甘肃省重点中医药专科名单

1.甘肃省中医院肾病科
2.甘肃中医学院附属医院针灸科
3.天水市中西医结合医院针灸科、老年病科、消化科、神经内科
4.天水市中医医院心血管病科、糖尿病科
5.庆阳市中医医院心脑病科
6.白银市中医医院针灸科
7.武威市中医医院康复科
8.陇南市中医医院消化科、针灸科
9.张掖市中医医院糖尿病科

10.张掖市人民医院中西医结合科

11.甘南州藏医药研究院附属藏医院藏医风湿病科

12.定西市安定区中医医院康复科

13.金昌市中医医院泌尿结石病科

14.酒泉市中医医院糖尿病科

15.会宁县中医医院疼痛科

16.临洮县中医医院针灸科

17.山丹县中医医院呼吸病科

18.岷县中医医院中风病科

19.静宁县中医医院肛肠科

20.成县中医医院结石病科

21.碌曲县藏医医院肝胆病科

关于确定第四批甘肃省重点中医药专科建设单位的通知

甘卫函发〔2008〕292号

各市、州卫生局，厅直各有关单位，甘肃中医学院附属医院，甘肃康复中心医院：

根据《甘肃省重点中医药专科（专病）建设管理办法与检查标准》，省卫生厅委托各市、州卫生局组织专家对各地申报的52个中医药专科进行了现场查看、考核。在专家组和各市、州卫生局推荐的基础上，经省卫生厅研究同意，现将甘肃中医学院附属医院中药炮制制剂科等16个专科（名单见附件）确定为第四批甘肃省重点中医药专科建设单位，建设周期为3年，自2008年9月至2011年8月。

各建设单位要按照《甘肃省重点中医药专科（专病）建设管理办法与检查标准》制订建设规划和年度实施计划，分解目标，明确责任。要把人才培养，尤其是学术梯队建设放在重要位置，认真抓紧抓好。要通过重点中医药专科（专病）建设，突出中医药特色，提高中医药治疗率，扩大服务范围，提高服务质量。各卫生行政部门要加强对此项工作的领导，制定优惠政策，增加投入，做好监督检查工作，确保建设任务如期完成。

建设单位在建设期内每年要将建设进展情况和工作总结报告省中医管理局。省中医管理局对建设项目实施目标管理，组织考核。考核未达到要求的，取消其建设资格。

二〇〇八年八月二十八日

附件：

第四批甘肃省重点中医药专科建设单位名单

第四批甘肃省重点中医药专科建设单位名单

1.甘肃中医学院附属医院中药炮制制剂科
2.甘肃省中医院心血管病防治中心
3.甘肃康复中心医院传统康复科
4.庆阳市中医医院消化科
5.天水市中医医院肝病科
6.天水市中西医结合医院康复科
7.酒泉市中医医院心血管病科
8.平凉市第二人民医院康复科
9.渭源县中医医院脾胃病科
10.宁县中医医院康复科
11.庄浪县中医医院针灸科
12.天祝县藏医医院藏医药浴风湿科
13.徽县中医医院脾胃病科
14.宕昌县中医医院针灸科
15.秦安县中医医院儿科
16.夏河县藏医医院藏医妇科

关于印发《甘肃省中医院名中医评选管理办法(试行)》的通知

中医人发〔2008〕103号

省中医药研究院,医院各部门、科室:

《甘肃省中医院名中医评选管理办法(试行)》已经院长办公会议讨论通过,现印发给你们,请认真组织学习,并遵照执行。

二〇〇八年九月二十六日

甘肃省中医院名中医评选管理办法(试行)

为了继承和发扬祖国传统医学,调动医院广大中医工作者的积极性,参照《甘肃省名中医评选管理办法》(甘卫中发〔2003〕220号),结合医院实际,特制定本办法。

一、甘肃省中医院名中医的评选坚持客观、公正、公平、公开的原则。

二、申报对象和条件

(一)在本院从事中医(含中西医结合、民族医,下同)工作的专业技术人员(含返聘人员)可申请参加评选。

(二)必备条件:

1.热爱祖国,坚持党的四项基本原则,遵纪守法,热爱中医事业,医德高尚,医术精湛,无医疗事故,安心献身于医院发展。

2.具有中医专业正高级技术职务,从事中医专业技术工作20年以上(含20年);或有突出贡献的副高级技术职务人员在中医临床连续工作25年以上(含25年)。

3.具有丰富的临床诊疗经验,在治疗某一领域疾病或治疗疑难危重病症方面成效显著,在院内有代表性;或精通中医药理论,在继承发展中医药学方面有独到见解,成绩显著,在院内外中医药界和群众中享有较高声誉。

(三)选择条件(以下7项条件需同时具备第1~2项中的1项条件,第3~7项中的2项条件):

1.近5年,长年从事门诊工作,门诊诊治病人4000人次/年以上;或参与住院部病房工作,门诊诊治病人1500人次/年以上,指导下级医生查房2次/周以上,并能主持科室疑难病例讨论,参与院内会诊。

2.在专科(专病)方面有独特的中医诊疗技术,疗效显著(有相关科研和论文、论著);或有疗效确切的自主创新的专方专药,近5年,销售量达到院内自制药品前10名。

3.任中级职称以来作为第一作者在省级以上学术刊物发表有新观点的学术论文10篇以上。

4.任副高级职称以来主编有50万字以上的中医药专业书籍;或出版有重要价值中医药专著2部以上。

5.主持或指导完成中医药科学研究项目,并获得省部级三等奖、地厅级二等奖以上科研成果。

6.具备培养和指导研究生或学术继承人的资格,并已培养出2名以上研究生或学术经验继承人。

7.担任全国中医药类专业委员会的委员;或担任省级以上中医药学会常务理事;或担任省二级学会主任委员或副主任委员3年以上;或近5年主持承办3次省级继续教育项目;或近3年主持承办1次国家级继续教育项目。

对具有副高级以上技术职务,年龄60岁以上,近5年门诊诊治病人6000人次/年以上,在院内外中医药界和群众中享有较高声誉者,可不受上述条件的限制。

三、评选程序

凡符合条件者由本人提出申请,经所在科室同意推荐后,将相关材料报人力资源部会同医务部初审。初审合格者由医院学术委员会进行述职评审,评审结果报院长办公会议研究确定最终人选。经公示无异议,确定为甘肃省中医院名中医,颁发"甘肃省中医院名中医"证书。

甘肃省中医院名中医的评选每3~5年评选一次,已确定为甘肃省名中医的人选不再参加评选。

四、管理

(一)积极为名中医创造良好的工作环境,使名中医在各自的岗位上发挥更大的作用。

(二)为做好名中医的学术思想和临床经验继承工作,当选为甘肃省中医院名中医的人员优先推荐师承教育指导老师。

(三)凡被评为甘肃省中医院名中医者方可推荐评选甘肃省名中医。

(四)"甘肃省中医院名中医"退休后,如有工作需要且个人自愿,经组织批准,可酌情延退、优先返聘。

(五)被评为甘肃省中医院名中医者,若有违法违纪行为、医德败坏的,或发生重大医疗纠纷的,经院长办公会议审议同意,可取消其名中医称号。

五、医院名中医评选管理工作由人力资源部会同医务部组织实施。

六、本办法自印发之日起施行。

关于印发《甘肃省中医院、甘肃省中医药研究院“334”人才培养实施办法》的通知

中医人发〔2010〕17号

省中医药研究院，医院各部门：

《甘肃省中医院、甘肃省中医药研究院“334”人才培养实施办法》，经2010年1月13日院长办公会讨论通过，现印发给你们，请认真组织学习，并遵照执行。

二○一○年一月十九日

甘肃省中医院、甘肃省中医药研究院“334”人才培养实施办法

第一章　总　则

第一条　为了实现医院的可持续发展，牢固树立“人才资源是第一资源”的观念，进一步加强两院中青年人才队伍的培养和梯队建设，根据人才培养需要，特制定本办法。

第二条　本办法的实施目标为：5年内培养出100名不同层次的中青年学术技术带头人或骨干。

(一)第一层次30名，为经过上级部门审批，入选甘肃省领军人才第一、二层次人选，甘肃省“333”科技人才，甘肃省“555”创新人才工程第一、二层次人选，甘肃省医疗卫生中青年学术技术带头人，或达到规定条件；

(二)第二层次30名，为院级学术技术带头人，经过培养，力争进入第一层次；

(三)第三层次40名，为院内学术技术骨干，经过培养，力争成为院级学术技术带头人。

第二章　培养人选的选拔

第三条　“334”人才的选拔遵循公开、公平、竞争、择优的原则。

第四条　“334”人才的选拔范围为从事临床医疗、临床药学及医技、护理等专业第一线工作的卫

生技术人员和从事医院管理的人员。

第五条 “334”人才中各层次培养人选的基本条件是:思想政治素质好,热爱本职工作,具备良好的职业道德,有强烈的事业心和责任感,医德高尚,学风正派,具有较强的组织管理能力和创新能力,安心献身于医院发展。同时,按照层次不同,应分别具备以下条件:

(一)第一层次应具备以下条件之一:

1.甘肃省领军人才第一、二层次人选。

2.甘肃省“333”或“555”创新人才工程第一、二层次人选。

3.甘肃省医疗卫生中青年学术技术带头人。

4.近5年内工作业绩达到下列10项中的4项:

(1)作为主要完成人获1项地、厅级二等奖以上科研成果(国家级前5名,省级前3名,厅级第1名)。

(2)作为第一作者,在国际3300种SCI收录期刊上全文发表论文1篇以上。

(3)作为第一作者,在国家级专业期刊上发表论文5篇以上,省级学术刊物正刊上发表专业论文8篇以上。

(4)作为主编,正式出版本专业学术专著1部,或作为副主编以下人员在学术专著中完成12万字以上。

(5)作为课题负责人完成2项省、部级以上科研或医疗技术攻关项目,并通过同级鉴定,达到国内领先、国内先进水平。

(6)作为主持人或负责人,在本单位创建了新学科、新专业;或从国内外成功引进开展了新技术、新诊疗方法8项以上,填补了省内空白;或成功研制了新诊疗试剂、新仪器、新器械,达到省内先进水平,并且创造了良好的社会效益和经济效益。

(7)专业成绩突出,近5年内参加专业技能大赛,并获得省级一等奖。

(8)大学本科毕业工作8年以上、硕士研究生毕业工作5年以上、博士研究生毕业工作2年以上,年龄50岁以下,且具有副高级以上职称。

(9)担任省级本专业学会正、副主任委员或正、副秘书长5年以上,常务理事10年以上;或担任全国本专业学会常务理事5年以上、理事10年以上;或担任卫生部专家委员会的委员;或受聘为国家级本专业学术刊物编委3年以上。

(10)全年门诊量、收住病人量、手术台次全院排名前3名的医生。

(二)第二层次应具备以下条件:

1.大学本科以上学历,副高级以上职称,年龄在45岁以下,担任重点学科或重点专科的科主任或副主任年龄可放宽到50岁。

2.近5年内工作业绩达到下列9项中的3项:

(1)近5年作为第一作者在国家级学术刊物正刊上发表本专业论文3篇;省级学术刊物正刊上发表专业论文5篇以上。

(2)作为主要完成人获厅级二等奖以上科研成果1项(国家级前5名,省级前3名,厅级前1名)。

(3)作为课题负责人完成2项省、部级以上科研或医疗技术攻关项目,并通过同级鉴定,达到国内领先、国内先进水平。

(4)专业成绩突出,近5年内参加专业技能大赛,并获得厅级一等奖。

(5)作为第一作者在国际3300种SCI收录期刊上全文发表论文1篇以上。

(6)作为主编正式出版本专业学术专著1部,或作为副主编及以下人员在学术专著中完成12万字以上。

(7)担任省级本专业学会常务理事或正(副)秘书长、委员5年以上;或担任全国本专业学会理事5年以上;或担任卫生部专家委员会委员;或受聘为省级本专业学术刊物编委3年以上;或受聘为国家级学术刊物编委1年以上。

(8)作为主持人或负责人在医院创建新学科、新专业;或成功引进开展新技术、新诊疗方法5项以上,填补省内空白,并取得较好的经济效益;或成功研制新诊疗试剂、新仪器、新器械,达到省内先进水平,并且创造了良好的社会效益和经济效益。

(9)具有博士学位,来院工作满2年者。

(三)第三层次应具备以下条件:

1.本科以上学历,中级以上职称,年龄40岁以下,担任科主任年龄可放宽到45岁。

2.近5年内工作业绩达到下列7项中的3项:

(1)近5年作为第一作者在国家级学术刊物正刊上发表本专业论文2篇;省级学术刊物正刊上发表专业论文3篇以上。

(2)作为主要完成人获厅级三等奖以上科研成果1项(国家级前7名,省级前5名,厅级前2名)。

(3)主持(前2名)完成省、部级以上科研或医疗技术攻关项目1项,并通过同级鉴定,达到国内领先、国内先进水平;或作为课题负责人完成厅级科研项目1项,并通过鉴定。

(4)作为主编正式出版本专业学术专著1部,或作为副主编及以下人员在学术专著中完成6万字以上。

(5)成功引进开展新技术、新诊疗方法3项以上,填补院内空白,并取得较好的经济效益。

(6)取得博士学位,来院工作满1年;或取得硕士学位,来院工作满3年。

(7)专业成绩突出,近5年内参加专业技能大赛,并获得厅级一等奖。

第六条　“334”人才的选拔程序为:凡符合条件者由本人提出申报,科室推荐,人力资源部进行资格审核后,提出初步推荐人选。新申报的人员经医院学术委员会按照选拔条件投票表决后,由院长办公会议确定最终人选,并在全院范围内进行公示。

第三章　培养措施

第七条　医院将加大“334”人才的培养力度。进入“334”培养的人员,医院优先安排进修、参加学术会议及本专业的短期培训。

第八条　培训方式实行基本功训练与专科训练相结合、在职提高与脱产学习相结合、理论与实践相结合、请进来与走出去相结合,培训内容包括政治思想、职业道德、临床技能、专业理论和外语等。

第九条　根据医院发展和专业的要求,第一层次每年可以外出参加学习培训1次,第二层次3年内可外出参加学习培训2次,第三层次3年内可外出参加学习培训1次。经费由医院承担。

“334”人才外出参加学习、进修必须经所在科室主任同意,由医务部、人力资源部审核,报主管院长批准后,至人力资源部办理请假手续后方可进行。学习结业后必须写出书面学习体会,上交医务部存档,并在一定范围内进行汇报。

第四章 管理与考核方法

第十条 “334”人才培养实行跟踪考核、动态管理。对每位培养人选建立学术档案，定期不定期地了解其业务工作情况，并按照培养目标，每年年终对其进行复评考核，考核结果进入学术档案。

第十一条 “334”人才的考核内容分为医德医风、医疗质量、专业技术工作业绩三方面。

(一)医德医风：廉洁行医，无索要收受“红包”和回扣行为。

(二)医疗质量：无医疗差错发生。若发生三级以上医疗事故或确由医方原因造成赔偿额度累计达到10万元的医疗事件，直接取消其培养资格。

(三)专业技术工作业绩：

1.第一层次培养人选每年必须引进开展新技术或新业务1项，填补院内空白；作为第一作者在省级以上学术刊物正刊上发表论文3篇以上，其中国家级学术刊物发表论文不少于1篇；承担省内或院内学术讲座或授课3次以上；取得国家级继续教育学分不少于15分。3年内作为课题负责人完成1项省、部级以上科研或医疗技术攻关项目，并通过同级鉴定，成果达到国内领先水平；主编出版本专业著作1部。

2.第二层次培养人选每年必须开展1项院内新技术或新业务；作为第一作者在省级以上学术刊物正刊上发表论文2篇以上；承担院内学术讲座或授课2次以上；取得国家级继续教育学分不少于10分。3年内主持(前两名)省级以上科研1项并完成成果鉴定；主编出版本专业著作1部，或作为副主编及以下人员在学术专著中完成12万字以上。

3.第三层次培养人选每年必须开展1项科内新技术；作为第一作者在省级以上学术刊物正刊上发表论文1篇以上；承担院内学术讲座、授课1次或组织科内业务学习3次以上；取得国家级继续教育学分不少于10分。3年内主持(前两名)厅级以上科研1项并完成成果鉴定；参编出版本专业著作1部，本人撰写字数不少于6万字。

第十二条 “334”人才每个培养周期为3年，实行动态管理，每年进行1次考核，连续2次考核不合格者将取消其培养资格。

第十三条 “334”人才的管理和考核由人力资源部具体负责。

第五章 经费与待遇

第十四条 医院每年拨出专项经费用于“334”人才的培养和补助。

第十五条 医院给“334”人才每月发放岗位津贴，具体标准如下：

(一)第一层次培养人选中甘肃省领军人才、甘肃省“333”和“555”科技人才为500元，厅级中青年学术技术带头人为400元；

(二)第二层次培养人选为300元；

(三)第三层次培养人选为200元。

第十六条 “334”人才的岗位津贴，每月发放相应标准的50%，其余50%于每年复评考核后，根据考核结果，合格者一次性发放，不合格者不予发放。

第十七条 “334”人才外出学习、进修和考察的费用由医院承担，外出期间不影响岗位工资和绩效工资。

第十八条　为鼓励支持“334”人才大胆创新，积极引进新技术、新业务及开展科研项目，医院对“334”人才在购置新设备方面予以优先安排，并在科研课题立项上予以倾斜。

第十九条　第一层次培养对象优秀者可作为进入国家级、部级人才推荐，或作为省级领军人才和厅级领军人才的推荐人选；第二层次特别优秀者优先推荐评审厅级领军人才和进入第一层次；第三层次中特别优秀者优先推荐进入第二层次。

第六章　附　则

第二十条　本办法由人力资源部负责解释。

第二十一条　本办法自发布之日起施行。《甘肃省中医院“223”人才培养实施办法》同时废止，具备“334”人才申报条件人员全部重新申报。

关于印发《甘肃省中医院、甘肃省中医药研究院“334”人才培养实施办法（修订）》的通知

中医人发〔2010〕34 号

省中医药研究院，医院各部门：

为进一步加强两院人才队伍建设，注重临床实践、技能和实际工作能力，真正把社会知名度高、业务能力强的优秀人才选拔到相应培养层次。《甘肃省中医院、甘肃省中医药研究院“334”人才培养实施办法（修订）》，经 2010 年 3 月 2 日院长办公会议讨论通过，现印发给你们，请认真组织学习，并遵照执行。

二〇一〇年三月三日

甘肃省中医院、甘肃省中医药研究院“334”人才培养实施办法（修订）

第一章　总　则

第一条　为了实现医院的可持续发展，牢固树立“人才资源是第一资源”的观念，进一步加强两院

中青年人才队伍的培养和梯队建设,根据人才培养需要,特制定本办法。

第二条　本办法的实施目标为:5 年内培养出 100 名不同层次的中青年学术技术带头人或骨干。

(一)第一层次 30 名,为经过上级部门审批,入选甘肃省领军人才第一、二层次人选,甘肃省"333"科技人才,甘肃省"555"创新人才工程第一、二层次人选,甘肃省医疗卫生中青年学术技术带头人,或达到规定条件;

(二)第二层次 30 名,为院级学术技术带头人,经过培养,力争进入第一层次;

(三)第三层次 40 名,为院内学术技术骨干,经过培养,力争成为院级学术技术带头人。

第二章　培养人选的选拔

第三条　"334"人才的选拔遵循公开、公平、竞争、择优的原则。

第四条　"334"人才的选拔范围为从事临床医疗、临床药学及医技、护理等专业第一线工作的卫生技术人员,及从事医院管理和研究院中医药研究工作的人员。

第五条　"334"人才中各层次培养人选的基本条件是:思想政治素质好,热爱本职工作,具备良好的职业道德,有强烈的事业心和责任感,医德高尚,学风正派,具有较强的组织管理能力和创新能力,安心献身于医院发展。同时,按照层次不同,应分别具备以下条件:

(一)第一层次应具备以下条件之一:

1.甘肃省领军人才第一、二层次人选。

2.甘肃省"333"或"555"创新人才工程第一、二层次人选。

3.甘肃省医疗卫生中青年学术技术带头人。

4.对个别社会知名度高、临床工作业绩突出的知名专家可由院长提名,学术委员会及外请专家无记名投票表决,院长办公会议讨论直接进入。

5.近 5 年内工作业绩达到下列 10 项中的 4 项:

(1)作为主要完成人获 1 项地、厅级二等奖以上科研成果(国家级前 5 名,省级前 3 名,厅级第 1 名)。

(2)作为第一作者,在国际 3300 种 SCI 收录期刊上全文发表论文 1 篇以上。

(3)作为第一作者,在国家级专业期刊上发表论文 5 篇以上,省级学术刊物正刊上发表专业论文 8 篇以上。

(4)作为主编,正式出版本专业学术专著 1 部,或作为副主编以下人员在学术专著中完成 12 万字以上。

(5)作为课题负责人完成 2 项省、部级以上科研或医疗技术攻关项目,并通过同级鉴定,达到国内领先、国内先进水平。

(6)作为主持人或负责人,在本单位创建了新学科、新专业;或从国内外成功引进开展了新技术、新诊疗方法 8 项以上,填补了省内空白;或成功研制了新诊疗试剂、新仪器、新器械,达到省内先进水平,并且创造了良好的社会效益和经济效益。

(7)专业成绩突出,近 5 年内参加专业技能大赛,并获得省级一等奖。

(8)大学本科毕业工作 8 年以上、硕士研究生毕业工作 5 年以上、博士研究生毕业工作 2 年以上,年龄 50 岁以下,且具有副高级以上职称。

(9)担任省级本专业学会正、副主任委员或正、副秘书长 5 年以上,常务理事 10 年以上;或担任全国本专业学会常务理事5年以上、理事10年以上；或担任卫生部专家委员会的委员；或受聘为国家级本专业学术刊物编委3年以上。

(10)全年门诊量、收住病人量、手术台次全院排名前3名的医生。

(二)第二层次应具备以下条件：

1.大学本科以上学历，副高级以上职称，年龄在45岁以下，担任重点学科或重点专科的科主任或副主任年龄可放宽到50岁。

2.对医院引进的知名专家及学科带头人可由院长提名，学术委员会及外请专家无记名投票表决，院长办公会议讨论直接进入。

3.近5年内工作业绩达到下列10项中的3项：

(1)近5年作为第一作者在国家级学术刊物正刊上发表本专业论文3篇；省级学术刊物正刊上发表专业论文5篇以上。

(2)作为主要完成人获厅级二等奖以上科研成果1项(国家级前5名，省级前3名，厅级前1名)。

(3)作为课题负责人完成2项省、部级以上科研或医疗技术攻关项目，并通过同级鉴定，达到国内领先、国内先进水平。

(4)专业成绩突出，近5年内参加专业技能大赛，并获得厅级一等奖。

(5)作为第一作者在国际3300种SCI收录期刊上全文发表论文1篇以上。

(6)作为主编正式出版本专业学术专著1部，或作为副主编及以下人员在学术专著中完成12万字以上。

(7)担任省级本专业学会常务理事或正(副)秘书长、委员5年以上；或担任全国本专业学会理事5年以上；或担任卫生部专家委员会委员；或受聘为省级本专业学术刊物编委3年以上；或受聘为国家级学术刊物编委1年以上。

(8)作为主持人或负责人在医院创建新学科、新专业；或成功引进开展新技术、新的诊疗方法5项以上，填补省内空白，并取得较好的经济效益；或成功研制新诊疗试剂、新仪器、新器械，达到省内先进水平，并且创造了良好的社会效益和经济效益。

(9)具有博士学位，来院工作满2年者。

(10)全年门诊量、收住病人量、手术台次全院排名前3名的医生。

(三)第三层次应具备以下条件：

1.本科以上学历，中级以上职称，年龄40岁以下，担任科主任年龄可放宽到45岁。

2.近5年内工作业绩达到下列8项中的3项：

(1)近5年作为第一作者在国家级学术刊物正刊上发表本专业论文2篇；省级学术刊物正刊上发表专业论文3篇以上。

(2)作为主要完成人获厅级三等奖以上科研成果1项(国家级前7名，省级前5名，厅级前2名)。

(3)主持(前2名)完成省、部级以上科研或医疗技术攻关项目1项，并通过同级鉴定，达到国内领先、国内先进水平；或作为课题负责人完成厅级科研项目1项并通过鉴定。

(4)作为主编正式出版本专业学术专著1部，或作为副主编及以下人员在学术专著中完成6万字以上。

(5)成功引进开展新技术、新诊疗方法3项以上，填补院内空白，并取得较好的经济效益。

(6)取得博士学位，来院工作满1年；或取得硕士学位，来院工作满3年。

(7)专业成绩突出,近5年内参加专业技能大赛,并获得厅级一等奖。

(8)全年门诊量、收住病人量、手术台次全院排名前3名的医生。

第六条 "334"人才的选拔程序为:按照个人申报、资格审查、专家评审、院长办公会议研究、全院公示等程序进行。

第三章 培养措施

第七条 医院将加大"334"人才的培养力度。进入"334"培养的人员,医院优先安排进修、参加学术会议及本专业的短期培训。

第八条 培训方式实行基本功训练与专科训练相结合、在职提高与脱产学习相结合、理论与实践相结合、请进来与走出去相结合,培训内容包括政治思想、职业道德、临床技能、专业理论和外语等。

第九条 根据医院发展和专业的要求,第一层次每年可以外出参加学习培训1次,第二层次3年内可外出参加学习培训2次,第三层次3年内可外出参加学习培训1次。经费由医院承担。

"334"人才外出参加学习、进修必须经所在科室主任同意,由医务部、人力资源部审核,报主管院长批准后,至人力资源部办理请假手续后方可进行。学习结业后必须写出书面学习体会,上交医务部存档,并在一定范围内进行汇报。

第四章 管理与考核方法

第十条 "334"人才培养实行跟踪考核、动态管理。对每位培养人选建立学术档案,定期不定期地了解其业务工作情况,并按照培养目标,每年年终对其进行复评考核,考核结果进入学术档案。

第十一条 "334"人才的考核内容分为医德医风、医疗质量、专业技术工作业绩三方面。

(一)医德医风:廉洁行医,无索要收受"红包"和回扣行为。

(二)医疗质量:无医疗差错发生。若发生三级以上医疗事故或确由医方原因造成赔偿额度累计达到10万元的医疗事件,直接取消其培养资格。

(三)专业技术工作业绩:

1.第一层次培养人选每年必须引进开展新技术或新业务1项,填补院内空白;作为第一作者在省级以上学术刊物正刊上发表论文3篇以上,其中国家级学术刊物发表论文不少于1篇;承担省内或院内学术讲座或授课3次以上;取得国家级继续教育学分不少于15分。3年内作为课题负责人完成1项省、部级以上科研或医疗技术攻关项目,并通过同级鉴定,成果达到国内领先水平;主编出版本专业著作1部。

2.第二层次培养人选每年必须开展1项院内新技术或新业务;作为第一作者在省级以上学术刊物正刊上发表论文2篇以上; 承担院内学术讲座或授课2次以上; 取得国家级继续教育学分不少于10分。3年内主持(前两名)省级以上科研1项并完成成果鉴定;主编出版本专业著作1部,或作为副主编及以下人员在学术专著中完成12万字以上。

3.第三层次培养人选每年必须开展1项科内新技术;作为第一作者在省级以上学术刊物正刊上发表论文1篇以上;承担院内学术讲座、授课1次或组织科内业务学习3次以上;取得国家级继续教育学分不少于10分。3年内主持(前两名)厅级以上科研1项并完成成果鉴定;参编出版本专业著作1部,本人撰写字数不少于6万字。

第十二条 "334"人才每个培养周期为3年,实行动态管理,每年进行1次考核,连续2次考核不合格者将取消其培养资格。

第十三条 “334”人才的管理和考核由人力资源部具体负责。

第五章 经费与待遇

第十四条 医院每年拨出专项经费用于“334”人才的培养和补助。

第十五条 医院给“334”人才每月发放岗位津贴，具体标准如下：

(一)第一层次培养人选中甘肃省领军人才、甘肃省“333”和“555”科技人才为500元，其他人员为400元；

(二)第二层次培养人选为300元；

(三)第三层次培养人选为200元。

第十六条 “334”人才的岗位津贴，根据每年年底考核结果，合格者一次性发放，不合格者不予发放。

第十七条 “334”人才外出学习、进修和考察的费用由医院承担，外出期间不影响岗位工资和绩效工资。

第十八条 为鼓励支持“334”人才大胆创新，积极引进新技术、新业务及开展科研项目，医院对“334”人才在购置新设备方面予以优先安排，并在科研课题立项上予以倾斜。

第十九条 第一层次培养对象优秀者可作为进入国家级、部级人才推荐，或作为省级领军人才和厅级领军人才的推荐人选；第二层次特别优秀者优先推荐评审厅级领军人才和进入第一层次；第三层次中特别优秀者优先推荐进入第二层次。

第六章 附 则

第二十条 本办法由人力资源部负责解释。

第二十一条 本办法自发布之日起施行。

关于确定李盛华等62名同志为甘肃省中医院 甘肃省中医药研究院“334”人才第一、二、三层次人选的通知

中医人发〔2010〕81号

省中医药研究院，医院各部门：

根据《甘肃省中医院、甘肃省中医药研究院“334”人才培养实施办法(修订)》文件精神，通过个人申报，科室推荐，资格审核，院长提名，专家评审、无记名投票等程序，2010年3月2日、4月27日院长办公会议研究，经公示无异议，确定李盛华等62名同志为甘肃省中医院、甘肃省中医药研究院“334”

人才第一、二、三层次人选。名单如下：

第一层次培养人选22名：

李盛华　舒　劲　李兴勇　赵继荣　潘　文　李妍怡　闵云山　王承祥　陈　成　姜　华
盛　丽　赵道洲　徐义先　王兰英　王海东　王玉珠　张定华　刘效栓　程　烜　李喜香
周　晟　胡敏棣

第二层次培养人选18名：

谢兴文　靳　锋　樊成虎　党建中　杨维建　张洪涛　刘永民　郦雅珺　张德宏　王　颖
董　林　田旭东　柳海平　鄢卫平　赵永强　东　红　曹红霞　邓　强

第三层次培养人选22名：

李卫平　王兰娣　马郑萍　张崇岳　崔文建　王想福　李玉吉　慕明燕　王春爱　王闻奇
薛建军　谢朝晖　李红专　赵　军　张晓岚　柳　直　陈志龙　史文宇　张文贤　杨　涛
张　磊　高雪华

特此通知。

二〇一〇年五月十日

关于印发《甘肃省中医院老中医药专家学术经验继承工作管理办法》的通知

中医人发〔2010〕127号

省中医药研究院，医院各部门：

《甘肃省中医院老中医药专家学术经验继承工作管理办法》经2010年8月31日院长办公会议讨论通过，现印发给你们，请认真组织学习，并遵照执行。

二〇一〇年九月一日

甘肃省中医院老中医药专家学术经验继承工作管理办法

为更好地继承和发扬祖国传统医学，弘扬中医药文化，进一步加快我院中医药人才队伍建设，参照国家中医药管理局和甘肃省中医药管理局关于师承教育工作的暂行办法和实施细则，结合我院的实际情况，特制定本办法。

一、组织管理

领导小组

组　长：李盛华

副组长：冯守文

成　员：马忠祥　舒　劲　李兴勇　赵继荣　谢兴文　潘　文

日常工作由人力资源部、医务部协同管理。

二、带教老师和继承人的遴选

（一）带教老师的遴选

1.受聘（包括返聘）担任主任医师、主任药师、副主任医师、副主任药师等高级专业技术职务的老中医药（含中医、中药、中西医结合、民族医药）专家；

2.从事中医药专业工作20年以上（含20年）；

3.有丰富、独到的学术经验和技术专长，医德高尚，在群众中享有盛誉，得到同行公认；

4.身体健康，能够坚持临床或专业实践，完成继承带教任务；

5.日门诊量在50人次以上的人员优先遴选。

（二）继承人的遴选条件

1.中西医结合或民族医药工作，受聘担任主治医师、主管药师等中级专业技术职务，或高年资医师（药师）；

2.大专以上（含大专）学历，从事中医药专业工作累计满8年以上，中专学历从事中医药专业工作15年以上的在岗中医、中药专业技术人员；

3.年龄45岁及以下；

4.从事中医药专业工作累计满8年（在职西医脱产学习中医或中医临床专业硕士、博士学位期间，其专业工作年限可连续计算）；

5.爱岗敬业，品学兼优，有志于研究和继承老中医药专家学术经验；

6.与指导老师所从事的专业基本对口；

7.西医院校毕业生，从事医疗专业工作时间累计满8年，其中从事中西医结合工作或中医药工作满4年，并符合继承人的其他各项条件。

三、遴选程序

1.指导老师的遴选程序:由符合条件的专家本人申报,医院人力资源部负责审核,院长办公会议讨论确定名单。

2.继承人的遴选程序:按照每位指导老师选配一至三名继承人的名额要求,公开遴选各指导老师的继承人。由个人提出书面申请,经指导老师同意,人力资源部审核后提交院长办公会议讨论确定名单。

四、教学

1.继承教学起止时间,从继承人实际进岗跟师学习起,连续3年,原则上不得中断。对确有特殊原因,中断时间在6个月内的,经医院上报甘肃省中医管理局批准,可继续学习,并补足其缺少的教学、实践时间;中断时间超过6个月的,协议自行终止,停止学习。

2.继承人自进岗学习之日起,每周跟指导老师临床或实际操作的时间不得少于3个半天,独立从事临床或实际操作的时间不得少于2天。

3.因指导老师原因不能继续带教情况的处理:

(1)继承人进岗学习时间超过2年半并学有成效者,经医院老中医药专家学术经验继承工作领导小组研究同意,可自行整理、学习和研究指导老师的学术经验,继续完成继承学习任务。

(2) 继承人进岗学习时间超过1年者,经医院老中医药专家学术经验继承工作领导小组研究同意,可转跟其他相应专业的指导老师学习,并重新签订继承教学协议,学习时间需延长半年。

(3)继承人进岗学习时间不满1年者,应终止学习。

4.继承教学的基本目标重在使继承人掌握指导老师的临床经验、技术专长和实际操作经验。

五、考核与管理

为了加强师承教育工作的教学管理,保证师承教育工作的顺利进行,严格考核管理流程,对继承人进行动态管理,考核分为平时考核、阶段考核、结业考核。

(1)平时考核:主要对继承人平时学习情况、跟师临床和独立临床时间进行考核,检查继承人《平时考核表》、月记、带教日志书写情况。

(2)阶段考核:阶段考核主要是督促、检查继承教学工作的实施效果,每半年进行一次,严格按照《阶段考核表》规定的内容和要求,组织考核组逐项检查和考核,同时深入临床检查跟师及实践情况。

(3)结业考核:继承人学习3年期满,由人力资源部、医务部统一组织结业考核。结业考核不合格者不予结业出师。

结业考核其他要求:

①继承人应提交100份正规病历,这些病历必须是跟师临床的真实记录,并能反映指导老师的主要经验和专长。中药、民族医药专业继承人需提交能反映指导老师加工、炮制、制剂工艺、鉴别经验等方面的特色技艺材料60份。

②学习期间在国内外公开发行的期刊(具有国际标准刊号ISSN和国内统一刊号CN)上发表2篇(其中须有1篇国家级)以上继承、总结指导老师学术思想和技术专长的论文,同一指导老师所带的两名继承人应分别选定不同的专题各自完成,避免重复整理。

③结业论文由继承人独立完成,选题不得雷同重复,字数要求1.5万~2万字,并附2000字论文摘要。其内容要充分反映指导老师的主要经验和专长,具有较高的学术价值和临床实践意义。

六、待遇

1.指导老师在继承教学期间由医院按照相关规定发放带教津贴。

2.继承人经结业考核及出师验收合格并获得出师证书者，符合《卫生专业技术人员职务试行条例》有关规定的，可不受本单位专业技术职务数额限制，优先评聘高一级专业技术职务。继承人在继承学习期间具备评聘高一级专业技术职务的，可按照专业技术职务评聘要求和程序进行。

甘肃省中医院年鉴2008—2010

THE YEARBOOK OF GANSU PROVINCE HOSPITAL OF TRADITIONAL CHINESE MEDICINE 2008-2010

重要文件选编

工作总结

关于印发《二〇〇八年党委工作总结及二〇〇九年党委工作计划要点》的通知

中医党发〔2009〕1号

各党支部：

现将《二〇〇八年党委工作总结及二〇〇九年党委工作计划要点》印发给你们，请认真组织学习，结合实际贯彻落实。

特此通知。

二〇〇九年二月九日

二〇〇八年党委工作总结及二〇〇九年党委工作计划要点

2008年是国家重大事件多，医院工作任务重，发展速度比较快的一年。一年中，医院党委在围绕中心、凝聚力量，提供有效的思想和组织保证，发挥政治核心与监督保证作用方面做了大量卓有成效的工作。

一、思想建设

今年是学习贯彻十七大精神的开局之年。学习宣传贯彻十七大精神、甘肃省十一次党代会精神以及在全体党员中开展学习实践活动，是今年思想建设和理论武装工作的重中之重。

首先是学习贯彻十七大精神和省十一次党代会精神。党委结合单位实际，结合年初确定的党委工作的几个重点和行政工作的几项任务提出了学习贯彻意见，期间，组织全院党员参加省直机关组织的党纪条规知识学习测试。

实际工作中能够把学习贯彻党的路线方针政策与落实医院行政方面的具体工作任务结合起来，与抗震救灾工作、治疗问题奶粉患儿等阶段性工作结合起来，与医院的行风评议工作结合起来，落实到构建和谐医患关系，创建平安医院的工作实践中来，落实到医院文化建设工作实践中来。

思想建设方面的第二项核心工作是在全体党员中开展学习实践科学发展观活动。10月中旬开始动员部署，之后，组织扎实的理论学习，组织学习观摩，领导深入督导把关，在学习的基础上开展调研，每位班子成员都形成了有情况反映、有问题分析、有对策思考的调研报告。在学习调研的基础上，召开了班子的民主生活会，对近年来贯彻落实科学发展观情况进行了认真总结，对存在的问题进行了分析检查，对今后医院发展的各项工作进行了深入研究，在此基础上形成了班子的分析检查报告初稿。目前，学习实践活动正在按照卫生厅党组的总体部署和要求，按照医院党委的具体安排有序进行。在思想理论建设方面，党委把学习理论、武装头脑、解放思想、研究问题、总结经验结合起来，为医院的改革与建设提供了有效的思想保证。一是能够根据党委领导的意图提出贯彻意见，及时做好学习实践活动的具体安排；二是能够结合工作实际，列出学习要点和讨论专题，印发到各支部组织学习讨论；三是能够按照学习实践活动的要求，随同书记深入到相关支部听取意见、参与交流、开展调研，随时协调沟通支部活动，及时发现并解决活动中存在的问题，保证学习活动的正常开展；四是通过悬挂主题标语、更换宣传专栏、创办学习园地等，宣传党的最新理论成果和主流思想舆论。

二、组织建设

党委注重基层党组织建设，注重干部的培养选拔和教育管理，注重改善党的领导方式，把党要管党落实到医院工作的实践当中。

(一)班子建设。2月底，组织部、宣传部、省纪委、省卫生厅党组对院级领导班子进行考核，李盛华院长考核结果确定为优，同时指导召开了党委民主生活会。年底，根据厅党组安排，按照学习实践活动的要求，召开了班子的专题民主生活会。对于进一步统一思想，提高认识，增进团结，促进工作，起到了很好的作用。

(二)认真细致做好组织发展工作。这是关系党的肌体健康的大事，也是党要管党的基础工作。党委坚持已经形成的制度，严格按照规定办事，严格审批程序，保证了新党员的质量。年内发展郑倩君、万迎霞、陈灵、杨波、李喜香、谢朝晖、王亦山、汪福田等8位同志为中共预备党员；郭云霞、徐思羽、程烜、王想福、杨宏武、刘惠玲、张参军、刘叶荣等8名预备党员转为正式党员。七一前夕，党委组织了党员宣誓仪式，进一步增强了解新党员的组织意识、党员意识。

(三)按照党管干部的原则，做好中层干部的选拔任用和教育管理工作。这是党要管党的关键。在大力引进专业技术人才、中研院划归医院托管以后，根据实际工作需要，按照《卫生厅处科干部选拔任用办法》的相关规定，年内对部分科室的干部进行了调整补充；赵永强、刘永民两位同志经过组织考察，沟通酝酿，由院长提名，党委会审定，先后走上科室领导岗位。

(四)重视基层党支部建设，这是党要管党的重点。2006年年底，根据科室调整和党员变动的实际情况，为了便于开展工作，党委对支部的工作范围和部分支委也进行了调整补充，新任两位支部书记。另外，各党支部的工作也在进一步加强，尤其是在围绕中心工作，组织党员学习，开展党内活动，组织年终考核，组织评先选优，组织公益活动等方面，较好地发挥了战斗堡垒作用。

(五)组织推荐

李盛华院长为中国科协抗震救灾先进个人、全国院报协会抗震救灾先进个人。

李谦英书记被卫生厅推荐为全国政促会优秀思想政治工作者、中医中药中国行活动先进个人。

王承祥为全省先进典型。

张定华为省卫生系统巾帼建功先进个人。

韩艳为甘肃省三八红旗手和省第十二次妇代会代表、全省抗震救灾先进个人、全国三八红旗手和全国第十次妇代会特邀代表。

鄢卫平为甘肃省卫生厅系统抗震救灾优秀共产党员;(2008年6月)厅里又推荐他为省直机关优秀党员,省直机关推荐他为省委表彰的优秀共产党员;(2008年8月24日)推荐鄢卫平作为抗震救灾模范出席北京奥运会闭幕式。

李盛华、燕中、樊成虎为中国科协抗震救灾先进个人。

李盛华、王晓蓉为全国院报协会抗震救灾先进个人。

海青岳、贾青重为全国院报协会抗震救灾宣传工作先进个人。

冯守文为省民政厅系统抗震救灾先进个人。

杨宏武、周云霞为医药卫生抗震救灾先进个人。

冯守文、罗克龙、周毓萍、张崇岳、史文宇、赵军、周明旺、陈涛、李喜香、邵杰为全省卫生系统抗震救灾先进个人。

杨维建、周云霞、张丽平、李文娟为中国中医药协会抗震救灾先进个人。

开展了党内评选,授予李妍怡、米仲祥、赵道洲、张雪霞、安富德、刘梦华、舒劲、马真琴、周晟、吕洲杰、王子义、段培亚、孙锦艳、潘文等14名同志甘肃省中医院优秀共产党员称号;授予罗克龙同志甘肃省中医院优秀党务工作者称号;授予第四党支部、第十党支部甘肃省中医院优秀党组织称号;授予院长办公室甘肃省中医院文明科室称号;同时,推荐李妍怡、张雪霞、舒劲、潘文为厅系统优秀党员,罗克龙同志为厅系统优秀党务工作者,第四党支部为厅系统优秀党组织,院长办公室为厅系统文明科室。

另外,根据省委组织部安排,完成甘肃省中医院组织史约1万字。

完成医院党员党的基本信息数据库建库工作及党内统计工作。

按照中央组织部要求及省卫生厅文件精神,对全院党员党费进行重新核算。

三、纪检工作

根据省卫生厅制定的今年纪检监察工作安排意见,医院制定下发了《2008年甘肃省中医院纪检监察工作安排意见》。并根据今年医院纪检监察工作计划,开展引导教育。3月,在全院护士长以上干部会上传达了《全国卫生系统治理医药购销领域商业贿赂专项工作电视电话会议》的主要精神,中央纪委驻卫生部纪检组组长李熙同志讲话精神。同时传达了厅纪检组组长张学明同志在全省卫生工作会上所做的《认真学习贯彻十七大精神　深入推进全省卫生系统反腐倡廉建设》报告。5月22日,组织全院干部观看由辽宁省纪委制作的《沉重的代价》电视片。9月,全院科级以上领导干部进行了《建立健全惩治和预防腐败体系2008—2012年工作规划》知识答题活动,参加面为98%,优良率为100%。制定了《甘肃省中医院廉政工作任务分解表》和《甘肃省中医院风行工作任务分解表》,并经6月24日党政联席会讨论通过后印发至全院,要求各项工作的责任人切实负责抓好任务内工作的落实。

年内参加省财政厅物资设备招标、省市基建招标、门诊医技大楼方案招标、医院内部的物资采购及50万元以下的基建招标,实行过程监督。医院主要领导要求纪检监督工作贯彻这项工作的全过程,这是对纪检工作的高度重视,也是对纪检工作的支持。

行风建设根据行风评议组的建议,医院增补了7名社会监督员,现有25名社会监督员。12月21日,医院召开社会监督员座谈会,并听取了他们对医院行风工作的意见建议。11月26日,省卫生厅在医院召开了"全省卫生系统开展民主评议医院行风工作大会",对医院行风工作进行评议,评议组从"健全制度狠抓落实""注重医德医风教育""强化以病人为中心的服务理念"等六个方面对医院行风工作充分地肯定,同时也提出了六点存在的问题和三点建议。医院李盛华院长代表医院做了表态发言,这次行风评议对医院行风建设工作起到了极大的推动作用。

根据《甘肃省卫生厅医疗卫生人员廉洁行医的规定》,医院对1名未经医院同意外出手术的医生进行了处理。对出现医疗服务差错的科室领导和责任人进行了大会点名批评和经济处罚。

截至11月底,各病区共收到患者表扬信38封、锦旗24面;退回"红包"总金额6.15万元。

四、宣传工作

宣传工作始终坚持发展这个第一要务,坚持"以病人为中心",按照三贴近的基本要求,坚持团结、稳定、鼓劲的方针,不断与时俱进,开拓创新,为深化医院改革、促进医院发展、实现年度工作计划,提供思想保证、舆论支持和精神动力。

一是坚定不移地做好党的方针、政策和党的最新理论成果的宣传,大张旗鼓地宣传科学发展、构建和谐社会、社会主义荣辱观等理论,通过院报、工作简报、宣传专栏等宣传阵地做好思想政治理论的引导,年内更换宣传专栏3期16个板面,创办学习园地14块,很好地宣传了党的最新理论成果。

二是坚持不懈地做第一要务的宣传,通过各种途径及时宣传医院在加强管理、深化改革、提升服务、促进发展方面的新举措,新进展,新成就,新经验。

三是扎实宣传医院在应对重大突发事件方面的重大举措。其一,抗震救灾。其二,接诊治疗问题奶粉患儿。面对重大灾难,医院高度关注,迅速反应,积极应对,派出救援医疗队、灾后伤情和多发病调查队及心理干预专业人员、志愿者医疗服务队员,接诊救治6名从灾区转来的伤员。职工捐款和特殊党费22万多元,捐赠衣物4000件,体现了全院医务人员不畏艰险、相互支援、团结协作的优良作风。展示了白衣天使的高尚品德,展示了医院的精神风貌和技术实力。此次抗震救灾工作得到省上领导的高度赞扬和充分肯定,陆浩、徐守盛、吴刚、刘维忠等领导多次来院视察看望,充分说明了医院在抗震救灾中的成绩和贡献。党委在宣传、鼓劲方面做工作,编印院报专刊,编印工作简报20多期,在各种媒体报道36次,其中报刊文章19份,编辑刊印抗震救灾专辑《守望相助》,在省上有关部门、卫生厅系统以及全国医院报刊协会会员单位交流,起到了很好的宣传作用。

四是大张旗鼓做医院特色与优势的宣传,通过《甘肃日报》《甘肃法制报》《兰州晚报》《兰州晨报》《健康周刊》《甘肃中医》、院报等进行医院整体形象的宣传。通过《甘肃中医》封四进行医院特色专科介绍,全年12期,介绍12个专科。通过宣传和介绍医院的特色专科和知名专家、业务骨干,扩大医院的影响和知名度,把名医介绍给患者,把特色介绍给患者,把医院介绍给社会。

医院按照文化建设与精神文明建设相融合,与医院管理相结合,与时代精神相统一的思路,来开展医院文化建设。

五、存在的问题

1.支部工作的深度与广度还不够,工作缺乏自主性、创造性,支部工作的影响力还不够。

2.党员在宣传群众、组织群众、影响群众、带动群众方面的作用发挥得还不够,模范作用尚欠缺。

3.还有个别党员,党员意识不强,需要进一步加强教育和引导。

4.中医文化事业还不能满足群众需求;中医文化氛围还不浓厚,缺乏文化精品,尤其是对医院精神文化的提炼总结推广还不够;缺少先进的文化创意。

六、2009年党委工作计划要点

(一)深入做好学习实践科学发展观活动,全面贯彻党的十七大精神。要按照省卫生厅党组的部署,重点抓好管理干部的理论培训工作,继续在深入人心、解放思想、开拓创新上下功夫,在武装头脑、指导实践、推动工作上下功夫。坚持把思想教育和理论武装工作贯穿于医院工作的全过程,渗透到医院工作的全方位，为全面落实医院发展第二个五年规划提供理论指导和思想保证。

（二）坚持卫生工作方针，坚持正确的办院思想，紧紧抓住发展这个第一要务，积极稳妥地推进医院改革，不断增强医院活力与竞争力。紧密联系医院内涵建设的实际，紧密联系干部职工最为关注的改革发展中的重大问题和热点问题，要在为职工群众办实事、办好事中贯穿思想教育，在服务职工群众中提高精神境界。坚持团结鼓劲，凝聚力量，形成团结向上、敬业奉献、求真务实、开拓创新的良好风尚。要围绕医院内涵建设，继续在党员干部和团员青年中开展比技术水平、比服务质量、比贡献大小的优质服务竞赛活动，逐步推行党员示范岗，充分发挥党员的示范引导作用。

（三）坚持重在教育、重在引导、重在防范、重在建设的方针，下大力气抓好卫生行风建设，努力构建和谐医患关系。大力开展以弘扬职业精神、恪守职业道德、维护医院形象为主要内容的自律活动，把思想道德建设和卫生行风建设融入创建活动之中，找准切入点，抓好结合点，因势利导，创新活动内容和载体。

（四）重视医院文化建设，认真总结医院文化建设的基本经验，进一步宣传医院精神、工作理念，提升医院的核心竞争力。

关于印发医院 2008 年工作总结与 2009 年工作要点的通知

中医办发〔2009〕8 号

省中医药研究院、医院各部门：

现将《甘肃省中医院 2008 年工作总结与 2009 年工作要点》全文印发给你部门，请认真学习，结合部门实际贯彻落实。

特此通知。

二〇〇九年二月五日

甘肃省中医院 2008 年工作总结与 2009 年工作要点

2008 年，在党和国家发展进程中是很不寻常、很不平凡的一年。一年来，我们接连经历了一些难以预料、历史罕见的重大挑战和考验。面对严峻形势，我们党团结带领全国各族人民同心同德、顽强拼搏，成功夺取抗击南方部分地区严重低温雨雪冰冻灾害和四川汶川特大地震灾害斗争的重大胜利，成功举办北京奥运会、残奥会，成功完成神舟七号载人航天飞行任务，成功举办第七届亚欧首脑会议，沉着应对国际金融危机冲击，社会主义经济建设、政治建设、文化建设、社会建设以及生态文明建设和党的建设取得新的显著成就，社会大局保持稳定，我国国际地位和国际影响力进一步提高。2008 年，也是医院发展上具有特殊意义的一年，医院始终坚持以邓小平理论和“三个代表”重要思想为指导，牢固树立科学发展观，全面贯彻落实省委、省政府和省卫生厅的一系列重大决策部署，坚持以人为本，深入落实医院“十一五”发展规划（计划），以建设和谐中医院为目标，与时俱进，改革创新，使医院发展迈上了一个新的台阶。

2008 年工作回顾

一、加强管理，创医院发展新篇章

医院始终把解放思想、贯彻落实科学发展观和为人民服务作为事业发展的指导思想。一年来，以构建和谐中医院为目标，通过抓内涵建设，抓学科、专科建设和人才梯队建设，抓基本建设，抓项目等，医院经营管理水平得到了提高，医院社会效益和经济效益得到了双赢，有力地推动了医院事业的蓬勃发展。医院就诊、住院和检查数量大幅增长，业务收入达到 1.47 亿元，超额完成预定的 1.2 亿元目标，比去年增长 43.92%。这是医院历史上经济增长幅度最大的一年，也是具有里程碑意义的一年。

（一）医院领导班子学习和践行科学发展观，树立“以人为本”的思想，以团结协作坚强的领导核心，以科学务实的工作态度，就医院事业进一步发展做出了一系列正确决策。并带领全院干部职工，以加强管理，提高医疗服务质量，为患者提供满意的医疗服务，促进医院各项工作为目的，齐心协力，共同奋斗，使医院在 2008 年迎来了发展的最好时期，业务量持续增长，社会效益、经济效益大幅度攀升，综合实力稳中有升。

（二）2007 年甘肃省卫生厅、甘肃省政府纠风办开展省级各医院民主行风评议。2008 年，又开展行风评议回头看，并召开全省卫生系统开展民主评议医院行风工作大会，行风评议组在该项工作的总结中对医院行风建设工作给予了充分的肯定，对存在的问题和不足，也提出了希望和要求。行风评议对医院行风建设工作起到了积极的促进作用。2008 年，医院增补了郭建东等 7 名各行业、各阶层的社会监督员，并召开了行风建设工作院聘社会监督员座谈会。

（三）积极推进医院信息化管理。在门诊启用门诊医生工作站，施行电子处方；在 ICU 实行住院医生工作站；实现了医疗耗材，物资外购，移库，出、入库，报废，申领网络管理；建立了“甘肃省中医院数字图书馆”（WWW.CNKI.NET）；开通了医院网络宣传渠道，建立了医院新网站（WWW.GSZYY.COM）；积极利用省卫生厅网站平台，刊登医院新闻稿件 39 篇，其中当周受欢迎的稿件 19 篇。

（四）实行院内审计监督体制。2008 年共完成基建维修、改造工程项目内部审计 16 项，审计金额 272.70 万元，审减金额 36 万元。

（五）继续实施以考核为基础的以岗定薪的分配制度改革，充分调动了广大职工工作的积极性和创造性。根据实际运行情况，充分利用经济杠杆的调节作用，进一步完善了医院内部质量控制和全成本经济核算的管理指标。

（六）抓项目建设，促医院发展。完成国家中医药管理局关于中医临床研究基地的申报材料，为医院再次申报国家中医药管理局重点中医院奠定了基础。完成了《甘肃省中医院门诊医技综合大楼可行性研究报告》，新建的门诊医技综合大楼面积由原来的 3.2 万平方米扩大至 3.8 万平方米，该项目已列入国家中医药管理局重点中医院建设单位和甘肃省重点工程。完成了北区职工住宅(经济适用房)的建设报批。全年投资300万元完成17项维修改造工程,逐步提升医院基础设施服务功能。医院在整体运行资金紧张,基本建设又需投入大量资金的情况下,依据医院发展中面临的医疗用地偏紧,影响整体规划建设的问题,紧紧抓住兰州昌盛植物油有限公司22.063亩土地转让的机遇,在主管厅局和相关部门的协调支持下,现已初步完成商谈工作,目前正在履行政府审批程序。至此,医院土地面积将达到80亩,为更加科学合理地规划和建设医院铺垫了基础。

(七)接受上级领导工作指导,加强对外合作与交流,拓宽业务技术合作领域。今年多次接待来院调研和考察的上级主管部门领导和省内外兄弟单位。主要有国家中医药管理局局长王国强、副局长吴刚,国家卫生部保健局副局长李宁等;美国俄克拉荷马州前医学会会长,甘肃与俄克拉荷马州医师交流项目负责人Jim Claflin先生、德国骨科专家格尔德·帕特依(Geit Pattay)先生、瑞士MediQi公司董事长Bardola先生等。

(八)完成《甘肃省中医院年鉴(2003—2004)》印制工作,保证了医院史志工作的延续性。

(九)传递奥运精神,凝聚全院职工团结奋进。医院马忠祥、严亮同志光荣当选29届奥运会火炬传递手,并成功举行了奥运火炬在医院的传递活动。

二、整合资源,创造条件促进医院业务发展

医院始终坚持发展是硬道理,认真落实党的卫生工作和中医工作方针政策,紧紧围绕发展这个第一要务,在发展的思路、理念、目标上做出了切合实际的科学定位,为医院持续发展奠定了基础。

(一)增加和调整病床数,增设新病区。增设眼科病房和十六病区。调整后医院实际开放病床数将由720张增至800张,其中骨科系统开放病床数为347张。病区将由15个增至16个。

(二)为改善医疗用房紧张和住院患者住院条件,投入资金改造综合楼1、2、5、7、8层为医疗用房;压缩调整行政办公用房,实行行政职能管理集中办公模式,并为职能管理部门每位工作人员配备了计算机。

(三)更新和购置医疗设备,强化临床治疗和检查手段。全年投资980万元购置设备,主要有全自动血凝仪、膀胱镜系统、超声乳化仪、冷冻切片仪、呼吸机等,进一步满足了临床医技工作的需求,使临床医技工作在硬件条件上得到了一定的改善。

(四)加大学科、专科建设投入。医院为心血管病防治中心、肿瘤及血管介入治疗科、泌尿科、内分泌科、眼科等新建学科积极创造条件,引进学科带头人徐义先、党建中、赵永强、刘永明、张毅等积极开展新技术、新业务,促进了医院综合实力的进一步提升。新建学科年度增加门诊收入86万元,增加住院收入1449万元。

(五)积极进行筹划并开展国家临床药理试验机构资格认证申报工作。医院成立申报国家药物临床试验机构筹备领导小组,在中介公司的指导下筹备申报材料,并撰写中医骨科、中医消化科等7个拟报专业科室的相关文件,并组织培训。整体申报工作基本准备就绪,将力争在2009年2月接受国家食品药品监督管理局组织的关于国家临床药理试验机构资格认证检查。

(六)对经临床应用有一定疗效的院内自制药品进行严格筛选,完成了10个新品种的院内自制剂的申报工作。

(七)医院在靖远县实施"胡大一爱心工程",并被授予"中国红十字会爱心工程定点医院"。医院采取走出去与地方政府联合防病治病模式,收到了良好的社会效益和经济效益。

(八)为方便患者,服务社会,自2008年6月1日起实行无假日制度,医院各科诊室周末正常开放。

(九)医院多次安排专家开展健康保健、咨询义诊服务,受到社会民众的欢迎。主要有省委宣传部组织的“三下乡”活动,《鑫报》组织安排的给农民工送爱心、送温暖活动,省卫生厅、省红十字会组织的2008年“5·8”世界红十字日宣传活动,《西部商报》开展送温暖系列大型义诊活动和中医中药中国行甘肃站活动。

(十)2008年接待省市各区医保患者4012人次,较去年同期上涨57.6%;年内收住济困病人120人次,减免费用90万元,济困病床的有效利用得到上级主管部门和群众的好评。

(十一)医院被省卫生厅确定为甘肃省省级新型农村合作医疗定点医疗机构,同时骨科、脑病科、肾病科、老年病科、消化科、心血管疾病防治中心被确定为甘肃省省级新农合定点医疗机构重点科室。

三、以人为本,打造专业技术团队

坚持科学发展的人才创新理念,医院加强了专业技术人才梯队的建设,加强了引领学科、专科发展的学术技术带头人的引进,加大了专业技术人员的储备,并实施“三名”工程。医院全年投入人才引进和培养经费88万元,较上年上升12.53%,大力推动了医院中医事业的传承创新。医院被评为全省卫生人才工作先进单位。

(一)医院肾病科被省中医管理局确定为第三批甘肃省重点中医药专科,心血管病防治中心被确定为第四批甘肃省重点中医药专科建设单位。

(二)经医院学术技术委员会考核,王自立、刘国安、廖志峰3名同志续聘为医院首席主任医师,并增聘李盛华、李妍怡2名同志为医院首席主任医师。

(三)制定《甘肃省中医院名中医评选管理办法》。按照评选程序,李盛华、李妍怡、靳锋、贾正中、王承祥、左进、张定华、孙其斌等8名同志被授予“甘肃省中医院名中医”荣誉称号。

(四)医院聘请裴正学、杨成悌、李徐生、罗克政等4名省内知名老专家,以传帮带的模式引领中青年医生成长;医院首席主任医师王自立、刘国安、廖志峰、李妍怡以精益求精的工作态度,充分发挥老专家传帮带的作用,为医院业务发展做出了突出的贡献。全年引进博士研究生3名,硕士研究生24名,学科带头人2名。严格按照医院“223”人才管理办法,对62名“223”人才实施了考核。

(五)医院骨伤科被评为中华中医药学会“中医骨伤名科”。医院被天津中医药大学设为骨伤专业联合博士生培养点,中医骨科学术技术带头人李盛华同志被聘为博士生导师,成为省中医院历史上首位博士生导师。博士生培养点的确立为医院今后培养更高层次人才以及骨科学科发展奠定了基础。

(六)赵继荣、张定华同志荣获“全国第二届百名杰出青年中医”荣誉称号,张延昌同志被中国中西医结合学会风湿病专业委员会授予“推动风湿学术发展贡献奖”。

(七)举办“甘肃省中医院第十三届中青年学术年会”。本届年会共收到交流稿件130篇,选出的10篇优秀论文进行了大会交流。评选出集体奖1名;个人一等奖2名,二等奖3名,三等奖5名;优秀论文奖10名,特别奖3名。

(八)为提高急救理论水平、技能水平和应对突发公共卫生事件的救援处置能力,举办了医院首届临床医师急救技能大赛。

(九)选送专业技术人员外出进修及短期学习、学术交流,以加强与发达省市的学术交流,及时掌握最新学术动态。全年选送医务人员进修及短期学习、外出学术交流共80人次。

四、狠抓质量,深化医院管理年工作

根据国家卫生部、国家中医药管理局在2008年继续开展“以病人为中心,提高医疗服务质量为主题”的医院管理年活动要求,按照中国医院协会关于“患者安全目标”主题活动要求,医院结合实际情况做了具体的安排部署。医院加强依法执业，狠抓医疗质量和服务质量，构建和谐医患关系，不断健全医院质量、安全、服务、费用等管理制度，建立医院科学管理的长效机制。

（一）按照全国百姓放心示范医院动态管理第二周期“患者安全目标”的主题和标准，要求临床科室认真贯彻执行各项制度，不断加强规范化管理，有力促进各项工作向制度化、规范化和科学化方向发展，做好考核验收准备工作，将在2009年初迎接验收检查。

（二）加强医护人员“三基”知识培训。一是严格按照三级甲等中医院的标准督促检查各项工作，严格执行医疗制度和操作规程。二是加强对医护人员基本技能的培训，开展业务学习、病历书写、抗菌药物合理使用等培训。全年组织10余次“三基”医护知识培训，举办2次“三基”知识考试，人员合格率为100%。三是坚持开展全院医护人员业务观摩查房、手术观摩和院内学术交流等活动。

（三）加强医疗质量控制考核工作。

1.加强各项医疗制度落实情况的检查，将检查结果纳入每月质量控制考核。安排疑难病例讨论，检查三级医师查房质量和病历质控工作，并进行评比。随时检查首诊负责制、院内外会诊制度、死亡病例讨论制度等各项医疗制度的执行情况，检查超范围收住病人等。

2.对全院临床、医技科室实施医疗质量动态管理，2008年重点调整了平均住院日的考核，将原来的21天降至15天。

3.充分发挥院科两级医疗质量管理组织的作用，督促改进医疗工作。

（四）全年未发生医疗事故。共接待处理各类医疗投诉42起，较去年减少23起；新构成医疗纠纷12起，较去年增加9起，现累计医疗纠纷15起。今年处理医疗纠纷8起。

（五）为做好对就诊患者的服务，加强医患沟通，医院成立随访中心。经电话随访出院患者6762人次（占同期出院患者的97.6%），患者或患者家属对医院各项服务满意者达5636例，占随访患者及家属的97.3%。不满意率为2.7%。

（六）护理紧紧围绕临床一线工作，力争质量求精、形式求新、水平求高。临床护理推出了温馨提示卡服务，实行连续排班工作，将护理观摩查房、护理教学查房、业务学习进行有机的结合。邀请南丁格尔奖获得者王亚丽同志做题为《让青春在奉献中闪光》的报告，为医院护理人员树立了热爱护理专业、为护理事业而奋斗终生的榜样。

（七）医疗工作实现跨越式发展，各项医疗指标大幅攀升。全年门诊诊疗人次为341424人次，较去年增长11.3%，其中门诊挂号为234432人次，较去年增长14.8%。收治住院病人数11453人次，较去年增长26.6%；床位平均使用率90.6%，较去年上升8.9%。开展手术3855台，较去年增长27.5%。强化检查意识，各项医技检查人次较去年明显增加。

（八）按照传染病管理办法和要求，全年累计报告各类传染病689例，疫报率和及时率均为100%。转诊结核病病人14例。预防保健共接种5365人次，其中一类疫苗3542人，二类疫苗1823人；全年新建卡79人，建证、建卡率均达到上级部门要求的95%以上。抗生素使用抽查率为63.61%，较去年上升7.71%。

五、科教兴院，提升医院科研能力和教学水平

科研能力和教学水平是医院综合实力的重要组成部分。2008年医院在抓医疗工作的同时，积极创造条件加大对科研、教学的管理和经费投入，医院的科研能力和教学水平有了很大的提高。

（一）科研工作

1.组织申报省科技厅科研项目25项、省教育厅研究生导师科研项目5项、省中医管理局重点中医药项目 6 项,其中省科技厅立项 10 项(省中医药研究院 2 项)、省中医管理局立项 9 项、省教育厅立项 2 项、兰州市科技局立项 3 项。

2.组织省级、厅级科研课题鉴定 20 项(省中医药研究院 2 项),均达到国内领先水平;省中医药研究院新药成果 1 项。其中李盛华主持的"陇中损伤散对激素性股骨头坏死疗效与作用机制实验研究"项目获得甘肃省科技进步奖二等奖、甘肃省中医药皇甫谧科技一等奖;李妍怡主持的"补脑膏治疗血管性痴呆的临床和实验研究"项目获得甘肃省科技进步奖三等奖、甘肃省中医药皇甫谧科技二等奖;李喜香主持的"柔肤愈裂搓贴的研制及药效学研究"项目获得甘肃省中医药皇甫谧科技二等奖;东红主持的"佛手养心安神汤治疗神经衰弱症临床和实验研究"项目、柳直主持的"姿态调衡法治疗腰椎间盘突出症的临床研究"项目、潘文主持的"'阴洁尔康外用抗菌洗液'治疗外阴阴道假丝酵母菌病的临床与实验研究"项目获得甘肃省中医药皇甫谧科技三等奖。

3.为提高医院专业技术人员的科研能力和水平,组织各种科研知识培训讲座 9 次。组织医院及省中医药研究院专业技术人员积极申报国家自然基金项目共计 7 项。

4.经医院申报,省中医管理局审核验收,中医骨伤实验室、脑病实验室、消化病实验室、中医药疗效影像评价实验室、中药化学实验室被确定为中医药二级实验室。

5.积极开展新技术、新业务。率先引进新仪器设备开展新业务,取得显著效益者 5 项;利用原有设备仪器,开展新的检查、治疗项目,取得显著效益者 1 项;提出具有创新精神的改革方案,经实施后取得明显经济效益或降低成本者 2 项;科研成果推广应用于临床,取得显著效益者 1 项;引进新的治疗方法或手术方法,填补院内空白 45 项。全院发表论文 193 篇,其中在省级刊物发表论文 99 篇,国家级刊物发表论文 94 篇;出版专著 9 部。

(二)教学工作

1.医院承担甘肃中医学院、省中医学校、省卫校、张掖医专、平凉医专、贵阳中医学院等院校学生的实习和见习工作。从加强管理、严格教育着手,圆满完成了 2003 级中医学院实习生的后期临床教学任务,接受甘肃中医学院硕士生 25 人在院实习,并纳入整体教学管理。接受省内基层医院进修人员 37 名,为地、县医院培养了一批业务素质高、基本功扎实的基层医疗工作者。接收省委组织部"甘霖计划"进修培训人员 7 名(甘南)。

2.承办"中华中医药学会第十二次全国脾胃学术交流会"。举办骨科、脑病、小针刀、消化、药剂、护理、财务等 7 个国家级(省级)继续教育项目学习班。

3.完成省人事厅规定的继续教育公共课培训和"省级医院医务人员艾滋病反歧视倡导学术讲座"培训。经省中医管理局对继续教育审核,合格率达到 99.5%。

4.完成了 2009 年 3 项国家级、11 项省级继续教育项目的申报工作。

六、全力开展抗震救灾和"问题奶粉"救治工作

2008 年 5 月 12 日 14 时 28 分,四川省汶川县发生里氏 8.0 级强烈地震。此次地震是新中国成立以来破坏性最强、涉及面最广、救援难度最大的地震灾害,给国家和人民群众的生命财产造成了重大损失。我省陇南、甘南、天水、平凉、庆阳等 6 个地区也不同程度受灾,并造成人员伤亡。地震发生当天,医院积极请战,在第一时间组建了医疗队,准备了救援物资,并在 5 月 13 日以最快的速度奔赴灾区实施救援工作。在抗震救灾期间,医院先后派出志愿者、心理干预、地震灾后骨伤与流行病调查病学三支医疗队为灾区人民服务。在巨大的困难和危险面前,医疗队全体医护人员一切听从党的召唤,一切服从人民的利益,一切行动听从指挥,甘当生命的守护神,表现出了救死扶伤、不怕艰险、勇于献身的崇高品质。从5月21日开始,从陇南灾区陆续转来重症伤病员在医院救治,年龄最长的78岁,最小的12岁,主要为复杂的多发骨折及复合外伤。医院领导和部分管理部门将办公用房让出,为迎接大批伤病员做了充分的准备。设立"爱心病房",免费为伤病员提供医疗、护理、心理咨询和饮食等服务。全院医护人员慷慨解囊,纷纷伸出援助之手,通过实物捐献、现金捐助和特殊党费等方式表达对灾区人民的爱心。在抗震救灾工作中,涌现出一批先锋模范和优秀代表。鄢卫平同志被中共中央、国务院和中央军委授予"全国抗震救灾模范"荣誉称号,韩艳、李盛华、冯守文、罗克龙、杨宏武、周云霞、赵军、张崇岳、周毓萍、李喜香、史文宇、周明旺、陈涛、邵杰等同志受到上级部门的表彰。

"三鹿牌婴幼儿配方奶粉"重大安全事故发生以来,医院积极应对,从9月16日开始,门诊开通食用三聚氰胺奶粉婴幼儿筛查绿色通道,门诊大厅张贴免费筛查通知,免挂号、B超、尿检费用。各楼层显著位置张贴儿科诊断、B超检查、尿检指示标志。9月20日,为方便接诊,医院在门诊东侧院内搭建帐篷,设接诊登记处、诊断室、B超检查室、尿检查室、饮水处、休息处。医护人员认真对待每一位"问题奶粉"的婴幼儿患者,本着早一刻发现治疗,多一份康复保证的筛查治疗原则,积极地为广大患者服务。共筛查婴幼儿患者1270人次,B超检查1270人次,尿检1076人次,收治入院20余名。医院首席主任医师、甘肃省名中医刘国安教授根据其多年的临床研究和实践经验,研制出院内中药制剂"尿石康糖浆"和"肾石康糖浆",在临床上取得了满意的疗效。在这次筛查治疗"问题奶粉"患儿工作中,盛丽、赵永强、沈玉鹏、靳锋等同志表现突出,得到了患者家属和同行们的好评。

通过抗震救援和"问题奶粉"处置等工作,有力地表现出省中医人与民族共命运、与祖国同患难的社会责任,传承了省中医人"严谨、仁爱、传承、创新"的优良传统,彰显了省中医人大爱无疆、生死与共的真挚情怀,医院的工作赢得了广大人民群众的高度赞誉。

七、加快发展步伐,推进省中医药研究院科技创新

年内投入60万元完成了科研办公楼的改造粉刷工程,为省中医药研究院尽快开展工作铺垫了良好的硬件基础。中心实验室在过去几乎空白的基础上,建立了仪器分析室、中药实验室、中药检验分析室、无菌操作室、生化室、病理实验室、动物解剖室等,并筹建PCR实验室,使中医药研究院在科研环境上有了初步的规模。同时,整合医院药剂科的制剂设备,为两院的中医药科研发展、中药制剂开发以及专业技术人员参与科研工作构建了一个实验平台。全面整合现有医疗科研资源,将现有高效液相色谱仪两台(WATERS、瓦里安高效液相色谱仪),TV-1201紫外分光光度仪,十万分之一电子天平及片剂崩解仪、显微镜、数字自动旋光仪、pH酸度计等常规仪器设备,两院科研人员共享,实现了科研设备的互补,有力地提升了科研和开发能力,改善了科研工作条件。

为了推动中医药科学技术的发展,更好地配合中医药科研和临床工作,为全省中医药工作者提供最新、最准确的中医药信息服务,成立甘肃省科技厅科技查新检索咨询分中心,为中医药科研课题申报等工作提供更加方便、快捷的查新检索服务。完成《甘肃中医》杂志12期的编、校、审及印刷、出版工作,全年共审稿2340篇,比上年增加了23.8%。完成省中医管理局《甘肃省中医药信息》3期。《甘肃中医》杂志被省新闻出版局评为2008年优秀期刊。

2008年共争取科研支撑项目3项,总计费用70万元。对获得甘肃省皇甫谧中医药科技一等奖的"嘛呢骨痹胶囊"项目进行了新药开发,顺利通过了国家中药新药评审中心的评审,并于2月获得国家食品药品监督管理局中药新药6类药物临床实验批件。

2008年医院各项工作取得了一定的成绩,一方面归功于医院领导班子始终坚持以科学发展观统揽全局,坚持发展是第一要义,团结和带领全院干部职工发扬"严谨、仁爱、传承、创新"的医院精神,以促进和谐为目标，坚持以医疗质量为核心，以学科、专科建设为重点，以科学管理为保障，以深化改革为动力，使医院步入全面协调可持续发展的良性轨道；另一方面归功于全院各级干部职工的辛勤努力和忘我工作，成为医院发展的坚强堡垒和有效动力，不断推动医院向更高、更好的方向发展。我们在总结工作，肯定成绩的同时，也要认真面对我们存在的问题和不足。我们在贯彻落实科学发展观上，与工作实际结合得还不够紧密；在内涵建设上与三级甲等医院的标准和省级医院的要求还有较大差距；在“三名”战略的实施上不到位，中医药专科优势不突出，中医药文化突出不明显，中医药参与治疗率所占的比重还不够；医疗耗材占业务收入比重较大，医保费用严重超支，存在收入构成不合理的现象；医院面临的医疗纠纷、医闹等，负面影响很大，严重影响正常的诊疗秩序，也使医院蒙受较大的经济损失；部分工作人员仍然存在服务态度不好，对患者和家属生、冷、硬、顶的现象，影响医院的社会形象；在实际工作中存在管理制度和岗位职责脱节的现象等，都在不同程度地影响着医院发展的步伐。为此，医院将以学习实践科学发展观活动中形成的领导班子分析检查报告和整改方案为切入点，切实解决工作中存在的问题，努力把医院建设成为技术过硬、服务到位、特色突出的具备现代医学实力的综合性中医院。

2009 年工作要点

2009 年，是医院贯彻落实 2005—2010 年发展规划与计划，推进医院持续快速发展的关键之年。医院工作的整体思路是：以邓小平理论和“三个代表”重要思想为指导，贯彻落实科学发展观，进一步解放思想，落实医疗卫生改革方案，充分发挥中医特色与优势，大力推动继承创新，弘扬中医药文化，深化医院改革，加强医院管理，加快医院基本建设和基础设施的建设，实行目标责任制管理，努力提高服务质量和服务水平，不断满足广大人民群众对中医药服务的需求，努力把医院建设成技术过硬、服务到位、特色突出的具备现代医学实力的综合性中医院。

2009 年主要目标是：

门诊挂号人次达 26 万人次；

门诊诊疗人次达 40 万人次；

收治住院病人达 1.3 万人次；

平均床位使用率 90%以上；

平均住院日 18 天；

合格病历率≥90%；

处方合格率≥95%；

中医药临床参与率 90%以上；

中医证候诊断准确率≥90%；

中药使用率 60%以上；

调剂复核率 100%；

药品和医疗器械临床试验、手术、麻醉、特殊检查、特殊治疗履行患者告知率 100%；

临床主要诊断、病理诊断符合率≥60%；

急危重症抢救成功率≥80%；

治愈好转率≥90%；

基础护理合格率≥90%；

医院感染现患率≤10%；

医疗器械消毒灭菌合格率达到 100%；

法定传染病报告率 100%；

重大医疗过失行为和医疗事故报告率 100%；

完成业务收入 1.8 亿元。

2009 年重点完成以下十一项工作：

一、加强内涵建设，提升医院软实力。

(一)建立医院职工素质教育和技能培训长效机制，打造思想过硬、技术过硬、作风过硬，具有履行岗位职责能力和较高工作效能的管理干部队伍、专业技术队伍和职工队伍。制订实施"三基"训练、"中医经典"学习、公文写作等技能岗位练兵和技术比武方案，并在 3 月启动。

(二)加强医院重点学科、专科和专业技术人员梯队建设，进一步推进医院实施名院、名科、名医工程。制定院级名科的创建制度和考核管理制度，并完成医院第一批名科的申报及确认。

(三)贯彻落实《甘肃省中医院规章制度与岗位职责》，定期或不定期对执行情况进行考核和督导，考核结果与绩效分配挂钩。

二、深化医院内部改革。

(一)调整完善现行分配制度。

(二)新一轮护士长以上干部竞聘上岗，实行管理干部目标责任制。

(三)集中医特色疗法，整合门诊综合治疗中心；理顺医疗设备科和信息中心的管理职能；清理常年不在岗位人员。

(四)药剂科院内制剂生产实行独立核算的经营管理模式，增加制剂设备投入，扩大制剂生产能力，与省内地、市、县级中医院联合开展委托加工、制剂调剂使用等工作，使医院特色制剂服务于全省人民。同时采取相应措施，提升院内制剂的使用率。

(五)推进医院后勤管理社会化服务进程。

三、突出中医特色，加强中医药文化建设和宣传。

(一)作为省中医管理局中医药文化建设试点单位，在 3 月完成医院中医药文化建设规划的制定，并重新设计布置各医疗就诊区域和 16 个病区的宣传栏目，在医院渲染中医药文化特色氛围。

(二)充分利用医院网站等宣传媒体宣传医院特色科室、特色医疗及中医治未病的理念，介绍宣传医院首席专家、名中医和"223"人才等。

四、建立医院医疗质量和医疗安全管理长效机制，全面贯彻落实患者安全目标。

(一)从 1 月起实行每日医疗动态研究制度，实行医疗质量和医疗安全月分析会议制度。

(二)严格执行医院感染管理制度，加强医院感染管理，对医护人员进行医院感染管理知识强化培训；强化传染病疫报意识，对医护人员进行传染病疫报制度强化培训。

五、作为国家中医药管理局中医治未病试点单位，探索构建中医预防保健服务体系。经过努力，在医院初步形成中医特色明显、技术适宜、形式多样、服务规范的治未病预防保健服务体系框架。

六、完成省中医管理局全省中医医院医疗质量检测中心的建设，并开展工作。完成省中医管理局西医学习中医班的教学工作。

七、完善医院信息化系统建设。完成 PACS 影像存储管理系统、电子病历系统和行政办公自动化系统的建设。

八、实施并推行 ISO 9000 认证，建立标准化的考核管理体系。制定节能降耗管理办法和考核奖惩评价体系，进一步完善后勤办公物资、医疗器材库存物资管理制度，努力降低医疗成本。

九、继续完成国家临床药理试验机构资格认证申报工作。力争在 2009 年 2 月接受国家食品药品监督管理局组织的关于国家临床药理试验机构资格认证检查。

十、基本建设工作。

（一）贯彻卫生部加快卫生基础设施建设的通知，加快门诊医技综合楼建设区域内的拆迁安置工作，力争于 5 月奠基开工。

（二）完成与兰州昌盛植物油有限公司土地转让合同签约、产权移交工作。4 月底完成医院新的整体规划征求意见、专家评定、方案确认工作，最终确定医院整体规划方案。

（三）完成北区新建高层住宅楼建设实施方案。抓紧落实经济适用住房建设相关手续报批、项目筹建及设计方案招标工作。

（四）申报并实施污水处理站移位新建工程项目，申报并完成 10 吨天然气锅炉安装改造工程。

（五）6 月底完成 1 号楼电梯更新、部分楼层房屋和卫生间的维修改造，对 1~3 号楼病区的自来水管网改造，并配置新开水设施。

（六）年内实施医院设在城关区门诊（原小沟头门诊）的开诊工作，6 月前完成前期准备工作。

十一、完成省中医药研究院 PCR 实验室建设，建立多层次基础研究平台。完成科研人员的配备和培训。积极申报国家级科研项目，并力争立项 1~2 项。

附件：

医院 2007 年与 2008 年各项业务指标比照表

医院 2007 年与 2008 年各项业务指标比照表

项目	2007 年	2008 年	上浮或 下浮比例（%）
业务收入(万元)	10241	14739	43.9↑
门诊挂号人次	204199	234432	14.8↑
门诊诊疗人次	306865	341424	11.3↑
收治住院病人人次	9048	11453	26.6↑
床位使用率	81.7	90.6	8.9↑
床位周转率	14.3	16.5	15.4↑
手术台次	3024	3855	27.5↑
门诊检验人次	32860	49742	51.4↑
住院检验人次	41480	31523	24.0↓
超声检查人次	15397	16892	9.7↑

续表

项目	2007年	2008年	上浮或下浮比例(%)
病理检查人次	3823	4121	7.8↑
磁共振检查人次	1493	4150	178.0↑
CT检查人次	5685	6235	9.7↑
普放检查人次	46264	52434	13.3↑
抗生素使用抽查率	55.90	63.61	7.71↑
预防接种人次	7541	5365	28.9↓
接待省市区医保患者人次	2552	4012	57.21↑
济困病房接待患者人次	235	120	48.9↓

关于印发甘肃省中医院《二〇〇九年党委工作总结及二〇一〇年党委工作要点》的通知

中医党发〔2010〕1号

各党支部：

现将《二〇〇九年党委工作总结及二〇一〇年党委工作要点》印发给你们，请认真组织学习，结合实际贯彻落实。

特此通知。

二〇一〇年二月五日

二〇〇九年党委工作总结及二〇一〇年党委工作要点

在全党深入贯彻落实党的十七届四中全会精神，全力推进和重点落实医改任务的关键时刻，我们召开全院大会，全面总结2009年度工作，安排部署2010年各项工作任务，表彰奖励医院涌现出的各级各类先进典型，这对做好下一步工作具有非常重要的指导意义。

一、2009 年工作回顾

2009 年是医院大事要事多、工作任务重、发展速度比较快的一年。一年来,医院党委按照中央提出的党建工作要求,以坚定理想信念为重点加强思想建设,以造就高素质党员干部队伍为重点加强组织建设,以保持党同人民群众血肉联系为重点加强作风建设,以健全民主集中制为重点加强班子建设,围绕中心、凝聚力量,不断改进和创新党委工作,为医院改革和发展提供了有效的思想和组织保证,较好地发挥了政治核心与监督保证作用。

(一)思想理论建设得到进一步加强和改进

理论武装方面,坚持贴近实际,贴近职工,贴近生活的原则,认真贯彻落实中央和省委的重大部署和卫生厅党组的工作安排。为了统一思想,提高认识,党委进一步强化干部的理论学习制度,重新修订了关于加强党委中心组学习的意见,重新调整了党委理论学习中心组的范围,为每位中心组成员统一配发了专门的学习笔记,坚持每月按时组织一次集中学习和研讨,有重点地组织学习党的十七届四中全会精神、卫生工作方针政策和新的医改方案等党的最新理论成果。尤其是对如何建设学习型党组织,如何发挥党委的职能和作用,如何发挥每个党员干部的模范带头作用,提出了明确具体的要求。我来医院之后,一边深入走访调研,一边熟悉医院情况,同时结合工作实际进行深入思考:医院党委的职能应该如何定位?医院党委应该发挥什么样的作用?医院党委应该重点抓好哪些方面的工作?经过反复思考,我在中心组学习会议上明确提出党委工作的指导思想:团结奋斗、共谋发展、服务患者、惠及职工。党委工作应该坚持的原则:紧紧围绕党的大政方针,紧紧围绕省委省政府的总体部署,紧紧依靠卫生厅的正确领导,紧紧依靠全院党员干部和广大职工群众的支持,紧紧依靠班子的集体领导,团结带领全院职工搞好工作。党委工作的总体定位和应该发挥的作用:政治核心作用、监督保证作用、服务协调作用。

实际工作中能够把学习贯彻党的路线方针政策与落实党委工作思路结合起来,与落实医院行政方面的具体工作任务结合起来,与构建和谐医患关系、创建平安医院的工作实践结合起来中来,与医院文化建设工作实践结合起来,较好地发挥党委的职能和作用,为医院改革和发展提供了有效的思想和组织保证。

(二)组织工作更加扎实有效

党委注重基层党组织建设,注重干部的培养选拔和教育管理,注重改善党的领导方式,把党要管党落实到医院工作的实践当中。

1.重视班子自身建设。根据省卫生厅党组的总体部署和要求,医院党委于 2009 年 11 月上旬召开党委专题民主生活会。大家围绕"加强领导干部党性修养,树立和弘扬良好作风"这个主题,结合自身实际,结合征求到的意见建议,针对存在的问题,认认真真地开展批评与自我批评。重点检查自身在加强党性修养、坚持科学发展观和正确的政绩观、落实党风廉政建设责任制、遵守廉洁自律有关规定等方面存在的突出问题。从思想深处进行剖析,开展深刻的批评与自我批评,提出了切实可行的改进措施。对于进一步统一思想,提高认识,增进团结,促进工作起到了很好的作用。

2.重视组织发展工作。这是关系党的肌体健康的大事,也是党要管党的基础工作,严格按照规定办事,严格审批程序,保证了新党员的质量。年内,发展杨春林、沈涛两位同志为中共预备党员,万迎霞等 12 名预备党员转为正式党员。

3.重视中层干部的选拔任用和教育管理。这是党要管党的关键。根据实际工作需要,按照《卫生厅处科干部选拔任用办法》的相关规定,2009 年 6 月,医院对主要职能部门的负责人进行轮岗,对所有中层干部实行了竞争上岗,对重症医学科、药剂科、城关门诊等部分科室的干部进行了调整补充。党委能够严格按照党政干部选拔任用工作条例的相关规定认真做好这方面的工作。

4.重视基层党支部建设。这是党要管党的重点。2009年6月,党委根据工作需要对支部书记做了新的调整。当时,根据组织部门安排,李盛华院长全面负责医院党政工作,他针对医院工作现状,强调要从八个方面做好支部工作。7月初,医院组织所有的书记赴外考察学习,足见医院对党的工作、支部工作的重视程度。应该说,各党支部的工作也在进一步加强,尤其是在围绕中心工作、组织党员学习、开展党内活动、组织歌咏大赛、组织年终考核、评先选优等方面较好地发挥了战斗堡垒作用。

5.重视组织推荐工作。根据上级组织部门的安排和要求,按照组织工作相关程序,完成"全国卫生系统先进集体""省直机关十大杰出青年""医德医风先进典型""甘肃省监察厅特邀监察员""全省五好家庭""全省先进典型"等各级各类先进典型的组织推荐与申报工作。

(三)纪检工作更加贴近实际

首先,是加强教育引导。为进一步坚定党风廉政建设和行风建设工作方向,增强教育的针对性和有效性,把党风廉政建设和医德医风建设融入医院发展的总体布局,通过党风廉政建设和行风建设工作任务分解,落实工作责任制;通过召开护士长以上干部会议,将医院党风廉政建设和行风建设工作要求传达到每位职工;通过每月组织观看警示教育片,开展警示教育,教育和引导广大职工严格遵守行业纪律,自觉抵制违法违纪行为,营造良好的医德医风建设氛围,使医院的服务理念成为每位职工的自觉行动。

其次是坚持制度管理。医院认真贯彻执行中央《建立健全惩治和预防腐败体系2008—2012年工作规划》和省委的《实施办法》以及省卫生厅党组《实施方案》,结合实际制定并实行了《医务人员不良执业行为积分管理暂行办法(试行)》,建立了从患者就医到离院的全程质量控制流程和全程质量管理体系,实施动态监控与科室目标责任制相结合的质控保证措施;将医务人员医德医风考核与职工年终考核挂钩,纳入医院管理长效机制;修订医院内部审计制度,规范内部审计工作规程,使医院所有维修改造工程都实行事前预算事终审计,促使医院资金的合理使用;成立招标采购部,实行招标采购和使用管理相互监督的管理运行模式,严格按照法律法规及相关规定程序实施招标采购;召开职工代表大会,将医院整体发展建设规划、门诊医技综合楼建设项目、住宅楼建设项目、职工拆迁安置方案等提交会议讨论通过;成立医院门诊医技综合楼、住宅楼建设项目监督管理工作委员会,特聘相关管理机构人员为监督员,协助对医院门诊医技综合楼建设项目执行有关法律法规等情况进行监督管理;与建设单位签订廉政协议,实施"阳光工程",确保医院建设项目保质保量、安全有效的实施等。

(四)宣传方面取得一定成绩

宣传工作始终坚持发展这个第一要务,坚持"以病人为中心",按照三贴近的基本要求,坚持团结、稳定、鼓劲的方针,不断与时俱进,开拓创新,为深化医院改革,促进医院发展,实现年度工作计划等提供思想保证、舆论支持和精神动力。

一是坚定不移地做好党的方针、政策和党的最新理论成果的宣传。大张旗鼓地宣传科学发展、构建和谐社会、社会主义荣辱观等理论。

二是坚持不懈地做第一要务的宣传。通过各种途径及时宣传医院在加强管理、深化改革、提升服务、促进发展方面的新举措,新进展,新成就,新经验。

三是大张旗鼓做医院特色与优势的宣传。通过各种媒体进行医院整体形象的宣传。通过医院承办的专业期刊《甘肃中医》进行医院特色专科介绍,宣传和介绍医院的特色专科、知名专家和业务骨干。

扩大医院影响和知名度，把名医介绍给患者，把特色介绍给患者，把医院介绍给社会。

（五）文化建设得到长足发展

医院按照文化建设与精神文明建设相融合、与医院管理相结合、与时代精神相统一的思路来开展医院文化建设。

一是成功举办喜迎祖国六十华诞书画摄影展。自 2009 年 3 月开始筹备此次活动以来，医院共收到和展出书画名家、中医名家和医院职工的书画作品 120 余幅，摄影作品 58 份；同时举办了书画艺术笔会，展出中草药标本 60 件。医院邀请甘肃省政府副秘书长张正锋，省卫生厅厅长刘维忠、副厅长李存文，天津中医药大学党委书记张金钟教授，中国工程院院士石学敏、刘昌孝等，出席了开幕式。通过这些文化创建活动，进一步传承中医国粹，塑造医院形象。

二是隆重举行庆祝建国 60 周年歌咏大赛。从 7 月开始布置，9 月中旬演出，历时 2 个月。13 个党支部编排演出 27 个节目，先后有 495 人次参加演出。整个活动隆重、喜庆、热烈、祥和，圆满成功。达到了鼓舞士气、凝聚人心、活跃文化、宣传医院的目的。

三是参加全省中医药文化交流活动。医院在大会上做了文化创建工作经验交流，制作文化展板进行集中展示；我院省级名中医张延昌在大会上做了汉代医简研究方面的专题报告。通过参加这次交流活动，进一步促进医院文化发展与进步。

四是利用门诊楼奠基机会开展文化宣传活动。制作宣传展板 108 个，从医院概况、院史春秋、领导关怀、内涵建设、重点专科、天使风采、临床教学、对外交流、医院党建、文化建设等 12 个不同的视角记录医院的发展历程，反映医院取得的成绩和发生的巨大变化，表现了全员广大干部职工开拓进取、甘于奉献的精神风貌。

回顾总结一年来的工作，无论是思想政治工作还是党员的教育管理，无论是医院文化建设还是精神文明建设，都取得了长足进步与发展。但也存在一些不容忽视的问题：支部工作和医院团的工作其深度与广度还不够，工作缺乏自主性、创造性，支部工作的影响力还不够；党员在宣传群众、组织群众、影响群众、带动群众方面的模范作用发挥得还不够。还有个别党员，组织观念和党员意识不强，需要进一步加强教育和引导。中医文化氛围还不浓厚，缺乏文化精品，尤其是对医院精神文化的提炼总结推广还不够，尚缺少先进的文化创意。

二、关于 2010 年党委工作

2010 年是全面落实医改任务的关键一年，是完成“十一五”规划、制订“十二五”规划的重要一年。我们将紧紧围绕中央和省委的总体要求，紧紧围绕卫生厅党组的工作部署，以科学发展观为指导，以全面落实医药卫生体制改革任务为主线，抓改革，练本领，努力创建百姓放心医院，为人民群众提供满意的健康服务。

（一）认真落实党委工作七项任务

一是思想建设。必须始终坚持运用党的最新理论和重大工作部署武装党员干部思想，不断增强党员意识和党性修养，时时处处体现党员的模范带头作用。要按照省卫生厅党组的部署，重点抓好党委中心组学习和管理干部的理论培训工作，同时不能忽视普通党员教育，要继续在武装头脑、指导实践、推动工作上下功夫。坚持把思想教育和理论武装工作贯穿于医院工作的全过程，渗透到医院工作的全方位，为全面落实医院发展规划提供理论指导和思想保证。

二是组织建设。首要的是选人用人，认真贯彻党管干部原则，按照干部任用条例和卫生厅的有关规定，用好的作风选作风好的人。其次是发展新党员的问题，必须有新鲜血液，成熟一个发展一个，要注重质量,不图数量。再次是组织生活,党委成员要以普通党员身份参加支部的组织生活。

三是作风建设。每个党员都是一面旗帜,群众看党员,党员看干部,干部看领导。每一位党员都应始终以党纪党规严格约束自己。要通过设立党员示范岗,实行党员挂牌上岗等举措做好这方面的工作。

四是纪委工作。纪委负责人要坚持原则,大胆工作,对每位党员的行为起到监督作用,对每位医务人员的医疗作风起到监督作用。有为才能有位,要通过认真细致的工作树立纪委工作的威信和地位。

五是宣传工作。要坚持不懈地做第一要务的宣传,通过各种途径及时宣传医院在加强管理、深化改革、提升服务、促进发展方面的新举措,新进展,新成就,新经验。要大张旗鼓做医院特色与优势的宣传。不断扩大医院影响和知名度,把名医介绍给患者,把特色介绍给患者,把医院介绍给社会。

六是精神文明建设工作。要教育和引导大家树立院兴我荣、院衰我耻的思想。医院的每一步发展和进步都和我们每一位职工有着或大或小的联系。作为医务人员,精湛的医术和高尚的医德同样重要,认认真真做好精神文明创建工作同样是医院党委十分重要的工作。

七是文化建设。要按照文化建设与精神文明建设相融合,与医院管理相结合,与时代精神相统一的思路来开展医院文化建设。要设载体,附内容,多形式,重效果。

(二)重点抓好三个工作环节

第一个环节是针对党员开展工作。必须始终强调党员意识、党性观念、政治原则、组织原则,这是党要管党的基础工作。

第二个环节是针对支部开展工作。在医院日常工作中特别是遇到急难危重任务时,要充分发挥支部的战斗堡垒作用,这是党要管党的重点环节。回顾总结过去一年的支部工作,从组织党员学习到职工医德医风教育,从组织各类评先选优到职工年终考核,支部工作责任重大,担子不轻,可以用"举足轻重、责无旁贷"几个字来概括。今后,还要在改进工作方法、扩大工作影响力方面做工作,充分发挥战斗堡垒作用。

第三个环节是发挥每一位班子成员的作用。这是党要管党的关键。不论党委还是行政,其工作目标是一致的,都是为了医院的改革与发展。去年年底医院隆重召开门诊医技楼奠基仪式,省上四大班子的领导高度重视,出席了我们的活动,这是医院历史上的一件大喜事,作为医院的一员,我们都感到自豪和光荣。如何以这次奠基活动为契机,团结和带领广大干部职工做好工作,这是每一个党员干部应该思考的问题。三两年之后门诊楼即将落成,我们应该从学科建设、特色制剂的研发、人才的储备、管理经验的学习等多方面提前做好准备。而这些工作都是每一位班子成员应该思考的问题。我们的任务就是要集结全院力量,调动全院智慧,共同搞好医院改革与建设。

(三)配合抓好医院行风建设工作

行风建设是医院永恒的话题。我来医院时间不长,但也接到一些患者投诉,说明我们在服务方面、管理方面还存在许多缺陷和不足,必须引起每一位管理者的高度重视。我常说,做人最大的原则是不为难自己,而不为难自己的前提是不为难别人,别人也不为难你。苏荣同志有一句名言是"常举刀少砍人"。在我们医疗卫生行业,因为干部对自身约束不严,单位监督管理不到位而发生问题的为数不少,个别的还是党的高级干部、很有名气的高级知识分子,结果怎么样呢?没有一个逃脱党纪国法的制裁和惩处!所以,行风建设必须常抓不懈。作为医生,医德和医术同样重要,看病和沟通同样重要,我们应该提倡把医患沟通纳入医院质量考核体系并独立作为质控点,在沟通过程中要求坚持做到这么几点:"一个要求",即多听病人和家属说几句,细听宣泄和倾诉,耐心准确做出解释;"两个掌握",指掌握病情、检查结果和治疗情况，掌握医疗费用及患者和家属的社会、心理状况；“三个留意”，包括留意沟通对象的教育程度、状态，留意沟通对象的认知程度和期望值，留意自身的情绪反应，学会自我控制；“四个避免”，即避免使用刺激对方情绪的语气、语言，避免压抑对方情绪、刻意改变对方的观点，避免过度使用不宜听懂的专业词汇，避免强求对方立即接受医生的意见和事实。我们要把服务无处不在当成医院新法则，把“提供真诚服务”作为医院新的发展亮点。不断完善服务方式，为患者提供从生理到心理、从治疗到康复的全方位优质服务，满足患者不同层次的就医需求。

新的一年，新的开端。我们坚信，有省委省政府和省卫生厅的正确领导，有各级领导的大力支持和帮助，只要我们团结一心，勤奋努力，扎实工作，不断创新，我们的各项工作一定能够取得新成绩，更上一层楼。

新春佳节即将来临，在此向广大干部职工并通过你们向你们的家属送上诚挚的问候和深深的祝福：祝愿大家在新的一年身体健康、工作顺利、万事如意！谢谢大家！

关于印发《甘肃省中医院2009年工作总结与2010年工作要点》的通知

中医办发〔2010〕26号

省中医药研究院，医院各部门：

《甘肃省中医院2009年工作总结与2010年工作要点》，经2010年1月13日院长办公会议讨论通过，现将全文予以印发，请各部门认真组织学习，并贯彻落实。

二〇一〇年一月二十九日

甘肃省中医院2009年工作总结与2010年工作要点

2009年是医院大事多、喜事多、要事多的一年，也是医院发展史上具有里程碑意义的一年。在省卫生厅的坚强领导下，医院新一届领导班子坚持以邓小平理论和“三个代表”重要思想为指导，牢固树立科学发展观，全面贯彻落实省委、省政府的一系列重大决策部署，以人为本，深入落实医院“十一五”发展规划（计划），团结带领全院干部职工，以建设和谐中医院为目标，通过抓学科专科建设、人才梯队建设和基本建设等，使医院规模不断扩大，整体实力不断提升，完成了确定的目标任务。

2009年工作回顾

——医院改革继续深化。为进一步理顺管理职能，根据工作需要，医院增设对外联络部、基建部和招标采购部，医保科独立设科，变更10个职能管理机构名称，并对主要职能管理部门的干部实行了轮岗。将行政职能管理部门和部分医技科室负责人分6批赴全国12个省市区进行考察学习，学习兄弟医院先进的管理经验和做法，以提升管理水平。为不断优化中层干部队伍结构，根据中共中央《党政领导干部选拔任用工作条例》有关规定，按照《甘肃省卫生事业单位人事制度改革的实施意见》和省卫生厅《关于干部轮岗交流工作的暂行办法》等文件精神，医院制定了《科级干部和护士长竞聘上岗实施方案》，报请卫生厅同意，于6月初完成中层干部和护士长竞聘上岗工作，共有115位同志分别走上管理岗位，其中大学本科以上学历者占96%以上，科级干部平均年龄43岁，护士长平均年龄33岁。按照省人力资源和社会保障厅、省卫生厅关于岗位设置的统一安排部署，初步完成了医院首次岗位设置工作，上报医院和省中医药研究院729名同志核定内部等级岗位，待主管部门验收确认后实施。为更好地调动工作积极性，强化部门负责人在日常工作中权、责、利的统一，医院出台了《部门负责人目标责任管理实施方案（试行）》，实行部门负责人目标责任制管理，通过近3个月的试运行，反响良好。

——医疗服务水平不断提高。为加强医疗管理，医院先后制定了《医师不良执业行为积分管理暂行办法（试行）》《护士执业良好记录与不良记录管理暂行办法（试行）》《防范和处理药物临床试验中受试者损害及突发事件的应急预案（试行）》《临床用药点评制度》等相关医疗管理制度，严格落实三级医师查房等基础医疗制度，确保医疗安全。通过加强医护人员的“三基”培训，狠抓病历和护理文件的书写质量，开展每月1次的临床观摩查房，保障医疗质量的提高。通过按时组织全院业务学习以及传染病防治、抗生素规范合理使用、合理临床检验等培训，不断规范医务人员的执业行为。通过落实护士长总值班制度和护理床头交接制度，修订医院的分级护理巡回记录，加强护理质量管理，减少了护理缺陷的发生。通过开展病区陪检、陪送工作，保障了患者检查、用药的及时安全，也大大减轻了家属及护理人员的负担。通过调整医院感染管理委员会成员，发挥感染管理委员会职能，制定《医务人员个人防护用品（PPE）使用标准操作规程》《医务人员手卫生标准操作规程》和《医院感染暴发监测、处置流程》等标准，加强对医院感染控制重点部门、重点环节的预防与控制工作。通过加强医保病人管理，完善管理体系，重视与各主管部门的沟通与协调，使医保工作取得了较好成绩。通过实施门诊预约挂号服务和患者就诊“一卡通”工作，进一步简化了患者的就医流程，提高了分诊的准确率。通过开辟急诊“绿色通道”，加强对危重症患者的管理，保证了危重患者的检查、治疗和手术能够在第一时间内完成，并定期对全院医务人员急救意识及急救技能进行培训，提高了医院的急救处置能力。

为拓展服务功能，医院进一步完善与细化了学科设置，增设疼痛科、治未病中心、健康咨询科、职业病科、干部保健处、城关门诊部陇上名医馆；撤销原预防保健科，成立公共卫生科；中医药研究院成立中心实验室，增设眼科病研究所等11个研究所；调整补充了护理研究室和17个研究所的成员。根据医院内设机构变动，成立17、18病区，并调整了部分病区的病床和人员。基于医院学科建设的需要，经省卫生厅审批，医院编制床位数由611张增至800张，为医院快速发展奠定了基础。同时，积极开展新技术、新业务，填补院内空白。其中，风湿病科开展了蜡疗、中药辨证离子导入、针刀枕下三角松解术等特色治疗；肿瘤及血管介入科开展了下腔静脉滤器植入术治疗下肢静脉血栓等外周介入手术；心血管中心开展了心脏三维立体标测定位系统（Carto）治疗心律失常；小儿骨科开展弹性钉固定术治疗小儿长骨干骨折；眼科开展了各类斜视矫正术、角膜溃疡羊膜移植术、无晶体眼虹膜夹持型人工晶体植入术、翼状胬肉切除联合自体角膜缘干细胞移植术;普外科开展了内镜下胆总管切开取石术;消化科开展了胃肠动力治疗、肝病脉冲诊疗、内镜介入下氩气刀治疗及窄波成像(NBI)内镜检查、超声内镜检查、经鼻胃镜检查等;泌尿外科开展了阴茎硬结切除、阴茎成形术,腹腔镜下肾囊肿去顶术和精索静脉曲张高位结扎术;超声心电检查科开展了腔内超声检查及前列腺穿刺组织活检,肝、肾、卵巢囊肿穿刺硬化治疗,经食道超声心动图检查,彩超颈动脉内中膜、颈动脉粥样斑块、斑块稳定性及静脉血栓的测定,同时开展外周神经、乳腺、骨骼肌肉软组织等超声诊断,不断满足临床的需要,为患者服务;影像中心相继开展了膝关节的质子密度成像(PDWI),梯度回波序列(GRE)及斜矢状位小视野扫描,对半月板及关节软骨的显示更加清晰,为临床提供了更好的依据,CT在原有设备的基础上开展下消化道阴性造影剂灌注,为下消化道占位性病变的诊断提供了有力支持;检验科临床基因扩增实验室正式启用,并顺利通过卫生部专家的验收,积极开展骨髓细胞的组化染色,乙肝DAN、丙肝RNA、结核DNA、前白蛋白、胆碱酯酶、抗环瓜氨酸肽(抗-CCP)检测,细胞毒方法检测B27抗原,电化学发光法检测肿瘤标志物、C肽、胰岛素、促甲状腺素(TSH)、三碘甲状腺原氨酸(T_3)、甲状腺素(T_4)、游离三碘甲状腺原氨酸(FT_3)、游离甲状腺素(FT_4)、抗甲状腺球蛋白抗体(TGAb)、抗甲状腺过氧化物酶抗体(TPOAb)等新型检验项目;病理科开展了术中冰冻检查项目以及液基薄层细胞学(TCT)检查等工作。以上新技术、新业务达到了省内领先或先进水平。

在全院干部职工的共同努力下,全年门诊挂号为240662人次,门诊诊疗人次为347340人次,收治住院病人13435人次,平均床位使用率96.3%,开展手术4336台。检验科检查80787人次,病理科检查3912人次,超声心电检查科检查17863人次,放射科检查67535人次,检查人次比去年有较大幅度的上升。全年甲级病历率100%,无丙级病历,护理文件书写合格率95%。医师"三基"考核合格率100%,护理人员"三基"考核合格率达98.3%。全年组织大型义诊6次,开展学术讲座12次。

医院顺利通过了全国百姓放心示范医院动态管理第二周期"患者安全目标"评审考核和国家中医药管理局2009年中医医院管理年活动第一阶段督导评审;申报的国家中药药物临床试验机构顺利通过了国家食品药品监督管理局资质认证的现场检查;脑病科和消化科顺利通过了国家中医药管理局"十一五"国家级重点专科建设单位的中期评审;骨伤科顺利通过国家中医药管理局评审,被确定为国家中医药管理局重点学科,同时被省卫生厅确定为甘肃省临床医学中心;PCR实验室顺利通过国家验收;甘肃省中医医疗质量检测中心挂靠在医院,是全国中医医院医疗质量检测中心的二级机构,较好地完成了相关监测任务。医院消化科荣获"全国医药卫生系统先进集体"荣誉称号;二病区护理部被国家卫生部、全国妇联和总后勤部卫生部授予全国卫生系统护理专业"巾帼文明岗"的荣誉称号;医院在2009年度全省急救技能大赛中荣获团体三等奖,参赛选手张建平、曹发文、李栋分获一、二、三等奖和"全省青年岗位能手"荣誉称号;在全省护理技能大赛中,张丽娟获得个人二等奖及"全省青年岗位能手"荣誉称号;医院在全省卫生行业护理岗位技能大赛中荣获集体二等奖,参赛选手唐锐、张丽娟、裴重重分别获得个人一、二、三等奖,张丽平获优秀辅导老师二等奖。在甘肃省首届"宝盈徕卡杯"冰冻切片比赛中,顾立萍荣获个人二等奖。医院还成功举办了"第十四届中青年学术年会",共收到交流稿件205篇,最终选出10篇优秀论文进行了大会交流;并进行了医院本年度优秀医师25名、优秀护士及优秀带教老师各20名的评选活动。

——教学科研工作成绩突出。2009年医院立项科研课题21项,其中省科技厅技术研究与开发专项立项课题6项(中研院3项),省自然科学研究基金项目立项6项(中研院1项),科技支撑项目2项,省中医药管理局立项课题3项,兰州市科技计划项目4项。科研获奖8项,其中获省科技进步三等奖1项，甘肃省皇甫谧中医药科技技术二等奖3项、三等奖3项(中研院1项)，兰州市科技进步三等奖1项。本年度组织省级、厅级科研课题鉴定共20项(自选课题1项)，16项达到国内领先水平。全年发表论文268篇，其中SCI杂志4篇，国家级杂志141篇，省级杂志123篇；出版专著15部，其中国家级出版社2部，省级出版社13部。截至目前，共申报2010年科研项目62项，其中省科技厅项目34项，省中医药管理局项目共12项，兰州市科技局项目8项，博士科研启动基金项目3项，院级课题5项。

年内圆满完成了对甘肃中医学院2004级本科医学专业等院校共计503人的临床实习、见习教学任务。通过对各院校实习生进行一周系统的岗前培训和加强带教老师授课水平的培训，严格按要求遴选授课教师，新推荐的代课教师必须通过试讲方能正式走上讲台等措施加强实习带教管理，保障实习质量。举办13个继续教育项目学习班，其中国家级项目班3个，省级10个，共有1310人次参加，继续教育项目的规格和档次都在逐步提升。完成了2008年度医院专业技术人员621人的学分统计工作，配合省中医管理局对医院的继续教育证书进行了验证审核，合格率达到99.6%。完成了省人事厅规定的继续教育公共课科学发展与人本管理的培训，并组织全院720名专业技术人员进行了卷面测试，考试全部合格。为帮扶省内基层医院，同时扩大影响，自9月开始率先实行免进修费，全年共接收省内基层医院进修人员49名，其中免费进修者16名。

——人才引进和培养力度进一步加大。2009年医院接收应届大学毕业生47名，其中博士研究生2名，硕士研究生30名，本科生15名；新引进专家6名，其中主任药师1名，眼科副主任医师2名，外科副主任医师1名，麻醉科副主任医师1名，外周血管介入医师1名。加强医院“223”人才考核和师承教育管理，制定了《老中医药专家学术经验继承工作管理办法》，对6名指导老师和15名继承人进行了平时考核和阶段考核，对65名“223”人才进行了年度考核。先后两次分别对2008年度及本年度取得专业技术职务任职资格的人员进行聘任，全年共聘任正高15人、副高30人、中级56人、初级27人。

本年度，李盛华、王承祥2名同志入选甘肃省领军人才第一层次，舒劲、潘文、赵继荣3名同志入选第二层次；王自立工作室被中华中医药学会授予“全国首届先进名医工作室”荣誉称号，王自立主任被聘为中国中医科学院临床医学(中医师承)专业博士生导师；选派罗向霞同志为“西部之光”访问学者，赴北京同仁医院研修学习；选送唐晓勇、罗向霞2名同志赴丹麦学习；选送医务人员赴外省进修学习19人次，参加各类学术会议及短期培训58人次；推荐33名具备入选资格的同志为医院评价与评审资格成员候选人。

——整体规模不断扩大，基本建设有序推进。为适应医院发展的需求，在省委、省政府、省发改委、省卫生厅的关心和支持下，在医院资金紧张，负债较重，资产负债率达33.93%的情况下，结合医院现有医疗用地不足，严重制约医院可持续发展的现状，通过医院领导集体的正确决策和积极努力，审时度势，抓住机遇，成功购置了医院周边兰州昌盛植物油有限责任公司22.063亩土地，市规划局将周边社会居民用地4.264亩同时定点划拨给医院，医院总占地面积增至84亩，使医院医疗用地取得历史性的跨越式增长，为医院的可持续发展奠定了良好的地域空间。医院邀请专业规划设计机构完成了医院布局的整体规划，明确了区域布局和用10年时间完成整体建设三步走的发展战略，即第一步用二至三年时间完成门诊医技综合楼和北区经济适用房的建设，第二步用三至五年时间完成骨外科大楼和内科大楼的建设，第三步用五至八年时间完成康复保健楼和科研教学楼的建设，使医院实际开放床位数达到1800张的规模。

医院规划总建筑面积为 38662 m²、概算总投资 1.4123 亿元的甘肃省重点工程建设项目门诊医技综合楼和医院经济适用房建设项目的拆迁工作，在省市区领导的高度重视和市区拆迁办的大力协助下,最终完成了拆迁安置工作。其中,拆迁院内住房 153 套,拆迁面积 5551.63 m²;拆迁安置社会居民 44 户,水站 1 处;拆除住宅面积 1466.50 m²,拆除商铺面积 646.04 m²。12 月 6 日,门诊医技综合楼顺利开工奠基,省上四大班子领导、国家中管局领导及各级政府部门、兄弟单位的领导和来宾共 400 余人出席了奠基仪式。12 月 16 日,门诊楼基坑工程进入实施阶段。

年内完成了住院部 1 号楼、2 号楼 1 层、3 号楼 9 层整体粉刷维修改造任务;新建超声心电检查科用房;为住院部 1 号楼更换了电梯 1 部,完成学生公寓加固维修粉刷、新建厕所工程;完成门诊部分科室、影像中心、体检中心部分房间防护、粉刷改造工程;完成医院自来水接通工作,在住院部 1 号楼、3 号楼安装电热水器,进一步方便了患者饮水。全年共完成基建维修、改造工程预算编制及工程结算审计 20 余项,审计金额 3740373.63 元,审减金额 882800.79 元,审减率为 23.6%,为医院节约了投资成本,规范了项目决算审计程序。

——服务保障能力进一步提升。医院加强了病区保洁的归口管理,使病区卫生环境得到了极大改善。更新和购置医疗设备,强化临床治疗和检查手段,通过政府招标采购,为省中研院、消化科、影像中心、药剂科等科室购置 1004.2 万元的设备。将常规卫生材料的供应周期减为 15 天左右,实行零库存,避免了材料积压,有效地控制材料支出额度,减少浪费。加强和规范财务管理,一方面严格财务支出和报销的审核、审批;一方面积极筹措资金,积极争取项目资金,在获得政府项目资金 4400 万元支持的同时,还获得了沙特政府 600 万美元的贷款,保障了医院建设的资金供给。成立了医院餐饮营养中心,由兰州弘鼎餐饮管理有限公司和省中医院合作经营，为病人及医院职工提供了具有中医特色的食疗营养餐饮。

——信息化建设工作稳步前进。医院在 HIS 信息管理系统嵌入合理用药系统,对超量用药、禁忌证、配伍禁忌等多种情况建立起一套合理用药安全监测系统,改善了目前临床普遍存在的药物超大剂量使用、错误用药习惯、滥用抗生素等不合理用药现象。检验科逐步启动了 LIS 系统,通过应用,全面提高了检验的自动化程度,降低了差错率,缩短了检验结果的出具时间。10 月逐步启动了电子病历,经过试用和不断完善,目前已经推广到 7 个病区,使用效果良好。

——甲型 H1N1 流感防控工作成效明显。医院成立了甲流防控工作领导小组,出台了《甲型 H1N1 流感应急预案》等配套文件。举办了由全体医护人员参加的“甲型 H1N1 流感防治知识培训班”,为职工、住院病人、门诊病人及辖区居民发放甲流防治知识宣传单 3000 余份,接种甲流疫苗 2578 人次,所有数据资料录入省疾控中心专用系统。按照卫生厅“甲流病房”的要求,先后对四个科室进行搬迁,组建“甲流病房”。在门诊设立发热预检分诊处,配备红外线额温测量仪,快速测量体温,及时疏导咳嗽、发热病人,嘱其戴口罩后,前往发热门诊就诊。充分发挥中医药优势,由名中医、医院首席主任医师王自立主任献方,医院研制了陇中甲流Ⅰ、Ⅱ、Ⅲ号煎液自制制剂,免费向各机关单位、企业院校、医院职工和患者发放 11962 袋,计 3987 人份,有效地控制了甲型 H1N1 流感的发生和蔓延,医院无一例甲型 H1N1 流感感染发生。

——政府组织的各项任务圆满完成。根据省卫生厅安排,接收 2008 年“甘霖计划”学员 7 名来院进修学习,使其圆满完成一年的进修任务,全部考核合格。圆满完成第四批“万名医师支援农村卫生工程”支农工作,并受到省卫生厅的多项表彰,医院获先进支援单位荣誉称号,李盛华同志被评为优秀支援医院院长,邓强、郑修丽 2 名同志被评为优秀队长,王巍等 5 名同志被评为优秀医疗队员。

根据省卫生厅《关于开展"中医学经典、西医学中医"活动的通知》精神，医院圆满完成由50名全省西医人员参加的为期6个月的第一期西医学习中医学培训班。期间邀请省内外知名专家做了18场专题讲座，尤其是7月邀请天津中医药大学石学敏院士、刘昌孝院士、张金钟教授、王舒教授和张艳军教授等知名专家为"西中班"学员开展专题讲座，是医院至今举办的规格最高的学术讲座。根据省卫生厅《关于启动2009年全省城市社区卫生人员培训工作的通知》要求，医院顺利完成由15名全省城市社区卫生人员参加的为期8个月的全科医师骨干进修培训工作。同时，在省卫生厅安排开展的"一对一"帮扶工作中，我院共免费接收进修生9名。

——医德医风建设、院务公开形成长效机制。利用每月的护士长以上干部会议，组织收看医德医风和反腐倡廉警示教育片，做到警钟长鸣。通过治理商业贿赂专项工作，有效防范医药购销领域中的商业贿赂行为。通过"院长接待日""院长信箱"等途径，虚心听取患者及职工的投诉和建议，对存在的问题予以改进，对好的建议予以采纳。2009年医疗技术人员的医德医风考评达标率100%，张丽平同志获得全省医德医风建设标兵称号，党建中、王海东、张洪涛同志获得全省医德医风建设先进个人荣誉称号。医院积极化解医患矛盾，构建和谐医患关系，全年共处理医疗纠纷16起，赔偿金额及减免住院费总计821489.02元，较上年减少了87063.79元。

通过职代会、护士长以上干部会议、职工座谈会、院务公示栏等方式对相关工作内容进行公开。建立医疗收费公示制，将医疗服务收费标准、药品价格向社会公示。实行住院病人每日清单制，向病人提供包括药品、医用耗材和医疗服务的名称、数量、单价、金额等使用情况，并在出院时提供总费用清单。对基建项目、药品、医用耗材、医疗设备等进行近30余次约50项的公开招标，并在医院纪检、审计部门监督下开展工作。聘请社会监督员对行风建设特别是院务公开工作进行监督。实行出院病人随访制度，由专门工作人员对出院病人进行电话回访，了解病人出院后的身体状况，并采集病人对医院和医务人员的意见和建议。全年随访出院病人13435人次，占出院病人的100%，满意率为95.5%。

经过全院干部职工的努力工作，医院就诊、住院和检查数量大幅增长，业务收入达到1.8144亿元，圆满完成预定的1.8亿元目标，比去年增长23.1%。

回顾一年来的工作，医院所取得的进步和成绩主要得益于省委、省政府和省卫生厅的坚强领导，也是全院干部职工扎实工作所取得的成果。我们认为，要做好医院工作必须牢牢把握以下几个方面：一是必须奉行"人一之，我十之"的甘肃精神；二是必须履行发展是硬道理的科学理论，通过抓项目，最大可能地争取各方面的支持；三是必须树立质量第一、服务第一的意识，大力发挥中医药特色和优势；四是必须不断创新工作思路，改进工作方法，追求务实精神；五是必须狠抓各项工作的落实，实行全过程的监督与检查；六是必须紧紧依靠全院职工，充分发挥广大职工的积极性和聪明才智，团结一心，共同奋斗。

在肯定成绩的同时，我们也要清醒地认识到，在工作中还存在一些薄弱环节和不容忽视的问题，主要表现为：一是医院经济基础薄弱，缺少引领医院发展的好项目、大项目；二是医疗服务工作在服务质量、服务理念的创新上还有待进一步的提高；三是在重点学科、重点专科业务建设和创建品牌医院、品牌专科方面，尚未形成特色鲜明的拳头产品，离高、精、尖水平尚有一定的差距；四是医院临床业务科室设置尚不全面，业务水平发展不平衡，影响了医院综合服务功能的提升，目前现状不能适应医疗市场各个层次的需求和医院大踏步向前发展的需要；五是管理队伍仍然存在阵容庞大、人浮于事的现象，部分部门存在工作主动性不强、协调不够、办事效率低、责任心不到位的情况，工作质量和效率有待改善等问题。

2010 年工作要点

2010 年，是医院贯彻落实 2005—2010 年发展规划与计划的最后一年，是推进医院持续快速发展的关键之年。根据全省卫生工作会议精神和我省医改方案，医院工作的总体要求是：深入贯彻落实科学发展观，进一步解放思想，坚持从实际出发，着眼于中医特色和优势的发挥，大力推动继承创新，弘扬中医药文化，深化医院改革，加快医院基本建设和基础设施的建设步伐，实行综合目标责任制管理，努力提高服务质量和服务水平，不断满足广大人民群众对中医药服务的需求，努力把医院建设成技术过硬、服务到位、特色突出的具备现代医学实力的综合性中医院。

按照这个总体要求，医院各部门要在医院的坚强领导下，围绕医院中心工作，充分发挥中医药特色与优势，提高医疗服务质量，重点抓好 10 个方面的工作。

（一）积极开展中医药特色诊疗项目，加大自制制剂的使用力度，重点抓好缩短病人就诊、住院时间等环节，缩短病人就医时间，实现现有医疗资源的充分利用。要求开展中医诊疗技术项目数≥30 项；中成药辨证使用率≥90%；急危重症中西医结合治疗率≥30%；中西医结合治疗率≥70%；自制制剂使用占药品收入≥10%；平均住院日下降到 18 天；择期手术患者术前平均住院日≤3 天；血、尿、便常规检验，心电图、超声、影像常规检查项目，自检查开始到出具结果时间≤30 分钟；生化、凝血、免疫（特殊免疫学检测除外）等检验项目自检查开始到出具结果时间≤6 小时；一般细菌学等检验项目自检查开始到出具结果时间≤4 天；术中冰冻病理自送检到出具结果时间≤30 分钟。全年实现门诊挂号人次达 26 万人次，门诊诊疗人次达 37 万人次，收治住院病人达 1.5 万人次，完成业务收入 2.0 亿元。

（二）抓好门诊医技综合楼和住宅楼建设。2010 年医院基建项目任务很重，各种新建和改造项目很多，其中，医院门诊医技综合楼建设工程属于省级重点项目，省委、省政府和省卫生厅给予了大力的支持，也是目前医院改善就医环境迫在眉睫的工程。要抓好工程进度，确保工程质量，建立健全各种监督体系，实施阳光工程、廉政工程和民心工程，门诊医技综合楼建设项目主体工程力争年底封顶。4 月医院北区职工住宅项目开工建设，上半年完成医院整体规划方案的审查，争取下半年实施住宅 2、3、4 号楼开工建设和骨外科大楼建设项目立项。开始二期院外拆迁工作，尽快完成手续报批和拆迁工作。

（三）在全面实施全成本核算和绩效管理的基础上，不断完善考核评价体系，实行部门综合目标责任制考核。进一步完善管理制度及考核细则，将医疗质量、管理效能、持续创新、医德医风、服务信誉等均纳入目标管理考核内容，实行综合目标责任管理，真正建立一个有责任、有竞争、有激励、有约束、有活力的运行机制，使医院管理逐渐走向科学化、规范化、程序化、制度化。

（四）对医院网站进行改造和升级，确保网站正常运行，发布的信息安全、准确、及时和丰富，充分发挥医院网站的政务公开、服务社会、新闻宣传等作用。一季度末完成医院网络办公（OA）的培训、软件安装等基础性工作，从 4 月起实现全院网上办公，开放医院网络电子阅览室系统，全面实施住院部电子病历系统。

（五）按照省卫生厅的统一安排与部署，加强甘肃省骨伤科临床医学中心建设力度。要巩固和加强现有的国家级和省级重点学科和专科建设，积极申报国家中医药管理局“十二五”重点中医院建设项目和重点专科专病建设项目。

（六）要加强医疗成果的科研转化能力，积极打造科研型中医院，争创省级中医药临床研究基地。按照卫生部和省卫生厅的要求，积极开展创建“无烟医院”活动，3 月起在医院全面实施禁烟。

（七）继续开发院内特色制剂，争取新注册制剂品种 5 个，拓宽中药饮片加工范围，进一步规范中药定量小包装，学习运用软膏剂、巴布剂的工艺技术，提高该类制剂的内外质量。积极做好创建全省制剂中心的前期调研和可行性论证工作，探索临床药师下临床指导临床用药工作模式。

（八）完成门诊二楼针灸康复治疗中心、城关区门诊陇上名医馆的装修和人员配置等工作，完成医院污水处理房移位、天然气锅炉改造、医院电子监控系统、1号楼消防工程、药剂科炮制加工室改造工程、干部病房粉刷改造、透析中心和供应室改造装修等工程。

（九）对医院2005—2010年发展规划（计划）进行全面总结，制订医院2011—2015年发展规划。完成2005—2007年度及2008—2009年度年鉴的编纂工作。

（十）加强人才培养和职工培训工作。要围绕发展学科（专科）目的，拓宽外出学习渠道，拓展国外学习基地，重点选派专业基础好的优秀人员出去学习，提高外出进修学习的层次和水平。在医院“223”人才培养计划的基础上启动“334”人才培养计划，实行优胜劣汰的严格管理和动态考核机制。做好编外用工的劳务派遣和人事代理等管理工作。通过计划安排，全面培训，并辅以“三基”训练、“中医经典”学习、公文写作等为主题的岗位练兵和技术比武等活动，建立起医院职工素质教育和技能培训的长效机制，不断提高管理干部队伍、专业技术队伍和职工队伍的专业素质和岗位能力。

医院2008年与2009年各项业务指标比照表

项目	2008年	2009年	上浮或下浮比例(%)
业务收入(万元)	14739	18144	23.1↑
门诊挂号人次	234432	24062	2.7↑
门诊诊疗人次	341424	347340	1.7↑
收治住院病人人次	11453	13435	21.8↑
床位使用率	90.6	96.3	6.3↑
床位周转率	16.5	17.7	1.2↓
手术台次	3855	4336	12.5↑
门诊检验人次	49742	32218	35.2↓
住院检验人次	31523	48569	54.4↑
超声检查人次	16892	17863	5.7↑
病理检查人次	4121	3912	5.0↓
磁共振检查人次	4150	4859	17.1↑
CT检查人次	6235	7731	24.0↑
普放检查人次	52434	54945	4.8↑

续表

项目	2008 年	2009 年	上浮或下浮比例(%)
抗生素使用抽查率	63.61	85.69	22.08↑
预防接种人次	5365	6781	26.4↑
接待省市区医保患者人次	4012	5645	36.2↑
济困病房接待患者人次	120	84	30.0↑

关于印发甘肃省中医院《二〇一〇年党委工作总结及二〇一一年党委工作要点》的通知

中医党发〔2011〕1号

各党支部：

现将《二〇一〇年党委工作总结及二〇一一年党委工作要点》印发给你们，请认真组织学习，结合实际贯彻落实。

特此通知。

二〇一一年一月八日

二〇一〇年党委工作总结及二〇一一年党委工作要点

一、2010 年工作回顾

2010 年是医院大事要事多、工作任务重、发展速度比较快的一年，也是全面落实医院"十一五"规划的收官之年。一年来，在卫生厅党组的正确领导下，院党委始终坚持"团结奋斗、共谋发展、服务患者、惠及职工"的指导思想，坚持以党的科学理论为指导，不断改进和创新党委工作，以建设学习型党组织为基础，以开展创先争优活动为载体，以加强干部队伍建设为保证，以精神文明创建活动为主线，围绕中心、凝聚力量，团结奋斗，积极应对复杂多变的发展环境，努力克服改革发展中的各种困难，经受住了突发公共卫生事件的严峻考验，党的工作得到全面加强，党风廉政建设更加务实有效，有力促进了医院各项工作的持续、快速、健康发展，较好地发挥了党委的政治核心作用与监督保证作用。

(一)思想理论建设得到进一步加强

一年来，院党委始终坚持把思想理论建设作为党建工作的首要任务，修订了加强和改进党委中心组学习的制度，制定了建设学习型党组织的实施方案，印发了理论学习的安排意见，为中心组成员统一配发了专用笔记和学习资料，通过集中学习、理论辅导、专题研讨、外请报告、上党课等形式，把理论学习落到了实处。全年组织集中的理论学习会议8次，邀请省委党校教授做政策理论报告，邀请“草原好曼巴”“人民的好医生”王万青做先进事迹报告，召开了纪念建党八十九周年大会以及党风廉政建设和行风建设工作会议等。通过多种形式传达学习党的十七届五中全会精神、新的医疗卫生改革政策、中央和省委关于开展创先争优活动的文件精神、全国经济工作会议精神、党政干部廉政准则、医务人员的医德规范以及医院管理知识等。一方面，通过理论学习不断提升干部的能力和素质；另一方面，引导各级干部自觉用科学发展观武装头脑、指导实践、推进工作，引导各级干部抓住发展机遇，破解发展难题，创新发展模式，坚定不移地走科学发展之路。工作实践中，能够把学习贯彻党的路线方针政策与落实党委工作思路结合起来，与落实医院行政方面的具体工作任务结合起来，与构建和谐医患关系、创建平安医院的工作实践结合起来，与开展创先争优活动结合起来，与医院文化建设工作实践结合起来，与单位的精神文明创建活动结合起来，较好地发挥了党委的职能和作用，为医院改革和发展提供了有效的思想和组织保证。

(二)组织工作更加扎实有力

党委非常注重班子自身建设和基层党支部建设，注重党员教育管理，注重干部的培养选拔，把党要管党落实到医院工作的实践当中。

1.重视班子自身建设。这是党要管党的核心，也是近两年党委工作的一大亮点。党委一班人视团结为医院工作的生命，视团结为医院发展的基石，视团结为一切力量的源泉，真正做到了“心往一处想，劲往一处使”，团结奋斗，凝心聚力，共谋发展。工作中始终坚持民主集中制原则，凡重要改革举措、重大项目实施、人事任免等，全部提交会议集体研究决定。党政之间、班子成员之间相互支持，相互补台，充分发挥了班子的整体效能和核心战斗力，形成了谋大事、议大事、干大事的融洽局面，有力促进了医院的各项工作。

2.重视组织发展工作。这是关系党的肌体健康的大事，也是党要管党的基础工作。年内发展张德娟、孙焱、张婷、李红专、姚双吉、曹发文、谢圆、田军、丁玉芬、刘翠林、刘志汉、孙静波等12位同志为中共预备党员；沈涛、杨春林、田莉、刘晏平、王天宝等5名预备党员转为正式党员。党委严格按照规定办事，严格审批程序，保证了新党员的质量。

3.重视中层干部选用。这是党要管党的关键。根据实际工作需要，按照《卫生厅处科级干部选拔任用办法》的相关规定，12月初，医院对宣传科等9个部门和科室的干部实行了竞争上岗。党委严格按照党政干部选拔任用工作条例的相关规定，进一步规范干部选拔任用程序，健全了干部选拔任用工作机制，形成了富有生机活力、有利于优秀人才脱颖而出的选人用人机制。竞争上岗成为干部选拔任用和职位轮换的基本方式，民主推荐、民主评议制度不断完善。一批年富力强、干事创业、有所作为的中青年干部走上了中层管理岗位，激发了广大干部的工作积极性、主动性和创造性。

4.重视组织推荐工作。根据上级组织部门的安排和要求，按照组织工作相关程序，推荐风湿病科护理工作站为全国巾帼英雄岗，第四党支部为卫生厅系统优秀党支部，护理部为卫生厅系统文明科室；推荐妥建福、李盛华、孙援朝、舒劲、李兴勇、赵国杰、卫晓雯、罗克龙、马郑萍、杨宏武、马真琴、鄢卫平等12名同志为卫生厅直属单位第三次党代会代表；推荐李盛华等8名同志为舟曲泥石流灾害抗灾先进个人；推荐李和平同志为省委表彰的抗灾抢险先进个人；推荐杨宏武等5名同志为玉树地震抗震救灾先进个人；推荐急诊骨科为抗震救灾先进集体；推荐卫晓雯等5名同志为卫生厅系统优秀共产党员；推荐王自立同志为全省离退休干部先进个人；推荐谢兴文等4名同志为全省医德医风先进典型；推荐徐柏林等2名同志为卫生系统精神文明建设先进个人；推荐张洪涛同志为甘肃省五一劳动奖章获得者。

(三)纪检监察工作更加务实有效

首先是加强教育引导，筑牢思想防线。为进一步坚定党风廉政建设和行风建设工作方向，增强工作的针对性和有效性，医院通过党风廉政建设和行风建设工作任务分解，落实工作责任制；通过召开党风廉政建设及行风建设工作会议，将相关要求传达到每位职工；每月组织观看一次警示教育片，如《与法同行》《警钟长鸣》《沉重的代价》等；邀请兰州市检察院预防职务犯罪处处长王东升做警示教育报告；与七里河区检察院预防职务犯罪科协同组织全院副科级以上干部到兰州地区警示教育示范基地监狱接受警示教育；医院纪委依据掌握的有关信息，对重点岗位人员进行集体或个人警示教育谈话等；医院编印《党风廉政建设及行风建设制度汇编》，要求各支部、各科室乃至每位党员认真学习，贯彻落实。通过各种形式，教育和引导广大干部职工严格遵守行业纪律，自觉抵制违法违纪行为，营造良好的医德医风建设氛围，使医院的服务理念成为每位职工的自觉行动。

其次是坚持制度管理，建立长效机制。医院认真贯彻执行中央《建立健全惩治和预防腐败体系2008—2012年工作规划》和省委的《实施办法》以及省卫生厅党组的《实施方案》，认真执行省卫生厅出台的22项管理制度。在现有规章制度的基础上，医院又出台行风监督有奖举报办法，实行定期警示教育制度、干部轮岗和竞聘上岗制度、医务人员不良执业行为积分管理制度、医务人员医德考评制度、出院病人随访制度等。修订医院内部审计制度，规范和细化内部审计工作规程，使医院所有建设及维修改造工程都实行事前预算事终审计。针对基建工程，医院制定了门诊楼、住宅楼建设项目事务公开办法；还与工程合作单位、耗材供货单位签订廉政协议。随着一系列管理制度的制定与实施，医院的各项工作有了相应的制度保障。

最后是注重过程监督，把纪检监察工作落到实处。医院针对药品、耗材、设备、基本建设和维修改造等管理的重点科室和重点岗位，成立了药事管理委员会、医用设备及卫生材料招标小组、基本建设领导小组、后勤物资及维修招标小组、医疗设备管理委员会、通用设备物资管理委员会等专项工作委员会，负责审议各管理部门提出的项目可行性方案和招标采购计划。实行招标采购和管理使用相互牵制监督的运行管理模式，严格按照政策法规和工作流程，组织实施政府招标或医院内部招标。针对基建工程，医院与七里河区检察院联合成立工程项目办公室，配合医院工程招标，完成投标单位犯罪记录查询工作以及工程造价预算工作。工程建设过程中，定期召开建设项目监督管理工作委员会工作会议，从工程项目建设进展、工程监理、跟踪审计三个方面实行监督，主动听取对医院基本建设工作的意见和建议，确保医院"阳光工程"顺利实施。

(四)创先争优活动取得实际效果

根据中央和省委的统一部署，按照省卫生厅党组的具体安排，从2010年5月中旬开始，医院在全体党员干部中开展了创先争优活动。医院党委严格按照中央和省上的要求，紧紧围绕医院的中心工作，开展了争创活动。

一是开展"增强党性、转变作风"活动。结合卫生厅系统作风建设年活动，大力开展"党员党性教育”工程，通过重温入党誓词、邀请专家做报告、学习党性教育读本、每月组织观看反腐教育碟片、邀请司法机关干警上法制教育课、开展市内警示教育活动等载体，集中开展党性教育，不断提高广大党员的党性修养。

二是开展“忠于职守、爱岗敬业”活动。采取岗位练兵、行业竞赛、医疗技能比武等形式，不断提升全院医疗技术水平，增强干部职工忠于职守、爱岗敬业的团队意识，不断提高人民健康保障能力和服务水平。6月下旬，医院承办全省职工技能大赛及中草药炮制省级决赛，医院取得团体第一的好成绩；7月30日，医院组织新入院的61名员工进行上岗前宣誓，教育和引导青年医务人员恪守医德，牢记院训，尊师守纪，传承创新，为祖国传统医学的发展和人类身心健康奋斗终生；8月初，药剂科组织了趣味性强的知识竞赛和论辩活动；9月中旬，医院选调唐锐、郭云霞等7位选手参加“全省卫生行业护理岗位技能大赛”决赛，他们以良好的团队精神、过硬的心理素质、扎实的临床护理技能及理论功底，在35个参赛团体中获得团体一等奖；为了不断提高医院的急救应急能力，配合节假日在岗值班人员的检查，医院于10月4日组织了急诊急救现场演练；10月下旬，医院药剂科张民等三人代表我院参加甘肃省抗菌药物管理及临床合理用药知识竞赛，张民获得本次竞赛个人二等奖；11月，又组织了中医药技能大赛。通过组织开展和参与一系列竞赛活动，把争先创优活动贯穿到医院日常工作之中。

三是开展“服务患者、争创一流”活动。落实各项医疗管理制度，在实践中不断规范服务流程，提升服务标准，引导党员带头注重细节、注重贴心、注重安全，使患者顺心，使患者家属放心。根据党员岗位职能，年内开展了在兰州社区巡诊义诊活动，分5批组织60多名医务人员走进社区，把一流技术、一流服务、一流形象送到群众中去。同时，还组织到岷县、渭源、古浪等医疗帮扶点开展结对帮扶、科普宣传、患者回访等活动，不断提高和改进服务。

四是开展“身份亮牌、党员示范”活动。为在实际工作中充分发挥党员的先锋模范作用，医院党委向全体党员提出六个方面的要求：学理论、讲党性，践行宗旨；医德好、医风正，乐于奉献；勤学习、精医道，开拓进取；思改革、谋发展，与时俱进；多沟通、善协调，团结协作；守法纪、严律己，清正廉洁。在院内醒目位置设立党员形象公示栏，主动接受群众监督。

（五）在重大灾难的考验面前积极发挥党组织的作用

面对几次巨大灾难，班子成员齐心协力，团结和带领全院职工，忠于职守，夜以继日，忘我工作，唱响了“解人之难，救人之患”的时代凯歌。

青海玉树地震灾害发生后，医院第一时间派出医疗救援队，为了充分发挥党组织作用，在医疗队成立了临时党支部，鲜红的党旗在玉树灾区高高飘扬。在灾区，临时党支部在方便群众办事，传递党的声音，普及抗震自救知识，开展一线救援等方面发挥了积极作用。危险来了，他们先想到群众；困难来了，他们先照顾群众；救灾物资来了，他们先发给群众。受灾群众说：“看到飘扬在防震篷上的党旗，我们的心就踏实了。”在灾区的日日夜夜，20名医疗队员互帮互助，互相鼓励，团结一心，共克时艰。临时党支部在凝聚人心、鼓舞士气、宣传群众、组织群众方面也发挥了积极作用。在灾区，他们经历了生与死的考验，留下了难以磨灭的记忆，同时对党的认识有了新的升华，有8位队员提出了入党申请。

舟曲泥石流灾害发生以后，根据省委省政府的紧急部署，按照刘维忠厅长的指示精神，医院再次以国医之责，挺身担当。医院先后派出了3批医疗队员，院内接诊救治25名灾区转运伤员，组织了全院性的捐助活动，同时以自己的方式组织了一系列哀悼活动。院长李盛华亲赴灾区送医送药，救治伤员，央视对我院救治伤员和送医送药情况进行了报道。灾害发生后不久，医院安排由副院长赵继荣带领第一批队员急赴舟曲，连夜查看和救治伤员，根据省上的统一部署安排转运伤员；灾情发生以后，医院迅速部署接诊转运伤员，药剂科成立党员先锋队，日夜加班准备急救药品和防疫中草药。医院广大干部职工再次以无所畏惧的英雄气概、团结一致的强大力量、精益求精的职业精神，在重大自然灾害面前书写了国医救治的壮丽诗篇。

实践证明，医院基层党组织不仅能够组织党员干部全面贯彻落实党的路线、方针、政策和医院党委的各项决议，能够团结和带领职工群众为医院的改革和发展贡献力量，而且能够在关键时刻充分发挥战斗堡垒作用。尤其是抗灾抢险工作中，各党支部都能从讲政治、讲大局的高度出发，认真做好各项工作，党委有号召、有部署，支部就能够很快地贯彻落实，表现出较强的凝聚力和战斗力。关键时刻，党员干部能够豁得出去，冲得上去，不畏艰险，勇挑重担，成为职工群众的主心骨、带头人，真正成为带领职工群众前进的先进分子。期间，医院两次组织捐款，从党委部署到上交款项，短短几天时间，全院就有近 900 人捐款 23 万多元。其中，有 280 多名党员带头捐款。参与人数之多，捐款额度之大，落实速度之快，在整个卫生系统名列前茅，在中医院历史上也是第一次。这充分体现了党组织的凝聚力、向心力和感召力。

(六)精神文明建设取得一定成绩

医院按照精神文明建设与医院管理相结合，与医院宣传相结合，与文化建设相结合，与创先争优活动相结合的思路来开展精神文明创建活动。年初，把争创市级文明单位作为 2010 年工作的主要目标。

在重视内涵建设的同时，进一步加大宣传和文化建设工作力度，通过各种途径及时宣传报道医院在加强管理、深化改革、提升服务、促进发展等方面的新举措、新进展、新经验等，不断扩大医院影响力和知名度。结合抢险抗灾工作，编辑发行了玉树抗震救灾文集《大爱无疆》，举办几次纪实摄影展，编辑印发多期院报，积极反映广大职工的精神风貌，起到了团结力量、凝聚人心、鼓舞士气的作用。医院文化建设方面更加注重营造中医药文化的氛围：在医疗区域增加中医药题材宣传画 100 多幅，设计制作了集中反映医院院训、院歌、医院精神理念的文化墙；组建了杏林合唱团，在紧张工作的同时，能让大家听到悠扬的歌声。把我院的精神文明建设提升到一个新的层面。今年 10 月，我院首次获得市级文明单位荣誉。

回顾总结一年来的工作，无论是思想政治工作还是党员的教育管理，无论是医院文化建设还是精神文明建设，都取得了长足进步与发展。但也存在一些不容忽视的问题：支部工作的深度与广度还不够，影响力还不够大。团的工作还需要进一步加强；党员在宣传群众、组织群众、影响群众、带动群众方面的模范作用发挥得还不够。还有个别党员，组织观念和党员意识不强，需要进一步加强教育和引导。

二、关于 2011 年党委工作

2011 年是全面落实医改任务、全面推进医院基本建设的关键一年，是制订落实“十二五”规划的开局之年，也是新世纪第二个十年的开启之年。我们将迎来辛亥革命 100 周年、建党 90 周年。新的一年，我们将紧紧围绕中央和省委的总体要求，紧紧围绕卫生厅党组的工作部署，以科学发展观为指导，以全面落实医药卫生体制改革任务为主线，努力创建百姓放心医院，为人民群众提供满意的健康服务。2011 年我们将重点抓好以下几个方面的工作：

一、思想理论建设方面：要进一步完善学习教育的长效机制，努力创建学习型医院、学习型党组织、学习型领导班子。高度重视党委中心组的学习，使医院领导班子真正成为勤奋学习、善于思考的模范，解放思想、与时俱进的模范，勇于实践、锐意创新的模范。

要加强干部队伍的教育培训工作，提高学习的效果。年内，将组织三个层面的理论学习与培训。一是入党积极分子的培训，二是党支部书记和党务干部培训，三是全院性的干部理论培训。要抓好中层以上干部领导科学和管理知识的学习培训，提高领导干部理论思维、统筹谋划、决策应变、处理疑难问题的能力，增强全局观念、服务临床的自觉意识，培养实事求是、联系群众、清正廉洁的作风。

要坚持“三会一课”制度，突出实效性，提高组织生活质量。针对形势、任务和党员的思想实际，坚持开展党课活动，每一位班子成员年内至少上一次党课，不断加强党员的政治思想教育，提高党员的政治思想素质；要重视抓好新发展党员预备期考察及入党积极分子教育培养，引导他们不断锻炼自己，考验自己，丰富自己，使他们尽快地成熟起来；开好各级民主组织生活会，注重民主组织生活会的针对性和实效性，真正在解决问题上下功夫，不断增强班子的凝聚力和战斗力。

要进一步抓好党员和职工的学习，精心组织、周密安排，抓好落实，抓好考核。要保证支部和科室每月组织一次集中学习，利用多种方式进行学习，寓学习于各种组织和活动之中。激励广大干部职工不断开阔视野，启迪思维，解放思想，转变观念，促进工作。

二、组织建设方面：要继续抓好班子自身建设、基层党支部建设、党员素质教育和干部队伍建设等几项重点工作，充分发挥党委的政治核心作用、支部的战斗堡垒作用、党员的先锋模范作用。首要的是班子自身建设，要按照上级党组织的要求，达成一个班子，干好每一件事情。要继续保持党政之间相互支持、成员之间协调配合的良好局面，发挥好班子的凝聚力、战斗力、保证力。关键是选好用好干部，要用好的作风选作风好的人，团结带领全院干部职工共谋发展；要按照党章要求不断加强基层党支部建设，要落实和丰富支部组织生活，创造性地开展工作，要在组织学习、开展活动、行风建设、评先选优、职工考核、完成阶段性任务等各个方面，发挥好支部的战斗堡垒作用；要通过各种形式的教育不断提高党员基本素质，发挥党员在组织群众、宣传群众、带领群众、示范群众等方面的作用，发挥每一位党员的先锋模范作用。

三、作风建设方面：要按照中央和省委的总体部署，按照厅党组的工作要求，实现“抓班子，带队伍，促发展”的目的，切实抓好思想教育、落实制度、主动监督等几项重点工作，要注重引导党员干部学业务干实事，心思用在工作上，作风凝聚在务实上，聚精会神搞业务，一心一意谋发展；要以深入自查自纠、不断探索和建立长效机制为切入点，抓好热点岗位、重点人员、重点工程的长效治理，保证廉洁行医、廉洁从政各项措施的落实。同时，结合医院门诊大楼建设重点工程，有效开展廉政监督和效能监察，为把大楼建成优质、高效、节约、廉洁工程提供保障服务。

四、创先争优活动：要根据上级党组织的安排部署，以“推进科学发展、促进医院和谐、服务人民群众、加强基层组织”为目标，结合医院工作实际，结合建党90周年等重大历史事件纪念活动，开展一些有影响力的主题教育活动。要通过举办书画摄影展览、编排文艺节目、邀请班子成员上党课讲党史、组织参观爱国主义教育基地等多种形式，丰富党员教育的内容，创新创先争优活动形式，凝聚广大党员的力量，以饱满的工作热情和突出的工作业绩向建党90周年献礼。

五是行风建设工作：行风建设关系到人民群众的生命安危，关系到社会的安定团结，是医院永恒的话题。在这一方面，我们出台了不少管理措施，召开了很多专题会议，但执行得怎么样，效果怎么样，大家都很清楚，大家都应该自我反省一下。作为医生，医术和医德同样重要，看病和沟通同样重要。实际工作中，我们能不能真正做到以病人为中心，能不能多听病人和家属说几句，细听宣泄和倾诉，耐心准确做出解释；能不能全面掌握患者病情、检查结果和治疗情况，全面掌握医疗费用及患者和家属的社会、心理状况；能不能尽量避免使用刺激对方情绪的语气、语言，避免压抑对方情绪，刻意改变对方的观点，避免强求对方立即接受医生的意见和事实；怎么样为广大患者尽自己最大努力提供一流服务。这些都是每一个医务人员包括管理人员应该高度重视和不断反省的问题。因此，行风建设应该成为我们医务工作者永恒的主题。

同志们,新的一年,新的开端。我们坚信,有省委省政府和省卫生厅的正确领导,有各级领导的大力支持和帮助,只要我们全院上下团结一心,勤奋努力,扎实工作,不断创新,我们的各项工作一定能够取得新的更大的成绩。

谢谢大家!

关于印发医院 2010 年工作总结与 2011 年工作计划的通知

中医办发〔2011〕3 号

省中医药研究院,医院各部门:

《甘肃省中医院 2010 年工作总结与 2011 年工作计划》,已经 2010 年 12 月 30 日院长办公会议讨论通过,现将全文印发给你部门,请组织部门(科室)人员认真学习,并结合实际贯彻落实。

特此通知。

二〇一一年一月七日

附件:

医院 2009 年与 2010 年各项业务指标比照表

甘肃省中医院 2010 年工作总结与 2011 年工作计划

2010 年,医院在省委、省政府和省卫生厅的正确领导下,深入贯彻落实科学发展观,进一步解放思想,坚持从实际出发,着眼于中医特色和优势的发挥,大力推动继承创新,弘扬中医药文化,深化医院改革,加快医院基础设施建设步伐,努力提高服务质量和服务水平,不断满足广大人民群众对中医药服务的需求,医院各项事业都取得了长足的发展。

第一部分　2010年工作回顾

一、主要成绩

（一）医疗、教学、科研工作方面

医院不断加强重点学科（专科）的建设力度，无论是在政策上还是在资金的配套和人员引进上，都给予了大力的支持。通过不懈努力，医院脑病科、消化科、药剂科、老年病科等四个科室被评为省级重点学科。医院骨科作为国家级重点学科和全国骨科重点研究室建设单位，不断细化学科设置，扩大诊疗范围，积极开展新技术和新业务，知名度明显提高。年初，医院被评为“甘肃省骨伤科临床医学中心”和“甘肃省骨伤科临床研究基地”，副省长咸辉为医学中心和研究基地揭牌，骨科临床医学中心在中期评估中取得第二名的好成绩。经过不断努力，持续改进，医院被评为“兰州市规范化药房示范单位”。

2010年共接待门急诊病人265189人次，比去年上升10.19%；收治住院病人17129人次，比上年增加3694人次，增长26.1%，治愈好转率达97%，平均床位使用率达103.5%；抢救危重病人132人次，抢救成功率达61%；完成住院病人手术5293例，平均住院日为17.2天；放射影像科MRI、CT、胃肠片、普放共检查病人90934人次，比去年增长33.24%；超声心电检查科共检查病人46160人次，比去年增长35.11%；病理科接收标本5033件，比去年增长28.66%；检验科共检验标本118863人次，比去年增加46.97%；输血科业务量持续增长，比去年增长88.36%。全院积极开展新技术新业务86项，其中以肿瘤及血管介入科开展的8项省内领先的外周血管介入手术及脑病科开展的神经介入最具代表性。全年共收治省市各医保病人6920人次，医院获得“兰州市医疗保险先进单位”荣誉称号。

全年完成甘肃中医学院、省中医学校、张掖医专、省卫校等412名实习生的带教实习任务，全年分两批共免费接收省内基层医院进修人员109名，较去年增加60名；完成甘肃省第三期西学中班的开班、授课、见习、结业等工作，为“西中班”安排专题讲座5次。成功举办国家级中医药继续教育项目班3项，省级中医药继续教育项目班8项，共计1924人参加了培训班，继续教育培训班的规模和档次较往年都有所上升。作为协办单位，成功举办中华中医药学会急诊分会第七次年会和中国中医药报社通联工作会议。医院邀请甘肃省商学院刘公望教授为全院做了题为《国学知与行》的培训，使广大职工对国学知识有了一定的掌握和了解。

全年医院科研课题共立项34项，其中省自然科学研究基金计划10项、省科技支撑计划1项、省技术研究与开发专项计划1项、卫生行业计划项目1项、教研项目1项、省中医管理局项目5项、兰州市科技局项目3项、院级课题12项（重点5项、普通7项）、博士科研启动基金项目2项。李盛华主持的“非创伤性股骨头坏死中医体质类型及其相关基因多态性研究”取得国家自然基金项目资助。全年获奖科研项目共12项。其中李盛华负责的项目“‘5·12’大地震甘肃灾区骨伤病、多发病流行病学调查与中医处置对策研究”获甘肃省科技进步奖三等奖；周晟负责的项目“低场MR诊断膝关节软组织损伤与关节镜结果的对照研究”获甘肃医学科技奖三等奖；李盛华负责的“‘5·12’大地震甘肃灾区骨伤病、多发病流行病学调查与中医处置对策研究”、汪福田负责的“双花滴耳液的研制及治疗化脓性中耳炎的临床研究”、王兰娣负责的“桑菀胶囊治疗咳嗽变异性哮喘的临床研究”、左进负责的“三黄栓的临床研究及工艺改造”均获甘肃省皇甫谧中医药科技奖二等奖；张定华负责的“调脂颗粒干预高脂血症的临床及实验研究”、邴雅□负责的“抑瘤栓经微导管肝动脉内注射栓塞作用的可行性研究”、冯玉香负责的“黄连酊防治骨外固定器及骨牵引针眼炎症的临床护理研究”获甘肃省皇甫谧中医药科技奖三等奖;闵云山负责的“消定膏巴布剂的研制及初步评价研究”获兰州市科技进步奖二等奖;赵继荣负责的“经皮激光汽化减压配合手法调衡治疗腰椎间盘突出症的临床及相关实验研究”获兰州市科技进步奖三等奖;胡雅杰负责的“医疗机构药品零差率后的财政补助和医疗服务价格政策研究”获中国卫生经济学会第十批招标课题三等奖。全年共组织省级、厅级、市级科研课题鉴定共14项,12项达到国内领先水平,2项达到国内先进水平。

成功组织医院第十五届中青年学术年会,共收到交流稿件272篇,最终选出10篇优秀论文进行了大会交流。学术年会评出集体奖1名,一等奖1名,二等奖3名,三等奖6名,优秀论文奖10名。

(二)社会服务和公共卫生工作方面

选拔15名同志组成万民医师第六周期支农队伍,于3月底分赴古浪、民勤和岷县中医院进行为期一年的帮扶工作,同时医院为三所帮扶医院共16名同志进行为期3个月的学习带教工作。医院不断加强健康教育、健康咨询工作,利用世界抗结核病日、国家计划免疫日等做好宣传活动。积极组织参加省市区组织的各种科普和健康教育宣传活动,为群众提供健康咨询和诊疗服务。不断加强院内科普宣传工作,继续做好《传染病防治法》的宣传、培训、学习工作,通过多种形式,做好以职业暴露防护为重点的各项工作。同时,较好地完成了义务献血工作,全院共53名同志参加了义务献血。积极开展计划免疫、计划生育和产后访视工作,为辖区内在校学生免费接种乙肝疫苗2338人次,其他疫苗接种3960余人次。新生儿新建卡101人次,建证、建卡率均达到上级部门要求的95%以上。全年共组织糖尿病防治等大型义诊活动7次。经省卫生厅批准,医院20个院内制剂在全省医疗机构推广使用。医院工作人员亲自到各地州市、县、乡医院进行院内制剂的推广宣传,已和22家医院签订协议,外销院内制剂约14万元。

(三)医院事业发展和基本建设方面

医院整体建设规划方案几易其稿,经多方努力和协调,年底取得了兰州市规划局的批准,标志着医院整体建设规划正式拉开帷幕。拟建的职工住宅楼、科研制剂大楼、消毒中心等建设工程正在紧张的准备和招标当中。完成了医院北区4栋共10万平方米住宅楼的经济适用房立项,现已进入地质勘探阶段,科研制剂大楼已经进入设计阶段。

城关区陇上名医馆、省委门诊部、血液透析中心建设工程进入收尾阶段。医院特色门诊、门诊输液大厅启用以来,内部运行正常、高效,患者及社会反映较好,既为门诊病人提供了舒适的治疗环境,也为医务人员提供了一流的工作环境。今年投资400多万元进行的锅炉房天然气改造工程,改善了医院院区环境和供热条件,也彻底改善了工作人员的工作环境。完成了医院制剂室的改造、医院1号楼中心供氧设备带的安装和调试等工作,全年共完成各种维修改造工程26项。零星工程报审64696.37元,审减金额14297.44元,审减率为22.17%。

医院基本建设领导小组着力抓好门诊医技综合楼主体工程建设,在保证工程质量的同时,建设进度按计划实施。6月初基坑开挖支护施工顺利完成,基坑项目报审金额4657006.00元,审减376838.00元,审减率为8.09%。门诊医技综合楼6月16日主体建设正式开工,9月10日地下室结构封顶,11月25日西裙楼5层结构封顶,12月10日东裙楼11层结构封顶,主体最后三层正在施工当中。

加快设备引进,加强医疗耗材管理。对大型公用设备和专科专用设备进行了考察论证,全年投入资金900多万元购置设备,新购的飞利浦IU22、意大利百胜60超声诊断设备,计算机扫描诊断仪和射频数码静脉闭合系统等设备,为临床诊断和治疗提供了准确的依据。全年共采购医用材料3853.3万元。医疗设备科积极推行“零库存”制度,设备材料库存由2009年6月的92.60万元降至32万元,减少了库存积压，避免了浪费。

全年完成总收入22975万元，圆满完成年初预定的2亿元目标，增长26.63%。截至2010年末，医院资产总值达4.16亿元。

（四）院务公开和行风建设方面

制定了《甘肃省中医院院务公开管理办法》，充分发挥院务公开制度的作用，及时发布所有公开信息。编印《医院员工手册》，将医院的整体规划、管理理念、服务规范、操作规程、医院文化和基本制度等公布于众，使大家统一了思想，达成了共识。根据省卫生厅党风廉政建设和行风建设责任要求，编印的《医院党风廉政建设及行风建设制度汇编》，将年度党风廉政建设和行风建设任务按管理部门职能进行责任分解，实行主管院领导和部门负责人责任制。要求各责任部门在年内组织1~2次自查。制定了《甘肃省中医院行风监督有奖举报办法》，鼓励群众举报各项工作中严重损害医院和患者利益的问题。制定医院门诊医技综合楼、住宅楼项目建设管理办法，成立了医院基本建设领导小组和监督管理委员会，不定期召开门诊医技综合楼监督管理委员会座谈会，定期举行社会监督员和病友座谈会，听取方方面面的意见和建议。医院坚决杜绝在药品、医疗器械、医疗耗材招标采购和维修工程中收受回扣、好处费，以及在医疗服务中收受甚至索要“红包”等违法违规行为。坚持每月利用护士长以上干部会议的机会，组织干部职工收看《廉政准则》《与法同行》《警钟长鸣》和《沉重的代价》等警示教育片，组织医院副科级以上干部到兰州地区警示教育示范基地甘肃兰州监狱接受警示教育活动，使大家保持思想上的高度警觉，防范各类腐败现象滋生。5月，医院邀请兰州市检察院职务犯罪预防处处长王东升就如何预防职务犯罪做了专题讲座，使医务人员对医疗卫生行业犯罪的特点、医务人员如何防范等方面有了很深的了解。

（五）突发公共卫生事件医疗救援工作

在4月14日青海玉树发生7.1级地震当天，医院党政领导班子高度重视，迅速启动甘肃省中医院突发事件应急预案，全院动员、全员参与、紧急部署、迅速行动。成立由院长李盛华任组长、党委书记妥建福为副组长的抗震救灾领导小组，下设医疗救治组、药械供给组、后勤保障组、宣传组、组织协调接待组和地震骨伤病人流行病调研组等。4月15日8时，21名医疗救援队员携带着14275元救援物资、73581元救援设备、18793元急救药品向灾区进发。救援队员长途跋涉、挨饿受寒、冒着生命危险于4月16日下午17时抵达玉树县地震灾区开展救援工作。在灾区的6个日夜，队员们充分发挥中医药的特色和优势，不分昼夜地开展救治工作，共诊治地震伤员1100余人次。

4月15日晚至16日清晨，空军运输机从灾区陆续向甘肃转来128名伤员，医院迅速组建“爱心病房”，先后收治35名伤员。医院在完善相关检查，明确诊断后，按照“救命为先，救肢为辅；保守为主，手术为辅；中医为主，西医为辅；中医与西医相结合，手法与手术相结合，中药内服与中药外治相结合，临床救治与心理治疗相结合”的原则，医院为每一位伤员制订了详细的诊疗方案，充分发挥中医手法、针灸、中药、熏蒸、理疗等传统医学优势，积极、科学、规范、系统地救治每一位伤员。采用医院自制的陇中伤科洁肤液擦洗消毒，消定膏和玉红膏外敷活血化瘀消肿止痛，手法复位，小夹板或石膏外固定、打牵引等传统疗法减轻伤员痛苦，医院自制药品损伤胶囊、消肿止痛合剂、健胃止痛合剂、防风感冒颗粒、陇中清热解毒液、杜仲腰痛丸、清宁胶囊等口服中药促进伤员康复。医院药剂科加班加点赶制各种自制药品，并向兰大二院等收治医院免费送去自制药品，使伤员早日康复出院。针对灾区伤病员多伴有心理创伤的特点，医院积极安排心理咨询人员进行心理干预，加强治疗。医院发出了“聚伤员之家，共享节日快乐”，以特殊方式度过5·12国际护士节的倡议书，各病区纷纷响应，护理人员自愿利用休息时间为灾区患者做生活护理和心理护理。全院职工还自发捐款捐物,为爱心病房的藏族同胞们买来水果、鲜花,为小孩买来玩具,以各种方式为灾区伤员献爱心。经过医院的精心治疗和护理,39名伤员已陆续康复出院。在治疗期间,青海省政协副主席陈资全,甘肃省副省长咸辉,省政协副主席德哇仓、张津梁,以及国家卫生部、省卫生厅、省残联等单位领导,先后来院看望慰问伤员和医务工作者,对医院的中医救治工作给予了充分的肯定。

在"8·7"舟曲特大山洪泥石流灾害发生后,医院立即启动突发公共卫生事件应急预案,迅速组成以副院长赵继荣为组长的第一支赴灾区抢险医疗队,于8月8日中午紧急赶赴灾区参加医疗救援。医院先后派出5支医疗救援队赴舟曲开展医疗救援工作。针对灾区艰巨的卫生防疫工作任务,医院调运5吨中药饮片、院内制剂及煎药器具,由院长李盛华带领相关专家于8月15日凌晨奔赴灾区。在灾区,医疗队员们为当地群众和解放军官兵煎制各种预防湿疹、腹泻等的中药汤剂,为伤员康复、流行病防治和灾区防疫工作做出了应有的努力。医院共接收舟曲和成县泥石流灾区转运伤员27名,按照玉树地震灾区转运伤员救治的成功经验,充分发挥甘肃省骨伤临床医学中心的实力,组织专家组制订个性化治疗方案,使27名患者在我院的救治工作圆满成功。在伤员救治期间,副省长咸辉、卫生部应急办主任梁万年,省卫生厅、省妇联等领导和单位分别看望伤员,对医院的特色治疗给予了充分肯定。同时医院派中医骨伤专家协助西医医院进行危重伤员的救治。面对兰大二院收治的苏凤雷患者,在面临"截肢""保命"的选择中,我院专家突出中医特色优势,保肢治疗成功,突显了中医药在应对突发事件中的优势。

在两次灾害救援工作中,医院不断加强正面宣传。医院在兰州市博物馆、东方红广场举办了以玉树地震灾区伤员救治为主题的摄影展,发行了《大爱无疆》画册。在舟曲特大山洪泥石流灾害救援方面,医院在甘肃省博物馆举行"同舟一曲"舟曲泥石流抗险救灾纪实摄影展。医院的出色救治得到了社会各界媒体的关注,中央电视台、甘肃电视台、兰州电视台,《健康报》《中国中医药报》《甘肃日报》《兰州晨报》《兰州晚报》《健康周刊》及新华网、中新网、每日甘肃网等多家媒体,对医院的救援行动做了不同程度的关注和报道。

11月,急诊骨科被评为"全省卫生系统玉树抗震救灾医疗卫生救援先进集体";医院被评为"全省卫生系统舟曲特大泥石流灾害医疗卫生救援先进集体";谢兴文、罗克龙、杨宏武、唐晓勇、李晓萍同志被评为全省卫生系统玉树抗震救灾医疗卫生救援先进个人;李盛华、赵继荣、刘效栓、邓强、张磊、田旭东、张德娟、曹发文同志被评为全省卫生系统舟曲特大泥石流灾害医疗卫生救援先进个人荣誉称号。

二、主要做法

(一)以综合目标管理责任制为龙头,提高医院管理规范化水平

今年6月以来,医院制订了新的综合目标责任制方案,并与部门负责人签订了目标责任书。通过新方案的执行,逐步实现管理队伍职业化、管理理念人性化、管理手段信息化、管理体制科学化。倡导"服务优先、质量优先、安全优先、节约优先"的管理理念,进一步完善现有考核体系,通过考核、奖惩等手段确保各项制度的落实。通过开展"百日医疗安全"活动,进一步完善主诊医师负责制为核心的各项责任制度等措施,调控技术、质量、利益等要素,确保医院健康运行。

(二)坚持人才队伍建设为重点,不断强化医院发展的后劲

医院在充分认清目前发展的瓶颈在于人才的基础上,着力研究解决选才、育才、用才等新课题,不断创新人才评价方法,确立以品德、能力和业绩为重点的人才评价、任用、激励机制,搭建有利于人才施展才华的事业平台。11月底,对20名中层干部进行了轮岗。12月初,实施医院14个副科级岗位竞

聘上岗,在“民主、公平、公正、公开、择优”的原则下,通过个人申报、竞聘演讲、民主测评、干部考察等程序,有9名同志分别走上临床、职能科室管理岗位。

全年共引进专业技术人员和接收毕业生81名,其中:引进高层次人才15名,主任医(药)师2名,副主任医师6名,其他7名。接收各类毕业生66人,其中博士研究生3名,硕士研究生52名,本科生11名,研究生学历以上人员占接收人员的67%,是医院至今引进人才和接收毕业生整体层次最高、数量最大的一年,为医院的快速发展奠定了人才基础。完成首次岗位设置和院内“223”人才考评,实施“334”人才培养工程,全院共62名同志被确定为培养对象。全年新聘45名专业技术人员,其中正高6人、副高17人、中级18人、初级4人。对211名编外用工委托代理公司实行劳务派遣,在一定程度上缓解了临床科室人员不足的现状。

(三)加强医护质量管理,提高临床服务水平

根据医院业务发展需要,对18个机构进行了调整和名称变更,新增了医疗纠纷调解科、特色医疗管理科、营养科、急诊骨科、运动创伤科、康复骨科、省委门诊部、应急办、整复骨科。调整了创伤骨一科、整复骨科、脊柱骨二科、运动创伤科、创伤骨二科、康复骨科等三个病区6个骨科的病床,新增床位100余张。进一步完善了医院临床、职能科室建制,提高了医院学科建设水平,增进了医院医疗服务能力。为传承名中医学术经验,成立了王自立名医工作室和廖志峰名医工作室。

认真贯彻执行省卫生厅的医务人员“四个排队”和医疗机构“八个排队”制度,按照省卫生厅的总体思路,治理过度医疗,提高中医特色医疗的比例,每月将四个排队情况向全院通报。对严重违规者进行处罚,一名医生因过度医疗被停止处方权1个月。狠抓医疗质量和病历书写质量,根据《甘肃省中医院医师不良执业行为积分管理暂行办法(试行)》,全年对115人次进行了不良记录扣分,其中5人被停止处方权1至3个月。全院2010年度甲级病历率一次性达到95%,无丙级病历。

为进一步提高医院服务质量,保障医疗安全,医院开展“医疗安全百日”系列活动,举办了两次医疗安全教育及医疗纠纷防范专题讲座,向全院发行《医疗安全手册》和《临床核心制度》,供广大医务工作者学习。不断加强医务人员基本技能培训,继续开展每月1次的临床观摩查房,组织全院业务学习以及传染病防治、抗生素规范合理使用、合理临床检验等培训。为切实加强处方管理,提高处方质量,规范医疗行为,促进合理用药,确保医疗安全,根据卫生部《处方管理办法》《抗菌药物临床应用指导原则》等有关规定的要求,建立了我院《临床用药点评制度》,并开展临床用药点评会两次。深入开展医院药事管理工作,召开药事管理委员会会议,安排部署医院药事管理工作。严格执行省卫生厅关于合理用药的有关规定,根据临床药品使用情况,不断调整医院药品品种结构。医院继续开展随访中心工作,全年随访出院患者16864人次,占出院患者的100%,满意率为94.01%。

护理工作紧紧围绕创建“优质护理服务示范工程”全面展开,成立了活动领导小组,以创建优质护理服务示范病房为载体,进一步细化基础护理标准、危重病人护理标准,加大护理人员培训、考核力度,落实“三查七对”,提高患者满意度。在开展“优质护理服务示范工程”中,各个病区护理单元不断推出新的温情服务措施,如方便病人使用的小台秤、雨伞、杂志、报纸、针线袋、便签、糖果等。有的病区护理单元制作了醒目、美观的温馨提示牌,对患者进行必要的提醒,如术前禁食禁饮牌、明晨空腹采血牌、功能检查注意事项提示牌等,还自行研制了用于防止足部压疮的水袋,病人使用效果良好。三个“示范病房”多次收到表扬信和锦旗。通过“优质护理服务示范工程”的开展,使患者满意度明显提高,患者陪护和自聘护工比例降低,病房秩序进一步好转,营造了和谐的护患关系。医院护理部被中华中医药学会授予“第二届全国中医护理先进集体”荣誉称号。在全省卫生行业护理岗位技能大赛中,医院

参赛队伍获得团体一等奖。

加强医院感染管理工作，制定医院感染目标管理责任制及感染管理奖惩办法，签订感染控制目标责任书，明确医院感染管理三级组织流程及七个小组工作职责。对全院各级各类医务人员提供医院感染防控知识的培训与教育，督促检查医务人员手卫生执行程序，有效地实施依从性的监管与改进活动。监测医院感染的危险因素、医院感染率及其变化趋势，定期通报医院感染的监测效果。完成甘肃省医院感染监控管理培训基地部署的2010年医院感染现患率横断面调查工作，实查率达到99.18%，医院获得卫生部医院感染培训基地颁发的先进单位称号。

医院积极配合省卫生厅在全省范围内开展的“西医学中医、中医学经典”活动，由院长李盛华主编正式出版的《实用中医经典名方手册》一书，向全院医生发放进行学习，并向全社会推广。在《实用中医经典名方手册》发行仪式上，同时举行甘肃省中医院中医经典名方知识大赛、中医手法技能大赛，省卫生厅厅长刘维忠全程观看了比赛，并给予了高度的评价。

（四）加强对外合作与技术交流，促进技术水平进步

组织医院中高层管理人员分两批赴新加坡国际管理学院参加为期一周的现代医院高级管理课程研修班学习，通过学习，达到了开阔视野、更新理念、提升素质、学以致用的目的。组织临床医技科室主要负责人20人，参加省卫生厅组织的赴香港中医培训班学习。组织6名有关人员赴德国考察，旨在在国外建立以骨科临床医学中心为重点，兼顾其他学科的培训基地。积极配合省卫生厅外事处组织的各项出国（境）活动，先后选送13名同志赴国（境）外研修考察学习。分批选送43名护士长和护理骨干前往广东省中医院进行管理理念、服务意识、专科护理及中医特色护理的学习。应兰州佛慈制药集团和印尼中医协会邀请，医院首次派主任医师靳锋主任赴印度尼西亚讲学，在印期间举办了多场中医药治疗疾病的思路、治未病思想讲座，并与当地同行进行了座谈交流。讲座获得了巨大反响，当地媒体及印尼国家报《国际日报》做了较大篇幅的报道。

医院对外交流不断加强。年内，法国传统中医自由大学校长 Coste Marcel，教务主任 Paugam Jeanyves 来医院参观考察，就教学事宜与医院进行洽谈；美国南佛罗里达州大学和坦帕总医院代表团来院进行参观访问；加拿大麦基尔大学犹太总医院肺癌中心主任 Mary Crossman 和风湿病专家 Jan Schulz 来院进行考察访问，对中医药防治肺癌和风湿病进行了广泛的交流。7月，山东中医药大学医疗服务博士团一行11人，在山东省政协副主席、山东中医药大学名誉校长、国家首批中医科普专家王新陆的带领下，来院开展学术交流和义诊活动。医院聘请王新陆为医院名誉顾问，王兴臣等6名专家为医院名誉主任，并颁发了聘书。同月，医院邀请卫生部健康教育专家、国家中管局文化建设与科普专家、中医文化大师温长路教授，为医院干部职工做了题为《中医药文化与中医学的中和观》的专题讲座，进一步活跃了医院学术文化氛围。

医院派出15名队员参加第六周期支农工作，于3月底分别赴古浪县、民勤县、岷县开展为期一年的帮扶工作。医院加强与支援医院的联系，积极开展对口支援工作，共接收对口支援医院的进修人员27人。根据省卫生厅关于医院自制药品在全省调剂使用文件精神，医院在支援县推广使用医院自制药品，其中，岷县在全县22个乡镇卫生院全部推广使用。应岷县卫生局邀请，医院派专家6人为其举办的院内制剂使用和中医药培训班进行专题讲座。为提高医务人员英语水平，医院举办了26人的英语口语强化培训班，聘请外籍教师举行为期2个月的集中学习，取得了良好的效果。

医院承办的首届甘肃省中药炮制技能大赛，共有13家单位的29支参赛队参加，大赛以理论与实践相结合的竞赛方式，力图全面展示选手独到的中药特色炮制技艺，为继承和弘扬甘肃京帮流派中药

炮制绝技搭建了一个全省中药界人士互相交流学习的平台。医院借助赛事平台,采用平面与立体广告相结合的形式,宣传甘肃的道地药材、医院特色中药制剂品种以及独树一帜的中药炮制经验,得到同行们的一致好评。医院获得团体一等奖,沈涛、杨小源、张宏武同志包揽了个人一等奖,张晓明、葛新春同志获得个人二等奖,黄清杰同志获得个人三等奖。医院被评为2010年全省职工职业技能大赛“优秀组织单位”,舒劲同志被授予“优秀组织者”称号,沈涛同志被授予“甘肃省五一劳动奖章”荣誉称号。

(五)深入开展“医院管理年”活动,提高医疗服务质量

根据国家中医药管理局和省卫生厅、省中医药管理局的工作部署,医院以科学发展观为指导,紧紧围绕以病人为中心,以突出中医药特色优势为主线,开拓创新,狠抓内涵,扎实开展2009年“以病人为中心,以发挥中医药特色优势”为主题的中医医院管理年活动。医院利用全院职工大会、科主任会议、医疗质量季度分析会、阶段工作总结反馈会等,反复强调开展中医医院管理年活动的重要性和必要性,并且及时通报活动开展情况。医院还制作了《员工手册》,使管理年活动深入到每位员工心里,提高了全院职工对医院管理年活动的认识,促进了员工主动参与医院管理年活动的热情。通过反复自查,不断充实,持续改进,全面提升了医院管理水平和服务水平。7月5日,国家中医药管理局第32检查组对医院开展“2009年中医医院管理年活动”进行检查。专家组通过听取汇报、查阅资料、现场访谈等形式对医院一年来开展的6个大类25个小项39个子项目进行了检查,指出亮点和不足。医院对检查中暴露出的各种问题进行了全面的梳理,召开专题会议研究解决方案,并在护士长以上干部会议上传达和部署改进措施。11月29日,国家中医药管理局专家又对医院改进落实情况进行了实地督导,对医院有力的改进措施给予了肯定。

(六)加快医院配套设施建设,提高整体服务水平

为推进医院网络办公自动化建设,大力推行无纸化办公,降低管理成本,提高工作效率,医院为临床和行政科室安装了宽带,先后投入60余万元完成了医院自动化办公系统的建设,于8月初正式启动了办公自动化(OA)系统。使用5个月以来,系统稳定,效果良好,使医院信息化管理迈上一个新的台阶。成功将电子阅览室迁移到医院互联网中,为职工查阅资料、阅览图书提供了方便。全年各种维修改造项目较多,任务繁重,后勤服务部门的工作人员主动服务一线,随叫随到,排查各种隐患,加班加点做好各项维修、装修、粉刷和改扩建工作。投资28万元完成了院内灯箱制作、霓虹灯安装工作,完成医院公共区域的LED显示屏制作安装工作,进一步亮化美化了院区环境。投入26万元在全院安装视频监控系统,预防各种安全事件的发生。开展消防安全教育和演练活动,使广大医务人员增强防火意识。投资73万元正在进行住院部1、2号楼消防设施整改工作。响应省卫生厅关于创建无烟医院的号召,8月初在全院范围内开展无烟医院创建活动,张贴禁烟标志,在病区、会议室、办公区域严禁吸烟,努力营造无烟就医环境。

三、存在问题

在2010年的工作中,尽管我们取得了一些成绩,但工作中依然存在一定的问题。主要表现在:一是全院各项工作的推进力度不能适应医院发展的需求。部分工作停留在口头上、文字上,未能彻底落实到行动上。二是医院管理效率不高,人、财、物等整合运行未完全到位,普遍存在忙闲不均的情况。三是医疗纠纷和医疗事故频发,“医闹”现象时有发生。四是客观原因造成部分基建项目进展速度缓慢,如住宅楼建设进展缓慢。五是随着医院接收病人量的不断增加和各种行政事务的增多,普遍存在工作人员紧张的现象。这些问题,我们将在今后的工作中认真反思,不断改进。

第二部分 2011年主要工作

2011年是医院全面落实医改任务的关键一年，也是医院2011—2020年发展规划的起步之年。医院将按照省委省政府的总体要求，紧紧围绕卫生厅党组的工作部署，以科学发展观为指导，以全面落实医药卫生体制改革任务为主线，抓改革、促发展，努力发挥中医特色和优势，营造良好的中医医疗环境，为人民群众提供满意的健康服务。

2011年，医院业务收入目标为2.8亿元，重点完成以下十件工作：

1.完成门诊医技综合楼主体工程建设，各种配套设施力争年底全部到位。

2.对新建骨外科大楼进行调研。医院职工新住宅2、3号高层楼和科研制剂大楼开工建设，住宅楼力争年底封顶。

3.完成干部病房、消毒供应中心改造装修工程。

4.申报国家中医药管理局“十二五”重点中医院建设项目和重点专科专病建设项目，创建省级中医药临床研究基地。

5.完成医院2010—2020年发展规划的制订定和绩效考核评价建设体系。

6.开展三级甲等中医院复评和医院管理年工作。

7.加大骨伤科省级临床医学中心建设力度，按照统一要求高标准开展建设工作，并建立国外培训基地。

8.组建代表甘肃中医水平的突发公共卫生事件救援队伍。

9.加大中医文化建设和医院宣传力度，建文化广场，评选中医药名家。

10.加大职工培训、外出学习和进修力度，年初引进并实施新加坡国际管理学院的现代医院管理服务理念。

围绕以上目标，将重点做好以下工作：

1.狠抓主要工作任务的落实。一是围绕医院2005—2010年发展规划，进行深刻的总结和分析，巩固好取得的经验和成绩，根据医院发展需要，制订好医院2011—2020年发展规划和计划；二是总结好国家中医药管理局医院管理年检查评估结果，针对有效的经验和存在的问题，进一步突出工作重点，使该活动成为推动医院发展的有力后劲；三是进一步整治医药购销领域商业贿赂，严格把握政策，加强学习教育，坚持教育与惩处相结合，将专项治理工作抓好抓扎实；四是做好服务创新、创优工作，以开展优质服务活动为载体，切实提高医疗服务质量，改善服务态度，全面加强医疗安全工作；五是全面加强门、急诊工作，多渠道提高门、急诊工作量，切实加强门诊工作管理，杜绝缺诊等服务不到位的现象；六是抓好医院应急工作，组建医院应对各种突发事件的应急医疗救援队伍，配备专业救援设备，建立健全各项规章制度，建立起多支代表甘肃中医水平的医疗救援队伍；七是抓好全国优质护理示范病房创建工作。

2.调整医院经营管理模式，加强对经济运行的调控。努力增加业务收入总量，充分挖掘增收项目的潜力，坚持走优质服务、突出中医药特色、高端技术层面上进行“差异化竞争”的发展道路。调整业务收入结构，进一步处理好中医特色诊疗技术与现代医学之间的关系，努力打造我院的医疗品牌，充分发挥品牌对效益的带动作用。根据国家相关政策的实施情况，做好经营管理工作，出台新的医院绩效考核评价体系。加强内部管理，完善质量评价制度，严格落实省卫生厅的医务人员“四个排队”和医疗机构“八个排队”。继续开展增收节支活动，认真推行资源节约管理制度，通过节约降低成本。

3.采取有效手段调控发展步伐。继续加强基础设施建设和设备投入，为医院发展奠定坚实的基础。努力克服一切困难，全力完成门诊医技综合楼建设工程。对骨外科大楼进行论证调研，医院科研制剂大楼和家属2、3号楼工程将相继投入建设，家属楼力争年底封顶。2011年，将有更多代表当今医疗特色的部门建成，如透析中心、城关门诊、省委门诊将全面投入使用，使医院基础设施建设初具规模。根据医院业务发展需要，继续引进代表新技术水平的先进设备，提高医疗装备水平，占领技术的制高点。更加认真地做好设备物资招标和管理工作，保证质量，节约支出，规范操作，严格设备使用登记制度，做好设备的管理、保养与维修。

4.突出创新项目，营造学习氛围。突出全院重点工作和医疗新技术、新项目的开展，大力营造浓烈的学习、科研氛围，加强医院的内涵建设。加快重点专科建设，做好创建国家级和省级重点专科科室的督促、检查、指导工作，确保重点学科（专科）数量能够有所上升。积极申报国家中医药管理局"十二五"重点中医院建设项目和重点专科专病建设项目，创建省级中医药临床研究基地。加大对外交流工作的力度，积极争取省卫生厅的各种项目，筹建境外培训基地，为医院重点学科、重点专科和骨科临床中心培养人才。对照医院管理年的标准要求，大力发挥中医药特色，以极其急迫的态度填补必备的诊疗项目。继续加强对外合作步伐，利用我院不断壮大的人才队伍，尽早独立开展高难度技术。通过多种渠道加强职工素质教育和技能培训。

5.加强督查、检查力度。特别是要加强重点工作的督查力度，强调和保证医疗安全，落实责任制。进一步贯彻落实病历和处方管理的各项制度，住院病历坚持每周查、每月查、每季查，门诊处方坚持每日查。通过各项检查、巡查、查房的方法，加强对运行病历的实时监控与管理。扩大病历、处方质量在医务人员考核中的权重，继续开展"大练兵、大比武"活动和"住院病历评比"活动。新技术、新项目的开展要实施挂图作战，要有紧迫感和计划性，既要保证项目开展的速度，又要充分保证安全性和有效性，要通过有效的督查保证项目开展按时序进行。加强院内就医环境的治理和优化，巩固2010年创建无烟医院的成果，继续开展丰富多彩的创建活动。继续对医院网页进行改版和扩大，丰富网页板块和内容，加大网络宣传力度。

6.加强干部管理工作，确保全年任务顺利完成。合理配备、使用中层干部，为医院全年工作提供组织保障。加强对全院中层干部、护士长的考核，围绕自主经营目标责任制和各项责任机制，落实中层干部责、权、利，为完成全年工作提供组织保障；坚持院务公开和热点岗位轮岗制度，健全教育、制度、监督并重的惩治和预防腐败体系。

医院近年来不断实现跨越式发展，各种医疗服务能力和水平明显提高，中医特色和优势不断突显，公共突发卫生事件应急能力不断提升，医院基础设施和医疗设备在逐步改良，医院职工福利和绩效大幅增加、凝聚力不断加强，医院的社会影响力也在不断提升等。这些成绩归功于省委省政府和省卫生厅的正确领导，归功于医院团结有力的领导班子和每一位埋头苦干的职工。

2011年的工作任务亦然很重，责任非常艰巨，使命无上光荣。全院上下要切实增强责任感和紧迫感，解放思想，求真务实，以只争朝夕的精神，聚精会神搞建设，一心一意谋发展，为建设一个现代化、大综合、多特色、强专科、甘肃第一、西部领先的大型三级甲等中医院而努力奋斗！

医院2009年与2010年各项业务指标比照表

项目	2009年	2010年	上浮或下浮比例(%)
业务收入(万元)	18144	22975	26.63↑
门诊挂号人次	240062	265189	10.47↑
门诊诊疗人次	347340	368773	6.17↑
收治住院病人人次	13435	17129	26.1↑
床位使用率	96.3	97	0.73↑
床位周转率	17.7	17.2	2.82↓
手术台次	4336	5293	22.07↑
门诊检验人次	32218	50025	55.27↑
住院检验人次	48569	68838	41.73↑
超声检查人次	17863	25421	42.31↑
病理检查人次	3912	5033	28.66↑
磁共振检查人次	4859	6430	32.33↑
CT检查人次	7731	10205	32.00↑
普放检查人次	54945	74014	34.71↑
抗生素使用抽查率	85.69	92.5	7.95↑
预防接种人次	6781	6298	7.1↓
接待省市区医保患者人次	5645	6920	22.6↑
济困病房接待患者人次	84	69(10月份停止)	17.9↓

医院机构、床位变化

关于医院内设机构职能调整的通知

中医人发〔2008〕4号

省中医药研究院，医院各部门、科室：

为了进一步加强医院管理，更好地发挥职能管理部门的作用，经2008年1月15日院长办公会议研究决定：将原院长办公室管理的收发室、多功能厅划归总务部管理。

特此通知。

二〇〇八年一月十五日

关于增设医院内设机构的通知

中医人发〔2008〕38号

省中医药研究院，医院各部门、科室：

根据医院业务发展需要，经2008年4月15日院长办公会议研究决定，成立医院随访中心，隶属于医务部管理。

特此通知。

二〇〇八年四月十五日

关于医院部分科室增设病床的通知

中医人发〔2008〕60号

省中医药研究院,医院各部门、科室:

根据医院业务发展需要,经2008年6月24日院长办公会议研究决定,对医院部分科室增设病床,具体通知如下:

十四病区增设眼科病房,设病床15张。

十四病区老年病科(第一干部病房)增加病床3张,共设病床33张。

十五病区脑病科(神经内科)增加病床32张,共设病床70张。

至此,医院开放病床720张。

特此通知。

二〇〇八年六月二十四日

关于成立甘肃省中医院陪护服务中心的决定

中医人发〔2008〕98号

为了满足住院病人及其家属的需要,减轻病人和家属的负担,履行"心想病人、服务病人"的职责,经二〇〇八年八月二十八日院长办公会议研究决定,成立"甘肃省中医院陪护服务中心",注册登记事项如下:

名称:甘肃省中医院陪护服务中心

地址:兰州市七里河区安西路518号

负责人:吴圃萍

资金数额:伍万元

企业性质:全民所有制

经营范围:陪护服务(不含医疗)、洗涤、家政服务

经营方式:服务

该中心为非法人企业，不具备法人资格。其成立后，具体业务归院护理部负责管理。

二〇〇八年九月十六日

关于医院内设临床机构及病床变动的通知

中医人发〔2008〕144号

省中医药研究院，医院各部门、科室：

根据医院业务发展需要，经2008年12月23日院长办公会议研究决定：

成立十六病区（综合楼七、八楼）。

同时，对临床科室和病床调整如下：

一病区肛肠（痔瘘）科病床由21张增至24张；

二病区脊柱骨一科设病床35张；

三病区创伤骨一科设病床50张；

四病区肾病科设病床25张；

风湿病科病床由12张增至15张；

五病区脊柱骨二科设病床50张；

六病区创伤骨二科设病床50张；

七病区手足微创骨科病床由27张增至43张；

儿科设病床8张；

八病区小儿骨科病床由30张减至29张；

九病区普外科病床由25张增至35张；

ICU设病床8张；

十病区心血管疾病防治中心（含CCU 6张）病床由50张增至53张；

十一病区消化科病床由35张增至45张；

泌尿外科设病床16张；

十二病区脊柱骨三科病床由35张增至40张；

神经外科病床由16张增至20张；

十三病区关节骨科病床由48张增至50张；

肿瘤及血管病介入科设病床12张；

十四病区老年病科（干部病房）设病床33张；

眼科设病床15张；

十五病区脑病（神经内）科病床由70张减至64张；

十六病区针灸科病床由22张增至40张;

内分泌(糖尿病)科病床由20张增至25张;

呼吸科设病床15张。

调整后医院实际开放病床数由720张增至800张。其中骨科系统开放病床数为347张。

特此通知。

二〇〇八年十二月二十四日

关于增设医院内设机构的通知

中医人发〔2009〕15号

省中医药研究院,医院各部门、科室:

为进一步加强医院干部保健服务工作,经2009年2月24日院长办公会议研究决定:

成立干部保健处(科级建制)。

干部保健处职责:

1.研究制定本院干部医疗保健服务工作的规章制度、服务方案、工作计划,并组织实施;

2.负责本院就诊的各级保健服务对象的医疗保健和健康管理工作;

3.负责保健服务对象住院期间的病情上报工作;

4.负责本院承担的保健服务对象的年度健康体检工作;

5.负责本院干部保健服务专家队伍建设和工作人员的业务培训;

6.承担省保健委员会办公室、省卫生厅安排的其他医疗保健服务工作。

特此通知。

二〇〇九年二月二十六日

关于医院妇科设立病床的通知

中医人发〔2009〕22号

省中医药研究院,医院各部门、科室:

根据医院业务发展需要,经2009年3月10日院长办公会议研究决定,在普外科设立妇科病床5张。

特此通知。

二〇〇九年三月十日

关于增设中医药研究院内设机构的通知

中医人发〔2009〕28号

省中医药研究院,医院各部门、科室:

根据工作需要,经二〇〇九年三月十八日院长办公会议研究决定:

省中医药研究院成立中心实验室(科级建制)。

特此通知。

二〇〇九年三月二十四日

关于医院内设机构名称变更的决定

中医人发〔2009〕51号

省中医药研究院,医院各部门:

经2009年5月25日党政联席会议决定,将党委办公室等10个部门(科室)名称做以变更。具体如下:

党委办公室更名为党务部;

院长办公室更名为院务部;

科研部更名为科研科;

信息中心更名为信息科;

审计室更名为审计科;

离退休办更名为离退休人员管理科;

随访中心更名为随访科;

影像中心更名为放射影像科;

功能检查科更名为超声心电检查科;

中医康复治疗中心更名为康复治疗中心。

此决定。

二〇〇九年五月二十五日

关于成立医院对外联络部等管理机构的决定

中医人发〔2009〕52号

省中医药研究院,医院各部门:

因管理工作需要,经2009年5月25日院长办公会议研究决定,成立对外联络部、基建部和招标采购部。

对外联络部负责医院和省中医药研究院对外联络事宜。负责与国内外各种交流合作的衔接与协调；负责职工外出进修、培训计划的制订和实施工作；负责组织实施万名医师支农工作，组织开展对口帮扶医院的“一对一”带教工作。

基建部按照医院和省中医药研究院整体发展规划，负责基本建设的整体规划和实施工作。

招标采购部严格执行《中华人民共和国招投标法》和《中华人民共和国政府采购法》等法律法规及有关规定，根据医院工作需求，按照相关部门提供的技术标准与参数要求，负责医院和省中医药研究院基本建设、设备、药品、办公和后勤物资的招标采购工作。

此决定。

二〇〇九年五月二十五日

关于调整医院内部管理机构设置的决定

中医人发〔2009〕53号

省中医药研究院，医院各部门：

经2009年5月25日党政联席会议研究决定，对医院内部管理机构设置调整如下：

1.纪委（含监察室）

2.党务部（含工会、团委、妇委会）

3.院务部

4.人力资源部（含离退休人员管理科）

5.医务部（含随访科、干部保健处）

6.临床教学部

7.财务部（含医保科）

8.总务部

9.对外联络部

10.护理部

11.门诊部

12.基建部

13.招标采购部

14.感染管理科

15.预防保健科

16.科研科

17.经营管理科

18.医疗设备科

19.信息科

20.审计科

二〇〇九年五月二十六日

关于调整内设临床机构的通知

中医人发〔2009〕57 号

省中医药研究院,医院各部门:

根据医院业务发展需要,经 2009 年 6 月 5 日院长办公会议研究决定:

成立疼痛科;

高压氧治疗中心挂靠脑病科(神经内科)管理。

特此通知。

二〇〇九年六月八日

关于成立公共卫生科等内设机构的通知

中医人发〔2009〕63 号

省中医药研究院,医院各部门:

根据医院业务发展需要,经 2009 年 6 月 18 日院长办公会议研究决定:

成立公共卫生科,挂靠医务部管理。

成立健康咨询科,挂靠体检中心管理。

特此通知。

二〇〇九年六月十八日

关于医院内设机构调整的通知

中医人发〔2009〕78号

省中医药研究院，医院各部门：

因医院业务发展需要，经2009年8月7日院长办公会议研究决定：

成立职业病科（科级建制）；

医保科独立设科（科级建制）；

原财务部（含医保科）更名为财务部；

原重症监护病房（ICU）更名为重症医学科，ICU护理部更名为重症医学科护理部。

特此通知。

二〇〇九年八月七日

关于增加医院内设机构的通知

中医人发〔2009〕83号

省中医药研究院，医院各部门：

因医院业务发展需要，经2009年8月18日院长办公会议研究决定成立：

治未病中心（挂靠体检中心）；

眼科研究所。

特此通知。

二〇〇九年八月十八日

关于医院内设临床机构及病床变动的通知

中医人发〔2009〕99 号

省中医药研究院,医院各部门:

根据医院业务发展需要,经 2009 年 9 月 1 日院长办公会议研究决定:

成立十七病区(综合楼八楼)、十八病区(综合楼九楼)。

同时,对临床科室和病床调整如下:

一病区肛肠(痔瘘)科设病床 24 张;

二病区脊柱骨一科病床由 35 张增至 38 张;

三病区创伤骨一科病床由 50 张增至 53 张;

四病区血液净化中心;

五病区脊柱骨二科病床由 50 张增至 53 张;

六病区创伤骨二科病床由 50 张增至 53 张;

七病区手足微创骨科病床由 43 张增至 45 张;

儿科设病床 8 张;

八病区肾病科病床由 25 张增至 26 张;

九病区消化科病床由 45 张减至 40 张;

重症医学科;

十病区心血管疾病防治中心病床由 53 张减至 47 张(含 CCU 6 张);

十一病区普外科病床由 35 张减至 25 张;

泌尿外科设病床 16 张;

神经外科病床由 20 张减至 16 张;

十二病区脊柱骨三科病床由 40 张减至 35 张;

小儿骨科病床由 29 张增至 30 张;

十三病区关节骨科设病床 50 张;

肿瘤及血管病介入科设病床 12 张;

十四病区老年病科(干部病房)设病床 33 张;

眼科设病床 15 张;

十五病区脑病(神经内)科设病床 64 张;

十六病区针灸科设病床 40 张;

十七病区内分泌(糖尿病)科设病床 25 张;

呼吸科设病床 15 张；

十八病区风湿病科病床由 15 张增至 37 张；

调整后医院实际开放病床数 800 张。其中骨科系统开放病床数为 357 张。

特此通知。

二〇〇九年九月一日

关于医院内设机构变动的通知

中医人发〔2009〕138 号

省中医药研究院，医院各部门：

为了加强疾病预防与控制工作，理顺有关职能部门的工作职责与工作任务，依据医院工作需要，经 2009 年 11 月 24 日院长办公会议研究决定：

公共卫生科独立设科；

撤销预防保健科。

二〇〇九年十一月二十六日

关于医院及省中医药研究院内设机构和人员调整的通知

中医人发〔2009〕162 号

省中医药研究院，医院各部门：

根据工作需要，经 2009 年 12 月 22 日院长办公会议研究决定，对省中医药研究院内设机构及人员调整如下：

一、中医药科技信息研究所

所　长：潘　文

成　员:程　涛　康开彪　张丽君　柳树英　张　敏　牛崇信　李小娟

二、中药研究所

所　长:姜　华

副所长:刘效栓(兼)

成　员:李喜香　杨丽霞　乔　莉　杨沛霖　薛世萍　李秀娟　李晓东　胡君茹　詹文强

三、医史文献研究所

所　长:张延昌

副所长:潘　文(兼)

成　员:张参军　田雪梅　柳树英　张　敏

四、骨伤病研究所

所　长:谢兴文(兼)

成　员:张德宏　杨　波　邓　强　赵　军　周明旺　叶丙霖　张彦军

五、脑病研究所

所　长:李妍怡(兼)

副所长:张崇岳(兼)　杨瑞龙(兼)

成　员:东　红　胡敏棣　杨　涛　刘志军　柳　直　南学彦　张　谦

六、脾胃病研究所

所　长:廖志峰(兼)

副所长:田旭东(兼)

成　员:李生才　武正权　陈世旺　马润林

七、老年病研究所

名誉所长:刘国安

所　长:邴雅珺(兼)

成　员:曹红霞　李正军　孙　涛　张华丽

八、治未病研究所

所　长:赵继荣(兼)

成　员:王玉珠　邴雅珺　陈国廉

九、针灸研究所

所　长:张洪涛(兼)

成　员:陈国廉　金钰钧　袁　涛　赵　霞　蒋　花

十、肛肠(痔瘘)病研究所

所　长:左　进(兼)

副所长:杨宏武(兼)

成　员:甄熙奎　吴世铖

十一、眼病研究所

所　长:刘永民(兼)

副所长:罗向霞(兼)

成　员:慕明燕　苏　莉　樊　莹　刘永红

十二、糖尿病研究所

所　长:张定华(兼)

成　员:杨丽霞　张东鹏　王晓晖

十三、哮喘病研究所

所　长:王兰娣(兼)

成　员:王　辉　史东静　闫晓霞

十四、风湿病研究所

所　长:王海东(兼)

成　员:田雪梅　王智明　李伟青

十五、中西医结合心血管病研究所

所　长:徐义先(兼)

成　员:党建中　崔文建　杨宝平　吴　荣　包海军　李永忠　秦立军

十六、中西医结合外科研究所

所　长:唐晓勇(兼)

副所长:杨维建(兼)

成　员:何国华　巫资明　汪佳明

十七、中西医结合影像研究所

所　长:周　晟(兼)

副所长:盛　丽(兼)

成　员:王闻奇　张宝洲　张彦彩　贾润慧

以上17个研究所均为科级建制。同时,撤销中医药开发中心、痔瘘培训咨询中心、中草药研究开发中心、心血管病研究所。

特此通知。

二〇〇九年十二月二十九日

关于医院内设机构调整的通知

中医人发〔2010〕16号

省中医药研究院,医院各部门:

因工作需要,经2010年1月13日院长办公会议研究决定,基建部分设基建一部、二部:

基建一部主任　马小明

成　员:赵晨明　胡英杰　杨　晶

基建二部副主任　杨沛霖

成　员:郑兰欣　仝风光　郑永刚

特此通知。

二〇一〇年一月十三日

关于医院内设机构变动的通知

中医人发〔2010〕59 号

省中医药研究院,医院各部门:

因医院工作需要,经 2010 年 4 月 8 日院长办公会议研究决定:

成立门诊护理部;

对外联络部更名为对外联络培训部;

康复治疗中心挂靠老年病科(干部病房);

撤销推拿科、门诊综合治疗中心、门诊综合治疗中心护理部。

二〇一〇年四月八日

关于省中医药研究院增设内设机构的通知

中医人发〔2010〕73 号

省中医药研究院,医院各部门:

根据工作需要,经二〇一〇年四月二十七日院长办公会议研究决定,省中医药研究院增设下述五个研究所(科级建制):

一、肾病研究所

所　长　靳　锋(兼)

成　员　李永新　张竹君　李文艳　丁文君

二、肿瘤研究所

所　长　王兰英(兼)

成　员　杜自忠　倪　红　黄邦荣

三、儿科研究所

所　长　原　睿(兼)

成　员　石宗坷　樊彩娥　韩　娟　杨志华

四、皮肤病研究所

所　长　李树君(兼)

成　员　李和平　贾育蓉

五、耳鼻喉病研究所

所　长　王　辉(兼)

成　员　赵江涛　王中霞　于　洁

特此通知。

二〇一〇年四月二十七日

关于医院内设机构调整的通知

中医人发〔2010〕96号

省中医药研究院,医院各部门:

根据医院业务发展需要,经2010年6月18日院长办公会议研究决定:

监察室独立设科;

成立医疗纠纷调解科、特色医疗管理科,隶属于医务部管理;

成立收费科,隶属于财务部管理;

成立保卫科、营养科;

成立内窥镜诊疗中心,隶属于消化科管理;

成立急诊骨科、运动创伤科、康复骨科;

成立甘肃省中医院省委门诊部(陇上名医馆)。

特此通知。

二〇一〇年六月十八日

关于部分内设临床机构设立病床的通知

中医人发〔2010〕96 号

省中医药研究院,医院各部门:

根据医院业务发展需要,经 2010 年 6 月 18 日院长办公会议研究决定:

门诊部急诊骨科设病床 15 张;

康复骨科设病床 15 张;

十三病区运动创伤科设病床 15 张。

特此通知。

二〇一〇年六月二十一日

关于部分内设临床机构更名的通知

中医人发〔2010〕118 号

省中医药研究院,医院各部门:

根据《国家中医药管理局关于规范中医医院与临床科室名称的通知》(国中医药发〔2008〕12 号)精神,按照国家中医药管理局中医医院管理年活动细则和方案的具体要求,经 2010 年 8 月 26 日院长办公会议研究决定,现将医院部分内设临床机构更名如下:

消化科更名为脾胃病(消化)科;

呼吸科更名为肺病(呼吸)科;

神经内科(脑病科)更名为脑病(神经内)科。

特此通知。

二〇一〇年八月三十日

关于省中医药研究院增设内设机构的通知

中医人发〔2010〕135号

省中医药研究院,医院各部门:

根据工作需要,经2010年11月24日院长办公会议研究决定,省中医药研究院增设中西医结合外周血管介入研究所(科级建制),人员组成如下:

副所长 张 毅

成 员 杜自忠 展 锐 王 晨

特此通知。

二〇一〇年十一月二十六日

关于医院内设机构及病床变动的通知

中医人发〔2010〕145号

省中医药研究院,医院各部门:

根据医院工作需要,经2010年12月3日院长办公会议研究决定,对部分内设机构进行调整和更名,具体通知如下:

一、调整科室:

成立宣传科、应急办、整复骨科、药学部(下设药剂科、制剂科);

监察室更名为监察科;

招标采购部更名为招标采购科;

内窥镜诊疗中心更名为消化内窥镜诊疗中心。

二、部分临床科室和病床调整如下:

三病区创伤骨一科病床33张;

整复骨科病床20张;

五病区脊柱骨二科病床 38 张；

运动创伤科病床 15 张；

六病区创伤骨二科病床 38 张；

康复骨科病床 15 张；

急诊骨科设在急诊科(设观察床)。

二〇一〇年十二月三日

关于医院部分内设机构职能调整的通知

中医人发〔2010〕159 号

省中医药研究院，医院各部门：

根据工作需要，医院新增了部分内设机构，为了进一步加强医院管理，更好地发挥职能管理部门的作用，现将监察室科等科室隶属关系和工作职责予以公布，请各部门组织人员进行学习并组织实施。

监察科隶属于纪委；

应急办隶属于院务部；

医疗纠纷调解科隶属于医务部；

收费科隶属于财务部；

保卫科隶属于总务部；

消化内窥镜诊疗中心隶属于脾胃病(消化)科；

血液透析中心隶属于肾病科。

特此通知。

二〇一〇年十二月三十一日

干部任免

关于张定华等同志职务任免的通知

中医党发〔2008〕8号

各党支部、各部门、各科室：

经二〇〇八年七月二十二日院党委会研究决定：

任命：

张定华同志为第一党支部书记；

赵继荣同志为第二党支部书记；

卫晓雯同志为第六党支部书记。

免去：

李妍怡同志第一党支部书记职务；

燕中同志第二党支部书记职务。

特此通知。

二〇〇八年七月二十三日

关于聘任李韡等同志职务的通知

中医人发〔2008〕14号

省中医药研究院，各部门、科室：

因工作需要，由护理部主任提名，经2008年2月19日院长办公会议研究决定，聘任：

李韡同志为六病区副护士长；

高雪华同志为十四病区副护士长。

聘期自2008年2月19日起至2008年月11月8日止。在聘任期间，因医改和工作需要进行调整，可不受聘期限制。

甘肃省中医院护理部主任

二〇〇八年二月二十日

关于聘任刘永民同志职务的通知

中医人发〔2008〕23号

省中医药研究院,医院各部门、科室:

根据院长提名,经二〇〇八年二月二十八日院党委会研究决定,聘任:

刘永民同志为眼科副主任。

聘期自二〇〇八年二月二十八日起至二〇〇八年十一月八日止。在聘任期间,因医改和工作需要进行调整,可不受聘期限制。

甘肃省中医院院长

二〇〇八年三月七日

关于万迎霞等同志职务任免的通知

中医人发〔2008〕40号

省中医药研究院,各部门、科室:

因工作需要,由护理部主任提名,经2008年4月15日院长办公会议研究决定,聘任:

万迎霞同志为二病区副护士长;

白会玲同志为四病区副护士长;

王莉同志为七病区副护士长。

聘期自2008年4月15日起至2008年11月8日止。在聘任期间,因医改和工作需要进行调整,可不受聘期限制。

同时:

张晓岚同志不再担任二病区护士长职务;

刘叶荣同志不再担任四病区副护士长职务;

万迎霞同志不再担任七病区副护士长职务。

甘肃省中医院护理部主任

二〇〇八年四月十五日

关于杨宏武同志职务聘任的通知

中医人发〔2008〕41号

省中医药研究院，医院各部门、科室：

因医院内设临床机构变动，由院长提名，经二〇〇八年四月二十九日院党委会研究决定，聘任：

杨宏武同志为医院随访中心副主任（兼）。

聘期自二〇〇八年四月二十九日起至二〇〇八年十一月八日止。在聘任期间，因医改和工作需要进行调整，可不受聘期限制。

甘肃省中医院院长

二〇〇八年四月二十九日

关于免去燕中等三名同志职务的通知

中医人发〔2008〕70号

省中医药研究院，医院各部门、科室：

经2008年7月22日院党委会研究决定，免去：

燕中同志创伤骨二科主任职务；

刘忠同志脊柱骨三科主任职务；

王永斌同志呼吸科副主任职务。

甘肃省中医院院长

二〇〇八年七月二十二日

关于张定华等同志职务任免的通知

中医党发〔2008〕8 号

各党支部、各部门、各科室：

经二〇〇八年七月二十二日院党委会研究决定：

任命：

张定华同志为第一党支部书记；

赵继荣同志为第二党支部书记；

卫晓雯同志为第六党支部书记。

免去：

李妍怡同志第一党支部书记职务；

燕中同志第二党支部书记职务。

特此通知。

二〇〇八年七月二十三日

甘肃省中医院陪护服务中心负责人任职决定

中医人发〔2008〕99 号

经二〇〇八年八月二十八日院长办公会议研究决定，吴圃萍同志任甘肃省中医院陪护服务中心负责人,负责该中心的经营和管理工作。

二〇〇八年九月十六日

关于王晓蓉等同志职务任免的通知

中医人发〔2008〕145号

省中医药研究院,医院各部门、科室:

根据工作需要,经2008年12月23日院党委会研究决定,

聘任:

王晓蓉同志为监察室副主任(兼);

姜礼同志为预防保健科主任;

周毓萍同志为医院感染管理科副主任;

王海东同志为风湿病科主任;

邢福军同志为输血科副主任;

刘国安同志为老年病科(干部病房)技术指导;

张延昌同志为风湿病科技术指导;

宋宝根同志为药剂科技术指导。

聘期自二〇〇八年十二月二十三日起。

同时,免去:

黄腾辉同志监察室主任职务;

乔莉同志监察室副主任职务;

姜礼同志门诊部主任职务;

田雁同志医院感染管理科主任职务;

周毓萍同志预防保健科副主任职务;

刘国安同志老年病科(干部病房)主任职务;

张延昌同志风湿病科主任职务;

宋宝根同志检验科主任职务;

程烜同志输血科副主任职务。

甘肃省中医院院长

二〇〇八年十二月二十四日

关于冯玉香等同志职务任免的通知

中医人发〔2008〕146号

省中医药研究院，医院各部门、科室：

因工作需要，由护理部主任提名，经2008年12月23日院长办公会议研究决定，聘任：

冯玉香同志为十六病区护士长；

王莉同志为四病区副护士长；

白会玲同志为七病区副护士长；

刘春雨同志为十二病区副护士长；

袁冰华同志为十五病区副护士长；

刘秀芳同志为十六病区副护士长。

聘期自2008年12月23日起至下次中层干部竞聘止。

冯玉香、付金钰、白会玲、王莉四位同志不再担任原病区护士长职务。

在聘任期间，因医改和工作需要进行调整，可不受聘期限制。

甘肃省中医院护理部主任

二〇〇八年十二月二十五日

关于聘任杨宏武等两名同志职务的通知

中医人发〔2009〕16号

省中医药研究院，医院各部门、科室：

根据工作需要，经2009年2月24日院党委会研究决定，

聘任：

杨宏武、陈国廉两名同志为干部保健处副主任（兼）。

聘期自二〇〇九年二月二十四日起。

甘肃省中医院院长

二〇〇九年二月二十六日

关于崔兰玲等同志职务任免的通知

中医人发〔2009〕21号

省中医药研究院，医院各部门、科室：

根据工作需要，经2009年2月24日院长办公会议研究决定，

聘任：

崔兰玲同志为中医康复治疗中心护士长(兼)；

陈涛同志为体检中心护士长。

聘期自二〇〇九年二月二十四日起。

崔兰玲、陈涛两位同志不再担任原病区护士长职务。

二〇〇九年三月十日

关于聘任唐晓勇同志职务的通知

中医人发〔2009〕23号

省中医药研究院，医院各部门、科室：

因工作需要，经2009年3月10日院党委会研究决定，聘任：

唐晓勇同志任妇科主任职务(兼)。

聘期自二〇〇九年三月十日起。

甘肃省中医院院长

二〇〇九年三月十一日

关于姜华等三名同志职务任免的通知

中医人发〔2009〕29 号

省中医药研究院,医院各部门、科室:

根据工作需要,经 2009 年 3 月 18 日院党委会研究决定,

聘任:

姜华同志为中心实验室主任。

聘期自二〇〇九年三月十八日起。

免去:

宋宝根、姜华同志药剂科副主任职务(兼);

张毅同志肿瘤及血管病介入科副主任职务。

甘肃省中医院院长

二〇〇九年三月二十四日

关于李谦英同志职务任免的通知

甘任字〔2009〕218 号

省中医院党委:

经省委常委会议讨论,决定:

李谦英同志任甘肃省中医院正厅级干部,免去其甘肃省中医院党委书记、委员职务。

中共甘肃省委

2009 年 5 月 8 日

关于崔俊燕等同志职务任免的通知

中医人发〔2009〕60号

省中医药研究院,医院各部门:

根据院长提名,经2009年6月5日院长办公会议研究决定,聘任:

崔俊燕同志为一病区护理部[肛肠(痔瘘)科]副护士长;

万迎霞同志为二病区护理部(脊柱骨一科)护士长;

裴重重同志为三病区护理部(创伤骨一科)副护士长;

王莉同志为四病区护理部(肾病科、风湿病科)副护士长;

张德娟同志为五病区护理部(脊柱骨二科)副护士长;

李韡同志为六病区护理部(创伤骨二科)副护士长;

白会玲同志为七病区护理部(手足微创骨科、儿科)副护士长;

刘秀芳同志为八病区护理部(小儿骨科)副护士长;

唐锐同志为九病区护理部(普外科)护士长;

袁冰华同志为重症监护病房(ICU)护理部副护士长;

李晓萍同志为十病区护理部(心血管疾病防治中心)护士长;

倪角角同志为十一病区护理部(消化科、泌尿外科)副护士长;

刘春雨同志为十二病区护理部(脊柱骨三科、神经外科)副护士长;

马小娟同志为十三病区护理部(关节骨科、肿瘤及血管病介入科)护士长;

高雪华同志为十四病区护理部[老年病科(干部病房)、眼科]副护士长;

杨春林同志为十五病区护理部[脑病科(神经内科)]护士长;

郭雪梅同志为十五病区护理部[脑病科(神经内科)]副护士长;

郭云霞同志为十六病区护理部[针灸科、内分泌(糖尿病)科、呼吸科]护士长;

丁玉芬同志为十六病区护理部[针灸科、内分泌(糖尿病)科、呼吸科]副护士长;

杨小芳同志为十六病区护理部[针灸科、内分泌(糖尿病)科、呼吸科]副护士长;

张丽娟同志为急诊科护理部副护士长;

石瑞芳同志为门诊综合诊疗中心护理部副护士长;

张雪霞同志为麻醉手术科护理部护士长;

谢圆同志为麻醉手术科护理部副护士长;

崔兰玲同志为康复治疗中心护理部护士长;

陈涛同志为体检中心护理部护士长;

马彩云同志为供应室副护士长；

赵燕、郭秀珍、冯玉香三名同志为护理部护管助理；

郑倩君同志为体检中心陪检助理；

吴圃萍同志为陪护中心陪管助理。

以上32名同志聘期自2009年6月5日起至2012年6月4日止。在聘任期间，因医改和工作需要进行调整，可不受聘期的限制。

上述同志原任职务一并免去。

免去：

高天虹同志三病区护士长职务；

贾文芳同志五病区护士长职务；

李晓娟同志供应室护士长职务；

武纪玲同志诊疗中心护理部护士长职务。

二〇〇九年六月八日

关于张定华等同志职务任免的通知

中医党发〔2009〕9号

各党支部：

经2009年6月5日院党委会研究决定，任命：

张定华同志为第一党支部书记；

赵道洲同志为第二党支部书记；

鄢卫平同志为第三党支部副书记；

田旭东同志为第四党支部书记；

张文斌同志为第五党支部书记；

乔莉同志为第六党支部副书记；

王颖同志为第七党支部书记；

周琪同志为第八党支部书记；

黄仕君同志为第九党支部书记；

李秦生同志为第十党支部书记；

南国正同志为第十一党支部（离退休）书记；

孙锦艳同志为任第十二党支部书记；

李亮同志兼任团委副书记。

免去：

赵继荣同志第二党支部书记职务；

赵道洲同志第三党支部书记职务；

安富德同志第五党支部书记职务；

卫晓雯同志第六党支部书记职务；

韩艳同志第七党支部书记职务；

赵乐同志第十二党支部书记职务；

徐霞同志第十二党支部副书记职务；

王晓蓉同志党委办公室副主任职务；

乔莉同志团委副书记职务。

特此通知。

二〇〇九年六月九日

关于徐柏林等同志职务任免的通知

中医人发〔2009〕59号

省中医药研究院，医院各部门：

根据院长提名，经2009年6月5日院党委会议讨论决定，聘任：

徐柏林同志为院务部副主任（副科级）；

杨灵歌同志为人力资源部（含离退休人员管理科）副主任（副科级）；

杨宏武同志为医务部（含随访科、干部保健处）副主任（正科级）；

邓强同志为医务部（含随访科、干部保健处）副主任（副科级）；

杨继红同志为财务部（含医保科）副主任（正科级）；

赵军同志为医保科副科长；

张磊同志为总务部副主任（副科级）；

马郑萍同志为护理部主任；

张丽平同志为护理部副主任；

马真琴同志为门诊部主任；

马小明同志为基建部主任；

杨沛霖同志为基建部副主任；

杨波同志为招标采购部主任；

刘叶荣同志为招标采购部副主任；
周毓萍同志为感染管理科科长；
王颖同志为预防保健科科长；
罗向霞同志为科研科科长；
张晓岚同志为经营管理科副科长；
李贵臻同志为医疗设备科副科长；
刘廷梦同志为信息科副科长；
杨雅静同志为审计科科长；
赵继荣同志兼任干部保健处主任；
郑慧同志兼任监察室主任；
左进同志为肛肠(痔瘘)科主任；
樊成虎同志为脊柱骨一科主任；
李红专同志为脊柱骨一科副主任；
米仲祥同志为创伤骨一科主任；
董林同志为创伤骨一科副主任；
靳锋同志为肾病科主任；
李永新同志为肾病科副主任；
王海东同志为风湿病科主任；
赵道洲同志为脊柱骨二科主任；
王想福同志为脊柱骨二科副主任；
冯康虎同志为创伤骨二科主任；
宫玉锁同志为创伤骨二科副主任；
何志军同志为手足微创骨科主任；
原睿同志为儿科副主任；
李卫平同志为小儿骨科主任；
李玉吉同志为小儿骨科副主任；
唐晓勇同志为普外科主任；
杨维建同志为普外科副主任；
张敏思同志为重症监护病房(ICU)主任；
徐义先同志为心血管疾病防治中心主任；
党建中同志为心血管疾病防治中心(心胸外科)主任；
崔文建同志为心血管疾病防治中心(心内科)副主任；
杨宝平同志为心血管疾病防治中心(导管室)副主任；
廖志峰同志为消化科主任；
田旭东同志为消化科副主任；
赵永强同志为泌尿外科主任；
关永林同志为脊柱骨三科主任；
鄢卫平同志为脊柱骨三科副主任；

张崇岳同志为神经外科主任；

王承祥同志为关节骨科主任；

柳海平同志为关节骨科副主任；

王兰英同志为肿瘤及血管病介入科主任；

杜自忠同志为肿瘤及血管病介入科副主任；

邴雅珺同志为老年病科（干部病房）主任，兼任干部保健处副主任；

刘永民同志为眼科主任；

慕明燕同志为眼科副主任；

李妍怡同志为脑病科（神经内科）主任；

杨瑞龙同志为脑病科（神经内科）副主任；

张洪涛同志为针灸科主任，兼任推拿科主任；

张定华同志为内分泌（糖尿病）科主任；

王兰娣同志为呼吸科主任；

张参军同志为急诊科主任；

王辉同志为耳鼻喉科主任；

张剑峰同志为口腔科主任；

李树君同志为皮肤疮疡科主任；

许彩凤同志为妇科副主任；

金钰钧同志为门诊综合诊疗中心副主任；

谭萍同志为麻醉手术科主任；

王春爱同志为麻醉手术科副主任；

薛建军同志为麻醉手术科副主任；

谢朝晖同志为疼痛科副主任；

陈国廉同志为康复治疗中心副主任，兼任干部保健处副主任；

王玉珠同志为体检中心主任；

罗燕梅同志为药剂科主任；

李喜香同志为药剂科副主任；

周晟同志为放射影像科主任；

王闻奇同志为放射影像科副主任；

程烜同志为检验科主任；

梁勤同志为检验科副主任；

陈进凡同志为输血科主任；

盛丽同志为超声心电检查科主任；

张宝洲同志为超声心电检查科副主任；

黄小玲同志为病理科主任；

潘文同志为中医药科技信息研究所（中医药查新中心）所长；

姜华同志为中药研究所所长，兼任中心实验室主任；

刘国安同志为老年病科（干部病房）业务技术指导；

姜礼同志为普外科业务技术指导；

陈伯祥同志为小儿骨科业务技术指导；

孙其斌同志为推拿科业务技术指导；

宋宝根、李开贵两名同志为药剂科业务技术指导；

赵奋国同志为放射影像科业务技术指导。

以上 95 名同志聘期自 2009 年 6 月 5 日起至 2012 年 6 月 4 日止。在聘任期间，因医改和工作需要进行调整，可不受聘期的限制。

上述同志（新任职务者除外）原任职务一并免去。

免去：

肖斌、陈灵两名同志财务部副主任职务；

张文斌、郑兰欣两名同志总务部副主任职务；

孙锦艳同志临床教学部主任科员职务；

厉红霞同志临床教学部副主任科员职务；

王晓蓉同志监察室副主任职务；

裴学军同志信息科科长职务；

黄仕君同志医疗设备科主任职务；

姚正凯同志脊柱骨一科副主任职务；

赵继荣同志脊柱骨二科主任职务；

沈玉鹏同志儿科主任职务；

周杰同志心内科主任、心血管病研究所所长职务；

舒劲同志肿瘤及血管病介入科主任职务；

东红同志高压氧治疗中心副主任职务；

贾桂敏同志麻醉手术科主任职务；

蔡忠刚同志放射影像科副主任职务；

邢福军同志输血科副主任职务。

甘肃省中医院院长

二〇〇九年六月九日

关于聘任王玉珠等两名同志职务的通知

中医人发〔2009〕64 号

省中医药研究院，医院各部门：

根据院长提名，经 2009 年 6 月 18 日院长办公会议讨论决定，聘任：

王玉珠同志兼任健康咨询科科长；

邓强同志兼任公共卫生科副科长。

聘期自2009年6月18日起至2012年6月4日止。在聘任期间，因医改和工作需要进行调整，可不受聘期限制。

甘肃省中医院院长

二〇〇九年六月十八日

关于妥建福同志任职的通知

甘任字〔2009〕377号

省中医院党委：

经省委常委会议讨论，决定：妥建福同志任甘肃省中医院党委委员、书记。

中共甘肃省委

2009年7月29日

关于张敏思等同志职务任免的通知

中医人发〔2009〕79号

省中医药研究院，医院各部门：

因医院内设机构更名，经2009年8月7日院党委会研究决定，

聘任：

张敏思同志为重症医学科主任；

袁冰华同志为重症医学科副护士长。

聘期自2009年8月7日起至2012年6月4日止。在聘任期间，因医改和工作需要进行调整，可不受聘期限制。

同时,免去张敏思同志重症监护病房(ICU)主任,袁冰华同志重症监护病房(ICU)副护士长职务。

甘肃省中医院院长

二〇〇九年八月七日

关于聘任王玉珠等同志职务的通知

中医人发〔2009〕84 号

省中医药研究院,医院各部门:

根据院长提名,经 2009 年 8 月 18 日院长办公会议讨论决定,聘任:

王玉珠同志兼任治未病中心主任;

陈国廉同志兼任治未病中心副主任;

刘永民同志兼任眼科研究所所长;

罗向霞同志兼任眼科研究所副所长。

聘期自 2009 年 8 月 18 日起至 2012 年 6 月 4 日止。在聘任期间,因医改和工作需要进行调整,可不受聘期限制。

甘肃省中医院院长

二〇〇九年八月十八日

关于王莉等同志职务任免的通知

中医人发〔2009〕100 号

省中医药研究院,医院各部门:

因医院内设机构调整,经 2009 年 9 月 1 日院长办公会议研究决定,聘任:

王莉同志为十病区护理部(心血管疾病防治中心)副护士长;

李晓萍同志为四病区护理部(血液透析中心)护士长;

丁玉芬同志为十七病区护理部[内分泌(糖尿病)科]副护士长;

杨小芳同志为十八病区护理部(风湿病科)副护士长。

聘期自2009年9月1日起至2012年6月4日止。在聘任期间,因医改和工作需要进行调整,可不受聘期限制。

同时,免去:

王莉同志四病区护理部副护士长职务;

李晓萍同志十病区护理部护士长职务;

丁玉芬、杨小芳两名同志十六病区护理部副护士长职务。

二〇〇九年九月一日

关于张敏思等同志职务任免的通知

中医人发〔2009〕124号

省中医药研究院,医院各部门:

根据工作需要,经院长提名,2009年9月28日院党委会研究决定,聘任:

张敏思同志为城关门诊部陇上名医馆主任;

邢福军同志为城关门诊部陇上名医馆副主任;

脱承德同志为重症医学科副主任。

聘期自2009年10月9日起至2012年6月4日止。在聘任期间,因医改和工作需要进行调整,可不受聘期限制。

同时,免去张敏思同志重症医学科主任职务。

甘肃省中医院院长

二〇〇九年十月九日

关于王颖等同志职务任免的通知

中医人发〔2009〕139 号

省中医药研究院,医院各部门:

因医院内设机构变动,经 2009 年 11 月 24 日院长办公会议讨论决定,聘任:

王颖同志为公共卫生科科长;

邓强同志为公共卫生科副科长(兼)。

聘期自 2009 年 11 月 24 日起至 2012 年 6 月 4 日止。在聘任期间,因医改和工作需要进行调整,可不受聘期限制。

同时免去王颖同志预防保健科科长职务。

甘肃省中医院院长

二〇〇九年十一月二十五日

关于刘效栓等同志职务任免的通知

中医人发〔2009〕146 号

省中医药研究院,医院各部门:

根据工作需要,经 2009 年 12 月 8 日院党委会研究决定,

聘任:

刘效栓同志为药剂科主任。

聘期自 2009 年 12 月 8 日起至 2012 年 6 月 4 日止。在聘任期间,因医改和工作需要进行调整,可不受聘期限制。

同时,免去罗燕梅同志药剂科主任职务。

甘肃省中医院院长

二〇〇九年十二月八日

关于刘梦华等同志职务任免的通知

中医人发〔2010〕60号

省中医药研究院，医院各部门：

因医院内设机构变动，经2010年4月8日院长办公会议讨论决定，聘任：

刘梦华同志任对外联络培训部主任；

金钰钧同志任针灸科副主任；

孙其斌同志任针灸科业务技术指导。

聘期自2010年4月8日起至2012年6月4日止。在聘任期间，因医改和工作需要进行调整，可不受聘期限制。

免去：

刘梦华同志对外联络部主任职务；

陈国廉同志康复治疗中心副主任、干部保健处副主任（兼）职务；

金钰钧同志门诊综合治疗中心副主任职务；

孙其斌同志推拿科业务技术指导职务。

甘肃省中医院院长

二〇一〇年四月八日

关于石瑞芳同志职务任免的通知

中医人发〔2010〕61号

省中医药研究院，医院各部门：

因医院内设机构变动，经2010年4月8日院长办公会议讨论决定，聘任：

石瑞芳同志任门诊护理部副护士长。

聘期自2010年4月8日起至2012年6月4日止。在聘任期间，因医改和工作需要进行调整，可不受聘期限制。

二〇一〇年四月八日

关于聘任王自立等同志职务的通知

中医人发〔2010〕127 号

省中医药研究院,医院各部门:

根据工作需要,经 2010 年 10 月 9 日院长办公会议研究决定,聘任:

王自立同志任肾病科业务技术指导;

刘国安同志任老年病科(干部病房)业务技术指导;

廖志峰同志任脾胃病(消化)科业务技术指导。

聘期自 2010 年 10 月 9 日起至 2012 年 6 月 4 日止。在聘任期间,因医改和工作需要进行调整,可不受聘期限制。

甘肃省中医院院长

二〇一〇年十月十一日

关于张德宏等二十名同志职务任免的通知

中医人发〔2010〕146 号

省中医药研究院,医院各部门:

因医院内设机构调整,经院长提名,2010 年 12 月 3 日院党委会议讨论决定,聘任:

张德宏同志为应急办主任(兼);

刘廷梦同志为财务部副主任(副科级);

杨波同志为招标采购科科长;

杨灵歌同志为招标采购科副科长;

刘叶荣同志为医疗保险科副科长(列赵军之后);

杨雅静同志为经营管理科科长;

邓强同志为医疗设备科副科长(主持工作);

李贵臻同志为信息科副科长(主持工作);

张晓岚同志为收费科副科长(主持工作);

李红专同志为整复骨科副主任(主持工作);

李永新同志为血液透析中心副主任(主持工作);

李玉吉同志为运动创伤科副主任(主持工作);

鄢卫平同志为康复骨科副主任(主持工作);

田旭东同志为脾胃病(消化)科主任;

董林同志为急诊骨科副主任(主持工作);

杜敏同志为妇科副主任(主持工作);

刘效栓同志为药学部主任;

马新换同志为药学部副主任(正科级)、制剂科科长;

邢福军同志为检验科副主任(主持工作)。

以上19名同志聘期自2010年12月3日起至2012年6月4日止。在聘任期间,因医改和工作需要进行调整,可不受聘期限制。

同时,免去:

郑慧同志监察室主任(兼)职务;

杨灵歌同志人力资源部副主任职务;

邓强同志医务部副主任职务;

杨波同志招标采购部主任职务;

刘叶荣同志招标采购部副主任职务;

杨雅静同志审计科科长职务;

张晓岚同志经营管理科副科长职务;

李贵臻同志医疗设备科副科长职务;

刘廷梦同志信息科副科长职务;

李红专同志脊柱骨一科副主任职务;

李永新同志肾病科副主任职务;

鄢卫平同志脊柱骨三科副主任职务;

田旭东同志消化内窥镜诊疗中心主任、脾胃病(消化)科副主任职务;

董林同志创伤骨一科副主任职务;

邢福军同志城关门诊部陇上名医馆副主任职务。

特此通知。

甘肃省中医院院长

二〇一〇年十二月三日

关于聘任张雪霞等九名同志职务的通知

中医人发〔2010〕150号

省中医药研究院、医院各部门：

根据院长提名，经2010年12月8日院党委会讨论决定，聘任：

张雪霞同志为门诊部副主任；

田军同志为宣传科副科长；

徐霞同志为监察科副科长；

李生财同志为脾胃病（消化）科副主任；

卢雨蓓同志为消化内窥镜诊疗中心副主任；

尤从新同志为脊柱骨一科副主任；

刘红喜同志为创伤骨一科副主任；

史文宇同志为脊柱骨三科副主任；

裴生太同志为小儿骨科副主任。

聘期自2010年12月8日起至2012年6月4日止。在聘任期间，因医改和工作需要进行调整，可不受聘期限制。

甘肃省中医院院长

二〇一〇年十二月十五日

各类规章制度及其他

甘肃省中医院关于修订继续教育管理实施办法及中医药继续教育学分管理办法的通知

中医医发〔2008〕17号

省中医药研究院，医院各部门、科室：

根据国家中医药管理局《关于印发中医药继续教育学分管理办法等文件的通知》(国中医药继续教委发〔2007〕2号)，甘肃省卫生厅《转发国家中医药管理局关于印发中医药继续教育学分管理办法等文件的通知》(甘卫函发〔2008〕2号)文件精神，医院对原发继续教育相关文件进行修订，现将修订后的《甘肃省中医院中医药继续教育管理实施办法》《甘肃省中医院中医药继续教育学分管理办法》印发给你们，请认真遵照执行。

二〇〇八年二月十六日

甘肃省中医院中医药继续教育管理实施办法

1.中医药继续教育的任务是使中医药专业技术人员能够保持高尚的职业道德，继承、增新、补充、拓展专业知识和技能，不断提高专业技术水平和创新能力。

2.医院从事中医药专业技术工作的中医药专业技术人员及中西医结合、民族医药专业技术人员均应结合本职工作，按照相应要求参加和接受继续教育。

3.医院中医药继续教育的内容应当体现中医药的特点，遵循继承与创新相结合的原则，继承中医药学术，学习中医药及相关领域的新理论、新技术、新信息，注重针对性、实用性和先进性。

4.中医药继续教育要坚持理论联系实际，按需施教，讲求实效，注重借鉴国内外经验，根据学习对象、学习内容等具体情况，通过继续教育项目、职工培训、进修班、研修班、跟师学习、学术讲座、网络教育、学术会议、业务考察、撰写论著、教学查房、技术操作示教以及有计划、有考核的自学等方式组织职工实施。

5.我院中医药继续教育工作实行甘肃省专业技术人员继续教育中心、甘肃省中医管理局和医院三级管理体系，医院内设立相应的中医药继续教育工作领导小组，具体工作由临教部负责管理组织实施，医务部、护理部以及各专业学会根据中医药继续教育工作的具体要求配合临床教学部做好中医药专业技术人员继续教育活动的组织、监督和统计工作。

6.对中医药专业技术人员接受继续教育实行登记制度。登记的内容包括中医药专业技术人员接受继续教育活动的项目名称、项目实施时间、项目实施形式、学时量和学分数、考核结果等基本情况，作为中医药专业技术人员接受继续教育的有效凭证和考核的重要内容。

7.中医药继续教育项目和中医药人才培养专项是实施中医药继续教育的重要形式，项目实施中对中医药专业技术人员接受继续教育的考核实行学分制。中医药专业技术人员参加继续教育活动所获继续教育学分每年不少于25学分。初级专业技术职务和其他未受聘专业技术职务的中医药专业技术人员，每年至少应取得Ⅰ类学分5学分。中、高级专业技术职务的中医药专业技术人员，每年至少应取得Ⅰ类学分10学分。其中，省级中医医院和三级中医医院的中、高级中医药专业技术人员，5年内至少应取得国家级中医药继续教育项目的学分10学分。

8.各类在职专业技术人员每年必须参加由省人事厅规定、临床教学部统一组织的专业技术人员公共课培训和考试，考试通过者为合格，并记录在案；不参加培训和考试的人员，当年继续教育不合格。

9.承办继续教育项目的部门应根据国家有关规定如实向社会公示其教育范围、收费项目和标准，合理收取费用，但不得以赢利为目的，各项目收费标准、费用收支明细及办班有关材料必须报临床教学部备案，并接受有关部门的监督、检查。

10.院内非中医药专业技术人员及管理人员继续教育管理结合本职工作相应要求参照本办法实施。

甘肃省中医院中医药继续教育学分管理办法

一、学分分类

中医药继续教育学分分为Ⅰ类学分和Ⅱ类学分。

以下中医药继续教育活动授予Ⅰ类学分：

（一）国家中医药管理局中医药继续教育委员会公布的中医药继续教育项目。

（二）国家中医药管理局组织实施的中医药人才培养专项。

（三）省、自治区、直辖市中医药继续教育委员会公布的中医药继续教育项目。

（四）省、自治区、直辖市中医药管理部门组织实施的中医药人才培养专项。

以下中医药继续教育活动授予Ⅱ类学分：

（一）中医药机构自行举办并在县级以上中医药继续教育委员会（工作小组）备案的中医药继续教育活动。

（二）经上级中医药继续教育委员会（工作小组）或中医药继续教育管理部门认可的各种形式的中医药继续教育活动。

1.有计划、有考核的自学。

2.国际性、全国性及省际、省级学术会议。

3.在学术刊物上发表论文。

4.出版学术著作。

5.专题调研和业务考察后撰写的调研、考察报告。

6.医院组织的临床病例讨论会、学术讲座、技术操作示教、手术示范、新技术推广等。

7.外出进修。

二、学分要求

(一)中医药专业技术人员接受继续教育,每年至少应取得25学分。初级专业技术职务和其他未受聘专业技术职务的中医药专业技术人员,每年至少应取得Ⅰ类学分5学分。中、高级专业技术职务的中医药专业技术人员,每年至少应取得Ⅰ类学分10学分。其中,中、高级中医药专业技术人员,5年内至少应取得国家级中医药继续教育项目的学分10学分。

(二)接受中医住院医师规范化培训的人员,在培训期内,可不另行参加其他继续教育活动,按照《中医住院医师培训试行办法》对其进行考核。

三、学分计算方法

Ⅰ类学分计算方法

(一)参加国家级中医药继续教育项目学习者,经考核合格,按3学时授予1学分计算,授课教师按1学时授予2学分计算。

(二)参加省级中医药继续教育项目学习者,经考核合格,按6学时授予1学分计算,授课教师按1学时授予1学分计算。

(三)参加省级以上中医药人才培养专项学习,培训期在6个月以上者,经考核合格,每年授予25学分;培训教师按计划完成培训任务,每年授予25学分。

(四)经医院批准,在重点学科、重点专科(专病)、重点实验室以及省级以上中医药继续教育基地进修6个月以上者,经考核合格,授予25学分。

(五)由国家中医药管理局中医药继续教育委员会或省、自治区、直辖市中医药继续教育委员会批准实施或指定的中医药现代远程教育项目(包括上网、光盘学习等形式),学习后经考核,按该项目所规定的学分数授予学分。

Ⅱ类学分计算方法

(一)参加中医药机构自行举办并向县级以上中医药继续教育委员会(工作小组)备案的中医药继续教育活动者,经考核合格,按6学时授予1学分计算,授课教师按2学时授予1学分计算。

(二)以自学形式接受继续教育的中医药专业技术人员,应先制订计划,经医院临床教学部审定后执行;自学后经考核核定,授予5~10学分。本项全年所获学分数,最多不超过10学分。

(三)去外单位短期进修,经接收进修单位考核合格,每1个月授予5学分。每次进修所授学分,最多不超过20学分。

(四)在学术会议上宣读论文,按会议类别授予学分:

国际性、全国性学术会议:分别授予第一至第三作者6、5、4学分(余类推,下同);

省际、省级学术会议:分别授予第一至第三作者5、4、3学分。

以书面形式发表论文者,国际性、全国性学术会议授予3学分,省际、省级学术会议授予2学分。

参加学术会议,但未宣读或书面形式发表论文者,国际性、全国性学术会议授予2学分,省际、省级学术会议授予1学分,全年所获学分数,最多不超过5学分。

(五)在学术刊物上发表论文、译文,按刊物类别授予学分:

国内外公开发行(具有国际标准刊号 ISSN 和国内统一刊号 CN)的刊物:分别授予第一至第三作者 6、5、4 学分(余类推,下同);

国内发行(具有国内统一刊号 CN)的刊物:分别授予第一至第三作者 5、4、3 学分;

内部刊物:授予 1 学分。

本项全年所获学分数,最多不超过 10 学分。

(六)出版学术著作,在出版年度内每 2000 字授予 1 学分。本项全年所获学分数,最多不超过 10 学分。

(七)专题调研和业务考察后撰写的调研、考察报告,每 4000 字授予 1 学分。本项全年所获学分数,最多不超过 10 学分。

(八)医院组织的临床病例讨论会、学术讲座、技术操作示教、手术示范、新技术推广等,每次授予主讲者 2 学分、参加者 0.5 学分。本项全年所获学分数,最多不超过 10 学分。

(九)中医药现代远程教育Ⅱ类学分授予的具体规定,由省、自治区、直辖市中医药继续教育委员会制定。

四、学分授予权限

参加授予继续教育Ⅰ类学分第(一)、(二)款所列举的中医药继续教育项目的人员,由国家中医药管理局中医药继续教育委员会审定授予学分数,由项目主办单位发放国家中医药管理局中医药继续教育委员会统一印制、编号的学分证书。

参加授予继续教育Ⅰ类学分第(三)、(四)款所列举的中医药继续教育项目的人员,由省中医药继续教育委员会审定授予学分数,由项目主办单位发放本省中医药继续教育委员会统一印制、编号的学分证书。

参加由临床教学部、医务部、护理部组织的中医药继续教育活动(职工培训、专业培训、专题讲座、技术操作示教、手术示范、病例讨论、教学查房等)均按Ⅱ类学分计授,上述活动除临床教学部每年正式培训计划内必修项目外,分别由医务部、护理部、感染办等部门根据参加情况计授,报临床教学部审核后,以医院文件形式公布学分授予情况。

五、学分登记与审核

中医药继续教育学分实行登记制度,登记按照《中医药继续教育登记办法》有关规定执行。

医院中医药专业技术人员获得继续教育学分的情况每年接受省中医管理局的监督和审核。

本实施细则由院临床教学部依据相关文件精神负责解释。2007 年 8 月 16 日甘肃省中医院颁布的《关于颁布〈甘肃省中医院规章制度与岗位职责〉的通知》有关继续教育相关规定同时废止。

关于印发《甘肃省中医院植入性医疗器械使用管理办法》的通知

中医医发〔2008〕31号

各部门、科室：

根据国务院《医疗器械监督管理条例》和《甘肃省植入性医疗器械监督管理暂行规定》(甘肃省人民政府令第32号)及有关法律、法规的规定，同时为了加强对医院植入性医疗器械监督管理，保障人民群众身体健康和使用医疗器械安全，现结合我院工作实际制定《甘肃省中医院植入性医疗器械使用管理办法》并印发给你们，请各科室组织学习并贯彻执行。

二〇〇八年三月三十一日

附件：

甘肃省中医院植入性医疗器械使用管理办法

甘肃省中医院植入性医疗器械使用管理办法

1.本办法所指植入性医疗器械是指任何借助外科手术，医疗器械全部或部分进入人体或自然腔道中，在手术过程结束后长期留在体内，或者留在体内至少30日以上的医疗器械。

2.医疗设备科负责植入性医疗器械的采购管理，严把植入性医疗器材进货关。所有植入性器械供应单位必须提供经"甘肃省医疗机构医用耗材集中招标采购办公室"签发的中标通知书、营业执照、税务登记证、组织机构代码、医疗器械经营企业许可证、医疗器械生产企业许可证、医疗器械注册证、产品合格证和代理产品的授权书等，设备科建立医疗器械供应单位资质档案。如遇医疗器材供应公司名称或配送发生变更时必须提供"甘肃省医疗机构医用耗材集中招标办公室"签发的变更函。任何科室不得从以上手续不完备的单位购进植入性医疗器材。

3.规范植入性医疗器械进货及使用程序。临床科室所使用的植入性器械原则上必须从"甘肃省医疗机构医用耗材集中招标采购中标目录及价格" 目录中选择。确需选用我省中标目录中没有的器材时,须先经医疗设备科、医院领导签字批准,然后由医疗设备科主持参考兄弟省市集中招标价格并审查生产经营单位资质,查验资质合格后使用科室与患者(或患者家属)共同与经营单位商谈确定价格后方可购入并使用。临床不得擅自使用中标目录之外又无相关签字审批手续的植入性器材,设备科亦不接受发票,并拒绝安排验收入库。

4.设备科要认真做好植入性器械验收和验收登记记录,产品入库验收及出库销售、使用必须有详细的可追溯性的记录并妥善保存备查。登记记录应包括:进货日期,产品名称、规格型号、数量、价格,生产商或经营商,使用科室及患者姓名和住院号,生产批号或单个产品序列号,灭菌批号,有效期,产品合格证,包装标志,包装情况,验收(发货)、保管、复核(领用)人签字等内容。

5. 设备科认真做好植入性器械出入库工作,达到上述要求验收合格的固定器材方能办理出库手续,出库单应有领用人签字和内部结算支票,设备科才能接受供货单位的植入性器械发票上账(所提供的发票上的产品名称、规格型号、数量、价格必须与中标通知书一致,并在供货发票上注明中标编号)。合格证和条形码一并粘贴在出库单上保存。

6.植入性器械临床使用前,相关医务人员必须将病情、治疗措施、使用器械及价格、医疗风险等如实告之患者或家属,并与患者或家属签订《甘肃省中医院医用植入器械使用知情同意书》,内容包括:患者基本情况,器械产品名称、生产和供货单位,植入医疗器械可能发生的风险以及可能产生的后果、应对措施、患者或家属签字等。任何科室或个人不得使用患者或家属提供的植入医疗器械。

7.植入性医疗器械临床使用时,要认真按照产品设计和使用要求进行植入安装。植入性器械临床使用后,使用科室必须填报《甘肃省中医院植入性医用器械使用登记表》,对使用情况进行详细登记。登记内容包括:患者姓名,手术名称,手术者,患者病案号、住址、联系电话等;产品使用日期(手术日期)、品名、规格、型号、数量、生产批号、灭菌批号、有效期、生产商、供应商、产品包装、单一产品序号(合格证和条形码等),使用记录表必须与病历一同保存备查。

8.严禁重复使用植入性医疗器械,使用过的植入性医疗器械必须交设备科集中收集按规定销毁。并填写《植入性医疗器械集中收集、销毁登记表》,在登记表上由上交科室详细填写上交时间,上交科室,产品名称、规格、数量,上交人签名,由设备科填写接收人签名,销毁时间、方式,销毁人签名等。任何科室、个人私自重复使用植入性医疗器械,所造成的不良后果由当事人承担一切责任,并予以相应处罚。

9.医院建立医疗器械不良事件报告制度,如遇植入性医疗器械使用发生不良事件,临床使用科室、手术室应及时与设备科联系并填写《甘肃省中医院植入性医疗器械不良事件报告表》,10 日内上报药品监督管理部门和卫生行政部门,植入性医疗器械使用导致严重伤害或死亡的应在 24 小时内上报。不良事件发生原因未查实前,设备科和相关科室对发生不良事件的该批同规格、型号库存产品暂缓使用并登记封存,同时上报药品监督管理部门。

10.所有植入性医疗器械的计费由器材使用科室负责,先行计费后使用(个别需在手术中选型的术后立即计费),杜绝漏费。凡因个人疏忽造成漏费,经查实由使用科室承担责任。

11.本办法自印发之日起执行。

甘肃省中医院关于实行无假日医院的通知

中医医发〔2008〕50号

省中研院，各部门、科室：

为方便患者就医，更好地为社会服务，经2008年5月27日院长办公会议研究决定，自2008年6月1日起，医院实行“无假日医院”。具体安排如下：

一、各科诊室由原来的周一至周五上、下午正常开放，调整为周一至周六上、下午，周日上午正常开放（骨科周六上、下午及周日上午各安排两个诊室开诊。儿科不在调整之列）。

二、药剂科、检验科、功能检查科、影像中心周六、周日值班人员由原来的一组增加为两组。门诊综合治疗中心护理部周末安排专人值班。

三、调整后，出门诊人员的值班及调休由所在科室自行安排。

四、为确保医疗安全，各科出门诊人员要求中级以上职称，严禁科室安排病房当日值班人员出门诊。

五、门诊部周末安排负责人值班，统筹协调各科室周末门诊开诊工作。

请各科室按要求安排好出门诊人员，切实做好此项工作。

二〇〇八年五月二十九日

关于印发《甘肃省中医院含兴奋剂药品开具使用管理制度》的通知

中医医发〔2008〕74号

省中医药研究院，各部门、各科室：

为了加强对含兴奋剂药品的使用管理，医院制定了《甘肃省中医院含兴奋剂药品开具使用管理制度》现印发给你们，请严格按照本管理制度认真执行。

二〇〇八年七月二十三日

附件：

1.甘肃省中医院含兴奋剂药品开具使用管理制度

2.含兴奋剂所列物质的药品目录

甘肃省中医院含兴奋剂药品开具使用管理制度

1.兴奋剂是指兴奋剂目录所列的禁用物质，兴奋剂目录由国务院体育主管部门会同国务院食品药品监督管理部门、国务院卫生主管部门、国务院商务主管部门和海关总署制定、调整并公布。

2.兴奋剂目录所列禁用物质属于麻醉药品、精神药品、医疗用毒性药品和易制毒化学品的，要求相关部门必须依照药品管理法和有关行政法规的规定实行特殊管理。

3.药剂科对所含兴奋剂药品必须依照《药品管理法》从取得药品经营许可证的企业购进。

4.各临床科室必须严格按照《药品管理法》《反兴奋剂条例》《麻醉药品和精神药品管理条例》《处方管理办法》等有关法律、法规、规章，做好含兴奋剂药品使用工作。药剂科要切实负责含兴奋剂药品的管理及工作，并充分发挥临床药师对含兴奋剂药品使用的指导作用。

5.医师在开具含有兴奋剂目录所列物质药品处方时，应当首先询问患者是否为运动员身份。若为运动员，开具处方应当首选不含兴奋剂药品；确需使用的，应当充分告知药品性质和使用后果，并在验明运动员按照国务院体育管理部门有关规定取得同意使用的证明后，方可为其开具含兴奋剂药品的处方。急诊情况使用含兴奋剂的药品前，医师需要取得运动员签字的知情同意书。

6.医院只能凭依法享有处方权的执业医师开具的处方向患者提供蛋白同化制剂、肽类激素，并保留处方 2 年。

7.药剂科在调剂处方药品时，要加强对处方的审核。发现含兴奋剂药品处方且患者为运动员，特别是奥运会运动员时，应当与开具处方的医师进一步核对，经确认无误后，方可调剂含兴奋剂药品，并向运动员提供详细的用药指导。

含兴奋剂所列物质药品目录

序号	药品名称
1	川贝枇杷糖浆
2	速效救心丸
3	风湿痹康胶囊
4	麝香壮骨膏
5	青鹏膏
6	千柏鼻炎片
7	消痔灵针
8	醒脑静针
9	胰岛素注射液
10	门冬胰岛素注射液
11	醋酸地塞米松注射液
12	右旋糖苷 40 葡萄糖注射液
13	注射用三磷腺苷辅酶胰岛素
14	枸橼酸芬太尼注射液
15	枸橼酸舒芬太尼注射液
16	注射用盐酸芬太尼
17	吗啡阿托品注射液
18	盐酸哌替啶注射液
19	盐酸艾司洛尔注射液
20	盐酸美沙酮注射液
21	盐酸吗啡注射液
22	盐酸肾上腺素注射液
23	注射用盐酸去氧肾上腺素
24	尼可刹米注射液
25	布美他尼注射液
26	呋塞米注射液

续表

序号	药品名称
27	注射用甲泼尼龙琥珀酸钠
28	琥珀酸甲泼尼龙
29	呋塞米片
30	氢氯噻嗪片
31	吲达帕胺片
32	甲泼尼龙片
33	醋酸地塞米松片
34	醋酸泼尼片
35	氨苯蝶啶片
36	复方甘草片
37	盐酸吗啡缓释片
38	盐酸吗啡控释片
39	盐酸普萘洛尔片
40	盐酸哌替啶片
41	富马酸比索洛尔片
42	螺内酯片
43	硫酸特布他林片
44	氨酚羟考酮片
45	布美他尼片
46	沙美特罗替卡松气雾剂
47	复方托吡卡胺滴眼液
48	醋酸地塞米松乳膏
49	羟乙基淀粉 200/0.5

关于印发《甘肃省中医院职工带薪年休假管理办法》的通知

中医人发〔2008〕112号

省中医药研究院，医院各部门、科室：

《甘肃省中医院职工带薪年休假管理办法》已经院长办公会议讨论通过，现印发你们，请认真组织学习并遵照执行。

二〇〇八年十月二十四日

甘肃省中医院职工带薪年休假管理办法

根据省卫生厅关于转发《甘肃省机关事业单位工作人员带薪年休假实施办法》（甘卫函发〔2008〕252号）的通知精神，结合医院实际，经研究决定，制定本管理办法。

一、凡医院在编正式职工工作1年以上者，均可享受带薪年休假（以下简称年休假）待遇。

各部门、科室根据工作的具体情况，结合本人意愿，统筹安排，保证职工享受年休假。应加强年休假管理，严格考勤制度。职工休年休假期间，要保持与本单位的通讯联系。如遇特殊情况单位需要召回时，应立即停止休假返回工作岗位。因工作需要终止休假的职工，其剩余假期应安排在本年度内续休。

二、休息时间：工作人员工作年限满1年、满10年、满20年后，从下月起享受相应的年休假天数。其中，累计工作已满1年不满10年的，年休假5天；已满10年不满20年的，年休假10天；已满20年的，年休假15天。

国家法定休假日、休息日及假期（探亲假、婚丧假、产假）不计入年休假的假期。

三、工作人员有下列情形之一的，不享受当年的年休假：

（一）职工外出进修、出国研修或参加援外医疗队、下乡等离院6个月以上的；

（二）职工请事假累计20天以上的；

（三）累计工作满1年不满10年的职工，请病假年累计2个月以上的；

（四）累计工作满10年不满20年的职工，请病假年累计3个月以上的；

(五)累计工作满 20 年以上的职工,请病假年累计 4 个月以上的;

(六)有旷工行为的;

(七)不在岗人员。

工作人员已享受当年的年休假,年内又出现(二)、(三)、(四)、(五)、(六)项规定的情形之一的,不享受下一年的年休假。

四、享受专家疗养假等假期多于本人年休假天数者当年不再享受年休假,若休假天数少于年休假天数的,补足其年休假天数。

五、各部门、科室根据工作的具体情况,并考虑本人的意愿,统筹安排职工年休假。年休假在 1 个年度内可以集中安排,也可以分段安排,不跨年度安排。

六、医院职工休年休假,必须严格履行请销假手续并报送考勤。各部门、科室应在本年度内合理安排好职工年休假,制订休假计划。因个人原因不休年休假者视为自动放弃。

七、请假程序:护士长以上干部休假,必须到人力资源部办理请销假手续。请假权限和审批程序为:医院党政领导干部请假按照卫生厅有关文件执行。医院职能科室正职(含主持工作的副职)请假,必须经主管院领导同意后报院长审批。各临床、医技科室正职(含主持工作的副职)请假,必须经主管部门、主管院领导同意报院长审批;副职请假须经科室负责人同意,主管部门签署意见后报主管院长审批。党务部门干部请假,报书记审批。护士长(含主持工作的副护士长)请假,必须经科主任、主管部门同意报主管领导审批。一般工作人员请年休假由科室审批。

八、职工休年休假期间只享受基本工资和绩效工资中工资总额的 30%部分,结余提成部分由各科室自行确定。职工休探亲假,婚、丧假期间不享受绩效工资。原《甘肃省中医院分配制度改革实施办法(试行)》中有关条款与本细则不一致的,按本细则执行。

九、本办法执行中的有关具体问题,由人力资源部负责解释。

十、本办法自 2008 年 1 月 1 日起实施。

关于临床使用便携式血糖检测仪采血笔管理规范的通知

中医医发〔2008〕118 号

各科室:

便携式血糖检测仪的采血针刺装置通称“采血笔”,具有使用方便、痛感小的特点,现我院大多科室在使用其对患者进行监测血糖采血操作。为加强并规范各科对便携式血糖检测仪采血笔的临床使用管理,降低经医疗器械导致医源性感染的潜在风险,保障医疗安全,根据省、市相关文件精神要求,现制定《甘肃省中医院临床使用便携式血糖检测仪采血笔管理规范》下发你们,请按照规范要求贯彻执行。医院将针对医院感染管理和医疗安全工作定期开展检查。

二〇〇八年十一月十日

附件：

甘肃省中医院临床使用便携式血糖检测仪采血笔管理规范

甘肃省中医院临床使用便携式血糖检测仪采血笔管理规范

一、便携式血糖检测仪可重复使用的采血笔只限于一名患者专人专用，禁止用于多名患者。对不同患者进行监测血糖采血操作时，必须使用一次性采血装置；使用后的一次性采血装置不得重复使用。

二、各科要严格按照新修改的便携式血糖检测仪采血笔的产品说明书实施操作。

三、各科操作人员要遵循无菌技术原则，严格按照临床采血操作规程采血，预防和控制采血过程中的医源性感染，保障患者安全。

四、各科须指定专人负责管理此项工作，建立使用登记制度并严格执行。

五、科室要对此项工作定期进行自查自纠并有相关检查记录。

关于建设和维护医院门户网站工作的安排意见

中医办发〔2008〕109号

省中医药研究院，医院各部门、科室：

医院依托省卫生厅网站建立了甘肃省中医院门户网站，在互联网上注册英文版域名为：http://www.gszyy.com。为做好医院网站建设工作，适应医院卫生信息化发展需要，构建畅通高效的信息平台，医院制定了《甘肃省中医院网站信息管理办法（试行）》，并对网站管理和内容保障工作进行了明确的分工。请各承担工作的部门、科室严格按照管理办法和分工要求，认真做好医院门户网站各项栏目内容的文字材料工作，于10月24日前送交院长办公室；各部门、科室和省中医药研究院各研究所要积极配合医院门户网站的建设工作，确保医院门户网站尽快启动运行。

二〇〇八年十月十七日

附件：

1.甘肃省中医院网站信息管理办法(试行)

2.医院网站内容保障工作分工表

甘肃省中医院网站信息管理办法(试行)

一 总 则

第一条 为加强医院网站信息资源的开发、收集、整理、传输和共享，规范医院网站上网信息的规划、采编、审批和发布等工作，确保网站的正常运行和网上发布信息的安全、正确、及时、丰富，充分发挥网站的政务公开、服务社会、新闻宣传作用，特制定本办法。

第二条 省中医院网站在互联网上注册英文版域名为:http://www.gszyy.com（以下简称网站)，由省中医院主办。

第三条 网站发布信息的管理工作由党委办公室负责，医院各部门、科室和省中医药研究院各研究所协助配合。党委办公室负责网站的日常管理事务，包括对网站建设的规划与管理、对上网信息的组织与审查、对网站信息工作的监督考核等。

第四条 网站的具体技术工作(网站页面的设计、制作；网站的安全防范和系统升级；网站信息的存储和统计；对信息员的技术业务培训等)由信息中心负责。

二 信息的内容范围和发布程序

第五条 医院各部门、科室和省中医药研究院各研究所应根据工作情况，定期研究、制订网站信息发布工作计划，结合重点工作开展工作。

第六条 上网信息内容应翔实、准确，符合国家和省上的有关规定，文字表达清晰，尽量配有相关照片和图表。

第七条 上网信息应严格遵守《中华人民共和国计算机信息系统安全保护条例》，符合卫生部、国家保密局和省卫生厅、省保密局有关文件精神。根据国家和省上有关涉密信息安全保密规定等要求，不准发布以下内容的信息：

1.国家秘密、涉及国家秘密内容的相关资料及文件、内部办公信息或暂不宜向公众公开的事项；

2.凡可能造成我国在国际活动中处于不利地位的，或在国内不利卫生工作开展的敏感问题；

3.未经院领导批准公布的医院统计数据；

4.尚未公布的医院改革和发展政策的调整与变动方案；

5.未经批准发布的法定传染病疫情、突发公共卫生事件信息和向国际组织承诺消除的疾病等尚未公布的统计数据；

6.文字不精练、数据不准确、事实不可靠的文字、图片资料；

7.法律、法规禁止的其他内容。

第八条　信息发布程序。

1.医院各部门、科室和省中医药研究院各研究所负责搜集、整理、编辑信息。

2.为保证网站信息的权威性、准确性,上网发布内容必须经过认真核对和审查。

(1)医院各部门、科室和省中医药研究院各研究所信息员将搜集、整理、编辑的信息经该部门(科室)负责人审核后,及时提交医院网站后台。

(2)医院党委办公室负责对提交医院网站后台的信息内容审核把关并发布。

第九条　新闻稿件由医院党委办公室负责人审核后发布;头条新闻须院领导审核后发布。

三　信息员职责和管理办法

第十条　各栏目内容保障职责分工见《医院网站内容保障工作分工表》。

第十一条　医院各部门、科室和省中医药研究院各研究所主要负责人主管信息上网工作,并确定1~2名兼职信息员,负责本部门上网信息的规划、搜集、整理和发布等工作。

第十二条　信息员应热心网站工作,能熟练操作计算机,具有较强的文字表达能力,工作认真,责任心强。

第十三条　信息员因故休假、出差等,应将工作委托本部门其他工作人员。

第十四条　党委办公室负责保管网站后台登录密码,不得泄露他人。由于个人用户名和密码泄漏所造成的失误,由其部门负责人负全部责任。

第十五条　各部门(科室)每月至少向网站提供3~5条信息。

四　奖励和处罚

第十六条　为了鼓励医院各部门、科室和省中医药研究院各研究所重视网站建设,医院将定期组织评比,对成绩突出的部门和个人给予表彰奖励。

第十七条　违反本办法,发布不良信息、造成负面影响的将给予通报批评,造成严重后果的将依相关规定追究审核人和作者的相关责任。

五　附　则

第十八条　本办法由医院党委办公室负责解释和修订。

第十九条　本办法自印发之日起实施。

医院网站内容保障工作分工表

项目			主办部门	协办部门
	一级栏目	二级栏目		
扉页版面			党委办公室	信息中心
首页版面			党委办公室	院长办公室、信息中心
	医院简介	院领导致词	院长办公室	
		医院简介	院长办公室	
		医院领导简介	人力资源部	
		内设机构		
		重点学科、专科	医务部	相关科室
		医院文化	党委办公室	
		对外交流	人力资源部	
	院务公开	医院动态	各部门、科室	
		医保相关政策	财务部	
		新农合与济困病房		
	就医指南	业务科室简介	医务部	
		诊室设置		
		特色医疗		
		专家介绍	人力资源部	
		专家门诊表	门诊部	
		普通门诊表		
		门诊就诊流程图	医务部	财务部、门诊部
		住院流程图		财务部、护理部
		就诊(门诊、住院)须知	医务部	财务部、门诊部、护理部
		病区楼层分布图	总务部	
	中医中药	中医药文化	医务部	
		中药炮制、制剂		药剂科
		合理用药		药剂科
		保健知识		预防保健科
		医疗常识		医务部
		药理基地		药剂科
	询医问药		医务部	门诊部、护理部、药剂科
	护理园地		护理部	
	科研园地		科研部	中研院各研究所
	教学园地	临床教学	临床教学部	
		继续医学教育		
		师承工作	人力资源部	
	《甘肃中医》		科技信息研究所	
	党的建设		党委办公室	
	院长信箱		院长办公室	

关于加强职工住院医疗管理的通知

中医办发〔2008〕122号

省中医药研究院，各部门、科室：

为了加强医院职工住院医疗管理，在确保职工享有基本医疗保障的前提下，充分体现以人为本，本着有效节约医院资源、减少浪费，现将职工住院医疗管理规定如下：

1.职工因病需住院的原则上应先在本院住院治疗。拟在本院住院职工，住院证明经该科主任签字后，必须在医院预防保健科办理登记审核手续，经主管院长签字后，方可在医疗保险办公室凭本人《职工医疗保险证》办理相关住院手续。

2.确需到外院住院治疗的职工，凭本院相关疾病专业科主任签署意见及相关的病情资料，经医院预防保健科审核提出意见，并报医院主管院长审批。

3.职工因患急性病需住院的，可根据疾病发生情况及时就近住院治疗，但应于入院后的2个工作日内向所在科室、预防保健科报告，由科室向医院预防保健科做书面备案。

本规定实施范围不包含离退休职工、二等乙级残废军人和因生育住院的女职工。

二〇〇八年十一月十三日

关于印发《甘肃省中医院创建无烟医院实施方案的通知》

中医办发〔2008〕129号

省中医药研究院，医院各部门、科室：

《甘肃省中医院创建无烟医院实施方案（试行）》已经2008年11月18日院长办公会议讨论通过，现将全文印发你们，请遵照执行。

二〇〇八年十一月十八日

甘肃省中医院创建无烟医院实施方案(试行)

根据省爱国卫生运动委员会和省卫生厅《关于在全省开展无烟医疗卫生机构创建活动的通知》和《无烟医疗卫生机构标准(试行)》,结合医院实际,为营造良好的医疗工作环境,关注全院职工健康和生命质量,将医院逐步建设成为无烟医院,特制定本实施方案。

一、组织管理

1.成立创建无烟医院工作领导小组,医院爱国卫生运动委员会(以下称爱卫会)负责创建无烟医院的具体工作规划,制定控烟的具体实施办法,开展创建活动的宣传、教育工作及考核管理等日常管理工作。在医院实行医院、部门(科室)二级创建无烟医院管理责任制度。

2.创建无烟医院工作领导小组人员组成:

组　长　李盛华

副组长　李谦英

成　员　孙援朝　冯守文　马忠祥　舒　劲　王　阳

3.医院各职能管理部门(科室)要积极配合医院爱卫会的统一安排和部署,协助医院爱卫会完成各项创建工作。

4.各部门(科室)要成立以科主任为组长、1~2 名部门(科室)成员为组员的创建无烟部门(科室)管理小组,配合医院爱卫会完成各项创建工作。

5.在医院门诊部设立戒烟门诊。

6.创建无烟医院活动从 2008 年 12 月 1 日起实施。

二、宣传工作

1.统一在医院各楼的主要入口处设置明显的"禁止吸烟"警示牌,在门诊候诊大厅、接诊室、病房走廊、手术室、办公室、会议室、值班房等处张贴悬挂禁烟标志,在医院户外环境配置"吸烟危害健康"的警示语标牌。

2.通过宣传栏、各种例会和职工大会向全院工作人员进行禁烟宣传;将"吸烟与健康"相关内容作为长期主题,定期开展有奖征文活动。

3.将禁烟宣传资料纳入《住院病人指南》,宣传"吸烟有害健康"的医学知识,告诫病人及家属禁止在院内吸烟。

4.组织"吸烟危害健康与戒烟方法"的保健讲座。禁烟教育纳入新职工岗前培训。

5.医务人员在诊疗活动中,主动向病人及家属宣传吸烟的危害性,积极劝阻在禁烟区域内的吸烟行为。

6.导医台、分诊台摆放禁烟宣传资料供取阅。

7.院内公共场所禁止放烟具物品。

8.院内小卖部、餐饮中心禁止出售香烟,禁止悬挂、张贴有关香烟的宣传广告。

三、禁烟区域和吸烟区设置

1.医院内所有室内场所,包括候诊区、治疗区、病房、检查室、手术室、实验室、示教室、医护办公室、值班室、各会议室、行政后勤各部门(科室)办公室等为禁烟区。

2.有天花板的大厅、走廊、楼梯等公众场所为禁烟区。

3.在各楼层露天平台等空气流通处设专用"吸烟区"。

四、监督管理措施

1.医院爱卫会组织每月抽查、每季检查,重点检查科室禁烟制度建立与落实情况,每月末将各科室质控结果送交医院经营管理科,纳入本科室质控。

2.部门(科室)须认真贯彻医院禁烟制度,认真执行本科的禁烟规定,负责所属区域内的禁烟工作,发现病人或家属吸烟,及时劝阻,保证禁烟区内无人吸烟、无烟头。

3.禁烟区实行包干负责,各部门(科室)所属区域禁烟区要做到无人吸烟、无烟头,若发生吸烟现象,科室负监管失职之责。

4.实施控烟目标责任制,若部门(科室)当年管辖范围内发生违反禁烟规定的现象,该科室不得参加本年度科室评优工作。

5.医院全体职工要积极响应创建无烟医院活动,有责任制止在禁烟区内发现的吸烟行为。

五、惩处措施

1.不得在禁烟区内吸烟,违反者(被督察或举报),经医院爱卫会核实后予以批评教育,职工每发生一次处罚10元,病员或陪员家属及来院办事者处罚5元。

2.对于当月出现三次以上违规部门(科室)或个人,医院爱卫会在护士长以上干部会议上进行通报批评,视情节对违规者给予10元加倍的处罚,对部门(科室)给予质控考核分的处理。

六、本实施方案由医院爱卫会负责解释

关于印发《甘肃省中医院医务人员医德考评制度实施方案(试行)》的通知

中医医发〔2008〕132号

省中医药研究院,各部门、科室:

现将《甘肃省中医院医务人员医德考评制度实施方案(试行)》印发给你们,请遵照执行。

二〇〇八年十二月三日

附件：

甘肃省中医院医务人员医德考评制度实施方案(试行)

甘肃省中医院医务人员医德考评制度实施方案(试行)

为了加强医德医风建设，提高医务人员职业道德素质和医疗服务水平，建立对医务人员规范有效的激励和约束机制，根据卫生部、国家中医药管理局《关于建立医务人员医德考评制度的指导意见(试行)》(卫办发〔2007〕296号)及甘肃省卫生厅制定的《甘肃省医务人员医德考评制度实施办法》(甘卫办发〔2008〕209号)，结合我院实际情况，制定本实施方案。

一、指导思想与基本原则

指导思想：以邓小平理论和“三个代表”重要思想为指导，贯彻落实科学发展观，以树立社会主义荣辱观、加强医德医风建设、提高医务人员职业道德素质为目标，以考核记录医务人员的医德医风状况为内容，以规范医疗服务行为、提高医疗服务质量、改善医疗服务态度、优化医疗环境为重点，强化教育，完善制度，加强监督，严肃纪律，树立行业新风，构建和谐医患关系，更好地为广大人民群众的健康服务。

基本原则：医德考评要坚持实事求是、客观公正的原则，坚持定性考评与量化考核相结合，与医务人员的年度考核、医师定期考核及目标管理考核等工作相结合，纳入医院管理体系。

二、考评范围与时限

从2008年起，对医院医务人员实施医德考评制度。考评每年进行一次。考评范围为全院医师、护士及其他卫生专业技术人员(以下统称医务人员)。

三、考评的主要内容

(一)救死扶伤，全心全意为人民服务。

1.加强政治理论和职业道德学习，树立救死扶伤、以病人为中心、全心全意为人民服务的宗旨意识和服务意识，大力弘扬白求恩精神。

2.增强工作责任心，热爱本职工作，坚守岗位，尽职尽责。

(二)尊重患者的权利，为患者保守医疗秘密。

1.对患者不分民族、性别、职业、地位、贫富都平等对待，不得歧视。

2.维护患者的合法权益，尊重患者的知情权、选择权和隐私权，为患者保守医疗秘密。

3.在开展临床药物或医疗器械试验、应用新技术和有创诊疗活动中，遵守医学伦理道德，尊重患者的知情同意权。

(三)文明礼貌，优质服务，构建和谐医患关系。

1.关心、体贴患者，做到热心、耐心、爱心、细心。

2.着装整齐，举止端庄，服务用语文明规范，服务态度好，无“生、冷、硬、顶、推、拖”现象。

3.认真践行医疗服务承诺,加强与患者的交流和沟通,自觉接受监督,构建和谐医患关系。

(四)遵纪守法,廉洁行医。

1.严格遵守卫生法律法规、卫生行政规章制度和医学伦理道德,严格执行各项医疗护理工作制度,坚持依法执业,廉洁行医,保证医疗质量和安全。

2.在医疗服务活动中,不收受、不索要患者及其亲友的财物。

3.不利用工作之便谋取私利,不收受药品、医用设备、医用耗材等生产、经营企业或经销人员给予的财物、回扣以及其他不正当利益,不以介绍患者到其他单位检查、治疗和购买药品、医疗器械等为由,从中牟取不正当利益。

4.不开具虚假医学证明,不参与虚假医疗广告宣传和药品医疗器械促销,不隐匿、伪造或违反规定涂改、销毁医学文书及有关资料。

5.不违反规定外出行医,不违反规定鉴定胎儿性别。

(五)因病施治,规范医疗服务行为。

1.严格执行诊疗规范和用药指南,坚持合理检查、合理治疗、合理用药。

2.认真落实有关控制医药费用的制度和措施。

3.严格执行医疗服务和药品价格政策,不多收、乱收和私自收取费用。

(六)顾全大局,团结协作,和谐共事。

1.积极参加上级安排的指令性医疗任务和社会公益性的扶贫、义诊、助残、支农、援外等医疗活动。

2.正确处理同行、同事间的关系,互相尊重,互相配合,取长补短,共同进步。

(七)严谨求实,努力提高专业技术水平。

1.积极参加在职培训,刻苦钻研业务技术,努力学习新知识、新技术,提高专业技术水平。

2.增强责任意识,防范医疗差错、医疗事故的发生。

四、考评标准与方法

考评标准:采取定性考评与量化考核相结合。基本标准分80分作为医务人员的基础分,设立加分和扣分项目。如有加分或扣分,则在基础分的基数上进行加、减,加减后的分数为医务人员的实际得分。如既无加分,也无扣分,则维持80分的基础分。

考评方法:医德考评以院内考评和院外考评相结合的方式开展。医院将为每位医务人员建立医德档案,考评结果要记入医务人员医德档案。

考评工作分为三个步骤:

1.自我评价。医务人员各自根据医德考评的内容和标准,结合自己实际表现,实事求是地进行自我评价。

2.科室评价。在医务人员自我评价的基础上,以科室为单位,由科室考评小组根据每个人日常的医德行为进行评价。

3.单位评价。由医院医德考评办公室组织实施,根据自我评价和科室评价的结果,将日常检查、问卷调查、患者反映、投诉举报、表扬奖励等记录反映出来的具体问题作为重要参考依据,对每个医务人员进行评价,做出医德考评结论并填写综合评语。

五、考评结果与应用

医德考评结果分为四个等级:优秀(95分以上且无扣分)、良好(80~94分,无一项扣10分)、一般(60~79分)、较差(60分以下)。医德考评要严格坚持标准,被确定为优秀等次的人数,一般掌握在本单位考评总人数的百分之十，最多不超过百分之十五。

医务人员在考评周期内有下列情形之一的，医德考评结果应当认定为较差：

1.在医疗服务活动中索要患者及其亲友财物或者牟取其他不正当利益的；

2.在临床诊疗活动中，收受药品、医用设备、医用耗材等生产、经营企业或经销人员以各种名义给予的财物或提成的；

3.违反医疗服务和药品价格政策，多收、乱收或者私自收取费用，情节严重的；

4.隐匿、伪造或擅自销毁医学文书及有关资料的；

5.在发生的医疗事故中负有完全或主要责任的；

6.出具虚假医学证明文件或参与虚假医疗广告宣传和药品、医疗器械促销的；

7.医疗服务态度恶劣，造成恶劣影响或者严重后果的；

8.利用工作之便亵渎患者，情节严重的；

9.其他因违法违纪行为受到处分的。

考评结果将进行公示，并与医务人员的晋职晋级、岗位聘用、评先评优、绩效工资、定期考核等直接挂钩。

职业道德考评将作为医务人员年度考核时的一项重要内容：医德考评结果为优秀或良好的，年度考核方有资格评选优秀；医德考评结果为一般的，年度考核为基本合格；医德考评结果为较差的，年度考核为不合格。连续3年医德考评结果为优秀的，应当予以奖励。

医务人员定期考核中的职业道德评定，以医德考评结果为依据。考核周期内，有一次以上医德考评结果为较差的，认定为考核不合格。执业医师的医德考评结果，按照《医师定期考核管理办法》的规定将报送执业医师定期考核机构，同时报送医师执业注册的卫生行政部门。

关于印发《防范和处理药物临床试验中受试者损害及突发事件的应急预案（试行）》的通知

中医医发〔2008〕138号

省中医药研究院，医院各部门、科室：

为了积极防范和有效处理药物临床试验中受试者可能出现的各种损害和突发事件对药物试验的影响，最大限度地保护受试者的生命安全，确保药物临床试验正常进行及药物临床试验的质量，医院制定了《甘肃省中医院防范和处理药物临床试验中受试者损害及突发事件的应急预案（试行）》，现下发给你们，请组织学习，认真贯彻执行。

本预案自发文之日起实施。

二〇〇八年十二月十五日

附件:

1.甘肃省中医院药物临床试验中受试者损害及突发事件应急领导小组和专家组名单

2.甘肃省中医院药物临床试验中受试者损害及突发事件应急流程图

3.不良事件反应/事件报告表

4.严重不良反应报告表(SAE)

甘肃省中医院防范和处理药物临床试验中受试者损害及突发事件的应急预案(试行)

目的:根据国务院颁布的《突发公共卫生事件应急条例》《中华人民共和国传染病防治法》及《中华人民共和国传染病防治法实施办法》《中华人民共和国药品管理法》《药品临床试验管理规范》和《药品不良反应监测管理办法》等法律规定,结合我院实际,制定本预案。本预案所称的突发事件指突然发生给受试者健康造成或可能造成严重危害的重大伤害,需住院治疗、延长住院时间、伤残、影响工作能力、危及生命或死亡、导致先天畸形等其他严重影响公共卫生的事件。

范围:我院所有药物临床试验。

内容:

1 组织机构

1.1 领导小组:医院成立防范和处理药物临床试验中受试者损害及突发事件的应急领导小组,院长任组长,主管医疗的副院长任副组长,小组成员由医务部、护理部、医院感染管理科、药物临床试验机构办公室(以下简称机构办)、门诊部等相关部门负责人组成。领导小组的职责是:领导和指挥药物临床试验中受试者损害及突发事件的防范和处理,对重大问题做出决策。

1.2 应急处理办公室:领导小组下设应急处理办公室,由医务部与机构办共同承担。应急处理办公室的职责是:医务部负责药物临床试验中受试者损害及突发事件全院急救的组织、人员协调,必要时报告急救领导小组,传达急救领导小组的决定和督办。机构办负责监督药物临床试验中受试者损害和不良事件防范措施的实施、有关会议的记录和整理、日常信息沟通、不良事件的报告。

1.3 参与人员:各专业科室医、护、技专业技术人员,ICU医护专业人员,急诊科医护专业技术人员,伦理委员会成员,必要时邀请心理卫生人员参与。

2 原则

2.1 预防为主,依法管理。

2.2 快速反应,高效处置。

3 措施

3.1 防范措施

3.1.1 明确职责:所有参加临床试验的人员应明确职责,按章办事,各负其责。

3.1.2 严格执行标准操作规程:相关人员必须严格遵守药物临床试验各个环节及与试验有关的

各项仪器、设备制定的相应的标准操作规程,以减少差错事故的发生。

3.1.3 加强观察与随访:在药物临床试验中,应密切观察或随访受试者用药后出现的各种反应,以便及时发现受试者损害和突发事件,给予及时处理。

3.1.4 伦理委员会的保证:临床试验开始前,试验方案经独立的伦理委员会审议同意并签署意见后方能实施;临床试验进行期间,试验方案的任何修改需经伦理委员会批准后方能执行;试验中发生任何受试者损害及严重不良事件,需及时向伦理委员会报告。

3.1.5 对受试者权益的保证:受试者必须是自愿参加,对研究项目的试验目的、方法、可能发生的不良反应和防治措施有充分了解。必须始终尊重受试者保护自身的权利;尽可能采取措施以尊重受试者的隐私、资料的保密,并将其身体和精神以及人格的影响减至最小;受试者有权无须任何理由可以随时退出试验。

3.1.6 机构的保证:建立健全质量保证体系,对研究者资格认真把关及进行培训,检查各专业科室设施;建立符合 GCP 管理规范的工作制度、设计规范、标准操作规程。制定受试者损害和突发事件应急预案,保证医疗过程中受试者出现损害和突发事件后能得到及时诊治;做好受试者损害和突发事件的预防、现场控制、应急处理及其他物资和技术的准备与协调调度。

3.1.7 人员培训:机构办负责在对研究者的培训中,“防范和处理药物临床试验中受试者损害及突发事件的应急预案”必须作为培训内容之一,医务部负责定期组织演练,以促使研究者熟练掌握应急预案,保证在受试者出现损害及突发事件时,能得到及时有效的救治,最大限度减轻受试者的损害。

3.2 处理措施

3.2.1 及时救治

受试者在试验中出现损害及突发事件时,研究者应及时采取治疗措施。住院受试者,研究者当立即实施治疗,必要时请专业负责人来组织救治。院外受试者,可前往我院急诊科诊治,或呼叫“120”,“120”出车人员在进行院前急救的同时将受试者接至我院急诊科,急诊科开通“绿色通道”保证抢救,并由急诊科负责通知专业负责人到场,病情需要可将受试者收住院。需全院会诊时告知医务部组织,如在节假日或夜间告知总值班紧急调动或请医务部调动相关专家组人员,必要时可转送 ICU 抢救。

3.2.2 判断

研究者在对受试者救治的同时,须判断损害及突发事件的性质和与药物的关联性。不能确定的及时请专业负责人协助确定,并与专业负责人一起判断决定是否中止受试者的试验。

3.2.3 报告

3.2.3.1 研究者判断为不良事件者,须 24 小时内向专业负责人、机构办报告。

3.2.3.2 判断为严重不良事件者,研究者必须在第一时间(2 小时内)向专业负责人和药物临床试验机构办负责人报告,如在节假日或夜间,当班医护人员应立即通知专业负责人和医院总值班,由总值班通知机构办负责人。机构办负责人应在 24 小时内向医学伦理委员会、申办者、甘肃省食品药品监督管理局及卫生行政部门监察室报告,通报其他研究中心。紧急情况,特别是致死的不良反应及其他严重不良事件,应在 2 小时内通讯报告上述部门。研究者须填写严重不良反应报告表,并签名、注明日期。

3.2.3.3 判断是与试验药物有关的不良反应者,研究者须填写《药物不良反应/事件报告》,签名并注明日期。24 小时内向专业负责人、机构办、伦理委员会、医院药品不良反应监测办公室报告。医院药品不良反应监测办公室集中向省药品不良反应监测中心报告。

3.2.4 记录

研究者应在原始病案和CRF表中记录受试者的损害及突发事件的症状、体征、实验室检查、出现的时间、持续时间、程度、处理措施和经过等，保证记录真实、准确、完整、及时、合法，签名并注明日期；在原始记录中应记录报告时间、报告方式及报告的机构。

3.2.5 紧急破盲

受试者被判断为严重不良事件需要查明所用药物种类时，研究者在得到专业负责人批准后，依照《应急信件保存和紧急情况破盲的SOP》拆封随药品下发的应急信件，查明所服药物的种类并及时抢救。已破盲的受试者中止试验。

3.2.6 随访

研究者应对所有受试者损害进行追踪随访，根据病情决定随访时间，直到妥善解决或病情稳定，若化验异常者应追踪至恢复正常。追踪随访方式可根据不良反应的轻重选择住院、门诊、家访、电话、通讯等方式。详细记录随访经过及结果，确保将受试者损害降至最低，充分保证受试者安全。

4 处罚

医务人员有下列行为之一的，造成受试者(患者)致残、死亡或疾病传播流行，或者对社会公众健康造成其他严重危害后果，由医院有关部门责令改正、通报批评、给予警告；对专业负责人和其他直接责任人依法给予降级或撤职的纪律处分；构成犯罪的，依法追究刑事责任。

4.1 未按规定履行不良事件或突发事件报告职责，隐瞒、缓报或者谎报的；

4.2 未按规定对受试者出现损害及突发事件及时采取措施的；

4.3 突发事件来临时拒绝接诊病人的；

4.4 突发事件来临时拒不服从医院工作调度的。

附件1：

甘肃省中医院药物临床试验中
受试者损害和突发事件应急领导小组和专家组名单

一、应急领导小组

组　长：李盛华

副组长：舒　劲

成　员：韩　艳　王　颖　张德宏　杨宏武　马郑萍　周毓萍　罗燕梅　马真琴

二、院内应急抢救专家组

内科系统：

刘国安(老年病专业)　廖志峰(消化专业)　李妍怡(神经内科专业)

徐义先(心血管病专业)　张定华(内分泌专业)　靳锋(肾病专业)

王兰娣(呼吸专业)　崔文建(心血管病专业)　王兰英(肿瘤专业)

张敏思(急救专业)　姚双吉(急救专业)

骨伤科专业：

王承祥　赵道洲　赵继荣　樊成虎　冯康虎　米忠祥

外科系统：

唐晓勇(普外专业)	杨维健(普外专业)	党建中(心胸外专业)
包海军(心胸外专业)	赵永强(泌尿外专业)	张崇岳(神外专业)
谭萍(麻醉专业)	张宝玲(麻醉专业)	谢朝晖(麻醉专业)

儿科专业：

沈玉鹏　石宗珂

医技专业：

盛　丽(超声专业)	周　晟(影像专业)	陈进凡(检验专业)
程　烜(检验专业)	张宝洲(超声专业)	高晓玲(心电图专业)

护理组：

张丽平　郭云霞　白慧玲　李晓萍　杨　珺

药剂组：

闵云山　罗燕梅　李开贵　姜　华　李玉华

三、"120"外出院前急救小组及专家

"120"院前急救小组人员：王　博　张　鹏　黄新强　谈　君

联系电话：120 或 13919390120

院前急救专家：张参军　马红梅

四、应急组织具体负责部门人员及联系电话

医务部主任：韩　艳

医务部副主任：张德宏　杨宏武

联系电话：2335211-2026

护理部主任：王　颖

护理部副主任：马郑萍

联系电话：2335211-2023

五、总值班联系电话：15002591516

附件 2：

甘肃省中医院药物临床试验中受试者损害及突发事件应急流程图

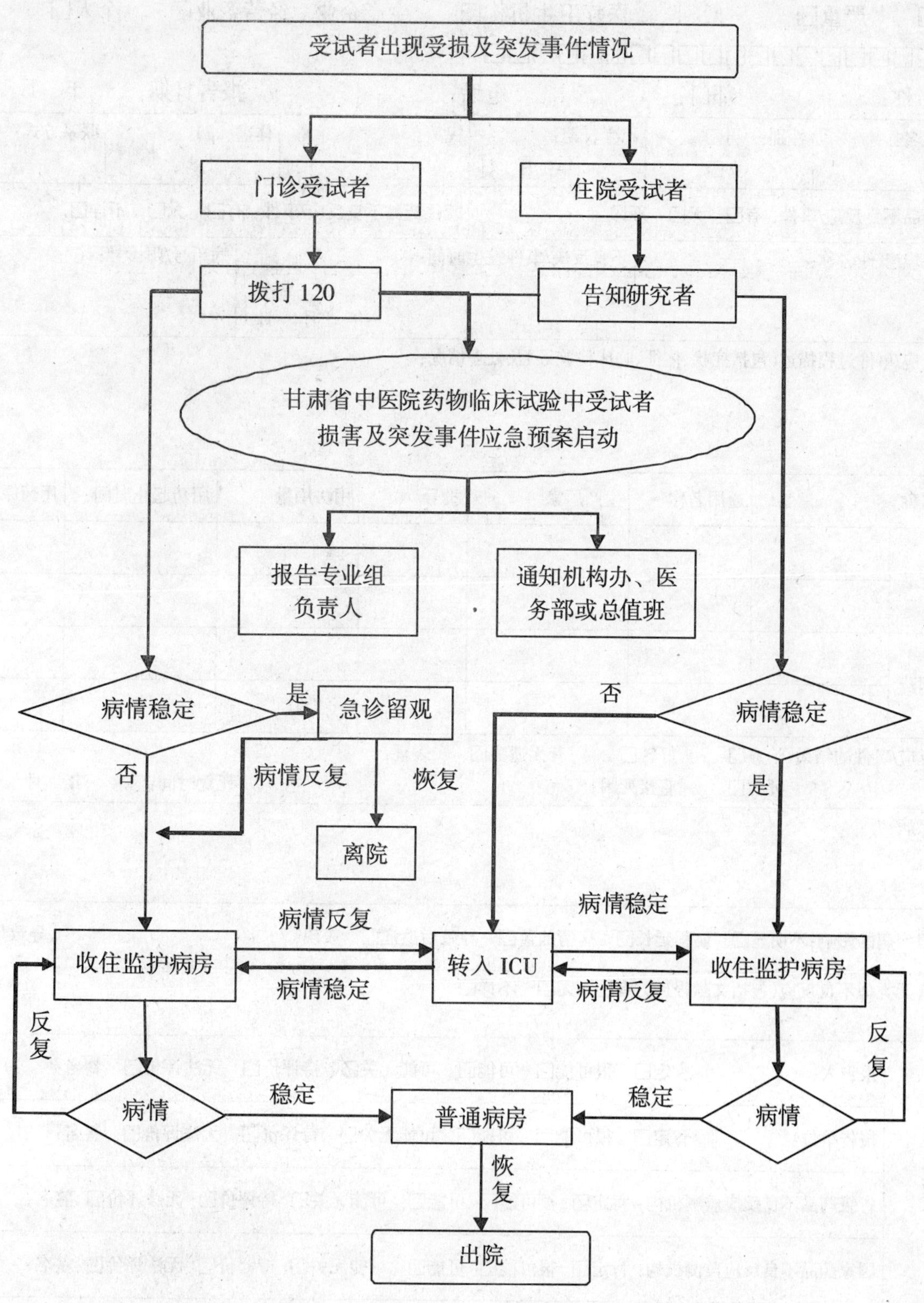

附件 3：

药物不良反应/事件报告

新的□　严重□　一般□　医疗卫生机构□　生产企业　经营企业□　个人□

编码□□□□□□□□□□□□□□□□□□□□

单位名称：　部门：　电话：　报告日期：　年　月　日

<table>
<tr><td>患者姓名：</td><td>性别：男□
女□</td><td>出生日期：
年　月　日</td><td>民族：</td><td>体重(kg)：</td><td colspan="3">联系方式：</td></tr>
<tr><td colspan="3">家族药品不良反应/事件：有□　无□　不详□</td><td colspan="5">既往药品不良反应/事件：有□　无□　不详□</td></tr>
<tr><td colspan="2">不良反应/事件名称：</td><td colspan="3">不良反应/事件发生时间：
年　月　日</td><td colspan="3">病历号/门诊号：</td></tr>
<tr><td colspan="8">不良反应/事件过程描述(包括症状、体征、临床检验等)及处理情况：</td></tr>
<tr><td colspan="2">商品名称</td><td>通用名称</td><td>生产厂家</td><td>批号</td><td>用法用量</td><td>用药起止时间</td><td>用药原因</td></tr>
<tr><td rowspan="2">怀疑药品</td><td></td><td></td><td></td><td></td><td></td><td></td><td></td></tr>
<tr><td></td><td></td><td></td><td></td><td></td><td></td><td></td></tr>
<tr><td rowspan="2">合并用药</td><td></td><td></td><td></td><td></td><td></td><td></td><td></td></tr>
<tr><td></td><td></td><td></td><td></td><td></td><td></td><td></td></tr>
<tr><td colspan="8">不良反应/事件的结果：治愈□　好转□　有无遗症□　表现：
死亡□　直接死因：　死亡时间：　年　月　日</td></tr>
<tr><td colspan="8">原患疾病：</td></tr>
<tr><td colspan="8">对原患疾病的影响：不明显□　病程延长□　病情加重□　导致后遗症□　表现：　导致死亡□</td></tr>
<tr><td colspan="8">国内有无类似不良反应(包括文献报道)：有□　无□　不详□</td></tr>
<tr><td rowspan="4">关联性评价</td><td colspan="7">报告人：　肯定□　很可能□　可能□　可能无关□　待评价□　无法评价□　签名：</td></tr>
<tr><td colspan="7">报告单位：　肯定□　很可能□　可能□　可能无关□　待评价□　无法评价□　签名：</td></tr>
<tr><td colspan="7">省级药品不良反应监测机构：肯定□　很可能□　可能□　可能无关□　待评价□　无法评价□　签名：</td></tr>
<tr><td colspan="7">国家药品不良反应监测机构：肯定□　很可能□　可能□　可能无关□　待评价□　无法评价□　签名：</td></tr>
</table>

附件 4：

严重不良反应报告表(SAE)

新药临床研究批准文号：　　　　□首次报告　□跟踪报告　　报告时间：　　年　月　日

<table>
<tr><td>医疗机构及专业名称</td><td colspan="3"></td><td>电话：</td></tr>
<tr><td>申报单位名称</td><td colspan="3"></td><td>电话：</td></tr>
<tr><td rowspan="2">试验用药品名称</td><td colspan="4">中文名称：</td></tr>
<tr><td colspan="4">英文名称：</td></tr>
<tr><td>药品类别</td><td colspan="3">□中药　□化学药　□新生物制品
□放射性药　□进口药　□其他</td><td>第　类</td></tr>
<tr><td>临床研究分期</td><td colspan="3">□Ⅰ期　□Ⅱ期　□Ⅲ期　□Ⅳ期
□生物等效性试验　□临床验证</td><td>剂型：</td></tr>
<tr><td rowspan="2">受试者情况</td><td>姓名：</td><td>性别：</td><td>出生年月：</td><td>民族：</td></tr>
<tr><td colspan="4">疾病诊断：</td></tr>
<tr><td>严重不良事件名称</td><td colspan="4">□致死　□危及生命　□功能障碍/致残　□延长住院时间　□遗传疾患
□肿瘤　□药物过量　□导致住院(不包括择期手术或常规的临床过程)　□其他</td></tr>
<tr><td colspan="2">发生时间：　年　月　日</td><td colspan="3">反应严重程度：□轻度　□中度　□重度</td></tr>
<tr><td>对试验用药采取的措施</td><td colspan="4">□继续用药　□减少剂量　□药物暂停又恢复　□停用药物</td></tr>
<tr><td>SAE 与试验药的关系</td><td colspan="4">□肯定有关　□可能有关　□可能无关　□无关　□无法判定</td></tr>
<tr><td>严重不良事件报道情况</td><td colspan="4">国内：□有　□无　□不详　国外：□有　□无　□不详</td></tr>
<tr><td colspan="5">严重不良事件的详细说明：</td></tr>
<tr><td colspan="5">严重不良事件处理情况：</td></tr>
</table>

报告单位名称：　　　　　　　　　　报告人签名：

关于下发医院医学教育临床实践管理暂行规定的通知

中医医发〔2008〕149 号

省中医药研究院，医院各部门：

为规范医学教育临床实践活动的管理，保护临床实践过程中患者、教师和学生的合法权益，保证医学教育教学质量，卫生部、教育部依据《中华人民共和国执业医师法》《中华人民共和国高等教育法》制定并印发《甘肃省中医院医学教育临床实践管理暂行规定》的通知(卫科教发〔2008〕45 号)。根据通知精神，结合医院实际，特制定我院医学教育临床实践管理暂行规定。本规定从 2009 年 1 月 1 日起实行，请各部门、科室认真学习遵照执行。

二〇〇八年十二月三十日

附件：

甘肃省中医院医学教育临床实践管理暂行规定

甘肃省中医院医学教育临床实践管理暂行规定

第一，凡来院的实(见)习生、进修生的临床教学实践活动在临床各科室进行，在临床带教老师指导下参与临床诊疗活动，实现学习目的。

第二，临床教学部、医务部和护理部负责组织实(见)习生、进修生的临床教学实践活动，为实施临床教学实践活动和完成教学任务提供必要的条件，维护临床教学实践过程中相关参与者的合法权益。

第三，临床教学部、医务部和护理部应加强对实(见)习生、进修生和新分配来院的转科生进行入科前教育，包括医院规章制度、医德医风及职业素质教育，同时介绍医院概况。

第四，为保证教学工作的顺利进行，各科室由科主任负责教学工作，并设置一名教学秘书协助科室主任负责临床教学工作的具体落实，建立科室教学档案[包括各种教学文件、实(见)习生转科表、教学查房记录及讲课记录]，安排讲课、示教、教学查房及考核。

第五,临床带教老师和指导医师负责指导实(见)习生、进修生和新分配来院的转科生的医学教育临床实践活动,各临床科室应确定从事医学教育临床实践活动的教学计划及教学内容,审签实(见)习生、进修生和新分配来院的转科生书写的各类医疗文件。

第六,实(见)习生、进修生学习结束或轮换科室时应办理交班手续,归还所借公物,进行出科考试和临床考核,对考核结果进行记录交临床教学部归档。实(见)习生、进修生学习结束后的鉴定一定要由带教及上级医师签字,对模仿带教老师签字的实(见)习生、进修生取消学习资格,直接退回院校(单位)。

第七,实(见)习生、进修生学习期间一般不得请假,如有特殊情况需请假者,三天以内由带教老师签字,科主任审批;三天以上一周以内由带教老师、科主任同意后,由临床教学部审批;一周以上者,经医院同意后,由院校教务处(科)审批。学生请假期满,必须到原批假部门办理销假手续。

第八,临床带教老师和指导医师应牢固确立教学意识,增强医患沟通观念,积极说服相关患者配合医学教育临床实践活动;在安排和指导临床实践活动之前,应尽到告知义务并得到相关患者的同意。在教学实践中要保证患者的医疗安全和合法权益。

第九,实(见)习生、进修生在临床带教老师的监督、指导下,可以接触观察患者,询问患者病史,检查患者体征,查阅患者有关资料,参与分析讨论患者病情,记录住院患者病程,填写各类检查和处置单、医嘱和处方,对患者实施有关诊疗操作、参加有关的手术。实(见)习生、进修生和新分配来院的转科生参与医学教育临床诊疗活动必须由临床带教老师或指导医师监督、指导,不得独自为患者提供临床诊疗服务。临床实践过程中产生的有关诊疗的文字材料必须经临床带教老师或指导医师审核签名后才能作为正式医疗文件。

第十,新分配来院的转科生在指导医师的监督、指导下,可以为患者提供相应的临床诊疗服务。

第十一,实(见)习生、进修生和新分配来院的转科生在医学教育临床实践活动中应当尊重患者的知情同意权和隐私权,不得损害患者的合法权益。

第十二,在医学教育临床实践过程中发生的医疗事故或医疗纠纷,经鉴定,因临床带教老师和指导医师指导不当而导致的医疗事故或医疗纠纷,临床带教老师或指导医师承担相应责任。实(见)习生、进修生和新分配来院的转科生在临床带教老师和指导医师指导下参与医学教育临床实践活动,不承担医疗事故或医疗纠纷责任。实(见)习生、进修生和新分配来院的转科生未经临床带教老师或指导医师同意,擅自开展临床诊疗活动的,承担相应的责任。

第十三,凡来医院统派的实(见)习生需有医院和各院校签订的实(见)习协议。除甘肃中医学院统派实(见)习生外,其余统派实(见)习生一律不安排住宿。根据有关协议除甘肃省中医学校统派实(见)习生外,其余中专院校临床医疗专业实(见)习生不予接受。原则上不接受自费(自行)联系的实习生。

第十四,所有来院实习的实(见)习生、进修生必须在临床教学部办理相关手续后持临床教学部的派遣通知单到相关科室报到,任何科室及医、药、护、技人员不得私自接受实(见)习生、进修生,违犯此规定的科室及医、药、护、技人员除承担期间产生的所有实(见)习、进修费用外,将给予一定的经济处罚,发生的一切医疗事故或医疗纠纷责任都由科室及医、药、护、技人员承担。情节严重的科室负责人要承担行政责任。

第十五,本规定自2009年1月1日起实行,以往与本规定不相符的内容以此规定为准。

第十六,本规定相关内容解释权分别在临床教学部、医务部、护理部。

关于进一步加强医院财产物资规范化管理的通知

中医财发〔2009〕33号

为严格贯彻执行医院会计内部控制制度及相关财务管理制度规定，规范医院财产物资各环节管理流程，充分发挥财务管理监督职能，尽量缩短各种单据传递时间，提高工作效率，真正实现账、物、款分开管理的规范化模式，在原药品、卫生材料核算管理办法，固定资产核算管理办法的基础上，再做如下规定：

一、药品（卫生材料）的核算管理

1.药品（卫生材料）的入库管理

购入药品（卫生材料），先由库房保管验收合格入库后，填制药品（卫生材料）验收单，随发票或随货同行联一并转药品（卫生材料）会计。药品（卫生材料）会计根据以上资料办理入库，在信息系统中进行应付款登记核算，打印药品（卫生材料）入库单，经采购员、库房保管、药剂科（医疗设备科）负责人确认签字，由药品（卫生材料）会计汇总后，报主管领导审批。

月末，药品（卫生材料）会计将药品（卫生材料）入库汇总单、签字齐全的药品（卫生材料）入库单，报财务部进行相关会计账务核算。

2.药品（卫生材料）款项的结算

每月，财务部根据医院收支状况及现金流量情况，拟定医院当月药品（卫生材料）付款计划额度，报院长核定审批后，分发各相关部门科室。药剂科、医疗设备科根据审批的付款额度和供货单位药品（卫生材料）具体消耗情况，制定各单位付款计划额度。药品（卫生材料）会计依照付款计划额度，按照药品（卫生材料）入库时间顺序在系统中依次列表安排各单位具体支付金额，经库房保管核实库存情况确认签字、药剂科（医疗设备科）负责人签字后，由药品（卫生材料）会计报主管领导审批。

财务部依照已审批的药品（卫生材料）付款计划进行应付款核查、单据审核后，安排付款。外地供货单位，由财务部分管人员填制汇款票据直接由银行划拨支付；本地供货单位，以转账支票结算，付款时，由药品（卫生材料）会计到财务部统一开具转账支票，并在系统中做详细登记，分付给各供货单位。非财务人员不再经手各种票据传递。

为确保资金安全，由供货单位提供单位详细的信息资料，包括单位名称、开户银行、银行账号、单位地址、法定代表人等及单位委托函或授权证明、代理人信息等，由药品（卫生材料）会计在医院信息网络系统中进行详细登记备查，以完善结算手续。

二、固定资产核算管理

固定资产是指专业设备单位价值在800元以上，一般设备单位价值在500元以上，使用年限在一年以上,并在使用过程中基本保持原有物资形态的资产。

(一)固定资产入库管理

1.专业设备:是指医院根据业务工作的实际需要购置的价值在800元以上各种具有专门用途的设备,如医疗设备、仪器、器械等。医院专业设备实物管理科室为医疗设备科。购置专业设备时,由医疗设备科会同使用科室进行设备验收合格后,将设备购置合同、验收单、发票等有效资料报资产管理会计,办理入库手续,经保管、科室负责人签字,月末汇总后报财务部进行账务核算,同时进行固定资产二级分类核算。属于政府集中采购目录内的设备,严格按政府采购相关制度规定执行。单位价值在800元以下的专业设备,不再列入固定资产核算范围,但使用期限超过一年的,参照固定资产管理。

2.一般设备:是指医院用于业务工作的价值在500元以上的通用设备。其他固定资产:指房屋、设备等未包含的固定资产,如办公用的家具、电子计算机、复印机、交通工具等。一般设备、其他固定资产的实物管理科室为总务部。购入一般设备及其他固定资产时,总务部在资产实物验收合格后,将购置合同、验收单、发票等有效资料报资产管理会计,办理入库手续,经保管、科室负责人签字,月末汇总后报财务部进行账务核算,同时进行固定资产二级分类核算。属于政府集中采购目录内的设备,严格按政府采购相关制度规定执行。单位价值在500元以下的一般设备及其他固定资产,不再列入固定资产核算范围,但使用期限超过一年的,参照固定资产管理。

(二)固定资产使用管理

购入固定资产进入信息系统核算管理,使用科室要严格按操作规程对设备进行正确使用管理,并在系统中办理领用手续。医疗设备科、总务部要经常深入科室检查设备使用情况,做好维护维修工作,努力降低维修费用,不断完善医院科室成本核算体系,进一步做好设备投资效益核算分析工作。

超过使用期限、确定无法使用的设备,先由使用科室填报设备报废申请单,经本科室负责人、设备科维修组、主管领导等审核签字后,列入待报废固定资产,不再计提设备折旧。待报废固定资产须上报相关主管部门审核批复后,财务方可进行账务核销处理。

(三)固定资产款项结算

每月,财务部根据医院收支状况及现金流量情况,拟定医院当月固定资产付款计划额度,报院长核定审批后,分发各相关部门科室。医疗设备科、总务部根据审批的付款额度和设备购置合同中的支付条款及设备使用情况等,制订具体付款计划。资产管理会计依照审批计划,在信息系统中对各项信息进行审核确认,经使用科室、设备维修人员核实设备使用及维修状况签字确认,科室负责人签字后,呈主管领导审批。

财务部依照已审批的付款计划进行应付款核查后,安排付款。外地供货单位,由财务部分管人员填制汇款票据直接由银行划拨支付;本地供货单位,以转账支票结算,付款时,由资产管理会计到财务部统一开具转账支票,并在系统中做详细登记,再分付给各供货单位。

为确保资金安全,由供货单位提供详细的单位信息资料,包括单位名称、开户银行、银行账号、单位地址、法定代表人等及单位委托函或授权证明、代理人信息等,由资产管理会计在医院信息网络系统中进行详细登记备查,以完善结算手续。

本规定中未涉及的内容继续执行原核算管理办法。

本规定自二〇〇九年四月一日起执行。

二〇〇九年三月五日

关于转发《卫生部办公厅关于抗菌药物临床应用管理有关问题的通知》

中医医发〔2009〕50号

各部门、科室：

为继续推进抗菌药物临床合理应用，根据2008年度全国抗菌药物临床应用监测与细菌耐药监测结果，卫生部于2009年3月23日就抗菌药物临床应用管理有关问题再发《卫生部办公厅关于抗菌药物临床应用管理有关问题的通知》（卫办医政发〔2009〕38号），现转发你们，请组织科室人员认真学习，严格遵照执行。医院于2008年8月15日转发的《关于转发〈卫生部办公厅关于加强抗菌药物临床应用管理的通知〉的通知》（中医医发〔2008〕87号），同时废止。

二〇〇九年五月二十五日

附件：

卫生部办公厅关于抗菌药物临床应用管理有关问题的通知

卫生部办公厅关于抗菌药物临床应用管理有关问题的通知

卫办医政发〔2009〕38号

各省、自治区、直辖市卫生厅局，新疆生产建设兵团卫生局：

《卫生部办公厅关于进一步加强抗菌药物临床应用管理的通知》（卫办医发〔2008〕48号）下发以来，各级卫生行政部门和医疗机构认真组织学习、贯彻落实，取得了一定的成效，部分地区医疗机构抗菌药物应用比例有所下降，围术期抗菌药物预防应用进一步规范。为继续推进抗菌药物临床合理应用，根据2008年度全国抗菌药物临床应用监测与细菌耐药监测结果，现就抗菌药物临床应用管理有关问题通知如下：

一、以严格控制Ⅰ类切口手术预防用药为重点，进一步加强围术期抗菌药物预防性应用的管理

医疗机构要严格按照《抗菌药物临床应用指导原则》中围术期抗菌药物预防性应用的有关规定，加强围手术期抗菌药物预防性应用的管理，改变过度依赖抗菌药物预防手术感染的状况。对具有预防使用抗菌药物指征的，参照《常见手术预防用抗菌药物表》(见附件)选用抗菌药物。也可以根据临床实际需要，合理使用其他抗菌药物。

医疗机构要重点加强Ⅰ类切口手术预防使用抗菌药物的管理和控制。Ⅰ类切口手术一般不预防使用抗菌药物，确需使用时，要严格掌握适应证、药物选择、用药起始与持续时间。给药方法要按照《抗菌药物临床应用指导原则》有关规定，术前0.5~2小时内，或麻醉开始时首次给药；手术时间超过3小时或失血量大于1500 mL，术中可给予第二剂；总预防用药时间一般不超过24小时，个别情况可延长至48小时。

二、严格控制氟喹诺酮类药物临床应用

医疗机构要进一步加强氟喹诺酮类药物临床应用管理，严格掌握临床应用指征，控制临床应用品种数量。氟喹诺酮类药物的经验性治疗可用于肠道感染、社区获得性呼吸道感染和社区获得性泌尿系统感染，其他感染性疾病治疗要在病情和条件许可的情况下，逐步实现参照致病菌药敏试验结果或本地区细菌耐药监测结果选用该类药物。应严格控制氟喹诺酮类药物作为外科围术期预防用药。对已有严重不良反应报告的氟喹诺酮类药物要慎重遴选，使用中密切关注安全性问题。

三、严格执行抗菌药物分级管理制度

医疗机构要按照《抗菌药物临床应用指导原则》中“非限制使用”“限制使用”和“特殊使用”的分级管理原则，建立健全抗菌药物分级管理制度，明确各级医师使用抗菌药物的处方权限。

根据抗菌药物临床应用监测情况，以下药物作为“特殊使用”类别管理。医疗机构可根据本机构具体情况增加“特殊使用”类别抗菌药物品种。

(一)第四代头孢菌素：头孢吡肟、头孢匹罗、头孢噻利等；

(二)碳青霉烯类抗菌药物：亚胺培南/西司他丁、美罗培南、帕尼培南/倍他米隆、比阿培南等；

(三)多肽类与其他抗菌药物：万古霉素、去甲万古霉素、替考拉宁、利奈唑胺等；

(四)抗真菌药物：卡泊芬净、米卡芬净、伊曲康唑(口服液、注射剂)、伏立康唑(口服剂、注射剂)、两性霉素B含脂制剂等。

“特殊使用”抗菌药物须经由医疗机构药事管理委员会认定，具有抗感染临床经验的感染或相关专业专家会诊同意，由具有高级专业技术职务任职资格的医师开具处方后方可使用。医师在临床使用“特殊使用”抗菌药物时要严格掌握适应证，药师要严格审核处方。紧急情况下未经会诊同意或需越级使用的，处方量不得超过1日用量，并做好相关病历记录。

四、加强临床微生物检测与细菌耐药监测工作，建立抗菌药物临床应用预警机制

医疗机构要按照《抗菌药物临床应用指导原则》要求，加强临床微生物检测与细菌耐药监测工作。三级医院要建立规范的临床微生物实验室，提高病原学诊断水平，定期分析报告本机构细菌耐药情况；要根据全国和本地区细菌耐药监测结果，结合本机构实际情况，建立、完善抗菌药物临床应用与细菌耐药预警机制，并采取相应的干预措施。

(一)对主要目标细菌耐药率超过30%的抗菌药物，应及时将预警信息通报本机构医务人员。

(二)对主要目标细菌耐药率超过40%的抗菌药物，应慎重经验用药。

(三)对主要目标细菌耐药率超过50%的抗菌药物，应参照药敏试验结果选用。

（四）对主要目标细菌耐药率超过75%的抗菌药物，应暂停该类抗菌药物的临床应用，根据追踪细菌耐药监测结果，再决定是否恢复其临床应用。

我部将根据全国抗菌药物临床应用和细菌耐药监测结果，适时对全国抗菌药物临床应用管理进行调整。各级地方卫生行政部门要继续加强对抗菌药物临床应用工作的管理，逐步建立、健全本辖区抗菌药物临床应用与细菌耐药监测管理体系，开展对医疗机构抗菌药物临床应用的评价和指导。医疗机构要建立、健全各项规章制度，切实采取措施推进合理用药工作，保证《抗菌药物临床应用指导原则》的落实。

我部于2008年3月24日印发的《卫生部办公厅关于进一步加强抗菌药物临床应用管理的通知》（卫办医发〔2008〕48号）同时废止。

二〇〇九年三月二十三日

附件：

常见手术预防用抗菌药物表

手术名称	抗菌药物选择
颅脑手术	第一、二代头孢菌素，头孢曲松
颈部外科（含甲状腺）手术	第一代头孢菌素
经口咽部黏膜切口的大手术	第一代头孢菌素，可加用甲硝唑
乳腺手术	第一代头孢菌素
周围血管外科手术	第一、二代头孢菌素
腹外疝手术	第一代头孢菌素
胃十二指肠手术	第一、二代头孢菌素
阑尾手术	第二代头孢菌素或头孢噻肟，可加用甲硝唑
结、直肠手术	第二代头孢菌素或头孢曲松或头孢噻肟，可加用甲硝唑
肝胆系统手术	第二代头孢菌素，有反复感染史者可选头孢曲松或头孢哌酮或头孢哌酮/舒巴坦
胸外科手术(食管、肺)	第一、二代头孢菌素，头孢曲松
心脏大血管手术	第一、二代头孢菌素
泌尿外科手术	第一、二代头孢菌素，环丙沙星
一般骨科手术	第一代头孢菌素
应用人工植入物的骨科手术(骨折内固定术、脊柱融合术、关节置换术)	第一、二代头孢菌素，头孢曲松
妇科手术	第一、二代头孢菌素或头孢曲松或头孢噻肟，涉及阴道时可加用甲硝唑
剖宫产	第一代头孢菌素（结扎脐带后给药）

注：1. Ⅰ类切口手术常用预防抗菌药物为头孢唑啉或头孢拉定。

2. Ⅰ类切口手术常用预防抗菌药物单次使用剂量：头孢唑啉 1~2 g；头孢拉定 1~2 g；头孢呋辛 1.5 g；头孢曲松 1~2 g；甲硝唑 0.5 g。

3.对 β-内酰胺类抗菌药物过敏者，可选用克林霉素预防葡萄球菌、链球菌感染，可选用氨曲南预防革兰氏阴性杆菌感染，必要时可联合使用。

4.耐甲氧西林葡萄球菌检出率高的医疗机构，如进行人工材料植入手术(如人工心脏瓣膜置换、永久性心脏起搏器置入、人工关节置换等)，也可选用万古霉素或去甲万古霉素预防感染。

关于医院正副院长工作分工的通知

中医党发〔2009〕5 号

省中医药研究院，医院各部门：

2009 年 5 月 25 日党政联席会议对医院正副院长分管工作进行了分工调整，现将决定通知如下：

院长李盛华主持医院党政全面工作。分管院务部、人力资源部和财务部。

副院长冯守文负责对外联络、预防保健、设备、医技工作。分管对外联络部、预防保健科、医疗设备科和各医技科室。

副院长马忠祥负责医院基本建设工作。分管基建部。

副院长舒劲负责临床教学、职工继续教育、经营管理、医保、信息网络管理、药剂管理工作。分管临床教学部、经营管理科、医保科、信息科和药剂科。

副院长李兴勇负责门诊、护理、院内感染、总务工作。分管门诊部、护理部、感染管理科和总务部。

副院长赵继荣负责医疗、保健、体检、随访、社区门诊工作。分管医务部和各临床科室。

特此通知。

二〇〇九年五月二十六日

关于修订医院网站信息管理办法的通知

中医办发〔2009〕77 号

省中医药研究院，医院各部门：

医院依托省卫生厅网站，于 2008 年 10 月建立了甘肃省中医院门户网站(互联网上注册英文版域名为:http://www.gszyy.com)。为进一步做好医院网站建设工作,适应医院信息化发展步伐,构建畅通高效的信息平台,结合医院机构调整,现对医院制定的《甘肃省中医院网站信息管理办法(试行)》进行了修订。请省中医药研究院和医院各部门严格按照管理办法和分工要求,认真做好医院网站的建设和维护工作。

特此通知。

二〇〇九年八月五日

附件:

1.甘肃省中医院网站信息管理办法(试行)

2.医院网站内容保障工作分工表

甘肃省中医院网站信息管理办法(试行)

一 总 则

第一条 为加强医院网站信息资源的开发、收集、整理、传输和共享,规范医院网站上网信息的规划、采编、审批和发布等工作,确保网站的正常运行和网上发布信息的安全、正确、及时、丰富,充分发挥网站的政务公开、服务社会、新闻宣传作用,特制定本办法。

第二条 甘肃省中医院网站在互联网上注册英文版域名为:http://www.gszyy.com(以下简称网站),由省中医院主办。

第三条 网站发布信息的管理工作由院务部负责,医院各部门和省中医药研究院协助配合。院务部负责网站的日常管理事务,包括对网站建设的规划与管理、对上网信息的组织与审查、对网站信息工作的监督考核等。

第四条 网站的具体技术工作(网站页面的设计、制作;网站的安全防范和系统升级;网站信息的存储和统计;对信息员的技术业务培训等)由医院信息科负责。

二 信息的内容范围和发布程序

第五条 医院各部门和省中医药研究院应根据工作情况,定期研究、制订网站信息发布工作计划,结合重点工作开展工作。

第六条 上网信息内容应翔实、准确,符合国家和省上的有关规定,文字表达清晰,尽量配有相关照片和图表。

第七条 上网信息应严格遵守《中华人民共和国计算机信息系统安全保护条例》,卫生部、国家保

密局和省卫生厅、省保密局有关文件。根据国家和省上有关涉密信息安全保密规定等要求,不准发布以下内容的信息:

1.国家秘密、涉及国家秘密内容的相关资料及文件、内部办公信息或暂不宜向公众公开的事项;

2.凡可能造成我国在国际活动中处于不利地位的,或在国内不利卫生工作开展的敏感问题;

3.未经院领导批准公布的医院统计数据;

4.尚未公布的医院改革和发展政策的调整与变动方案;

5.未经批准发布的法定传染病疫情、突发公共卫生事件信息和向国际组织承诺消除的疾病等尚未公布的统计数据;

6.文字不精炼、数据不准确、事实不可靠的文字、图片资料;

7.法律、法规禁止的其他内容。

第八条　信息发布程序

1.医院为院务部、党务部、临教部、人力资源部、医务部、护理部、科研科、信息科和省中医药研究院授予登录权限,未授予登录权限的部门由其归口管理部门进行信息审核发布,或提交院务部进行信息审核发布。

2.为保证网站信息的权威性、准确性,上网发布内容必须经过认真核对和审查。

(1)医院各部门和省中医药研究院信息员将搜集、整理、编辑的信息经该部门负责人审核后,及时提交医院网站后台发布。

(2)医院院务部负责对提交医院网站后台以及发布的信息内容审核把关,对于不合格的稿件和图片有权进行删除和修改。

第九条　新闻稿件由医院院务部负责人审核后发布;头条新闻须院领导审核后发布。

三　信息员职责和管理办法

第十条　各栏目内容保障职责分工见《医院网站内容保障工作分工表》。

第十一条　医院各部门和省中医药研究院主要负责人主管信息上网工作, 并确定1~2名兼职信息员,负责本部门上网信息的规划、搜集、整理和发布等工作。

第十二条　信息员应热心网站工作,能熟练操作计算机,具有较强的文字表达能力,工作认真,责任心强。

第十三条　信息员因故休假、出差等,应将工作委托本部门其他工作人员。

第十四条　院务部负责保管网站后台登录密码,不得泄露他人。由于个人用户名和密码泄漏所造成的失误,由其部门负责人负全部责任。

第十五条　在网站建成后,各部门要根据工作实际及时更新发布的信息。各部门每月至少向网站提供3~5条新闻信息。

四　奖励和处罚

第十六条　为了鼓励医院各部门和省中医药研究院重视网站建设,医院将定期组织评比,对成绩突出部门和个人给予表彰奖励。

第十七条　违反本办法,发布不良信息、造成负面影响的将给予通报批评,造成严重后果的将依相关规定追究审核人和作者的相关责任。

五 附 则

第十八条 本办法由医院院务部负责解释和修订。

第十九条 本办法自印发之日起实施。

医院网站内容保障工作分工表

<table>
<tr><th colspan="3">项目</th><th rowspan="2">主办部门</th><th rowspan="2">协办部门</th></tr>
<tr><th></th><th>一级栏目</th><th>二级栏目</th></tr>
<tr><td>扉页版面</td><td></td><td></td><td>院务部</td><td>信息科</td></tr>
<tr><td>首页版面</td><td></td><td></td><td>院务部</td><td>信息科</td></tr>
<tr><td></td><td rowspan="7">医院简介</td><td>院领导致词</td><td>院务部</td><td></td></tr>
<tr><td></td><td>医院简介</td><td>院务部</td><td></td></tr>
<tr><td></td><td>医院领导简介</td><td rowspan="2">人力资源部</td><td></td></tr>
<tr><td></td><td>内设机构</td><td></td></tr>
<tr><td></td><td>重点学科、专科</td><td>医务部</td><td>相关科室</td></tr>
<tr><td></td><td>医院文化</td><td>党务部</td><td></td></tr>
<tr><td></td><td>对外交流</td><td>对外联络部</td><td>院务部、党务部</td></tr>
<tr><td></td><td rowspan="3">院务公开</td><td>医院动态</td><td>医院各部门</td><td></td></tr>
<tr><td></td><td>医保相关政策</td><td rowspan="2">财务部</td><td></td></tr>
<tr><td></td><td>新农合与济困病房</td><td>医务部</td></tr>
<tr><td></td><td rowspan="10">就医指南</td><td>业务科室简介</td><td rowspan="4">医务部</td><td></td></tr>
<tr><td></td><td>诊室设置</td><td></td></tr>
<tr><td></td><td>特色医疗</td><td></td></tr>
<tr><td></td><td>专家介绍</td><td></td></tr>
<tr><td></td><td>专家门诊表</td><td rowspan="2">门诊部</td><td></td></tr>
<tr><td></td><td>普通门诊表</td><td></td></tr>
<tr><td></td><td>门诊就诊流程图</td><td rowspan="4">医务部</td><td>财务部、门诊部</td></tr>
<tr><td></td><td>住院流程图</td><td>财务部、护理部</td></tr>
<tr><td></td><td>就诊(门诊、住院)须知</td><td>财务部、门诊部、护理部</td></tr>
<tr><td></td><td>病区楼层分布图</td><td></td></tr>
<tr><td></td><td rowspan="6">中医中药</td><td>中医药文化</td><td rowspan="6">医务部</td><td></td></tr>
<tr><td></td><td>中药炮制、制剂</td><td>药剂科</td></tr>
<tr><td></td><td>合理用药</td><td>药剂科</td></tr>
<tr><td></td><td>保健知识</td><td></td></tr>
<tr><td></td><td>医疗常识</td><td>医务部</td></tr>
<tr><td></td><td>药理基地</td><td>药剂科</td></tr>
<tr><td></td><td>询医问药</td><td></td><td>医务部</td><td>门诊部、护理部、药剂科</td></tr>
<tr><td></td><td>护理园地</td><td></td><td>护理部</td><td></td></tr>
<tr><td></td><td>科研园地</td><td></td><td>科研部</td><td>中研院各研究所</td></tr>
</table>

续表

项目			主办部门	协办部门
	一级栏目	二级栏目		
	教学园地	临床教学	临床教学部	
		继续医学教育		
		师承工作	人力资源部	
	《甘肃中医》		科技信息研究所	
	党的建设		党务部	
	院长信箱		院务部	

关于进一步加强医院传染病疫情报告管理工作的通知

中医医发〔2009〕102号

医院各部门:

为了进一步加强我院传染病疫情报告管理,不断提高传染病报告及防治质量,结合目前医院传染病疫情报告工作存在的问题,对《关于加强医院传染病疫情报告管理工作的通知》(中医医字〔2002〕51号)做如下补充、修订,请各科室遵照执行。

一、传染病疫情报告管理

(一)传染病疫情报告范围

《传染病防治法》规定的传染病共39种,分甲、乙、丙3类。其中:甲类传染病2种,包括鼠疫、霍乱。

乙类传染病26种,包括甲型H1N1流感、传染性非典型肺炎、艾滋病、病毒性肝炎、脊髓灰质炎、人感染高致病性禽流感、麻疹、流行性出血热、狂犬病、流行性乙型脑炎、登革热、炭疽、细菌性和阿米巴性痢疾、肺结核、伤寒和副伤寒、流行性脑脊髓膜炎、百日咳、白喉、新生儿破伤风、猩红热、布鲁氏菌病、淋病、梅毒、钩端螺旋体病、血吸虫病、疟疾。

丙类传染病11种,包括流行性感冒(简称流感)、流行性腮腺炎、风疹、急性出血性结膜炎、麻风病、流行性和地方性斑疹伤寒、黑热病、包虫病、丝虫病、手足口病,以及除霍乱、细菌性和阿米巴性痢疾、伤寒和副伤寒以外的感染性腹泻病。

(二)报告时限

责任报告人发现甲类传染病和乙类传染病中的肺炭疽、传染性非典型肺炎、甲型H1N1流感、脊髓灰质炎、人感染高致病性禽流感患者或疑似患者时,或发现其他传染病和不明原因疾病暴发时,必须在 1 小时内上报至预防保健科，再由专职人员于 2 小时内将传染病报告卡通过网络报告。

对其他乙、丙类传染病患者、疑似患者和规定报告的传染病病原携带者在诊断后，责任报告人必须在 20 小时内上报至预防保健科，再由专职人员于 24 小时内进行网络报告。

（三）报告程序

1.门诊医师发现传染患者（包括疑似患者）应在门诊日志和传染病登记簿上将患者信息逐项认真填写，并到预防保健科填写传染病报告卡并报告。同时在门诊日志、传染病登记簿上注明疫情已报。部分未经确诊患者在检验报告未反馈前不得随意填写传染病诊断；一经确诊，立即上报。门诊各科室要健全门诊日志，做到登记项目齐全、内容完整。

2.住院部各主班护士应在住院登记簿上注明入院诊断及出院诊断。科室临床经治医师在获悉传染病患者确诊信息后（如临床诊断或检验报告），应在规定时限内到预防保健科填写传染病报告卡并报告，同时填写传染病登记簿，并注明疫情已报。或填写转归订正、死亡报告卡。

3.各科室主管医生填写传染病报告卡时要求项目完整，字迹清晰，及时、准确率在 95%以上。并及时上报防保科专职人员进行登记，再由专职人员汇总及时进行网络直报。

4.各门诊、住院医师在开具检验单后，务必于当日下午在局域网上察看检验结果，如为传染病必须及时上报。防保科不再逐一电话通知。

5.检验科对送检标本要进行电子登记，做到项目齐全，不得漏项。标本送检后，如需填疫报卡的化验单，应在其上面加盖“注意疫报”的戳记，并及时登记送发，同时填写传染病登记簿。

6.防保科疫报人员每日必须到检验科对传染病进行登记，并与临床医生所报传染病病例核对后进行网络直报。

二、考核管理

（一）考核办法

1.预防保健科疫报人员每周不定期检查门诊日志、病区住院登记簿和传染病登记簿，查看疫情病例报卡情况。如发现漏报、报卡不及时，或填卡项目不全均与科室考核挂钩。

2.预防保健科监督检查各科室传染病疫情报告管理有关规章制度的执行情况，并建立登记记录。同时将传染病疫报情况在每月的护士长以上干部会上进行通报。

（二）处罚规定

1.凡甲类及参照甲类管理的乙类传染病漏报一例，经查实由当事人写出书面检查，全院通报批评，一次性罚款 300 元，并对科室罚款 500 元。对漏报和迟报而引起的疫情暴发或流行，根据《传染病防治法》及有关规定追究其法律责任。

2.凡乙类、丙类传染病不报、漏报、迟报者，经查实后由科室对当事人予以批评教育，对当事人处罚金 100 元，对科室处罚金 200 元。造成传染病暴发流行者，依据法律规定追究当事人法律责任。

3.如发现各科室临床医生对疫情知情不报或防保科疫报员未负责及时上报、追报、补报而发生漏报时，均按上述办法处理。

4.凡因科室对法定传染病疫报管理不重视、工作不落实而造成迟漏报，并被上级主管部门检查发现者，经查实对科室罚款 500 元。由此造成传染病暴发流行者，按法律规定追究科室负责人的责任。

5.检验科不按规定要求填写检验标本登记、传染病登记，在自查或有关单位检查中发现问题，经查实对当事人罚款 100 元。

上述罚款属科室承担的从科室当月绩效工资中扣除，属个人承担的从当月 70%的工资中扣除。

三、本通知未涉及的内容仍执行中医医字〔2002〕51号文件规定。

二○○九年八月二十日

附件：

医院各临床科室兼职疫报员名单

医院各临床科室兼职疫报员名单

心脑科：东 红

老年病科：曹红霞

脊柱颅脑科：张崇岳

消化肾病科：芦雨蓓

椎间盘病科：胡渊荣

胸部下肢骨科：申建军

针灸康复科：王俊英

皮肤科：住院部 李树君

门诊 贾育蓉

急诊科：唐 锐

胸内风湿病科：史东静

老年骨科：祁雅芳

外妇科：赵铁华

痔瘘科：甄熙奎

儿科：秦雪峰

上肢小儿骨科：高成萍

显微关节骨科：汪俊红

预防保健科：徐彩琴 刘翠林

注：上述人员如有变动，有关科及时调整安排人员补充并报预防保健科。

关于印发《甘肃省中医院甘肃省中医药研究院科研项目管理办法(暂行)》的通知

中医办发〔2009〕118 号

省中医药研究院,医院各部门:

为进一步规范科研项目管理,促进我院科研管理工作科学化、规范化、制度化,保证科研工作按计划有序进行,特制定本管理办法。现将制定的《甘肃省中医院甘肃省中医药研究院科研项目管理办法(暂行)》印发给你们,请认真组织学习,遵照执行。

特此通知。

二〇〇九年九月二十三日

附件:

甘肃省中医院甘肃省中医药研究院科研项目管理(暂行)

甘肃省中医院甘肃省中医药研究院科研项目管理办法(暂行)

第一章　总　则

第一条　为加强和完善我院的科研管理,促进科研工作的健康发展,全面提高医院的学术地位和科研水平,保证医院科研项目的正常开展、项目经费的合理使用,根据上级有关文件规定,结合我院实际,特制定本办法。

第二条　本办法所指项目,是指国家、部委、省和厅局各级政府部门以及我院批准立项的纵向研究项目;从企、事业单位获得的委托研究课题或争取到的国内外合作研究项目(横向研究项目);由医院立项的各类科技研究项目。

第三条　本办法适用于科研项目的立项、管理、结题鉴定等全过程工作。医院科研项目归口科研科统一管理。由科研科负责项目的申请立项、经费管理、进度检查、结题鉴定、成果转化、资料归档等事宜。

第二章 项目申请与立项

第四条 纵向项目的申请，由申请人按照项目下达部门的要求，填写项目申报书并提供相应的申报材料，申报项目必须有查新报告，经由我院申报项目的所有查新必须由“甘肃省中医药科技查新检索中心”(甘肃省中医药研究院中医药科技信息研究所)出具查新报告，经科研科初审、医院学术委员会终审，择优上报。由项目下达部门审批立项。

第五条 委托研究项目或国内外合作研究项目，须提交课题委托书、合同(协议)书以及课题论证材料(包括申请书、可行性报告、实施方案)等原件1份，由科研科依据科研合同或协议书认定立项。科研合同或协议书应明确项目研究成果及其相关知识产权的权利归属，保护我院及我院科研人员的合法权益。

第六条 项目的申请，一般一年申报一次，申报时间依据各项目申报指南。

申报时，申请人登录网站下载《科研项目申请书》，逐项认真填写，并附有关申请材料后交所在部门进行初审。所在部门对申报项目的内容、研究人员素质、条件等签初审意见后报科研科，经医院学术委员会评审通过，报院长签批立项。自筹研究经费的项目优先立项。

第三章 项目的组织实施

第七条 科研科将上级科研主管部门的立项批文下达到申请者所在部门。

第八条 科研项目实行项目主持人负责制，科研科、财务部、项目主持人所在部门实行必要的检查、监督与管理。项目组是执行科研合同、完成科研计划的研究实体。项目主持人全权负责项目计划、组织实施、经费使用、收益分配等事项；项目主持人离开岗位半年及以上时间，要指定代理主持人并报科研科备案。

项目组成员在项目组内应有明确的科研任务、职责和应享受的权益。项目组一旦成立，项目主持人不得随意更换。确需更换项目主持人，须由项目组或有关部门提出正式报告，经科研科认可，报分管科研工作的院领导审批。项目组成员亦不得随意更换，以保持研究队伍的相对稳定。确需更换项目组成员，须事先由项目主持人提出正式报告，报科研科审批、备案。院外项目更换项目主持人和成员还须报项目下达单位审查批准(或协议另一方同意)后生效。

第九条 科研项目实行中期检查报告制度。项目研究中期，项目主持人应按要求向科研科递交项目中期检查报告表；科研科对项目的进展情况进行检查，主要检查项目计划的执行情况、项目研究进展和取得的阶段性成果、存在的问题等。科研科根据检查结果，提出检查意见，研究中遇到客观困难的，视具体情况提出处理方案，力争项目按计划完成；确因主观原因造成项目进展不力的，限期改进，必要时暂停使用项目经费，直至撤销其项目。

第四章 项目的配套经费

第十条 纵向研究项目，项目主持人和负责单位均为本院的，根据项目级别、重要性、经费及需要情况，凡经医院学术委员会讨论通过，并报院长审批同意配套的项目，原则上可按1:0.5的比例(以到医院净留学院经费，即除去计划内的外拨经费为准，下同)拨付配套经费。

第十一条 横向研究项目，我院为项目第一合作单位的，根据项目级别、重要性、经费及需要情况，凡经医院学术委员会讨论通过，并报院长审批同意配套的项目，原则上可按1:0.25的比例拨付配

套经费。

项目配套经费的使用、管理等方法相同。项目配套经费来源于医院科教研基金。

第五章　项目经费的开支范围及分配

第十二条　科研项目经费的开支范围,限于资助项目研究工作直接需要的费用,原则上按项目合同书开支预算执行;对有关部门以科研项目形式资助我院的经费,该项目实施所需的经费数额由项目主持人与医院另行签订项目合同执行。

第十三条　项目经费的开支范围主要指科研工作必须开支的费用,包括研究费、管理费等。具体开支范围如下:

(一)研究费

研究业务费:测试、分析、外协加工费;调研和学术会议费;资料费;印刷、论文(教材、著作)出版费;项目验收(结题)费、成果鉴定费、专利申报费用等。

实验材料费:指消耗性材料等购置费;加工费;运杂包装费等。

仪器设备费:指列入项目计划任务书(或申请书)中或项目专用所需仪器设备的购置、运输、安装费;仪器设备使用(租用)费、自制仪器设备的材料费、配件购置费和加工费等。

实验室改装费:为改善实验室条件所进行的简单装修所开支的费用,但实验室土建、扩建、房屋维修等费用不列入此开支。

(二)管理费

医院提取的管理费主要用于场地、设备、水电使用和科研项目的奖励等管理费用,以维持医院科研工作的正常运作和可持续发展。管理费按到账经费的一定比例提取。科研经费在2万元以下的配套项目,医院不提取管理费。

第十四条　医院原则上根据项目性质,按项目组经费和管理费进行项目的经费分配。

(一)纵向研究项目:项目组使用经费为到院总经费的92%,医院管理费为8%。

(二)横向研究项目:项目组使用经费为到院总经费的90%,医院管理费为10%。

第六章　项目的经费管理

第十五条　科研项目经费不论其资金来源渠道,必须全部入医院财务账,由财务部统一管理,确保科研经费专款专用。项目经费按项专账管理。财务部负责科研经费的核算和监督,科研科负责科研经费的宏观管理。

第十六条　科研科依据项目批文,为项目主持人办理科研经费使用登记卡。项目负责人按批准的资助金额和各级科研项目下达部门的有关规定编制经费使用计划,合理开支,凭卡报销。

第十七条　项目经费的报销由项目主持人签字、科研科审核、分管科研工作的院领导审批后,按财务有关规定履行报销手续。

第十八条　有下列情况之一者,项目主持人须事先写出书面报告报科研科审核,经分管科研工作的院领导签字同意后,方可实施:(1)购置800元以上的仪器设备、实验材料等;(2)进行实验室改装;(3)向院外转拨研究协作费、咨询费、劳务费等。

第十九条　凡用研究经费购置的仪器设备等固定资产,其产权归医院,应按医院有关规定办理物资验收登记手续后,方可办理报销手续,项目主持人及项目组成员拥有优先使用权。若使用者调离我院或退休时，属医院产权的物品应收回，已过折旧期的物品则应办理相关的报废手续。

第二十条　研究人员使用研究经费参加国内有关学术会议，须有会议正式通知，由项目主持人事先写出书面报告，经分管科研工作的院领导签字同意，方可按相关规定办理报销手续；出境参加国际学术会议的，除使用由国外或国内有关部门资助、用于国际合作与交流的专项经费，或项目研究有出境参会经费计划之外，未经批准一般不得使用项目经费。

参加学术会议归来后，参加者应及时撰写会议的总结报告（包括会议概况、体会与收获、建议等内容），在所在部门或一定范围内交流、汇报会议情况后，交科研科存档。

第二十一条　项目结题后3个月内必须完成经费决算。决算后，该项目在财务部的经费账户自动取消，经费使用卡由科研科收回。

对无正当理由未按合同期限结题的项目，在合同期满3个月后，医院将冻结该项目经费的使用。

第二十二条　研究项目结题后的结余经费按7:3的比例进行分配，即70%由项目组支配，30%转入医院科研基金。

第二十三条　批准撤销或中止计划实施的项目，需全额退还拨款或物品，其结余经费作为医院科研基金，用于支持其他科研项目工作。

第二十四条　项目主持人调离本单位，项目经费可委托或转至本院项目新的主持人或项目组其他成员管理，项目经费原则上不得拨出。下达机关有明文规定的纵向研究项目，则按其相应规定执行。

第二十五条　与项目研究有关的论文发表、专著（教材）出版、参加学术会议、鉴定（验收、评审）所需的费用，申报奖励、专利等成果所需的费用等，由该研究项目经费支出。

第七章　结题与成果管理

第二十六条　纵向研究项目必须通过项目下达单位组织（或其委托组织）的结题验收。横向研究项目的结题验收，须由项目主持人提交《项目技术总结报告》，经过协议（合同）委托方的证明认可。

项目计划实施结束后，项目主持人必须在1个月办理结题手续，按时向科研科提交《甘肃省中医院科研项目结题申请书》，必须提交全部技术档案资料、必要的研究附件材料或证明等材料，连同工作总结提请院科研科审核后，报请课题主管部门组织验收、鉴定或评议。申请结题时，必须具有科研课题研究相关的正规国家级期刊发表的1~2篇论文，否则暂缓结题。

第二十七条　项目必须按合同规定的时间结题。因故不能按期结题的项目，主持人应提前2个月提出延期结题的书面报告，说明原因及所需延长的研究时间，经科研科审核、分管科研工作的院领导批准。纵向项目延期结题，还需上报项目任务下达部门，按其意见办理。横向项目延期结题，还需征得协议（合同）对方的同意。项目延期时间一般在半年左右。

第二十八条　未有任何报告且不按合同期限进行结题的，将视为自动结题，由科研科按照本规定办理结题手续。无故撤销或终止的项目除按有关部门的规定处理外，项目主持人3年内不得申报新项目。

第二十九条　项目研究工作结题之后，项目主持人应及时将取得的成果进行认真总结，写成书面成果报告材料，连同研究过程中产生的资料、原始数据等报送科研科；科研科将根据具体情况转医院档案室存档。

第三十条　科研科收到成果报告后，组织对成果进行审查，根据成果的技术价值、社会价值、经济价值及成果完成者的意见，确定密级，确定是否鉴定（评审），拟定鉴定（评审）的方式，以及确定是否申报专利、奖励、公开发表等。

自然科学研究课题结题后应尽可能进行成果鉴定或申报专利，以保护医院的知识产权，使我院成果更好地服务于社会发展和经济建设，提升我院的科研综合实力和社会知名度。

第三十一条　确定进行鉴定(评审)的科研成果，由科研科统一组织安排鉴定(评审)的全部工作。

第三十二条　我院的科研成果一般包括原始数据资料、研究报告、论文、教材、著作、专利、图件、软件(含文字注释、光盘)等。我院所有项目的研究成果属医院所有。由我院科研成果产生的经济效益和社会效益归医院所有，按上级有关规定从所取得的收入中提取一定的比例，对完成该成果做出重要贡献的人员给予奖励。我院所有成果形成的资料必须按医院档案管理办法整理归档，不得散失。保密资料应按照国家和医院有关保密规定执行。

第八章　附　则

第三十三条　科研科、财务部随时对研究经费的使用进行检查和监督，对弄虚作假、截留、挪用或挤占研究经费等违反财经纪律的行为，视情节轻重，可暂缓或中止其经费使用，并提出警告、通报批评，直至追究有关人员的法律责任。

第三十四条　本办法自公布之日起试行，由科研科负责解释。

关于印发《甘肃省中医院甘肃省中医药研究院博士科研启动基金使用管理办法(暂行)》的通知

中医办发〔2009〕119 号

省中医药研究院，医院各部门：

为更好地发挥博士在科研工作中的作用，调动其科研工作积极性，进一步促进我院及省中医药研究院科研工作的发展，经 2009 年 7 月 28 日院长办公会研究决定，设立博士科研启动基金。现将制定的《甘肃省中医院甘肃省中医药研究院博士科研启动基金使用管理办法(暂行)》印发给你们，请认真组织学习，遵照执行。

特此通知。

二〇〇九年九月二十三日

附件：

甘肃省中医院甘肃省中医药研究院博士科研启动基金使用管理办法(暂行)

甘肃省中医院甘肃省中医药研究院博士科研启动基金使用管理办法(暂行)

为促进我院及省中医药研究院科研工作的发展,更好发挥博士在科研中的作用,调动其科研工作积极性,医院设立博士科研启动基金。为保证本基金项目的有效开展、经费的合理使用,激励申请人不断进取,多出成果项目,结合我院实际,特制定本管理办法。

一、博士科研启动基金使用范围

1.博士科研启动基金是资助博士从事本学科的科研及相关学术活动的专项资金,主要用于开展各种科学研究学术活动相关经费支出及购置科研试验仪器及设备等。

2.博士科研启动经费3万元。

3.经费开支范围:

(1)科研业务费。包括测试、计算、分析费,国内调研和学术会议差旅费,业务资料费,程序编制费,论文印刷费,研究成果评审鉴定费,经单位批准的临时用工劳务费等。

(2)实验材料费。包括原料、试剂、药品等消耗品购置费,实验动物费,标本、样品的采集加工费和运输费。

(3)仪器设备费。包括小型专用仪器设备购置、运输、安装费,自制专用仪器设备的材料、配件购置费和加工费。对个别确需声像录放设备、冷藏空调设备做研究专用设备的,需经资助和受资助单位领导批准,按专控商品规定报批购买。

二、博士科研启动基金项目实施周期

博士科研启动基金项目实施期限为3年。

三、经费拨付及使用办法

1.博士科研启动基金拨付分3个阶段:

第一阶段:项目启动。根据个人研究方向,结合所在学科建设状况和实验研究条件,填写《博士科研启动基金项目计划表》,提出研究方向与预期目标,明确研究项目与研究内容,列出经费预算,经科研科负责人签字批准,报主管院长审核通过。首先拨付1万元初期启动基金,用于初期开展科研启动的各项准备工作。

第二阶段:中期考核。根据科研启动基金项目进行情况,完成阶段性成果,填写《博士科研启动基金项目进展考核表》,写清工作按计划进展情况、获得科研成果情况等。经所在科研科负责人签字批准,报主管院长审核通过。第二阶段拨资金1万元整。

第三阶段:结题评审。项目计划实施结束后,项目主持人必须办理结题手续,按时向科研科提交结题申请书及全部技术档案资料,研究内容写成书面成果报告材料,连同研究过程中产生的资料、原始数据等报送科研科,经审核后采取会议评审验收。科研科将根据具体情况转医院档案室存档。

一般情况下,满足下列条件之一者,可视为考核合格的基本条件:

(1)发表核心期刊论文每年1篇以上。

(2)以项目负责人获得省级以上科研项目1项,或本人作为主要参加人(排名前3)参与研究省部级以上科研项目1项,同时发表核心期刊论文2篇以上(以上发表论文均为第一作者)。每年必须以项目负责人申报国家级课题1项。

通过考核者,拨付剩余经费额度。如未通过阶段审核或考核,将不再拨付剩余经费。

2.博士科研启动基金应用于博士本人的有关科研工作,为规范管理,由本人申报经费使用计划,由科研科负责人签字审核,报主管院长,院长签字审核后,报财务部办理具体报销手续。

3.博士科研启动基金实行专款专用,严禁将经费用于与本人科研工作无关的其他开支。

四、本办法自发布之日起试行,由科研科负责解释

关于印发《甘肃省中医院甘肃省中医药研究院院级科研课题管理办法》的通知

中医办发〔2009〕117号

省中医药研究院,医院各部门:

为推动医院科研工作发展,提升医院科研整体实力,调动医务工作者科研积极性,培养中青年职工的科研能力,现将制定的《甘肃省中医院甘肃省中医药研究院院级科研课题管理办法》印发给你们,请认真组织学习,遵照执行。

特此通知。

二〇〇九年九月二十四日

附件:

甘肃省中医院甘肃省中医药研究院院级科研课题管理办法

甘肃省中医院甘肃省中医药研究院
院级科研课题管理办法

第一章 总 则

第一条 为进一步推动医院科研工作发展,培养医务工作者特别是青年职工的科研积极性,提高医院科研能力、培养人才和申报国家和省部级课题的前期研究,制定本办法。

第二章 申 报

第二条 院级课题分为重点项目和一般项目。院级课题以年度立项,每年发布一次,科研周期一般不超过3年。科研科根据医院中年度工作要点制定并发布《院级课题申报指南》,申报人按照年度《院级课题申报指南》确定具体研究课题。

第三条 课题选定后,需由课题组组长亲自填写《院级科研课题任务书》,科室负责人签署意见后报送科研科。

第四条 有下列情况之一的不得申报院级课题。

1.正高职称或博士。

2.已被院内级项目立项的课题,不再重复立项为院级课题,已被上级立项的课题在此也不重复立项。

3.承担院级课题没有按规定时间结项,课题被取消的,课题负责人不得申报院级课题。

4.课题负责人正在承担的院级课题未结题。

5.院级课题一般项目只能申报1次。

第三章 评 审

第五条 重点项目和一般项目的评审分四步进行:

1.初审:科研科负责院级课题的初审工作。主要负责对组长及课题组科研能力、科研业绩的审核,甄别材料的真实性,审查材料的准确性和完整性。

2.评审:专家委员会负责院级课题的评审工作。按照临床课题、基础实验两大类分组进行。专家委员会应结合课题组成员的实际能力,本着"实际、实用、可行、可能"的原则评议课题的价值,加大检索力度,杜绝超能力课题和低层次重复课题。课题评审采用表决制,同意者达到三分之二以上即为通过。

3.终审:院长办公会依照专家评委会意见,最后确定各类立项课题比例。

4.复审:对评审结果有争议,课题组理由充分,可以提出复审。

第四章 立 项

第六条 按照评审结果,确定年度最终科研课题项目,凡立项课题,医院明确资助基金额度,并予公布。立项课题由课题组按要求填报《院级科研课题任务书》一式二份，报科研科存档。

第七条　立项课题应按进度保质保量完成研究任务，没有正当理由，又没有按期完成者，应退回资助基金，课题负责人2年内不允许申报院级课题。有特殊情况需延长课题完成周期者，可向科研科提出申请，获得批准后方可适当延长，但延长时间不超过1年。

第五章　管　理

第八条　科研科负责院级科研课题的日常管理。按照《院级科研课题任务书》规定的阶段性工作进度，科研科定期检查科研进度，适时提出指导性意见。

第九条　院级课题试验部分要求在我院和中研院完成，如需在外院完成的试验必须向科研科提前申请，经核实批准后，可在院外完成。否则如未经批准在外院所做试验，经费不予报销。

第十条　中途调出人员，应在调出前将分工责任移交给课题组其他成员，并到科研科办理移交手续，如未办理移交者，课题予以取消。

第十一条　中途调出人员，应在调出前将分工责任移交给课题组其他成员，并到科研科办理移交手续。

第十二条　课题经费管理

1.院级科研课题经费根据课题立项、课题阶段检查结果以院级课题经费本的方式，按年度滚动拨给课题负责人。重点项目和一般项目医院资助5000~10000元研究经费，如确实有巨大研究价值和影响的课题，经医院领导和有关部门研究后，将大幅提高资助额度。

2.院级科研课题经费的使用由课题负责人负责，必须严格按《院级科研课题任务书》相关规定和经费预算表使用，科研经费应专款专用。

3.课题经费的报销依照医院关于报销科研经费有关事项执行。

4.课题负责人调离医院，必须将院级课题经费本交回科研科后，方可办理调离手续。

第六章　结　题

第十三条　凡院级科研课题结题，应完成期限内由负责人填写结题申请书，并将评审、验收等程序按要求到指定部门完成，连同阶段性成果、最终成果报科研科。

第十四条　结题最终成果一般为文字和实物两种形式。文字形式需要正式刊物发表的论文、调查报告或正式出版的著作等；实物形式成果应提供成果原件并以课件形式真实反映试验、试制等过程和鉴定结果，并附上该项科研项目工作总结、鉴定结论等文字材料。

结题材料包括：结项申请书，立项任务书，论文原件及复印件，课件，相关部门验收、鉴定证明材料，科研项目工作总结，试验记录本，临床观察表等。

第十五条　评审与鉴定：科研科组织有关专家组成的评审委员会对申请结项的科研项目进行评价；评价结论分为：同意结项、延期结项、不予结项三类，并审议是否推荐申报省级或国家级课题。

第十六条　课题评奖：设立医院课题优秀成果奖，并在年终进行优秀结题成果评选，每个获奖课题奖励500~1000元。经过初审、终审答辩后提出获奖人选和奖励等级。

第十七条　科研科根据专家委员会评价结论，制发医院文件，报院长批准后公布。

第七章　罚　则

第十八条　若有剽窃、侵占他人成果，欺骗，提供虚假材料等不当行为者，由科研科提出并经院学委会同意做出撤销奖励、通报批评等处理决定。

第十九条　对弄虚作假、违反课题经费预算、未经批准不能按期结题者，酌情处罚，如院内通报批评、收回课题经费、取消申报各级课题资格或冻结课题经费。

第八章　附　则

第二十条　院级课题将逐步纳入年底考核内容。

第二十一条　本办法自发布之日起生效，与本办法规定相冲突的，以本办法为准。

关于印发《甘肃省中医院门诊医技综合楼、住宅楼项目建设事务公开办法》的通知

中医办发〔2009〕134号

省中医药研究院，医院各部门：

根据《卫生部关于全面推行医院院务公开的指导意见》（卫医发〔2006〕424号）的要求，现将2009年9月16日院长办公会议通过的《甘肃省中医院门诊医技综合楼、住宅楼项目建设事务公开办法》印发给你们，请各部门按此办法监督执行。

二〇〇九年十一月十六日

附件：

甘肃省中医院门诊医技综合楼、住宅楼项目建设事务公开办法

甘肃省中医院门诊医技综合楼、住宅楼项目建设事务公开办法

根据《甘肃省重点项目管理暂行办法》(甘政发〔2002〕63 号)和《甘肃省政府投资项目管理暂行办法》(甘政发〔2005〕89 号),依照项目建设的有关法律法规,对项目建设事务公开透明监督管理,以确保医院门诊医技综合楼和住宅楼建设项目保质保量、安全有效地实施,特制定《甘肃省中医院门诊医技综合楼、住宅楼项目建设(以下称项目建设)事务公开办法》。

一、项目建设事务公开范围

(一)项目建设实施方案及设计效果图。

(二)医院项目建设管理制度、工作流程。

(三)招标代理机构、跟踪审计单位、监理公司、施工单位的名称、简介和责任人;施工现场各分项管理负责人、监督责任人。

(四)项目建设程序的履行情况(项目招投标和中标公告、项目责任制度、项目建设工期、概算控制、投资完成、工程进度、技改项目、施工安全、质量监理、跟踪审计)。

(五)项目建设进度各分管单位的月度、季度、年度信息报表和总结。

(六)项目建设的合同文本及相关文件。

(七)监督举报电话。

二、项目建设事务公开方式

(一)在施工场地和医院 3 号楼一楼设置“项目建设事务公布栏”。

(二)在医院门户网站(http://www.gszyy.com)发布。

(三)按照规定在相关的网站、媒体发布。

(四)定期或不定期向纪检监察管理部门和检察机关等汇报工程进展情况,接受政策指导和监督。

(五)定期或不定期向甘肃省中医院门诊医技综合楼、住宅楼建设项目监督管理工作委员会和职工代表大会,及护士长以上干部会议通报情况。

(六)编发《甘肃省中医院基本建设工作简报》。

关于印发《甘肃省中医院基本建设财务管理办法(试行)》的通知

中医财发〔2009〕160号

省中医药研究院,医院各部门:

《甘肃省中医院基本建设财务管理办法(试行)》已经2009年12月15日院长办公会议研究通过,现将管理办法全文印发,请各部门配合财务部执行。

二〇〇九年十二月二十五日

附件:

甘肃省中医院基本建设财务管理办法(试行)

甘肃省中医院基本建设财务管理办法(试行)

为加强医院基本建设投资管理,进一步规范管理行为,切实管好用好建设资金,《中华人民共和国预算法》、《中华人民共和国会计法》、财政部《基本建设财务管理规定》(财建〔2002〕394号文),结合医院财政性投资(含利用外资、地方配套)的医院基本建设投资项目制定本办法。

第一章 总 则

第一条 医院基本建设是指利用国家预算内基本建设资金(包括国债专项资金)、自筹资金、国内外基本建设贷款以及其他专项资金进行的,以扩大生产能力、改善基础设施(或新增工程效益)为主要目的的新建、改建、扩建工程,征地,拆迁等工作。

第二条 医院基本建设财务管理的主要任务是:合理地组织资金供应;通过财务管理和会计核算,正确、及时地反映和监督基本建设资金收支情况;考核、分析概(预)算及基本建设计划执行情况,管好用好基本建设资金,维护国家利益,保证建设任务的顺利完成。

第三条 医院基本建设财务管理是基本建设管理工作的重要组成部分。

第四条　执行财政部颁发的《国有建设单位会计制度》,健全财务管理制度;对本单位财务会计工作和会计资料的真实性、完整性负责。

第二章　投资经费管理

第五条　医院基本建设投资来源,包括财政性基本建设投资、投资借款(包括外资)、项目资本金、债券资金、其他基本建设资金。

建设项目使用的财政性资金是指财政预算内和财政预算外资金,主要包括:

一、财政预算内基本建设资金;

二、财政预算内其他各项支出中用于基本建设项目投资的资金;

三、纳入财政预算管理的专项建设基金中用于基本建设项目投资的资金;

四、财政预算外资金中用于基本建设项目投资的资金;

五、其他财政性基本建设资金。

第六条　投资经费按照基本建设程序、上级主管部门批准的年度计划、基本建设支出预算(或经济合同)的原则拨付使用。有多种投资来源的项目,还应坚持各项匹配资金同步到位的原则。

基本建设项目中实行国库集中支付的拨付基本建设资金时,按照年度计划上报支付申请,经主管部门审核后,报财政部门申请直接支付。

第七条　项目专项建设资金专户储存、专款专用、单独核算,专项资金不得挪用、置换、截留,扩大开支范围。建设项目使用财政性资金要报:①初步设计,②工程概算,③批准文件,④项目概算,⑤报送项目年度预算。

第八条　根据基本建设有关规定,基本建设项目都必须单独建账、单独核算;同一个建设项目,不论其建设资金来源性质,原则上必须在同一账户核算和管理。

第九条　项目建设使用自筹资金,来源要合法,资金要落实。

第三章　建设成本管理

第十条　按照财政部《国有建设单位会计制度》的规定,结合设计文件确定的工程项目设置明细账,做好建设成本核算。

第十一条　医院基本建设的项目成本包括建筑安装工程投资支出、设备投资支出、待摊投资支出和其他投资支出。

第十二条　建筑安装工程投资支出是指建设单位按项目概算内容发生的建筑工程和安装工程的实际成本,其中不包括被安装设备本身的价值、单纯设备购置时的设备供应商安装调试价值、按照合同规定支付给施工企业的预付备料款和预付工程款。

第十三条　设备投资支出是指建设单位按照项目概算内容发生的各种设备的实际成本,包括需要安装设备,不需要安装设备和为运行准备的不够固定资产标准的工具、器具的实际成本。需要安装设备是指必须将其整体或几个部位装配起来,安装在基础上或建筑物支架上才能使用的设备,需要安装设备的核算应与建筑安装工程投资的安装工程核算项目分类一致,正确归集建设成本;不需要安装设备是指不必固定在一定位置或支架上就可以用的设备,单纯设备采购合同中的供应商管理费、进口设备关税、增值税、营业税及附加费、设备安装调试费、人员培训费等各项费用,都应归集到设备款中,增加设备本身的成本。

第十四条 待摊投资支出是指建设单位按项目概算内容发生的，按照规定应当分摊计入交付使用资产价值的各项费用实际支出，包括：建设单位管理费、勘察设计费、研究试验费、可行性研究费、临时设施费、设备检验费、合同公证及工程质量监理费、项目评估费、社会中介机构审计(查)费、招投标费、经济合同仲裁费、诉讼费、律师代理费、土地使用税、车船使用税、汇兑损益、报废工程损失、借款利息、固定资产损失、器材处理亏损、设备盘亏及毁损、其他待摊投资等。

第十五条 建设项目发生的招标收入(如标书收入)等，应在待摊投资的招投标费的借方列支，冲减招投标支出。

第十六条 建设项目在建设期间的存款利息收入，在待摊投资的借款利息贷方列支，冲减建设成本。项目存款是指建设项目的所有建设资金，包括财政拨款、银行贷款等。

第十七条 待摊投资是建设单位在建设过程中发生的共同性费用，应由在各项交付使用资产和移交给其他单位的未完工程共同负担。根据建设项目的特点，待摊投资可在建筑安装工程投资、设备投资中需要安装设备中进行分摊，计入交付使用资产价值。在各项交付使用资产中，除了不需要安装的设备、器具、工具、家具以及购置的现成房屋等一般不需分摊待摊投资外，其余均需分摊待摊投资。对于能够确定应由某项交付使用资产负担的待摊投资，应直接计入该项交付使用资产成本，对于不能确定负担对象的，要分摊计入相应交付使用资产，不随意增加待摊投资费用的开支项目和提高支出标准。

第十八条 管理费是指经批准单独设置管理机构的建设单位从项目开工之日起至办理竣工财务决算之日止发生的管理性质的开支。包括：不在原单位发工资的工作人员工资、基本养老保险费、基本医疗保险费、失业保险费、办公费、差旅交通费、劳动保护费、工具用具使用费、固定资产使用费、零星购置费、招募生产工人费、技术图书资料费、印花税、业务招待费、施工现场津贴、竣工验收费和其他管理性质开支。医院管理费的总额以项目审批部门批准的管理费为准，实行总额控制，分年度据实列支。

第十九条 其他投资支出包括按项目概算内容发生的构成实际支出的房屋购置等支出，以及取得各种无形资产和递延资产发生的支出。

第二十条 因违反国家法律法规，被有关部门处以的罚款，以及被没收财物的损失，因公益、救济性赞助和捐赠支出，贷款担保本息，没有法定依据的各种保险费，不在建设成本中列支。因违反税法规定，被处以的滞纳金和罚金，应冲减相应的收入。国家规定不准在基建投资中开支的各项费用不列入建设成本。

第二十一条 建设成本以概算批准的单项、单位工程核算，成本支出要真实、准确，不以计划成本、估计成本、定额成本代替实际成本。建设成本以实际发生的支出为依据，严禁按定额计提费用，杜绝以预付款代替工程进度款。

第四章 建设资金支出管理

第二十二条 基本建设支出，是指建设单位在基本建设过程中实际发生的全部支出。具体包括：建筑安装工程投资、设备投资、待摊投资、其他投资、待核销基建支出和转出投资。

第二十三条 建筑安装工程投资支出是建设成本的主要组成部分。采取承包方式施工的建筑安装工程成本，应以计划和批准的施工图预算和签订的施工合同或协议为依据。

第二十四条 执行《银行结算办法》的规定，项目支付、预付工程款、设备材料款、结算工程款，均符合银行转支管理规定。

第二十五条　严格按国家有关部门批准的项目概算内容、范围和计划部门下达的年度计划内容使用基本建设资金。未列入当年投资计划,医院不得在概算或计划之外盲目购置。

第二十六条　严格控制项目建设成本支出,按工程价款结算方法,加强工程结算管理,控制各项费用开支,提高投资效益。

第二十七条　严格执行按支出管理规定。控制待核销基建支出和转出投资,做好签证、变更增加项目的管理内容。

第二十八条　办理土地征用管理工作及迁移补偿费,及时办理相关的土地审批手续,有明确的产权归属证明界图,签署有效的征地合同。所征土地应有明确的权属。

第五章　项目工程价款结算

第二十九条　按施工单位进度结算:

一、工程进度款的支付,须付施工单位的付款申请、已完工程量报清单、已完工程进度表、监理公司及管理部门进度款审核等。

二、工程竣工结算款的支付,须付施工单位的付款申请、工程款的历次付款记录表、经审计部门审核的工程结算书等。

三、工程履约保证金的退回,须付工程竣工验收证明等。

四、质量保证金的退回,应附工程质量在规定期限内的合格证明等。

五、医院财务部门作为纳税扣缴义务人,为施工单位办理代扣代缴纳税手续。

第三十条　工程价款的结算方式、支付时间、金额和支付条件,应在工程承发包合同(或协议等)中明确规定。对零星工程价款和各种费用的支出,按规定的程序和手续办理。

第三十一条　对施工单位的预付款,应在施工承发包合同中明确规定预付金额及扣还比例,预付款一般为合同金额的10%,最高不得超过合同金额的25%。支付预付款工程进度款时,应取得由医院同意的商业银行出具的同等金额的预付款保函和履约保函。

第三十二条　施工单位办理工程结算时,按规定比例逐次扣回预付款,一般应在完工前三个月全部扣回(工期短于半年的例外)。在每次办理工程结算时,必须扣留不得少于5%的工程质量保证金。待工程保修期满,经验收合格后支付。

第六章　竣工财务决算

第三十三条　建设项目的所有单项工程完工交付使用时,应按照《基本建设项目竣工财务决算编制规程》(SL 19—2001)的要求,编制单项工程竣工财务决算。没有完成单项工程竣工财务决算,不能进行单项工程验收。建设项目全部竣工后,应编制建设项目竣工财务总决算。

第三十四条　施工单位的基本建设竣工财务决算应在工程竣工验收一个月前报送有关主管部门审批。

第三十五条　基本建设竣工财务决算,是竣工验收的重要组成部分,是正确核定新增固定资产价值、反映竣工项目建设成果的文件,是办理固定资产交付手续的依据。项目竣工决算,除组织专门人员及时编制竣工财务决算,由设计、施工、监理等单位共同做好竣工财务决算编制工作。在竣工财务决算未经批准之前,原机构不得撤销,有关人员不得调离。

第三十六条　建设项目竣工财务决算的编制。由医院组织财务、计划、工程、物资等专业技术人员,明确任务,明确责任,按时完成决算的编制工作。项目设计、监理、施工、审计等单位,及时提供有关资料。保证竣工财务决算的真实性、完整性,竣工资料必须文件齐全、数据正确。

第三十七条　编制竣工财务决算依据会计账簿记录及原始资料,主要包括:

一、建设项目的项目建议书或可行性研究报告;

二、经批准的设计文件;

三、建设项目总概算及批复文件,项目建设过程中概算调整及批复文件;

四、标底造价的有关文件,或经批准的施工图预算;

五、招(投)标书和工程承包合同(协议书);

六、工程价款结算、设备清单验收手续、工程验收报告等有关资料;

七、主管部门下达的历年基本建设投资计划、历年基本建设支出预算、历年财务决算及批复文件;

八、会计核算和财务管理办法等资料;

九、其他有关项目管理文件。

第三十八条　建设项目完工符合验收条件,若尚有未完工程的工程款、竣工验收费、建设单位编制竣工财务决算期间预留的建设管理费、竣工财务决算审计费等费用,可预计纳入建设成本,编入竣工财务决算。预计未完工程及竣工验收等费用,编制明细资料提交竣工验收组确认,才能预计纳入建设成本编入竣工财务决算,并在竣工财务决算说明书中详细说明。

第三十九条　建设项目在编制竣工决算前,做好以下工作。主要建设项目档案资料的归档整理、账务处理、财产物资的盘点核实、债权债务的清偿,做到账账、账证、账实、账表相符。各种材料、设备、工具、器具等,要逐项盘点核实,填列清单;按照规定进行处理,不准任意侵占、挪用。具体包括:

一、建设项目设计资料、批准文件、合同、预算资料、计划和财务资料等;

二、对财产物资和已完工程进行清查核实,做好剩余材料物资的回收,如实入账;

三、对资金、计划、债权债务清理,做好预计纳入建设成本的账务处理,正确结转各项建设成本,做好账账、账证、账表、账实相符;

四、竣工结余资金要按照规定办理,不得转移、隐匿。

第四十条　编制完成的竣工财务决算须经上级审计部门审计。

第四十一条　建设项目竣工财务决算资料的组成:

一、竣工财务决算封面及目录。

二、竣工工程的平面示意图及主体工程照片。

三、竣工财务决算报表:

(一)基本建设竣工项目概算表;

(二)基本建设项目竣工财务决算表;

(三)基本建设项目年度财务决算表;

(四)基本建设竣工项目投资分析表;

(五)基本建设竣工项目成本表;

(六)基本建设竣工项目预计未完工程及费用表;

(七)基本建设竣工项目待摊核销基建支出表;

(八)基本建设竣工项目转出投资表;

(九)基本建设竣工项目交付使用资产表。

四、竣工财务决算说明书,主要包括以下内容:

(一)建设项目概况;

(二)概(预)算批复及调整、概(预)算执行、计划下达及执行情况;

(三)投资来源构成、投资性质等情况;

(四)招(投)标及合同执行情况;

(五)工程价款结算、会计账务处理、债权债务清偿、财产物资清理情况;

(六)项目主要技术经济指标的分析、计算情况;

(七)项目管理和财务管理工作中以及竣工财务决算中存在的问题,解决这些问题的建议;

(八)需要说明的其他问题。

第七章 财务报告及财务分析

第四十二条 建设项目财务报告是反映建设项目财务状况和建设成果的书面文件。一是财务决算报告。主要有财务情况说明书、资金平衡表、基建投资表、待摊投资明细表、基建借款情况表、主要指标表、本年基建投资情况表以及有关附表。二是竣工财务决算。主要有竣工财务决算说明书、基本建设竣工项目概况表、基本建设项目竣工财务决算表、基本建设项目交付使用资产总表、基本建设项目交付使用资产明细表等。三是其他财务报告。主要有基本建设预算执行情况月、季度报表等。

第四十三条 财务决算报告是以货币为计量单位,以日常核算资料为依据,定期把分散在建设单位账簿中的记录加以整理、归类,用特定的表式和文字说明来反映建设单位财务状况及其经营成果的综合性文件。财务决算报告每年编报一次,全面反映本年度各种建设资金的来源和占用情况、年内项目投资完成和交付使用资产情况以及投资偿还情况等。

第四十四条 财务情况说明书和竣工财务决算说明书应包括以下内容:工程项目概况,工程规模和概(预)算变动情况,投资构成,年度计划安排及资金分年到位情况,主要技术经济指标的分析、计算情况,会计账务的处理和财产物资清理及债权债务的清偿情况,基建收入和基建结余资金的形成及分配情况,基建项目管理及决算中存在的问题和建议,以及其他需要说明的问题。

第四十五条 财务报告编制要真实、准确、完整、及时,依据一致性原则逐级审核、逐级汇总上报,重要事项应在报表附注或说明书中特别提示。

第四十六条 主要的财务评价指标有交付使用资产率、投资完成率、资金到位率等;财务分析的主要方法有:趋势分析法、比率分析法、因素分析法、差额分析法等,通过分析揭示存在的问题和差距,寻求解决的途径。

第八章 资产交付及档案管理

第四十七条 工程竣工后,按照有关规定编制竣工决算。办理竣工决算时,根据“建筑安装工程投资”“设备投资”“其他投资”和“待摊投资”等会计科目的明细记录,进行认真清理,并按规定进行分摊,以概算项目为基础计算出各单位工程或单项工程的建设成本及设备、工器具、家具用具等固定资产,流动资产,无形资产,递延资产的价值,计算交付使用资产的实际成本,编制出交付使用资产明细表。办妥竣工验收和资产交付手续后,冲转建设单位交付使用资产和资金来源。

第四十八条 办理资产移交,一并办理债权债务移交手续。生产使用单位要做好基建与生产的账务衔接工作,做好有关国有资产的产权界定、产权登记、资产运营和债务偿还等工作。

第四十九条　基本建设投资资金，经过投资使用阶段，形成交付使用资产移交生产、使用单位或形成待核销基建支出和转出投资后，应及时冲销其相应的资金来源。基本建设资金冲转应区分资金来源渠道，使用多种投资建设的项目法人完成的交付使用资产或待核销基建支出、转出投资。能分清投资来源的，直接冲转；分不清投资来源的，按实际投资比例计算冲转。

第五十条　基本建设资金冲转核算在下年初建立新账时直接进行。

第五十一条　建立健全会计档案管理制度，按照《会计档案管理办法》的规定整理、保存、销毁会计档案。会计档案包括会计凭证、会计账簿、财务报告、经济合同等会计核算资料。

第五十二条　把会计档案管理纳入本单位档案管理工作中，并作为本单位档案的重要组成部分，统一进行管理。

第五十三条　对会计档案妥善保管，存放有序，查找方便。按照归档的要求，分年度负责整理立卷，装订成册。当年的会计档案，在会计年度终了后，暂保留一年。期满后，编制清册移交医院档案部门保管。任何人不得自行保存。竣工财务决算的档案永久保存。

第九章　监督管理及考核措施

第五十四条　基建财务人员定期进行相关的岗位培训，参加基本建设重要会议，熟悉基建工作中的各个环节，提高分析和判断能力，控制工程成本，降低财务风险，提高经济效益。

第五十五条　建设工程项目全过程跟踪审计部门，依据有关建设工程管理的方针、政策、法律和法规，对建设工程实施过程中全部经济活动的真实性、合法性和效益性进行(事前、事中、事后)审计监督。

第五十六条　医院纪检、监察部门依法对基建工程各环节行使监督和检查职责，对监督、检查和相关部门发现的问题要责令其及时纠正，对截留、挤占、挪用基建资金，擅自变更投资计划和支出预算以及因工作失职造成损失浪费的，应依法追究当事人和责任人的责任。

关于印发《甘肃省中医院文化建设规划》的通知

中医办发〔2009〕167号

省中医药研究院，医院各部门：

经2009年12月28日院长办公会讨论通过，现将《甘肃省中医院文化建设规划》印发你们，请认真贯彻执行。

二〇〇九年十二月二十八日

附件：

甘肃省中医院文化建设规划

甘肃省中医院文化建设规划

医院文化是医院在长期发展过程中形成并为广大干部职工普遍认同和自觉遵循的价值观念、行为准则、精神理念等,为贯彻党的十七大和十七届四中全会精神,深入学习实践科学发展观,努力建设先进的医院文化,凝聚职工力量,树立医院形象,推动我院又好又快发展,根据国家中医药管理局和省卫生厅中医药管理局的安排部署,结合医院实际,特制定以下实施方案。

一、指导思想和基本原则

(一)指导思想

以邓小平理论和"三个代表"重要思想为指导,深入贯彻落实科学发展观,认真践行社会主义核心价值观,大力弘扬"严谨、仁爱、传承、创新"的医院精神,充分发挥医院文化的导向、凝聚、激励作用,不断提高我院干部职工的文化素养和道德修养,努力构建富有医院特色的文化体系,为我省中医药文化建设做出积极的贡献。

(二)基本原则

1.坚持以人为本。坚持患者健康至上,社会效益第一,不断提高服务质量,努力满足人民群众健康需求。尊重劳动,尊重人才,尊重创造,充分调动广大干部职工的积极性和创造性。

2.坚持服务大局。积极围绕卫生事业改革和发展大局,发挥中医药文化的精神力量,凝聚人心、鼓舞斗志,形成同心谋发展的强大合力,保证医院工作任务的圆满完成。

3.坚持继承创新。挖掘医院发展过程中积淀的优秀文化成果,继承和发扬医院的特色文化,探索新时期医院文化建设的方法和途径,总结医院文化建设的特点和经验,努力实现医院文化传承性和创造性的统一,推动医院文化建设向高水平发展。

4.坚持突出特色。既要体现社会主义先进文化的共同特征,又要突出医院的行业特色,更要形成亮点频现的医院文化。

5.坚持务求实效。以文化建设促进人的素质提高,形成推动医院发展的内在动力;以文化建设促进环境的改善,创造良好的卫生服务条件;以文化建设促进科学管理,提高服务质量和水平,不断增强核心竞争力,提高患者满意度。

二、总体目标和主要任务

(一)总体目标

根据医院2006年制定的《关于加强医院文化建设的意见》精神,努力建立起适应先进文化发展方向、遵循卫生事业发展规律、符合社会发展和人民健康需求、反映医院特色的医院文化体系。通过加强医院文化建设,营造和谐统一、蓬勃向上、干事创业的良好氛围,凝聚团结协作、共事共心的团队精神,锤炼奋发有为、争创一流的职工队伍,塑造救死扶伤、勇于奉献的医院形象,增强开拓创新、追求卓越的竞争能力,全面提升医院服务水平,努力保证人民群众的身体健康,促进医院又好又快发展。

(二)主要任务

1.建设医院思想文化,筑牢职工队伍思想根基。思想文化是医院文化的灵魂和根本。要坚持思想教育为先,开展系统化、层次化、经常化的思想教育和培训,持续不断地对职工进行思想文化熏陶,打牢理想信念、宗旨意识、职业道德、价值观念等思想根基,确保医院发展的正确方向,确保医院内部思想团结和集中统一。重点引导职工明确医院的核心理念、服务理念、管理理念、奋斗目标、服务要求等。

2.建设医院物质文化,展示独特的环境形象。医院将结合新的建设规划,结合自身实际,不断改善硬件设施,绿化院区环境,科学规划,合理布局,营造体现医院文化特色、景象美观、温馨舒适的工作环境和医疗服务环境。进一步加强标志建设,使用名称规范、样式新颖、规格统一、色彩显著的院内标志牌、分布平面示意图以及墙报、壁画,通过有形的物质环境,全面展示医院文化的丰富内涵。

3.建设医院制度文化,不断提高医院管理水平。医院将依据新的医改方案,结合工作实际,不断创新管理体制机制,建立和完善各种规章制度,并把医院文化融入规章制度、工作规范中去,逐步形成富有医院文化特色的管理文化和服务文化体系,充分发挥医院文化对行为规范的主导作用,促进管理水平和服务质量的不断提升,使各项工作更加规范化、科学化和人性化。

4.建设医院品牌文化,扩大医院在社会上的影响力。品牌文化是医院文化建设的重要内容,也是推进医院文化建设的重要手段。要进一步发现、培养、树立、宣传医院的先进典型,用典型推动文化建设。要充分发挥我院市级特色专科和社区卫生服务的品牌优势,进一步坚持以社会需求为导向,以人民满意为标准,以和谐医院为目标,逐步形成医院有名科、专科有名人、服务有名手的医院品牌,全面提升医院的知名度和社会形象力。

5.突出地方中医药特色,彰显甘肃中医药文化内涵。甘肃是皇甫谧的故乡,医院邀请专业人员设计制作皇甫谧造像;继续引进美术专业毕业生专门从事中医药文化设计与创作,创作古代名医系列和中草药系列的国画悬挂在医疗区域。医院正式成立书画摄影兴趣小组,定期开展活动。根据医院总体安排,医院还将举办"书画艺术笔会"、创办医院文化长廊、筹建医院医史资料馆等。通过这一系列的文化创建活动,进一步凝聚员工力量,振奋医院精神,塑造医院形象,扩大医院影响力。

三、方法途径

加强医院文化建设是一项长期的战略任务,必须解放思想、实事求是、与时俱进,努力探索医院文化建设的特点规律、创新方法和手段,使医院文化建设充满生机与活力。

(一)深入宣传发动

思想是行动的先导。要采取形式多样的宣传,使干部职工充分认识加强中医药文化建设的重大意义,明确任务目标,激发工作热情和内在动力,形成浓厚氛围。要发挥媒体和舆论的导向作用,加大社会和舆论宣传力度,增强社会影响力,为医院文化建设营造良好的社会和舆论环境。

(二)注重示范带动

示范引路、以点带面是重要的工作方法。要重视典型的示范带动作用,积极抓好试点、抓好典型、树好样板、总结经验,以点带面,整体提升,推动医院文化建设蓬勃开展。

(三)运用载体互动

医院文化建设要与医院各项工作结合起来,与行风建设结合起来,与创建活动结合起来,把医院文化的内容和要求融入群众性的精神文明创建活动之中,使其互相促进、相得益彰。

(四)实行激励推进

医院将定期对科室的文化建设进行检查考核,定期召开专项工作会议,不断总结经验、解决问题、推出典型，保证中医药文化建设健康发展。同时建立表彰奖励机制，对在医院文化建设中做出突出贡献、取得明显成绩的科室和个人给予表彰，鼓舞士气，振奋精神，激发活力。

四、组织领导

（一）建立领导机制

加强医院文化建设既是一项紧迫的艰巨任务，又是一项复杂的系统工程，全院要统一思想、高度重视、精心组织、稳步推进。医院将成立医院文化建设领导小组，院长、书记任组长，领导小组下设办公室，负责规划制定、综合协调、组织活动、检查指导等日常工作。

（二）实行目标管理

要把中医药文化建设纳入年度责任目标管理体系，与业务工作同部署、同考核、同奖惩。认真制定中医药文化建设工作责任目标，层层分解，责任到人。建立健全目标管理评价体系，定期进行考核评价，并作为科室评优评先的重要依据，使医院文化建设和各项工作同步发展。

（三）加强信息沟通

各科室要对自身在文化建设中发现的优秀事迹和典型及时上报，编发信息，总结经验，交流工作。同时要充分利用网络、媒体等平台开展医院文化建设宣传，营造氛围，促进中医药文化建设深入开展。

（四）建立保障机制

医院将加大对文化建设的各项投入，保证文化建设的正常开展，注重各类文化骨干的培养工作。树立文化就是生产力、就是竞争力、就是效益的观念，加强医院文化人才队伍建设，充分发挥文化骨干作用，为医院文化建设提供组织保障。

关于印发《甘肃省中医药研究院研究所科研启动基金使用管理办法（暂行）》的通知

甘中研院〔2010〕11 号

各研究所：

《甘肃省中医药研究院研究所科研启动基金使用管理办法（暂行）》已经 2010 年 5 月 19 日院长办公会讨论通过，现印发给你们，请认真组织学习，并遵照执行。

特此通知。

二〇一〇年五月二十日

甘肃省中医药研究院研究所
科研启动基金使用管理办法(暂行)

为促进我院各研究所科研工作的发展,更好发挥各个研究所在科研中的作用,调动其科研工作积极性,研究院设立研究所启动基金。为保证基金项目的有效开展、经费的合理使用,激励各研究所不断进取,多出成果项目,结合我院实际,特制定本管理办法。

一、研究所科研启动基金使用范围

1.研究所科研启动基金是资助各研究所从事本学科的科研及相关学术活动的专项资金,主要用于开展各种科学研究学术活动相关经费支出及购置科研试验仪器及设备、本学科相关书籍及资料、相关办公用品等。

2.研究所科研启动经费10万元。

3.经费开支范围:

(1)科研业务费(30%)。包括测试、计算、分析费,国内调研和学术会议差旅费,业务资料费,程序编制费,论文印刷费,研究成果评审鉴定费,经单位批准的临时用工劳务费等。

(2)实验材料费(40%)。包括原料、试剂、药品等消耗品购置费,实验动物费,标本、样品的采集加工费和运输费。

(3)仪器设备费(30%)。包括小型专用仪器设备购置、运输、安装费,自制专用仪器设备的材料、配件购置和加工费。因项目需要使用的2000元以上设备,要经项目主管单位批准后,按规定程序购买,设备所有权归研究院,若购买人调离,所购设备必须交归中医院或中医药研究院。大型设备购置不得超过经费的30%。

二、研究所科研启动基金项目实施周期

研究所科研启动基金项目实施期限为3年。主要是支持以往研究基础较好的科研项目或是对临床运用效果较好的院内制剂进行开发研究。每个研究所必须拿出可行的研究内容和研究方案,对研究内容和方案要请相关专家进行论证,论证合理、可行后方能支付启动基金。对论证存在问题的,在限定时间内进行调整,如仍存在严重问题,则不再给予启动基金。

三、经费拨付及使用办法

1.研究所科研启动基金拨付分3个阶段:

第一阶段:项目启动。根据研究所研究方向,结合所在学科建设状况和实验研究条件,填写《研究所科研启动基金项目计划表》,提出研究方向与预期目标,明确研究项目与研究内容,列出经费预算,经研究院相关负责人签字批准,报主管院长审核通过。首先拨付研究所科研启动基金的30%,用于初期开展科研启动的各项准备工作。

第二阶段:中期考核。根据科研启动基金项目进行情况,完成阶段性成果,填写《研究所科研启动基金项目进展考核表》,写清工作按计划进展情况、获得科研成果情况等。经研究院科研负责人签字批准,报主管院长审核通过。此阶段要检查原始数据与资料、设备,完成任务者再拨付研究所科研启动基金的 40%。

第三阶段:终期评审。项目计划实施结束后,研究所负责人必须申请终期验收评审,按时向研究院提交终期验收评审申请书及全部技术档案资料,研究内容写成书面成果报告材料,连同研究过程中产生的资料、原始数据等报送研究院,经审核后采取会议评审验收。研究院将根据具体情况转医院档案室存档。

一般情况下,必须满足下列条件,可视为评审合格的基本条件(所有文章与科研必须与研究内容符合且以研究院为第一完成单位):

(1)以研究所成员为第一作者或独著并发表中文核心期刊论文(以北大中文核心期刊为准)3 篇以上或国家级论文(以人事厅文件为准)6 篇以上(有论文录用通知也可以)。

(2)研究所成员中有以项目负责人获得省级以上科研项目 1 项,或作为主要参加人(排名前 3)参与研究省部级以上科研项目 2 项。每年必须以项目负责人申报国家级课题 1 项、省级课题 1 项。

其他科研成果可按以下折算论文:

①获地厅级奖励一等奖 1 项(排名前 3)算 1 篇中文核心期刊论文,二等奖 1 项(排名前 3,人员重复不累加)算 1 篇国家级期刊,三等奖 1 项折算 1 篇国家级期刊论文(主持)。(人员重复不累加)

②获省级奖励一等奖 1 项(前 5 名)、二等奖 1 项(前 3 名)或三等奖(主持)折算 1 篇中文核心期刊。(人员重复不累加)

③作为主要参与者参加国家级课题 1 项(前 5 名)、省级课题 1 项(前 3 名)或主持厅级课题 1 项折算 1 篇中文核心期刊论文。

④完成地厅级科研项目,经专家鉴定达到国内先进水平,折算 1 篇国家级论文。

⑤获得 1 项国家专利,折算 1 篇国家级论文。

⑥主编出版专著 1 部,或撰写在 12 万字以上,折算 1 篇国家级论文。

达到以上要求者,可认为通过评审,将拨付剩余经费额度(研究所科研启动基金的 30%)。如未通过中期考核或终期评审,将不再拨付剩余经费。

2.研究所科研启动基金应用于研究所负责人及成员的有关科研工作,为规范管理,由研究所负责人申报经费使用计划,研究院相关负责人审核签字,报主管院长,院长审核签字后,报财务部办理具体报销手续。

3.研究所科研启动基金实行专款专用,严禁将经费用于与研究所人员科研工作无关的其他开支。所有基金的使用必须符合使用原则,在规定的使用范围内使用,对经费使用不合理的,要追回资金。

四、附:为促进高层次科研课题的申报和立项,对如下类别的立项科研课题及获奖进行奖励

1.立项:主持国家级课题奖励 3 万元,主持省部级重大项目奖励 1 万元。

2.获奖:主持的课题获国家级 1 等奖,奖励 10 万元,二等奖奖励 8 万元,三等奖奖励 5 万元。主持的课题获省部级一等奖奖励 3 万元,二等奖奖励 2 万元,三等奖奖励 1 万元。

五、本办法自发布之日起试行,由研究院负责解释。若与其他文件冲突,按本办法施行

关于修订医院医教研奖励项目的通知

中医医发〔2010〕3号

省中医药研究院,医院各部门:

为了鼓励临床医务工作者爱岗敬业、无私奉献、刻苦钻研、大胆创新的精神,经12月22日院长办公会议研究决定,对原有《关于重新修订医教研奖励项目的通知》(中医医发〔2006〕110号)进行修订。修订后的医、教、研奖励项目如下:

一、医疗类

(一)集体奖项

1.全年收治病人数第一名的科室奖励人民币5000元,第二名奖励人民币3000元,第三名奖励人民币1000元。

2.全年床位使用率第一名的科室奖励人民币3000元,第二名奖励人民币2000元,第三名奖励人民币1000元。

3.医疗保险管理工作成绩突出的科室第一名奖励人民币1000元,第二名奖励人民币800元,第三名奖励人民币500元。

4. 病历评比第一名的科室奖励人民币1500元,第二名奖励人民币1200元,第三名奖励人民币1000元。

5.业务查房质量最高的科室奖励人民币500元。

6.全年使用院内自制制剂金额最多的科室奖励人民币2000元。

7.全年使用中药饮片金额最多的科室奖励人民币2000元。

8.院内感染控制工作开展最好的科室奖励人民币1000元。

9.全年满意度调查第一名的科室奖励人民币800元,第二名奖励人民币600元,第三名奖励人民币500元。

10.医技科室年度人均纯收入最高的科室,奖励人民币2000元。

11.医技科室急诊检查量最大的科室,奖励人民币1000元。

12.医技科室床头检查最多的科室,奖励人民币1000元。

(二)个人奖项

1.全年门诊量最多的前三名医生第一名奖励人民币1000元,第二名奖励人民币800元,第三名奖励人民币500元。

2.全年收住病人最多的前三名医生第一名奖励人民币1000元,第二名奖励人民币800元,第三名奖励人民币500元。

3.全年使用院内自制制剂金额最多的前十名医生第一名奖励人民币800元,第二、三名奖励人民币 600 元,第四至第十名奖励人民币 500 元。

4.门诊留观病人数量最多的前三名医生第一名奖励人民币 500 元,第二名奖励人民币 300 元,第三名奖励人民币 200 元。

5.病历评比中获一、二、三等奖者:一等奖奖励书写者人民币 800 元,质控科主任、质控员人民币各 300 元;二等奖奖励书写者人民币 600 元,质控科主任、质控员人民币各 200 元;三等奖奖励书写者人民币 500 元,质控科主任、质控员人民币各 100 元。

6.全年病历书写最多的前十名医生第一名奖励 800 元,第二、三名奖励 600 元,第四至第十名奖励 500 元。

7.全年手术量最多的前三名医生第一名奖励人民币 800 元,第二名奖励人民币 600 元,第三名奖励人民币 500 元。

8.对重点专科建设做出突出贡献的 10 名医生分别奖励 600 元。

二、教学类

(一)集体奖项

教学质量最佳的科室奖励人民币 500 元。

(二)个人奖项

年度"三基"考试成绩最高的医、药、护、技人员第一名奖励人民币 500 元,第二名奖励人民币 300 元,第三名奖励人民币 200 元。

三、科研类

(一)集体奖项

全年在正刊杂志发表论文最多的科室奖励人民币 500 元。

(二)个人奖项

1.引进新技术、新业务产生显著经济效益或社会效益者,按《甘肃省中医院引进和开展新技术、新业务的奖励办法》(中医医字〔2002〕23 号文件)的有关规定奖励,每两年评审一次。

2. 科研成果获国家级或省厅级奖励者, 国家级一等奖奖励人民币 20000 元, 二等奖奖励人民币 15000 元,三等奖奖励人民币 10000 元;省级一等奖奖励人民币 10000 元,二等奖奖励人民币 8000 元,三等奖奖励人民币 5000 元;厅级一等奖奖励人民币 5000 元,二等奖奖励人民币 4000 元,三等奖奖励人民币 3000 元。同一科研成果不重复奖励,按获奖最高级别给予奖励。

3.在国家级正刊发表论文者,发表论文一篇者奖励人民币 400 元,发表论文一篇以上者,在奖励 400 元的基础上,每增加一篇奖励人民币 200 元;在省级正刊发表论文者,发表论文一篇者奖励人民币 200 元,发表论文一篇以上者,在奖励 200 元的基础上,每增加一篇奖励人民币 100 元;在 SCI 收录期刊上发表论文者,每篇奖励第一作者人民币 5000 元。

4.在国家级出版社正式出版著作的第一主编奖励人民币 5000 元;在省级出版社正式出版著作的第一主编奖励人民币 3000 元。

5.出版著作获省部级奖励的第一主编,一等奖奖励人民币 5000 元,二等奖奖励人民币 4000 元,三等奖奖励人民币 3000 元,优秀著作奖奖励人民币 1000 元。不重复奖励,按获奖最高级别给予奖励。

以上奖励自文件发布之日起执行,原有相关文件同时终止执行。

二〇一〇年一月四日

甘肃省中医院编外用工管理办法(试行)

中医人发〔2010〕12号

省中医药研究院,医院各部门:

为进一步加强医院编外用工管理,规范聘用程序,保证编外用工合法权益,根据甘肃省卫生厅、甘肃省人力资源和社会保障厅《甘肃省卫生厅系统编外护理人员推行人事代理(派遣)指导意见》,结合医院实际情况,经二〇〇九年十一月三十日院长办公会议研究决定,制定本办法。

一、基本原则

(一)坚持公正、公平、公开的原则,科学选拔,择优录取。

(二)面向社会公开招聘,实行差额选拔。

二、聘用条件

(一)爱岗敬业,有良好的职业道德,全心全意为患者服务,遵守医院的各项规章制度,服从组织安排。

(二)身体健康,能胜任本职工作。

(三)专业技术岗位要求具有国家承认的中专及以上学历,并有相应专业的执业资格证书;工勤岗位须具备相应技术等级岗位证书。

三、聘用程序

(一)各科室根据实际工作需要,在科室核定的编制范围内,以书面形式经科室负责人签署意见,主管部门、主管院领导审批后向人力资源部提出用人计划。

(二)医院成立由相关人员组成的考核小组,负责对求职者面试、考核工作。人力资源部将用人计划报主管院领导审批后,公开向社会发布招聘信息,应聘人员填写《应聘人员信息登记表》,经审核后提交考核小组组织面试。

(三)考核小组对应聘者经资格审查、面试及理论考试、技能考核、健康体检后确定人选,试用期二个月,试用期满后考核合格者,交劳务派遣公司签订个人劳动合同。

四、人员管理

(一)医院对编外用工管理实行人事代理与人才(劳务)派遣相结合的用人制度。对部分工作突出、表现优秀的专业技术人员实行人事代理管理,其他人员实行人才(劳务)派遣管理。

(二)编外用工的管理,按照临床、护理、医技、工勤等部门的权限管理,执行医院各项规定,同步参加职工年度考核。

(三)编外用工有以下情形的,直接予以解除合同或退回,但须提前30日内通知:

1.试用期内不符合岗位要求的;

2.编外用工患病或非因工(公)负伤,在规定的医疗期满后,仍不能从事原工作者;

3.不服从组织安排、违反劳动纪律及院规院纪者;

4.违反工作程序、操作规程,造成重大医疗差错、事故或失职、渎职造成严重后果的,同时应承担相应赔偿责任;

5.年度考核不合格者;

6.其他法律规定可以退回的情形。

(四)编外用工因本人原因要求离开工作岗位的,须提前一个月向所在科室及相应管理部门提出书面申请,经同意后方可办理相关手续,在一个月内,应当坚持正常工作,继续履行岗位职责。对擅自离职或不按规定时间要求申请离职者,按《劳动合同》承担相应责任。

(五)编外用工实行年度定期考核和阶段考核相结合的动态管理,连续三年年度考核等次为优秀者可纳入人事代理管理范围。

五、工资、福利待遇

(一)编外用工分为专业技术岗位和工勤岗位两类,专业技术岗位在来院工作两个月内执行试用期岗位工资 750 元,试用期满,中专学历岗位工资 800 元/月,大专学历岗位工资 850 元/月,本科学历岗位工资 900 元/月。工勤岗位工资 700 元/月。

(二)评审、考取高一级专业技术职务任职资格,同时符合我省专业技术人员聘任时对职称计算机、外语等要求和医院职称聘任相关规定的,从符合条件的次年 1 月起每月增加岗位工资 50 元。

(三)工作期间获得国家承认的高一级学历后,其岗位工资低于相应学历初期工资的,从获得高一级学历的次月起按相应学历初期工资执行,已达到或超过的,其岗位工资不再调整。

(四)年度考核等次为优秀者,当年每月奖励工资 100 元,考核合格者当年每月奖励工资 30 元,该奖励金于每年年度考核结束后一次性发给。

(五)在用的编外用工在签订劳务派遣协议时,按照工龄每年增加 40 元的标准,加入岗位工资。

(六)专业技术人员试用期满,经考核合格后绩效工资分配指导系数按照 1.4 执行,并按科室发放办法发放。其他工作人员(季节工和享受协议工资者除外)试用期满,经考核合格后绩效工资分配指导系数按照 1.0 执行,并按科室发放办法发放。

(七)人事代理人员的工资参照国家和我省编制内同类人员工资标准的 80%执行,按照在职同类人员定期调整工资标准。

(八)编外用工享受养老、医疗(含大病保险)、失业、工伤、生育保险待遇,费用按照政策规定由本人与医院分别承担。

六、本办法规定的事项,按照国家相关法律、法规执行

七、本办法由人力资源部负责解释

八、本办法自二〇一〇年一月一日起执行

二〇一〇年一月十三日

关于印发《甘肃省中医院、甘肃省中医药研究院“334”人才培养实施办法》的通知

中医人发〔2010〕17号

省中医药研究院,医院各部门:

《甘肃省中医院、甘肃省中医药研究院“334”人才培养实施办法》,经2010年1月13日院长办公会讨论通过,现印发给你们,请认真组织学习,并遵照执行。

二〇一〇年一月十九日

甘肃省中医院、甘肃省中医药研究院“334”人才培养实施办法

第一章 总 则

第一条 为了实现医院的可持续发展,牢固树立“人才资源是第一资源”的观念,进一步加强两院中青年人才队伍的培养和梯队建设,根据人才培养需要,特制定本办法。

第二条 本办法的实施目标为:5年内培养出100名不同层次的中青年学术技术带头人或骨干。

(一)第一层次30名,为经过上级部门审批,入选甘肃省领军人才第一、二层次人选,甘肃省“333”科技人才,甘肃省“555”创新人才工程第一、二层次人选,甘肃省医疗卫生中青年学术技术带头人,或达到规定条件。

(二)第二层次30名,为院级学术技术带头人,经过培养,力争进入第一层次。

(三)第三层次40名,为院内学术技术骨干,经过培养,力争成为院级学术技术带头人。

第二章 培养人选的选拔

第三条 “334”人才的选拔遵循公开、公平、竞争、择优的原则。

第四条 “334”人才的选拔范围为从事临床医疗、临床药学及医技、护理等专业第一线工作的卫生技术人员和从事医院管理的人员。

第五条 “334”人才中各层次培养人选的基本条件是:思想政治素质好,热爱本职工作,具备良好的职业道德,有强烈的事业心和责任感,医德高尚,学风正派,具有较强的组织管理能力和创新能力,安心献身于医院发展。同时,按照层次不同,应分别具备以下条件:

(一)第一层次应具备以下条件之一:

1.甘肃省领军人才第一、二层次人选。

2.甘肃省“333”或“555”创新人才工程第一、二层次人选。

3.甘肃省医疗卫生中青年学术技术带头人。

4.近5年内工作业绩达到下列9项中的4项:

(1)作为主要完成人获1项地、厅级二等奖以上科研成果(国家级前5名,省级前3名,厅级第1名)。

(2)作为第一作者,在国际3300种SCI收录期刊上全文发表论文1篇以上。

(3)作为第一作者,在国家级专业期刊上发表论文5篇以上,省级学术刊物正刊上发表专业论文8篇以上。

(4)作为主编,正式出版本专业学术专著1部,或作为副主编以下人员在学术专著中完成12万字以上。

(5)作为课题负责人完成2项省、部级以上科研或医疗技术攻关项目,并通过同级鉴定,达到国内领先、国内先进水平。

(6)作为主持人或负责人,在本单位创建了新学科、新专业;或从国内外成功引进开展了新技术、新诊疗方法8项以上,填补了省内空白;或成功研制了新诊疗试剂、新仪器、新器械,达到省内先进水平,并且创造了良好的社会效益和经济效益。

(7)专业成绩突出,近5年内参加专业技能大赛,并获得省级一等奖人员。

(8)大学本科毕业工作8年以上、硕士研究生毕业工作5年以上、博士研究生毕业工作2年以上,年龄50岁以下,且具有副高级以上职称。

(9)担任省级本专业学会正、副主任委员或正、副秘书长5年以上,常务理事10年以上;或担任全国本专业学会常务理事5年以上、理事10年以上;或担任卫生部专家委员会的委员;或受聘为国家级本专业学术刊物编委3年以上。

(二)第二层次应具备以下条件:

1.大学本科以上学历,副高级以上职称,年龄在45岁以下,担任重点学科或重点专科的科主任或副主任年龄可放宽到50岁。

2.近5年内工作业绩达到下列9项中的3项:

(1)近5年作为第一作者在国家级学术刊物正刊上发表本专业论文3篇;省级学术刊物正刊上发表专业论文5篇以上。

(2)作为主要完成人获厅级二等奖以上科研成果1项(国家级前5名、省级前3名、厅级前1名)。

(3)作为课题负责人完成2项省、部级以上科研或医疗技术攻关项目,并通过同级鉴定,达到国内领先、国内先进水平。

(4)专业成绩突出,近5年内参加专业技能大赛,并获得厅级一等奖人员。

(5)作为第一作者在国际3300种SCI收录期刊上全文发表论文1篇以上。

(6)作为主编正式出版本专业学术专著1部,或作为副主编及以下人员在学术专著中完成12万字以上。

(7)担任省级本专业学会常务理事或正、副秘书长,委员5年以上;或担任全国本专业学会理事5年以上;或担任卫生部专家委员会委员;或受聘为省级本专业学术刊物编委3年以上;或受聘为国家级学术刊物编委1年以上。

(8)作为主持人或负责人在医院创建新学科、新专业;或成功引进开展新技术、新的诊疗方法5项以上,填补省内空白,并取得较好的经济效益;或成功研制新诊疗试剂、新仪器、新器械,达到省内先进水平,并且创造了良好的社会效益和经济效益。

(9)具有博士学位,来院工作满2年者。

(三)第三层次应具备以下条件:

1.本科以上学历,中级以上职称,年龄40岁以下,担任科主任年龄可放宽到45岁。

2.近5年内工作业绩达到下列7项中的3项:

(1)近5年作为第一作者在国家级学术刊物正刊上发表本专业论文2篇;省级学术刊物正刊上发表专业论文3篇以上。

(2)作为主要完成人获厅级三等奖以上科研成果1项(国家级前7名、省级前5名、厅级前2名)。

(3)主持(前2名)完成省、部级以上科研或医疗技术攻关项目1项,并通过同级鉴定,达到国内领先、国内先进水平;或作为课题负责人完成厅级科研项目1项并通过鉴定。

(4)作为主编正式出版本专业学术专著1部,或作为副主编及以下人员在学术专著中完成6万字以上。

(5)成功引进开展新技术、新的诊疗方法3项以上,填补院内空白,并取得较好的经济效益。

(6)取得博士学位,来院工作满1年,或取得硕士学位,来院工作满3年。

(7)专业成绩突出,近5年内参加专业技能大赛,并获得厅级一等奖人员。

第六条 "334"人才的选拔程序为:凡符合条件者由本人提出申报,科室推荐,人力资源部进行资格审核后,提出初步推荐人选。新申报的人员经医院学术委员会按照选拔条件投票表决后,由院长办公会议确定最终人选并在全院范围内进行公示。

第三章 培养措施

第七条 医院将加大"334"人才的培养力度。进入"334"培养的人员,医院优先安排进修、参加学术会议及本专业的短期培训。

第八条 培训方式实行基本功训练与专科训练相结合、在职提高与脱产学习相结合、理论与实践相结合、请进来与走出去相结合,培训内容包括政治思想、职业道德、临床技能、专业理论和外语等。

第九条 根据医院发展和专业的要求,第一层次每年可以外出参加学习培训1次;第二层次3年内可外出参加学习培训2次;第三层次3年内可外出参加学习培训1次。经费由医院承担。

"334"人才外出参加学习、进修必须经所在科室主任同意,由医务部、人力资源部审核,报主管院长批准后,至人力资源部办理请假手续后方可进行。学习结业后必须写出书面学习体会,上交医务部存档,并在一定范围内进行汇报。

第四章 管理与考核方法

第十条 "334"人才培养实行跟踪考核、动态管理。对每位培养人选建立学术档案,定期不定期地了解其业务工作情况,并按照培养目标,每年年终对其进行复评考核,考核结果进入学术档案。

第十一条 "334"人才的考核内容分为医德医风、医疗质量、专业技术工作业绩三方面。

(一)医德医风:廉洁行医,无索要收受"红包"和回扣行为。

(二)医疗质量:无医疗差错发生。若发生三级以上医疗事故或确由医方原因造成赔偿额度累计达到10万元以上的医疗事件,直接取消其培养资格。

(三)专业技术工作业绩:

1.第一层次培养人选每年必须引进开展新技术或新业务1项,填补院内空白;作为第一作者在省级以上学术刊物正刊上发表论文3篇以上,其中国家级学术刊物发表论文不少于1篇;承担省内或院内学术讲座或授课3次以上;取得国家级继续教育学分不少于15分。3年内作为课题负责人完成1项省、部级以上科研或医疗技术攻关项目,并通过同级鉴定,成果达到国内领先水平;主编出版本专业著作1部。

2.第二层次培养人选每年必须开展1项院内新技术或新业务;作为第一作者在省级以上学术刊物正刊上发表论文2篇以上;承担院内学术讲座或授课2次以上;取得国家级继续教育学分不少于10分。3年内主持(前2名)省级以上科研1项并完成成果鉴定;主编出版本专业著作1部,或作为副主编及以下人员在学术专著中完成12万字以上。

3.第三层次培养人选每年必须开展1项科内新技术;作为第一作者在省级以上学术刊物正刊上发表论文1篇以上;承担院内学术讲座、授课1次或组织科内业务学习3次以上;取得国家级继续教育学分不少于10分。3年内主持(前2名)厅级以上科研1项并完成成果鉴定;参编出版本专业著作1部,本人撰写字数不少于6万字。

第十二条 "334"人才每培养周期为3年,实行动态管理,每年进行一次考核,连续2次考核不合格者将取消其培养资格。

第十三条 "334"人才的管理和考核由人力资源部具体负责。

第五章 经费与待遇

第十四条 医院每年拨出专项经费用于"334"人才的培养和补助。

第十五条 医院给"334"人才每月发放岗位津贴,具体标准如下:

(一)第一层次培养人选中甘肃省领军人才、甘肃省"333""555"科技人才为500元,厅级中青年学术技术带头人为400元。

(二)第二层次培养人选为300元。

(三)第三层次培养人选为200元。

第十六条 "334"人才的岗位津贴,每月发放相应标准的50%,其余50%于每年复评考核后,根据考核结果,合格者一次性发放,不合格者不予发放。

第十七条 "334"人才外出学习、进修和考察的费用由医院承担,外出期间不影响岗位工资和绩效工资。

第十八条 为鼓励支持"334"人才大胆创新,积极引进新技术、新业务及开展科研项目,医院对"334"人才在购置新设备方面予以优先安排,并在科研课题立项上予以倾斜。

第十九条 第一层次培养对象优秀者可作为进入国家级、部级人才推荐,或作为省级领军人才和厅级领军人才的推荐人选;第二层次中特别优秀者优先推荐评审厅级领军人才和进入第一层次;第三层次中特别优秀者优先推荐进入第二层次。

第六章　附　则

第二十条　本办法由人力资源部负责解释。

第二十一条　本办法自发布之日起施行。《甘肃省中医院“223”人才培养实施办法》同时废止，具备“334”人才申报条件人员全部重新申报。

甘肃省中医院创建无烟医院实施方案

中医办发〔2010〕62 号

根据省爱国卫生运动委员会和省卫生厅《关于在全省开展无烟医疗卫生机构创建活动的通知》和《无烟医疗卫生机构标准》，结合医院实际，为营造良好的医疗工作环境，关注全院职工健康和生命质量，将医院逐步建设成为无烟医院，特制定本实施方案。

一、组织管理

1.成立创建无烟医院工作领导小组，医院爱国卫生运动委员会(以下称爱卫会)负责创建无烟医院的具体工作规划，制定控烟的具体实施办法，开展创建活动的宣传、教育工作及考核管理等日常管理工作。在医院实行医院、部门(科室)二级创建无烟医院管理责任制度。

2.创建无烟医院工作领导小组人员组成

组　长：李盛华

副组长：妥建福

成　员：孙援朝　冯守文　马忠祥　舒　劲　李兴勇　赵继荣

3.医院各职能管理部门(科室)要积极配合医院爱卫会的统一安排和部署，协助医院爱卫会完成各项创建工作。

4.各部门(科室)要成立以科主任为组长、1~2 名部门(科室)成员为组员的创建无烟部门(科室)管理小组，配合医院爱卫会完成各项创建工作。

5.在医院门诊部设立戒烟门诊。

6.创建无烟医院活动从 2010 年 2 月 1 日起实施。

二、宣传工作

1.统一在医院各楼的主要入口处设置明显的“禁止吸烟”警示牌，在门诊候诊大厅、接诊室、病房走廊、手术室、办公室、会议室、值班房等处张贴悬挂禁烟标志；在医院户外环境配置“吸烟危害健康”的警示语标牌。

2.通过宣传栏、各种例会和职工大会向全院工作人员进行禁烟宣传；将“吸烟与健康”相关内容作为长期主题，定期开展有奖征文活动。

3.将禁烟宣传资料纳入住院病人指南，宣传吸烟有害健康的医学知识，告诫病人及家属禁止在院内吸烟。

4.组织“吸烟危害健康与戒烟方法”的保健讲座。禁烟教育纳入新职工岗前培训。

5.医务人员在诊疗活动中，主动向病人及家属宣传吸烟的危害性，积极劝阻在禁烟区域内的吸烟行为。

6.导医台、分诊台摆放禁烟宣传资料供取阅。

7.院内公共场所禁止放烟具物品。

8.院内小卖部、餐饮中心禁止出售香烟，禁止悬挂、张贴有关香烟的宣传广告。

三、禁烟区域和吸烟区设置

1.医院内所有室内场所，包括候诊区、治疗区、病房、检查室、手术室、实验室、示教室、医护办公室、值班室、各会议室、行政后勤各部门（科室）办公室等为禁烟区。

2.有天花板的大厅、走廊、楼梯等公众场所为禁烟区。

3.在各楼层露天平台等空气流通处设专用吸烟区。

四、监督管理措施

1.医院爱卫会组织每月抽查、每季检查，重点检查科室禁烟制度建立与落实情况，每月末将各科室质控结果送交医院经营管理科，纳入本科室质控。

2.部门（科室）须认真贯彻医院禁烟制度，认真执行本科的禁烟规定，负责所属区域内的禁烟工作，发现病人或家属吸烟，及时劝阻，保证禁烟区内无人吸烟、无烟头。

3.禁烟区实行包干负责，各部门（科室）所属区域禁烟区要做到无人吸烟、无烟头，若发生吸烟现象，科室负监管失职之责。

4.实施控烟目标责任制，若部门（科室）当年管辖范围内发生违反禁烟规定的现象，该科室不得参加本年度科室评优工作。

5.医院全体职工要积极响应创建无烟医院活动，有责任制止在禁烟区内发现的吸烟行为。

五、惩处措施

1.不得在禁烟区内吸烟，违反者（被督察或举报），经医院爱卫会核实后予以批评教育，职工每发生一次处罚 50 元，病员或陪员家属及来院办事者处罚 20 元。

2.对于当月出现三次以上违规部门（科室）或个人，医院爱卫会在护士长以上干部会议上进行通报批评，视情节对违规者给予 100 元加倍的处罚，对部门（科室）给予质控考核分的处理。

六、本实施方案由医院爱卫会负责解释

二〇一〇年二月一日

关于印发《甘肃省中医院医疗纠纷(事故)管理办法》的通知

中医医发〔2010〕35号

省中医药研究院,医院各部门:

为加强医疗安全,减少医疗纠纷(事故)的发生,根据相关法律法规和医院实际工作情况,医院对2003年制定《医疗事故与纠纷处理办法》(中医医发〔2003〕29号)及《医疗事故与纠纷处理(处罚)办法(试行)进行补充规定的通知》(中医医发〔2006〕95号)进行了修订,同时制定了《甘肃省中医院医疗纠纷(事故)管理办法》,经2010年3月2日院长办公会讨论通过,现全文印发,请各部门认真组织学习,贯彻落实。

特此通知。

二〇一〇年三月三日

甘肃省中医院医疗纠纷(事故)管理办法

第一章　总　则

一、为了防范医疗纠纷(事故)发生,维护正常医疗秩序,保障医疗安全,依据《中华人民共和国侵权责任法》《医疗机构管理条例》《中华人民共和国执业医师法》《中华人民共和国护士管理条例》《医疗事故处理条例》等法律法规及条例,修订《甘肃省中医院医疗纠纷(事故)管理办法》(以下简称《办法》)。

二、《办法》所指医疗纠纷(事故)其定义为:医、药、护、技、工勤人员在医疗活动中,违反各级卫生行政部门规章制度、诊疗常规、操作规范,导致病人不满意或对患者机体造成伤害。

三、《办法》强调科主任或部门负责人为医疗安全第一责任人。

四、各级医务人员在医疗活动中,须严格遵守各级卫生行政管理部门法律、法规。

五、各级医务人员要树立以病人为中心的理念,改善服务态度,提高医疗质量,增强法制观念与安全意识,提高医患沟通技巧。

第二章　医疗纠纷(事故)的防范

六、科室应有计划地组织全科人员学习有关法律法规,增强医疗安全意识。

七、各级医务人员应遵守劳动纪律,坚守岗位,值班人员不得擅离岗位。

八、各科室应严格执行各项查对制度,严把发药、注射、静滴、抽血、输血或血液制品、检查、化验、治疗、手术、麻醉等诊疗技术关。

九、未获得相应执业证书的医务人员,禁止单独从事医疗活动。

十、急救中心各部门医护人员须保证24小时在岗。危重抢救应分秒必争、紧张有序、组织严密,各级医生各负其责。在场人员不讲与抢救无关的话,无关人员不得介入。医务人员务必在抢救结束后6小时内据实完成抢救病历记录,并附加补记说明。定期做好急诊抢救室、手术室药品、物品、器械、敷料的补充和日常维护。

十一、各种药物注射应严格按医嘱执行,护士应密切观察注射过程,对发生不良反应或意外者,应及时报告医生进行处置。门诊患者注射后发生不适症状的应留观。

十二、知情告知诊疗过程应严谨、客观、科学、实事求是,不夸大疗效,严格执行医院知情同意管理制度,与患者或家属谈话签字时,要认真耐心,不简单化,不敷衍了事,不冷淡厌烦。无处方权医生、进修实习医生不得单独进行知情、告知等医疗行为。病情复杂或特殊诊疗应由本院主治医师以上人员知情、告知。重大有创检查、治疗或应用新治疗方法及实验治疗知情告知时,应上报医务部,并发症及不良后果的应对方案一并知情、告知。

十三、严禁在病区治疗室、处置室、病房等做手术(除诊断穿刺外)。

十四、严格执行医院重大手术报告管理制度。凡重大、疑难、新开展及特殊病例的手术(截肢、重要脏器切除等)须上报医务部或主管院长批准。

十五、严格执行医院新业务、新技术申报准入制度。

十六、各临床科室应认真及时做好患者姓名、病史、病程记录及上级医师查房记录、会诊记录、疑难病例讨论记录、手术记录、麻醉记录、死亡病例讨论等并签字确认。

十七、患者或家属要求终止治疗、出院或转院时,病程记录中应详细记录原因,并经患者或家属签字确认。

第三章　医疗纠纷(事故)的处置

十八、患者或其家属对诊疗活动提出异议时,主管医生及主管护士应积极接待,做好解释和安抚工作,及时上报科主任及护士长,其他人员无权解释。当患者对主管医生及主管护士的解释和安抚工作不满意或存在疑问时,由科主任或医务部负责解释。

十九、科主任或护士长在听取上报后,应立即了解情况,协助当事医生、护士处理争议,力争问题妥善解决在科内。

二十、患者或其家属对科室解释尚存在较大异议时,由科主任或护士长上报医院主管部门。

二十一、医院主管或相关部门接到患者或其家属投诉时,接待人员应进行投诉登记,内容包括:投诉科室,住院号,床号,病人姓名、年龄,家庭住址、联系电话,主管医师、主管护士姓名,投诉内容,患者要求,并及时与当事科主任或护士长了解情况,做出处理意见,经医务部主任或主管院领导同意后答复患者。

二十二、发生下列重大医疗过失时，当事人应立即向科主任报告，科主任应立即向医务部或主管院长报告。同时，科室应迅速组织积极抢救，做好各种记录：

（一）在进行麻醉、手术、特殊检查、特殊治疗、输血或血液制品、各种途径用药时，患者突然发生医疗意外的。

（二）手术切错部位、发错药病人已服用、输错血或出现严重输血反应、疑似药物引起严重不良反应的。

（三）急诊危重患者进行抢救无果，患者死亡，家属即刻提出异议的。

（四）患者住院或门诊就医期间，发生非医疗意外（摔伤、自杀、死亡等）。

二十三、医疗纠纷（事故）管理部门有权决定，患方、当事科室和主管部门三方当场封存病历（可为复印件）、疑似血液、药品、注射液等，封存物由医院专人保管。

二十四、发生医疗纠纷（事故）后，严禁涂改、伪造、隐匿、销毁医疗文书，防止并杜绝患者及其家属抢夺医疗文书。

二十五、患者或其家属有权复印住院志、体温单、医嘱单、化验单、影像检查报告、特殊检查同意书、手术同意书、手术及麻醉记录单、病理报告、护理记录。

二十六、无法判断死因或其家属对死亡诊断有争议而引起的医疗纠纷（事故），科室和医院均有权要求尸检。科室或主管部门应及时告知家属尸检，尸检应在死亡后48小时内进行，患方拒绝或拖延尸检的，当事医生应客观书写病程记录，并由患者家属或第三方见证人签字确认。

二十七、引起医疗争议的当事人和与之相关人员、科室、部门须积极配合医院主管部门进行医疗争议处置。

二十八、主管部门受理医疗纠纷（事故）事件后，应迅速调查，同时告知患者或其家属解决医疗纠纷（事故）的途径。

第四章　医疗纠纷（事故）的处罚

二十九、对造成医疗纠纷（事故）的直接责任人、科室主任、副主任、护士长依据医院相关规定给予相应处罚。

三十、造成医疗纠纷（事故）直接责任人是否给予行政处分，由医务部和人力资源部商议后，提交院长办公会议决定。

三十一、经济处罚。

（一）完全责任（一、二级医疗事故，严重违反诊疗常程）、院内医疗事故（由院医疗事故鉴定委员会鉴定），当事人承担经济赔偿总费用的20%，科主任5%，副主任4%。

（二）主要责任（三、四级医疗事故，违反诊疗常程或操作规程，严重不负责任），当事人承担经济赔偿总费用的15%，科主任3%，副主任2%。

（三）次要责任（有明显的医疗过错，责任心不强），当事人承担经济赔偿总费用的5%。

（四）轻微责任（责任心不强），当事人承担经济赔偿总费用的3%。

（五）对玩忽职守以责任为主的造成重大医疗纠纷（事故）的（包括其他工勤人员），当事人承担总费用的30%~50%，并追加行政处理。

（六）对医院确认开展的新技术、新业务所造成的医疗纠纷或事故在不违反法律、法规和诊疗常规等的情况下可免责。

(七)由于麻醉不当、影像、检验、功能检查等资料不全或检查结果错误造成医疗纠纷(事故)的,参照三十一条(一)、(二)、(三)、(四)、(五)款执行。

(八)由于护理操作出现失误,发错药品等造成的医疗纠纷(事故),责任护士承担经济赔偿总费用的 15%,护士长承担经济赔偿总费用的 5%。

三十二、进修生、在读研究生、实习生造成的医疗纠纷(事故),由科主任和带教人员承担相应责任。

三十三、主管部门进行医疗争议调查时,当事人、科室不得以任何借口懈怠、推诿、逃避及不配合。否则,承担相应后果。

三十四、医疗纠纷(事故)如涉及服务态度恶劣、生、冷、硬、推等,对当事人处以 300~500 元经济处罚,并通报全院。

三十五、聘用人员所造成的医疗纠纷(事故)按本《办法》执行。

三十六、严禁医务人员之间不尊重事实、互相拆台、激化医患矛盾,一经查实,处 10000~20000 元罚款。

三十七、本《办法》自发布之日起实施,原中医医发〔2003〕29 号及中医医发〔2006〕95 号文同时废止。

关于转发《关于印发〈甘肃省医院手术分级管理规范(暂行)〉的通知》的通知

中医医发〔2010〕37 号

各科室:

为了进一步规范手术室管理,明确各级医师手术范围,保证医疗质量和医疗安全,现将甘肃省卫生厅《关于印发〈甘肃省医院手术分级管理规范(暂行)〉的通知》(甘卫医发〔2009〕228 号)印发给你们,请认真学习并遵照执行。

二〇一〇年三月三日

附件:

甘肃省医院手术分级管理规范(暂行)

甘肃省医院手术分级管理规范(暂行)

为了确保手术安全和手术质量,预防医疗事故发生,加强各级医院和医师的手术管理,根据《医疗机构管理条例》《执业医师法》《医疗事故处理条例》和《医疗技术临床应用管理办法》《甘肃省卫生厅关于对全省医疗机构实行分级分工管理的意见》等,结合我省医院分级管理实际和现代化医院管理的要求,制定本规范。

一、手术分类、分级

本规定所指手术主要包括各种开放性手术、腔镜手术及介入治疗等有创操作。

(一)手术分类

《医疗技术临床应用管理办法》将医疗技术分为三类,其中卫生部负责对涉及重大伦理问题、高风险、安全有效性尚需进一步验证和需要使用稀缺资源的第三类医疗技术制定目录和进行临床应用管理;安全有效性确切、涉及一定伦理问题的第二类医疗技术由省级卫生行政部门负责制定目录并管理;通过常规管理能确保安全有效性的第一类技术由医疗机构管理。

第三类医疗技术首次应用于临床前,必须经过卫生部组织的安全性论证和伦理审查。第二类医疗技术和第三类医疗技术临床应用前应经第三方进行技术审核。医务人员开展第一类医疗技术临床应用的,医疗机构可自行审核,或由省级卫生行政部门规定。卫生部、省级卫生行政部门指定或者组建的技术审核机构,分别负责对第三类、第二类医疗技术临床应用能力进行审核。

(二)手术分级

《医疗技术临床应用管理办法》规定,医疗机构要建立手术分级制度,依据其技术难度、复杂性和风险度,将手术分为四级。医疗机构应对具有不同专业技术职务任职资格的医师开展不同级别的手术进行限定,在审核其专业能力后授予相应手术权限。

1.四级手术:技术难度大、手术过程复杂、风险度大的各种手术。

2.三级手术:技术难度较大、手术过程较复杂、风险度较大的各种手术。

3.二级手术:技术难度一般、手术过程不复杂、风险度中等的各种手术。

4.一级手术:技术难度较低、手术过程简单、风险度较小的各种手术。

二、手术医师分级及手术权限

根据医师取得的卫生技术资格、受聘技术职务及从事相应技术岗位工作的年限等,规定手术医师的分级。二级及二级以上手术必须有两名以上本院医师参加。一、二级手术应有术前小结,三级及以上手术应有术前讨论。各医疗机构医务科或质控科负责监督检查,发现违反相关规定者,有权停止手术并按有关规定处理。

(一)住院医师

1.低年资住院医师:从事住院医师工作3年以内,或硕士生毕业,从事住院医师2年以内者。在上级医师指导下,可主持一级手术。

2.高年资住院医师：从事住院医师工作3年以上，或硕士生毕业取得执业医师资格，并从事住院医师2年以上者。在熟练掌握一级手术的基础上，在上级医师临场指导下可逐步开展二级手术。

（二）主治医师

1.低年资主治医师：担任主治医师3年以内，或临床博士生毕业2年以内者，可主持二级手术，在上级医师临场指导下，逐步开展三级手术。

2.高年资主治医师：担任主治医师3年以上，或临床博士生毕业2年以上者。可主持三级手术。

（三）副主任医师

1.低年资副主任医师：担任副主任医师3年以内，或博士后从事临床工作2年以上者。可主持三级手术，在上级医师临场指导下，逐步开展四级手术。

2.高年资副主任医师：担任副主任医师3年以上者。可主持四级手术，在上级医师临场指导下或根据实际情况可主持新技术、新项目手术及科研项目手术。

（四）主任医师

受聘主任医师岗位工作者，可主持四级手术以及一般新技术、新项目手术或经主管部门批准的高风险科研项目手术。

三、手术审批权限

手术审批权限是指对拟施行的不同级别手术以及不同情况、不同类别手术的审批权限，是控制手术质量的关键环节之一。

（一）常规手术

1.四级手术：科主任审批，由高年资副主任医师以上医师报批《手术通知单》（已进行电脑管理《手术通知单》的医院需规定相应的签字手续，下同），首次开展的报医务处（科）备案。特殊病例手术须填写《手术审批单》，科主任根据科内讨论情况，签署意见后报医务处（科），由业务副院长审批。

2.三级手术：科主任审批，由副主任医师以上医师报批手术通知单。

3.二级手术：科主任审批，高年资主治医师以上人员报批手术通知单。

4.一级手术：主治医师以上医师审批，并可签发手术通知单。

（二）急诊手术

预期手术的级别在值班医生手术权限级别内时，可通知并施行手术。若属高风险手术或预期手术超出自己手术权限级别时，应紧急报责任规定的上级医师审批，需要时再逐级上报。原则上应由具备实施手术的相应级别的医师主持手术。但在需紧急抢救生命的情况下，在上级医生暂时不能到场主持手术期间，任何级别的值班医生在不违背上级医生口头指示的前提下，有权也必须按具体情况主持其认为合理的抢救手术，不得延误抢救时机。急诊手术中如发现需施行的手术超出自己的手术权限时，应立即口头上报请示。

（三）新技术、新项目、科研手术

1.一般新技术、新项目手术及重大手术、致残手术须经科内讨论，在科主任填写《手术审批单》、签署同意意见后报医务科，由医务科备案并提交业务副院长或院长审批。

2.高风险的新技术、新项目、科研手术应提交院技术委员会审议通过后实施。对重大的涉及生命安全和社会环境的手术项目还需按规定上报卫生行政主管部门。

3.开展重大的新手术以及探索性（科研性）手术项目，需经省卫生厅指定的学术团体论证，并经医学伦理委员会评审后方能在医院实施。对重大涉及生命安全、社会环境和社会伦理学等的项目还需按规定上报国家有关部门批复。

(四)外出会诊手术

本院医师受邀请到下级医院指导手术,必须按《医师外出会诊管理暂行规定》办理相关审批手续。外出手术医生所主持的手术不得超出其按本规范规定的相应手术级别。

外籍医师的执业手续按《外国医师来华短期行医暂行管理办法》有关规定审批。

(五)特殊手术

凡属下列情况之一的可视作特殊手术,须科内讨论,科主任签字报医务处(科)审核,由业务院长或院长审批,由副主任医师以上人员签发《手术通知单》。

1.被手术者系外宾,华侨、港、澳、台同胞的。

2.被手术者系特殊保健对象如高级干部、著名专家、学者、知名人士。

3.可能有各种原因导致毁容或致残的手术。

4.有重大医疗事故争议的。

5.同一病人24小时内需再次重大手术的。

四、各级医院手术范围

(一)三级甲等医院:三级甲等医院是提供以高水平专科医疗服务为主,兼顾预防、保健和康复服务并承担相应的高等医学院校教学和科研任务的区域性医学中心;是各市州或省级医疗、预防、教学和科研相结合的技术中心,可完成各级手术,但应侧重四、三级手术,应注意质量水平的提高,并重视围术期的准备和处理。

(二)三级乙等医院:三级乙等医院是提供以高水平专科医疗服务为主,兼顾预防、保健和康复服务并承担相应的高等医学院校教学和科研任务的区域性医疗中心。可完成三级以下(含三级)手术及部分确有实力完成的四级手术,但应侧重三、二级手术,应注意质量水平的提高,并重视围术期的准备和处理。

(三)二级医院:二级医院是提供以医疗为主,兼顾预防、保健、康复和急救医疗服务并承担一定教学和科研任务的一般性医疗中心,完成一、二级手术及部分确有实力完成的三级手术。禁止二级医院开展四级手术。

(四)一级医疗机构(经评审具备条件的卫生院):是向患者提供基本医疗、预防、保健和康复服务的基层医疗机构,可开展一级手术。

(五)不具备条件的乡镇卫生院、专科医院、(校)医务室、诊所以及其他医疗机构等:一律不得开展任何手术,也不得邀请上级医院医生来做手术。

(六)专科医院手术范围:根据实际情况可以适当调整,但需报请主管卫生行政部门批准。

五、管理要求

(一)各级医院和各级医师要严格执行"手术范围",开展规定范围外手术由所在科室根据其实际工作能力和水平初定后报医院审核,并报主管院长或院长批准后执行,必要时报请主管卫生行政部门批准。对连续两年发生两起以上医疗事故的人员降一级执行,直至取消手术资格,并报主管卫生行政部门备案;重新恢复手术级别,须经医院和主管卫生行政部门考核后裁定。

(二)乡镇卫生院(一级医院)具有副高以上技术职称的卫技人员所开展的手术,原则上按同级别人员标准相应降一个级别执行;是否具备相应的条件,需经各县、区卫生局审核确定。

(三)超范围手术需根据医护人员结构、技术水平、手术室基础设施、设备条件、现场操作等综合考评合格后,报主管院长或院长批准后执行。若遇紧急特殊情况,医院或医师超范围开展与职、级不相称的手术,需邀请上级医院会诊并电话报请主管局批准后进行,术毕一周内补办书面手续。

(四)超范围(医院、医师)手术的审批程序:由科室提出申请,经医院学术委员会讨论同意后,报主管院长或院长批准,必要时报请主管卫生行政部门批准方可进行。申请批准时需提供以下材料:①《医疗机构执业许可证》原件和复印件;②医院相关科室、医护人员学历、职称、技术开展情况,设备、基础设施条件及日常技术质量考核情况;③近两年本科室重大医疗过失行为、医疗事故争议、医疗事故发生情况统计;④开展新手术的可行性论证报告;⑤人员进修学习情况;⑥是否有上级指导医师;⑦其他需要提供的资料。

各主管卫生行政部门要在接到申请后组织专家进行资料审核、现场考察、评审验收,一般在15个工作日内予以书面签复。二级医院新开展三级手术的,需经各县(市、区)卫生局初审后报上级卫生行政部门审批。

(五)各级医院未按本规范执行的,一经查实,将追究单位领导和科室负责人的责任,对由此而造成医疗事故的,依法追究相应的责任。

(六)出现了下列情形之一,医疗机构应当立即停止医疗技术的临床应用,并向核发其《医疗机构执业许可证》的卫生行政部门报告:该项医疗技术被卫生部废除或者禁止使用的;从事该技术的主要专业技术人员或者关键设备、设施、辅助条件发生变化不能正常临床应用;发生与该技术直接相关的严重不良后果;该技术存在医疗质量和医疗安全隐患;该技术存在伦理缺陷;该技术临床应用效果不确切或其他省级以上卫生行政部门规定的情形。相应卫生行政部门必要时可组织专家现场核实。

(七)医疗机构出现下列情形之一,卫生行政部门将不予医疗机构诊疗科目项下医疗技术登记,已经准予登记的,应及时撤销医疗技术登记:在医疗技术临床应用能力技术审核过程中弄虚作假的;不符合相应卫生行政部门规划的;未通过医疗技术临床应用能力技术审核的;超出登记的诊疗科目范围的;医疗技术与其功能、任务不相适应的;虽通过医疗技术临床应用能力技术审核,但不再具备医疗技术临床应用条件的;省级以上卫生行政部门规定的其他情形。

(八)医疗机构擅自应用卫生部废除或者禁止使用的医疗技术、第三类医疗技术及临床应用未经审核的医疗技术的,未向卫生行政部门报告医疗技术临床应用情况的,违反规定但未立即停止医疗技术临床应用的,未按规定重新申请技术审核或擅自临床应用需要重新审核的医疗技术等情况时,卫生行政部门应当立即责令其改正。造成严重后果的,依法追究医疗机构主要负责人和直接责任人员责任。

(九)在《医疗技术临床应用管理办法》发布前已经临床应用的第三类医疗技术,医疗机构应当在《办法》实施后6个月内向技术审核机构提出审核申请。在《办法》实施后6个月内没有提出技术审核申请或者卫生行政部门决定不予诊疗科目项下医疗技术登记的,一律停止临床应用第三类医疗技术。

(十)基因克隆技术临床、异种干细胞治疗技术、异种基因治疗技术、人类体细胞克隆技术等暂不得应用于临床。

关于印发医院感染管理办法的通知

中医医发〔2010〕43号

省中医药研究院，医院各部门：

为进一步加强医院感染管理，有效预防和控制医院感染，保证医疗安全，提高医疗质量，医院制定了《甘肃省中医院医院感染管理办法（试行）》，经2010年3月2日院长办公会审议通过，现将全文印发，请各部门认真组织学习，并遵照执行。

特此通知。

二〇一〇年三月十一日

附件：

甘肃省中医院医院感染管理三级组织工作流程图

甘肃省中医院医院感染管理办法（试行）

为进一步加强医院感染管理，有效预防与控制医院感染，提高医疗质量，确保医疗安全，根据国家卫生部颁发的《医院感染管理办法》《医院感染暴发报告及处置管理规范》《医院感染诊断标准》《医务人员手卫生规范》和《国家突发公共卫生事件应急预案》等相关政策规定，制定本办法。

一、医院感染管理组织机构及职责

医院建立院、组、小组感染管理三级组织。医院感染管理委员会是医院感染管理的最高决策组织，由医院感染管理部门、医务部门、护理部门、临床科室、供应室、手术室、临床检验部门、药事管理部门、设备管理部门、后勤管理部门及其他有关部门的主要负责人组成，委员会下设七个管理组，管理组下设各临床医技感染管理小组，其职责分列如下：

（一）医院感染管理委员会职责

1.认真贯彻医院感染管理方面的法律法规及技术规范、标准，制定医院预防和控制医院感染的规章制度、医院感染诊断标准并监督实施；

2.根据预防医院感染和卫生学要求，对医院的建筑设计，重点科室建设的基本标准、基本设施和工作流程进行审查并提出意见；

3.研究并确定医院的医院感染管理工作计划，并对计划的实施进行考核和评价；

4.研究并确定医院的医院感染重点部门、重点环节、重点流程、危险因素以及采取的干预措施，明确各有关部门、人员在预防和控制医院感染工作中的责任；

5.研究并制定医院发生医院感染暴发及出现不明原因传染性疾病或者特殊病原体感染病例等事件时的控制预案；

6.建立会议制度，定期研究、协调和解决有关医院感染管理方面的问题；

7.根据医院病原体特点和耐药现状，配合药事管理委员会提出合理使用抗菌药物的指导意见；

8.其他有关医院感染管理的重要事宜。

（二）各管理组职责

1.感控管理组：由医院感染管理科牵头，负责制订医院感染控制培训计划并组织实施；修订、完善、印发院感相关制度、职责、质量标准、应急处理预案；收集、整理、保存、归档感控有关资料；对感控相关科室及部门反馈、通报感控有关信息；抽查院感监测情况；监督、指导全院各项感控工作；协调各管理组的工作；审验一次性使用无菌医疗用品及消毒药械产品有关证件，参与医院新建、改建、扩建方案的制订。及时向医院感染管理委员会反馈工作情况，并每月将工作情况在医院护士长以上干部会议上通报。

2.消毒隔离管理组：由护理部负责，临床科室、感控重点部门、院感监控小组协助。培训护理人员院感知识，检查、督导门诊及住院部临床科室及感控重点部门消毒隔离及手卫生工作开展情况。

3.医疗废物管理组：由总务部牵头，护理部协助，临床科室及感控重点部门院感监控小组配合。定期检查临床科室及感控重点部门医疗废物分类放置情况，督促总务部认真贯彻执行医院感染管理科制定的医疗废物有关管理制度、职责、处理流程及应急处理预案，设置医疗废物暂存站及监管医疗废物的收集、运送、暂时贮存以及交与医疗废物集中处置单位，完善有关手续，保证医疗废物院内安全处置。

4.一次性使用无菌医疗用品及消毒药械管理组：设备科、药剂科牵头负责，护理部协助。定期对库房、病区一次性使用无菌医疗用品及消毒药械质量进行检查，内容包括有无过期、破损、失效，若有上述问题按药监部门有关规定处置；负责定期检查临床科室及感控重点部门一次性使用无菌医疗用品用后处置情况，发现问题及时纠正、规范。

5.医院感染监测管理组：由医院感染管理科负责，医务部、护理部协助。查阅病历，检查、登记医院感染病例报告情况，做好消毒灭菌效果监测、环境卫生学监测、目标性监测等综合性监测的督导工作。

6.抗菌药物管理组：医务部牵头，药剂科、感染管理科协助。研究、讨论、制定合理应用抗菌药物有关制度、办法及围术期预防性抗菌药物使用制度和原则，抗菌药物分级使用原则；定期不定期地检查临床科室抗菌药物合理应用情况，统计抗菌药物使用率及临床标本送检情况，发现问题及时纠正规范、指导。

7.职业防护组：由公共卫生科负责，医务科、护理部协助。定期培训、考核医务人员职业卫生防护知识，增强医务人员职业卫生防护意识，掌握职业卫生防护技能；定期检查、指导防护用品的配备及使用；协助医院感染管理科完善职业卫生防护有关规章制度。

（三）临床医技科室管理小组职责

以各临床医技科室为单元，负责本科室医院感染管理的各项工作，对医院感染病例及感染环节进行监测,采取有效的措施,降低本科室医院感染发病率;发现有医院感染流行趋势时,及时报告医院感染科,并积极协助调查。监督检查本科室抗感染药物使用情况,组织本科室预防与控制医院感染知识的培训。督促本科室人员严格执行无菌操作技术和消毒隔离制度。

二、院内感染责任追究制度

(一)医院实行医院感染管理责任制,由感染管理委员会与科室签订目标责任书。感染管理委员会下设七个管理小组分管医院感染预防与控制方面的管理工作,感染管理科负责医院感染管理的行政管理和业务管理工作,并协调和组织各部门相互配合落实感染管理目标责任,各科室感染管理实行科主任负责,监控小组及时诊断、控制和采取有效的预防措施,以达到减少医院感染和降低医院感染危险性的目的。在医院感染管理中,院长及主管副院长在管理中承担领导责任,医院感染管理委员会、医院感染管理部门及专职人员、其他部门各负其责。

(二)医务人员应严格执行医院感染管理规章制度和工作规范、工作标准及相关技术操作规范,有效预防与控制医院感染,防止传染病病原体、耐药菌、条件致病菌及其他病原微生物的传播。

(三)医务人员应当按照医院感染诊断标准及时诊断医院感染病例,并在 24 小时之内上报医院感染管理科,同时进行病原微生物检测,针对导致医院感染的危险因素,实施预防与控制措施。如有迟、漏报,将按医院感染管理奖惩办法和《甘肃省中医院医师不良执业行为积分管理暂行办法(试行)》等相关规定处理。

(四)当科室发生 5 例以上疑似医院感染暴发、3 例以上医院感染暴发或由于医院感染暴发直接导致患者死亡或 3 人以上人身损害后果时,发生特殊病原体或者新发病原体的医院感染,可能造成重大公共影响或者严重后果的医院感染时,应当立即向主管院长、医院感染管理科等相关科室报告,同时配合感染管理科采取有效处理措施,控制感染源,切断传播途径,实施医疗救治。同时,医院感染管理科在规定时限内报告省卫生厅、省中医药管理局及七里河疾病预防控制中心。

(五)发生的医院感染属于法定传染病的,应当按照《中华人民共和国传染病防治法》和《国家突发公共卫生事件应急预案》的规定进行报告,做到早发现、早诊断、早报告、早隔离。

(六)发生医院感染未及时采取控制措施造成感染暴发、传染病传播或其他严重后果的,根据《医院感染管理办法》第六章罚则的规定对主要责任人、直接责任人员和相关人员予以降级或撤职的行政处分;构成犯罪的,依法追究刑事责任。

医院感染的预防与控制工作涉及医院各个临床和管理部门,涉及每一名医务工作人员,涉及每一个与患者密切相关的临床技术操作过程。因此,医院各级各类人员应当遵循医院感染管理规章制度以及业务工作规范、标准、规定和要求。

三、医院感染管理奖惩办法

(一)科室奖励

1.经医院感染委员会及医院感染管理科按照《甘肃省中医院感染管理考核细则》标准检查和考核,对年度各项院感控制质量考核达标,综合成绩前一名的内科系统、骨外科系统、医技科室年终各奖励 1000 元。

2.积极配合上级卫生行政部门监督检查,各项检查均合格的科室,每科奖励 100~150 元。

3.预警医院感染流行趋势,及时发现及报告医院感染管理科,经核实后奖励科室 100~300 元。

(二)个人奖励

1.年终获得医院感染控制综合质量考评第一名的内科、骨外科及医技科室感控小组成员,每人奖励 100 元。

2.诊断医院感染病例，并按要求上报，每例奖励报卡医生 5 元。及时送检病原学检查，并按药敏试验合理选用抗感染药物每例奖励增加 25 元。

3.预警医院感染流行趋势，发现并及时报告，经核实后奖励个人 50 元。

（三）科室扣罚

1.依据每月考核结果扣除当月科室综合考评相应分值。

2.不按要求开展医院感染质控检查工作和参加医院感染管理科组织的相关培训，扣除当月综合考评相应分值。

3.上级卫生监督检查，抽检不合格每项扣科室 200 元。

4.科室全年医院感染漏报率大于 10%，扣科室 300 元。

（四）个人扣罚

1.发生医院感染病例漏报一例扣主管医生 200 元。

2.上级卫生监督检查个人洗手不合格，每次扣当事人 200 元。

3.已做药敏试验，没有按药敏试验结果合理选用抗菌药物，每例扣主管医生 100 元。

本办法由医院感染管理科负责解释，自 2010 年 4 月 1 日起执行。

附件：

甘肃省中医院医院感染管理三级组织工作流程图

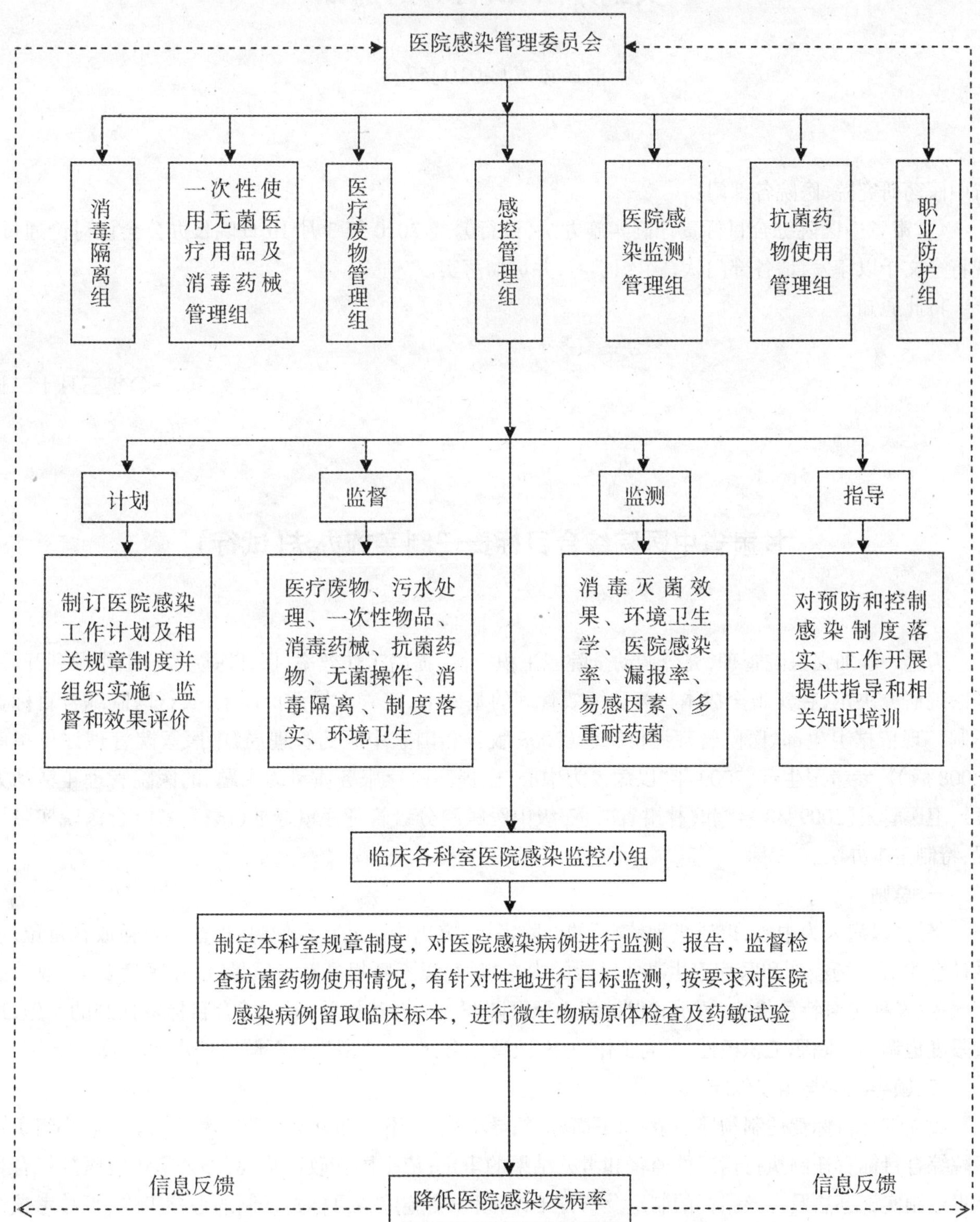

关于印发《甘肃省中医院综合目标责任制实施办法(试行)》的通知

中医办发〔2010〕47号

省中医药研究院,医院各部门:

《甘肃省中医院综合目标责任制实施办法(试行)》经2010年3月10日院长办公会议讨论通过,现将全文予以印发,请各部门认真组织学习,并贯彻落实。

特此通知。

二〇一〇年三月十二日

甘肃省中医院综合目标责任制实施办法(试行)

为进一步加强医院管理,充分调动全院职工积极性,提高工作效率,保证医院各项工作顺利开展,经医院研究决定,在实施全成本核算和绩效管理的基础上,完善考核评价体系,实行医院综合目标责任制。现依据卫生部《医院管理评价指南(2008版)》和国家中医药管理局《中医医院管理评价指南(2008版)》,参考卫生部《2009年"以病人为中心,以提高医疗服务质量为主题"的医院管理年活动方案》(卫医管发〔2009〕38号)和《甘肃省二、三级中医医院分级管理评审标准(试行)》,结合医院实际情况,特制定本办法。

一、总则

坚持"以病人为中心,以质量为核心"的办院宗旨,突出中医药特色优势,把社会效益放在首位,遵循社会主义市场经济和医疗卫生事业发展的内在规律,以不断提高医疗质量、保障医疗安全、改善医疗服务、发挥中医特色优势、尊重和保护病人及医院职工的合法权益,通过综合目标责任制的实施,最大限度地调动全院职工积极性,提高工作效率,改善服务态度,不断提升医院管理水平和服务能力。

二、领导机构与组织保障

成立综合目标责任制领导小组(以下简称"领导小组"),下设办公室及职能考核组。领导小组负责医院综合目标责任制执行情况的监督和考核结果的审定;依据国家政策法规,办公室负责医院综合目标责任制实施办法及考核指标的制定及修订工作,组织实施综合目标责任制的考核工作,汇总考核结果;职能考核组负责对职能管理部门综合目标责任制的月考核工作。

综合目标责任制领导小组人员组成：

组　长：李盛华

副组长：妥建福

成　员：孙援朝　冯守文　马忠祥　舒　劲　李兴勇　赵继荣　赵国杰　谢兴文　潘　文　卫晓雯

下设办公室：

主　任：舒　劲

副主任：张晓岚

成　员：谢兴文　罗克龙　胡雅杰　张德宏　郑　慧　杨宏武　马郑萍　马真琴

职能考核组人员组成：

组　长：冯守文　马忠祥　舒　劲　李兴勇　赵继荣

副组长：张晓岚

成　员：由省中医药研究院、党务部、院务部、人力资源部负责人组成

办公室及职能考核组的日常工作由经营管理科负责。

三、责任确定

建立院、部门两级责任制管理，部门负责人为本部门综合目标责任制的第一责任人，负责本部门月目标及年目标各项责任的落实，并与主管院领导签订部门负责人综合目标责任书。综合目标责任书每年度签订一次，一式四份，主管院领导、主管部门、经营管理科和部门负责人各一份。

四、考核办法

(一)考核原则

1.各部门按其工作职责，配合领导小组的工作，保证医院综合目标责任制各项考核指标的制定和修订。

2.医院综合目标责任管理的考核分为院、部门两级，医院负责对各部门进行考核，各部门负责对个人进行考核。

3.各部门及职能考核组，在领导小组的统一领导下，依据考核指标实施具体的考核。

4.各部门按照医院综合目标责任制考核指标，根据本部门工作特点和实际情况，制定对本部门个人的考核办法；原则上成立 3~5 人的考核小组负责实施本部门的考核；考核办法及考核小组名单报送经营管理科备案。

5.考核指标必须依据医院综合目标责任制标准，结合工作实际，要求具体、量化、有区别性，便于操作，突出重点，兼顾一般。

6.承担考核工作的部门和考核组，要以严肃的工作态度，坚持实事求是、客观、公正、准确、透明的原则，认真履行考核职责。

7.各部门对职工个人的考核要依据每个岗位的工作职责及特点，体现精神激励和效益激励的原则，充分调动职工工作积极性。

(二)考核程序

1.职能管理部门综合目标责任制的月考核，由职能考核组组织实施，考核小组组长轮流主持月考核工作，考核结果送经营管理科。涉及考核组成员本部门考核时，该成员应当回避。

2.医疗、医技科室综合目标责任制的月考核，由职能管理部门组织实施，考核结果经主管院领导审

核签字后送经营管理科。

3.各病区护理单元,其他护理部门综合目标责任制的月考核,由护理部组织实施,考核结果经主管领导审核签字后送经营管理科。

4.各部门综合目标责任制的年考核,由办公室负责组织相关人员进行。

5.在每月质量控制会议上,职能管理部门负责人针对本部门职责,就当月单项奖惩情况提交会议讨论,领导小组对考核中存在的问题予以议定。

6.综合目标责任制的月考核及年考核结果由经营管理科汇总,并进行经济核算,核算结果经医院质量控制会议通过后,送交财务部执行。经营管理科对月考核结果在护士长以上干部会上进行反馈。

(三)考核要求

1.考核结果必须经被考核的部门负责人签字认可。

2.进行月考核的部门均须在当月末或次月 5 日前完成考核工作,于次月 6 日将考核结果表送经营管理科,若遇节假日,送交时间顺延。年考核工作须在年底 12 月末或次月 5 日前完成。

(四)考核指标分解

1.纪委负责对各部门综合目标责任制医德医风月单项奖惩的审核及各部门满意度的年考核。根据工作需要,每季度对患者(住院及门诊病人)和本院职工进行满意度问卷调查。

2.党务部负责对各部门综合目标责任制政治理论学习、精神文明建设、文化建设及宣传管理的月考核。

3.院务部负责对各部门综合目标责任制医院规章、计划、决定等执行情况的督察和督办,护士长以上干部会议参加情况的月考核。

4.人力资源部负责对各部门综合目标责任制劳动纪律、出勤率管理的月考核。

5.医务部负责对各临床、医技科室综合目标责任制医疗质量管理的月考核。

6.财务部负责对各临床、医技科室综合目标责任制收费管理的月考核。

7.临床教学部负责对各临床、医技科室综合目标责任制继续教育和教学管理的月考核。

8.总务部负责对各部门综合目标责任制环境卫生、节水节电和安全隐患等管理的月考核。

9.护理部负责对护理单元护理综合目标责任制护理质量的月考核。

10.门诊部负责对各临床、医技科室综合目标责任制门诊工作质量管理的月考核。

11.感染管理科负责对各临床、医技科室综合目标责任制院内感染、传染病管理、医疗废物管理的月考核。

12.公共卫生科负责对各临床科室综合目标责任制传染病疫报、流行病学调查、死因监测管理的月考核。

13.医疗设备科负责对各临床、医技科室综合目标责任制医疗设备使用、维护状况、评估的月考核。

14.医保科负责对各临床科室综合目标责任制医疗质量项目中医疗保险管理的月考核。

15.职能考核组负责对各职能管理部门综合目标责任制工作任务等内容的月考核。

16.办公室负责组织相关人员对各部门综合目标责任制管理效益、持续创新等内容的年考核。

(五)考核分值及汇总比例

综合目标责任制的考核原则上分为月考核和年考核。考核分值均以百分制计算,60 分为基础起始分,40 分为考核加分项,满分 100 分。

1.职能管理部门考核分值及汇总比例:

1.1 月考核(40 分):(1)党务管理(1.6 分);(2)行政管理(6.4 分);(3)工作任务(16 分);(4)服务水平(16 分)。

1.2 部门考核分值汇总比例:

序号	考核部门	分值	序号	考核部门	分值
1	党务部	1.6	4	总务部	1.6
2	院务部	1.6	5	职能考核组	33.6
3	人力资源部	1.6			

1.3 年考核(40 分):(1)管理效益(24 分);(2)持续创新(12 分);(3)满意度(4 分)。

2.临床科室考核分值及汇总比例:

2.1 月考核(40 分):(1)党务管理(1.2 分);(2)行政管理(6 分);(3)医疗质量(24.8 分);(4)护理质量(8 分)。

2.2 临床科室考核分值汇总比例:

序号	考核部门	分值	序号	考核部门	分值
1	党务部	1.2	8	护理部	8.0
2	院务部	1.2	9	门诊部	3.2
3	人力资源部	1.2	10	感染管理科	2.8
4	临床教学部	2.0	11	医保科	2.0
5	医务部	14.0	12	设备科	1.2
6	财务部	1.2	13	公共卫生科	0.8
7	总务部	1.2			

2.3 年考核(40 分):(1)管理效益(24 分);(2)持续创新(12 分);(3)满意度(4 分)。

3.医技科室考核分值及汇总比例:

3.1 月考核(40 分):(1)党务管理(1.2 分);(2)行政管理(6.8 分);(3)医疗质量(32 分)。

3.2 医技科室目标考核分值汇总比例:

序号	考核部门	分值	序号	考核部门	分值
1	党务部	1.2	6	财务部	1.2
2	院务部	1.2	7	总务部	1.2
3	人力资源部	1.2	8	门诊部	3.2
4	临床教学部	2.0	9	感染管理科	2.8
5	医务部	24.0	10	设备科	2.0

3.3 年考核(40 分):(1)管理效益(24 分);(2)持续创新(12 分);(3)满意度(4 分)。

五、考核结果及经济核算

综合目标责任制的月考核分值为月考核结果;年考核分值为年考核结果;年度综合考核分值为年度综合考核结果,其计算方式为:年度综合考核分值=月考核分×70%+年考核分×30%。

按照效率优先、考核制约、奖优罚劣、按劳取酬的原则,依据医院《分配制度改革实施办法(试行)》,月考核结果直接与部门当月绩效分配挂钩,经营管理科按医院《经济管理核算办法》执行月考核的经济核算。医院设立年度综合目标责任制绩效管理奖,对绩效管理超标的部门,年终给予适当的经济奖励,对绩效管理未达标的部门,年终给予适当的经济处罚,经营管理科按照本办法执行年考核的经济核算。

六、奖惩

(一)月单项奖惩

各部门考核中发现下列情况,经院纪委、党务部、监察室或相关职能管理部门查实,按以下规定奖惩:

1.违反国家政策、法令、条例及医院的规章制度,造成不良影响者,每违反一条处罚当事人 200 元;扣部门当月考核分 0.2 分。

2.不执行计划生育政策者除按国家有关规定处理外,处罚当事人 1000 元;扣部门当月考核分 1 分。

3.发生医疗事故或纠纷,每发生一件扣部门当月考核分 0.2 分。导致医院经济损失的按医院《医疗事故处理办法(试行)》执行。

4.凡患者投诉,经院纪委、院务部、医务部、护理部、门诊部或监察室查实,处罚当事人 200 元;扣部门当月考核分 0.2 分。

5.利用病人看病、住院、手术等机会,暗示或索要病人钱物,发现一次除全部赔偿或退还索要钱物外,并视其情节严重程度处以当事人 5~10 倍的罚款;扣部门当月考核分 0.2 分。

6.利用患者名义为自己或亲友开药、克扣病人用药中饱私囊者,发现一次除补交药费外,并处当事人医药费 10 倍的罚款;扣部门当月考核分 0.2 分。

7.利用工作之便或盗用医院名义代销药品和其他物品者,发现一次没收其非法收入,处以当事人非法收入额 10 倍的罚款,并承担由其造成的一切后果;扣部门当月考核分 0.5 分。

8.凡未经医院正规渠道审核同意私自经销使用医疗器械、耗材者,发现一次没收其非法收入,处以当事人非法收入额 10 倍的罚款,并承担由其造成的一切后果;扣部门当月考核分 0.2 分。

9.凡将正常医疗工作和医院病人转为业余服务,私自占用医院器械设备、药品等进行有偿服务,没收其非法收入,处以当事人非法收入额 5~10 倍的罚款,情节严重者予以待岗;扣部门当月考核分 1 分。

10.非财务部门的科室、个人私自收取病人现金者,发现一次除退赔收入外,并处罚当事人 10 倍罚款;扣部门当月考核分 0.2 分。

11.科室私设收费项目、不按规定或超标准收费者,发现一次除退收入外,处罚当事人 200 元;扣部门当月考核分 0.2 分。

12.利用职务之便,为病人出具假诊断证书、假病情证明者,发现一次处罚当事人 200 元,并承担由此引起的一切责任;扣部门当月考核分 0.2 分。

13.弄虚作假、营私舞弊者,每发现一次处罚当事人 200 元;扣部门当月考核分 0.2 分。

14.院内打架、斗殴、酗酒闹事者,每发现一次处罚当事人 200 元,并承担相关的经济和刑事责任;扣部门当月考核分 1 分。

15.不论何因与病人发生争吵、打架者,发生一次处罚当事人 500 元;扣部门当月考核分 0.2 分。

16.不服从工作分配、不听指挥,对考核工作无理取闹,并影响正常工作秩序者,每发生一次处罚当事人 200 元;扣部门当月考核分 0.2 分。

17.迟到、早退发现一次处罚 50 元,扣部门当月考核分 0.2 分;上班时间脱离工作岗位,聚众喝酒、打牌者,发现一次每人扣罚 200 元,扣部门当月考核分 1 分。

18.因渎职或失误造成的各类经济损失者,发生一次处罚责任人 200 元,并赔偿经济损失的 15%;扣部门当月考核分 1 分。

19.凡出现水、电、气等后勤保障问题,影响医疗工作和病员、职工生活,并造成经济损失者,执行上款第 18 条规定。

20.凡违反《消防安全管理规定》,未落实医院与部门签订的消防安全责任书内容,发生火灾并造成经济损失者,除按《消防安全管理规定》处理外,执行上款第 18 条规定。

21.上班时间,严禁职工上网看电影、打游戏,每发现一次处罚当事人 200 元;扣部门当月考核分 0.2 分。

22.不执行医院决定,阻挠医院工作的正常进行,造成不良影响者,处罚当事人 500 元,情节严重者,予以待岗;扣部门当月考核分 1 分。

23.医德医风良好,拒收红包、回扣,经核实后,加当月考核分 0.2 分。

以上奖惩金额均从当事人岗位工资中予以兑现,扣发的款额均上缴医院。考核分从当事人部门当月考核结果中累计扣除。

对违反以上 1~22 条,年度连续受到处罚两次(含两次)以上的当事人,该年度综合考核不得评优;处罚五次以上的当事人,年度考核不合格;对年度内发生医疗事故或纠纷,给医院造成经济损失的科室不得参加年度评先选优等集体荣誉的评选,当事人该年度考核不能评优;对年度发生两次以上(含两次)医疗事故或纠纷的当事人,该年度考核不合格。凡涉及医德医风、廉洁行医方面的问题,除按本办法考核处罚外,仍按省卫生厅有关规定执行。

有下列情况之一者,视其情节追究科室管理责任:

1.科室医德医风管理不严,凡被举报出现违反职业道德,收受红包、搭车开药、接受医药(器械)商贿赂、私自收费、出具假诊断书等,经查实追究科主任(副主任)或护士长的管理责任。

2.科室出现重大问题隐瞒包庇不报(包括纠纷、旷工、脱岗、渎职等问题)造成后果的,经查实追究科主任或护士长的管理责任。

(二)年度奖惩

年度综合考核结果作为该年度本部门及个人评先选优的条件之一。对年度综合考核得分处于末位、考核不达标的部门主要负责人由主管院领导给予诫勉谈话;对连续两次年度综合考核得分处于末位、考核不达标的部门岗位负责人重新竞聘上岗。

七、其他

(一)执行考核的职能管理部门和职能考核组,因实际工作需要,可依据综合目标责任制标准,就考核指标分值进行机动管理;因客观原因,部门综合目标责任制的部分考核指标,需中途改变或修正,由相关管理部门根据实际情况提出修正意见,报领导小组审查后批准执行。

(二)结合医院实际工作需要,综合目标责任制的考核指标每年度进行一次修订。

(三)本办法自印发之日起实施。原运行的《甘肃省中医院质量控制考核办法(试行)》(中医办发〔2006〕112 号)和《甘肃省中医院部门负责人目标责任制实施办法(试行)》(中医办发〔2009〕116 号)同时废止。

（四）本办法由医院综合目标责任制领导小组办公室负责解释。

关于印发《甘肃省中医院“安全生产年”活动实施方案》的通知

中医办发〔2010〕79 号

省中医药研究院，医院各部门：

根据《甘肃省人民政府办公厅关于印发甘肃省继续深入开展“安全生产年”活动方案的通知》（甘政办发〔2010〕69 号）和省卫生厅《关于印发〈甘肃省卫生厅“安全生产年”活动实施方案〉的通知》（甘办发〔2010〕182 号）精神，医院制定了《甘肃省中医院“安全生产年”活动实施方案》，现印发你们，请遵照执行。

二〇一〇年五月七日

甘肃省中医院“安全生产年”活动实施方案

为认真贯彻《甘肃省人民政府办公厅关于印发甘肃省继续深入开展“安全生产年”活动方案的通知》（甘政办发〔2010〕69 号）和省卫生厅《关于印发〈甘肃省卫生厅“安全生产年”活动实施方案〉的通知》（甘办发〔2010〕182 号）精神，认真扎实地做好我院安全生产工作，确保“安全生产年”各项工作圆满完成，特制定本实施方案。

一、指导思想

坚持以科学发展观为指导，坚持安全发展理念，坚持“预防为主、加强监管、落实责任”的工作重点，进一步深化安全生产“三项行动”，继续加强“三项建设”，有效遏制重特大事故，维护良好的医疗秩序和保障医疗安全，为促进我院又好又快发展创造安全稳定的医疗环境。

二、总体目标

通过深入持续开展安全生产专项行动，进一步促进党和国家安全生产方针政策、法律法规以及“安全生产年”各项工作部署的落实，促进医院安全生产责任的落实，认真做好隐患排查，防范事故发生，建立健全隐患治理和危险源监控制度，加强事故预警、预防和应急救援工作，努力构建医院安全生产长效机制。

三、总体要求

各部门要针对本部门特点，努力做到“四个结合”，不断深入开展“安全生产年”活动。

（一）坚持把隐患排查治理工作与医院管理年和创建“平安医院”活动结合起来，狠抓薄弱环节，解决影响安全生产的突出矛盾和问题。

（二）坚持与日常监督检查结合起来，严明安全生产纪律，严肃查处“三违”（违章指挥、违章作业、违反劳动纪律）行为，消除隐患孳生根源。

（三）坚持与强化安全管理和技术进步结合起来，做好安全标准化、规范化建设和现场管理，加大安全投入，推进安全技术改造，夯实安全管理基础。

（四）坚持与加强应急管理结合起来，建立完善应急管理制度，健全事故应急救援预案体系，提高医疗卫生救援和卫生学处置能力。

四、组织机构

成立医院“安全生产年”活动领导小组。

组　长：李盛华

副组长：妥建福

成　员：孙援朝　冯守文　马忠祥　舒　劲　李兴勇　赵继荣　赵国杰　谢兴文　潘　文　卫晓雯

领导小组办公室设在院务部，负责活动的日常工作。

下设5个小组：

后勤管理组

组　长：李兴勇

成　员：安富德　张　磊

负责医院供电、供热、防火防盗设施及通用设备压力容器、压力管道、电梯等设备的安全隐患排查；门急诊、病房、急救中心、集体食堂、集体宿舍等人员密集场所和地下空间的消防安全管理。

基建管理组

组　长：马忠祥　李兴勇

成　员：马小明　杨沛霖

负责新建、改建、扩建建筑和维修施工场所的专项治理和安全隐患排查。

医技管理组

组　长：冯守文

成　员：盛　丽　周　晟　王　颖　李贵臻　陈进凡　梁　勤　张宝洲　王闻奇

负责医疗设备压力容器、放射源、采供血、生物实验室等安全的动态监督管理和安全隐患排查。

医疗管理组

组　长：赵继荣　马忠祥

成　员：杨宏武　马郑萍　马真琴　邓　强　张丽平　各临床科室主任及护士长

负责医疗安全事件防范机制和医疗纠纷协调处置机制的建立健全，落实三级医师查房、三查七对护理等医疗质量安全管理制度。

药品及院感管理组

组　长：舒　劲

成　员:刘效栓　周毓萍　李喜香

负责药品安全的动态监督管理,落实院内感染控制消毒灭菌监测、环境卫生学监测等安全管理制度。

五、工作重点

(一)建立健全安全生产制度。各部门要加强内部安全管理,建立健全安全生产制度,完善操作规程、管理组织体系和隐患排查治理长效机制,夯实安全生产基础,提高安全管理水平,推动安全生产责任制和责任追究制的落实。对因排查治理工作不力而引发事故的人员,要依法查处,严肃追究责任。

(二)排查整治重点部门部位。依据各部门职责,要继续强化对供电、供热、防火防盗设施及压力容器、压力管道、电梯等设备的安全隐患排查。认真开展新建、改建、扩建建筑和维修施工场所的专项治理。扎实推进高压氧舱、放射源、采供血、生物实验室安全的动态监督管理。认真做好门急诊、病房、急救中心、集体食堂、集体宿舍等人员密集场所和地下空间的消防安全管理。

(三)保障医疗安全。各部门要建立健全医疗安全事件防范机制和医疗纠纷协调处置机制,落实三级医师查房、三查七对护理、院内感染控制消毒灭菌监测、环境卫生学监测等医疗质量安全管理制度,切实加强医疗质量安全管理,进一步规范诊疗行为,维护医疗秩序。

(四)加强安全生产应急管理和宣传教育培训。各部门要加强各环节人员的教育培训工作,普及安全生产知识,严格特殊岗位人员的持证上岗管理。要完善应急预案管理,抓好重点部门的应急演练。

六、工作步骤

"安全生产年"活动分四个阶段进行:

(一)学习部署阶段(4 月 30 日前)。组织各部门认真学习"安全生产年"相关文件,结合医院实际,研究制定医院继续深入开展"安全生产年"活动的具体实施方案。

(二)实施阶段(5 月 1 日至 9 月 30 日)。各部门按照医院活动方案确立的各项工作内容和要求,全面开展工作。

(三)督察阶段。各部门要及时开展安全生产自查工作,全面排查治理事故隐患。医院于 5 月、8 月、10 月对各部门进行全面督导检查。

(四)总结阶段(11 月底)。各部门对"安全生产年"活动情况进行认真归纳、全面总结,于 11 月 30 日前将活动总结报医院"安全生产年"活动领导小组办公室。

七、工作要求

(一)主动开展自查整改和督导检查工作。各部门要按照统一领导、分工负责、突出重点、密切配合的原则,在医院的统一安排下主动开展自查,对存在的问题和隐患要抓紧时间整改。对在短时间内难以整改的,要制定有效措施,加强监管,落实责任。分管领导要深入基层加强督促检查,及时研究解决遇到的实际问题。

(二)建立完善信息报告制度。各部门要建立安全生产事故零报告制度,发生安全生产事故的,要在第一时间内上报医院总值班及院领导,启动医院应急预案开展应急处置工作,并按规定向有关部门报告基本信息和处置情况的同时,在 3 小时内报告省卫生厅。

(三)标本兼治,构建安全生产长效机制。各部门要以隐患排查治理为契机,不断加强和规范安全生产管理与监督。要切实加强隐患排查治理的信息统计,建立隐患排查治理信息报送制度和隐患数据库,做好隐患排查治理的基础工作。要建立健全隐患排查治理分级管理和重大危险源分级监控制度,实现隐患登记、整改、销号的全过程管理。

关于印发《甘肃省中医院行风监督有奖举报办法(试行)》的通知

中医办发〔2010〕87号

省中医药研究院,医院各部门:

《甘肃省中医院行风监督有奖举报办法(试行)》经2010年5月19日院长办公会议讨论通过,现将全文予以印发,请认真组织学习并落实。

特此通知。

二〇一〇年五月二十日

附件:

甘肃省中医院行风监督有奖举报办法(试行)

甘肃省中医院行风监督有奖举报办法(试行)

第一条　根据《甘肃省医疗卫生行业有奖举报办法(试行)》和医院《综合目标责任制实施办法(试行)》,为强化医德医风民主监督机制,进一步促进医院行风建设,接受群众监督,并鼓励群众举报各项工作中严重损害医院和患者利益的问题,制定本办法。

第二条　纪委、监察室为举报受理、调查部门。

第三条　院长办公会议决定对调查结果的处理和奖励。

第四条　举报范围:

(一)各类违反卫生法律法规的行为,违反医院医德医风、廉洁行医、物价政策等各项管理规定的行为;

(二)在医疗服务中收红包与回扣、开单提成、乱检查、乱用药、乱收费等问题;

(三)违反职工医保、城镇居民医保、新农合相关政策,有意套取或与参保人员合谋骗取医保和新农合基金等问题;

(四)在各类招标、采购工作中,违规接受贿赂、回扣、好处费等;

(五)一次性卫生耗材等与健康相关产品的卫生质量问题;

(六)餐饮经营活动中存在添加非食用物质和滥用添加剂及餐饮卫生问题。

第五条　举报形式:纪委、监察室通过以下形式接报,并形成接报受理记录。

(一)以书面材料、电话、传真、电子邮件形式;

(二)以来访形式;

(三)其他部门单位移转的举报线索;

(四)其他形式。

第六条　举报奖励方式:举报线索经查证属实,即予以奖励。原则上限于奖励实名举报人,对匿名举报案件查实后,可以确定举报人真实身份的,酌情给予奖励。凡不同举报人举报同一事件或同一对象的,只奖励最先举报人。

第七条　举报奖励标准:按照举报线索的重要程度和危害程度,分别予以举报人50元至2000元的奖励;重大举报,适当增加奖励金额。

第八条　举报内容必须真实,并尽可能详细、准确地提供举报内容及线索,以便于查处。举报人应对所举报的事实负责,对借举报之名捏造事实诬告他人的,依法追究其法律责任。

第九条　举报人应当自接到领奖通知之日起30日内,凭本人身份证或者其他有效证明等到财务部领取奖金并办理签收手续。逾期不领的,视为放弃权利。委托他人代领的,受托人需持有举报人授权委托书及身份证明。

第十条　严格执行举报保密制度。未经举报人同意,不得以任何方式公开举报人姓名、住所、工作单位或其他身份资料。

第十一条　医院公布受理举报部门通信地址、电话、传真、电子信箱(通信地址:兰州市七里河区安西路518号,邮编:730050;电话:0931-2687009;传真:0931-2687021;电子信箱:yiyuanjiwei@126.com)。

第十二条　本办法自公布之日起实施。

关于印发《医务人员职业暴露防护工作指导原则》的通知

中医医发〔2010〕89号

省中医药研究院,医院各部门:

为进一步加强职业安全管理,维护医务人员的职业安全,有效预防和控制医务人员在工作中发生职业暴露感染,医院制定了《医务人员职业暴露防护工作指导原则》,经2010年5月14日院长办公会议审议通过,现将全文印发,请各部门认真组织学习,并遵照执行。

特此通知。

二〇一〇年五月二十日

医务人员职业暴露防护工作指导原则

第一章 总 则

第一条 为维护医务人员的职业安全，有效预防和控制医务人员在工作中发生职业暴露感染，制定本指导原则。

第二条 本指导原则所称职业暴露是指医务人员从事诊疗、护理等工作过程中意外被乙肝、丙肝、艾滋病等病毒感染者或者此类病人的血液、体液污染了皮肤或者黏膜；或者被含有此类病毒的血液、体液污染了的针头及其他锐器刺破皮肤，有可能被此类病毒感染的情况；或者接触放射线时意外受伤。

第三条 各科室应当按照本指导原则的规定，加强医务人员预防与控制感染的防护工作。

第二章 预 防

第四条 医务人员预防病毒感染的防护措施应当遵照标准预防原则，严格执行各项操作规程，对所有病人的血液、体液及被血液、体液污染的物品均视为具有传染性的病源物质，医务人员接触这些物质及放射线时，必须采取防护措施。

第五条 医务人员接触病源物质及放射线时，应当采取以下防护措施：

(一)医务人员进行有可能接触病人血液、体液的诊疗和护理操作时必须戴手套，操作完毕，脱去手套后立即洗手，必要时进行手消毒。

(二)在诊疗、护理操作过程中，有可能发生血液、体液飞溅到医务人员的面部时，医务人员应当戴手套、具有防渗透性能的口罩、防护眼镜；有可能发生血液、体液大面积飞溅或者有可能污染医务人员的身体时，还应当穿戴具有防渗透性能的隔离衣或者围裙。

(三)医务人员手部皮肤发生破损，在进行有可能接触病人血液、体液的诊疗和护理操作时必须戴双层手套。

(四)放射检查室及人员应严格遵守操作规程，配备与使用场所相适应的防护设施、设备及个人防护用品。

第六条 医务人员在进行侵袭性诊疗、护理操作过程中，要保证充足的光线，并特别注意防止被针头、缝合针、刀片等锐器刺伤或者划伤。

第七条 使用后的锐器应当直接放入耐刺、防渗漏的利器盒，或者利用针头处理设备进行安全处置，也可以使用具有安全性能的注射器、输液器等医用锐器，以防刺伤。

禁止将使用后的一次性针头重新套上针头套。禁止用手直接接触使用后的针头、刀片等锐器。

第三章 发生职业暴露后的处理措施

第八条 医务人员发生病毒职业暴露后，应当立即实施以下局部处理措施：

(一)用肥皂液和流动水清洗污染的皮肤，用生理盐水冲洗黏膜。

(二)如有伤口,应当在伤口旁端轻轻挤压,尽可能挤出损伤处的血液,再用肥皂液和流动水进行冲洗;禁止进行伤口的局部挤压。

(三)受伤部位的伤口冲洗后,应当用消毒液,如:75%乙醇或0.5%碘附进行消毒,并包扎伤口;被暴露的黏膜,应当反复用生理盐水冲洗干净。

第九条 医务人员发生病毒职业暴露后,专家组应当对其暴露的级别、暴露的性质和暴露源的病毒载量水平进行评估和确定。

第十条 职业暴露HBV病毒后处理措施。

针对乙肝易感者与对乙肝疫苗无应答者,即血清抗HBs阴性者,当被血清HBsAg(+)血液、体液污染的锐器刺伤后,措施有两条:

其一,应急注射乙型肝炎高效免疫球蛋白(HBIG),首次应该在暴露后48小时内完成。

其二,进行血液乙肝标志物检查,阴性者皮下注射乙肝疫苗10 μg、10 μg、10 μg(0月、1月、6月),暴露后6个月内应予血清学随访,并注意有无相关的临床表现与肝功能变化。对于血清学抗体HBs≤10 μl/mL的医务人员,需加强接种乙肝疫苗一次,并接种HBIG一次。上述措施应尽早(48小时内)完成。

第十一条 职业暴露丁肝病毒后处理措施。

丁肝只发生在有乙肝病毒感染的人群中,它通过类似乙肝途径传播。防止乙肝感染的措施也对丁肝病毒有效。

第十二条 职业暴露HCV病毒后处理措施。

对暴露者的血清学抗HCV随访,暴露后24~48小时内、6个月与12个月检查三次抗HCV。一旦血清抗HCV由阴转阳,应及时启动抗病毒治疗,不必等待肝功出现异常。

第十三条 职业暴露艾滋病病毒后处理措施。

一、职业暴露级别分为三级。

发生以下情形时,确定为一级暴露:

(一)暴露源为体液、血液或者含有体液、血液的医疗器械、物品。

(二)暴露类型为暴露源沾染了有损伤的皮肤或者黏膜,暴露量小且暴露时间较短。

发生以下情形时,确定为二级暴露:

(一)暴露源为体液、血液或者含有体液、血液的医疗器械、物品。

(二)暴露类型为暴露源沾染了有损伤的皮肤或者黏膜,暴露量大且暴露时间较长;或者暴露类型为暴露源刺伤或者割伤皮肤,但损伤程度较轻,为表皮擦伤或者针刺伤。

发生以下情形时,确定为三级暴露:

(一)暴露源为体液、血液或者含有体液、血液的医疗器械、物品。

(二)暴露类型为暴露源刺伤或者割伤皮肤,但损伤程度较重,为深部伤口或者割伤物有明显可见的血液。

二、暴露源的病毒载量水平分为轻度、重度和暴露源不明三种类型。

经检验,暴露源为艾滋病病毒阳性,但滴度低、艾滋病病毒感染者无临床症状、CD4计数正常者,为轻度类型。

经检验,暴露源为艾滋病病毒阳性,但滴度高、艾滋病病毒感染者有临床症状、CD4计数低者,为重度类型。

不能确定暴露源是否为艾滋病病毒阳性者,为暴露源不明型。

三、应当根据暴露级别和暴露源病毒载量水平对发生艾滋病病毒职业暴露的医务人员实施预防性用药方案。

四、预防性用药方案分为基本用药程序和强化用药程序。基本用药程序为两种反转录酶制剂,使用常规治疗剂量,连续使用28天。强化用药程序是在基本用药程序的基础上,同时增加一种蛋白酶抑制剂,使用常规治疗剂量,连续使用28天。

预防性用药应当在发生艾滋病病毒职业暴露后尽早开始,最好在4小时内实施,最迟不得超过24小时;即使超过24小时,也应当实施预防性用药。

发生一级暴露且暴露源的病毒载量水平为轻度时,可以不使用预防性用药;发生一级暴露且暴露源的病毒载量水平为重度或者发生二级暴露且暴露源的病毒载量水平为轻度时,使用基本用药程序。

发生二级暴露且暴露源的病毒载量水平为重度或者发生三级暴露且暴露源的病毒载量水平为轻度或者重度时,使用强化用药程序。

暴露源的病毒载量水平不明时,可以使用基本用药程序。

五、医务人员发生艾滋病病毒职业暴露后,公共卫生科应当给予随访和咨询。随访和咨询的内容包括:在暴露后的第4周、第8周、第12周及6个月时对艾滋病病毒抗体进行检测,对服用药物的毒性进行监控和处理,观察和记录艾滋病病毒感染的早期症状等。

第四章　登记和报告

第十四条　医务人员发生职业暴露后,应立即向科室负责人、公共卫生科、感染管理科及时报告,并填报《职业暴露登记表》。对职业暴露情况进行登记,登记的内容包括:职业暴露发生的时间、地点及经过;暴露方式;暴露的具体部位及损伤程度;暴露源种类和含有艾滋病病毒的情况;处理方法及处理经过,是否实施预防性用药、首次用药时间、药物毒副作用及用药的依从性情况;定期检测及随访情况。

第十五条　公共卫生科组织专家组对职业暴露性质及暴露源进行评估,根据病毒种类上报上级疾控中心,并对职业暴露者进行跟踪随访、记录。

第十六条　公共卫生科每半年将本单位发生职业暴露情况进行汇总,逐级上报至省级疾病预防控制中心,省级疾病预防控制中心汇总后上报中国疾病预防控制中心。

第十七条　医务人员发生职业暴露后,由公共卫生科组织调查,在没有违反操作规程的情况下,其预防控制费用由医院承担。

第十八条　本规定中的医务人员指从事临床、医技和相关工作的人员(含聘用职工)。

第十九条　本规定由公共卫生科负责解释。

附件：

标准预防

标准预防

标准预防是将普遍预防和体内物质隔离的许多特点进行综合，认定病人血液、体液、分泌物、排泄物均具有传染性，需进行隔离，不论是否有明显的血迹污染或是否接触非完整的皮肤与黏膜。接触上述物质者必须采取防护措施。根据相应传播途径采取空气、接触等隔离措施，是预防医院感染成功而有效的措施。

标准预防的措施

1.洗手：接触病人的血液、体液、分泌物、排泄物及其污染物品时，不论其是否戴手套，都必须洗手。遇有下述情况必须立即洗手：接触病人前后、可能污染环境或传染其他人时。

2.戴手套：接触病人的上述物质及其污染物品时，接触病人黏膜和非完整皮肤前均应戴手套；对病人既接触清洁部位，又接触污染部位时应更换手套。手套不能代替洗手。

3.上述物质有可能发生喷溅时，应戴眼口罩，必要时戴面罩并穿防护衣，以防止医护人员皮肤、黏膜和衣服的污染。

4.被上述物质污染的医疗用品和仪器设备应及时处理。重复使用的医疗仪器设备应进行清洁和消毒。

5.需重复使用的利器，应放在防刺的容器内，以便运输、处理和防止刺伤。

6.一次性使用的利器，如针头等放置在防刺、防渗漏的容器内进行无害化处理。

7.空气、物体表面、环境、衣物与餐饮具的消毒：

(1)病室每日早、中、晚各通风换气一次。包括床栏、床边、床头桌、椅、门把手等经常接触的物体表面定期清洁、消毒。

(2)在处理和运输被血液、体液、分泌物、排泄物污染的被服、衣物时，要防止医务人员皮肤暴露、污染工作服和环境。

(3)可重复使用的餐饮具应清洗、消毒后再使用，对隔离病人尽可能使用一次性餐饮具。

(4)复用的衣服置于专用袋中，运输至指定地点进行清洗、消毒，并防止运输过程中的污染。

8.急救场所可能出现需要复苏时，用简易呼吸囊(复苏袋)或其他通气装置以代替口对口人工呼吸方法。

9.放射检查室及人员必须有相应的屏蔽及防护设备。

10.医疗废物应按照国家颁布的《医疗废物管理条例》及其相关法律法规进行无害化处理。

甘肃省中医院关于创建无烟医院活动实施方案

中医办发〔2010〕100号

省中医药研究院,医院各部门:

为响应世界卫生组织《烟草控制框架公约》和卫生部等四部门《关于2011年全国医疗卫生系统全面禁烟的决定》(卫妇社发〔2009〕48号)精神,认真贯彻落实省卫生厅和省爱卫会《关于在全省开展无烟医疗卫生机构创建活动的通知》(甘爱卫发〔2009〕4号)和《关于印发甘肃省医疗卫生系统全面禁烟实施意见的通知》(甘卫爱发〔2009〕161号)要求,营造良好的医疗工作环境,关注全院职工健康和生命质量,结合医院实际,将医院逐步建设成为无烟医院,特制定本实施方案。

一、组织管理

1.成立创建无烟医院工作领导小组。

组　长:李盛华　妥建福

副组长:孙援朝　冯守文　马忠祥　舒　劲　李兴勇　赵继荣

医院爱国卫生运动委员会(以下称爱卫会)负责创建无烟医院的日常工作,包括工作规划,制定控烟的具体实施办法,开展创建活动的宣传、教育工作及考核管理等。

2.在医院实行医院、部门二级创建无烟医院管理责任制度。各部门要成立以科主任为组长、1~2名部门成员为组员的创建无烟部门管理小组,具体负责本部门的各项创建工作,积极配合医院爱卫会的统一安排和部署,协助医院爱卫会完成各项创建工作。

3.在医院门诊部设立戒烟门诊。

二、宣传工作

1.统一在医院各楼的主要入口处设置明显的"禁止吸烟"警示牌,在门诊候诊大厅、接诊室、病房走廊、手术室、办公室、会议室、值班房等处张贴悬挂禁烟标志,在医院户外环境配置"吸烟危害健康"的警示语标牌。

2.通过宣传栏、各种例会和职工大会向全院工作人员进行禁烟宣传;将"吸烟与健康"相关内容作为长期主题,定期开展有奖征文活动。

3.将禁烟宣传资料纳入住院病人指南,宣传吸烟有害健康的医学知识,告诫病人及家属禁止在院内吸烟。

4.组织"吸烟危害健康与戒烟方法"的保健讲座。禁烟教育纳入新职工岗前培训。

5.医务人员在诊疗活动中,主动向病人及家属宣传吸烟的危害性,积极劝阻在禁烟区域内的吸烟行为。

6.导医台、分诊台摆放禁烟宣传资料供取阅。

7.院内公共场所禁止放烟具物品。

8.院内小卖部、餐饮中心禁止出售香烟,禁止悬挂、张贴有关香烟的宣传广告。

三、禁烟区域和吸烟区设置

1.医院内所有室内场所,包括候诊区、治疗区、病房、检查室、手术室、实验室、示教室、医护办公室、值班室、各会议室、行政后勤各部门办公室等为禁烟区。

2.有天花板的大厅、走廊、楼梯等公众场所为禁烟区。

3.在各楼层露天平台等空气流通处设专用吸烟区。

四、监督管理措施

1.医院爱卫会组织每月抽查、每季检查,重点检查科室禁烟制度建立与落实情况,每月末将各科室质控结果送交医院经营管理科,纳入本科室质控。

2.部门须认真贯彻医院禁烟制度,认真执行本科的禁烟规定,负责所属区域内的禁烟工作,发现病人或家属吸烟,及时劝阻,保证禁烟区内无人吸烟、无烟头。

3.禁烟区实行包干负责,各部门所属区域禁烟区要做到无人吸烟、无烟头,若发生吸烟现象,科室负监管失职之责。

4.实施控烟目标责任制,若部门当年管辖范围内发生违反禁烟规定的现象,该科室不得参加本年度科室评优工作。

5.医院全体职工要积极响应创建无烟医院活动,有责任制止在禁烟区内发现的吸烟行为。

五、惩处措施

1.不得在禁烟区内吸烟,违反者(被督察或举报),经医院爱卫会核实后予以批评教育,职工每发生一次处罚50元,病员或陪员家属及来院办事者处罚20元。

2.对于当月出现三次以上违规部门或个人,医院爱卫会在护士长以上干部会议上进行通报批评,视情节对违规者给予100元加倍的处罚,对部门给予质控考核分的处理。

六、创建无烟医院活动从2010年8月1日起实施,本实施方案由医院爱卫会负责解释

二〇一〇年七月十四日

关于转发《中医病历书写基本规范》的通知

中医医发〔2010〕109号

各科室：

为规范中医病历书写，提高病历质量，保障医疗质量和医疗安全，近期，卫生部和国家中医药管理局在总结各地对2002版《中医、中西医结合病历书写基本规范(试行)》(以下简称《规范》)执行情况的基础上，结合当前医疗机构管理和医疗质量管理面临的新形势和新特点，对2002版《规范》进行了修订，制定了《中医病历书写基本规范》。现予印发，请认真学习并遵照执行。

二〇一〇年七月三十日

中医病历书写基本规范

第一章 基本要求

第一条 病历是指医务人员在医疗活动过程中形成的文字、符号、图表、影像、切片等资料的总和，包括门(急)诊病历和住院病历。

第二条 中医病历书写是指医务人员通过望、闻、问、切及查体、辅助检查、诊断、治疗、护理等医疗活动获得有关资料，并进行归纳、分析、整理形成医疗活动记录的行为。

第三条 病历书写应当客观、真实、准确、及时、完整、规范。

第四条 病历书写应当使用蓝黑墨水、碳素墨水，需复写的病历资料可以使用蓝或黑色油水的圆珠笔。计算机打印的病历应当符合病历保存的要求。

第五条 病历书写应当使用中文，通用的外文缩写和无正式中文译名的症状、体征、疾病名称等可以使用外文。

第六条 病历书写应规范使用医学术语，中医术语的使用依照相关标准、规范执行。要求文字工整，字迹清晰，表述准确，语句通顺，标点正确。

第七条 病历书写过程中出现错字时，应当用双线画在错字上，保留原记录清楚、可辨，并注明修改时间、修改人签名。不得采用刮、粘、涂等方法掩盖或去除原来的字迹。

上级医务人员有审查修改下级医务人员书写的病历的责任。

第八条 病历应当按照规定的内容书写，并由相应医务人员签名。

实习医务人员、试用期医务人员书写的病历,应当经过本医疗机构注册的医务人员审阅、修改并签名。

进修医务人员由医疗机构根据其胜任本专业工作实际情况认定后书写病历。

第九条　病历书写一律使用阿拉伯数字书写日期和时间,采用24小时制记录。

第十条　病历书写中涉及的诊断,包括中医诊断和西医诊断,其中中医诊断包括疾病诊断与证候诊断。

中医治疗应当遵循辨证论治的原则。

第十一条　对需取得患者书面同意方可进行的医疗活动,应当由患者本人签署知情同意书。患者不具备完全民事行为能力时,应当由其法定代理人签字;患者因病无法签字时,应当由其授权的人员签字;为抢救患者,在法定代理人或被授权人无法及时签字的情况下,可由医疗机构负责人或者授权的负责人签字。

因实施保护性医疗措施不宜向患者说明情况的,应当将有关情况告知患者近亲属,由患者近亲属签署知情同意书,并及时记录。患者无近亲属的或者患者近亲属无法签署同意书的,由患者的法定代理人或者关系人签署同意书。

第二章　门(急)诊病历书写内容及要求

第十二条　门(急)诊病历内容包括门(急)诊病历首页[门(急)诊手册封面]、病历记录、化验单(检验报告)、医学影像检查资料等。

第十三条　门(急)诊病历首页内容应当包括患者姓名、性别、出生年月日、民族、婚姻状况、职业、工作单位、住址、药物过敏史等项目。

门诊手册封面内容应当包括患者姓名、性别、年龄、工作单位或住址、药物过敏史等项目。

第十四条　门(急)诊病历记录分为初诊病历记录和复诊病历记录。

初诊病历记录书写内容应当包括就诊时间、科别,主诉,现病史、既往史,中医四诊情况,阳性体征、必要的阴性体征和辅助检查结果,诊断及治疗意见和医师签名等。

复诊病历记录书写内容应当包括就诊时间、科别,中医四诊情况,必要的体格检查和辅助检查结果,诊断、治疗处理意见和医师签名等。

急诊病历书写就诊时间应当具体到分钟。

第十五条　门(急)诊病历记录应当由接诊医师在患者就诊时及时完成。

第十六条　急诊留观记录是急诊患者因病情需要留院观察期间的记录,重点记录观察期间病情变化和诊疗措施,记录简明扼要,并注明患者去向。实施中医治疗的,应记录中医四诊、辨证施治情况等。抢救危重患者时,应当书写抢救记录。门(急)诊抢救记录书写内容及要求按照住院病历抢救记录书写内容及要求执行。

第三章　住院病历书写内容及要求

第十七条　住院病历内容包括住院病案首页、入院记录、病程记录、手术同意书、麻醉同意书、输血治疗知情同意书、特殊检查(特殊治疗)同意书、病危(重)通知书、医嘱单、辅助检查报告单、体温单、医学影像检查资料、病理资料等。

第十八条　入院记录是指患者入院后,由经治医师通过望、闻、问、切及查体、辅助检查获得有关资料，并对这些资料归纳分析书写而成的记录。可分为入院记录、再次或多次入院记录、24小时内入出院记录、24小时内入院死亡记录。

入院记录、再次或多次入院记录应当于患者入院后24小时内完成；24小时内入出院记录应当于患者出院后24小时内完成；24小时内入院死亡记录应当于患者死亡后24小时内完成。

第十九条　入院记录的要求及内容。

（一）患者一般情况包括姓名、性别、年龄、民族、婚姻状况、出生地、职业、入院时间、记录时间、发病节气、病史陈述者。

（二）主诉是指促使患者就诊的主要症状（或体征）及持续时间。

（三）现病史是指患者本次疾病的发生、演变、诊疗等方面的详细情况，应当按时间顺序书写，并结合中医问诊记录目前情况。内容包括发病情况、主要症状特点及其发展变化情况、伴随症状、发病后诊疗经过及结果、睡眠和饮食等一般情况的变化，以及与鉴别诊断有关的阳性或阴性资料等。

1.发病情况：记录发病的时间、地点、起病缓急、前驱症状、可能的原因或诱因。

2.主要症状特点及其发展变化情况：按发生的先后顺序描述主要症状的部位、性质、持续时间、程度、缓解或加剧因素，以及演变发展情况。

3.伴随症状：记录伴随症状，描述伴随症状与主要症状之间的相互关系。

4.发病以来诊治经过及结果：记录患者发病后到入院前，在院内、外接受检查与治疗的详细经过及效果。对患者提供的药名、诊断和手术名称需加引号（“”）以示区别。

5.发病以来一般情况：结合十问简要记录患者发病后的寒热、饮食、睡眠、情志、二便、体重等情况。

与本次疾病虽无紧密关系，但仍需治疗的其他疾病情况，可在现病史后另起一段予以记录。

（四）既往史是指患者过去的健康和疾病情况。内容包括既往一般健康状况、疾病史、传染病史、预防接种史、手术外伤史、输血史、食物或药物过敏史等。

（五）个人史，婚育史、月经史，家族史。

1.个人史：记录出生地及长期居留地，生活习惯及有无烟、酒、药物等嗜好，职业与工作条件及有无工业毒物、粉尘、放射性物质接触史，有无冶游史。

2.婚育史、月经史：婚姻状况、结婚年龄、配偶健康状况、有无子女等。女性患者记录经带胎产史、初潮年龄、行经期天数和间隔天数、末次月经时间（或闭经年龄）、月经量、痛经及生育等情况。

3.家族史：父母、兄弟、姐妹健康状况，有无与患者类似疾病，有无家族遗传倾向的疾病。

（六）中医望、闻、切诊应当记录神色、形态、语声、气息、舌象、脉象等。

（七）体格检查应当按照系统循序进行书写。内容包括体温，脉搏，呼吸，血压，皮肤，黏膜，全身浅表淋巴结，头部及其器官，颈部，胸部（胸廓、肺部、心脏、血管），腹部（肝、脾等），直肠，肛门，外生殖器，脊柱，四肢，神经系统等。

（八）专科情况应当根据专科需要记录专科特殊情况。

（九）辅助检查指入院前所做的与本次疾病相关的主要检查及其结果。应分类按检查时间顺序记录检查结果，如系在其他医疗机构所做检查，应当写明该机构名称及检查号。

（十）初步诊断是指经治医师根据患者入院时情况，综合分析所做出的诊断。如初步诊断为多项时，应当主次分明。对待查病例应列出可能性较大的诊断。

（十一）书写入院记录的医师签名。

第二十条　再次或多次入院记录，是指患者因同一种疾病再次或多次住入同一医疗机构时书写的记录。要求及内容基本同入院记录。主诉是记录患者本次入院的主要症状(或体征)及持续时间;现病史中要求首先对本次住院前历次有关住院诊疗经过进行小结,然后再书写本次入院的现病史。

第二十一条　患者入院不足 24 小时出院的,可以书写 24 小时内入出院记录。内容包括患者姓名、性别、年龄、职业、入院时间、出院时间、主诉、入院情况、入院诊断、诊疗经过、出院情况、出院诊断、出院医嘱、医师签名等。

第二十二条　患者入院不足 24 小时死亡的,可以书写 24 小时内入院死亡记录。内容包括患者姓名、性别、年龄、职业、入院时间、死亡时间、主诉、入院情况、入院诊断、诊疗经过(抢救经过)、死亡原因、死亡诊断、医师签名等。

第二十三条　病程记录是指继入院记录之后,对患者病情和诊疗过程所进行的连续性记录。内容包括患者的病情变化情况及证候演变情况、重要的辅助检查结果及临床意义、上级医师查房意见及会诊意见、医师分析讨论意见、所采取的诊疗措施及效果、医嘱更改及理由、向患者及其近亲属告知的重要事项等。

中医方药记录格式参照中药饮片处方相关规定执行。

病程记录的要求及内容:

(一)首次病程记录是指患者入院后由经治医师或值班医师书写的第一次病程记录,应当在患者入院 8 小时内完成。首次病程记录的内容包括病例特点、拟诊讨论(诊断依据及鉴别诊断)、诊疗计划等。

1.病例特点:应当在对病史、四诊情况、体格检查和辅助检查进行全面分析、归纳和整理后写出本病例特征,包括阳性发现和具有鉴别诊断意义的阴性症状和体征等。

2.拟诊讨论(诊断依据及鉴别诊断):根据病例特点,提出初步诊断和诊断依据;对诊断不明的写出鉴别诊断并进行分析;并对下一步诊治措施进行分析。诊断依据包括中医辨病辨证依据与西医诊断依据,鉴别诊断包括中医鉴别诊断与西医鉴别诊断。

3.诊疗计划:提出具体的检查、中西医治疗措施及中医调护等。

(二)日常病程记录是指对患者住院期间诊疗过程的经常性、连续性记录。由经治医师书写,也可以由实习医务人员或试用期医务人员书写,但应有经治医师签名。书写日常病程记录时,首先标明记录时间,另起一行记录具体内容。对病危患者应当根据病情变化随时书写病程记录,每天至少 1 次,记录时间应当具体到分钟。对病重患者,至少 2 天记录一次病程记录。对病情稳定的患者,至少 3 天记录一次病程记录。

日常病程记录应反映四诊情况及治法、方药变化及其变化依据等。

(三)上级医师查房记录是指上级医师查房时对患者病情、诊断、鉴别诊断、当前治疗措施疗效的分析及下一步诊疗意见等的记录。

主治医师首次查房记录应当于患者入院 48 小时内完成。内容包括查房医师的姓名、专业技术职务、补充的病史和体征、理法方药分析、诊断依据与鉴别诊断的分析及诊疗计划等。

主治医师日常查房记录间隔时间视病情和诊疗情况确定,内容包括查房医师的姓名、专业技术职务、对病情的分析和诊疗意见等。

科主任或具有副主任医师以上专业技术职务任职资格医师查房的记录,内容包括查房医师的姓名、专业技术职务、对病情和理法方药的分析及诊疗意见等。

(四)疑难病例讨论记录是指由科主任或具有副主任医师以上专业技术任职资格的医师主持、召集有关医务人员对确诊困难或疗效不确切病例讨论的记录。内容包括讨论日期、主持人、参加人员姓名及专业技术职务、具体讨论意见及主持人小结意见等。

（五）交（接）班记录是指患者经治医师发生变更之际，交班医师和接班医师分别对患者病情及诊疗情况进行简要总结的记录。交班记录应当在交班前由交班医师书写完成；接班记录应当由接班医师于接班后 24 小时内完成。交（接）班记录的内容包括入院日期，交班或接班日期，患者姓名、性别、年龄，主诉，入院情况，入院诊断，诊疗经过，目前情况，目前诊断，交班注意事项或接班诊疗计划，医师签名等。

（六）转科记录是指患者住院期间需要转科时，经转入科室医师会诊并同意接收后，由转出科室和转入科室医师分别书写的记录。包括转出记录和转入记录。转出记录由转出科室医师在患者转出科室前书写完成（紧急情况除外）；转入记录由转入科室医师于患者转入后 24 小时内完成。转科记录内容包括入院日期，转出或转入日期，转出、转入科室，患者姓名、性别、年龄，主诉，入院情况，入院诊断，诊疗经过，目前情况，目前诊断，转科目的及注意事项或转入诊疗计划，医师签名等。

（七）阶段小结是指患者住院时间较长，由经治医师每月所做病情及诊疗情况总结。阶段小结的内容包括入院日期，小结日期，患者姓名、性别、年龄，主诉，入院情况，入院诊断，诊疗经过，目前情况，目前诊断，诊疗计划，医师签名等。

交（接）班记录、转科记录可代替阶段小结。

（八）抢救记录是指患者病情危重，采取抢救措施时做的记录。因抢救急危患者，未能及时书写病历的，有关医务人员应当在抢救结束后 6 小时内据实补记，并加以注明。内容包括病情变化情况、抢救时间及措施、参加抢救的医务人员姓名及专业技术职称等。记录抢救时间应当具体到分钟。

（九）有创诊疗操作记录是指在临床诊疗活动过程中进行的各种诊断、治疗性操作（如胸腔穿刺、腹腔穿刺等）的记录。应当在操作完成后即刻书写。内容包括操作名称、操作时间、操作步骤、操作结果及患者一般情况，记录过程是否顺利、有无不良反应，术后注意事项及是否向患者说明，操作医师签名。

（十）会诊记录（含会诊意见）是指患者在住院期间需要其他科室或者其他医疗机构协助诊疗时，分别由申请医师和会诊医师书写的记录。会诊记录应另页书写。内容包括申请会诊记录和会诊意见记录。申请会诊记录应当简要载明患者病情及诊疗情况、申请会诊的理由和目的、申请会诊医师签名等。常规会诊意见记录应当由会诊医师在会诊申请发出后 48 小时内完成，急会诊时会诊医师应当在会诊申请发出后 10 分钟内到场，并在会诊结束后即刻完成会诊记录。会诊记录内容包括会诊意见、会诊医师所在的科别或者医疗机构名称、会诊时间及会诊医师签名等。申请会诊医师应在病程记录中记录会诊意见执行情况。

（十一）术前小结是指在患者手术前，由经治医师对患者病情所做的总结。内容包括简要病情、术前诊断、手术指征、拟施手术名称和方式、拟施麻醉方式、注意事项，并记录手术者术前查看患者相关情况等。

（十二）术前讨论记录是指因患者病情较重或手术难度较大，手术前在上级医师主持下，对拟实施手术方式和术中可能出现的问题及应对措施所做的讨论。讨论内容包括术前准备情况、手术指征、手术方案、可能出现的意外及防范措施、参加讨论者的姓名及专业技术职务、具体讨论意见及主持人小结意见、讨论日期、记录者的签名等。

（十三）麻醉术前访视记录是指在麻醉实施前，由麻醉医师对患者拟施麻醉进行风险评估的记录。

麻醉术前访视可另立单页，也可在病程中记录。内容包括姓名、性别、年龄、科别、病案号，患者一般情况、简要病史，与麻醉相关的辅助检查结果，拟行手术方式，拟行麻醉方式，麻醉适应证及麻醉中需注意的问题，术前麻醉医嘱，麻醉医师签字并填写日期。

（十四）麻醉记录是指麻醉医师在麻醉实施中书写的麻醉经过及处理措施的记录。麻醉记录应当另页书写，内容包括患者一般情况，术前特殊情况，麻醉前用药，术前诊断，术中诊断，手术方式及日期，麻醉方式，麻醉诱导及各项操作开始及结束时间，麻醉期间用药名称、方式及剂量，麻醉期间特殊或突发情况及处理，手术起止时间，麻醉医师签名等。

（十五）手术记录是指手术者书写的反映手术一般情况、手术经过、术中发现及处理等情况的特殊记录，应当在术后 24 小时内完成。特殊情况下由第一助手书写时，应有手术者签名。手术记录应当另页书写，内容包括一般项目（患者姓名、性别、科别、病房、床位号、住院病历号或病案号）、手术日期、术前诊断、术中诊断、手术名称、手术者及助手姓名、麻醉方法、手术经过、术中出现的情况及处理等。

（十六）手术安全核查记录是指由手术医师、麻醉医师和巡回护士三方，在麻醉实施前、手术开始前和病人离室前，共同对病人身份、手术部位、手术方式、麻醉及手术风险、手术使用物品清点等内容进行核对的记录，输血的病人还应对血型、用血量进行核对。应有手术医师、麻醉医师和巡回护士三方核对、确认并签字。

（十七）手术清点记录是指巡回护士对手术患者术中所用血液、器械、敷料等的记录，应当在手术结束后即时完成。手术清点记录应当另页书写，内容包括患者姓名、住院病历号（或病案号）、手术日期、手术名称、术中所用各种器械和敷料数量的清点核对、巡回护士和手术器械护士签名等。

（十八）术后首次病程记录是指参加手术的医师在患者术后即时完成的病程记录。内容包括手术时间、术中诊断、麻醉方式、手术方式、手术简要经过、术后处理措施、术后应当特别注意观察的事项等。

（十九）麻醉术后访视记录是指麻醉实施后，由麻醉医师对术后患者麻醉恢复情况进行访视的记录。麻醉术后访视可另立单页，也可在病程中记录。内容包括姓名、性别、年龄、科别、病案号，患者一般情况，麻醉恢复情况，清醒时间，术后医嘱，是否拔除气管插管等，如有特殊情况应详细记录，麻醉医师签字并填写日期。

（二十）出院记录是指经治医师对患者此次住院期间诊疗情况的总结，应当在患者出院后 24 小时内完成。内容主要包括入院日期、出院日期、入院情况、入院诊断、诊疗经过、出院诊断、出院情况、出院医嘱、中医调护、医师签名等。

（二十一）死亡记录是指经治医师对死亡患者住院期间诊疗和抢救经过的记录，应当在患者死亡后 24 小时内完成。内容包括入院日期、死亡时间、入院情况、入院诊断、诊疗经过（重点记录病情演变、抢救经过）、死亡原因、死亡诊断等。记录死亡时间应当具体到分钟。

（二十二）死亡病例讨论记录是指在患者死亡一周内，由科主任或具有副主任医师以上专业技术职务任职资格的医师主持，对死亡病例进行讨论、分析的记录。内容包括讨论日期、主持人及参加人员姓名、专业技术职务、具体讨论意见及主持人小结意见、记录者的签名等。

（二十三）病重（病危）患者护理记录是指护士根据医嘱和病情对病重（病危）患者住院期间护理过程的客观记录。病重（病危）患者护理记录应当根据相应专科的护理特点书写。内容包括患者姓名、科别、住院病历号（或病案号）、床位号，记录页码、日期和时间，出入液量、体温、脉搏、呼吸、血压等病情观察，护理措施和效果，护士签名等。记录时间应当具体到分钟。

采取中医护理措施应当体现辨证施护。

第二十四条 手术同意书是指手术前，经治医师向患者告知拟施手术的相关情况，并由患者签署是否同意手术的医学文书。内容包括术前诊断、手术名称、术中或术后可能出现的并发症、手术风险、患者签署意见并签名、经治医师和术者签名等。

第二十五条 麻醉同意书是指麻醉前，麻醉医师向患者告知拟施麻醉的相关情况，并由患者签署是否同意麻醉意见的医学文书。内容包括患者姓名、性别、年龄、病案号、科别，术前诊断，拟行手术方式，拟行麻醉方式，患者基础疾病及可能对麻醉产生影响的特殊情况，麻醉中拟行的有创操作和监测，麻醉风险、可能发生的并发症及意外情况，患者签署意见并签名，麻醉医师签名并填写日期。

第二十六条 输血治疗知情同意书是指输血前，经治医师向患者告知输血的相关情况，并由患者签署是否同意输血的医学文书。输血治疗知情同意书内容包括患者姓名、性别、年龄、科别、病案号，诊断，输血指征，拟输血成分，输血前有关检查结果，输血风险及可能产生的不良后果，患者签署意见并签名，医师签名并填写日期。

第二十七条 特殊检查、特殊治疗同意书是指在实施特殊检查、特殊治疗前，经治医师向患者告知特殊检查、特殊治疗的相关情况，并由患者签署是否同意检查、治疗的医学文书。内容包括特殊检查、特殊治疗项目名称、目的、可能出现的并发症及风险，患者签名及医师签名等。

第二十八条 病危(重)通知书是指因患者病情危、重时，由经治医师或值班医师向患者家属告知病情，并由患方签名的医疗文书。内容包括患者姓名、性别、年龄、科别，目前诊断及病情危重情况，患方签名、医师签名并填写日期。一式两份，一份交患方保存，另一份归病历中保存。

第二十九条 医嘱是指医师在医疗活动中下达的医学指令。医嘱单分为长期医嘱单和临时医嘱单。长期医嘱单内容包括患者姓名、科别、住院病历号(或病案号)，页码，起始日期和时间，长期医嘱内容，停止日期和时间，医师签名，执行时间，执行护士签名。临时医嘱单内容包括医嘱时间、临时医嘱内容、医师签名、执行时间、执行护士签名等。

医嘱内容及起始、停止时间应当由医师书写。医嘱内容应当准确、清楚，每项医嘱应当只包含一个内容，并注明下达时间，应当具体到分钟。医嘱不得涂改。需要取消时，应当使用红色墨水标注“取消”字样并签名。

一般情况下，医师不得下达口头医嘱。因抢救急危患者需要下达口头医嘱时，护士应当复诵一遍。抢救结束后，医师应当即刻据实补记医嘱。

第三十条 辅助检查报告单是指患者住院期间所做各项检验、检查结果的记录。内容包括患者姓名、性别、年龄、住院病历号(或病案号)，检查项目，检查结果，报告日期，报告人员签名或者印章等。

第三十一条 体温单为表格式，以护士填写为主。内容包括患者姓名、科室、床号、入院日期、住院病历号(或病案号)、日期、手术后天数、体温、脉搏、呼吸、血压、大便次数、出入液量、体重、住院周数等。

第四章 打印病历内容及要求

第三十二条 打印病历是指应用字处理软件编辑生成并打印的病历（如 Word 文档、WPS 文档等）。打印病历应当按照本规定的内容录入并及时打印，由相应医务人员手写签名。

第三十三条 医疗机构打印病历应当统一纸张、字体、字号及排版格式。打印字迹应清楚易认，符合病历保存期限和复印的要求。

第三十四条 打印病历编辑过程中应当按照权限要求进行修改，已完成录入打印并签名的病历不得修改。

第五章 其 他

第三十五条 中医住院病案首页应当按照《国家中医药管理局关于修订印发中医住院病案首页的通知》(国中医药发〔2001〕6号)的规定书写。

第三十六条 特殊检查、特殊治疗按照《医疗机构管理条例实施细则》(1994年卫生部令第35号)有关规定执行。

第三十七条 中西医结合病历书写参照本规范执行。民族医病历书写基本规范由有关省、自治区、直辖市中医药行政管理部门依据本规范另行制定。

第三十八条 中医电子病历基本规范由国家中医药管理局另行制定。

第三十九条 本规范自2010年7月1日起施行。卫生部、国家中医药管理局于2002年颁布的《中医、中西医结合病历书写基本规范(试行)》(国中医药发〔2002〕36号)同时废止。

关于印发《甘肃省中医院协同办公OA系统管理暂行办法》的通知

中医办发〔2010〕113号

省中医药研究院,医院各部门:

为保证医院协同办公OA系统高效、安全运行,充分发挥OA系统的作用,现将医院制定的《甘肃省中医院协同办公OA系统管理暂行办法》下发给你们,请认真组织学习,并遵照执行。

特此通知。

二〇一〇年八月八日

甘肃省中医院协同办公OA系统管理暂行办法

第一章 总 则

第一条 为加强医院协同办公OA系统(以下简称OA系统,登录方式:http://192.168.50.21:8080)管理,保证OA系统高效、安全运行,充分发挥OA系统的作用,根据《中华人民共和国计算机信息系统安全保护条例》和《国家行政机关公文处理办法》的规定，结合我院机关协同办公工作实际，制定本办法。

第二条　系统的应用分两个阶段：

第一阶段：2010 年 7 月 27 日至 2010 年 8 月 31 日为试用期。试用期间，文件的审核和领导签约实行纸质和电子文件双轨试运行，给各部门下发的文件及部门信息（包括行政总值班排班表、医生值班表、医疗简讯、护理简讯、质控简报、感染管理简讯等），均以电子文件形式运行。

第二阶段：自 2010 年 9 月 1 日起，系统正式启用，医院所有非涉密文件除印发少量纸质文件存档外，均以电子文件形式运行。涉密公文按保密规定仍以纸质文件流转。

第三条　OA 系统主要运用于院领导与各部门之间的协同办公和公文交换。

第四条　OA 系统内容包括协同办公、公文管理、文档管理、公共信息、个人日程计划、个人设置、综合办公、关联系统等，旨在实现政务信息、公文无纸化办理，信息共享和交流，规范公务管理流程，提高部门办公效率。

第五条　本办法适用于经批准使用 OA 系统的部门以及各部门的使用人员。

第二章　管理机构

第六条　甘肃省中医院院务部负责甘肃省中医院 OA 系统的规划、推广、实施工作，信息科协助做好以上工作。

第七条　甘肃省中医院院务部负责医院 OA 系统的设计、实施、培训和管理，对系统实行统一部署，分级管理；信息科负责 OA 系统的硬件保管和维护，协助院务部做好培训和管理。其职责：

（一）办理系统使用部门的注册、名称变更、撤销等相关手续；

（二）制定 OA 系统相适应的具体工作规范和制度；

（三）根据各使用部门实际办公需要，制定业务工作流程；

（四）培训各使用部门系统管理人员和使用人员；

（五）征询各使用部门的意见和建议，协调解决各使用部门在使用系统中出现的新情况、新问题；

（六）做好其他相关工作。

第八条　由院务部负责医院 OA 系统的管理工作，目前暂固定院务部和信息科各一人为系统管理人员，负责日常管理维护。系统管理人员的职责为：

（一）负责 OA 系统的应用推广、人员管理、业务流程梳理、资料整理和存档；

（二）负责医院协同办公 OA 系统的日常管理和维护；

（三）督促和推进 OA 系统在医院的应用；

（四）负责医院 OA 系统安全运行，做好与省卫生厅 OA 系统的工作衔接。

第三章　使用人员

第九条　系统管理员负责医院人员账号、初始密码的建设和管理，从事 OA 系统运行、维护、管理的医院系统管理员，应政治可靠、责任心强，具备良好的服务意识和相应的专业技术水平，熟悉国家有关法律、法规和规章，尽职尽责，保证工作质量。

第十条　系统使用人员应自觉遵守系统运行的规章制度，按照工作权限，认真完成本人在系统中所承担的工作任务。能在系统中办理的有关公文、信息、请示、申请、审批等工作一律在网上完成，对于能在网上完成的工作,仍然用纸质进行的,医院领导一律不予受理。

第十一条　系统使用人员账号密码(口令)应设6位以上字符(含字母、数字、符号等),并需经常修改,不得与其他使用人员名(账号)相同。使用人员取得密钥和初始密码后应立即修改密码,若密码丢失,应向院务部提出申请,恢复初始密码。

第十二条　未经医院同意,非相关人员不得使用系统管理员的密钥和密码登录系统。

第十三条　为保证各类电子文件的及时处理,每天上班后,操作人员必须打开计算机,自觉登录医院协同办公系统,特别是各级领导和关键岗位工作人员要经常登录处理各类待办事项,以免积压、延误工作。各部门主任负责本部门所有人员OA系统使用情况的监督、检查和提醒。对临时特急事项,发起者可通过手机短信进行提醒或亲自催办。使用人员若需要请假或出差,应指定授权代办人办理日常事务。

第四章　电子公文的签批与流转

第十四条　在系统中流转的电子公文,其文种、格式、内容等的审核把关由发文部门负责。

第十五条　电子公文由部门发起者起草(或单位公文收发员登记)后,调用发文(收文)流程,电子公文的签批将按流程完成校对、审核、签发、分发、归档或拟办、批示、办理、传阅、归档等环节。

第十六条　各部门主任(副主任)、护士长和相关工作人员要按工作权限及时处理推送到本人待办事项中的公文、协同等事项,任何人在任何一个节点上的积压或延误都将直接影响医院OA系统的循环使用,电子公文的签批、办理、传阅等都将无法按流程正常运转,各类待办事项都将无法按时办结归档,严重影响医院正常办公。

第五章　安全保障

第十七条　接入本系统的计算机,应安装杀毒软件。使用外来磁盘应检测,以防病毒入侵。

第十八条　系统管理员应定期检查、维护计算机网络,发现问题应及时排除,无法排除的,应立即与软件代理商甘肃创信信息科技有限责任公司联系,确保系统正常运行;不得乱设、私设系统的使用人员。

第十九条　各部门公文发起者应对文件资料的保密性、正确性、完整性、发布范围负责,不得将涉密信息、带毒文档录入系统。

第二十条　使用系统时,所有涉密信息不得在该系统内发布,也不得存储在与该系统相连的计算机中。

第二十一条　应加强计算机及网络安全保密知识教育,遵守保密纪律与保密规定。不得利用电子政务系统从事危害国家安全、泄露国家秘密的违法犯罪活动;不得复制和传播妨碍社会治安或淫秽色情信息。

第二十二条　各部门电脑在使用OA系统时,出现数据存储不完整、软件故障、数据丢失,影响系统完整运行的情况时,先自行排除故障,因技术因素导致系统不能正常工作的,应及时向医院信息科反馈进行维护。

第二十三条　信息传输工作应严格执行各项管理制度,遵循统一的技术规范。接收的信息,应按照时限要求办理;发送的信息,应经本部门负责人审批。

第二十四条　使用人员应严格执行有关操作规程。对不遵守规程、影响OA系统正常运行的个人或部门，予以通报批评；造成事故的，要追究有关人员和相关领导的责任。

第二十五条　密级文件不得进入 OA 系统处理，按照现有公文流转方式处理；电子文件严格按发文范围发送，发文范围的审批由院务部按公文管理权限的有关规定执行。

第二十六条　院务部对 OA 系统管理和使用情况实行定期通报制度，对 OA 系统推行不力、长期积压文件，甚至无视 OA 系统运行的部门和个人将在全院范围内通报批评；对推行应用成效明显、起到示范带头作用的部门和个人给予通报表扬。

第六章　附　则

第二十七条　本办法由甘肃省中医院院务部负责解释。

关于印发《甘肃省中医院成本核算与管理规范（试行）》的通知

中医财发〔2010〕123 号

各部门（科室）：

根据省卫生厅颁布的《甘肃省医疗机构财务会计内部控制规定（试行）》《转发卫生部印发〈关于加强医疗机构财务部门管理职能、规范经济核算与分配管理的规定〉的通知》，为加强医院财务管理，全面、真实、准确反映医院成本信息，做好医院总成本、科室（部门）成本、医疗项目成本、诊次成本、床日成本、病种成本，强化成本意识，降低医药成本，减轻患者负担，准确核定医疗服务价格标准，为实施单病种付费提供科学依据，为完善医疗保险机制、管理机制提供参考依据，为落实卫生经济政策、合理补偿医院提供依据，结合医院成本管理要求，落实各核算单元内控制度，现印发《甘肃省中医院成本核算与管理规范（试行）》，请遵照执行，执行中有何问题，请及时反馈财务部。

二〇一〇年九月十四日

甘肃省中医院成本核算与管理规范(试行)

第一章 总 则

第一条 根据《中共中央国务院关于深化医药卫生体制改革的意见》(中发〔2009〕6号),《甘肃省人民政府关于扶持和促进中医药事业发展的实施意见》,引导医院走集约式经营之路,有效利用人力、物力、财力等资源,提高效率,降低成本,促进医院又好又快发展,根据医院管理的要求和有关法律法规的规定,特制定本规范。

第二条 成本管理与核算的目的:一是全面、真实、准确反映医院成本信息,强化成本意识,降低医药成本,减轻患者负担,提高医院绩效,增强医院在医疗市场中的竞争能力。二是为准确核定医疗服务价格标准、实施单病种付费提供科学依据。三是为完善医疗保险机制、完善新型农村合作付费和管理机制提供参考依据。四是为落实卫生经济政策、合理补偿医院提供依据。

第二章 成本核算的组织体系

第三条 为保证医院成本核算工作正常有序的进行,医院成立院级领导负责的成本核算工作领导小组,成本核算的日常工作由财务部门负责,内设相应的成本会计岗位。医院每一成本核算单元应各设立一名兼职或专职成本核算员,并根据要求定期向财务部门报送相关的成本核算信息。

第四条 医院成本核算工作领导小组根据本规范及有关法规和制度,拟定本单位成本核算管理办法和人员岗位责任制,完成成本的核算、分析、考核等工作。

第五条 各成本核算单元的成本核算员在财务处(科)的指导下,按照有关规定和要求完成成本部门成本核算资料的统计与报送工作。

第六条 主要部门及有关人员的主要职能:

(一)成本核算单元核算员:负责统计、核对并报送本部门的成本信息。

(二)人力资源管理部门:负责各部门人员及工资变动情况的统计和报送。

(三)总务(行政)管理部门及库房:负责各部门水(含冷、热水)、电、煤、气耗用量,固定资产(房屋及建筑物、一般设备、其他固定资产)部门使用分布与变动状态以及各部门维修保养费用的统计和报送;总务库房负责各部门材料、低值易耗品(不含医用)等消耗的统计和报送。

(四)设备(器械)与卫生材料管理部门:负责各部门卫生材料、医用低值易耗品及配件、专用设备的使用分布与变动资料以及各部门维修保养费用的统计和报送。

(五)药剂部门:负责各部门从药库或药房领用药品的统计和报送。

(六)供应室、血库、氧气站、洗衣房等医辅部门:负责各部门实际领用或发生费用的统计和报送。

(七)信息与统计部门:负责成本核算与相关信息系统的接口衔接、报送与成本有关的统计数据。

(八)财务部门:负责各部门应发工资总额、邮电费、差旅费、零星办公用品购置费及其他在财务部门直接发生的应记入各部门费用的统计。根据《医院成本核算与管理规范》,进行成本核算和分析,报送各类成本报表。

（九）其他相关成本核算单元及有关人员按照本规范规定，及单位内部成本核算管理制度要求报送成本信息。

第三章 成本基础管理

第七条 费用和成本

费用是指医院在医疗服务及获取收入的过程中，对医院所掌握或控制的资产的耗费，最终会导致医院资源的减少，具体表现为医院资金的减少、医院净资产的减少。

成本是指为了达到特定目的所失去或放弃的资源。医院的成本是医院在医疗活动过程中，所提供一定量的活劳动和物化劳动耗费的总和，包括医疗成本和药品成本。

医院总成本=医院业务支出-不计入成本开支范围的支出=医疗成本+药品成本。

第八条 成本的构成内容

医院成本构成内容包括：

（一）工资福利支出：包括基本工资、津贴补贴、奖金、社会保障缴费、伙食补助费、绩效工资和其他工资福利支出；

（二）商品和服务支出：包括办公费、印刷费、咨询费、手续费、水费、电费、邮电费、取暖费、物业管理费、交通费、差旅费、出国费、维修（护）费、租赁费、会议费、培训费、招待费、专用材料费、劳务费、委托业务费、工会经费、福利费、其他商品和服务支出；

（三）对个人和家庭的补助支出：包括离休费、退休费、退职（役）费、抚恤金、生活补助、医疗费、住房补贴、助学金和其他对个人和家庭的补助支出。

以下费用不计入成本范围：

（一）为购置和建造固定资产、购入无形资产和其他资产的资本性支出；

（二）对外投资的支出；

（三）各种罚款、医疗纠纷赔偿、赞助和捐赠支出；

（四）有经费来源的科研教学等项目开支；

（五）在各类基金中列支的费用；

（六）国家规定不得列入成本的支出。

以上支出应单独设立明细科目进行会计核算。

第九条 费用要素

根据医院费用发生的经济性质，医院成本核算费用要素分为：

（一）工资和津贴：主要核算在编人员的基本工资和津贴工资；

（二）绩效工资：主要核算在编各类人员的奖金、加班费等；

（三）社会保障费：主要核算在职人员各种保险费用及离退休人员费用；

（四）其他人员工资：主要核算医院非在编人员的各项费用；

（五）办公费：主要核算办公费、邮电费、差旅费、宣传学习费等；

（六）业务费：主要核算医院水、电、煤、气、车辆消耗成本及财务费用等；

（七）药品费：主要核算各类药品的消耗；

（八）一般卫生材料：主要核算各类不能收费的卫生材料消耗；

(九)专属卫生材料:主要核算可收费的各种卫生材料;

(十)其他材料:主要核算除卫生材料以外的其他材料消耗;

(十一)低值易耗品:按制度规定的低值易耗品消耗,包括医用低值易耗品和行政用低值易耗品;

(十二)折旧费:核算医院按《医院财务制度》规定提取的修购基金;

(十三)修缮费:主要核算各类设备、房屋的维修费用等;

(十四)其他费用:按规定应列入当期成本,但未在上述费用要素中列支的各项支出。

第十条　成本项目

根据医院的业务特点和各类费用的经济用途,医院成本项目分为:

(一)人力资源费:核算在职人员的基本工资、补助工资、绩效工资、其他工资、社会保障费以及离退休人员支出等;

(二)一般卫生材料:核算直接用于医疗服务活动(不可收费)的各种卫生材料、一次性材料、医用的低值易耗品消耗等;

(三)专属卫生材料:核算单独计价收费的各项卫生材料;

(四)其他材料:核算办公用品、清洁卫生、印刷、表格、木工、水电维修材料及行政使用低值易耗品等;

(五)药品费:核算为开展医疗服务活动的药品采购成本;

(六)业务费:主要核算医院水、电、煤、气、车辆消耗成本及财务费用等;

(七)公用经费:核算办公费、宣传学习费、差旅费、邮电费、工会经费、福利费、业务招待费等;

(八)折旧及修缮费:核算按规定计提的房屋、设备的修购基金及维修费用。

第十一条　成本的分类

依据管理会计理论,按成本习性将成本项目进行分类。

(一)按费用计入的方法分

1.直接成本:成本核算单位(成本中心)为进行医疗服务活动而直接发生的各种成本费用,无论能否直接计入都作为直接成本。如科室的人员支出、公用支出以及各种物料消耗等。

2.间接成本:相对于直接成本而言,间接为开展医疗服务活动而发生的各项费用,按照"谁受益谁承担"的分配原则和分配标准分摊至该成本核算单位。

(二)按成本计算对象分

1.医院总成本:指医院在提供医疗服务过程中所消耗的费用总和。

2.科室(部门)成本:指医院内部的科室在医疗服务过程中所消耗的费用。

3.医疗项目成本:医疗项目范围由物价部门规定的收费项目确定,医疗项目成本指医疗服务过程中为病人提供的某一医疗服务技术项目消耗的费用。

4.诊次成本、床日成本:医疗服务成本按门诊人次和住院床日进行分摊后的成本。

5.病种成本:指诊疗某种疾病所消耗的平均费用。

第十二条　成本核算与科室核算

医院成本核算是依据会计核算规则,与会计核算系统有机结合在一起,周期性进行的常规核算,对医疗服务过程中的各种耗费进行分类、记录、归集、分配和计算,以提供科室成本、项目成本、病种成本、诊次成本、床日成本等相关成本信息的经济管理活动,是制度化、规范化、程序化的核算过程。医院成本核算应与会计核算结果相一致。

科室核算(责任核算)是以医院内部的考核科室为责任成本单位,进行记录、统计、计算、分析、对比、控制,找出科室经济管理中的薄弱环节,降低成本,挖掘潜力,改善管理的重要经济活动,是全院、全员实施职工理财参与管理的具体形式。

科室核算与成本核算都要在医院内部划分成本核算单元,但在核算单元划分的原则、成本开支的范围与核算口径上有明显区别,两者都是加强医院经济管理的重要措施。目前,尤其要强化成本核算,为科室核算提供更详细、更真实的数据资料,为管理决策和合理分配提供依据。

第十三条 成本核算的原则

医院成本核算除要坚持会计核算的一般原则外,根据医院成本核算的特点,重点强调以下几个重要原则:

(一)实际成本原则。成本计算应当按实际发生额核算,不得以估价成本、计划成本代替实际成本。

(二)直接成本原则。凡能够直接确认耗用成本中心的成本支出应直接计入,反之则按受益情况在各受益单元间进行分配。

(三)权责发生制原则。严格按照权责发生制原则进行核算,待摊费用、预提费用、修购基金(折旧)、资产摊销、坏账准备的核算根据费用的受益期确定。

(四)一致性原则。医院存货计价方法和成本分摊基础一经确定,在一个会计年度内不得改变,以保证科室成本核算的稳定性。

(五)会计分期原则。医院的成本核算期间应与会计核算期间、统计期间相互一致,保证统计信息和财务会计信息的相关性,为科室成本确定分摊依据。

(六)重要性原则。对主要费用、主要部门要采用详细方法进行分配计算。对于一般费用和部门,对成本影响不大的可以合并简化计算和分配。

(七)收支配比原则。收入必须与取得时付出的成本费用相配比。

第十四条 成本核算单元的分类

(一)按服务对象分为直接成本核算单元和间接成本核算单元。

1.直接成本核算单元:指直接为病人提供医疗服务的部门。即通过本部门的医疗服务能够取得相应收入的医疗部门。在确定直接成本核算单元时,要注意结合核算的目标而定。当计算项目成本时,临床各部门、医疗辅助技术部门都为直接成本核算单元。若计算诊次、床日成本时,只有临床部门为直接成本核算单元。

2.间接成本核算单元:指为直接成本核算单元提供行政管理、后勤保障性服务的部门。

直接成本核算单元与间接成本核算单元共同构成医院成本核算单元体系。

(二)按服务性质分为直接医疗类、医疗技术类、药品供应类、医疗辅助类、管理服务类。

1.直接医疗类科室:指直接为病人提供医疗服务,并能体现最终医疗结果、完整反映医疗成本的科室。包括门诊科室、住院科室(临床诊疗类、临床护理类)。

2.医疗技术类科室:指为直接医疗科室及病人提供医疗技术服务的科室。包括检验科、放射科、手术室等。

3.药品供应类科室:指为直接医疗科室及病人提供药品的科室。包括药剂科、药库、药房等。

4.医疗辅助类科室:指服务于直接医疗科室和医技科室,为其提供动力、生产、加工及辅助服务、业务的科室。包括供水维修班、电工维修班、木工油漆维修班、锅炉房、洗衣房、设备维修、供应室、病员食堂、电梯班、病区传达室、住院处、门诊收费处、医疗保险科、门诊挂号室等。

5.管理服务类科室:指管理和组织医院业务开展的行政管理科室。包括院办、党办、纪委、临教部、人力资源部、医务部、财务部、总务部、护理部、科研科、招标采购部、感染管理科、公共卫生科、审计科、信息科、设备科、基建一部、基建二部等。

第十五条 费用分摊模式

根据费用发生的性质,本着相关性、收益性及重要性原则,选择科学、合理、经济的分摊模式。分摊模式一经确定,在一个核算期内不能随意变更。常用分摊模式有按人员比例分摊、按业务量(工作或服务量)分摊、按科室收入分摊、按占用资产分摊、按占用面积分摊、按定额分摊、大用户剥离分摊等。

(一)按人员比例分摊

公式:分配率=某项成本费用/相关科室人数之和。

某相关科室应负担的成本=某科室人数×分配率。

(二)按业务量(工作或服务量)分摊

公式:分配率=某项成本费用/相关科室业务量之和。

某相关科室应负担的成本=某科室业务量×分配率。

(三)按科室收入分摊

公式:分配率=某项成本费用/相关科室收入之和。

某相关科室应负担的成本=某科室收入×分配率。

(四)按占用资产分摊

公式:分配率=某项成本费用/相关科室资产占用之和。

某相关科室应负担的成本=某科室资产占用额×分配率。

(五)按占用面积分摊

公式:分配率=某项成本费用/医院总面积。

某相关科室应负担的成本=某科室实际占用面积×分配率。

(六)按定额分摊

公式:某相关科室应负担的成本=某科室相关业务的总量×单位定额。

(七)大用户剥离分摊

医院应为直接成本计量创造基本条件,例如:安装水表、电表、气表等计量器具,以保障科室成本核算的合理性。如果暂不具备条件的,可采用大用户剥离的方法。即针对一些医院公摊费用(如:煤、水、电、气)消耗比较大的科室,接受成本分摊的比例应与其他科室不同,处理方法为:

1.该科室有单独计量设施,该项成本直接计入此类科室,公摊费用中该项成本不再向此类科室分摊;

2.如此类科室并未单独安装计量设施,则可参考功率和平均工作量等以定额形式将该项成本直接计入此类科室,公摊费用中该项成本不再向此类科室分摊。

(八)其他分摊基础

医院可以选择切合自身实际的分摊基础对医院的成本费用进行分摊归集。

第十六条 规范基础数据采集

为全面、真实、详细、及时地核算与反映医院成本,成本核算的基础数据必须按规范路径采集:

(一)从业务发生源头采集数据:如差旅费的发生源头是费用报销审批单,物料消耗的发生源头是领用出库记录单,药品成本的发生源头是将药品从门诊或病区药房(药柜)发给病人的记录单,业务收人的发生源头是医院信息系统向病人收费时的医疗收入和药品收入记录数据。

(二)从业务发生的最小单元采集数据:如所有的人员支出数据(包括社会保障数据)均应采集到各成本核算单元内的具体人员,所有科室公用支出均应从最小的成本核算单元采集,尽量避免应过多分摊造成的数据失真。

(三)从业务发生的最明细项目采集数据:如工资费用应采集到工资表应付部分的具体栏目,药品、卫生材料、物料消耗成本均应从明细品种采集,固定资产修购基金应从明细的固定资产品种采集。

(四)按权责发生的日期采集数据:所有业务数据均应从业务发生日采集数据,以保证基础数据传递的及时性。

第十七条　规范成本核算软件

为提高成本核算的效率,实现全省医院成本核算信息的统计汇总与比较分析,对全省医院成本核算软件的选择与使用做如下规范:

(一)自定义编码规则,根据卫生行业成本核算和医院成本管理要求,对成本中心、医院职工、成本项目(费用明细、支出细目)、收入项目、服务计量等核算要素进行规范编码,以满足医院内部和行业内部建立数据接口的需要;

(二)灵活定义各核算要素的分类,可创建多任务、多方案的成本核算体系,适应行业政策变动和医院管理需求的变化;

(三)实现成本核算系统与会计核算系统的并轨,按规范的路径采集数据,确保成本核算数据与会计核算数据的统一;

(四)按接口方式自动采集(医院信息系统及相关子系统)、台账方式采集原始发生数据,能根据会计内部控制原则采集、审核原始数据并以接口方式生成会计核算需要的收入与支出类记账凭证(支持医院主流会计核算软件凭证导入接口);

(五)自定义直接成本(包括人员支出向不同角色的分摊)与间接成本(辅助成本与管理成本)分摊方案;

(六)实现成本分摊的自动计算,具备数据清除和重置分摊的功能,确保成本归集与分摊后会计核算与成本核算结果的一致性,根据核算要素的不同组合条件追踪分析成本分摊过程;

(七)按规范输出不同核算对象的成本账簿、成本报表和经济运营分析报告;

(八)能为医院科室核算(责任核算)与绩效考核提供相关报表数据。

第四章　成本核算

第十八条　医院成本核算包括成本费用的归集、分配及医院总成本、医务成本、医疗成本、药事成本、药品成本、项目成本、诊次成本、床日成本、病种成本等各项成本的计算。

第十九条　成本核算的各项基础准备

(一)编码工作:为实现内部基础数据的传递与信息资源共享,对所有的成本核算单元、全员职工、收入细目、支出细目、服务计量指标等进行全院统一编码,建立与相关标准的对照关系。

(二)人员培训:医院财务部门应根据成本核算的要求,在优化内部分工的同时强化相关核算人员成本核算方法与技术的培训,为实施成本核算奠定人才基础。

(三)清产核资:对医院所有资产进行全面清查并按分类原则划分到各成本核算单元,明确各成本核算单元房屋、固定资产等价值。

(四)员工考勤:建立全院全员考勤记录系统,准确统计核算期间内各类人员在不同岗位的工作工时,合理分摊人力资源成本。

(五)选择计价办法:明确医院各项物料的计价办法,某项物料在一个核算期内只能选择一种计价办法。常规性的计价办法有先进先出、加权平均、批次计价。

(六)完善内部服务计量:辅助部门要建立服务计量、记录制度,定期提供可靠的分配依据。

第二十条　成本核算的一般程序

医院总成本由医疗直接成本、药品直接成本、辅助成本以及管理成本构成。

医院发生的各项成本性支出,首先通过费用要素(成本项目)进行归集,凡能直接计入到各科室的费用,皆应直接计入,无法直接计入的,通过合理的方法分配计入;辅助成本按一定的方法进行分摊;管理成本按人员比例进行分摊。考虑医疗业务的特殊性,不进行辅助科室和管理科室之间的交互成本分配。

分摊流程如下:

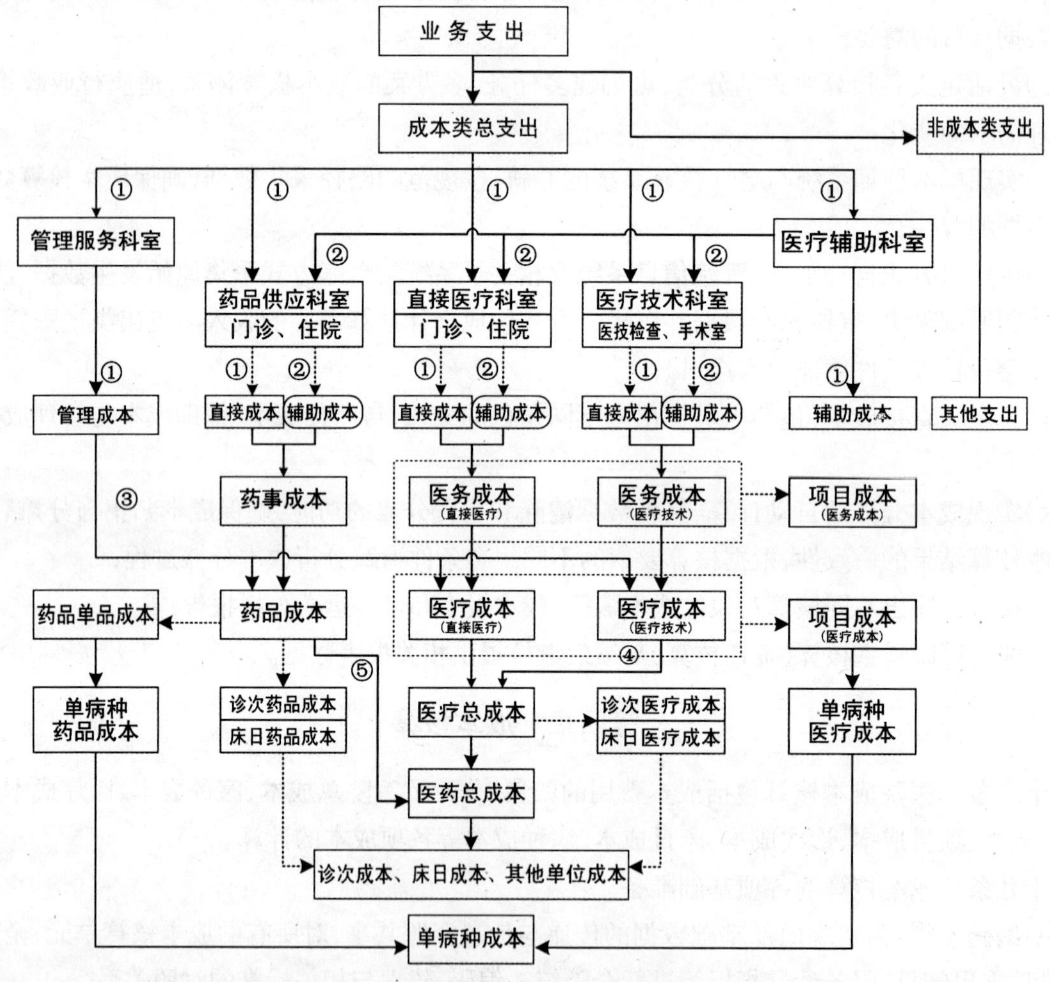

医院成本核算一般程序框架图

(一)直接成本核算:对本期全院发生的成本类支出,按成本核算单元、费用发生明细项目进行追溯(直接计入)和分摊(水、电费等),其中人员支出追溯至个人并按岗位及工时考勤信息直接计入或分摊至各成本核算单元,公用支出直接计入或按相关原则分摊进入各成本核算单元,计算出各核算单元的直接成本。

(二)辅助成本分摊:将医疗辅助科室的成本按服务对象和相关分摊基础分摊至医疗类(直接医疗和医疗技术)科室和药品供应科室,计算出各医疗类核算单元的医务成本、药品供应类核算单元的药事成本及直接医疗类的项目成本(医务成本)、医疗技术类的项目成本(医务成本)等。

(三)管理成本分摊:将管理服务类科室的管理成本分摊至各医疗类(直接医疗和医疗技术)科室和药品供应类科室,计算出各核算单元的医疗成本、药品成本以及直接医疗类的项目成本(医疗成本)、医疗技术类的项目成本(医疗成本)、药品单品成本等。

(四)医疗技术(含手术)成本分摊:将医疗技术成本分摊至直接医疗科室,计算直接医疗科室的医疗总成本及诊次医疗成本、床日医疗成本、单病种医疗成本等。

(五)药品成本分摊:将药品成本分摊至直接医疗科室,计算直接医疗科室的医药总成本及诊次成本、床日成本、单病种成本等单位成本。

第二十一条　辅助费用的归集与分配

(一)辅助部门费用的归集

医院的辅助部门是指为开展医疗活动而提供后勤、保障、物资供应的部门,这些部门发生的费用即为辅助部门费用。

辅助部门费用的归集按照费用要素进行归集,归集项目见管理部门费用明细账。

(二)辅助部门费用的分配

辅助部门费用按照“谁受益谁承担”的原则进行分配,分配方法采用直接分配法,首先在医疗支出和药品支出之间进行分配,然后再分配到直接医疗、医疗技术、药品供应类核算单元,并实行分项结转。相关项目的主要分配方法如下:

1.水、电工班:根据当月发生的实际费用总额,除以当月的水、电用量(生活用水、电直接记入管理费用),计算出每单位水、电单价,然后再根据各部门水、电消耗量计算出各受益部门应承担的费用。

2.瓦、木、漆、白铁、水电维修班:根据各班组的支出成本,分别计算出维修工时成本和材料消耗成本,按照每工时成本,分摊到受益部门,对材料成本根据各受益部门消耗数按实计算。

3.锅炉房:按供气量或供气、暖时间、面积、容积进行分摊。

4.洗衣房:根据总成本和总洗涤量,测算出每公斤洗涤成本(也可按每件物品系数),按各部门洗涤量的大小进行分配。

5.设备维修:因设备部门具有管理的职能,也提供设备维修服务,各医院可根据实际,将人员等成本分成管理部门和设备维修两部分,管理的按管理费用分配方法,设备维修的可参照水电维修分配方法。

6.供应室:根据总成本和各种敷料消耗、消毒量、消毒时间等综合因素,分别计算出每种敷料、各种消毒器械的单位成本。对于一次性材料、敷料可按进价分配;对于消毒物品可采用系数法,计算出总的消毒量,然后再按各部门的消毒量分配成本。

7.病员食堂:可按医院提供的补助数额(包括人员经费、水、电、气等)作为病员食堂成本,按照病区实际占用床日数计算出每床日应分摊的费用,再乘以各病区实际占用床日数得出各病区的分配数。

8.电梯班:根据电梯的电费、折旧、维修费、人员工资等成本,按各核算单元的业务量进行分配。

9.入、出院处:按各科室收入进行分配。

10.挂号处:按挂号人次进行分配。

11.收费处:按各科收入、工作量进行分配。

第二十二条 管理费用的归集与分配

(一)管理费用的归集

管理部门是指为开展医疗活动施行管理、监督的部门。这些部门发生的费用以及全院性的费用支出即为管理费用。

管理部门费用的归集按费用要素进行,归集项目见附表(一)。

(二)管理费用的分配

管理费用在医疗支出和药品支出之间按人员比例进行分配,并实行分项结转,核算到直接医疗、医疗技术、药品供应类核算单元。

第二十三条 医疗服务费用的归集与分配

(一)医疗服务费用的归集

医院的医疗服务部门是指医院直接从事医疗服务的各环节,包括医疗技术类和直接医疗类。

医疗服务部门费用的归集按成本项目进行。

(二)医疗服务费用的分配

1.将医疗技术类费用按成本项目分摊到门诊和住院各核算单元(按各核算单元实际发生的医疗技术类服务项目的成本或收入进行分摊),并实行分项结转。

2.将手术室发生的费用按成本项目分摊到各核算单元(按各核算单元的手术项目成本或收入进行分摊),并实行分项结转。

医疗技术类、直接医疗类、药品供应类费用明细账格式见附表(二)。

第二十四条 药品费用的归集与分配

(一)药品费用的归集

药品部门是指医院从事药品采购、保管、发放以及药品管理工作的部门。包括:药剂科、药库、门急诊药房、住院药房以及门急诊挂号、门急诊药品收费、住院药品收费等相关部门。

药品费用的归集按照成本项目进行。

(二)药品费用的分配

药品采购成本按药品实际使用金额分摊到各科室。

药品经营成本按药品收入进行分配。首先在门诊和住院药品之间进行分摊,然后再分摊到各科室。

第二十五条 成本计算

(一)医院总成本的计算

医院总成本=医疗成本(医务成本+管理成本)+药品成本(药事成本+管理成本)。

医疗成本=门诊医疗成本+住院医疗成本。

药品成本=门诊药品成本+住院药品成本。

(二)医院科室成本的计算

医院科室成本计算是以医院的成本核算单元为对象,进行成本费用归集、分配和计算的过程(包括医疗技术类、直接医疗类、药品供应类)。

计算公式为：

科室总成本=科室直接成本+科室间接成本

=科室医务(药事)成本+管理成本。

计算医疗服务项目成本时，科室成本不包含药品成本；计算诊次成本、床日成本、病种成本时，成本包含药品成本。成本计算表格式见附表(三)。

(三)项目成本的计算

项目成本计算是以医疗收费项目为核算对象，在科室成本计算的基础上将科室成本进一步分摊到各医疗服务项目中，计算出各医疗服务项目成本的过程。一般以各项目收入比作为分摊的依据。

计算公式为：

某项目应分摊成本=(科室成本合计/科室收入合计)×该项目收入。

(四)医院诊次成本、床日成本的计算

医院诊次成本、床日成本的计算是以诊次和床日为核算对象，在科室成本核算的基础上将科室成本进一步分摊到门急诊人次、住院床日中，计算出诊次成本、床日成本的过程。分摊依据是工作量即门急诊总人次和住院总床日。

计算公式如下：

全院平均诊次成本=全院门急诊科室成本之和÷全院总门急诊人次。

各临床科室诊次成本=各科室门诊成本÷各科室门诊人次。

全院平均实际占用床日成本=全院住院科室成本之和÷全院实际占用总床日。

各临床科室实际占用床日成本=各住院科室成本÷各科室实际占用床日数。

每诊次(床日)成本包括每诊次(床日)医疗成本、每诊次(床日)药品成本。

(五)出院人次成本的计算

出院人次成本的计算是以出院人次为核算对象，将住院成本平均分摊到出院人次的过程。

计算公式为：

出院人次成本=每出院人次医疗成本+每出院人次药品成本。

(六)病种成本的计算

病种成本的计算是以病种为核算对象，按一定流程和方法归集计算的过程。

计算公式为：

某病种成本=(该病种医疗项目成本总和+药品成本总和)÷该病种病例总数。

第二十六条　成本报表

成本报表种类繁多，根据不同管理需要会产生不同成本报表。各医院可根据本单位管理需要制定适合本单位管理需求的成本报表，但必须按照统一格式和要求编制医院费用总表、成本汇总表、项目成本表、诊次床日成本表、病种成本表、出院人次成本表，并按规定和要求上报卫生主管部门和相关使用部门，其格式见附表(四)至(九)。

第五章　成本分析

第二十七条　成本分析的目的

成本分析的目的，在于认识成本的变动规律，寻找成本控制点，降低医院运营成本，分析医疗成本与医疗收费的关系及差异，寻求降低病人负担的途径和方法，供领导和上级部门决策与参考，提高医院的社会效益和经济效益。

第二十八条　成本分析的方法

成本分析的方法有多种多样，各医院可根据自身管理的需要和主管部门的要求选择不同的分析方法，分析成本形成及产生差异的原因，寻求降低成本的措施，常用的分析方法有：

(一)本—量—利分析

在医疗单位研究成本与工作量的依存关系，可以从数量上探索和掌握成本和工作量之间带有规律性的联系，以便为医院的经营管理提供有价值的资料。运用“本—量—利”的关系，可以确定科室的保本工作量和实现一定目标收益前提下的工作量，计算公式为：

目标工作量(保本)=(固定成本+目标利润)÷(单位收费水平-单位变动成本)。

(二)成本差异分析

成本差异是反映实际成本脱离预定目标成本的信息，为了消除这种偏差，对产生的成本差异进行分析，找出形成差异的原因，制定控制措施。

医院应根据实际需要确定目标成本，如：历史最好水平、历史同期水平、同类医院平均水平、预算目标水平等。

成本差异=实际成本-目标成本。

成本差异分析可采用因素分析法，对成本构成中的各种因素进行分析，使医院可以有针对性地调整成本构成、降低费用、提高效益。

(三)成本构成分析

成本构成分析是对医院成本形成的因素进行分析，包括成本项目构成分析、直接成本和间接成本构成分析。

成本项目构成分析包括人力资源、药品、专属卫生材料、修购费等占成本构成比的分析。

直接成本与间接成本构成分析包括管理费用、辅助费用占成本构成比的分析。

固定成本与变动成本构成分析：固定成本指在一定时期、一定业务范围内，成本相对固定，不受业务量变化影响的成本项目。如：按固定资产原值计提的修购基金、人员经费等。变动成本指在一定时期、一定业务量范围内成本总额与业务量呈正比例变化的成本。如：药品费、材料费、业务费等。

可控成本与不可控成本构成分析：可控成本指某一会计期内，某个成本核算单元或某个人的责任范围内能够直接确定和控制的成本(如：药品费、卫生材料费等，对诊疗科室来说是可控成本)。不可控成本指某一特定核算单元无法直接掌握，或不受某一特定部门服务量直接影响的成本[如：上级分摊的管理费用，固定资产修购基金(折旧)等]。

(四)成本系数分析

医院和科室的规模并非越大越好，必须保持适度规模，医院(科室)规模是否合理，可以通过成本系数来评价。

$$成本系数(EC)=\frac{成本变动百分比}{业务量变动百分比}=\frac{变动的成本/成本}{变动的业务量/业务量}。$$

当 EC<1 时，即总成本增加 10%，产量增加>10%，此时，短期平均成本处于下降阶段，规模收益递增。

当 EC=1 时，表示规模收益不变，此时平均成本最小，规模处于最佳阶段。

当 EC>1 时，表示规模收益递减。

第六章　成本控制

第二十九条　成本控制的概念

医院成本控制是在保证并提高医疗质量的前提下，利用各种管理方法和措施，按预定的成本限额、成本计划、成本费用开支标准，对成本形成过程中的一切耗费进行控制、计算、调节、监督、分析，及时揭示实际成本与成本限额、成本计划、成本费用开支标准的偏差，了解成本升降原因，采用有效的措施，纠正、限制不必要的成本费用支出差异，控制不必要成本费用支出的管理行为。

第三十条　建立成本核算单元内部控制制度

根据甘肃省卫生厅颁布的《甘肃省医疗机构财务会计内部控制规定（试行）》《转发卫生部印发〈关于加强医疗机构财务部门管理职能、规范经济核算与分配管理的规定〉的通知》，结合医院成本管理要求，落实各核算单元内控制度，应包括岗位责任制度、原始记录制度、成本审核制度等；同时，根据需要制定内部控制相关指标及内部成本管理和核算实施细则。

第三十一条　建立成本预算控制制度

医院应根据部门预算编制的要求编制医院全面预算，并按费用要素和成本项目逐项逐级分解落实到各成本核算单元，形成医院的成本预算控制体系，列入各核算单元的考核评价内容。

第三十二条　制定医院内部成本控制定额

医院应在调查、分析和积累成本资料的基础上，修订完善各项成本定额，主要包括：每门诊人次的各项消耗定额、每住院床日的各项消耗定额、各相关诊疗项目的消耗定额、百元业务收入的药品消耗定额、百元医疗收入专属（一般）卫生材料消耗定额、管理费用占总成本的比例、辅助费用占总成本的比例等。

第三十三条　加强各成本发生环节的监管

医院医疗活动是一个连续不断的过程，医院成本也在连续不断地发生。加强各成本发生环节的监管，对降低医院成本至关重要，重点应加强以下几个环节的监管：

（一）折旧及大修理成本的监管。加强设备购置和大型修缮的可行性论证，降低采购和维护成本，控制折旧及大修理成本。

（二）物流环节的成本监管。包括采购环节成本控制、储存管理、领用消耗监管等，重点是加强二级库存的消耗监管，防止流失，确保账账、账实相符。

（三）人力成本的监管。合理配置医院人力资源，控制人力资源费用的发生，降低人力资源成本。

（四）公共成本的监管。落实各项成本支出责任和管理责任。

（五）现金流的监管。认真编制医院现金流量预算，充分利用医院现金流，降低财务费用成本。

第七章　成本考核与评价

第三十四条　加强成本考核

为有效控制成本，必须强化成本考核，以评价成本控制效益，奖惩成本控制责任人员。其一般流程为：

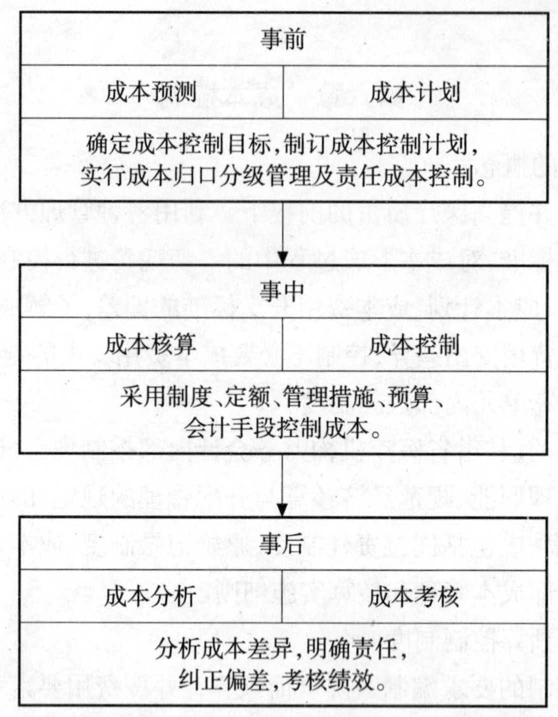

第三十五条　平衡记分卡评价

平衡记分卡是在综合分析医院外部环境和内部资源的基础上，使用框架及中心原则将组织的使命和战略转化为综合性的绩效评价,将医院的任务和决策转化成由财务、病人、内部流程、学习与成长四个部分组成的战略目标,使战略落实为具体的行动,并提供了短期与长期目标、财务与非财务措施、外部与内部绩效指标间的平衡,促进医院发展。

第三十六条　医院经济运营质量评价

通过对医院资源配置(人力、物力、财力)、偿债能力、运营状况及医院收入、成本等方面的指标进行计算、分析,全面反映和评价医院经济运营质量。医院必须按会计期间上报医院经济运营质量评价表,格式见附表(十)。

第八章　附　则

第三十七条　本规范自二〇一〇年九月一日起施行。

第三十八条　本规范由甘肃省中医院财务部负责解释。

附表(一):

核算部门:　　　　编号:　　　　单位:元

月	日	摘要	工资和津贴	绩效工资	社会保障费	其他人员工资	办公费	业务费	药品费	一般卫生材料	专属卫生材料	其他材料	低值易耗品	折旧费	修缮费	其他费用	合计
本月合计																	
转出																	

附表(二):

医疗技术类、直接医疗类、药品供应类费用明细账

核算单元:　　　　编号:　　　　部门:　　　　单位:元

月	日	摘要	人力资源费	一般卫生材料	专属卫生材料	其他材料	药品费	业务费	公用经费	折旧及修缮费	合计
		本月合计									
		转出									

附表(三):

科室成本计算表

年　　月

科室:　　　　编号:　　　　单位:元

成本项目 / 费用要素	人力资源费	一般卫生材料	专属卫生材料	其他材料	药品费	业务费	公用经费	折旧及修缮费	合计
医务成本合计									
管理成本分摊									
本月合计									

附表(四):

医院费用总表

年　月

<table>
<tr><th rowspan="2">序号</th><th rowspan="2">费用要素</th><th rowspan="2">管理部门费用合计</th><th rowspan="2">医疗辅助费用合计</th><th rowspan="2">直接医疗费用合计</th><th rowspan="2">医疗技术费用合计</th><th rowspan="2">药品供应费用合计</th><th rowspan="2">不计入成本费用合计</th><th colspan="3">费用合计</th><th rowspan="2">本期</th></tr>
<tr><th>预算</th><th>上期</th><th>比重</th></tr>
<tr><td>01</td><td>工资和津贴</td><td></td><td></td><td></td><td></td><td></td><td></td><td></td><td></td><td></td><td></td></tr>
<tr><td>02</td><td>绩效工资</td><td></td><td></td><td></td><td></td><td></td><td></td><td></td><td></td><td></td><td></td></tr>
<tr><td>03</td><td>社会保障费</td><td></td><td></td><td></td><td></td><td></td><td></td><td></td><td></td><td></td><td></td></tr>
<tr><td>04</td><td>其他人员工资</td><td></td><td></td><td></td><td></td><td></td><td></td><td></td><td></td><td></td><td></td></tr>
<tr><td>05</td><td>办公费</td><td></td><td></td><td></td><td></td><td></td><td></td><td></td><td></td><td></td><td></td></tr>
<tr><td>06</td><td>业务费</td><td></td><td></td><td></td><td></td><td></td><td></td><td></td><td></td><td></td><td></td></tr>
<tr><td>07</td><td>药品费</td><td></td><td></td><td></td><td></td><td></td><td></td><td></td><td></td><td></td><td></td></tr>
<tr><td>08</td><td>一般卫生材料</td><td></td><td></td><td></td><td></td><td></td><td></td><td></td><td></td><td></td><td></td></tr>
<tr><td>09</td><td>专属卫生材料</td><td></td><td></td><td></td><td></td><td></td><td></td><td></td><td></td><td></td><td></td></tr>
<tr><td>10</td><td>其他材料</td><td></td><td></td><td></td><td></td><td></td><td></td><td></td><td></td><td></td><td></td></tr>
<tr><td>11</td><td>低值易耗品</td><td></td><td></td><td></td><td></td><td></td><td></td><td></td><td></td><td></td><td></td></tr>
<tr><td>12</td><td>折旧费</td><td></td><td></td><td></td><td></td><td></td><td></td><td></td><td></td><td></td><td></td></tr>
<tr><td>13</td><td>修缮费</td><td></td><td></td><td></td><td></td><td></td><td></td><td></td><td></td><td></td><td></td></tr>
<tr><td>14</td><td>其他费用</td><td></td><td></td><td></td><td></td><td></td><td></td><td></td><td></td><td></td><td></td></tr>
<tr><td>15</td><td>不计入成本的费用</td><td></td><td></td><td></td><td></td><td></td><td></td><td></td><td></td><td></td><td></td></tr>
<tr><td rowspan="3">合计</td><td>本 期</td><td></td><td></td><td></td><td></td><td></td><td></td><td></td><td></td><td></td><td></td></tr>
<tr><td>预 算</td><td></td><td></td><td></td><td></td><td></td><td></td><td></td><td></td><td></td><td></td></tr>
<tr><td>上 期</td><td></td><td></td><td></td><td></td><td></td><td></td><td></td><td></td><td></td><td></td></tr>
<tr><td></td><td>比 重</td><td></td><td></td><td></td><td></td><td></td><td></td><td></td><td></td><td></td><td></td></tr>
</table>

附表(五):

医院成本汇总表

年　月

<table>
<tr><th rowspan="2" colspan="2">成本项目
费用要素</th><th rowspan="2">人力资源费</th><th rowspan="2">一般卫生材料</th><th rowspan="2">专属卫生材料</th><th rowspan="2">其他材料</th><th rowspan="2">药品费</th><th rowspan="2">业务费</th><th rowspan="2">公用经费</th><th rowspan="2">折旧及修缮费</th><th colspan="3">合计</th></tr>
<tr><th>本期</th><th>预算</th><th>上期</th></tr>
<tr><td colspan="2">医务成本小计</td><td></td><td></td><td></td><td></td><td></td><td></td><td></td><td></td><td></td><td></td><td></td></tr>
<tr><td colspan="2">药事成本小计</td><td></td><td></td><td></td><td></td><td></td><td></td><td></td><td></td><td></td><td></td><td></td></tr>
<tr><td colspan="2">管理成本</td><td></td><td></td><td></td><td></td><td></td><td></td><td></td><td></td><td></td><td></td><td></td></tr>
<tr><td rowspan="3">成本合计</td><td>本期</td><td></td><td></td><td></td><td></td><td></td><td></td><td></td><td></td><td></td><td></td><td></td></tr>
<tr><td>预算</td><td></td><td></td><td></td><td></td><td></td><td></td><td></td><td></td><td></td><td></td><td></td></tr>
<tr><td>上期</td><td></td><td></td><td></td><td></td><td></td><td></td><td></td><td></td><td></td><td></td><td></td></tr>
</table>

附表(六):

项目成本表

年　月

项目代码:　　项目名称:　　收费标准:　　工作量:　次　　单位:元

	人力资源费	一般卫生材料	专属卫生材料	其他材料	药品费	业务费	公用经费	折旧及修缮费	合计
项目医务成本合计									
管理成本分摊									
项目成本合计									
单位项目医务成本									
单位项目管理成本									
单位项目成本									

附表(七):

诊次(床日)成本表

年　月

工作量:　　诊次(床日)　　单位:元

	人力资源费	一般卫生材料	专属卫生材料	其他材料	药品费	业务费	公用经费	折旧及修缮费	合计
医务成本合计									
药事成本合计									
管理成本分摊									
成本合计									
单位成本									
其中:单位医务成本									
单位药事成本									
单位管理成本									

附表(八):

病种成本表

年　月

病种:　　工作量:　　单位:元

	人力资源费	一般卫生材料	专属卫生材料	其他材料	药品费	业务费	公用经费	折旧及修缮费	合计
病种成本合计									
病种医务成本合计									
病种药品成本合计									
病种管理成本分摊									
单病种成本									
其中:单病种医务成本									
单病种药事成本									
单病种管理成本									

附表(九):

出院人次成本表

年　　月

出院人次:　　　　　　　　　　　　　　　　　　　　　　　　单位:元

	人力资源费	一般卫生材料	专属卫生材料	其他材料	药品费	业务费	公用经费	折旧及修缮费	合计
住院医务成本合计									
住院药事成本合计									
住院管理成本分摊									
住院成本合计									
平均出院人次成本									
其中:每出院人次医务成本									
每出院人次药事成本									
每出院人次管理成本									

附表(十):

医院经济运营质量评价表

单位:　　　　　　　年　　月至　　　年　　月　　　　　　金额单位:元

指标体系	本期实际	预算	上年同期
一、反映盈余能力的指标			
1.净资产增长率(%)			
2.业务收入积累率(%)			
3.资产积累率(%)			
二、反映成本情况的指标			
1.药品收入占医药收入的比例(%)			
2.管理费用占医药成本的比例(%)			
3.平均每门诊人次收费水平(元)			
4.平均每出院病人收费水平(元)			
三、反映劳动生产率的指标			
1.每职工平均工作量(人次)			
2.每职工平均新创价值(万元)			
四、反映市场潜力的指标			
1.医疗收入增长率(%)			

续表

指标体系	本期实际	预算	上年同期
2.门急诊人次增长率(%)			
3.出院病人增长率(%)			
五、反映偿债和应变能力的指标			
1.资产负债率(%)			
2.流动比率			
3.总资产周转次数(次)			

注:工作量以门诊人次为计算单位,住院床日换算为门诊人次,换算比例为1:3。

其他

关于聘任王自立等五名同志为首席主任医师的通知

中医人发〔2008〕126号

省中医药研究院,医院各部门、科室:

我院首席主任医师王自立、刘国安、廖志峰三名同志一年聘期已满,李盛华、李妍怡二名同志申报首席主任医师,经医院学术委员会考核、测评合格,2008年11月18日院长办公会议研究决定:

续聘王自立、刘国安、廖志峰三名同志为首席主任医师。

聘期自二〇〇八年五月一日起至二〇〇九年十一月三十日止。

聘任李盛华、李妍怡二名同志为首席主任医师。

聘期一年,自二〇〇八年十一月十八日起至二〇〇九年十一月三十日止。

二〇〇八年十一月十八日

关于授予李盛华等八名同志"甘肃省中医院名中医"荣誉称号的决定

中医人发〔2008〕125号

省中医药研究院,医院各部门、科室:

为了表彰在继承、弘扬中医药学术和中医医疗实践中做出突出贡献的中医药专家,促进我院中医药事业的发展,经个人申请和医院学术委员会考核、测评,2008年11月18日院长办公会议研究决定,授予李盛华、李妍怡、靳锋、贾正中、王承祥、左进、张定华、孙其斌等8名同志"甘肃省中医院名中医"荣誉称号。

希望全院广大医务工作者向获得"甘肃省中医院名中医"称号的专家学习,立足本职,刻苦钻研,博采众长,不断创新,爱岗敬业,无私奉献,为医院发展和保障人民群众身体健康做出新的更大的贡献。

二〇〇八年十一月十八日

关于成立王自立名医工作室的通知

中医人发〔2010〕7号

省中医药研究院,医院各部门:

根据中华中医药学会"全国首届先进名医工作室"管理办法,为推动名中医学术思想继承和经验传承工作,培养更多高层次中医药人才,经2009年12月15日院长办公会议研究决定,成立王自立名医工作室,人员配置如下:

专职工作人员:王　煜

兼职工作人员:靳　锋　田旭东　张参军　张竹君

特此通知。

二〇一〇年一月十一日

关于调整医院正副院长分管工作的通知

中医办发〔2010〕15号

省中医药研究院，医院各部门：

根据工作需要，经2010年1月13日院长办公会议研究决定，对医院正副院长分管工作进行了调整，调整后分管工作如下：

院长李盛华全面主持医院工作。分管院务部、人力资源部和财务部。

副院长冯守文负责医院对外联络、公共卫生、设备和医技工作。分管对外联络部、公共卫生科、医疗设备科和各医技科室。

副院长马忠祥负责医院医疗区基本建设和护理工作。分管基建一部、护理部。

副院长舒劲负责医院临床教学、职工继续教育、经营管理、医保、信息网络管理、院内感染和药剂管理工作。分管临床教学部、经营管理科、医保科、信息科、感染管理科和药剂科。

副院长李兴勇负责省中医药研究院工作、医院总务和生活区基本建设工作。分管省中医药研究院、总务部和基建二部。

副院长赵继荣负责医院医疗、门诊、保健、体检、随访和社区门诊工作。分管医务部、门诊部和各临床科室。

特此通知。

二〇一〇年一月十三日

关于调整研究院领导分管工作的通知

甘中研院发〔2010〕2号

各研究所：

根据研究院工作需要，经党政联席会议研究决定，对研究院院领导分管工作进行了调整，具体如下：

院长李兴勇全面主持研究院工作。分管脑病研究所、脾胃病研究所、老年病研究所、糖尿病研究所、哮喘病研究所、风湿病研究所、中西医结合心血管病研究所、中西医结合影像研究所。

支部书记赵国杰负责研究院党务、宣传、共青团、妇联、工会、安全生产和离退休人员管理工作。

副院长谢兴文负责研究院科研、开发、合作、部分研究所和实验室工作。分管中药研究所、中心实验室、骨伤病研究所、眼科研究所、肛肠(痔瘘)病研究所、中西医结合外科研究所。

副院长潘文负责研究院日常事务、对外联络、继续教育和部分研究所工作。分管中医药科技信息研究所、医史文献研究所、治未病研究所、针灸研究所。

特此通知。

二〇一〇年二月四日

关于成立廖志峰名医工作室的通知

中医人发〔2010〕122 号

省中医药研究院,医院各部门:

为推动名中医学术思想继承和经验传承工作,培养更多高层次中医药人才,经研究决定,成立廖志峰名医工作室,人员配置如下:

专职工作人员:廖　挺

兼职工作人员:田旭东　卢雨蓓　展　锐　李生财　陈世旺　武正权

特此通知。

二〇一〇年九月二日

附件:

1.名医工作室职责

2.名医工作室管理办法

名医工作室职责

名医工作室建设旨在加强名老中医学术思想和临床经验传承与创新，使之成为学术传承、特色服务、人才培养、学术交流的综合平台，成为中医医疗、教育、科研、科普密切结合的示范基地。

一、大力弘扬中医文化，传承名中医经验，以促进中医传承为核心，积极开展名中医经验收集整理、挖掘研究、传播交流。

二、名医工作室工作人员要做好跟师学习工作，积极组织名中医传承学术研讨活动。

三、整理挖掘名中医思想、学术经验，系统地学习四大经典著作及各家学说、中医名家临证医案医话，发表相关学术论文或专著，积极申报国家级、省级、厅级老中医药继承工作科研项目。

四、跟师参加院内外会诊，书写医案医话，学习笔记，促进名老中医个案学习。

五、建立廖志峰主任医师典型医案共享平台，将原汁原味保存的名医音像资料公布到医院网站，为临床医师提供名医讲座学习素材。

六、整理廖志峰主任医师的学术思想、用药特点、思维模式，形成一套专门的治疗体系。

七、收集、整理廖志峰主任医师临床医案、讲座备课、读书笔记、科研记录等原始文字材料。

八、整理廖志峰主任医师治疗内科疑难杂症的临床经验和学术思想，拓宽研究领域，整理廖志峰主任医师治疗其他疾病学术思想及经验。

九、推广廖志峰主任医师学术思想、临床经验传承方式，培养中医临床人才。

名医工作室管理办法

为了将名医工作室工作切实搞好，根据名医工作室工作职责，特制定如下管理办法：

一、名医工作室导师每周保证2次门诊，每月1次学术研讨，定期批阅跟师学习人员的学习笔记和医案医话。

二、专职工作人员必须保证每周2次门诊跟师，随诊随到，专兼职工作人员每月必须参加1次工作室学术研讨。随诊或学习需记录跟师笔记，每月书写医案医话1篇，每年发表导师学术经验的论文1篇。

三、专职工作人员每周必须独立完成2次以上门诊，同时跟随导师参加院内外会诊。兼职工作人员必须每月跟师参加院内外会诊。

四、工作人员根据工作安排，在规定时间内系统地学习四大经典著作及各家学说、中医名家临证医案医话等，每月完成2篇读书笔记，在学习记录中要能体现自己的学习心得。

关于聘任裴正学等三名同志为首席主任医师的通知

中医人发〔2010〕128 号

省中医药研究院,医院各部门:

为了充分发挥中医(含中西医结合)专家的学术带头作用,真正把尊重知识、尊重人才工作落到实处,有利于加快医院业务发展和学术继承工作,根据《甘肃省中医院关于设立首席主任医师的暂行规定》(中医人发〔2005〕58 号)文件精神,裴正学、李徐生、安贞光三名同志在省内中医(中西医结合)界享有较高知名度,在本专业、本学科有较高的学术权威,经 2010 年 10 月 9 日院长办公会议研究决定聘任:

裴正学、李徐生、安贞光三名同志为首席主任医师。

聘期三年,自 2010 年 1 月 1 日起至 2012 年 12 月 31 日止。

甘肃省中医院院长

二〇一〇年十月十五日

甘肃省中医院年鉴2008—2010

THE YEARBOOK OF GANSU PROVINCE HOSPITAL OF TRADITIONAL CHINESE MEDICINE 2008-2010

大事记

2008年

1月

30日，廖志峰被人事部、卫生部、国家中医药管理局评为全国卫生系统先进工作者。

2月

26日，医院被省劳动和社会保障厅、省财政厅评为省直离休人员医疗费管理和省直机关事业单位职工基本医疗保险管理优秀单位二等奖。

29日，甘肃省人民政府授予廖志峰、张延昌“甘肃省名中医”荣誉称号。

同日，甘肃省价格协会第二届理事会第一次代表大会通过，甘肃省中医院为会员单位。李盛华、肖斌为理事；李盛华为药品价格专业委员会常务副主任委员，肖斌为医疗服务价格专业委员会委员。

3月

5日，张定华荣获省卫生厅系统巾帼建功先进个人。

13日，医院召开2008年职工代表大会，就医院整体建设规划、门诊医技综合楼设计方案征询意见。

24日，由医院心血管疾病防治中心牵头组织的“中国红十字会爱心工程——胡大一爱心志愿者服务活动”在靖远县糜滩乡卫生院举行。舒劲副院长、医务部杨宏武副主任和心血管疾病防治中心徐义先主任、心胸外科党建中主任及10名医务人员，与靖远县委、人大、政府、政协的主要领导及当地干部群众300余人参加了启动仪式。即日起医院在靖远县开始儿童先天性心脏病的筛选工作。

4月

9日，根据甘肃省社会保险事业管理中心《关于调整省直机关事业单位定点医疗机构住院医疗费用结算定额标准的通知》，医院按综合性定点医疗机构住院医疗费用结算定额标准三级综合医院4800元执行。调整后的标准从2008年1月起执行。

22日，根据甘肃省发展和改革委员会、甘肃省建设厅甘发改投资〔2008〕232号文件，医院门诊医技综合楼建设项目批复立项，建设面积32000平方米，建设年限为2008—2009年。

25日，医院被兰州市医保局评为2007年度全市工伤保险定点医疗机构先进单位。

5月

6日，医院中医骨伤实验室、脑病实验室、消化病实验室、中医药疗效影像评价实验室、中药化学实验室入选甘肃省中医药科研实验室(二级)。

12日，四川汶川发生8级地震。医院当日启动应急预案，随即组建医疗救援队，并筹备救援物资。13日上午，由医务部主任韩艳带队，杨维建、鄢卫平、张崇岳、朱晓铭、史文宇、张文贤、贾国龙、李岩、郑倩君、张丽平、李文娟、蒋永忠、邵杰、安亚兵等一行15人组成的医疗救援队，赴陇南市、康县工作(5月21日返院)。

19日，在国家中医药管理局传统医药国际交流中心主任沈毓龙、广东省中医药学会副会长金世明和省中医药管理局局长鄢卫东等的陪同下，瑞士MediQi公司董事长Bardola等一行10人来院调研，双方就中方人员赴瑞士工作进行了交流。

20日，杨宏武、赵军参加团省委组织的"青年医疗卫生志愿者抗震救灾服务队"赴陇南市、文县工作(5月23日返院)。

21日，医院接收成县伤员6人(1女5男)，最大年龄78岁，最小年龄12岁。医院组织募捐活动，单位、个人累计捐款117060元，交特殊党费91670元。

6月

3日，国家中医药管理局副局长吴刚一行来院视察抗震救灾工作，查看了医院门诊部及1、2号住宅楼，看望了三位地震受伤住院人员，并与医疗救治队员合影。

12日，由冯守文副院长带队一行16人，赴陇南、甘南进行灾后伤情及常见病调查工作。

26日，周云霞、李亚忠参加省卫生厅组织的心理辅导工作组赴陇南市工作。

是月，医院与天津中医药大学建立骨伤专业博士生联合培养点，院长李盛华成为医院历史上首位博士生导师。

7月

6日，副院长马忠祥在嘉峪关市作为省卫生厅系统火炬手参加奥运火炬传递。7日上午严亮被省体育局推荐为火炬手参加兰州市奥运火炬传递。

7日，医院召开"传火炬迎奥运暨抗震救灾先进事迹报告会议"。会上，进行了奥运火炬职工代表的再次传递和医院汶川抗震救灾专辑——《守望相助》的首发仪式。冯守文副院长、韩艳主任、杨宏武副主任分别做了"不畏艰险，无私奉献""让生命在平凡中闪光""点燃希望"专题先进事迹报告。

同日，省民政厅授予副院长冯守文“全省社会组织抗震救灾先进个人”称号。

31日，省人事厅、省卫生厅授予医院“抗震救灾先进集体”称号；授予冯守文、罗克龙、张崇岳、周毓萍、李喜香、赵军、史文宇、周明旺、陈涛、邵杰“抗震救灾先进个人”称号。

8月

22日，甘肃省中医药研究院科技查新检索中心被省卫生厅确定为甘肃省中医药科研定点查新单位。

29日，医院举行首届临床医师急救技能大赛。

9月

9日，医院举办“全省骨科护理新进展学习班”，来自省内各大医院及地县医院的护理部主任、护士长、骨科护理技术骨干和本院护理人员共200余名参加了学习班。

10日，国家中医药管理局成立全国中医药科研实验室专家委员会，罗燕梅、姜华入选委员会成员。

13日，卫生部副部长兼国家中医药管理局局长王国强一行在副省长咸辉，省政府副秘书长张正锋，省卫生厅厅长刘维忠、副厅长李存文等陪同下来院视察工作。

23日，卫生部保健局副局长李宁在省卫生厅厅长刘维忠、副厅长常继乐等领导陪同下，来院调研干部保健工作。

25日，由中华中医药学会脾胃病分会主办，甘肃省中医院、甘肃省中医药学会脾胃病专业委员会和首都医科大学附属北京中医医院消化中心联合承办的“全国脾胃病与胰胆病诊治进展学习班”在医院召开，来自全国各地的专家和学者参加了会议。

26日，由中华中医药学会脾胃病分会主办，甘肃省中医院、甘肃省中医药学会脾胃病专业委员会和首都医科大学附属北京中医医院消化中心联合承办的“全国脾胃病分会第二十次学术交流会”在兰州友谊宾馆召开，共有来自全国各地的150多名专家、学者和知名人士参加会议。

10月

7日，中共甘肃省委组织部建议王阳(女)任甘肃省中医院副院长，挂职时间为一年。挂职期满，挂职职务自行免除。

8日，党中央、国务院和中央军委在北京人民大会堂召开“全国抗震救灾总结表彰大会”，医院脊柱骨三科副主任鄢卫平被授予“全国抗震救灾模范”荣誉称号。

12日，医院中医骨伤科荣获中华中医药学会“中医骨伤名科”。

15日，医院召开学习实践科学发展观活动动员大会。活动时间从2008年9月至2009年2月。

16日，美国俄克拉荷马州医学会会长、甘肃与俄克拉荷马州医师交流项目负责人 Jim Claflin 来院参观,双方进行了友好交流。

17日,第七届全省中医院“中药制剂”与“中药加工炮制”继续教育学术研讨班在医院召开,来自全省各地州市的50余名代表参加学术研讨会。

18日,中国中西医结合学会风湿病专业委员会成立二十周年庆祝大会暨第七届中西医结合风湿病学会会议在北京人民大会堂召开,甘肃省名中医、主任医师、风湿病科主任张延昌同志参加了会议,并被授予“推动风湿学术发展贡献奖”。

21日,老年病科被确定为国家中医药管理局重点专科协作单位。

28—31日,中国妇女第十次全国代表大会在北京人民大会堂召开,“全国三八红旗手”、医院医务部主任韩艳作为特邀代表参加了本次大会。

是月,医院依托省卫生厅网站建立了甘肃省中医院门户网站,在互联网上注册域名为:http://www.gszyy.com。

11月

3日,医院被纳入省保健委员会成员单位,医院主要领导担任省保健委员会委员。

6日,医院当选为中国医院协会法制专业委员会常务委员单位,并承担中国医院协会关于统一全国患者知情同意书、手术知情同意书中医骨伤科部分的调研和书写清样工作,同时参与全国医院外欠费的调研工作。

10日,甘肃省援助马达加斯加医疗队出国座谈会在兰州宁卧庄宾馆举行。医院院长李盛华,第十七批援助马达加斯加医疗队员田雁、陈耀章和肖红等同志参加座谈会。

11日,全省卫生系统民主评议行风工作组叶绍裘、解放、陈德新与省卫生厅监察室刘静生、刘伯荣一行来院,对2007年民主评议行风工作进行回头看。

同日,省中医院党委书记李谦英被卫生部精神文明办公室、中国卫生思想政治工作促进会授予“全国卫生系统优秀思想政治工作者”荣誉称号。

同日,德国骨科专家格尔德·帕特依(Geit Pattay)来院进行学术交流。

12日,中共兰州市七里河区区委书记赵建利等领导来医院调研基本建设。

13日,医院召开以“学习妇代会精神,发挥‘半边天’作用”为主题的全院女职工大会。“全国三八红旗手”、医院医务部主任韩艳传达了中国妇女第十次全国代表大会会议精神。

14—15日,医院脊柱骨二科主任赵继荣、内分泌科主任张定华被授予“全国第二届百名杰出青年中医”荣誉称号。

19日,医院与兰州市粮食局、兰州昌盛植物油有限责任公司就该公司22.063亩土地转让进行了商谈,最终以6150万元成交。

21日,医院召开2008年院聘社会监督员座谈会。增聘郭建东、胡相元、陈伯靖、秦勿娇、冯乐勇、陈诗龙、邹懋源为社会监督员。

21日,行政办公大厅正式投入使用。职能管理部门(科室)工作人员实行集体化办公。

26日,全省卫生系统开展民主评议医院行风工作大会在医院召开,会议由省卫生厅纪检组张学明书记主持。

是月,《甘肃省中医院 2003—2004 年年鉴》经省史志学会评审荣获三等奖。

12 月

3 日,医院召开门诊医技综合楼建设项目拆迁安置工作座谈会。

24 日,医院被省卫生厅确定为“甘肃省省级新农合定点医疗机构”,骨科、脑病科、肾病科、老年病科、消化科、心血管疾病防治中心被确定为“甘肃省省级新农合定点医疗机构重点科室”。

2009 年

2 月

3 日,根据省卫生厅《关于成立甘肃省中医医疗质量检测中心的通知》,甘肃省中医医疗质量检测中心靠挂在甘肃省中医院,是全国中医医院医疗质量检测中心的二级机构。

26 日,省中医院餐饮营养中心经过重新装修后开业,由兰州弘鼎餐饮管理有限公司承包,与医院合作经营。

27—28 日, 医院通过了国家食品药品监督管理局药品认证管理中心关于药物临床试验机构资质认证的现场检查。

29 日,兰州市劳动社会保障厅《关于调整兰州市城镇职工基本医疗保险定点医疗机构住院医疗费用结算定额标准的通知》(兰劳社发〔2009〕37 号),医院住院医疗费用结算定额标准由 3300 元调整为 5600 元。

是月,医院被甘肃省卫生厅、甘肃省红十字会评为“甘肃省成分输血先进集体”。

3 月

8 日, 医院与兰州昌盛植物油有限责任公司就 22.063 亩土地划拨补偿在兰州举行了协议签订仪式。

27 日,医院被兰州市医疗保险局评为“2008 年度工伤保险定点医疗机构先进单位”。

是月,根据《关于在保健基地医院成立干部保健处的通知》(甘保健办发〔2009〕1 号)确定省中医院为干部保健基地医院,并要求成立干部保健处,接受基地医院和省保健委员会办公室的双重领导等。

4月

15日，沙特发展基金会甘肃卫生项目考察团 Mr. Muhamed S. Aldalilan（技术司高级经济学家）和 Mr. Eng. Abdullah M. Alkhowaiter（技术司高级土建工程师）来院实地考察医院门诊医技综合楼建设。

5月

21日，省委组织部干部三处来院宣布省委、省委组织部关于医院领导班子成员的调整任免决定：李谦英同志任医院正厅级干部，免去医院党委书记、委员职务；李兴勇、赵继荣任医院党委委员、副院长。

25日，医院党政联席会议研究决定，对医院主要职能管理岗位人员进行轮岗。

6月

9日，经院长提名，医院党政联席会议决定，对137名护士长以上干部进行了聘任。

27日，医院被中华中医药学会营养药膳专家分会授予"优秀营养药膳食疗临床应用医院"称号。

7月

16日，由省人大常委会委员、省人大教科文卫委员会主任委员周德祥，副主任委员田鸿章带队的省人大执法检查组来院就《甘肃省发展中医条例》的贯彻落实情况进行了中医药执法大检查，并对医院的中医药工作情况做了调研。

是月，医院荣获"全省卫生行业护理岗位技能大赛决赛团体二等奖"。

8月

21日，省委组织部来院宣布省委关于医院领导班子成员的调整任免决定：妥建福同志任医院党委书记、委员职务。

11月

27日,国家中医药管理局组织专家对医院"十一·五"重点专科建设单位脑病科和脾胃病科进行评估检查。

12月

6日,医院举行门诊医技综合楼开工奠基仪式,省委常委、副省长冯健身,省委常委、省委秘书长姜信治,省人大副主任崔玉琴,省政协副主席侯生华等出席。

16日,门诊医技楼基坑工程进入实施阶段。

29日,甘肃省编制委员会办公室一行四人来院进行医院编制情况调研。

2010年

1月

4日,医院骨伤科通过省卫生厅评审,确定为"甘肃省临床医学中心",建设周期为三年。

8日,全省医德医风建设先进个人和标兵表彰大会在宁卧庄宾馆举行。医院王海东、党建中和张洪涛获得先进个人称号,张丽平获得标兵称号。

8日,省卫生厅副厅长李存文、省中医药管理局副局长崔庆荣来院宣布:李兴勇任甘肃省中医药研究院院长,潘文任副院长。

2月

5—6日,医院承办的国家中医药管理局第一批重点研究室建设项目评估会在兰州召开。由张伯礼教授等组成的专家组对包括医院西北地区骨伤药物疗法重点研究室在内的西北五省区2009年度重点研究室建设项目进行了评估。

23日,由院长李盛华带队,院领导和职能管理部门负责人和药剂科部分同志组成的参观考察团,赴兰州佛慈制药股份有限公司进行考察学习。

24日，省卫生厅党组书记、厅长刘维忠来院调研门诊医技综合楼建设情况。

是日，医院召开“334”人才选拔评审会议。会议特别邀请了省人力资源和社会保障厅、省卫生厅、兰州大学公共卫生学院从事人才工作的相关领导和专家。经过认真审议，采用无记名投票方式表决推荐55名同志为医院“334”人才第一、二、三层次人选。

25日，省发改委副主任、省西部开发领导小组办公室主任王泉清来院调研基本建设情况，实地查看科研制剂楼、职工住宅楼选址区域以及门诊医技综合楼施工现场。

3月

4日，医院召开“医疗安全百日活动”动员大会。省卫生厅副厅长王晓明、医管处处长徐宏伟、省中医药管理局副局长王春道、医院领导班子成员及全院医护人员200余人参加了本次动员大会。

5日，由共青团省直机关工委举办的第二届“甘肃省直十大杰出(优秀)青年”表彰大会在省委礼堂隆重举行，谢兴文被授予第二届“甘肃省直十大杰出青年”称号。

9日，省中医药管理局副局长王春道率同省卫生监督所一行10人来院，就依法、规范执业与各项规章制度的落实情况等开展综合监督检查。

13日，由中纪委驻国家工商总局纪检组组长何昕为组长的中央扩大内需促进经济增长政策落实暨治理工程建设领域突出问题第十九检查组，来院检查门诊医技综合楼建设项目进展情况。

19日，省政府投资项目评审中心允振荣主任来院调研门诊楼建设情况。医院副院长马忠祥和基建部负责同志陪同调研。

22—30日，省中医院副院长马忠祥、舒劲、李兴勇，省中医药研究院书记赵国杰和部分职能科室主要负责人共16人赴新加坡国际管理学院学习。

26日，医院15名医护人员分赴民勤、古浪、岷县、静宁等地参加2010年度万名医师支援农村卫生工程活动。

30日，省卫生厅厅长刘维忠、省卫生厅纪检组组长张学明来院调研工作，实地察看了门诊综合治疗中心和门诊综合大楼现场。

4月

1日，全省第三期“西医学习中医学”培训班在医院开班。国家中医药管理局副局长马建中、人事教育司巡视员兼副司长洪净、医政司副司长蒋健、医政司二处处长杨荣臣、省卫生厅厅长刘维忠与副厅长郭玉芬、省中医药管理局局长甘培尚等领导参加了开班典礼。

11日，国家中医药管理局办公室主任闫树江、规划财务司副司长武东和医政司主任科员严国华来院检查指导工作。

14日，青海省玉树县发生了7.1级强地震，医院迅速启动突发事件应急预案，成立了以院长、党委书记为组长的抗震救灾领导小组，成立了由20名医护人员组成的抗震救灾医疗队。医疗队员们带着救灾物资奔赴青海玉树县抗震救灾。

18日，医院党委举行为青海玉树地震灾区献爱心捐款活动。院党委副书记孙援朝主持了捐款仪式，全院13个党支部856人共捐款132636元。

19日，卫生部专家组北京协和医院重症医学科专家柴文韶、胸外科专家崔玉笛、骨科专家张嘉等一行3人来我院指导青海玉树地震伤员救治工作。

20日，省政协副主席德哇仓、张津梁，秘书长石晶，副秘书长赵祥明，省卫生厅厅长刘维忠，省中医药管理局局长甘培尚冒雨赴省中医院看望慰问在玉树地震中受伤的群众和坚守在医院岗位上的医护人员。

同日，卫生部副部长尹力视察玉树赛马场甘肃省中医院抗震救灾医疗救治点工作。

22日，医院赴玉树地震灾区的医疗救援队队员圆满完成救援任务，载誉归来。

26日，来自青海玉树地震灾区转运甘肃省中医院治疗的元丁文保、才巴多杰、哥才、格乐尔、普巴、党旺和布阿好等7位伤员，经过医院医护人员的精心治疗与护理，康复出院。

28日，省城乡和建设住房建设厅副巡视员蔡林峥带领省发改委重点处及省政府办公厅、省公安厅重点工程公安局、省国土资源厅征地事务办、省财政厅经建处、省建设厅工程质量管理处等部门与市政府、区政府相关管理部门负责人一行30余人对我院门诊医技综合楼建设项目进行现场督察。

5月

4日，甘肃省副省长咸辉陪同青海省政协党组副书记、副主席陈资全率领的青海省省级领导慰问团，专程来到医院急诊骨科，看望慰问来自青海玉树地震灾区的转运伤员以及我院一线医务人员。

同日，医院普外科邀请上海复旦大学肿瘤医院腹外科主任师英强教授来我院进行手术演示及学术交流。

10日，医院邀请兰州市检察院职务犯罪预防处处长王东升来院进行预防职务犯罪警示教育专题讲座。

11日，由对外联络培训部组织的医院英语口语培训班开班。

同日，医院举行庆祝“5·12”国际护士节暨“优质护理服务示范病房”授牌仪式。

14日，由甘肃省中医院举办的玉树地震医疗救援纪实摄影展在兰州市博物馆隆重开展。省卫生厅厅长刘维忠、省纪委驻卫生厅纪检组组长张学明、省卫生厅副厅长郭玉芬、省政府办公厅秘书七处处长周虎成等领导参观了展览。

28日，医院被兰州市医疗保险局评为“2009年度基本医疗保险定点医疗机构先进单位”。

6月

11日，医院邀请省政府办公厅综合处处长滕继国进行公文写作知识培训讲座。

19日，以兰大二院副院长王志平为组长的卫生厅重点学科评审组一行9人来院，对医院申报的脑病科、消化科、药剂科、老年病科、心血管疾病防治中心进行评审。

25日，2010年全省职工技能大赛启动仪式暨“中药炮制”省级决赛在医院召开。省政协副主席栗震亚,省总工会副主席李惠泽,省总工会党组成员、经审会主任包俊宗,省总工会党组书记、常务副主席、组委会主任陈琳,省卫生厅厅长刘维忠等领导出席。

27 日,2010 年全省职工技能大赛启动仪式暨“中药炮制”省级决赛圆满落幕。共产生团体一等奖 1 个,二等奖 3 个,三等奖 5 个,优胜奖 7 个,组织奖 5 个;3 名同志获得一等奖,7 名同志获得二等奖,11 名同志获得三等奖。省中医药管理局局长甘培尚宣读《省卫生厅关于表彰 2010 年全省职工技能大赛中药炮制省级决赛获奖单位和个人的决定》并进行了颁奖。

29 日, 医院举行庆祝中国共产党建党八十九周年纪念大会,《大爱无疆——甘肃省中医院医疗救援青海玉树地震纪实》一书正式与医院广大读者见面。

30 日,甘肃省第三期西医学习中医学培训班学员顺利结业。甘肃省中医药管理局副局长崔庆荣、院长李盛华、副院长舒劲及第三期西中班学员近 60 人参加了结业典礼。

7 月

4 日,中央电视台综合频道、新闻频道在《朝闻天下》栏目以《中医药在医改中寻求发展空间》为题,报道了我省大力发展中医药事业和在医改中充分发挥中医药作用的做法。报道中播出了医院院长李盛华关于医院大力发展中医药事业的思路、做法以及在医改中发挥中医药作用的访谈。报道以省中医院中医药服务为背景,集中报道了医院中医药发展中一些好的经验和做法,并对我省的做法给予了充分肯定。

5 日, 以崔咏梅为督导员的国家中医药管理局专家组一行 8 人来我院检查 2009 年中医医院管理年工作。

6 日,甘肃省卫生厅和甘肃省财政厅联合对我院骨伤科临床医学中心建设情况进行了检查。

9 日,由我院风湿科牵头举办了甘肃省风湿病临床医师论坛。

13 日, 甘肃省卫生监督所副所长王文军一行 6 人代表省卫生厅来医院进行医疗机构综合监督检查。

14 日,医院举办消防安全工作知识培训班,邀请兰州市七里河消防队张敏同志做了《消防安全知识》讲座,医院院领导、护士长以上干部,消防安全保卫人员全体参加了培训班。

19 日,山东中医药大学医疗服务博士团一行 11 人,在山东省政协副主席、山东中医药大学名誉校长、国家首批中医科普专家王新陆的带领下,来院开展学术交流和义诊活动。

28 日,中华中医药学会学术顾问、卫生部健康教育专家、国家中医药管理局文化建设与科普专家、中医药科普分会主任委员、中医药文化分会副主任委员、主任医师、作家、教授温长路一行来院参观。温教授为全院干部职工做了《中医药文化与中医学的中和观》专题讲座。

30 日,医院和省中研院领导与 2010 年度新员工见面会在医院多功能厅举行,见面会由冯守文副院长主持,院领导、职能部门负责人及 2010 年新入院的 61 名同志参加。

8月

5日,省中医院结合"争先创优"活动,会同七里河区人民检察院组织近百名干部到兰州地区警示教育示范基地——甘肃兰州监狱,进行警示教育活动。

8日,甘南藏族自治州舟曲县发生特大泥石流灾害。院长李盛华、党委书记妥建福紧急安排部署救援工作,迅速组建起一支具有中医特色的10人医疗救援队伍。医院为医疗队配备了各种精密仪器,并携带12万元的急救物资、中成药品、医院自制药品和各种中医特色器材,由副院长赵继荣率队紧急赶赴灾区实施救援工作。

10日,副省长、省红十字会会长咸辉在省政府副秘书长张正锋,省卫生厅副厅长李存文、王晓明,省卫生厅副巡视员刘静生等领导的陪同下,代表省委、省政府在医院看望慰问在舟曲泥石流地质灾害中受伤的4名伤员和医院医护人员。

10日,医院赴舟曲泥石流地质灾害医疗救援队完成阶段性救援任务,顺利返回。

12日,卫生部应急办主任梁万年自舟曲灾区风尘仆仆赶来医院,看望并慰问在舟曲泥石流地质灾害中受伤的7名伤员和参与救治的医护人员。

13日,法国传统中医自由大学校长 Coste Marcel 先生、教务主任 Paugam Jeanyves 先生来医院参观考察,并就教学事宜与医院进行业务洽谈。

14日,省中医药管理局局长甘培尚、厅医管处副处长白飞带领由省人民医院乔成钢,省中医院赵继荣,兰大一院石斌,兰大二院汪玉良、张海林,甘肃中医学院附属医院张华,兰州军区总医院李庆新等7位专家组成的卫生厅专家组来我院查看舟曲灾区伤员。

15日凌晨,院长李盛华带领由临床和药学人员组成的9人医疗救援队带着药品奔赴舟曲灾区。

同日,15名陇南泥石流灾区伤员转至医院治疗。医院按照应急预案要求,成立救援工作领导小组、专家组、医疗救治组。

20日,由甘肃省中医院承办的"中医护理理论及技能操作培训班"开班,来自全省17家医疗单位的300余名护理人员参加了开班仪式。

同日,由甘肃省中医院风湿科主办,北京萃博针刀医学研究院、中国针刀医学网协办的甘肃省中医药学会针刀医学专业委员会2010年学术年会在甘肃省中医院召开,来自全省各地的代表200余人参加了大会。

24日，省财政厅国际处处长张健一行5人对医院门诊医技综合楼利用沙特政府贷款情况进行调研。

同日，省建设工程质量监督管理局张嘉亮总工程师带领相关专家检查门诊医技综合楼建设项目施工现场,并召开了工程建设质量、安全监督管理现场工作会议,院长李盛华,副院长马忠祥,纪委副书记卫晓雯,审计科、基建一部全体人员,各参建单位相关人员参加。

9月

10日，医院举办的“舟曲特大泥石流灾害医疗救援纪实”摄影展在甘肃省博物馆隆重开展。

同日，甘肃省骨伤科临床医学中心和甘肃省中医骨科临床研究基地在中医院挂牌，副省长咸辉为医学中心和研究基地揭牌。

同日，省中医院门诊医技综合楼地下室结构顺利封顶。

同日，由中华中医药学会骨伤科专业委员会、中国中西医结合骨伤科专业委员会主办，甘肃省中医院承办的国家级继续教育项目“全国中西医结合骨科微创治疗新技术及中医正骨学习班”在医院开班，有来自全国各地的100余名学员参加了学习班。

11—12日，由省卫生厅主办、兰大一院承办的“全省卫生行业护理岗位技能大赛”决赛中，医院唐锐、郭云霞、张丽娟、廖雨婷、崔晓娟、杜丽梅、湛静等7位选手在35个参赛团体中获得团体一等奖。

18日，由甘肃省中医药研究院中药研究所举办的国家继续教育项目班“中医药科研设计与申报及论文写作研讨班”在医院召开。来自全省各地州县的学员以及本院职工100余人参加了本次开班仪式。

10月

8日，医院肾病科主任医师靳锋应兰州佛慈制药有限公司及印度尼西亚中医协会的邀请，前往印度尼西亚进行为期9天的学术讲座。

21日，医院召开了“社会监督员及病友座谈会”，听取了来自社会各界监督员及病友对医院建设、管理和服务等方面的意见、建议。

22日，由甘肃省卫生厅主办、兰州市卫生局承办的“兰州地区中医药师承教育拜师大会”在人民剧院隆重召开。医院第五批省级师承教育指导老师、继承人参加了此次会议，师承继承人代表向指导老师敬献鲜花并行了拜师礼。

是月，医院护理部获“第二届全国中医护理先进集体”荣誉称号。

11月

3日，省卫生厅副厅长李存文、外事处处长强莉陪同美国南佛罗里达州大学和坦帕总医院代表团Dr.Sinnott和Dr. Hytoff两位外宾参访了医院。

4日，医院举办了“行政人员服务礼仪”培训。

12—15日，由甘肃省中医院脾胃病(消化)科主办，甘肃省中医药学会脾胃病、儿科、内科专业委员会共同协办的甘肃省脾胃病诊治、名中医经验学习班暨甘肃中医药学会儿科专业委员会委员会议在医院举办。

18日，医院举行医疗安全百日活动总结大会，会上同时进行了甘肃省中医院首届中医技能大赛总决赛暨《实用中医经典名方手册》等书籍的首发仪式。

23日，甘肃省中医药管理局局长甘培尚等一行8人对我院第四批省级老中医药专家学术经验继承人进行出师考核。继承人杨阿妮等6人顺利通过出师考核。

24日，加拿大麦基尔大学犹太总医院肺癌中心主任 Mary Crossman 和风湿病专家 Jan Schulz 来院考察访问。

26日，科技部中国科学技术信息研究所在北京召开了2010中国科技论文统计结果发布会。会上发布了《2010版中国科技期刊引证报告》(核心版)期刊名录，《甘肃中医》杂志被中国科技核心期刊数据库收录。

27—30日，由甘肃省中西医结合学会和甘肃省中医院脑病(神经内)科联合举办的国家级继续教育项目"裴正学教授临床经验研讨会暨中西医结合脑病学习班"在医院举办。

是月，院长李盛华被国家卫生部授予"卫生部有突出贡献中青年专家"荣誉称号。

12月

3日，甘肃省百万职工职业技能素质提升活动表彰大会在兰州宁卧庄宾馆召开。医院被授予2010年全省职工职业技能大赛"优秀组织单位"；副院长舒劲被授予2010年全省职工职业技能大赛"优秀组织者"；药剂科主管中药师沈涛被授予"甘肃省五一劳动奖章"。

3—10日，医院对部分副科级岗位进行竞聘上岗工作。经过竞聘，张雪霞、田军、徐霞、李生财、卢雨蓓、尤从新、刘红喜、史文宇、裴生太等9名同志于12月15日聘任上岗。

9日，甘肃中医学院院长李金田教授一行7人来我院进行高等医学院校临床教学基地预评审。

15日，"人民的好医生""草原好曼巴"王万青来到省中医院做报告，院领导及职工220余人听取了报告。

16日，"甘肃省中医院长远发展规划"和"绩效管理体系规范化建设"项目启动仪式在医院举行。该项目由兰州理工大学管理学、经济学等相关学科专家组成的项目团队负责完成。

18日，省食品药品监督管理局专家组宋京都、曾永祥、薛勇等一行3人来我院进行现场检查，医院副院长舒劲、药学部有关负责同志陪同检查。

24日，医院召开了门诊医技综合楼建设项目监督管理委员会2010年工作会议，省纪委驻省卫生厅纪检组段巍组长与参会人员一并到门诊医技综合楼工地进行了实地检查。

甘肃省中医院年鉴2008—2010

THE YEARBOOK OF GANSU PROVINCE HOSPITAL OF TRADITIONAL CHINESE MEDICINE 2008-2010

党群工作

2008年1月—2008年12月党群机构设置图

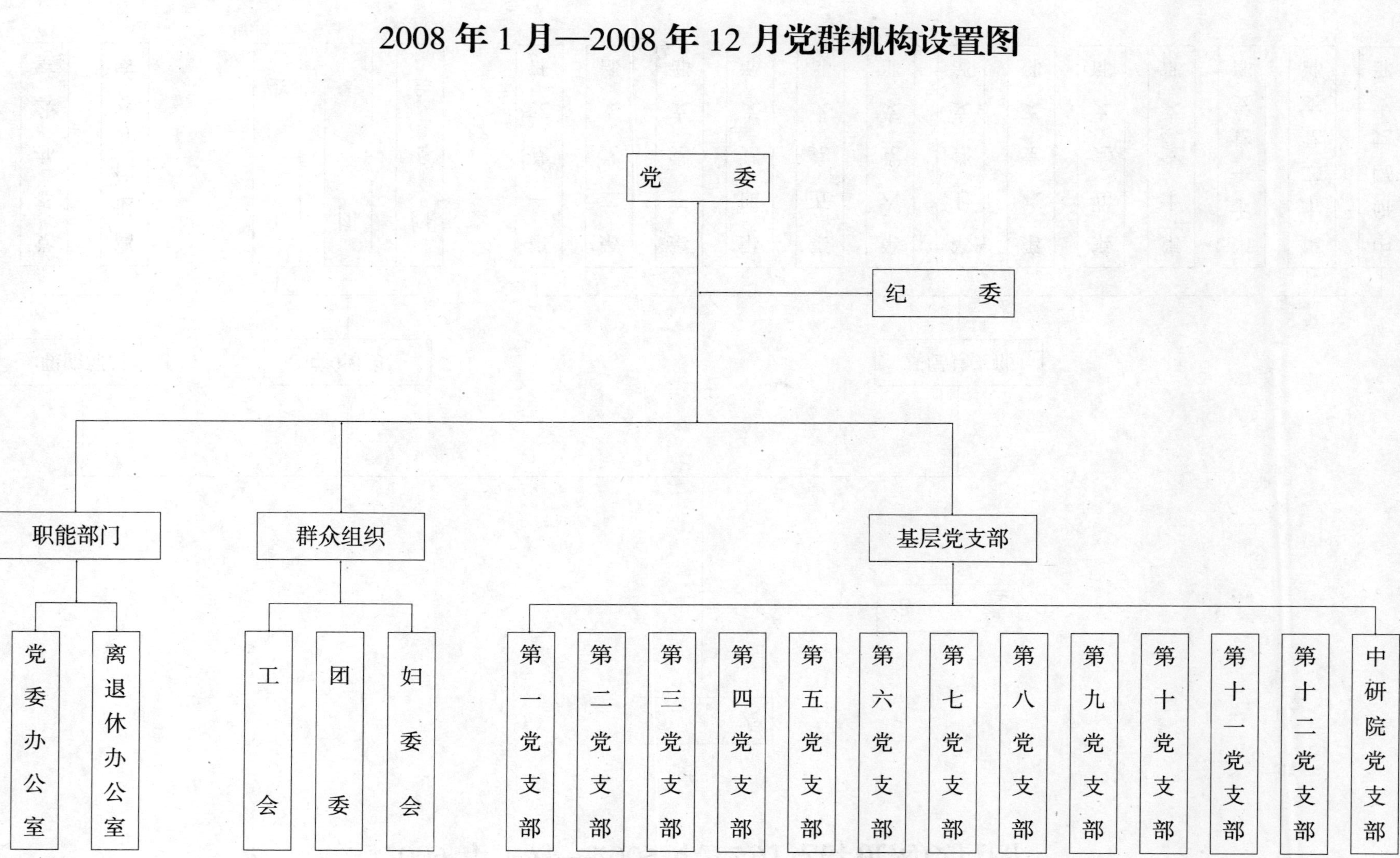

2009年1月—2009年12月党群机构设置图

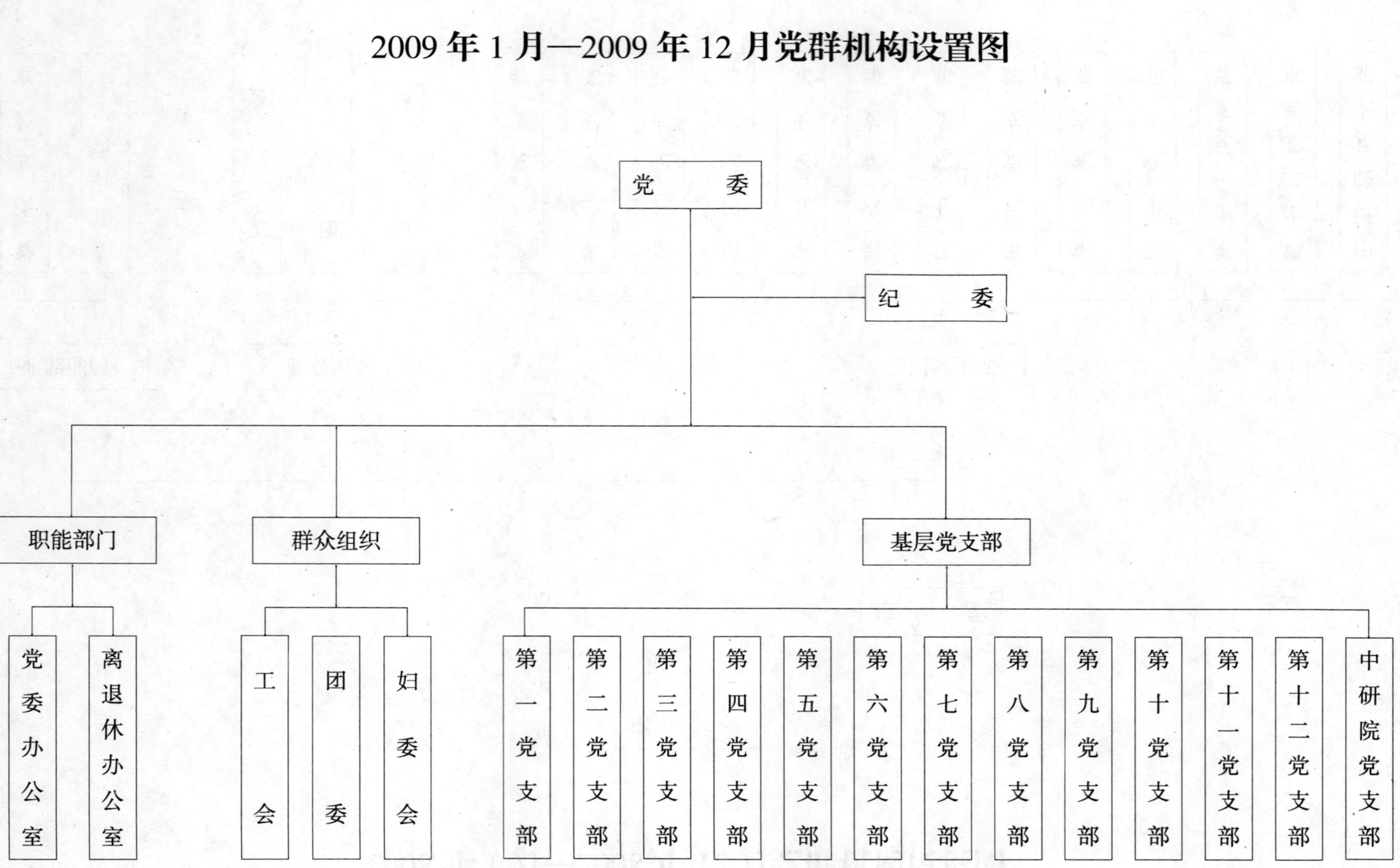

2010年1月—2010年12月党群机构设置图

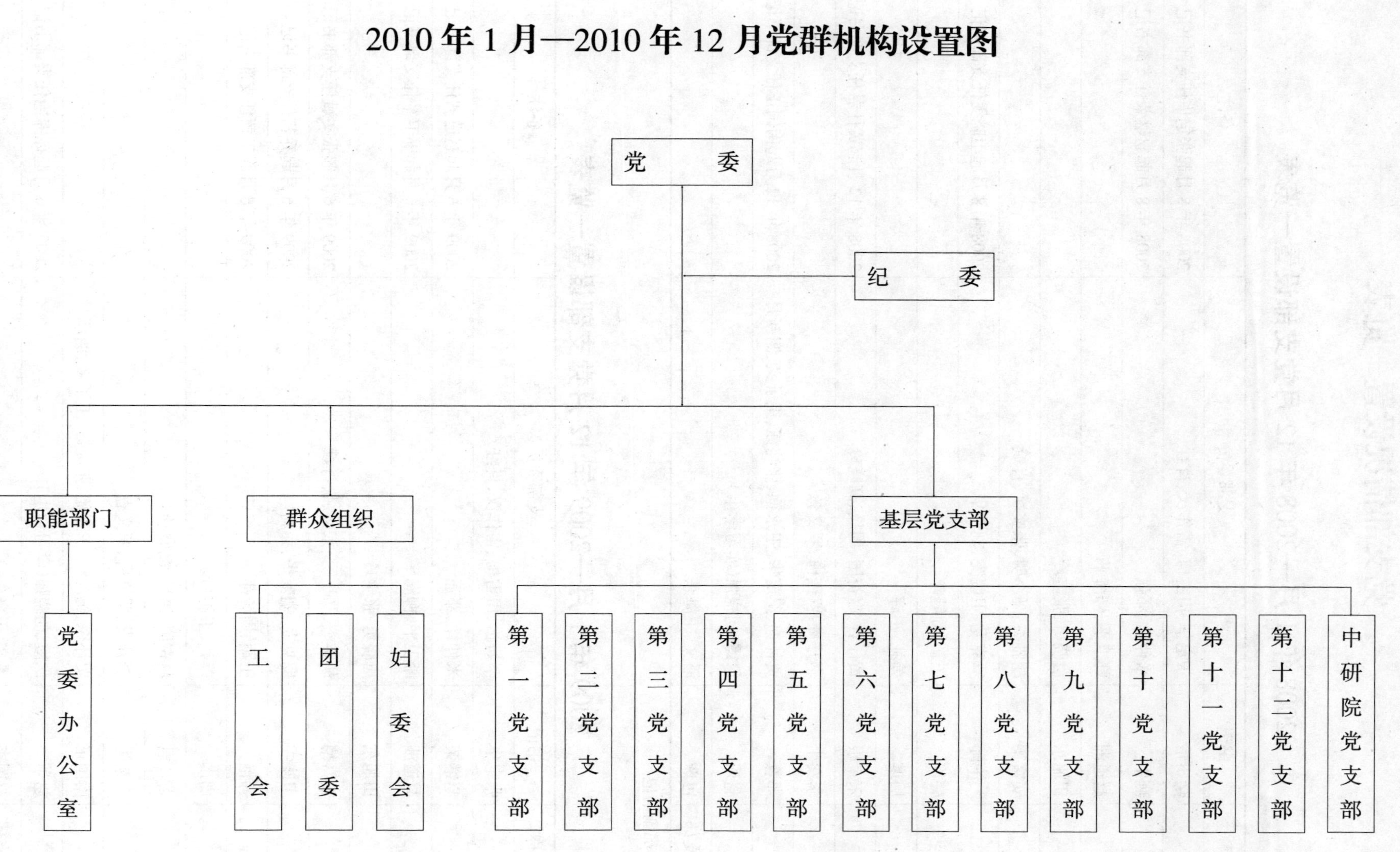

注:离退休办公室自2009年6月划归至人力资源部

党支部情况设置一览表

2008 年 1 月—2008 年 12 月党支部设置一览表

支部名称	书记	支部委员	备注
一支部	李妍怡	张定华、田雪梅、雷作汉、肖红	2008 年 8 月起张定华任支部书记
二支部	燕中	米仲祥、邓强	2008 年 8 月起赵继荣任支部书记
三支部	赵道洲	鄢卫平、柳海平	
四支部	田旭东	唐晓勇、张宝玲	
五支部	安富德	胡雅杰、马小明、张文斌、肖斌	
六支部	*乔莉	罗克龙、卫晓雯、刘梦华	2008 年 8 月起卫晓雯任支部书记
七支部	韩艳	王颖、周毓萍	
八支部	周琪	姜礼、王辉	
九支部	宋宝根	黄仕君、赵奋国、周晟、高晓玲	2008 年 12 月起黄仕君任支部书记
十支部	李秦生	李开贵、罗燕梅、罗文蓉	
十一支部	郑慧	贾怀德、纪茂华、王永德、张纯钰、王子义、谢新月	2008 年 12 月起南国正任支部书记
十二支部	赵乐	徐霞、胡晓强(实习学生)	
中研院党支部	包珠	潘文、王海东	

*表示支部副书记

2009 年 1 月—2009 年 12 月党支部设置一览表

支部名称	书记	支部委员	备注
一支部	张定华	李妍怡、田雪梅、雷作汉、肖红	
二支部	赵继荣	米仲祥、邓强	2009 年 6 月起赵道洲任支部书记
三支部	赵道洲	鄢卫平、柳海平	2009 年 6 月起鄢卫平任支部书记
四支部	田旭东	唐晓勇、张宝玲	
五支部	安富德	胡雅杰、马小明、张文斌、肖斌	2009 年 6 月起张文斌任支部书记
六支部	卫晓雯	罗克龙、刘梦华、乔莉	2009 年 6 月起乔莉任支部书记
七支部	韩艳	王颖、周毓萍	2009 年 6 月起王颖任支部书记
八支部	周琪	姜礼、王辉	
九支部	黄仕君	赵奋国、周晟、高晓玲	
十支部	李秦生	李开贵、罗燕梅、罗文蓉	
十一支部	南国正	贾怀德、纪茂华、王永德、张纯钰、王子义、谢新月	
十二支部	赵乐	徐霞、胡晓强(学习学生)	2009 年 6 月起孙锦艳任支部书记
中研院党支部	赵国杰	潘文、王海东	

2010年1月—2010年12月党支部设置一览表

支部名称	书记	支部委员
一支部	张定华	杨瑞龙、雷作汉、田雪梅、安珂
二支部	赵道洲	米仲祥、冯康虎
三支部	鄢卫平	柳海平、刘春雨
四支部	田旭东	唐晓勇、张宝玲
五支部	张文斌	安富德、胡雅杰、马小明、肖斌
六支部	*乔莉	卫晓雯、罗克龙、刘梦华
七支部	王颖	周毓萍、邓强
八支部	周琪	马真琴、王辉
九支部	黄仕君	程烜、陈进凡、黄小玲、周晟、赵奋国、高晓玲
十支部	李秦生	李开贵、罗文蓉、李喜香、刘效栓
十一支部	南国正	冯百福、王子义、张纯钰、徐淑萍、王俊英
十二支部	孙锦艳	韩艳、闵云山、王晓蓉、张洪(实习学生)
中研院支部	赵国杰	潘文、王海东

*表示支部副书记

2008年1月—2008年12月团支部设置一览表

支部名称	支部书记
一支部	刘晓霞
二支部	李学学
三支部	孙焱
四支部	康娟
五支部	贾青重
六支部	贾青重
七支部	贾青重
八支部	金钰钧
九支部	张琳

2009 年 1 月—2010 年 12 月团支部设置一览表

支部名称	支部书记	备注
一支部	张丽娟	6 月张丽娟任支部书记
二支部	李学学	
三支部	孙焱	
四支部	康娟	
五支部	郭云霞	6 月郭云霞任支部书记
六支部	李亮	6 月李亮任支部书记
中研院	* 张敏	6 月张敏任支部书记

* 表示支部副书记

纪检监察工作

纪委工作在医院党委和上级纪检监察部门的领导下，严格按照认真贯彻落实党中央和中纪委各项工作部署和要求，按照省卫生系统纪检监察工作安排意见和医院党委工作要求，履行纪委工作职责。

2008 年,制定下发了《2008 年甘肃省中医院纪检监察工作安排意见》《甘肃省中医院廉政工作任务分解表》和《甘肃省中医院行风工作任务分解表》,要求各项工作的责任人切实负责抓好任务内工作的落实。并根据医院纪检监察工作计划,开展引导教育。3 月,在全院护士长以上干部会上传达了全国卫生系统治理医药购销领域商业贿赂专项工作电视电话会议主要精神，以及中央纪委驻卫生部纪检组组长李熙同志讲话精神。同时也摘要传达了厅纪检组组长张学明同志在全省卫生工作会上所做的《认真学习贯彻十七大精神　深入推进全省卫生系统反腐倡廉建设》的报告。5 月,组织全院干部观看由辽宁省纪委制作的反腐纪录片《沉重的代价》。9 月,在全院科级以上干部中举办《建立健全惩治和预防腐败体系 2008—2012 年工作规划》知识答题活动。年内参加省财政厅物资设备招标、省市基建招标、门诊医技大楼方案招标、医院内部的物资采购及 50 万元以下的基建招标,实行全过程监督。行风建设方面根据行风评议组的建议,医院增补了 7 名社会监督员,共 25 名社会监督员。12 月 21 日,医院召开社会监督员座谈会,并听取了他们对医院行风工作的意见建议。11 月 26 日,省卫生厅在医院召开了“全省卫生系统开展民主评议医院行风工作大会”,对医院行风工作进行评议,评议组从“健全制度狠抓落实”“注重医德医风教育,强化以病人为中心的服务理念”等 6 个方面对医院行风工作充分地肯定,同时也提出了 6 点存在的问题和 3 点建议。医院李盛华院长代表医院做了表态发言,这次行风评议对医院行风建设工作起到了极大的推动作用。根据《甘肃省卫生厅医疗卫生人员廉洁行医的规定》,

医院对 1 名未经医院同意外出手术的医生进行了处理。对出现医疗服务差错的科室领导和责任人进行了大会点名批评和经济处罚。2008 年，各病区共收到患者表扬信 38 封，锦旗 24 面；退回“红包”总金额 6.15 万元。

2009 年进一步坚定党风廉政建设和行风建设工作方向，增强教育的针对性和有效性，把党风廉政建设和医德医风建设融入医院发展的总体布局，全面贯彻落实省卫生厅与医院党政领导签订的《2009 年甘肃省卫生厅直属单位党风廉政建设责任书》和《2009 年甘肃省卫生系统行风建设责任书》，按照“谁主管，谁负责”的原则，将 2009 年党风廉政建设和行风建设任务按管理部门职能进行了责任分解，实行主管院领导和部门负责人责任制，通过召开护士长以上干部会议，将医院党风廉政建设和行风建设工作要求传达到每位职工。11 月纪委、党务部组织对责任部门进行了统一考核，完成党风廉政建设和行风建设分解任务得分率达 90%以上。每月组织观看警示教育片，开展警示教育，教育和引导广大职工严格遵守行业纪律，自觉抵制违法违纪行为，营造良好的医德医风建设氛围，使医院的服务理念成为每位职工的自觉行动。医院认真贯彻执行中央《建立健全惩治和预防腐败体系 2008—2012 年工作规划》和省委的实施办法以及省卫生厅党组的实施方案，实行医务人员不良执业行为积分管理暂行办法，实行对不良执业人员诫勉谈话制度，建立了从患者就医到离院的全程质量控制流程和全程质量管理体系，实施动态监控与科室目标责任制相结合的质控保证措施；将医务人员医德医风考核与职工年终考核挂钩，纳入医院管理长效机制；修订医院内部审计制度，规范内部审计工作规程，使医院所有维修改造工程都实行事前预算、事终审计，促使医院资金的合理使用；成立招标采购部，实行招标采购和使用管理相互监督的管理运行模式，严格按照法律法规及相关规定程序实施招标采购；召开职工代表大会，将医院整体发展建设规划、门诊医技综合楼建设项目、住宅楼建设项目、职工拆迁安置方案等提交会议讨论通过；成立医院门诊医技综合楼、住宅楼建设项目监督管理工作委员会，特聘相关管理机构人员为监督员，协助对医院门诊医技综合楼建设项目执行有关法律法规等情况进行监督管理；与建设单位签订廉政协议，实施“阳光工程”，确保医院建设项目保质保量、安全有效的实施等。

2010 年严格执行医疗卫生管理法律法规和规章制度，完善医院反腐倡廉和行风建设制度建设，以全心全意为人民服务为宗旨，进一步积极探索在新形势下纪检监察工作的新思路、新方法，确保医院纪检监察工作上新台阶。通过党风廉政建设和行风建设工作任务分解，落实工作责任制；召开党风廉政建设及行风建设工作会议，将纪检监察和行风建设工作要求传达到每位职工；每月组织观看一次警示教育片，如《与法同行》《警钟长鸣》《沉重的代价》等；邀请市人民检察院预防职务犯罪处王东升处长做警示教育报告； 与七里河区人民检察院预防职务犯罪科协同组织副科级以上干部到兰州地区警示教育示范基地甘肃兰州监狱接受警示教育活动；依据掌控的有关信息，坚持对重点岗位人员进行集体或个人警示教育谈话等。4 月，编制《党风廉政建设及行风建设制度汇编》，教育和引导广大职工严格遵守行业纪律，自觉抵制违法违纪行为，营造良好的医德医风建设氛围，使医院的服务理念成为每位职工的自觉行动。医院医务人员拒收“红包”10 万余元，医院纪委、院务部、党务部及相关部门经常收到患者的感谢信、表扬信和锦旗。认真执行省卫生厅出台的 22 项制度，在现有规章制度的基础上，实行定期警示教育制度、干部轮岗和竞聘上岗制度、医务人员不良执业行为积分管理暂行办法、医务人员医德考评与职工年终考核挂钩制度、出院患者随访制度；修订医院内部审计制度，规范内部审计工作规程，使医院所有维修改造工程都实行事前预算、事终审计；制定医院行风监督有奖举报办法等。医院注重招标采购过程监督，针对药品、耗材、设备、基本建设和维修改造等管理的重点科室和重点岗位的工作，医院专项工作委员会审议各管理部门提出的项目可行性方案和招标采购计划，实行招标采购和管理使用相互牵制监督的管理运行模式，严格按照政策法规和工作流程，组织实施政府招标或医院内部招标。制定医院门诊医技综合楼、住宅楼项目建设事务公开办法；实行与医院工程合作、耗材供货单位签订廉政协议制度；与七里河区人民检察院联合成立医院门诊医技综合楼工程项目办公室，确保重点工程专项治理预防工作得以落实；配合医院工程招标，完成门诊医技综合楼建设项目主体招标投标单位犯罪记录查询工作，完成工程造价预算工作。12月，组织召开医院门诊医技综合楼建设项目监督管理工作委员会2010年工作会议，从工程项目建设进展、工程监理、跟踪审计三个方面向聘请的委员会委员汇报医院门诊医技综合楼建设工作，主动接受社会各界对医院基本建设的监督，主动听取对医院基本建设工作的意见和建议，确保医院"阳光工程"顺利实施。

党委办公室工作

2008年，在院党委的带领下，在实际工作中结合学习贯彻党的路线方针政策与落实医院行政方面的具体工作任务，在全体党员中开展学习实践科学发展观活动。组织全院党员参加省直机关组织的党纪条规知识学习测试。10月，组织理论学习，组织学习观摩，收集整理班子成员的调研报告。在整理调研材料的基础上，召开班子民主生活会。根据党委领导的安排提出贯彻意见，及时做好学习实践活动的具体安排；结合工作实际，列出学习要点和讨论专题，印发到各支部组织学习讨论；按照学习实践活动的要求，随同书记深入到相关支部听取意见、参与交流、开展调研，随时协调沟通支部活动，及时发现并解决活动中存在的问题，保证学习活动正常开展；悬挂主题标语，更换宣传专栏，创办学习园地等，宣传党的最新理论成果和主流思想舆论。配合省委组织部、省委宣传部、省纪委、省卫生厅党组对院级领导班子进行考核，同时组织召开党委民主生活会，年底组织召开班子的专题民主生活会。年内发展郑倩君、万迎霞、陈灵、杨波、李喜香、谢朝晖、王亦山、汪付田为中共预备党员；郭云霞、徐思羽、程烜、王想福、杨宏武、刘惠玲、张参军、刘叶荣转为正式党员。七一前夕，组织党员宣誓仪式，进一步增强了新党员的组织意识、党员意识。围绕中心工作，组织党员学习、开展党内活动、组织年终考核、组织评先选优、组织公益活动等方面较好地发挥了战斗堡垒作用。配合卫生厅推荐李谦英书记为全国政促会优秀思想政治工作者、中医中药中国行活动先进个人；推荐王承祥为全省先进典型；推荐张定华为省卫生系统巾帼建功先进个人；推荐韩艳为"甘肃省三八红旗手"和省第十二次妇代会代表、全省抗震救灾先进个人、"全国三八红旗手"和全国第十次妇代会特邀代表；推荐鄢卫平为甘肃省卫生厅系统抗震救灾优秀共产党员并作为抗震救灾模范出席北京奥运会闭幕式；推荐李盛华、燕中、樊成虎为中国科协抗震救灾先进个人；推荐李盛华、王晓蓉为全国院报协会抗震救灾先进个人；推荐海青岳、贾青重为全国院报协会抗震救灾宣传工作先进个人；推荐冯守文为省民政厅系统抗震救灾先进个人；推荐杨宏武、周云霞为医药卫生抗震救灾先进个人；推荐冯守文、罗克龙、周毓萍、张崇岳、史文宇、赵军、周明旺、陈涛、李喜香、邵杰为全省卫生系统抗震救灾先进个人；推荐杨维建、周云霞、张丽平、李文娟为中国中医药协会抗震救灾先进个人；开展党内评选，授予李妍怡、米仲祥、赵道洲、张雪霞、安富德、刘梦华、舒劲、马真琴、周晟、吕洲杰、王子义、段培亚、孙锦艳、潘文14名同志甘肃省中医院优秀共产党员称号；授予罗克龙同志甘肃省中医院优秀党务工作者称号；授予第四党支部、第十党支部甘肃省中医院优秀党组织称号；授予院长办公室甘肃省中医院文明科室称号；同时，推荐李妍怡、张雪霞、舒劲、潘文为厅系统优秀党员，罗克龙同志为厅系统优秀党务工作者，第四党支部为厅系统优秀党组织，院长办公室为厅系统文明科室。完成医院党员的基本信息数据库建库工作及党内统计工作。在宣传工作方面，坚定不移地做好党的方针、政策和党的最新理论成果的宣传，大张旗鼓地宣传科学发展、构建和谐社会、社会主义荣辱观等理论，通过院报、工作简报、宣传专栏等宣传阵地做好思想政治理论引导，年内更换宣传专栏 3 期，16 个版面，创办学习园地 14 块，宣传了党的最新理论成果。扎实宣传医院在应对重大突发事件方面的重大举措。组织职工捐款和缴纳特殊党费 22 万多元，捐赠衣物 4000 件。编印工作简报 20 多期，各种媒体报道 36 次，其中报刊文章 19 篇，编辑刊印抗震救灾专辑《守望相助》。通过《甘肃日报》《甘肃法制报》《兰州晚报》《兰州晨报》《健康周刊》《甘肃中医》以及院报等进行医院整体宣传；通过《甘肃中医》封四进行医院特色专科介绍，全年 12 期，介绍 12 个专科；通过宣传和介绍医院的特色专科和知名专家、业务骨干，扩大医院影响和知名度。

2009 年，根据党委相关要求，重新修订关于加强党委中心组学习的意见，重新调整了党委理论学习中心组的范围，为每位中心组成员统一配发了专门的学习笔记，坚持每月按时组织一次集中学习和研讨，有重点地组织学习党的十七届四中全会精神以及国家卫生工作方针政策和新的医改方案等最新理论成果。8 月 21 日，原中共广河县委书记妥建福同志任医院党委书记。组织发展工作方面，年内发展杨春林、沈涛两位同志为中共预备党员；万迎霞、郑倩君、陈灵、杨波、李喜香、谢朝晖、王亦山转为正式党员。7 月初，协调医院组织所有支部书记赴外考察学习。敦促各党支部工作，尤其是在围绕中心工作、组织党员学习、开展党内活动、组织歌咏大赛、组织年终考核、评先选优方面较好地发挥了作用。重视组织推荐工作。根据上级组织部门的安排和要求，按照组织工作相关程序，完成“全国卫生系统先进集体”“省直机关十大杰出青年”“医德医风先进典型”“甘肃省监察厅特邀监察员”“全省五好家庭”“全省先进典型”等各级各类先进典型的组织推荐与申报工作。宣传方面取得一定成绩，坚定不移地做好党的方针、政策和党的最新理论成果的宣传，大张旗鼓地宣传科学发展、构建和谐社会、社会主义荣辱观等理论。为深化医院改革、促进医院发展，通过各种途径及时宣传医院在加强管理、深化改革、提升服务、促进发展方面的新举措、新进展、新成就、新经验。通过各种媒体进行医院整体形象的宣传，通过医院承办的专业期刊《甘肃中医》进行医院特色专科介绍，宣传和介绍医院的特色专科和知名专家、业务骨干，扩大医院影响和知名度。7 月中旬牵头举办“喜迎祖国六十华诞书画摄影展”并取得成功。收集展出书画名家、中医名家和医院职工书画作品 120 余幅、摄影作品 58 份，同时举办书画艺术笔会，展出中草药标本 60 件。9 月中旬，组织庆祝建国 60 周年歌咏大赛。安排敦促 13 个党支部编排演出 27 个节目，共计 495 人次参加演出。10 月，参加敦煌举办的全省中医药文化交流活动，党委办公室主任罗克龙代表医院在大会上做了文化创建工作经验交流，并制作中医院文化展板在主会场进行集中展示。年底医院隆重召开门诊医技楼奠基仪式，制作大型展板 100 块。

2010 年初，修订了党委中心组学习制度，制定了建设学习型党组织实施方案，并印发了理论学习的安排意见，为中心组成员统一配发专用笔记本和学习资料，通过集中学习、理论辅导、专题研讨、外请报告、上党课等形式，把理论学习落到了实处。全年组织集中学习 8 次，外请报告 2 次，纪念建党八十九周年大会 1 次，党员代表会议 1 次，党风廉政建设和行风工作会议 1 次。按照院党委统一部署安排，重点组织，传达学习了十七届五中全会精神、新的医疗卫生改革政策、中央和省委关于开展创先争优活动的文件精神、全国经济工作会议精神、党政干部廉政准则、医务人员的医德规范以及医院管理知识等。围绕“贯彻廉政准则，加强作风建设”主题，结合自身实际，结合征求到的意见建议，针对存在的问题，于2010年11月召开党委专题民主生活会。组织发展工作方面，年内发展张德娟、孙焱、张婷、李红专、姚双吉、曹发文、谢圆、田军、刘翠林、刘志汉、孙静波等11名同志为中共预备党员；杨春林、沈涛、汪福田等10名预备党员转为正式党员。组织推荐工作方面，根据上级组织部门的安排和要求，按照组织工作相关程序推荐妥建福、李盛华等13名同志为卫生厅直属单位党委第三次党代会代表；李盛华等8名同志为舟曲泥石流灾害抗灾先进个人；李和平同志为省委表彰的抗灾抢险先进个人；卫晓雯等5名同志为卫生厅系统优秀共产党员；第四党支部为卫生厅系统优秀党支部，护理部为卫生厅系统文明科室；谢兴文等4名同志为全省医德医风先进典型；杨宏武等5名同志为玉树地震抗震救灾先进个人；急诊骨科为抗震救灾先进集体；徐柏林等2名同志为卫生系统精神文明建设先进个人。根据医院党委要求，围绕医院中心工作，结合岗位练兵、医德医风建设、职能部门作风建设等工作实际，组织开展“增强党性、转变作风”活动。结合卫生厅系统作风建设年活动，大力开展“党员党性教育”工程，通过重温入党誓词、领导干部讲党课、邀请专家做报告、学习党性教育读本、组织观看教育影片《第一书记》，集中开展党性教育活动8次。7月，医院组织新入院的61名员工进行上岗前宣誓。开展“身份亮牌、党员示范”活动，在院内醒目位置设立党员形象公示栏，同时结合岗位实际提出参加活动的承诺，主动接受群众监督。年内12名党员当选为卫生厅直属单位第三次党代会代表；15名同志被评为医院优秀共产党员；5名同志被评为玉树抗震救灾先进个人；9名同志被评为舟曲抗灾先进个人；2名同志被评为精神文明建设先进个人；4名同志被评为医德医风先进个人； 医院护理部被评为卫生厅系统文明科室；急诊骨科被评为玉树抗震救灾先进集体。医院被评为全省卫生系统抗灾抢险工作先进单位，医院党委被评为全省抢险抗灾优秀党组织。舟曲泥石流灾害发生后，组织哀悼活动。组织捐款，在两次灾难中，医院职工近900人共捐款23万多元。结合抢险抗灾工作，编辑发行了玉树抗震救灾文集《大爱无疆》，举办3次纪实摄影展，编辑印发4期抢险救灾专题院报并在全国医院院报年会中获得好评。在医疗区域增加中医药题材宣传画100多块，设计制作了集中反映医院院训、院歌、精神理念的文化墙，组建杏林合唱团。10月，医院首次获得市级文明单位荣誉。

工会工作

2008年，工会在医院党委和省卫生厅系统工会的领导下，认真学习《工会法》《中国工会章程》和科学发展观理论，全心全意为医院中心工作服务，为职工群众服务，按照医院党委和省卫生厅系统工会的要求认真开展工作，较好地完成了工会各项工作任务。5月22日由医院工会牵头，党办、团委配合，举行为四川汶川地震灾区募捐棉被、衣物等生活用品的活动。组织募捐衣服类(包括棉衣、呢绒大衣、羽绒服等)3854件、棉被226床、毛毯42条与大量生活物资，共计筹集善款8410元。慰问劳模沈为众同志和因病或其他原因造成生活困难的职工王银朗、岳秀英、李天庆、和素梅、司丽章、张文斌等同志并送去慰问金。组织职工参加火炬传递工作，组织实施相关工作，选拔了50名职工组成方队，统一配发服装，并参加了预演和火炬正式传递。完成职工福利费发放工作，如期完成了三八妇女节女职工慰问金以及职工端午节、中秋节福利费的发放任务。为我院崔俊燕、王骁希等9名职工解决了子女就读安西路小学的问题。维护闭路电视系统,使之正常工作。对院内闭路电视系统进行维护保养,保证了各病区病人和门诊等值班室正常收看电视节目。印发学习实践活动简报14期。

2009年,组织工会委员认真学习《工会法》《工会章程》和科学发展观理论。慰问劳模和困难职工。组队参加省直机关九运会,庆祝五一国际劳动节,喜迎新中国60华诞,组织中国象棋队代表卫生厅参加了比赛。于5月8日在多功能厅协助护理部成功举办了职工趣味运动会。召开职代会,讨论和审议"甘肃省中医院整体改造规划设计方案""医院北区1号住宅楼设计方案""门诊医技综合楼设计方案""门诊医技综合楼、北区1号住宅楼建设项目房屋拆迁安置补偿方案"。9月29日,召开首届职工代表大会三次全体会议,听取李兴勇副院长"关于门诊医技综合楼建设拆迁工作情况的通报"。完成了三八妇女节女职工慰问金以及职工端午节、中秋节福利费的发放任务。协助职工料理丧事,带去院领导对职工的关心和慰问。维护闭路电视系统,使之正常工作。

2010年,认真学习《工会法》和《中国工会章程》。9月举办"甘肃省中医院、甘肃省中医药研究院2010迎国庆职工乒乓球比赛",妥建福、程涛、贺彩东等取得了优异成绩。对青海玉树抗震救灾一线医护人员进行了慰问。安装急诊骨科病房闭路电视,使灾区伤员收看到了电视节目。完成了端午节、中秋节福利费的发放任务。协助职工料理丧事。建立困难职工档案,确定了5名因本人或家庭成员重病而造成生活困难的职工,并按要求上报。在教师节来临之际,代表医院慰问了安西路小学和王家堡小学教师。

团委工作

2008年,紧紧围绕党委中心工作,贯彻抓基础、抓基层、抓落实的工作方针,开展了一系列富有教育意义的活动。5月,配合医院党办、工会,为四川汶川地震灾区募捐棉被、衣物等生活用品。

2009年5月,组织团委委员及医院青年职工代表召开五四青年节座谈会,弘扬学习并重温五四精神。6月,医院实行竞聘上岗大会,乔莉调至人力资源部工作,并聘任李亮任团委副书记(兼)一职,主持医院团委工作。7月,团委组织本年新入院青年职工召开题为"大时代的弓弦正等待年轻的臂力"学习会,讲解医院文化建设;同月,协助党办举办题为"祝福祖国六十华诞书画摄影艺术展"。9月下旬,协助党办举办庆祝祖国六十华诞歌咏会。在组织推荐方面,推荐康娟、程如意、张敏等6名同志为2009年度甘肃省直机关优秀团员、优秀共青团干部;完成了全国"青年文明号"急诊科、全省"青年文明号"关节骨科2009年度复评考核工作。

2010年4月,青海玉树发生特大地震,医院团委积极响应号召,快速联系西北师范大学、西北民族大学团委,紧急联合培训藏族语翻译志愿者4名,有效解决了医疗一线救治中医护人员与藏族同胞所面临最大的语言沟通问题;7月,我院三位护理选手唐锐、张丽娟、裴重重分别获得"全省青年岗位能手"称号。我单位在47个参赛团体中获得全省卫生行业护理岗位技能大赛决赛团体二等奖;在147位护理选手中唐锐获得了全省卫生行业护理岗位技能大赛决赛一等奖,张丽娟获得了全省卫生行业护理岗位技能大赛决赛二等奖,裴重重获得了全省卫生行业护理岗位技能大赛决赛三等奖。8月16日,团委组织院内青年职工进行舟曲泥石流悼念活动;与中建三局门诊楼项目部举办"迎中秋,庆国庆"中秋联谊会。同年,推荐中研院副院长谢兴文同志为"甘肃省直十大杰出青年"。

妇女工作

2008年2月,根据卫生厅"关于推荐评选巾帼建功先进个人的通知"精神,经院妇委会推荐,上报内分泌科主任、主任医师张定华为巾帼建功先进个人。11月根据省卫生厅《关于推荐女科技工作者联谊会会员的通知》(甘卫工发〔2008〕10号)文件精神,院妇委会推荐舒劲、刘梦华、韩艳、盛丽、张定华、马郑萍等6名同志为甘肃省女科技工作者会员。11月13日组织全院女职工聆听了中国妇女第十次全国代表大会特邀代表、甘肃省妇女代表大会代表韩艳同志传达妇代会会议精神,党委副书记孙援朝在全院女职工大会上发表了题为"学习实践科学发展观,巾帼建功半边天"的重要讲话。2009年2月26日甘肃省人民政府副省长张晓兰、省政府副秘书长唐晓明、省妇联主席韩克茵及兰州市有关领导等一行6人前来我院慰问医院女专家、女干部、女职工代表,妇委会选拔了25名女职工代表参加了慰问会。张晓兰副省长对医院近年来取得的成绩给予了充分的肯定,特别在省政府做出的重大决策以及重大灾害救助中医院女职工做出的努力表示高度的赞扬。

统战工作

统战工作是院党委的一项重要工作内容,是基层党组织工作的重要组成部分。医院党委组织学习和宣传贯彻党的统战工作的方针政策,以及统战知识、统战理论。协助民主党派成员做好组织考察工作,对于民主党派能够从政治上加强领导,帮助他们搞好自身的思想和组织建设;支持民主党派成员工作,支持他们参加本党派组织的学习、会议和社会活动并提供必要的条件,从时间上、经费上予以支持。通过调研和摸底,了解掌握各民主党派组织的情况、党外知识分子的情况、少数民族职工的情况。2008年,刘志汉、谢圆同志加入中国农工民主党。2009年,谢兴文同志加入中国民主同盟。医院农工党成员认真参加每年春秋两季农工党支部内学习。盛丽等专家及中国农工民主党部分年轻党员多次参加或组织义诊活动。

党支部工作

医院党支部是院党委根据医院科室部署、党员人数分布、人员梯队构成等情况综合考虑的基础上划分，共有13个党支部，其中，省中研院党支部隶属县级编制。党支部建设是党的基础建设，是党要管党最基本的通道保证。如何使得党员在党的建设中起战斗堡垒作用，至关重要的是党支部的建设。在医院党建工作中，各党支部在组织学习、开展活动、做好组织发展、进行党性教育、组织年度考核、评先选优等各个方面，做了大量卓有成效的工作。一是配合党委宣传党的路线、方针、政策，认真贯彻执行党委决议，团结、带领和组织所在支部所有党员、干部、职工完成党的各项任务。二是结合医院实际，按照党委部署，对所在支部所有职工进行时事政治、卫生政策、党风廉政与行业行风建设等全方位、各方面的教育。三是对党员的教育、监督、管理工作，开展组织生活，传达党的最新理论与各级党委决议，组织所在支部人员认真贯彻落实。

党支部工作

[illegible]

行政工作

行政机构设置图

2008 年行政机构设置图

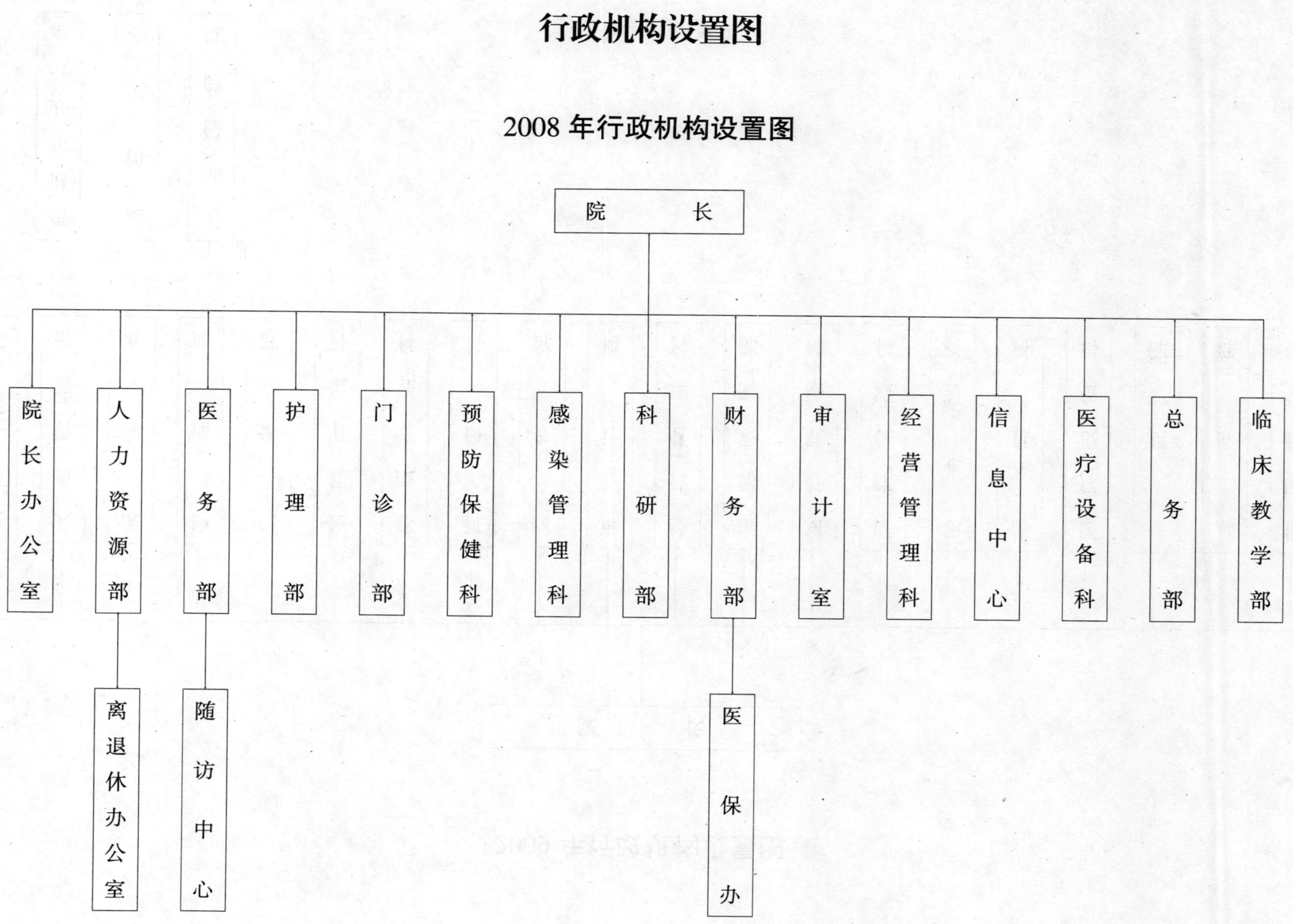

2009 年行政机构设置图

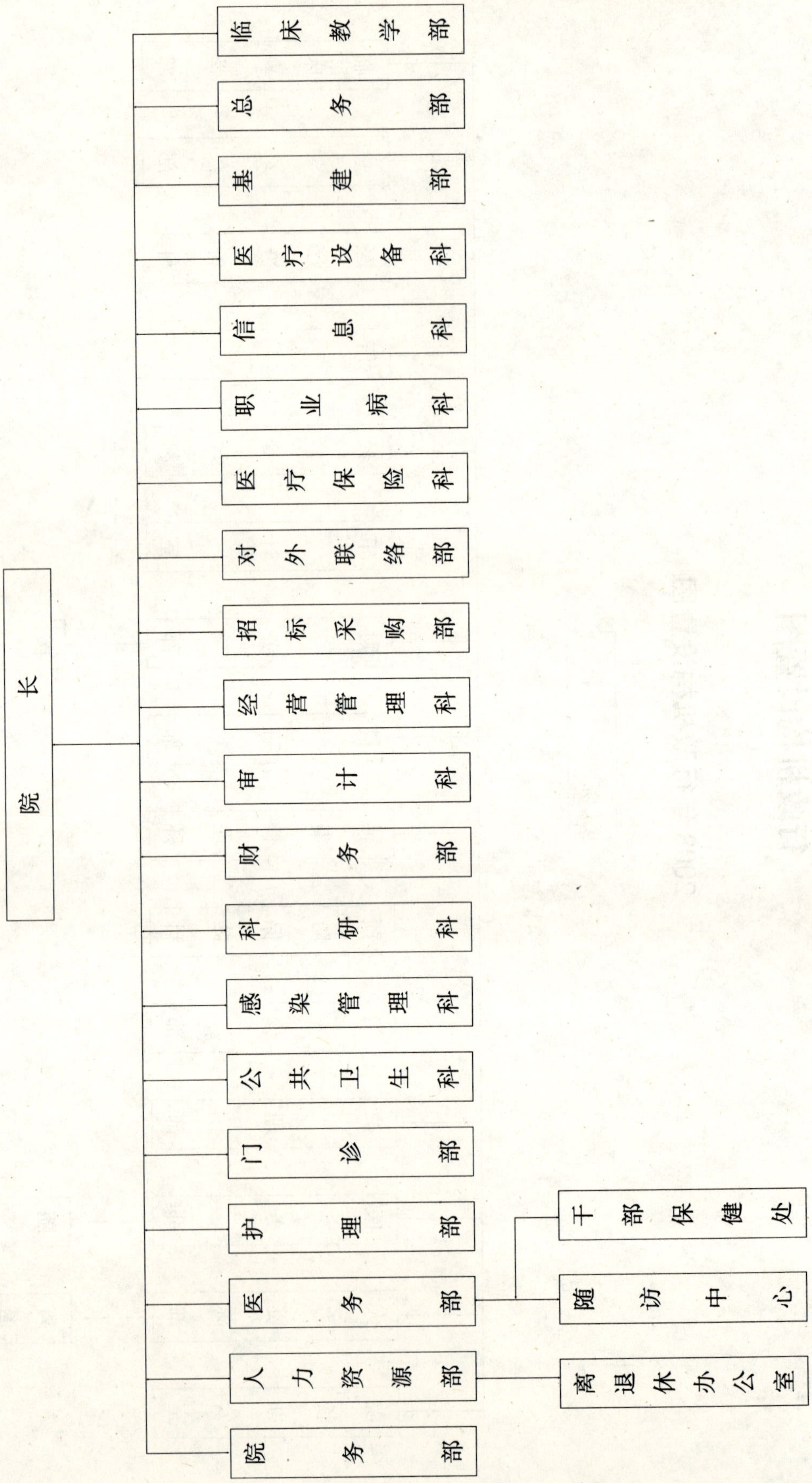

- 院长
  - 院务部
  - 人力资源部
    - 离退休办公室
  - 医务部
    - 随访中心
    - 干部保健处
  - 护理部
  - 门诊部
  - 公共卫生科
  - 感染管理科
  - 科研科
  - 财务部
  - 审计科
  - 经营管理科
  - 招标采购部
  - 对外联络部
  - 医疗保险科
  - 职业病科
  - 信息科
  - 医疗设备科
  - 基建部
  - 总务部
  - 临床教学部

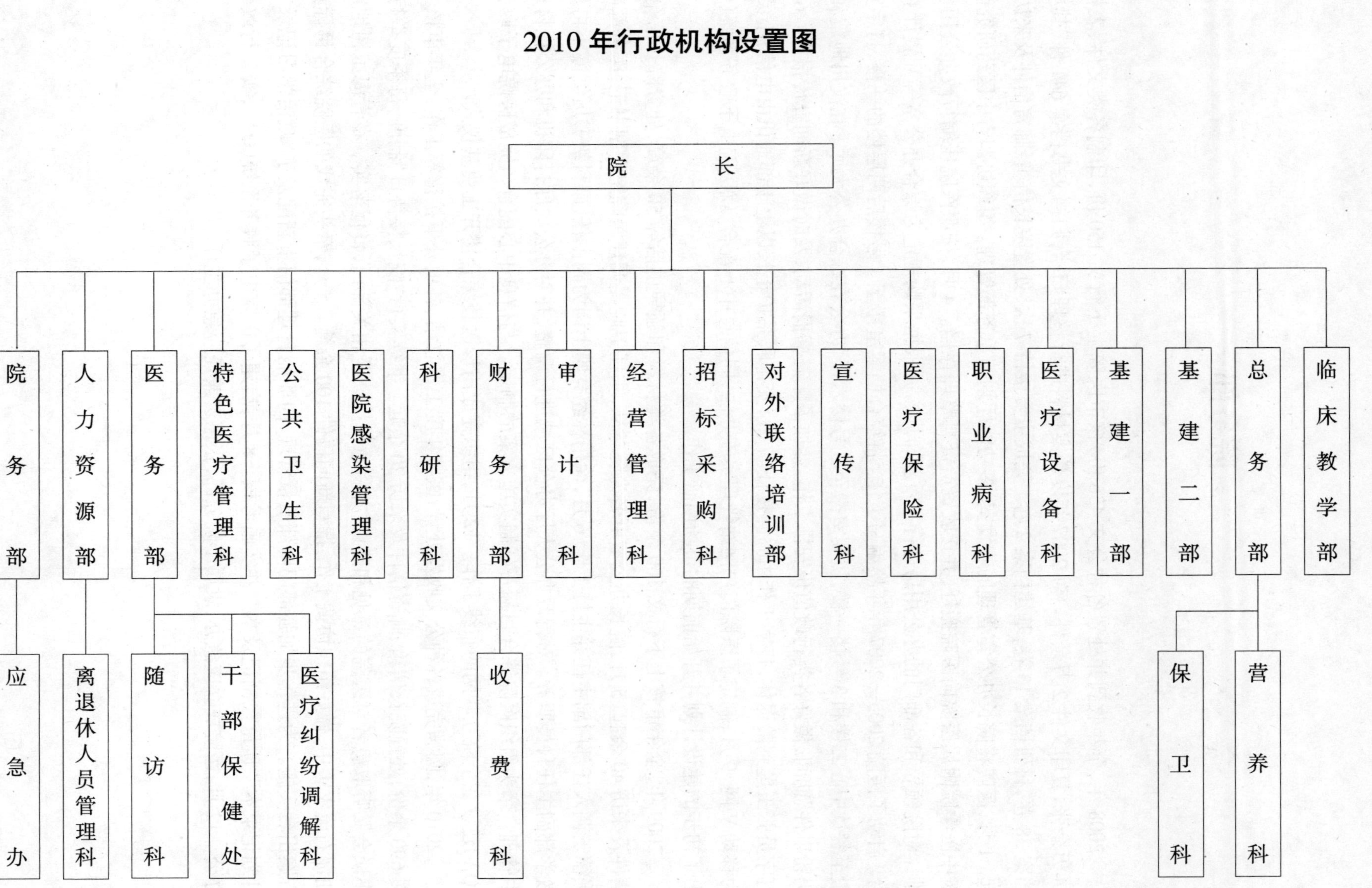
2010年行政机构设置图
院长
院务部
应急办
人力资源部
离退休人员管理科
医务部
随访科
干部保健处
医疗纠纷调解科
特色医疗管理科
公共卫生科
医院感染管理科
科研科
财务部
收费科
审计科
经营管理科
招标采购科
对外联络培训部
宣传科
医疗保险科
职业病科
医疗设备科
基建一部
基建二部
总务部
保卫科
营养科
临床教学部

院务部

2008年，全年收到并处置各种公文456份，核审医院上下行文150份，印制各类文件、表格共计14万余张，复印文件2万余件。对2007年度档案材料进行整理归档，归档文书档案641件，其中设备档案38卷，科研档案13卷，基建档案2卷。完成主要接待7次，处置院长信箱、邮寄信件及来访40余起。1月，医院将院长办公室管理的收发室、多功能厅划归总务部管理。组织协调省中医药研究院由甘肃中医学院附属医院向医院搬迁，并接收资产资料整理存档。4月，按照医院压缩行政办公用房的安排，对院领导和各部门的办公用房进行了重新布局，并根据采购规定为综合办公室等配置计算机26台。启动了医院2005—2007年年鉴编写工作。将综合档案室搬至1号楼后两层楼的一楼，打字室先后搬至餐饮中心二楼和3号楼一楼，机要室搬至3号楼六楼，办公在综合办公大厅。在汶川地震和"三鹿奶粉事件"期间，做好各类行政值班安排工作，参加了赈灾募捐活动，及时做好新闻宣传报道。6月底，打字员张玉莲到龄退休，打字工作由乔静接任。7月，安排联系护士长以上干部通讯由电信"小灵通"转为移动V网。9月，制定了医院门户网站管理实施办法，同信息中心配合，就医院电子政务系统(OA)提出了初步的建设计划并开始前期的市场调研工作。

2009年，全年审核上下行文160余份，完成各类材料和领导讲话等50余篇，处置院长信箱、邮寄信件及来访40余起。5月，院长办公室更名为院务部，主任卫晓雯调任医院纪委副书记，医务部副主任张德宏调入任部门副主任并主持工作。6月，徐柏林经竞聘上岗为副主任(副科级)，厉红霞不再任临床教学部副主任科员职务。对行政办公大厅办公区域进行调整，并对办公大厅打印机和办公耗材进行集中管理。牵头组织医院综合目标责任制实施方案的制定。与信息中心配合，完成医院电子政务系统(OA)建设在全院互联网的布线工作。12月，组织完成门诊医技综合楼开工奠基仪式。

2010年，圆满完成各种公文收发处置、医院年度工作总结、各项外事接待等工作，全年审核上下行文690余份，处置院长信箱、邮寄信件及来访20余起。继续实行"院长接待日"制度，每季度举行"病友座谈会"，听取患者对医院的意见和建议，并将意见反馈至相关部门，督促落实。在青海玉树地震和舟曲泥石流灾害中，做好组织协调工作，撰写新闻稿件100余篇。5月，牵头完成的医院综合目标责任制方案出台实施。为进一步加强部门内部质量管理，向职能管理部门重新配发了"政治学习记录本""月计划记录本""质量控制记录本"，并实施考核。8月，启用了医院电子政务系统(OA)，实施行政无纸化办公。12月，医院成立应急办，隶属于院务部，张德宏兼任应急办主任。

人力资源部

2008年，人力资源部制定了《甘肃省中医院名中医评选管理办法》，续聘王自立、刘国安、廖志峰为首席主任医师，聘任李盛华、李妍怡为首席主任医师，授予李盛华、李妍怡、靳锋、贾正中、王承祥、左进、张定华、孙其斌“甘肃省中医院名中医”荣誉称号。引进博士研究生3名、硕士研究生24名、学科带头人2名。对62名“223”人才进行了考核。完成第四批国家师带徒学位申报工作，接收“甘霖计划”7名进修人员来院学习。为720名职工调整了薪级工资，为62名晋升职称人员及2名提高学历人员办理了工资增资批复。完成职称外语、中初级卫生专业资格考试准考证的领取、发放计131份，职称外语考试成绩通知单的发放计42份和卫生高级技能考试43人的报名、准考证打印、成绩通知工作及卫生部新增护理初级(士)专业技术资格考试9人报名的工作。组织召开职称聘任会2次，共计聘任正高11人、副高14人、中级45人、初级28人；组织召开高级职称推荐小组会议，推荐41人上会，最终31人表决通过(正高：正常晋升8人、单位内有效转国家有效1人；副高：正常晋升18人、破格1人、护理3人)。对全院1169份职工档案进行整理和审核，共催收归档材料1200余份。组织召开两次离退休职工座谈会，节日期间走访慰问老同志、老职工60余人次，给258名离退休人员送去医院党政领导的问候贺卡和生日礼物。走访探望住院老职工46余人次。

2009年，全年聘任正高5人、副高17人、中级22人、初级11人。李盛华、王承祥两名同志入选甘肃省领军人才第一层次，舒劲、潘文、赵继荣入选第二层次。对65名“223”人才进行了2009年度考核，对医院首席主任医师进行考核续聘，制定《甘肃省中医院老中医药专家学术经验继承工作管理办法》，对继承人进行了平时考核和阶段考核。启动了事业单位首次岗位设置工作。接收2008年“甘霖计划”7名学员来院进修学习。对党委办公室等10个部门(科室)名称做了变更，成立对外联络部、基建部、招标采购部、公共卫生科、健康咨询科，撤销了原预防保健科、城关门诊部陇上名医馆。增设了疼痛科、治未病中心、眼科研究所、职业病科、干部保健处，成立了十七病区和十八病区。省中医药研究院成立中心实验室。将原重症监护病房(ICU)更名为重症医学科。5月，离退休办公室更名为离退休人员管理科。完善中层干部选拔任用制度，对主要职能管理部门的干部实行轮岗，人力资源部主任刘梦华调离，副主任郑慧主持工作。对科级干部和护士长实行全院范围的竞争上岗。6月，经公开选拔，有115位同志分别走上管理干部岗位，杨灵歌经竞聘上岗为部门副主任(副科级)。

2010年，对18个机构进行了调整和名称变更，新增医疗纠纷调解科、特色医疗管理科、营养科、急诊骨科、运动创伤科、康复骨科、省委门诊部、应急办、整复骨科。中医药研究院新增肾病研究所、肿瘤研究所、儿科研究所、皮肤病研究所、耳鼻喉病研究所、中西医结合外周血管介入研究所等6个研究所。将消化科更名为脾胃病(消化)科、神经内科(脑病科)更名为脑病(神经内)科、呼吸科更名为肺病(呼吸)科。成立王自立名医工作室和廖志峰名医工作室。向省编办申请事业编制80名，使医院事业编制达到846名(其中全额拨款事业编制686名，差额拨款事业编制160名)。全年两院共引进接收专业技术人员、毕业生84名，其中，引进高层次人才12名(主任医师1名，主任药师1名，副主任医师6

名，其他 4 名），接收各类毕业生 66 名（博士研究生 3 名，硕士研究生 53 名，本科生 10 名）。完成第四批省级、国家级师承教育年度考核。全年为 277 位离退休人员送去生日祝福。12 月，对部分中层干部进行了轮岗和竞聘上岗，共有 20 个科级干部进行轮岗交流，14 个副科级岗位进行公开竞聘，最后有 9 名年轻干部分别走上临床、职能科室管理岗位。组织召开 2010 年高级职务推荐会，推荐申报评审高级职称人员 38 名。其中：正高正常晋升 9 人，副高正常晋升 19 人、破格晋升 4 人、单位内有效转国家有效 1 人，护理正常晋升 2 人、破格 1 人，中研院副高正常晋升 2 人。完成对两院 1136 份人事档案材料的归档整理，全年共整理人事档案 84 份。为进一步加强编外用工管理，医院推行了劳务派遣制度，并制定下发了《甘肃省中医院编外员工管理办法》，对护理岗位、临床医技岗位及部分行政管理岗位编外用工实行了劳务派遣。12 月，副主任杨灵歌调离。

医务部

2008 年，全年共回收、上架病历 9290 份，录入病历信息 10469 份，为“重点专病专科建设”项目共采集骨科住院病历 3900 份，门诊病历收集并录入 320 份。根据省政府、省卫生厅关于设置济困病房的有关要求，继续设置济困病房。完成百姓放心示范医院动态管理第二周期“患者安全目标”活动的考核验收工作。配合完成省中医管理局对医院重点中医专科建设单位的验收和新申报重点中医专科的审查工作。增设眼科病房，设病床 15 张；十四病区老年病科（干部病房）增加病床 3 张；十五病区脑病科（神经内科）增加病床 32 张。完善了《甘肃省中医院植入性医疗器械使用管理办法》和《甘肃省中医院临床使用便携式血糖检测仪采血笔管理规范》两项规章制度。加强急诊医疗质量的管理，将急诊留观病历和院前“120”病历纳入医院病历质控及管理，正式开通急诊“绿色通道”。成功举办医院首届临床医师急救技能大赛。举办了医院第十三届中青年学术年会。全年选送医务人员进修及短期学习、外出学术交流共 80 人次，对中级及以下职称的医务人员进行“三基”培训并考核。积极应对突发事件，“5·12”汶川大地震发生后，收治陇南灾区转运伤员 6 名，经过精心治疗，6 名患者全部康复出院。在“三鹿奶粉事件”中，安排相关科室免费接诊筛查、保证患儿免费收住入院治疗，共接受筛查患儿 1274 人次，确诊患儿 156 名，住院患儿 48 名。4 月，成立了随访中心，隶属于医务部管理，杨宏武兼任随访中心副主任。制定了《甘肃省中医院随访中心工作制度》《随访中心工作程序》《电话随访文明用语》及《随访中心工作内容》等制度。6 月，医院开始实行无假日制度。积极开展走出去服务工作，心血管病防治中心多次到靖远县对 1~18 岁人群进行先天性心脏病普查，对筛查出的患儿采取医院、爱心工程、县政府共同减免费用的形式进行手术治疗，并于 6 月 27 日在靖远县举行“胡大一爱心工程”靖远县启动仪式，授医院为“中国红十字会爱心工程定点医院”。8 月，肾病科被省卫生厅确定为第三批甘肃省重点中医药专科，心血管病防治中心被确定为第四批甘肃省重点中医药专科建设单位，建设周期为三年。

2009 年，共随访出院患者 13435 人次。全年开展学术讲座 12 次，选送医务人员进修学习 6 人次，参加各类学术会议及短期培训 48 人次。共回收、上架病历 12044 份，办理医院科研、调研、医保等相关病历借阅 2058 份，信息采集 12044 份。共接待各类医疗投诉 57 起，处理医疗纠纷 16 起。积极开展“以病人为中心，以发挥中医药特色优势”为主题的中医医院管理年活动，顺利通过第一阶段督导评审。完成国家中医药管理局专家组对医院脑病科、消化科“十一五”国家级重点专科建设单位的中期评审。完成国家中医药管理局重点学科的申报工作，其中骨科被确定为国家中医药管理局重点学科。配合信息科制定了我院电子病历模版并在全院推广使用。编辑出版《中医经典必备》手册并向全院医生发放，将其列入“三基”考试内容。建立了医院《临床用药点评制度》并召开临床用药点评会。举办了医院第十四届中青年学术年会。2 月，医院成立干部保健处（科级建制），隶属于医务部，杨宏武、陈国廉兼任干部保健处副主任。完成医院药物临床试验机构资格认定国家现场检查工作。完成血液净化中心、门诊中医诊疗中心、“甲流”病房的筹建工作。制定了《甘肃省中医院医师不良执业行为积分管理暂行办法（试行）》和《防范和处理药物临床试验中受试者损害及突发事件的应急预案（试行）》等相关医疗管理制度。5 月，主任韩艳调离，副主任杨宏武主持工作，随访中心更名为随访科。6 月，医院成立公共卫生科，挂靠医务部管理，邓强兼任公共卫生科副科长。11 月，公共卫生科独立设科。

2010 年，全年开展学术讲座 12 次，选送医务人员进修学习 8 人次，参加各类学术会议及短期培训 37 人次。组织院际会诊 8 次，组织院内会诊 15 次以上，组织大型义诊 7 次，开展新技术新业务 100 余项。继续开展每月 1 次的临床观摩查房，组织全院业务学习以及传染病防治、抗生素规范合理使用、合理临床检验等培训。认真落实省卫生厅“四个排队制度”，每月将四个排队情况向全院通报。根据《甘肃省中医院医师不良执业行为积分管理暂行办法（试行）》，全年对 115 人进行不良记录扣分，其中 5 人被停止处方权 1 至 3 个月。在青海玉树地震救灾工作中，医院派出由 20 人组成的医疗队奔赴灾区进行现场救治，共救治患者 1100 余人次，完成 39 名灾区转运伤员的救治工作。在舟曲泥石流灾害发生后，先后组织 5 支医疗队赴灾区开展医疗救援工作，完成 27 名灾区转运伤员的救治工作。编辑出版《实用中医经典名方手册》一书，向全院医生发放学习，并将该书内容列入“三基”考试。组织完成甘肃省中医院首届中医技能大赛总决赛。完成《医疗安全手册》和《临床核心制度》的编制、校对工作。完成门诊中医诊疗中心和血液净化中心的筹建工作。举办了医院第十五届中青年学术年会。4 月，医院免去陈国廉干部保健处副主任（兼）职务。6 月，成立医疗纠纷调解科和特色医疗管理科，隶属于医务部管理。继续开展“以病人为中心，以发挥中医药特色优势为主题”的中医医院管理年活动，顺利通过国家中医药管理局专家组的检查。骨伤科被评为甘肃省临床医学中心。在新一轮省级重点学科评审工作中，脑病科、消化科、药剂科、老年病科被评为省级重点学科。12 月，副主任邓强调离。

临床教学部

2008 年，先后接收甘肃中医学院、省中医学校、省卫校、张掖医专等 4 所院校、10 个专业、3 个层次的实习生 409 人、见习生 319 人，平凉医专、贵阳中医学院等自费实习生 32 人，全年共计 760 人。接受省内基层医院进修生 37 名、省委组织部“甘霖计划”进修培训人员 7 名（甘南）。接受学院硕士生 25 人在院实习，并纳入整体教学管理。完成了甘肃中医学院 2004 级中西医结合临床医学专业 53 人后期理论教学任务。开展了甘肃中医学院 2005 级中西医结合临床医学专业 54 名学生 2008—2009 学年第一学期理论教学。5月19日至28日，组织甘肃中医学院64名毕业实习生，分为14个考核小组，进行了临床技能考核，完成2003级中医学院实习生的后期临床教学任务。配合医院调整病区，完成了140名进修、实习生住宿的调整与搬迁工作。继续教育工作方面，完成2007年度医院专业技术人员672人的学分统计工作，配合省中医管理局对医院的继续教育证书进行了认证审核，合格率达到99.5%。完成2008年度医院专业技术人员556人的Ⅱ类学分行文、办证工作。完成2008年国家级、省级继续教育项目骨科、脑病、小针刀、消化、药剂、护理、财务等7个项目学习班的办班，共有585人次参加，并办理了Ⅰ类继续教育学分。完成了省人事厅规定的继续教育公共课"学点经济学"的培训，并组织全院710名专业技术人员进行了卷面测试，考试全部合格。申报2009年3项国家级、11项省级继续教育项目的上报工作。配合医院承办的"中华中医药学会第十二次全国脾胃病学术交流会"的召开，顺利完成了全国继续教育项目"中医脾胃、肝胆病诊疗学习班"的开班学习。

2009年，先后接受甘肃中医学院、省中医学校、省卫校、张掖医专等4所院校、9个专业、3个层次的实习生398人、见习生105人，平凉医专、云南中医学院等自费实习生6人，全年共计接收492人。根据省卫生厅《关于开展"中医学经典、西医学中医"活动的通知》(甘卫函发〔2009〕45号)文件精神，医院积极筹办第一期西医学习中医学培训班，于4月1日正式开班，共有来自全省的50名西医人员参加了中医培训班，其间多次组织召开学员座谈会，邀请省内外知名专家开展专题讲座18场。为帮扶省内基层医院，同时扩大医院影响力，自9月份开始率先实行免进修费，全年共接受省内基层医院免费进修人员16名。协助完成万名医师下乡带回的10名基层医院医生在医院开展的帮扶任务。协助人力资源部完成省委组织部"甘霖计划"7名进修培训人员的住宿安排及生活管理。4月，接受15名来自全省城市社区卫生人员全科医师骨干为期8个月的进修，同时制定了《甘肃省中医院全科医师骨干进修人员实习考核手册》《甘肃省中医院全科医师骨干进修人员考核管理办法》，配备了专人对学员进行考核管理，期间还多次组织召开全科医师骨干进修人员座谈会。5月，主任赵乐调离，医务部主任韩艳调入任部门副主任并主持工作，科研科主任闵云山调入任部门副主任。6月，经竞聘上岗，孙锦艳不再担任主任科员职务，专任支部书记。完成学院2005级中西医结合临床医学专业后期两段式教学理论教学任务及期末考试工作。8月24日，学院2006级中西医结合临床医学专业2009—2010学年第一学期两段式教学理论授课顺利开课，严格按要求遴选授课教师，杨志华、李生财、吴荣、闫晓霞4位教师通过试讲。根据甘肃中医学院、甘肃省中医院协议接受学院硕士生4人在院实习。10月27日，医院成立考评小组，组织学员完成了技能考核。继续教育工作方面，完成了2008年度医院专业技术人员621人的学分统计工作，配合省中医药管理局对医院的继续教育证书进行了验证审核，合格率达到99.6%。完成了2009年度医院专业技术人员1120人的Ⅱ类学分办证工作。规范医院继续教育文件，整理了全院621人的专业技术人员继续教育档案，建立了计算机档案数据管理库。督促和协助骨科、脑病、药剂等医院优势学科举办完成了2009年的13个继续教育项目学习班，其中国家级项目班3个、省级10个，共有1310人次参加，并分别办理了Ⅰ类继续教育学分。完成了省人事厅规定的继续教育公共课"科学发展与人本管理"的培训，并组织全院720名专业技术人员进行了卷面测试。积极申报国家中医药管理局中医药优势学科继续教育基地，并在医院开展了中医药继续教育基地自评估工作。

2010年，完成了甘肃中医学院2005级本科医学专业及中医学校、省卫校、张掖医专等院校492人的临床教学实习。先后接受甘肃中医学院、省中医学校、省卫校、张掖医专等4所院校400名及平凉医专、云南中医学院等自费实习生12名，全年共接收412名实习学员。办理了中医学院60名实习学员的住宿安置。6月，完成学院2006级中西医结合临床医学专业分段式理论教学任务及期末考试的安排、监考,离院宿舍家具的清点、宿舍维修等工作。严格按要求遴选 2010—2011 学年第一学期分段式教学理论授课教师,安排通过了 4 位授课教师的试讲。8 月 23 日,学院 2007 级中西医结合临床医学专业 2010—2011 学年第一学期分段式教学理论授课顺利开课。根据甘肃中医学院毕业考核要求,5 月 18 日至 28 日组织 60 名实习生进行毕业考核。完成 2005 级中医学院实习生的后期临床教学任务。6 月初,组织中医学院、张掖医专、中医学校的实习学员分批进行了一周的岗前培训。推荐上报了 12 名带教老师的先进事迹材料,先后有 2 位教师被甘肃中医学院评为优秀教学管理工作者和优秀带教老师,10 位带教老师被评为张掖医专优秀带教老师。整理了 2008—2010 年的教学原始资料,并于 12 月 8 日迎接中医学院组织的专家组进行了初评工作。检查实习、进修生的轮转科室及在岗情况,处理了 1 名不按时履行请假手续的学生。全年安排督查了 8 个科室的教学查房工作。接受学院硕士生 12 人在院实习。督促 12 个科室完成进修、实习生的专业学术讲座。4 月 2 日,第二期西医学习中医学培训班正式开班,共有来自全省的 50 名西医人员参加了中医培训班,期间邀请省内知名专家开展专题讲座 5 场。全年分两批共接受省内基层医院进修人员 109 名,接受省内县级医院骨干医师 6 名进行培训。协助完成万名医师下乡、9 名基层医院医生在医院进行的帮扶任务。协助人力资源部完成省委组织部“甘霖计划”11 名进修培训人员的学习科室轮转、住宿安排及生活管理工作。完成甘肃省“西学中”研究生课程脱产学习班申报人员的筛选及材料报送,共选送 4 名中级以上人员参加脱产学习。继续教育工作方面,完成 2009 年度医院专业技术人员 816 人的学分统计工作,配合省中医药管理局对医院的继续教育证书进行了验证审核,医院合格率达到 99.5%,中研院合格率达到 95.2%。完成 2010 年度医院专业技术人员 1227 人的Ⅱ类学分行文、办证工作。督促和协助骨科、脑病、消化等科室举办完成了 2010 年的 11 个继续教育项目学习班,其中国家级项目班 3 个、省级 8 个,共有 1924 人次参加,并分别办理了Ⅰ类继续教育学分。完成省人事厅规定的继续教育公共课“国学知与行”的培训,并组织全院 888 名专业技术人员进行了卷面测试。收集完成 2010 年全院专业技术人员学分证的初审、填写工作。

财务部

2008 年,认真贯彻执行医院各项制度,规范会计行为,加强经济管理和财务管理,深化内部经济核算。做好收支两条线的界定核算工作,药品核算实行“核定收支、超收上缴”的管理办法。完善全成本核算管理体系,开展项目成本核算和单病种成本核算,利用医院重点学科优势,做好相关单病种的成本核算工作。利用成本考核指标进行成本分析评价,加强医院财务管理和经济管理,完善医院内部控制制度。制定医院关于济困病房的管理办法,做好济困病房的收治及减免费用的核算工作,并制定了关于医疗保险管理的相关实施细则。设计了医院会计核算体系和会计信息报告系统。认真执行国库集中支付的相关制度规定,做好财政资金的核拨及使用、财政供养人员的基本信息及工资分类数据统计等工作。针对汶川大地震、“三鹿奶粉事件”等突发事件,做好病员诊治费用的汇总上报、专项补助经费的拨付等工作。

2009 年,依据相关政策规定,继续完善修订相关财务管理制度,做好预算控制和资金需求分析,保障医院经济运行，配合医院项目建设做好资金筹措。启动全民医保，医保办认真监督各科室执行医疗保险的相关政策法规，医院被医保局定为专科医院，定额为3300元。做好职工医疗保险缴费保障工作、职工失业保险缴费工作、公积金缴费工作及个人所得税的缴纳工作。做好物价管理工作，完成新增近600种医疗服务项目的收费价格的成本核算，争取物价部门批复收费标准。全面开展成本核算和成本控制工作。对药品、材料、设备等物资的管理严格实行医院内部成本核算制度。6月，杨继红经竞聘上岗为财务部(含医保科)副主任(正科级)，脊柱骨二科医师赵军经竞聘上岗为医保科副科长，肖斌不再担任部门副主任职务，陈灵不再担任医保科副科长职务。8月，医保科独立设科。

2010年，根据医院会计制度规定，完成各项预算指标和财务决算工作；完成财政国库支付系统财政拨款核拨业务，保证财政拨款的及时、足额到位和使用；完成财政国有资产管理系统升级和国有资产信息管理数据录入工作。做好财务管理工作和门诊医技综合楼等基建、维修改造项目的资金管理工作。完善信息网络系统相关管理流程，保证各项资产及系统信息的安全与准确。根据物价政策规定，做好医院医疗服务项目的维护、价格公示和价格执行情况监督检查等工作。按照成本核算原则，开展新增和修订医疗服务项目成本核算和项目申报工作。严格执行收费政策，按照收费项目，办理门诊、住院及医疗保险等各项收费业务。严格执行国有资产管理制度，执行大型资产购置论证、政府采购审批等相关制度。运用信息网络平台，不断完善医院国有资产网络管理系统。与资产管理部门配合，核实资产状况，及时办理资产报废审批处置手续，并进行账务调整。6月，成立收费科，隶属于财务部管理。12月，信息科科长刘廷梦调入任部门副主任(副科级)，经营管理科副科长张晓岚调入任收费科副科长(主持工作)。

总务部

2008年，申报了兰州市环保局污水升级改造项目(争取补助资金20万元)、兰州市环保局煤改气改造建设项目。与兰州市供电局商议“郑变妇开119”电缆更新及申报相关手续。锅炉房完成了医院全年的水、暖、汽的正常供应和上下水管道维修工作。积极应对汶川地震，为抗震救灾做好后勤保障工作。

2009年，完成医院东区社会居民40户拆迁和协调工作，购买兰雅住房80套。完成住院部1号楼除四层外整体粉刷维修改造任务，完成功能科新建工作，完成院内管网改造工程，完成住院部1号楼阳台封闭、特色治疗室隔断房的建设工程，完成住院部1号楼西面电梯政府采购、土建、改造安装工程，完成单身楼加固维修粉刷、新建厕所工程，完成住院部2号楼一层、3号楼九层维修粉刷改造工程，完成旧功能科等门诊部分科室的粉刷维修任务，完成影像中心、体检中心部分房间防护、粉刷改造工程，完成油脂加工厂新建围墙、大门封堵、旧房改造粉刷工程，完成门诊二、三层部分诊室粉刷改造工程，完成医院10吨采暖锅炉维修工作，完成全院固定资产清查、家具配送回收工作，完成每月为病区物资下送工作。锅炉班、电工班、汽车班、洗衣缝纫班、维修组及保卫科等部门工作人员积极完成各项任务。5月，临床教学部副主任赵乐调入任部门主任职务(在安富德之后)。6月，总务部干事张磊经竞聘上岗为总务部副主任，张文斌、郑兰欣不再担任副主任职务。

2010年，完成院内灯箱制作、霓虹灯安装亮化工作，完成门诊二楼特色门诊粉刷装修工作，完成药剂科加工室粉刷改造及油脂厂新建配电室工作，完成新建门诊输液大厅及药剂科中药周转库工作，完成新建开水房移位及锅炉房水箱制作工作，完成10吨一台、6吨两台天然气锅炉招标安装工作，完成办理天然气锅炉审批手续，管道开挖、安装、设计等工作，完成锅炉房配电室改造和天然气调压箱防护栏的安装工作，完成5号家属楼上水管网改造水表安装工作，完成全省职工技能大赛中药炮制比赛场地搭建等配合工作，完成院内电子监控系统安装工作，完成住院部2号楼、6号家属楼、锅炉房至综合楼地沟暖气管网改造工作，完成锅炉房改造粉刷装修工作，完成门诊三楼三位名老中医工作室粉刷装修工作，完成一病区房屋扩建及北区平房新建工作，完成锅炉房院内新建平房及马路铺设工作，完成北院围墙及4号楼至综合楼后院马路铺设工作，完成药剂科制剂楼粉刷装修工作，完成药剂科门诊各药房、住院部西药房、综合楼地下药房粉刷工作，完成门诊综合楼门口、多功能厅LED(发光二极管)显示屏制作安装工作，完成住院部1、2号楼消防设施整改工作。参与玉树地震和舟曲泥石流灾害后勤物资保障工作，采购物资共计花费4.1万余元。6月，根据医院业务发展需要，成立了保卫科和营养科，隶属于总务部。

对外联络培训部

2009年5月，医院成立对外联络部，人力资源部主任刘梦华调入任部门主任。负责实施“万名医师支援农村卫生工程”，第四批21名支农队员于年初返院，圆满完成支农工作，受到省卫生厅的多项表彰，医院荣获“先进支援单位”称号。第五批21名队员于2月底继续分赴合水、宁县、古浪等地开展为期一年的对口支援工作。通过讲座、培训、义诊、传授技术等形式积极帮扶支援单位。8月，院领导与有关部门负责人分赴三县进行慰问和座谈，向合水县人民医院支援医院预防“甲流”自制汤剂。挂职副院长王阳博士、风湿病科主任王海东随行开展了6场专题讲座，受到当地的好评。全年共免费接收进修生9名。

2010年4月，对外联络部更名为对外联络培训部。组织医院中高层管理人员赴新加坡国际管理学院参加为期一周的现代医院高级管理课程研修班学习，部分院领导和党政职能部门主要负责人共32人分两批参加了学习。组织临床医技科室主要负责人20人参加省卫生厅组织的赴香港中医培训班学习。组织有关人员6人赴德国考察。积极配合省卫生厅外事处组织的各项出国(境)活动，先后选送13名同志赴国(境)外研修考察学习。完成第十八批援外医疗队员的选拔。省中医药研究院李永升同志被确定为援外医疗队员，接受省卫生厅组织的出国前培训，并于11月赴马达加斯加进行为期两年的援外医疗服务。第十七批援外医疗队员田雁、肖红、陈耀章圆满完成两年的援外医疗任务。应兰州佛慈制药集团和印度尼西亚中医协会邀请，医院派出主任医师靳锋赴印度尼西亚举办多场中医药治疗疾病、治未病思想讲座，并与当地同行进行了座谈交流。会同院务部组织召开了由护士长以上干部、副高以上专家和管理部门全体干部参加的出国(境)人员研修学习报告会5场。扎实开展支农工作。2010年省卫生厅重新确定我院对口支援医院为古浪县、民勤县、岷县中医院，支援周期为三年，医院与对口支援医院分别签订了目标明确的对口支援协议书。会同人力资源部、医务部完成第六批支农队员的选拔工作，共15名队员于3月底赴古浪县、民勤县、岷县中医院进行为期一年的对口支援工作。同时在支援县推广使用医院自制药品，其中，岷县在全县22个乡镇卫生院全部推广使用。应岷县卫生局邀请，医院派出专家6人为其举办院内制剂使用和中医药培训专题讲座。全年共接受对口支援医院的进修人员27人，共派出60人外出进修学习，共完成培训项目14项。

护理部

2008年，全面开展临床护理人员"三基"训练和考评活动，对护理观摩查房形式及内容进行了改进。重新修订了护理文件书写标准，并举办了护理文件书写知识培训班。分期对全院护理人员开展计算机基础知识和操作技能培训。在八病区、十三病区护理单元先行推行连续排班法排班模式，申请提高了特殊科室护理人员夜班费。积极开展新技术、新业务，如心外手术体外循环配合、结肠镜透析、膀胱镜下前列腺电切除手术的术中配合等。全年录用护理人员72名。举办了"5·12"国际护士节庆祝大会及王亚丽同志先进事迹报告会。在汶川大地震和"三鹿奶粉事件"中，抽调护理骨干前往"爱心病房"协助开展工作。从6月份起开展陪送、陪检工作，并为每个病区配备了一定数量的折叠式陪护椅。8月，医院成立陪护服务中心，聘任吴圃萍为负责人。9月，举办了全省骨科护理新进展学习班。

2009年6月，副主任马郑萍经竞聘上岗为部门主任，重症监护病房(ICU)护士长张丽平经竞聘上岗为部门副主任，主任王颖调离。修订了14项护理质量考核表及专科[ICU、冠心病监护病房(CCU)、导管室、手术室、急诊科、门诊综合治疗中心、供应室、眼科手术室、内窥镜室、血液透析中心等]护理质量考核表。将护士长夜查房改为护士长总值班，制定了总值班职责。重新修订了医院分级护理巡回记录。规范毒麻药品管理，做到专柜专人管理，对抢救车内药品继续按药物临床试验管理规范(GCP)认证的要求进行检查。6月份人事制度改革后，有11位年轻护士充实到护士长队伍中。与各护理单元护士长签订了任职目标责任书，并以此责任书为考核依据。针对医院供应室使用面积及工作流程不达标现状，与感染办配合，做好医院新供应室的选址、规划设计等工作。将最新消毒技术规范内容纳入到年终理论考试中。选派唐锐、万迎霞、程如意、崔小娟前往广东省中医院进行为期3个月的进修学习。为全体护士配备了冬季毛衣，为夜间值班护士配备了羽绒服。配合人力资源部完成在聘护理人员的"劳动派遣"工作。积极应对"甲流"公共卫生事件，在筹建隔离病区期间，共有130余人申请去隔离病区工作，与医务处共同筹建了"甲流病房"。加强新技术、新业务的开展，如24小时动态血压监测、经膀胱镜汽化前列腺切除术后护理、中频理疗和中药足浴、电磁热疗仪和电脑熏蒸治疗仪等。

2010年，启动了优质护理服务工程，根据活动主题制定了《优质护理服务示范病房实施细则》及《优质护理服务示范病房考评细则》，各病区不断推出新的温情服务措施。坚持每月1~2项护理质量检查。从3月份起医院取消一般患者护理单、中医护理病历的书写，其余护理病历记录不变。在全院开始推行电子体温单，并自行设计了输液温馨提示牌。举办了护理管理经验交流会。加强消毒隔离制度的执行,定期对各护理单元进行消毒隔离情况的检查、考核。完成26名护士长、17名护士骨干前往广东省中医院的进修学习,并引进了新的管理理念,如制作了《护患沟通手册》、每季度召开一次护理案例分析会、全年对护士进行了三次理论考试等。对消毒供应中心改扩建工程进行了方案设计、配置了相应设备。积极应对玉树地震、舟曲泥石流等突发事件。在“5·12”国际护士节,护理部发出了“聚伤员之家,共享节日快乐”的倡议书,各病区积极响应。9月,举办了中医护理基础理论及技能操作培训班。全年共接受护理实习生180名,接受护理进修人员5名,共派出30余人外出参加国内外各种护理学习班。

门诊部

2008年,全年门诊量达234206人次。规定各科室应由高年资住院医师以上人员担任门诊工作,主治医师以上医师每周门诊应诊不少于2个半天。对门诊导医和挂号人员进行各科诊疗范围、门诊就医流程图、突发事件紧急情况处理预案等业务、相关制度和职责的培训,6月份对部门人员进行了工作制度和职责的考试。积极应对汶川地震和“三鹿奶粉事件”,9月20日,医院在门诊院内东侧,搭建帐篷,设接诊登记处、诊断室、B超检查处、尿检处、饮水处、休息处,组织4名导医及实习生接诊食用“问题奶粉”的婴幼儿患者登记和每日统计报告,共登记筛查婴幼儿患者1274人次,B超1270人次,尿检1076人次。12月,主任姜礼调离,副主任马真琴主持工作。

2009年,全年门诊量达240657人次。6月,副主任马真琴经竞聘上岗为部门主任。设立了周一例会制度,制定了《导医行为规范》《门诊医生考勤制度》《导医绩效考核制度》,加大对上门诊医生的考核管理。为了解决患者拥挤现象,重新制定《甘肃省中医院门诊安排表》。加强门诊医疗宣传,及时更新专家介绍栏内容,更换门诊楼层平面图和诊室标牌,制作门诊患者《挂号须知》等栏目。在妇科门诊举办了以“关注三八节,情系半边天”为主题的义诊活动,共诊治病人104人次。7月,配合财务部实施患者就诊“一卡通”工作。8月,挂号分诊工作实行患者填写《患者挂号建卡信息单》和《复诊患者信息单》,门诊实行2元便民号和“知名专家”预约挂号。10月,开始实施全院医师预约(包括导医台现场预约和电话预约)挂号。10月19—23日,在中国镇痛周活动期间,门诊疼痛科举办为期一周的主题为“骨关节肌肉痛”义诊活动,共义诊80余人次。11月14日,在联合国糖尿病日,举办了“认识糖尿病,我们在行动”的大型义诊活动,共诊治病人166人次。开展节假日免挂号费活动,截至年底共接诊病人9979人次。不断完善门诊突发事件应急预案,严格执行《门诊消毒隔离工作制度》,设立发热预检分诊处,各楼层分诊台配备体温计、口罩、帽子,1—11月共分诊发热患者294人次。

2010年,全年门诊量达265184人次。各科诊室门诊日志登记合格率98%,门诊病历规范书写归档率99.6%,中药饮片占门诊量率51.98%,门诊处方合格率95%,各种检查申请单合格率97.6%。制定《门诊医师停诊管理办法》,建立健全门诊医生考勤制度。制定和重新修订《甘肃省中医院预约挂号须知》《导医工作制度》《挂号员工作制度》《导医行为规范》《导医职责》和《挂号员职责》等工作制度。全面开展预约挂号,采取网上预约、电话预约、现场预约三种方式,提高了预约就诊率。继续开展门诊义诊活动,7月19日,山东医药大学博士团来医院义诊。10月11日—15日,疼痛科组织相关专家开展主题为“关注急性疼痛”的大型疼痛疾病义诊活动。完成门诊二、三楼各科诊室的调整工作，成立了王自立名医工作室、廖志峰名医工作室、刘国安名医工作室。12 月，手术室护士长张雪霞经竞聘上岗为门诊部副主任。

基建一部

2009 年 5 月，医院成立基建部，负责基本建设的整体规划和实施工作。6 月，总务部副主任马小明经竞聘上岗为基建部主任，人力资源部干事杨沛霖经竞聘上岗为部门副主任。做好经济适用房筹建工作。根据兰州市发改委对医院经济适用房建设的批复，通过公开招标，确定甘肃省城乡规划设计研究院对住宅楼项目进行设计，委托甘肃水文地质勘探院完成了住宅和污水的地质勘察工作，兰州市规划局业务会同意该设计方案，医院委托甘肃省建筑设计研究院对污水处理中心进行设计。结合医院实际，做好医院整体规划工作。医院委托兰州市勘察测绘研究院对划拨的 26.3 亩土地进行了定点测量，至此医院总占地面积达到 84 亩。医院委托甘肃省建筑设计研究院对院区进行整体规划设计。省发改委、省卫生厅对门诊医技综合楼建设项目初步设计进行了批复，批复建筑总面积为 38662 平方米，概算总投资 1.4123 亿元。12 月 6 日，门诊楼举行了开工奠基仪式，12 月 16 日，门诊楼基坑工程进入实施阶段。

2010 年 1 月，因工作需要，基建部分设为基建一部和基建二部，马小明担任基建一部主任职务。基建一部紧紧围绕医院中心工作，认真做好门诊医技综合楼建设工作，协助完成施工水电的安装、施工场地树木移除工作。办理了门诊楼规划许可证和划拨区域土地证。完成门诊医技综合楼施工图图纸审查工作及节能质量监督专项备案审查工作，完成门诊医技综合楼地基开挖与支护工作，完成主体施工单位的招标工作及合同的签订，完成人防施工图及人防设计相关审查工作和人防设备合同签订工作。完成墙改、档案、抗震、人防、土地等在兰州市建委的审批。配合完成沙特政府贷款甘肃卫生项目省中医院子项目的资金申请批复及招标代理合同的签订。每月向省、市、区发改委重大项目办、省卫生厅规财处上报工程进度、完成工作量、支出等信息。在项目建设管理工作中，狠抓工程质量，通过对施工质量按规范实行事前、事中、事后质量控制，严格监督施工进程，做好项目投资控制，督促安全管理制度的落实，积极收集各方施工资料，保证了项目建设的顺利实施。

基建二部

2010 年 1 月 13 日，医院成立基建二部，杨沛霖担任部门副主任职务。基建二部主要负责医院整体规划、住宅楼立项及建设、科研制剂楼的立项及建设、污水处理中心的建设、油脂厂划拨土地性质转换及土地证的办理、地下管网的移位(上下水、天然气)及拆迁等工作。

3月,向省设计院书面报送了《关于医院整体规划方案设计的要求及说明》。因双塔楼移位建设,对院区整体规划方案进行了重新调整,先后由省城乡规划院和省设计院对方案进行了规划。因对周边建筑的日照、退距及自身日照等原因多次修改后报市规划局由规划处、建管处、专家办联合审查,于12月31日整体规划通过并取得建设用地规划许可证。

共计完成10万平方米的经济适用房立项,为4栋住宅楼的建设奠定了基础。根据中研院和药剂科提供的业务用房需求,经院领导、相关部门讨论,确定了各楼层的功能布局,按照18层、建筑面积26000平方米进行申报,并于12月31日取得了省发改委的立项批复。

招标采购科

2009年5月,医院成立招标采购部。6月,经营管理科副科长杨波经竞聘上岗为部门主任,医务部随访中心刘叶荣经竞聘上岗为部门副主任。制定了《采购人员工作职责》《招标采购部工作制度》《招标采购工作流程》等各项规章制度。规范对供应商的管理,制定了《招标采购部供方信息表》,并对每一位来访供应商资料进行分类登记。半年内共招标采购行政后勤部门需用物资167项,临床科室所需物资126项,医技科室所需物资61项。组织竞争性谈判招标项目10项。政府招标采购项目37项,采购金额172.2355万元,普通采购项目179项,采购金额71.6047万元,共签合同26份,合同支出金额198.332万元。

2010年,全年共完成招标采购工作108项,其中政府采购公开招标项目15项,预算资金944万元,采购金额849.446万元,节约资金94.554万元;政府协议供货采购43项,协议价格176.178万元,采购金额158.568万元,节约资金17.61万元;院内公开招标采购50项,预计资金220万元,采购金额197.0902万元,节约资金22.9098万元。零星采购548项,其中为医技科室采购75项、临床科室采购214项、行政后勤采购259项,采购金额共152.5398万元。全年主要完成以下招标项目:门诊医技综合楼主体工程土建部分的考察招标工作;门诊医技综合楼主体工程空调设备及幕墙的前期报名和考察工作;燃煤锅炉改天然气锅炉的考察和招标工作;信息科防火墙、服务器、UPS电源、新农合接口以及输血科输血软件的招标工作;玉树抗震救灾和舟曲泥石流灾害所需急救物资的采购工作;门诊输液大厅、锅炉房改造设计及装修施工、医院楼宇亮化改造工程、药剂科制剂室粉刷改造、住院部和家属楼地沟改造、家属楼智能水表及上水管网改造、原油脂加工厂划拨土地部分自来水及地沟改造、小沟头门诊的设计及装修施工、血液透析中心设计及装修施工、医院监控系统等的考察招标等工作。12月,招标采购部更名为招标采购科,副主任刘叶荣调离,人力资源部副主任杨灵歌调入任部门副科长。

感染管理科

2008年，完善了医院手卫生工作制度、医院感染暴发报告制度等，加强了重点部门的消毒隔离工作，对口腔科、ICU、内窥镜室、供应室等重点部门使用的物品和器械严格按标准进行消毒。做好临床各科室感染监控工作。根据卫生部关于加强医院多种耐药菌医院感染控制工作的要求，结合医院实际制定了相关的管理制度和操作要求。强化了医务人员对多重耐药菌医院感染控制工作的重视，预防和控制多重耐药菌的传播，保障医疗安全。12月，预防保健科副科长周毓萍调入任部门副科长，田雁不再担任感染管理科科长职务。

2009年6月，周毓萍经竞聘上岗为感染管理科科长。接受了省卫生厅组织的医院感染专项督导检查。制定了《医务人员个人防护用品(PPE)使用标准操作规程》《医务人员手卫生标准操作规程》和《医院感染暴发监测、处置流程》等标准。按期印发《医院感染管理简讯》。对医院感染控制重点部门手术室、血液透析室、导管室、内窥镜室、重症监护室和消毒供应室等科室，加强感染预防与控制。以Ⅰ类手术切口预防用药为重点，加强围术期抗菌药物预防性应用的管理。参与医院合理用药评估工作，针对围术期抗菌药物的不合理使用状况，制定并落实多重耐药菌医院感染管理的规章制度和有关技术操作规范。在甲型H1N1流感防控工作中，指导医务人员规范个人防护行为，重视和加强消毒隔离与感染管理工作。监测医院感染的危险因素、医院感染率及其变化趋势，定期通报医院感染的监测效果。

2010年，制定了医院感染目标管理责任制方案，与临床医技科室负责人签订感染控制目标责任书，制定考核细则，并监督实施。对各级医务人员、实习学生和新分配来院职工开展感染知识培训。完成甘肃省医院感染监控管理培训基地部署的2010年医院感染现患率横断面调查工作，实查726人，实查率99.18%，现患率0.28%。在抗震救灾活动中，抽调科室人员赴灾区参与救治工作，同时对收治的所有灾区伤员开展感染预防控制监测工作。指导临床工作者对医疗垃圾正确分类。做好医院感染病例监测、多重耐药菌监测、手术切口感染监测、呼吸机相关性肺炎监测、环境卫生学、无菌物品生物监测、紫外线灯管强度监测、感染流行暴发及特殊病原体感染监测等，并将监测结果定期进行通报，对存在的问题采取有力措施加以控制，防止医院感染扩散。

公共卫生科

2008年，积极开展辖区内计划免疫工作，全年共接种5365人次，其中一类疫苗3542人次、二类疫苗1823人次。做好传染病管理工作，全年累计报告各类传染病689例，转诊结核病病人14例，并积极参加省、市、区疾控中心举办的各类计划免疫、重点传染病防治等培训班。加强计划生育管理工作，填写全院职工的“兰州辖区在职职工生育档案卡片”，并配合街道对所有数据资料进行专用系统录入。为15名女职工办独生子女证，为7人办理生育保健服务证，落实2008年度独生子女费和退休职工奖励优惠费用。对辖区内产妇进行产后访视，全年访视216人次，下地段查访432次。做好健康教育宣传工作，根据流行病发病季节及时更换门诊宣传栏的内容4次，在艾滋病日、世界防治结核病日、儿童计划免疫宣传日等健康教育的宣传活动中，发放相关宣传资料并解答咨询的健康知识。12月，门诊部主任姜礼调入任部门科长，副科长周毓萍调离。

2009年，积极应对突发公共卫生事件，制定甲流防控制度、防控程序，开展甲流防治培训，接种甲流疫苗计1300余人次，并配合省疾控中心将所有数据资料录入专用系统。为预防季节性流感和甲流的混合感染，科室人员积极开展季节性流感疫苗的接种工作，全年深入社区、各幼儿园接种季节性流感疫苗共计600余人次。全年共接种疫苗5281人次。为新生儿新建卡110人次。加强传染病管理力度，对漏报科室及个人给予经济处罚，全年累计网络直报各类传染病782例，转诊结核病病人5例。完成传染病防治工作、计划生育专项任务和妇幼保健任务。6月，护理部主任王颖经竞聘上岗为预防保健科科长，姜礼不再担任部门主任职务。同月，根据医院工作需要，成立公共卫生科，挂靠医务部管理，邓强兼任公共卫生科副科长。11月，公共卫生科独立设科，预防保健科撤销，王颖任公共卫生科科长，邓强兼任公共卫生科副科长。

2010年，加强科室人员理论业务培训，参加国际交流活动以及省卫生厅、市、区疾控中心举办的管理视频会议、突发公共卫生事件、传染病、免疫强化等培训班近十次。积极应对突发公共卫生事件，组织全院职工参与义务献血。开展职业暴露防护工作，出台了相关文件并协调处理了职业暴露事件10起，同时在医院网站予以公布。为加强医院传染病管理，调整了工作模式，科室人员深入临床科室抄报传染病疫情，提高了传染病报告及防治质量。全年累计网络直报各类传染病1193例，转诊结核病病人12例。完成计划生育相关工作、妇幼保健工作和医院职工的“兰州辖区在职职工生育档案卡片”建档工作。全年共接种疫苗6298人次，为新生儿新建卡101人次。完成职工保健相关工作，负责全院在职职工和离退休人员的住院医疗、外出转诊的审批工作。积极配合省、市、区疾控中心完成各种宣传工作。

科研科

2008 年，医院（含省中医药研究院）专业技术人员申报各类科研课题 43 项，全年课题立项 28 项，其中国家中医药管理局专项 1 项、省科技厅项目 10 项（含中医药研究院 2 项）、省中医管理局项目 12 项、省教育厅项目 2 项、兰州市科技局项目 3 项。全年组织省级、厅级科研课题鉴定 20 项，均达到国内领先水平。全年科研获奖 10 项，其中甘肃省科技进步奖二等奖 1 项、三等奖 1 项；甘肃省皇甫谧中医药科技奖一等奖 1 项、二等奖 2 项、三等奖 3 项（含中研院 1 项）；中国卫生经济学会第八批招标课题三等奖 1 项；兰州市科技进步奖二等奖 1 项。其中李盛华主持的“陇中损伤散对激素性股骨头坏死疗效与作用机制实验研究”项目获得甘肃省科技进步奖二等奖和甘肃省皇甫谧中医药科技奖一等奖；李妍怡主持的“补脑膏治疗血管性痴呆的临床和实验研究”项目获得甘肃省科技进步奖三等奖和甘肃省皇甫谧中医药科技奖二等奖；李喜香主持的“柔肝愈裂搓贴的研制及药效学研究”项目获得甘肃省皇甫谧中医药科技奖二等奖；东红主持的“佛手养心安神汤治疗神经衰弱症临床和实验研究”项目、柳直主持的“姿态调衡法治疗腰椎间盘突出症的临床研究”项目、潘文主持的“‘阴洁尔康外用抗菌洗液’治疗外阴阴道假丝酵母菌病的临床与实验研究”项目获得甘肃省皇甫谧中医药科技奖三等奖。按照医院整体工作计划，积极参与医院实验室建设工作。组织全院职工参加各种科研知识培训讲座 9 次。完善医院及研究院国家中管局、省科技厅中医药专家库信息系统。完成“中国女医师协会五洲女子科技奖”推荐申报工作。

2009 年，全年立项科研课题 27 项，其中省科技厅技术研究与开发专项课题 6 项（中研院 3 项），省自然科学研究基金项目 6 项（中研院 1 项），科技支撑项目 2 项，中国卫生经济学会项目 1 项，兰州市科技计划项目 4 项，博士科研启动基金项目 8 项（中研院 5 项）。全年组织鉴定项目 20 项（含中研院 2 项），其中 16 项达到国内领先水平，4 项达到国内先进水平。全年科研获奖 9 项，其中获中华中医药学会科学技术奖三等奖 1 项，省科技进步奖三等奖 1 项，甘肃省皇甫谧中医药科技奖二等奖 3 项、三等奖 3 项（含中研院 1 项），兰州市科技进步奖三等奖 1 项。组织申报省科技厅项目 52 项，组织申报省中医药管理局项目共 24 项，组织申报兰州市科技局项目 16 项，组织申报博士科研启动基金项目 8 项，组织申报院级课题 30 项。制定科研项目管理办法、博士科研启动基金项目管理办法、院级课题管理办法。5 月，科研部更名为科研科，主任闵云山调离。6 月，眼科医师罗向霞经竞聘上岗为科研科科长。

2010 年，全年立项科研课题 76 项（医院 39 项，中研院 16 项，研究所科研启动基金项目 21 项），资助经费 165 万。其中国家自然基金项目 2 项（中医院 1 项、中研院 1 项），省自然科学研究基金计划项目 10 项，省科技支撑计划项目 1 项，省技术研究与开发专项计划项目 4 项（医院 1 项、中研院 3 项），卫生行业计划项目 1 项，教研项目 1 项，省中医药管理局项目 10 项（医院 5 项、中研院 5 项），兰州市科技局项目 8 项（医院 5 项、中研院 3 项），中研院研究所科研启动基金项目 21 项，博士科研启动基金项目 3 项，新增设立院级课题 15 项（医院 12 项、中研院 3 项，其中重点 5 项、普通 10 项）。全年组织鉴定项目 25 项（含中研院 2 项），其中 22 项达到国内领先水平，3 项达到国内先进水平。全年科研获奖

14项(医院13项、中研院1项),其中获中华中医药学会科学技术奖三等奖1项,省科技进步奖三等奖1项,甘肃医学科技奖三等奖1项,甘肃省皇甫谧中医药科技奖二等奖4项、三等奖3项,兰州市科技进步奖二等奖1项、三等奖2项,中国卫生经济学会第十批招标课题三等奖1项。组织申报2011年度甘肃省科技厅计划项目55项,组织申报兰州市科技局项目11项,组织申报博士科研启动基金项目3项。

经营管理科

2008年,完成医院全年各项经营目标管理任务。通过多种方式解决药品使用比例超标问题,医院药品使用比例由原先的48%降至38.7%。完成全院经济数据统计,报表汇总。完成各科室每月收支核算、分析、统计汇总、报表。制定每月经营管理手册并存档,完成每月《质控简报》的出刊工作。5月,脊柱骨一科护士长张晓岚调入。

2009年,修订和完善了急诊科、ICU、高压氧、康复中心、体检中心和门诊综合治疗中心的绩效工资核算与分配方案。对医技检查科室、麻醉手术科、临床科室的分成比例和医院各科室提成比例进行了调整,使得医院绩效保持在临床科室第一、医技科室第二、行政职能科室第三的现状,符合医院分配原则。完成对医院固定资产折旧方案的调整,承担了固定资产折旧的具体工作。制定了关于加大自制药品生产和使用的经营管理方案。继续加强医院药品使用比例超标问题的管理,医院药品使用比例平均比例控制在42%。认真组织质控考核工作,将考核结果向相关部门及时反馈并予以纠正。6月,张晓岚经竞聘上岗为经营管理科副科长并主持工作,副科长杨波调离。

2010年,完成对输血科、重症医学科和儿科绩效工资核算任务与分配方案的调整,完成对医院劳务派遣人员绩效工资与医院正式职工绩效工资的同步发放工作。制定临时用工管理费用计提方案,医院自1月起开始执行《甘肃省中医院编外用工管理办法(试行)》。与院务部配合完成53份综合目标责任书的制定及与各部门负责人的责任书签约工作。制定了饮片使用补贴的方案和手法特色治疗补贴的方案。对医院现行专家挂号补贴办法根据专家现状、专家等级、上门诊性质等进行了调整。出台关于绿色通道病人病欠管理办法,完成对收治灾区病人全体医护人员绩效工资的特殊核算,完成对十二病区护理部特殊绩效补贴的核算与发放。按时完成《质控简报》编写和相关数据的统计和报送工作。12月,副科长张晓岚调离,审计科科长杨雅静调入任部门科长。

医疗设备科

2008 年，严格执行国家采购法规，大型(5 万元以上)设备严格执行政府公开招标采购，5 万元以下设备严格执行院内公开招标或由医院纪委、审计、财务、使用科室等人员一起谈判采购。各类医用材料严格执行从各级政府招标后的目录中选购，选购各类医用材料严格审验资质和产品质量，不合格产品和资质不全产品不得进入，严格验收和出入库制度。完成医、教、研所需医用设备、材料的采购供应和医用设备的保养维修；完成全院医用计量设备的法定年检；完成中研院医用设备接收、搬运、调配等；完成科室整体搬迁；完成放弃设备的报损处理工作。全年完成废旧材料再利用 18623.8 元，共维修设备 1200 余台(件次)(含大型设备维修 32 台次)，开支维修费 21.3 万元。

2009 年，完成政府招标采购工作 4 次，共计 949.3 万元，小器械设备谈判 3 次，采购共计 54.9 万元。截至 11 月共计材料费 2863.4615 万元。将已经过期但又对医疗安全没有影响的废旧材料再利用的有 1.8623 万元。完成医院 1 号楼价值 52.8 万元的供氧设备带的施工。完善科室管理制度，将配送值班改为待班制度，提高了工作效率。全年共维修各项设备 1245 台，共用维修费用 39.9505 万元，含大型设备维修 29 台，开支维修费 26.7 万元，比买设备保修节省费用约 102 万元。6 月，黄仕君调往检验科，副科长李贵臻主持工作。

2010 年，认真贯彻医院“零库存”的制度，设备科材料库的库存由 2009 年 6 月份 92.6 万元降为现在(2010 年 11 月)的 32 万元，比原先减少了将近 60 万元的库存。全年共计材料费 3853.3 万元，平均每月的材料供应流量为 350.3 万元。配合招标科完成功能科彩超 2 台、手术室无影灯 5 台、多参数监护仪 10 台的采购。完成医院 1 号楼价值 52.8 万元的供氧设备带的试运行并投入使用。加大对设备的管理力度，为全院万元以上医疗设备配备了设备运行记录本，随时了解设备的使用状况，将设备运行效益考核表纳入考核范围。全年共维修设备 1728 台，共用维修费用 86.86 万元(含 DR 和磁共振设备的保修 56 万元)。做好科室人员培训工作，先后选送 3 人有针对性地外出参加业务培训，全年共发表文章 5 篇。李贵臻和杨杰两人考取获得了医疗设备管理师的资格证。12 月，医务部副主任邓强调任医疗设备科副科长并主持工作，副科长李贵臻调离。

信息科

2008 年 4 月，信息中心图书室再次搬迁至职工食堂旧址。编制各种检验组合 114 种，检查组合 7 种，在门诊启用门诊医生工作站，实行电子处方。9 月，在 ICU 启用住院医生工作站，取代原来科室分散记账模式。与财务部、医疗设备科协同,启动卫生材料管理模块,将各类医用耗材建立目录、分类管理。先后联系重庆中联、杭州创业、深圳蓝韵等公司来院演示医学影像传输与存储系统(PACS),并联系惠普、华为等多家公司对相关硬件投入进行了征询,对实施全院PACS进行了大致预算。先后联系重庆钟鼎文、甘肃万维、重庆中联等多家公司,对电子政务系统(OA)进行了产品演示与了解,并实地观摩了甘肃省妇幼保健院的产品使用情况。启动了物资系统管理模块,对各类办公用品、消耗用品、印刷品等建立目录、划分库房、分类管理,对物资的外购、移库、出入库、报废、申领等手续均施行网络管理。为经营管理中心编制出院病人药品金额比例、药品开单统计、门诊医生开单药品比例等相关报表。完成挂号、住院、收费窗口密码语音键盘接口的调试、安装工作。先后编制兰州市医疗保险结算表、医保住院医疗费收据(大额支付)、医保材料明细查询报表等。对综合办公楼七楼院领导、院长办公室等部门进行网络综合布线(内外网)21个信息点。省中医药研究院归属医院管理之后,先后自中心机房至中研院办公楼新布设光纤2根,新增交换机2台、路由器1台。自中心机房至综合办公楼七楼、十楼新布设光纤2根。为预防保健科设立收费通道,与清华同方知网(北京)技术有限公司合作,建立了“甘肃省中医院机构数字图书馆”。

2009年5月,信息中心更名为信息科。6月,财务部干事刘廷梦经竞聘上岗为信息科副科长并主持工作,裴学军不再担任部门科长职务。与四川美康医药公司联合在医院实行合理用药系统,并将该系统嵌入医院信息系统(HIS),建立起一套用药安全监测系统。6月,在检验科启动了实验室(检验科)信息系统(LIS),医院将LIS和HIS进行了无缝连接,提高了检验的自动化程度。同时在临床科室安装了条码打印机,改造了计费和单据的传递流程。启动了“一卡通”,方便了医疗诊断。9月,更换了核心交换机。完成全院电子设备及网络的日常维护。10月,启动了电子病历,方便了病历的书写。

2010年,完成了全院电子病历的整体运行、灾备中心的建设和关键设备的更新。配合医院绩效分配和收入政策,对涉及的各类报表做了大量的修改和调整,同时新增多张汇总、统计报表。对护理工作中的输液瓶签打印做了改造调整,将瓶签打印在条码纸上,减轻了护理人员的工作量,减少了配液中错误的发生。成功将电子阅览室迁移到医院互联网中。完成医院新网页的设计、调试及改造。11月,正式启动血库系统。12月,设备科副科长李贵臻调任信息科副科长并主持工作,副科长刘廷梦调离。

审计科

2008年,全年完成基建维修、改造工程项目内部审计16余项。参与完成医院小型医疗设备、检验试剂、后勤物资招投标及价格的竞争性谈判。共参与招投标及价格的竞争性谈判15余项。针对2008年维修改造工程及物资采购工作,配合总务部办理省招标办相关招标手续及前期投资概算、工程量核定、编制招标文件及施工预算编制说明,共完成14项招标工作。对已完成的2007年医院维修改造工程项目,出具内审报告,核对账面应付款,配合财务完成工程款支付工作。对医院2006年以来的财务收支情况进行了审计。完成对兰雅房屋购置的合同签订事项的内审。配合基建办完成对医院东区拆迁安置评估报告、拆迁合同等文件内容的修订以及甘肃华澳房地产评估有限公司对拆迁评估工作的取费标准、评估方法、政策依据等整体评价的意见征询工作。完成对眼科手术室改造维修项目的决算审计工作。为完善内部审计程序，医院召开基建维修专项审计工作会议，对审计中查出的虚列工程项目、多计工程量、高套定额等诸多问题进行纠正、整改。

2009年，围绕医院门诊医技综合楼工程建设项目，制定了《甘肃省中医院投资建设工程项目变更签证结算审核管理办法》和《甘肃省中医院门诊医技综合楼、高层住宅楼跟踪审计方案及造价控制措施项目跟踪审计实施方案》。全年共完成基建维修、改造工程预算编制及工程结算审计20余项。参与完成医院小型医疗设备、检验试剂、后勤物资招投标及价格的竞争性谈判20余项。对已完成的2008年医院维修改造工程项目，出具内审报告，核对账面应付款，配合财务完成了工程款支付工作。完成年度国有资产清查工作。5月，审计室更名为审计科。6月，审计室副主任杨雅静经竞聘上岗为审计科科长。

2010年，完成门诊医技综合大楼拟建场地原有建筑物基础、需拆除的围墙和影响基坑支护施工的树木的统计和计量工作。完成对门诊医技综合楼基坑开挖监理中标单位的合同审核签订工作及跟踪审计实施方案的合同签订工作。配合项目跟踪审计机构，完成门诊医技综合大楼基坑支护变更方案的结算审计，基坑开挖降水费用、基坑围箍及砂夹石垫层方案的预算审核工作。全年共完成基建维修、改造工程预算编制25项，对已完工的水泵房自来水管道改造工程、药剂科五楼办公用房粉刷改造工程、原榨油厂外墙工程、2号楼手术室吊顶工程4个项目进行了结算审计。积极参与医院招投标工作，充分发挥内审职能作用。参与完成了医院锅炉房门前路面硬化、临时性办公用房搭建、血透中心扩建装修招投标及价格的竞争性谈判20余项。12月，科长杨雅静调离。

医疗保险科

2009年6月，脊柱骨二科医师赵军经竞聘上岗为医保科副科长。8月，医保科独立设科（科级建制）。

2010年，加大医保质量管理力度，在高值耗材审批上，与医院信息系统软件开发商沟通，编写医保软件管理控制程序，规范了高值耗材的使用。负责与省社保中心、兰州市医保局、城关区医保局等之间的结算、年终拨款、平衡拨款等各项工作，全年，共结算省市各医保局病人6920人次；医院获准成为兰州市铁路局定点医疗机构。年内，医院获得兰州市医疗保险先进单位称号，被甘肃省人社厅离休处奖励4万元，获甘肃省社保中心补偿奖励15万元。12月，招标采购科副科长刘叶荣调入任部门副科长。

宣传科

2010年12月,根据工作需要,成立宣传科,医务部干事田军经竞聘上岗任宣传科副科长。宣传工作从党务部划归宣传科管理。随即和党务部进行了相关工作的交接,并着手开展工作。

甘肃省中医院年鉴2008—2010

THE YEARBOOK OF GANSU PROVINCE HOSPITAL OF TRADITIONAL CHINESE MEDICINE 2008-2010

门诊工作

门诊机构设置图

2008年门诊机构设置图

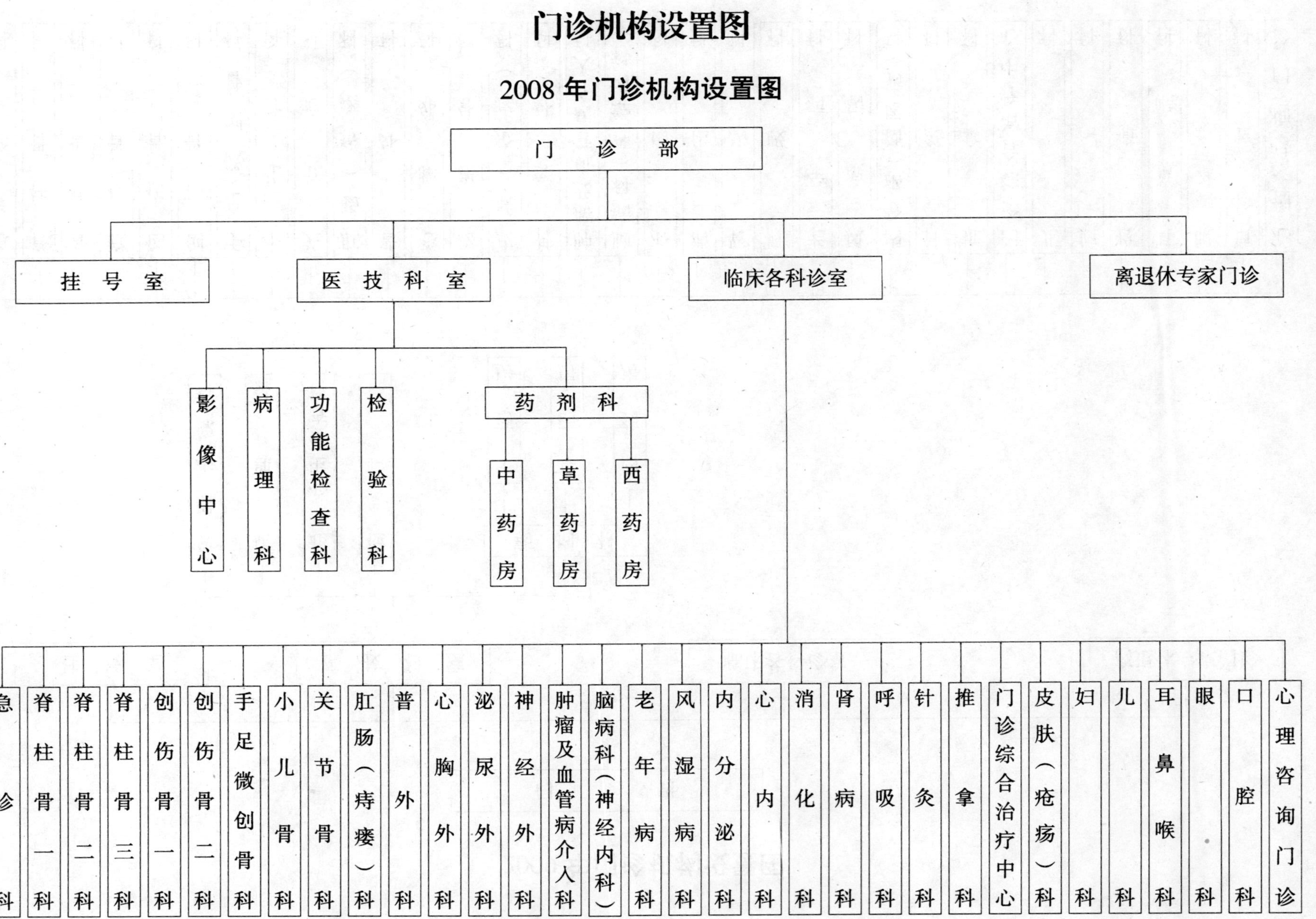

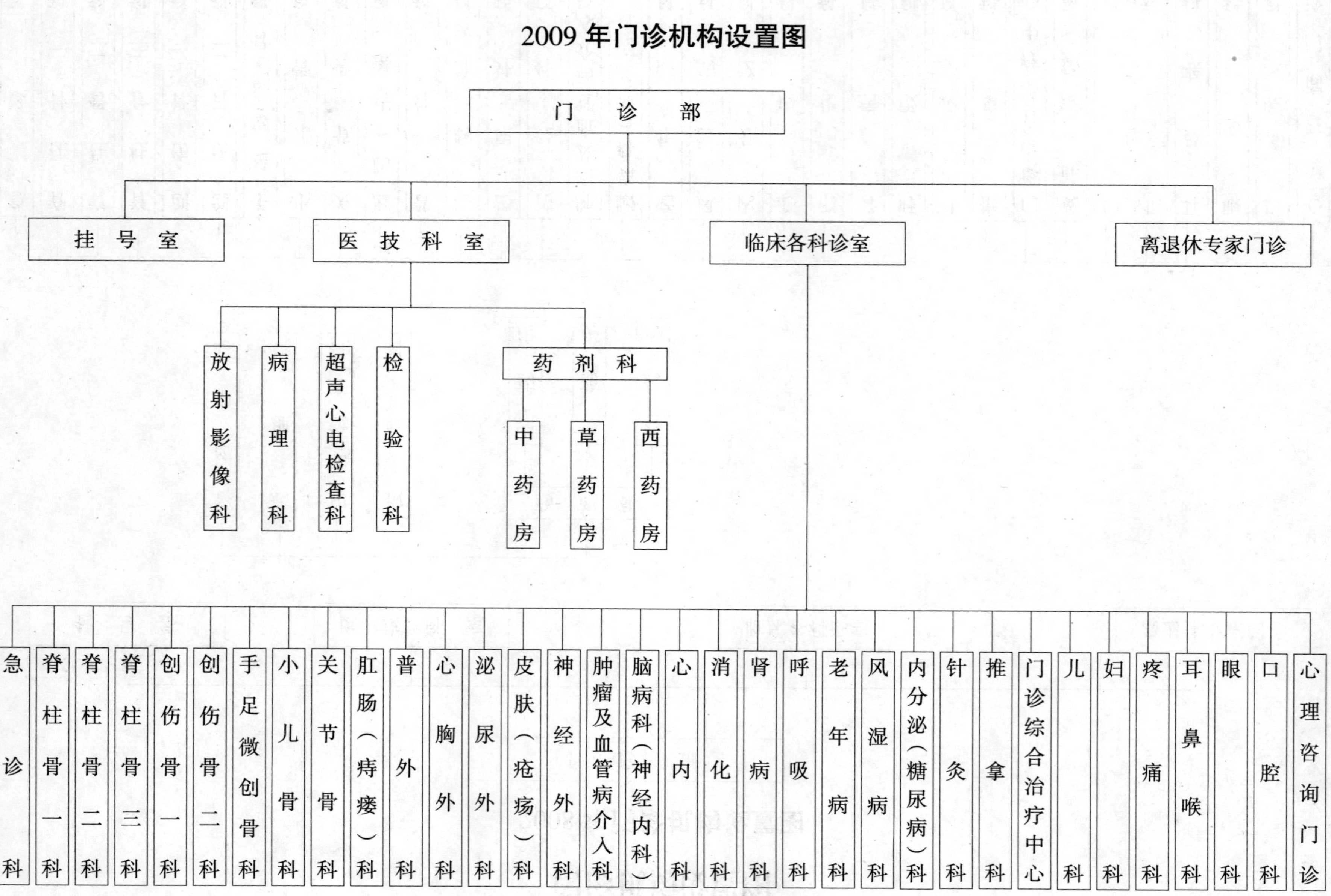
2009年门诊机构设置图
门诊部
挂号室
医技科室
临床各科诊室
离退休专家门诊
放射影像科
病理科
超声心电检查科
检验科
药剂科
中药房
草药房
西药房
急诊科
脊柱骨一科
脊柱骨二科
脊柱骨三科
创伤骨一科
创伤骨二科
手足微创骨科
小儿骨科
关节骨科
肛肠（痔瘘）科
普外科
心胸外科
泌尿外科
皮肤（疮疡）科
神经外科
肿瘤及血管病介入科
脑病科（神经内科）
心内科
消化科
肾病科
呼吸科
老年病科
风湿病科
内分泌（糖尿病）科
针灸科
推拿科
门诊综合治疗中心
儿科
妇科
疼痛科
耳鼻喉科
眼科
口腔科
心理咨询门诊

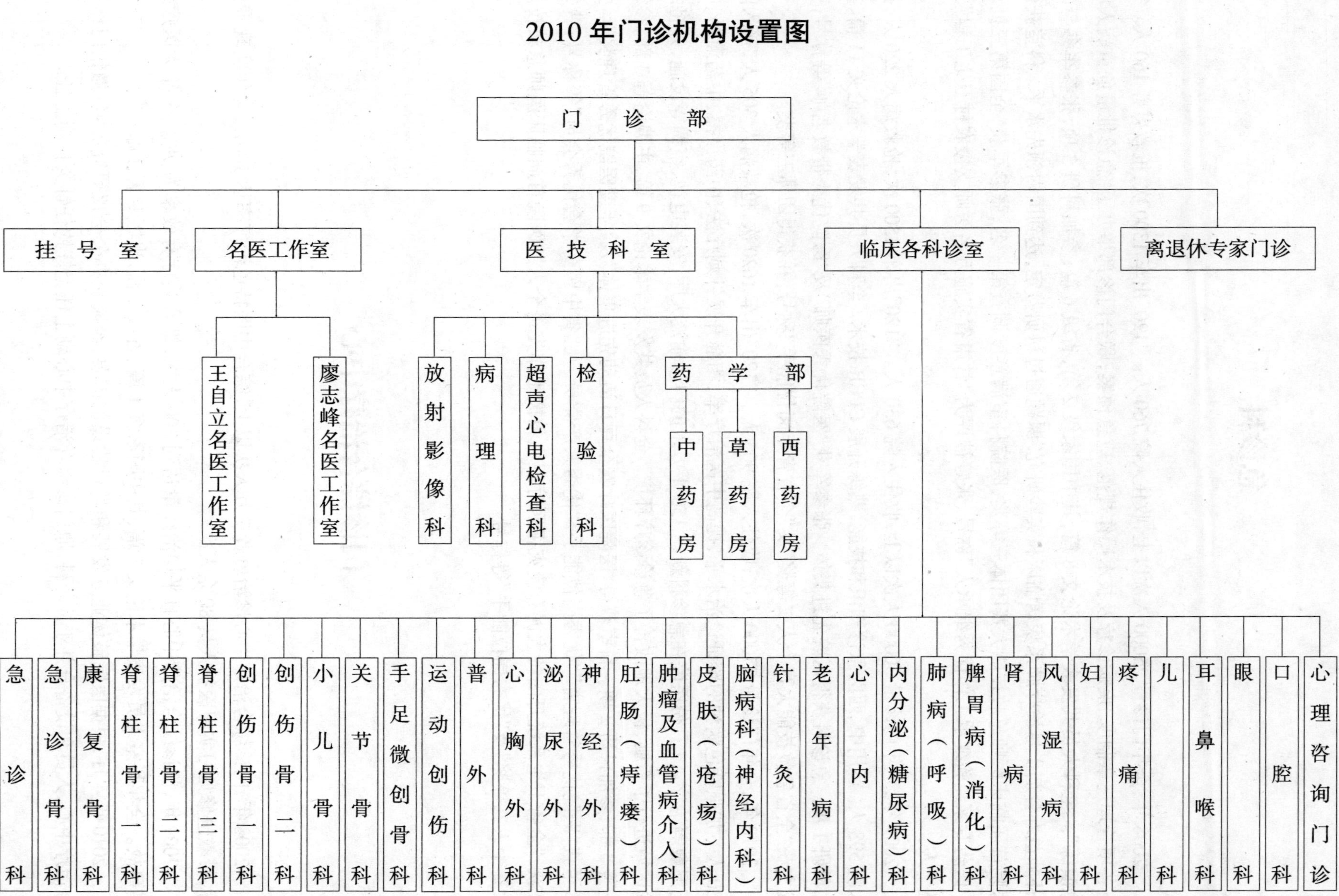
2010年门诊机构设置图
门诊部
挂号室
名医工作室
医技科室
临床各科诊室
离退休专家门诊
王自立名医工作室
廖志峰名医工作室
放射影像科
病理科
超声心电检查科
检验科
药学部
中药房
草药房
西药房
急诊科
急诊骨科
康复骨科
脊柱骨一科
脊柱骨二科
脊柱骨三科
创伤骨一科
创伤骨二科
小儿骨科
关节骨科
手足微创骨科
运动创伤科
普外科
心胸外科
泌尿外科
神经外科
肛肠（痔瘘）科
肿瘤及血管病介入科
皮肤（疮疡）科
脑病科（神经内科）
针灸科
老年病科
心内科
内分泌（糖尿病）科
肺病（呼吸）科
脾胃病（消化）科
肾病科
风湿病科
妇科
疼痛科
儿科
耳鼻喉科
眼科
口腔科
心理咨询门诊

急诊科

2008 年,全年门诊量 25000 人次以上,收住入院 760 人。“120”出车 1300 次,抢救患者 160 人。完善各项管理规章制度、疾病诊疗及技术操作规范、应急预案,联合门诊部举办了“急诊批量危重病人应急演练”。全科人员共发表学术论文 8 篇,其中国家级 2 篇,省级 6 篇;参加科研 3 项,张参军参与的“补肺益寿合剂Ⅰ号治疗肺系疾病临床和实验研究”课题通过科研鉴定,达到国内领先水平。科室获得医院首届临床医师急救技能大赛团体三等奖、医院科室满意度调查第一名;张参军获“全国第三批老中医药专家经验继承工作优秀继承人”称号、张婷被评为“甘肃省实施万名医师支援农村卫生工程”先进个人。

2009 年,全年门诊量 30000 人次以上,收住入院 630 人。“120”出车 1500 次,抢救病人 220 人,接入院 598 人。运用中、西医急诊知识和技能,熟练开展 CPCR 技术。全科人员共发表学术论文 11 篇、参加科研 1 项。急诊科获得医院先进集体。张参军获“医院优秀医师”及“医院优秀带教老师”等称号;曹发文获“全省急救技能大赛个人二等奖”及“全省青年岗位能手”称号,并获得团体三等奖。

2010 年,全年门诊量 37000 人次,收住入院 905 人。“120”出车 1620 次,抢救病人 305 人,接入院 530 人。加强特色病种的辨证论治水平,提高中医治疗率,相继开展针刺疗法、中药涂擦、中药灌肠、中药湿敷等治疗。7 月份医院在急诊科新建 150 平方米的门诊输液大厅,安装电视、空调等设施,并将急诊区域进行了粉刷,极大地改善了急诊诊疗环境。全科人员共发表学术论文 9 篇、主编论著 3 部、参编论著 3 部、参加科研 2 项。科室获得“医院医疗安全百日活动先进集体”及“年度医院优秀管理奖”。张参军获“医院优秀管理者”“优秀岗位能手”“优秀共产党员”及“省中医药学会优秀会员”等称号;曹发文获 “全省卫生系统舟曲特大泥石流灾害医疗卫生救援工作先进个人”“医院首届临床医师急救技能大赛个人二等奖”及“优秀岗位能手”等称号。

门诊综合治疗中心

2008 年,门诊综合治疗中心诊治患者 7 万人次以上,综合中医特色治疗率达 100%,全年实现零投诉,带教进修见习实习医护人员 80 余人次。

2009 年,门诊综合治疗中心日平均治疗量达到 300 人次,综合治疗有效率为 98%,全年无医疗差错事故。全年科室人员发表学术论文 3 篇,其中国家级 1 篇、省级 2 篇,出版专著 2 部。

2010 年 4 月,根据医院整体业务发展和学科建设的需要,经院长办公会议研究决定:撤销门诊综合治疗中心,人员和设备合并于针灸科,原门诊综合治疗中心副主任金钰钧任针灸科副主任。

耳鼻喉科

2008年,全年门诊接诊病人共计5448人次。重点加强了科室人员的业务培训、科研能力及论文写作水平,积极完善原开展的治疗项目。于洁被评为“甘肃省实施万名医师支援农村卫生工程”先进个人。2008年8月根据医院整体业务发展和学科建设的需要,经院长办公会议研究决定:眼科从原眼耳鼻喉科分出独立成科,张黎和王亦山两人调入眼科。

2009年,全年门诊接诊病人共计4433人次。扩展诊治疾病病种范围,完善侧听、声导抗等检查范围,创造条件,使电子喉镜投入了正常的使用。王辉主编专著1部,发表国家级论文2篇。

2010年,全年门诊接诊病人共计4900人次。开展鼻内窥镜下鼻窦功能性手术及鼻腔肿物摘除术、鼻中隔矫正术。引进耳声发射检查设备,协助完成“突发性耳聋的治疗”省级科研一项。赵江涛脱产参加全省西学中研究生学习班。

口腔科

2008年,口腔科门诊工作量总计2685人次,月平均224人次,较2007年增加11.58%。张剑峰主持的科研课题“洁龈痈液治疗下颌智齿冠周炎的临床实验研究”完成临床实验研究阶段。王巍参加“甘肃省万名医师支援农村卫生工程”活动。

2009年,口腔科门诊工作量总计2835人次,月平均236人次,较2008年增加5.59%。张剑峰主持的科研课题“洁龈痈液治疗下颌智齿冠周炎的临床实验研究”获兰州市科技进步奖三等奖、“佛手溃疡颗粒对顽固性口腔溃疡的临床疗效及作用机制研究”在兰州市科技计划项目中立项。

2010年,口腔科门诊工作量总计3143人次,月平均262人次,较2009年增加10.86%。张剑峰主持的科研课题“生骨再造散对下颌骨骨折愈合影响的临床及实验研究”在甘肃省技术与开发专项计划项目中立项。全科在国家级刊物上发表文章1篇。

皮肤疮疡科

2008年,全年接诊门诊病人18787人次,充分发挥中医外治方面的优势,应用自制痤疮擦剂、止痒擦剂、斑秃擦剂、皮炎擦剂、癣净擦剂、白癜风擦剂等治疗相关皮肤病，均取得了良好的临床疗效。应用高频电刀治疗皮肤良性肿瘤及病毒性增生性疾病，院内制剂三黄栓及中药坐浴治疗慢性前列腺炎，并积极开展真菌检查。全科人员共发表国家级学术论文3篇。

2009年，全年接诊门诊病人19794人次。充分发挥中医特色，结合中医外治方面的优势，治疗各类相关皮肤病。全科人员共发表学术论文4篇，其中国家级3篇、省级1篇，出版专著2部。

2010年，全年接诊门诊病人21312人次。坚持用中医传统疗法诊治患者，保持中医特色，内服中草药配合使用中药擦剂治疗各类相关皮肤病，均取得良好的临床疗效。全年无差错及医疗事故发生。全科人员共发表学术论文5篇，其中国家级4篇、省级1篇，出版专著3部。

推拿科

2008年，全年接诊门诊病人3000人次以上。突出中医特色，中草药及自制药使用率、辅助检查率均达到30%以上，科室人员积极参加院内举办的临床医师技能急救大赛活动。全年带教地县进修医生和各大专院校的实习及见习医生共计40余人。

2009年，全年接诊门诊病人4000人次以上。应用传统手法配合针灸及中草药，发挥中医优势，治疗颈肩腰腿痛，取得了良好的疗效。无差错及医疗事故发生。科室人员积极参加针灸学会的学术研讨会，认真带教进修医生及各大院校的见习、实习医生。

2010年4月，因医院工作需要，经院长办公会议研究决定撤销推拿科，人员和设备合并于针灸科，原推拿科主任孙其斌任针灸科技术指导。

疼痛科

2009年6月，医院成立疼痛科，科室有两名工作人员，谢朝晖任科室副主任。配置了神经丛刺激器、射频温控热凝器等疼痛诊疗设备，开展疼痛专科技术，应用脊神经及交感神经阻滞技术治疗慢性疼痛病人，开展微创神经介入镇痛术、微创神经射频消融术、病变区域靶向注射或连续输注技术，用于治疗顽固性疑难性疼痛疾病，特别对神经病理性疼痛的治疗，椎间盘突出症，包括腰椎手术后疼痛综合征、三叉神经痛、带状疱疹后遗神经痛、顽固性腰腿痛等，均取得了良好的临床疗效。2009年10月，在中国镇痛周期间进行了疼痛义诊活动。全年科室人员共发表学术论文2篇，其中国家级1篇、省级1篇。

2010年，继续开展疼痛专科技术。完善并严格执行各项工作制度和职责。2010年6月中华中医药学会疼痛分会成立，谢朝晖当选为常务委员。2010年11月甘肃省疼痛学会筹备成立，谢朝晖成为筹备专家组成员。全年科室人员共发表国家级学术论文2篇。

离退休专家门诊

2008年,全年诊治病人20637人次,较上一年增长了10.06%。门诊由王自立、贾正中、吴亮、姚树国、刘景邦、李泉云、席书贤、毕学恭8位专家坐诊。

2009年,全年诊治病人17594人次。3月增加了妇科专家黄腾辉、风湿科专家张延昌。退休专家门诊由王自立、贾正中、吴亮、姚树国、李泉云、席书贤、毕学恭、黄腾辉、张延昌9位专家坐诊。

2010年,全年诊治病人19734人次,较上一年增长了12.16%。8月增加了骨科专家燕中,9月增加了消化科名中医廖志峰,10月增加了老年病科名中医刘国安。退休专家门诊由王自立、刘国安、廖志峰、贾正中、吴亮、姚树国、李泉云、席书贤、毕学恭、黄腾辉、张延昌、燕中12位专家坐诊。

心理咨询门诊

2008年,全年门诊量共计467人次,院内会诊16人次。分别引进心理咨询提问技术、危机干预技术、个案督导技术、中澳心理危机干预医疗队长领导技术、人际关系精神分析技术,并应用于临床。参加甘肃省心理救援工作队,奔赴灾区进行"5·12"汶川大地震心理援助工作。周云霞荣获卫生部、总后勤部、国家中医药管理局和国家食品药品监督管理局联合授予的"抗震救灾医药卫生先进个人"称号。

2009年,全年门诊量共计431人次,院内会诊21人次。周云霞外出学习日本协力机构举办的地震灾区心理重建技术。

2010年,全年门诊量共计314人次,院内会诊13人次。周云霞外出学习灾后儿童心理保护技术,完成"玉树地震"和"舟曲泥石流"灾后心理援助工作,参加"中央转移支付地震灾区连续三年心理援助项目"实施工作,并赴陇南等8县开展培训、治疗工作。2010年10月,周云霞被卫生厅派往台湾八里疗养院医护师培训班学习。全年发表学术论文2篇,其中国家级1篇、省级1篇。

急诊骨科

2010年6月18日建制，隶属于急诊科护理部，设观察床8张。12月，创伤骨一科副主任董林调入任科室副主任并主持工作，脊柱骨二科田继东、创伤骨一科魏国俊和邢涛调入科室工作。

王自立名医工作室

2010年1月，王自立名医工作室成立，王煜调入作为专职工作人员，配备靳锋、田旭东、张参军、张竹君等4人为兼职工作人员。全年完成普通门诊4000人次，特约门诊1500人次，特需门诊500人次。工作室被国家中医药管理局确定为“国家名老中医药专家传承工作室建设项目”并予以资助。作为编委会主任，全年处理《甘肃中医》稿件500余篇。王煜全年记录并整理王自立医案资料近50万字，为今后挖掘名老中医学术思想保留了珍贵的资料。全年发表国家级论文1篇，出版专著1部，《病毒性疾病中医诊疗全书》获2010年度“中华中医药学会学术著作三等奖”，王自立获“全省离退休干部先进个人”。

廖志峰名医工作室

2010年9月，廖志峰名医工作室成立，廖挺调入作为专职工作人员，配备田旭东、卢雨蓓、展锐、李生财、陈世旺、武正权等6人为兼职工作人员，制定了职责及管理办法。

甘肃省中医院城关门诊部（陇上名医馆）

2009年10月9日，张敏思任城关门诊部（陇上名医馆）主任，邢福军为城关门诊部（陇上名医馆）副主任。

甘肃省中医院省委门诊部(陇上名医馆)

根据医院业务发展需要,经2010年6月18日院长办公会议决定,成立甘肃省中医院省委门诊部(陇上名医馆)。

甘肃省中医院年鉴2008—2010

THE YEARBOOK OF GANSU PROVINCE HOSPITAL OF TRADITIONAL CHINESE MEDICINE 2008-2010

临床工作

临床机构设置图

2008年临床机构设置图

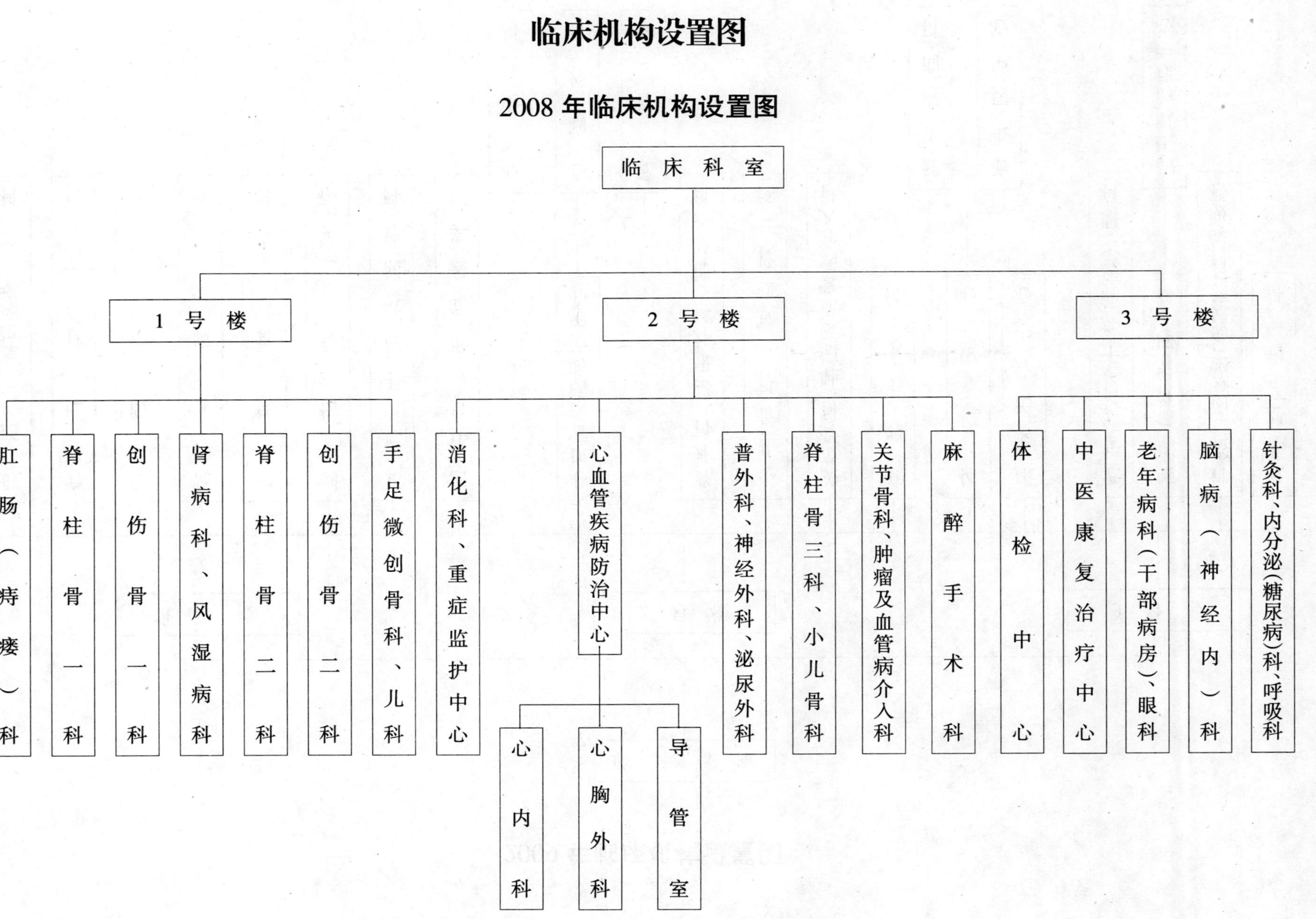

2009 年临床机构设置图

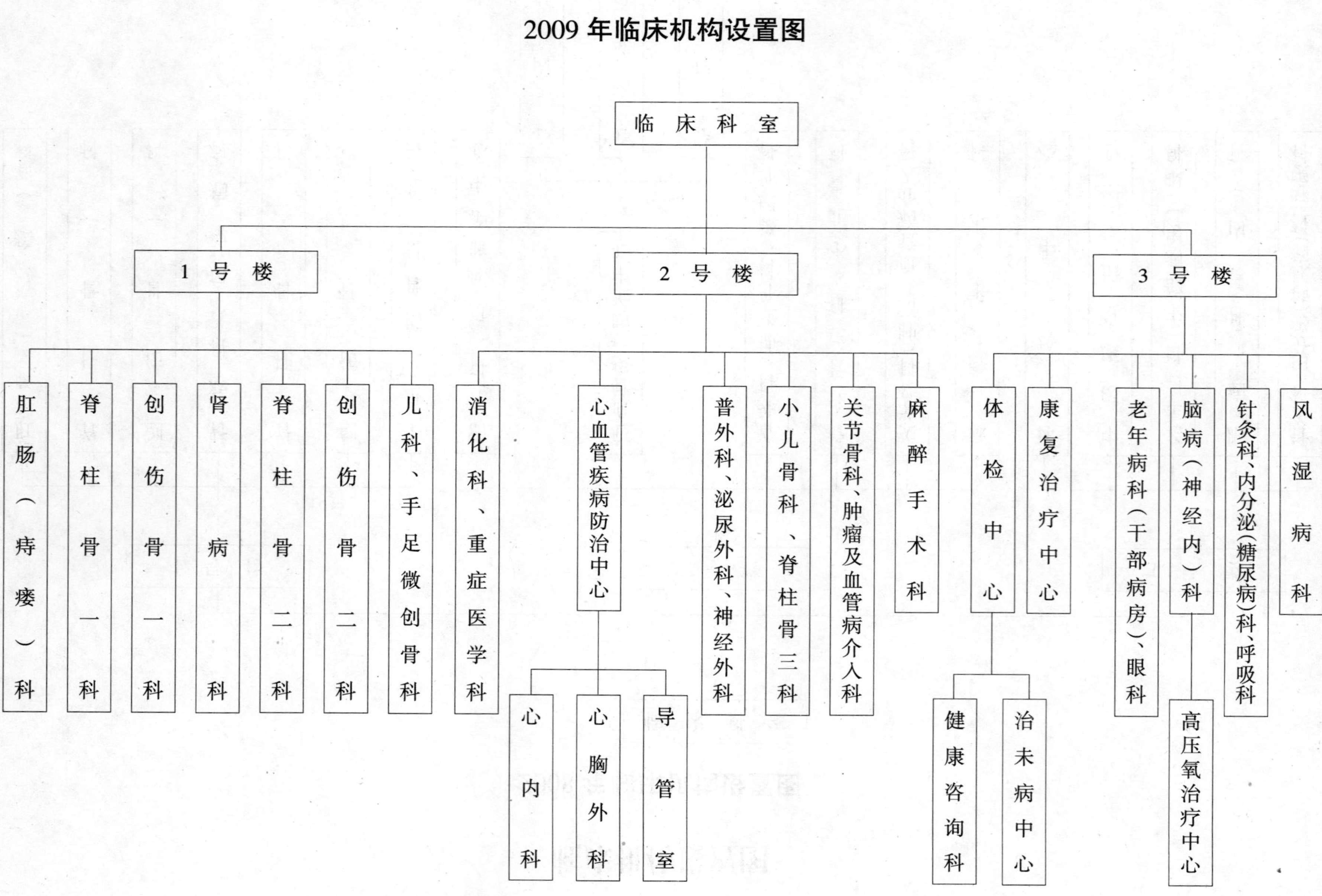

2010年临床机构设置图

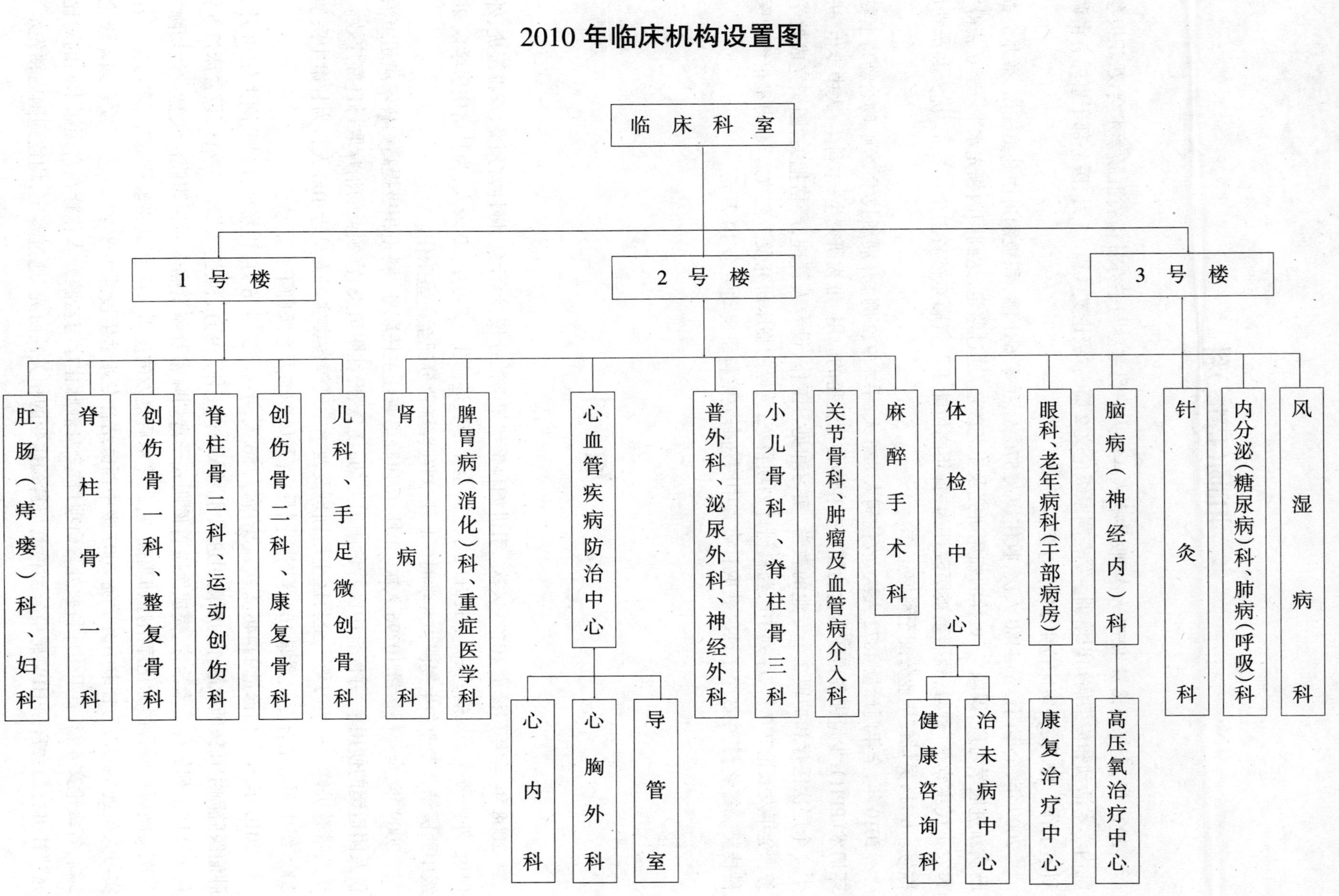

肛肠(痔瘘)科

2008年,全年门诊量4277人次,收住病人441人。科室参与举办甘肃省肛肠学术会议,积极参加院内学术活动和传染病知识培训。发表国家级论文2篇、省级论文4篇。3月,医务部干事郭有雷调入科室工作。12月,科室床位由21张增至24张。

2009年,全年门诊量4480人次,收住病人576人,手术681例。积极购进中药熏洗仪,举办全省肛肠病新进展学习班,课题"三黄栓的临床研究及工艺改造"通过鉴定,达到国内领先水平。李立获得"优秀农工民主党员"称号,甄熙奎被医院评为"青年岗位能手",贺彩东被省卫生厅授予"优秀共产党员"称号。6月,吴世铖毕业分配至科室工作。

2010年,全年门诊量4872人次,收住病人826人,手术922例。开展新技术2项:吻合器痔上黏膜环切术(PPH);少量钡餐胃肠传输功能检查在慢传输便秘的应用。带教研究生、本科生、大中专生、进修生4个层次医疗和护理2个专业的教学、实习和见习工作,设专人管理,严格把关,圆满完成教学任务。全年发表论文7篇,厅列中医药科研计划项目"三黄栓的临床研究及工艺改造"获得皇甫谧中医药科技奖二等奖,其中3个子课题获取甘肃省中医药研究院科研启动资金10万元。

妇 科

2008年,全年门诊量10173人次。引进妇科聚焦超声治疗仪,治疗急、慢性宫颈炎、病毒湿疣、外阴白斑、外阴瘙痒等疾病,取得了良好的疗效。全年带教进修生、实习生60余人,为甘肃中医学院2005级中西医结合专业学生授课108学时。1月,刘迎萍毕业分配至科室工作。

2009年,全年门诊量10296人次。3月,由唐晓勇兼任主任职务。科室积极提高妇科聚焦超声治疗仪及阴道镜的使用率,并配合中医特色阴道上药,使急、慢性阴道炎、宫颈炎的治疗取得良好疗效。全年共带教进修生、实习生、全科医生培训班及西学中班等各类实习人员近100人,为甘肃中医学院2006级中西医结合专业授课108学时。同月,许彩凤参加万名医师下乡活动。

2010年,全年门诊量11446人次,收治病人56人,手术23例。6月,许彩凤任科室副主任。8月,省肿瘤医院副主任医师杜敏作为医院引进人才调入妇科工作。9月,科室归入十一病区,设置床位5张。科室开展系列妇科手术治疗,完成医院首例阴式子宫切除术及卵巢癌术后后腹膜巨大复发灶切除术;首次实施腹腔联合静脉化疗治疗卵巢癌、宫颈癌术后复发的患者。全年共带教进修生、实习生等各类实习人员近70人,为甘肃中医学院2007级中西医结合专业学生授课108学时。全年发表国家级论文2篇,省级论文4篇,省卫生厅科教处科研项目"全身静脉化疗与盆腔介入化疗在宫颈癌术前的对比研究""甘肃省妇女宫颈HPV感染分型检测与宫颈病变的相关性研究"通过鉴定,均达到国内领先水平。

4月，王磊赴上海进修；12月，杜敏任科室副主任并主持工作。

脊柱骨一科

2008年，全年门诊量4963人次，收治病人724人，手术329例。开展新技术2项：颈椎前后路联合切口内固定治疗颈椎滑脱；骶2-3骨巨细胞瘤病灶清除灭活、骨水泥填充术。参加院内外培训共18人次，收到锦旗7面，感谢信27封。全年发表论文6篇，出版专著《骨伤疾病内外治法》1部。

2009年，全年门诊量5377人次，收治病人831人，手术430例。开展复杂脊柱矫形、颈椎前后路一期手术等新技术、新业务，新增自动腰椎牵引床、半身中药气疗熏蒸仪、微波治疗仪等设备。配合其他骨科共同申报甘肃省骨伤科临床医学中心。带教4名研究生学习，接收61名实习医生，完成教学任务。全年发表学术论文1篇，参编专著2部，省科技厅科学事业费项目“十宝散对开放性软组织损伤兔的碱性成纤维细胞生长因子(b-FGF)及其转化生长因子b1(TGF-b1)表达的影响”获甘肃省皇甫谧中医药科技奖二等奖。9月，科室床位由35张增至38张。

2010年，全年门诊量6965人次，收治病人1041人，手术498例。开展新技术、新业务2项，发表论文6篇，兰州市科技局项目“椎间盘镜微创技术治疗腰椎间盘突出症的临床规范化研究”立项、甘肃省中医药管理局中医药项目“玉红膏对开放性软组织损伤兔的b-FGF及其TGF-b1表达的影响”、兰州市科技局项目“消定膏治疗急性软组织损伤的临床研究”通过鉴定，均达到国内领先水平。全年带教见习、实习、进修生64人次。12月，副主任李红专和医师王玉泉、史文宇调离科室，脊柱骨二科医师张绍文、脊柱骨三科医师温剑涛调入科室工作，科室医师尤从新经竞聘上岗为科室副主任。

创伤骨一科

2008年，全年门诊量20799人次，收住病人962人，手术526例。开展新技术、新业务4项：切开复位髋动力锁定钢板内固定术治疗股骨粗隆间骨折；切开复位记忆合金接骨板内固定术治疗肋骨骨折；颈椎间盘切除cage融合术；腰椎间盘切除cage融合术。发表国家级论文5篇、省级论文1篇，出版专著1部，厅列中医药科研课题“中药银杏叶提取物联合腺病毒介导NT-3基因的神经干细胞移植治疗急性脊髓损伤的实验研究”立项。4月，张磊赴古浪参加万名医师下乡活动。

2009年，全年门诊量21526人次，收住病人958人，手术496例。开展新技术3项：记忆合金环抱器治疗肋骨骨折；颈椎骨折脱位行后路侧块钉棒系统复位固定；颈椎后路侧块钉棒固定治疗黄韧带骨化。全年发表国家级论文5篇、省级论文1篇，参编专著1部。甘肃省中医药管理局中医药项目“骨刺消巴布剂的研究开发与应用”通过鉴定，达到国内先进水平。3月，张小岗赴宁县参加万名医师下乡活动。6月，张磊调离科室，张堃毕业分配至科室工作。9月，科室床位由50张增至53张。

2010年，全年门诊量11818人次，收住病人899人，手术544例。开展新技术：闭合复位外固定架固定术治疗耻骨上下支骨折分离移位。在玉树地震、舟曲泥石流、成县泥石流发生后，抽调业务骨干积极救灾。全年发表国家级论文2篇，甘肃省中医药管理局项目“佛手通瘀汤预防髋关节置换术后下肢深静脉血栓形成的临床研究”、兰州市科技局项目“手法配合机械牵引中药热敷治疗腰腿痛临床研究”立项。12月，科室床位由53张减至33张，副主任董林和医师陈杰、魏国俊、邢涛调离科室，神经外科医师南学彦调入科室工作，创伤骨二科医师刘红喜经竞聘上岗为科室副主任。

整复骨科

2010年12月3日，整复骨科成立，隶属于三病区，设置床位20张，配备医生4名，脊柱骨一科副主任李红专调入任科室副主任并主持工作，脊柱骨二科医师张彦军、手足微创骨科医师王亚伟、关节骨科医师周明旺调入科室工作。截至12月31日收治病人24人。

脊柱骨二科

2008年，全年门诊量4948人次，收治病人755人，手术290例。开展新技术4项：自制C形椎管内复位器治疗胸腰椎骨折的后路手术；腰椎滑脱症、腰椎不稳症椎间融合技术；腰椎结核的一期植骨内固定手术；股骨远端肿瘤大端切除、人工假体置换术。完成甘肃中医学院2004级临床带教任务。省科技支撑计划项目“杜仲腰痛丸治疗职业性腰背痛的临床研究及毒理学研究”立项；省科技厅攻关项目“经皮激光汽化减压配合手法调衡治疗腰椎间盘突出症的临床及实验研究”通过鉴定，达到国内领先水平；甘肃省科学事业费项目“杜仲腰痛丸治疗腰椎间盘突出症的临床实验研究”获得兰州市科技进步奖二等奖。全年发表论文7篇。3月，邓强参加万名医师下乡活动；5月，赵军、李红专分别参加了汶川地震志愿者服务和抗震抢险救灾工作。11月，赵继荣获“全国第二届百名杰出青年中医”荣誉称号。

2009年，全年门诊量6085人次，收治病人839人，手术400例。发表论文6篇，出版专著2部，省技术研究与开发专项计划项目 “陇中Ⅰ号-汽雾透皮疗法对膝关节炎相关因子及临床疗效的研究”通过鉴定，达到国内领先水平。省科技厅科学事业费项目“杜仲腰痛丸治疗腰椎间盘突出症的临床实验研究”获甘肃省科技进步奖三等奖。6月，主任赵继荣、副主任邓强调离科室，小儿骨科主任赵道洲调入任科室主任，创伤骨一科医师张磊调入科室工作，小儿骨科医师王想福经竞聘上岗为科室副主任。同月，吴锦秋毕业分配至科室工作。9月，科室床位由50张增至53张。

2010年，全年门诊量6652人次，收治病人955人，手术519例。开展新技术3项：脊柱侧凸位胸前路矫形术；Ilizorov技术治疗骨折术后骨不连；外伤后骺板骨桥形成切除术。全年发表论文7篇，其中国家级4篇、省级3篇。省自然科学研究基金计划“脊髓损伤后神经细胞凋亡相关抑制蛋白表达的实验研究”、甘肃省中医药管理局项目“桡骨远端骨折电子智能夹板的临床开发研究”、兰州市科技局项目

"激素性股骨头坏死三种造模方法的比较研究"立项。7月，张彦军毕业分配至科室工作。12月，科室床位由53张调整为38张，张绍文、吴锦秋、张彦军调离科室，手足微创骨科医师王兴盛调入科室工作。

运动创伤科

2010年6月18日，科室成立，隶属于五病区，暂时未设置床位。12月，设置床位15张，配备医生4名，小儿骨科副主任李玉吉调入任科室副主任并主持工作，脊柱骨二科医师吴锦秋、关节骨科医师赵振文、创伤骨二科医师孔令俊调入科室工作。截至12月31日收治病人13人。

创伤骨二科

2008年，全年门诊量6412人次，收治病人768人，手术456例。开展新技术、新业务4项：关节镜直视下行交叉韧带重建；再造腓骨、踝关节重建术；发育性髋脱位及其他复杂髋关节返修术；浮膝及其他复杂骨折的治疗，治疗手段突出中医特色。7月，主任燕中退休，副主任冯康虎主持工作。全年发表论文8篇，出版专著3部。厅列中医药科研课题"中药银杏叶提取物联合腺病毒介导NT–3基因的神经干细胞移植治疗急性脊髓损伤的实验研究"立项。3月，田继东参加万名医师下乡活动。

2009年，全年门诊量5854人次，收治病人772人，手术455例。开展新技术、新业务3项：多发性骨折的中西医一期治疗；GUSTILO二、三型开放骨折的分期治疗；单一切口前后入路解决髋关节脱位伴髋臼、股骨头骨折。发表国家级论文6篇，省级论文2篇。3月，刘红喜赴永靖参加万名医师下乡活动。6月，副主任冯康虎经竞聘上岗为科室主任，关节骨科医师宫玉锁经竞聘上岗为科室副主任，孔令俊调离科室。9月，科室床位由50张增至53张。

2010年，全年门诊量7180人次，收住病人906人，手术594例。开展新技术、新业务9项：交叉韧带微创重建术；单一切口腓骨后外侧入路治疗胫腓骨骨折；多发痛风骨破坏大块髂骨重建跖趾关节、足多跗骨融合；僵直膝伴重度膝内翻内侧植骨矫形全膝关节置换；8年锁骨骨折不愈合植骨锁定钢板固定；单一切口解决胫骨平台后外侧、前外侧骨折双足剥脱伤一期皮片回植配合负压真空吸引装置（VSD）；脊柱结核巨大脓肿伴后突侧弯畸形360°截骨矫形内固定；双侧桡骨远端粉碎性骨折中医手法复位外固定架固定；喙肩韧带重建修复肩锁关节陈旧性脱位。全年发表论文4篇。7月，王久夏毕业分配至科室工作。9月，张文贤赴天津中医药大学攻读博士学位。12月，科室床位由53张调整为38张，刘红喜、田继东调离科室。

康复骨科

2010年6月，康复骨科重新设立，隶属于六病区。12月，设置床位15张，配备医生5名，脊柱骨三科副主任鄢卫平调入任科室副主任并主持工作，脊柱骨一科医师王玉泉、创伤骨一科医师陈杰、脊柱骨三科医师牛喜信、神经外科医师柳直调入科室工作，截至年底收治病人15人。

儿　科

2008年，全年门诊量5561人次，收治病人221人。全科参与“三鹿奶粉事件”的筛查与诊治工作，参加省卫生厅组织的手足口病的培训学习，加强门诊预防工作。厅列中医药科研课题“射贝止咳液对小儿变异性哮喘免疫调节作用的研究”立项。石宗珂赴成都参加第四届全国儿科临床热点问题学术研讨会暨儿科急重症新进展培训班。秦雪峰赴北京参加全国儿科临床暨危重症新技术提高班。

2009年，全年门诊量8897人次，收治病人282人。承担中西医结合儿科教学90学时，带教本、专科实习生86人次。6月，沈玉鹏调离科室，科室医师原睿经竞聘上岗为科室副主任，杨志华、韩娟毕业分配至科室工作。

2010年，全年门诊量10873人次，收治病人406人。科室荣获“百日安全活动”先进集体称号。带教本、专科实习生64人次。全年发表论文4篇。4月，秦雪峰调离医院。7月，周黎黎毕业分配至科室工作。

手足微创骨科

2008年，全年门诊量5465人次，收治病人475人，手术292例。全年开展新技术2项：股前外侧皮瓣修复足巨大软组织缺损；肱骨干骨折并发肱动脉断裂大隐静脉移植的显微外科修复。成功救治1例踝关节离断伤患者，取得良好的社会效益。全年收到锦旗5面、感谢信4封。兰州市科技计划项目“微孔钛复合接骨板的研制”立项。1月，蒋振兴、宋渊毕业分配至科室工作，3月，王亚伟赴浙江温岭医院手外科进修。4月，科室新购置手术显微镜一台。12月，科室从2号楼一楼搬迁至1号楼七楼，隶属于七病区，床位由27张增至43张。

2009年，全年门诊量6298人次，收治病人607人，手术678例。确立了掌骨骨折、指骨骨折、肌腱损伤的中医诊疗规范，全年共收治此类病人245人，取得了良好的治疗效果。全年带教实习医生60余人次。6月，王兴盛毕业分配至科室工作，8月，李岩赴江苏无锡手外科医院学习，9月，宋渊赴天津中医药大学攻读博士研究生学位。

2010年，全年门诊量8755人次，收治病人866人，手术581例。先后完成了医院首例足背动脉转移皮瓣修复足趾部坏死组织、足背动脉转移皮瓣修复足外踝部组织缺损、腓肠肌营养皮瓣修复外踝部组织缺损等高难度手术，使我院手足创伤性损伤、开放骨折及组织缺损、先天畸形等疾患的诊治达到省内先进水平。同时，科室积极为医院相关科室提供技术协作，有效解决了骨科术后组织坏死、缺损、骨外露及内固定外露等棘手问题。全年带教实习、进修人员60余人次。全年发表论文4篇，甘肃省中医药管理局项目“麝香治疗兔软组织缺损、感染创面的实验研究”、院级课题“中药消定膏配合损伤散治疗骨坏死的临床疗效观察”立项。4月，青海玉树地震发生后，张亚维参加医院玉树抗震救灾医疗队赴灾区开展伤员救治工作。7月，张玉昌毕业分配至科室工作，8月，蒋振兴赴山东省省立医院手外科进修。12月，王兴盛、王亚伟调离科室。

肾病科

2008年，全年门诊量7466人次，收治病人249人，血液透析985人次，结肠透析651人次。开展具有专科特色的新技术，在血液透析中开展透析滤过；总结经验方，新制剂肾炎胶囊、尿感合剂投入临床使用；引进结肠治疗机。厅列中医药科研课题“益气化湿胶囊对慢性肾功能不全继发高尿酸血症的影响”立项，在全国性学术会议上交流论文2篇。1月，徐进毕业分配至科室工作。

2009年，全年门诊量6836人次，收治病人305人，血液透析350人次。在血液透析中开展无肝素透析及单超、血液灌流，对肾功能不全病人进行结肠透析及中药双肾区透射治疗。全年共带教进修、实习学生130人次。发表论文3篇，会议交流论文10篇，外派进修1人。6月，丁文君毕业分配至科室工作。9月，科室床位由25张增至26张。

2010年，全年门诊量7302人次，收治病人393人，血液透析1421人次。全年发表论文9篇，甘肃省中医药管理局中医药项目“益气化湿胶囊对慢性肾功能不全继发高尿酸血症的影响”通过鉴定，达到国内领先水平。9月，科室从1号楼四楼搬至2号楼一楼。10月，聘任王自立为科室业务技术指导。

脾胃病(消化)科

2008年，全年门诊量19894人次，收治病人564人，胃镜1240次，肠镜425次。全年开展各项特色治疗项目300余例，逐步形成规模。举办国家级继续教育项目1项；举办全国性学术会议1次。参加国家级培训4人次，国家级会议6人次，短期进修1人。全年发表国家级论文2篇、省级论文2篇。厅列中医药科研课题“健胃止泻胶囊配溃结合剂灌肠对溃疡性结肠炎溃疡修复及肠表皮生长因子的影响”

立项。1月,武正权毕业分配至科室工作。12月,科室床位由35张增至45张。

2009年,全年门诊量20385人次,收治病人716人,胃镜1981次,肠镜603次。通过了国家中医药管理局“十一五”重点专科中期评估。开展了全国重点专科建设单位重点病种协作临床验证工作。与外科联合开展首例腹腔内内镜探查术;开展APC镜下治疗技术。参加全国、全省学术会议12人次。发表论文2篇,全国会议交流论文6篇,省级会议交流论文2篇。博士科研启动基金项目“强肝抗纤胶囊防治肝硬化的机制研究”立项。9月,科室床位由45张减至40张。

2010年,全年门诊量19355人次,收治病人902人,胃镜2744次,肠镜824次。全年开展新技术2项:应用成人内窥镜对小儿患者的治疗和应用;电子胃镜下高龄食管癌患者扩张并食管支架植入术。全年发表省级论文3篇。甘肃省中医药管理局项目“强肝抗纤胶囊防治肝纤维化的机制研究”立项,甘肃省科技攻关项目“消臌饮治疗肝硬化低蛋白血症的临床观察及急性毒性研究”通过鉴定,达到国内领先水平。8月,科室名称由消化科更名为脾胃病(消化)科。8月底,廖志峰退休,不再担任科室主任职务,副主任田旭东主持工作。10月,医院聘廖志峰为科室业务技术指导。12月,田旭东任科室主任。

重症医学科

2008年,全年监护病人1061人次。积极配合新建科室专科业务的开展,实施了持续膀胱冲洗,介入下的溶栓、动脉、静脉鞘管护理,高Ca^{2+}血症的透析治疗,肤创宁治疗褥疮患者的临床观察,开展了PICC置管技术,均取得较好的效果。在全院临床医师急救技能大赛中,科室荣获团体二等奖,姚双吉、薛海霞获“急救技术能手”的荣誉称号。全年发表论文2篇。1月,普丽毕业分配至科室工作。

2009年,全年监护病人992人次,抢救危重病人350人次。积极配合医院做好甲型H1N1危重症患者的收住、诊断及抢救工作。全年发表论文3篇,其中国家级2篇、省级1篇。6月,陈磊毕业分配至科室工作。8月,科室名称由重症监护中心更名为重症医学科。10月,张敏思调离科室,心内科医师脱承德调入并被任命为科室副主任主持工作。

2010年,全年监护病人1088人次,完成700人围术期的复苏、监护治疗工作,成功抢救ARDS、DIC、MODS、急重症胰腺炎、重症颅脑损伤、多发伤、心肺复苏等各种危重病患者。全年发表国家级论文2篇。9月,薛海霞赴首都医科大学附属北京朝阳医院进修。

心血管疾病防治中心

2008年,全年门诊量3138人次,收治病人697人,手术463例。开展新技术9项:心脏三维立体标测下(Carto)房颤射频消融术;快速心律失常的导管消融术;缓慢心律失常的临时性/永久性心脏起搏器植入术；冠状动脉造影术/经皮冠状动脉介入(PCI)；低温体外循环技术；先天性心脏病矫治术/根治术；冠状动脉搭桥术；主动脉夹层腔内隔绝术；先天性心脏病介入封堵术。厅列中医药科研课题“芪乌调脂颗粒治疗家族性高甘油三酯血症的有效性研究”立项。1月，杨莉毕业分配至心内科工作，孟庆鑫毕业分配至心胸外科工作。3月至6月，作为“胡大一爱心工程”协作单位，与靖远县政府、县卫生局合作，开展了“胡大一爱心工程”——先天性心脏病普查工作，免费筛查靖远县18个行政乡中小学生9万余人，筛查出先天性心脏病患者190人，并签订了就诊协议，完成手术90余例。12月，科室床位由50张增至53张。

2009年，全年门诊量3755人次，收治病人789人，手术476例。全年共发表省级论文6篇，出版专著《心脏外科医生临床实践》1部。博士科研启动基金项目“芪乌调脂颗粒防治冠状动脉粥样硬化斑块的实验研究”立项，甘肃省中医药管理局中医药项目科研“芪乌调脂颗粒治疗家族性高甘油三酯血症的有效性研究”、自选项目“甘肃省靖远县中小学生先天性心脏病调查及治疗”通过鉴定，分别达到国内先进和领先水平。3月，科室床位由53张减至47张。6月，李永忠毕业分配至心胸外科工作。

2010年，全年门诊量5285人次，收治病人1066人，手术474例。开展新技术、新业务10项：射频消融治疗非器质性心脏病室性心律失常；经静脉植入植入型体内自动除颤器(ICD)治疗小儿brugada综合征；经皮冠状动脉介入(PCI)治疗无保护左室干病变；温血灌注心肌保护体外循环技术；停循环体外循环技术下心脏手术；深低温心肌保护体外循环技术；胸腔镜下肺部球形病灶切除术；股动脉血管吻合术；深低温心肌保护体外循环技术下先心病动脉导管未闭修补术；体外循环直视下左房巨大黏液瘤切除术。带教甘肃省卫生厅“甘霖计划”学员1人，承担内科学本科生教学工作，完成甘肃中医学院本科生实习、见习以及专科生见习任务。全年发表论文11篇，完成“柏子养心片”药物临床试验1项。7月，秦立军毕业分配至心内科工作。

普外科

2008年，全年门诊量2801人次，收治病人413人，手术271例。开展了标准化的门静脉高压的断流手术与改良的胆管-空肠Rouxen-y手术。全年发表论文1篇。3月，王学军参加万名医师下乡活动。7月，医院聘任兰大二院退休专家李徐生为科室名誉主任，何国华赴北京301医院肝胆外科进修。11月，巫资明调入科室工作。12月，科室床位由25张增至35张。

2009年，全年门诊量2754人次，收治病人559人，手术384例。开展新技术：腹腔镜结肠癌根治术；局麻下无张力疝修补术；胰十二指肠镜。科室承办了2009年全省普外科年会，被授牌为甘肃省腹腔镜培训基地。省自然科学研究基金计划项目“茴香枳术汤对大鼠粘连性肠梗阻的实验研究”立项。8月，汪佳明调入科室工作；王学军赴广州暨南大学附属医院进修学习腹腔镜技术；杨维建赴南京军区总医院学习肠内外营养技术。9月，科室床位由35张减至25张。

2010年，全年门诊量3183人次，收治病人669人，手术465例。开展新技术、新业务：左半肝癌切除术；“三镜”联合胆道一期缝合治疗梗阻性黄疸胆总管结石；硬膜前间隙修补术；先天性下肢肌间静脉扩张联合超声闭合术;腹腔镜肝脏手术;腹腔镜辅助下远端胃癌根治术;胃空肠 Rouxen-y 吻合术;腹腔镜下右侧甲状腺次全切;左侧甲状腺瘤摘除术。全年发表论文 8 篇。甘肃省中医药管理局项目“健胃清肠合剂在肠道准备的临床及实验研究”立项,省自然基金计划项目“茴香枳术汤对大鼠粘连性肠梗阻的实验研究”通过鉴定,达到国内领先水平。

神经外科

2008 年,全年门诊量 2068 人次,收治病人 292 人,手术 90 例。开展新技术、新业务 4 项:脊髓栓系综合征的手术治疗;脑室腹腔分流术;后颅窝肿瘤切除术;小脑扁桃体下疝畸形后颅窝扩大减压成形术。全年发表省级论文 2 篇。省科技厅科学事业费科研“姿态调衡法治疗腰椎间盘突出症临床观察”通过鉴定,达到国内领先水平,并获甘肃省皇甫谧医学三等奖。8 月,医院聘省人民医院退休专家罗克政为科室名誉主任。张崇岳同志被评为省级抗震救灾先进个人。12 月,科室床位由 16 张增至 20 张。

2009 年,全年门诊量 2048 人次,收治病人 281 人,手术 71 例。新开展脊髓脊膜膨出的手术治疗。完成临床教学部分配的教学及临床实习带教任务。发表论文 2 篇。9 月,科室床位由 20 张减至 16 张。

2010 年,全年门诊量 3285 人次,收治病人 318 人,手术 67 例。开展新技术 2 项:7 个月患儿胸背部巨大脊膜膨出的手术治疗;标准大骨瓣减压血肿清除抢救重度颅脑损伤病人。全年在国家及省级刊物发表论文 4 篇。12 月,南学彦、柳直调离科室。

泌尿外科

2008 年,全年门诊量 1781 人次,收治病人 212 人,手术 105 例。

2009 年,全年门诊量 2211 人次,收治病人 219 人,手术 105 例,门诊膀胱镜 160 例。6 月,赵永强经竞聘上岗为科室主任,贾云鹏毕业分配至科室工作。2 年来,开展新业务、新技术 3 项:腹腔镜肾囊肿开窗去顶术;巨大肾癌根治术;经尿道膀胱肿瘤电切术。科室与北京解放军 301 医院建立了稳固的合作关系,开展了远程会诊及治疗。张建平在甘肃省急救大赛中荣获个人一等奖。赵永强参编《中医老年保健与养生》专著 1 部。

2010 年,全年门诊量 2192 人次,收治病人 277 人,手术 154 例。开展新技术 6 项:膀胱镜下经尿道碎石术;腹腔镜精索静脉结扎术;经尿道前列腺撬拔术;经尿道前列腺等离子切除术;阴茎硬结症硬结切除阴茎成形术;钬激光治疗技术。全年发表论文 1 篇。4 月,贾云鹏赴美国研修。

脊柱骨三科

2008 年,全年门诊量 6642 人次,收治病人 689 人,手术 315 例。全年发表国家级论文 1 篇、省级论文 6 篇,出版专业论著 2 部。省自然科学基金“血管内皮生长因子促进损伤脊髓血管新生和神经元恢复的实验研究”立项、省科技厅攻关项目“带蒂筋膜脂肪瓣联合纤维蛋白封闭剂预防硬膜外瘢痕粘连的实验研究”、厅列中医药科研计划“环形钻开髓减压植入缝匠肌蒂髂骨栓并中药治疗股骨头缺血性坏死”通过鉴定,均达到国内领先水平。5 月,鄢卫平作为抗震救灾医疗队员奔赴灾区。7 月,刘忠不再担任科主任职务,副主任鄢卫平主持工作。10 月,鄢卫平被中共中央、国务院、中央军委授予“全国抗震救灾英雄模范”荣誉称号。12 月,科室床位由 35 张增至 40 张。

2009 年,全年门诊量 5869 人次,收治病人 716 人,手术 330 例。开展新技术、新业务 5 项:一期后路半椎体切除、内固定矫形,治疗半椎体所致先天性脊柱侧弯;全椎弓根螺钉三维矫形固定治疗青少年特发性脊柱侧弯; 带粗隆柄人工关节置换治疗超高龄患者不稳定型股骨粗隆间骨折; 前路钉板或(和)后路钉棒系统治疗颈椎爆裂骨折、颈椎脱位爆裂骨折、颈椎间盘突出症、颈椎病等所致全瘫痪或不全瘫痪;联合切口治疗胸腰段结核及爆裂骨折。引进智能化多功能脊椎牵引治疗床,结合中药、针灸、按摩等中医保守治疗颈椎病、椎间盘突出症、骨折不愈合、肌萎缩等疾病。全年发表论文 12 篇,其中国家级论文 4 篇、省级论文 8 篇,出版专著《颈腰椎病中西医结合治疗学》《颈椎外科学》2 部。省技术研究与开发专项计划项目“VEGF 在大鼠脊髓损伤后股骨骨痂形成过程中的表达”立项。6 月,副主任关永林经竞聘上岗为科室主任,鄢卫平为科室副主任。9 月,科室床位由 40 张减至 35 张。

2010 年,全年门诊量 6881 人次,收治病人 803 人,手术 416 例。开展新技术、新业务 2 项:全脊柱椎弓根螺钉技术治疗青少年重度特发性脊柱侧弯;经椎弓根“蛋壳技术”行骨肿瘤切除、灭活治疗腰椎体骨囊肿。省自然基金计划项目 “血管内皮生长因子促进损伤脊髓血管新生和神经元恢复的实验研究”通过鉴定,达到国内领先水平。全年发表论文 5 篇。12 月,鄢卫平、温剑涛、牛喜信调离科室,脊柱骨一科医师史文宇经竞聘上岗为科室副主任。

小儿骨科

2008 年,全年门诊量 6823 人次,收治病人 660 人,手术 482 例。12 月,床位由 30 张减至 29 张。

2009 年,全年门诊量 5840 人次,收治病人 615 人,手术 444 例。科室率先在西北开展弹性钉治疗儿童骨干骨折的临床应用,并熟练掌握操作技术,为儿童骨干骨折微创技术的开展提供了良好的前景;成功应用 Ilizarov 延长器治疗先天性胫骨假关节 2 例;治疗发育性髋关节脱位患儿共计 30 人次。

全年发表论文3篇。省科技厅科学事业费项目“可调式体位支架治疗三岁以下儿童发育性髋关节脱位的临床研究”通过鉴定，达到国内先进水平。甘肃省中医药管理局课题“消肿止痛合剂治疗下肢深静脉血栓的临床研究”立项。出版专著《骨性关节炎》《实用骨科临床检查与诊断技术》2部。2月，王华明参加万名医师下乡活动。6月，关节骨科医师李玉吉经竞聘上岗为科室副主任。9月，科室床位由29张增至30张。

2010年，全年门诊量5805人次，收治病人642人，手术458例。开展新技术：Ilizorov支架行股骨延长(8厘米)治疗。全年发表论文3篇。7月，陈世海毕业分配至科室工作。12月，科室医生裴生太经竞聘上岗为科室副主任，副主任李玉吉调离科室。

关节骨科

2008年，全年门诊量7341人次，收治病人750人，手术580例。12月，床位由48张增至50张。开展新技术9项：骨肉瘤综合保肢疗法；骨巨细胞瘤复发病理性骨折特制肿瘤假体置换；复杂人工髋关节置换术(甘肃省首例)；膝关节屈曲挛缩90°强直固定患者的人工膝关节置换(省内领先水平)；颈椎棘突纵割双开门椎管扩大成形术；双侧股骨头坏死同时行钽金属假体置换术；高交联聚乙烯-陶瓷头人工全髋关节置换术；重度腰椎滑脱行复位减压内固定及360°植骨融合术；复杂骨盆及髋臼骨折手术。全年发表论文4篇。课题“陇中损伤散对激素性股骨头坏死疗效与作用机制的实验研究”获2008年度皇甫谧中医药科技奖一等奖、甘肃省科技进步奖二等奖，科研课题“消肿止痛合剂防治全髋关节置换术后异位骨化的临床研究”通过鉴定，科研课题“神经根性颈椎病中医症型规范化研究与疗效评价及优化方案”立项。周明旺被评为全省卫生系统抗震救灾先进个人。宫玉锁结束在法进修学习回科室工作。

2009年，全年门诊量7802人次，收治病人887人，手术678例。全年各种类型髋、膝关节置换手术超过100例，新开展人工桡骨小头置换术、强直性脊柱炎双侧髋关节畸形并骨性僵直及髋关节结核行髋关节融合术后的复杂人工髋关节置换术、严重膝关节挛缩及外翻畸形的复杂人工膝关节置换术、髋关节翻修术以及膝关节镜下前交叉韧带重建术、经皮球囊扩张后凸成形术治疗严重骨质疏松性椎体压缩骨折等手术。全年发表论文5篇，出版专著2部。省自然科学研究基金计划“不同化瘀方法对骨髓间充质干细胞增殖、成骨分化、迁移影响的实验研究”、博士科研启动基金项目“藏药羌活鱼有效成分对骨髓间充质干细胞增殖及向成骨细胞分化与成骨能力影响的实验研究”立项。6月，宫玉锁调离科室，创伤骨一科医师孔令俊调入科室工作，叶丙霖毕业分配至科室工作。

2010年，全年门诊量9234人次，收治病人982人，手术739例。开展新技术2项：髋关节结核关节融合术后人工全髋关节置换术；人工全髋关节置换术后假体周围骨折使用wagnerSL人工全髋关节翻修术。全年发表论文9篇。甘肃省中医药管理局中医药项目“颈椎病中医证型规范化研究”“消肿止痛合剂预防人工髋关节置换术后异位骨化形成的临床研究”通过鉴定，均达到国内领先水平。7月，贾潇毕业分配至科室工作。9月，主办了继续教育项目“中西医结合骨科微创治疗新技术学习班”。12月，周明旺、赵振文、孔令俊调离科室。

肿瘤及血管病介入科

2008年,全年门诊量2119人次,收治病人134人。开展新技术2项:经皮经腔血管内支架置入术治疗腹主动脉瘤;血管内支架置入术加球囊扩张成形术治疗下肢动脉粥样硬化闭塞症。同时,积极与普外科、手足微创骨科、神经外科等相关科室合作,开展肿瘤外科术前行介入新辅助化疗、骨皮瓣移植术前行动脉造影血管评价、钻孔颅内血肿清除术前行脑血管造影评价、开放性骨折术前行血管造影诊断血管损伤等多项业务。此外,还与兰大二院神经外科合作,努力开展脑动脉瘤、动静脉畸形、椎动脉狭窄的介入治疗。全年发表论文9篇,出版专著1部。

2009年,全年门诊量1845人次,收治病人199人。开展新技术4项:椎体成形术;血管内支架置入术加球囊扩张成形术治疗糖尿病足;脾动脉破裂出血动脉栓塞术;十二指肠支架植入术。全年发表论文5篇,其中国家级2篇、省级3篇。出版论著《中医与介入治疗肿瘤学》1部。甘肃省中医药管理局中医药项目科研“化积止痛巴布剂穴贴配合中药内服对大鼠肝癌抑瘤作用的影响”通过鉴定,达到国内领先水平。厅列中医药科研课题“甘肃省七地区上消化道出血发病规律回顾性研究及流行病学调查”获2009年度甘肃省皇甫谧中医药科技奖二等奖。2月,兰州电机厂医院医师杜自忠作为医院引进人才调入科室。同月,王晨赴西安第四军医大学唐都医院介入科进修学习。6月,杜自忠经竞聘上岗为科室副主任。

2010年,全年门诊量1928人次,收治病人290人。全年开展新技术5项:外伤性脾破裂部分脾动脉套叠栓塞治疗;高频热疗治疗癌症;椎体成形术;上腔静脉滤器植入术;经皮选择颌动脉栓塞术治疗颌面部血管瘤。全年发表论文6篇。7月,李兴毕业分配至科室工作。

麻醉手术科

2008年,全年手术台次3855例。大力开展体外循环下心脏手术,积极进行麻醉学亚学科建设,开展急慢性疼痛诊疗工作,特别对于慢性顽固性疼痛、疑难疼痛、癌痛等应用微创神经介入镇痛术,临床效果良好。全年发表国家级论文7篇、省级论文1篇。厅列中医药科研课题“止血宁海绵减少手术出血的临床研究”通过鉴定,达到国内领先水平。1月,闫宁正式分配至科室工作。7月,市第一人民医院副主任医师薛建军调入科室工作。

2009年,全年手术台次4336例。配备麻醉机2台,引进第三代喉罩并在临床麻醉工作中开展应用。第三代喉罩置入非插管全身麻醉新技术工作的开展,为婴幼儿、老年高龄复合病症较多患者的手术提供了更高的安全保障。全年共发表国家级论文 12 篇、省级论文 6 篇。6 月，副主任谭萍经竞聘上岗为科室主任，医师王春爱、薛建军经竞聘上岗为科室副主任，贾桂敏不再担任科室主任职务。

2010 年，全年手术台次 5290 例。开展新技术、新业务 4 项：靶控输注(TCI)技术在脊柱手术中的应用；双有创监测技术在危重病人麻醉手术中的应用；等容性血液稀释技术联合控制性降压在脊柱手术中的应用；喉罩(LMA)技术在短小手术中的应用。全年发表国家级论文 12 篇、省级论文 6 篇。省自然科学研究基金计划项目"豆腐果苷对大鼠坐骨神经慢性压迫性模型脊髓背角神经元的影响"、省自然科学研究基金计划"参附注射液对老年大鼠心肌缺血再灌注损伤保护作用的实验研究"、院级课题"小剂量氯胺酮复合芬太尼术后镇痛对下肢关节置换术病人细胞免疫功能的影响"立项。4 月，刘志汉、王世太、谢圆和孙静波作为医院抗震救灾医疗队队员赴玉树开展医疗救援工作。同月，王春爱赴北京安贞医院进修学习心胸外科麻醉。

体检中心

2008 年，全年体检 5379 人次。4 月，完成体检中心的装修、搬迁。完善体检报告，力求体现中医防治、养生特点；防治建议人文化，增加化验数据的临床意义。同时外聘 B 超大夫一名。5 月，张小荣调离科室，吴全人调入科室工作。发表国家级论文 1 篇，科研立项 1 项。

2009 年，全年体检 5395 人次。开展中医体检项目，主要开展体质辨识、体质量表工作。全年发表论文 3 篇，其中国家级论文 1 篇、省级论文 2 篇。省技术研究与开发专项计划项目"敦煌医学中治未病思想对老年病防治的研究"立项。6 月，医院成立健康咨询科，挂靠体检中心管理，王玉珠兼任主任。在门诊成立健康咨询台，在体检中心成立健康咨询室，为前来就诊体检的患者进行健康咨询。8 月，医院成立治未病中心，挂靠体检中心，王玉珠兼任主任，陈国廉兼任副主任。

2010 年，全年体检 5570 人次。积极开展新业务，引进全自动全身健康信息扫描系统（鹰眼 DDFAO)进行健康评估。被确定为市医保干部健康体检单位，对协议体检单位开展健康知识宣讲。全年发表论文 1 篇。

眼 科

2008 年 2 月 28 日，科室从耳鼻喉科分离，单独建制，隶属于十四病区，张黎、王亦山、樊莹调入科室工作。3 月，刘永民被任命为科室副主任。4 月，在门诊开展白内障超声乳化术，截至年底收治病人 75 人。6 月，设病床 15 张，配备眼科诊疗设备，手术 140 例。

2009 年，全年门诊量 3992 人次，收治病人 385 人。开展斜弱视诊治及各类斜视手术，全年共完成白内障小切口超声乳化手术270例；各类斜视手术90例；青光眼复合式小梁切除术、翼状胬肉切除联合角膜缘干细胞移植术及眼外伤等手术86例。1月，市第一人民医院副主任医师慕明燕调入科室工作。4月，兰州电机厂医院苏莉调入科室工作。6月，慕明燕经竞聘上岗为科室副主任。10月，罗向霞赴北京同仁医院眼科进修青光眼专业。

2010年，全年门诊量4228人次，收治病人462人，手术456例。开展新技术、新业务11项：单纯视网膜脱离环扎+垫压+冷凝+放液术；眼内容物剜除+义眼台植入术；共同性外斜视矫正术；弱视治疗；虹膜夹特型人工晶体治疗无晶体眼；人工晶体移位手术治疗；青光眼小梁切除术；上睑下垂矫正术；角膜穿通伤(联合外伤性白内障)手术治疗；青光眼睫状体冷冻术；翼状胬肉切除+角膜缘干细胞移植术。甘肃省自然科学研究基金计划项目“虹膜固定型人工晶体在无晶体眼治疗中的临床研究”、省卫生行业科研计划项目“瞳孔缘环型切除在葡萄膜炎并发复杂性白内障手术治疗中的应用研究”立项。院内中医药研究院课题“局麻下共同性外斜视术中调整缝线手术术后漂移和眼位的研究”“益气健脾法治疗黄斑水肿”“白内障超声乳化联合房角分离术治疗白内障合并原发性闭角型青光眼的临床研究”立项。9月，罗向霞赴丹麦眼科医院学习。

老年病科(干部病房)

2008年，全年门诊量4180人次，收治病人508人。省科技支撑计划“中药复方通脑丸防治脑动脉硬化症临床及实验研究”项目立项。1月，孙涛毕业分配至科室工作。6月，科室病床由30张增至33张。12月，医院聘刘国安为科室技术指导，不再担任科室主任职务，副主任郦雅珺主持工作。

2009年，全年门诊量2957人次，收治病人546人。科室引进动态血糖监测结合原有胰岛素泵形成“双c”系统，引进心电图机、24小时动态心电图、动态血压监测、中心遥测监护仪等设备。开展新理疗项目中药浸渍足浴，治疗老年慢性病，并同时开发专病专证专方。举办省级中医药继续教育项目“中西医结合防治老年心脑血管疾病及老年保健高级研修班”。全年发表论文7篇，其中国家级5篇、省级2篇，出版专著《中医老年保健与养生》1部。甘肃省中医药管理局中医药项目“抑瘤栓经微导管肝动脉内注射栓塞作用的可行性研究”通过鉴定，达到国内领先水平。6月，副主任郦雅珺经竞聘上岗为科室主任，张华丽毕业分配至科室工作。

2010年，全年门诊量2838人次，收治病人663人。兰州市科技局项目“2型糖尿病中医证型的客观化研究”立项，厅列中医药科研计划项目“抑瘤栓经微导管肝动脉内注射栓塞作用的可行性研究”获甘肃省皇甫谧中医药科技奖三等奖。4月，康复治疗中心挂靠老年病科(干部病房)，不再独立设科。

康复治疗中心

2008年，全年诊疗量1088人次。创立安全无毒副作用的脏腑背腧排罐疗法，临床用于治疗失眠、疲劳综合征、哮喘缓解期等疾病。全年发表国家级论文2篇。厅列中医药科研课题"脏腑背腧排罐疗法治疗疲劳综合征临床研究"结题,达国内领先水平。

2009年,全年诊疗量1569人次。积极参与中华中医药学会牵头的"背部推拿程序"和"头面部按摩程序"的国标制订计划。获得中华中医药学会授予的"全国中医药康复保健优秀科室"称号。省中青年科技基金计划项目"脏腑背腧排罐疗法治疗缓解期支气管哮喘的临床研究"立项。陈国廉被中华中医药学会授予"全国优秀保健人才"称号,张普在甘肃省卫生厅举办的"全省针灸推拿技能大赛"中获得个人优秀奖。5月,科室由中医康复治疗中心更名为康复治疗中心。

2010年,全年诊疗量1232人次。陈国廉不再担任康复治疗中心副主任和干部保健处副主任(兼)职务,离院。

脑病(神经内)科

2008年,全年门诊量7462人次,收治病人757人。全年发表论文6篇。厅列中医药科研课题"中风膏对大鼠脑缺血再灌注损伤的保护作用及机制的研究"、厅列重点中医药科研课题"中风膏联合阿司匹林对脑梗死二级预防作用的临床研究"、厅列中医药项目"佛手定眩合剂治疗眩晕症的临床观察和实验研究"、兰州市科技局项目"中风膏对大鼠脑出血后脑组织IL-6、TNF-α及IL-1β的调节作用"立项,省教育厅科研项目"补脑膏治疗血管性痴呆的临床和实验研究"获甘肃省科技进步奖三等奖、甘肃省皇甫谧中医药科技奖二等奖,省科技厅科学事业费项目"佛手养心安神汤治疗神经衰弱症临床和实验研究"获甘肃省皇甫谧中医药科技奖三等奖。1月,邵亚、张谦毕业分配至科室工作。5月,张谦、刘晓霞赴南京脑科医院学习脑电图及脑电监护技术。6月,科室床位由38张增至70张。8月,被国家中医药管理局确定为"十一五"重点专科建设单位。同月,医院聘任裴正学教授为科室名誉主任。10月,邵亚赴湘雅医院参加小儿智测培训班。12月,科室床位由70张减至64张,李妍怡被聘为医院首席主任医师,并被评为院内名中医。

2009年,全年门诊量10379人次,收治病人957人。开展了神经介入治疗,并成功实施了省内首例锁骨下动脉狭窄血管内支架成形术。通过了国家中医药管理局组织的脑病重点专科建设单位中期考核。承担中专、大专、本科、研究生等不同层次临床教学工作,培养硕士研究生7名。举办甘肃省中西医结合脑病学习班。全年发表论文26篇,省技术研究与开发专项计划项目"甘肃省亚健康人群中医基本症候特征的流行病学研究""中分膏抗动脉粥样硬化作用及机制的实验研究",兰州市科技计划项目"补脑膏对大鼠脑缺血再灌注损伤的保护作用及机制的研究"、博士科研启动基金项目"补脑膏含药血清对pc12细胞缺氧损伤凋亡的影响"立项,甘肃省中医药管理局中医药项目"抑瘤栓经微导管肝动脉内注射栓塞作用的可行性研究"通过鉴定,达到国内领先水平。省科技厅攻关项目"中风膏对成年大鼠脑缺血后海马神经元再生的影响"获2009年度甘肃省皇甫谧中医药科技奖。6月,高压氧治疗中心挂靠科室管理,东红不再担任高压氧治疗中心副主任职务,调入科室工作。

2010年,全年门诊量10691人次,收治病人1168人。完成首例静脉窦血栓形成的介入治疗,首次诊断了基底动脉冗长症合并夹层动脉瘤破裂致蛛网膜下腔出血及硬脊膜动静脉瘘等少见脑、脊髓血管病变。培养硕士研究生4名，完成“甘霖计划”教学任务，带教临床实习医师80人。举办国家级继续教育项目1项。科室荣获“医疗安全百日活动”先进集体称号。全年发表论文10篇，省自然科学研究基金计划“大剂量岷当归配伍川芎抗大鼠脑缺血再灌注损伤炎症反应的机理研究”立项。7月，曹骅、王晓萍毕业分配至科室工作。8月，科室名称由神经内科(脑病科)更名为脑病(神经内)科。

针灸科

2008年，全年门诊量2816人次，收治病人339人。1月，袁涛、赵霞毕业分配至科室工作。12月，科室从1号楼七楼搬至3号楼七楼，隶属于十六病区，床位由22张增至40张。

2009年，全年门诊量2610人次，收治病人458人。全年发表论文5篇，出版论著2部。肖红赴马达加斯加参加援外医疗工作。6月，蒋花毕业分配至科室工作。

2010年，全年门诊量6980人次，收治病人837人。4月，推拿科和门诊综合治疗中心撤销建制，人员和设备并入针灸科，同时在门诊二楼设立特色门诊。调整后，科室有医生19人，其中副主任医师以上职称13人，护士13人，张洪涛为科室主任，金钰钧为科室副主任，孙其斌为科室业务技术指导。全年发表论文10篇，省自然科学研究基金计划“注线法治疗高血压病的临床观察及实验研究”立项，自选课题“矩阵针灸治疗突发性耳聋的临床研究”通过鉴定，达到国内领先水平。8月，康复治疗中心肖国民调入科室工作。

肺病(呼吸)科

2008年，全年门诊量4367人次，收治病人216人。引进肺功能仪，开展肺功能评价工作。全年发表省级论文2篇，省自然科学基金项目“桑菀胶囊对咳嗽变异性哮喘肺功能改善的临床研究”立项。12月，科室从1号楼四楼搬至3号楼八楼，隶属于十六病区。

2009年，全年门诊量4071人次，收治病人265人。引进睡眠呼吸监测仪1台。多人参加甲型H1N1流感知识学习及职业病防治培训。全年发表国家级论文2篇、省级论文3篇。自然科学研究基金计划“桑菀胶囊对咳嗽变异性哮喘肺功能改善的临床研究”通过鉴定，达到国内领先水平。10月，医院聘兰大二院退休专家安真光为科室客座教授。

2010年，全年门诊量4602人次，收治病人385人。引进排痰仪、开展皮肤点刺试验。全年发表省级论文2篇，出版专著1部。兰州市科技局项目“鼻康胶囊对过敏性鼻炎的远期临床疗效及作用机制研究”立项，省自然科学研究基金计划“桑菀胶囊治疗咳嗽变异性哮喘的临床研究”获甘肃省皇甫谧中医药科技奖二等奖。8月,科室名称由呼吸科更名为肺病(呼吸)科。

内分泌(糖尿病)科

2008年,全年门诊量3211人次,收治病人286人。1月,张东鹏毕业分配至科室工作。引进动态血糖监测系统、糖尿病并发症检查箱,开展胰岛素泵治疗。全年带教实习、见习学生约90人次。在医院举行的首届急救技能大赛中,科室荣获团体二等奖。全年发表论文1篇。厅列中医药科研课题"调脂颗粒干预高脂血症的临床及实验研究"通过鉴定,达到国内领先水平。3月,张定华荣获"甘肃省卫生系统巾帼建功先进个人"称号。6月,张东鹏被抽调参加陇南灾后疾病调查及心理咨询培训。11月,张定华荣获"全国第二届百名杰出青年中医"荣誉称号。12月,科室由1号楼一楼搬至3号楼八楼,隶属于十六病区,床位由20张增至25张。

2009年,全年门诊量3541人次,收治病人404人。申请成立了糖尿病研究所;成立了"糖尿病之家",建立了糖尿病患者宣教园地;每月进行2次糖尿病健康教育知识讲座。研制了系列专科中药制剂:糖前康胶囊、糖痹康胶囊、糖肾康胶囊、亚甲康胶囊等纯中药制剂应用于临床。全年带教实习生、见习学生110人。全年发表论文4篇,主编专著1部。自选课题"补肺益寿合剂Ⅰ号的临床及实验研究"通过鉴定,达到国内领先水平,并荣获甘肃省皇甫谧中医药科技奖三等奖。6月,王晓辉毕业分配至科室工作。

2010年,全年门诊量4654人次,收治病人529人。3月,科室引进了糖尿病治疗仪,积极开展药物离子导入技术和经皮穴位给药,配合足浴治疗、理疗治疗、中药热敷治疗等。全年带教实习生、见习学生60人。全年发表论文7篇,其中国家级5篇、省级2篇。省自然科学研究基金计划"糖痹康胶囊治疗糖尿病周围神经病变的临床观察及与C肽的相关研究"、甘肃省中医药管理局项目"糖肾康胶囊治疗早期糖尿病肾病的临床研究"、兰州市科技局项目"糖前康胶囊治疗糖尿病前期(IFG、IGT)的临床观察及对胰岛素抵抗指数、IL-18表达的影响"立项;省科技厅科学事业费项目"糖肾康胶囊治疗糖尿病肾病与肾素血管紧张素系统相关机理的研究"通过鉴定,达到国内领先水平;厅列中医药科研计划"调脂颗粒干预高脂血症的临床及实验研究"获甘肃省皇甫谧中医药科技奖三等奖。张定华被评为省卫生厅系统优秀共产党员,确定为甘肃省卫生厅系统领军人才、甘肃省第五批中医药师承教育指导老师。芦少敏入选甘肃中医学院硕士生导师。王晓晖被确定为中医药师继承人。连瑄获"百日医疗安全活动"先进个人。张东鹏荣获甘肃省中医院首届中医技能大赛"岗位能手"称号。

风湿病科

2008年，全年门诊量3970人次，收治病人201人。承办省级继续教育项目1项。科室带教进修生1名、实习医师21名。全年发表省级论文3篇。国家中医药管理局中医药科学技术专项科研“武威汉代医简方药研究”立项。2月，王智明毕业分配至科室工作。3月，田雪梅、王爱华参加万名医师下乡活动。12月，科室从1号楼七楼搬至1号楼四楼，病床由12张增加到15张，隶属于四病区。医院任王海东为科室主任，张延昌为科室技术指导。

2009年，全年门诊量3377人次，收治病人415人。9月，科室从1号楼四楼搬迁至3号楼九楼，隶属于十八病区，病床从15张增至37张。科室配备了理疗设备9台/件，设置了专门的理疗室和针刀治疗室，开展了中药辨证离子导入、蜡疗等业务，拓宽了业务范围，增加了科室特色治疗项目，提高了中医药治疗率。全年发表国家级论文3篇、省级论文2篇。科研课题“数控磁疗仪治疗颈肩腰腿痛的临床研究”“针刀枕下三角松解治疗椎动脉型颈椎病的临床研究”2项结题。

2010年，全年门诊量4383人次，收治病人736人。积极开展新技术：膝六刀治疗类风湿关节炎所致的膝关节功能障碍技术。全年发表论文24篇，其中国家级19篇、省级5篇。技术研究与开发专项计划“嘛呢骨痹胶囊增强大鼠骨化作用的机理研究”、甘肃省中医药管理局项目“《武威汉代医简》所载治法、方药治疗风湿病的相关研究”立项，自选课题“数控电磁仪治疗风湿四病疼痛的疗效评价研究”通过鉴定，达到国内领先水平。7月，李伟青毕业分配至科室工作。11月，王爱华外出进修。

甘肃省中医院年鉴2008—2010

THE YEARBOOK OF GANSU PROVINCE HOSPITAL OF TRADITIONAL CHINESE MEDICINE 2008-2010

护理工作

护理机构设置图

2008 年护理机构设置图

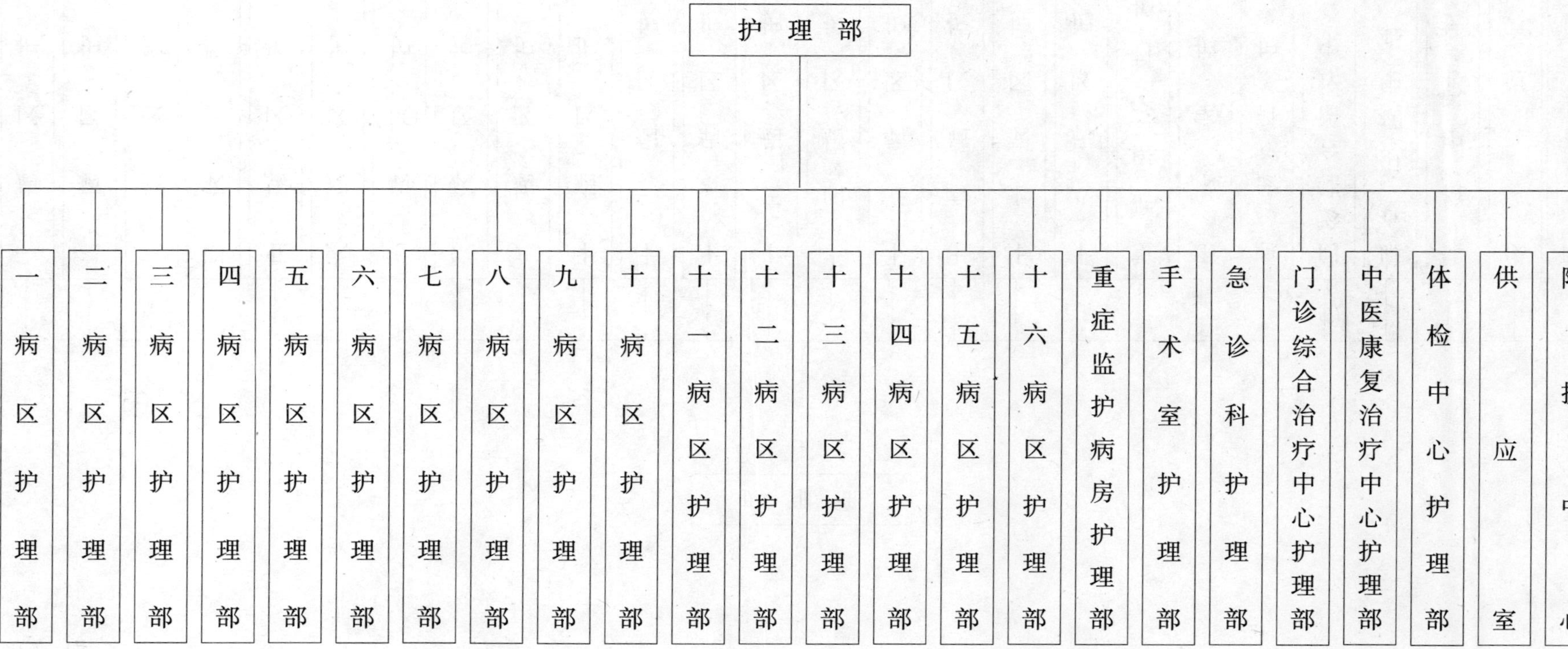

2009 年护理机构设置图

2010年护理机构设置图

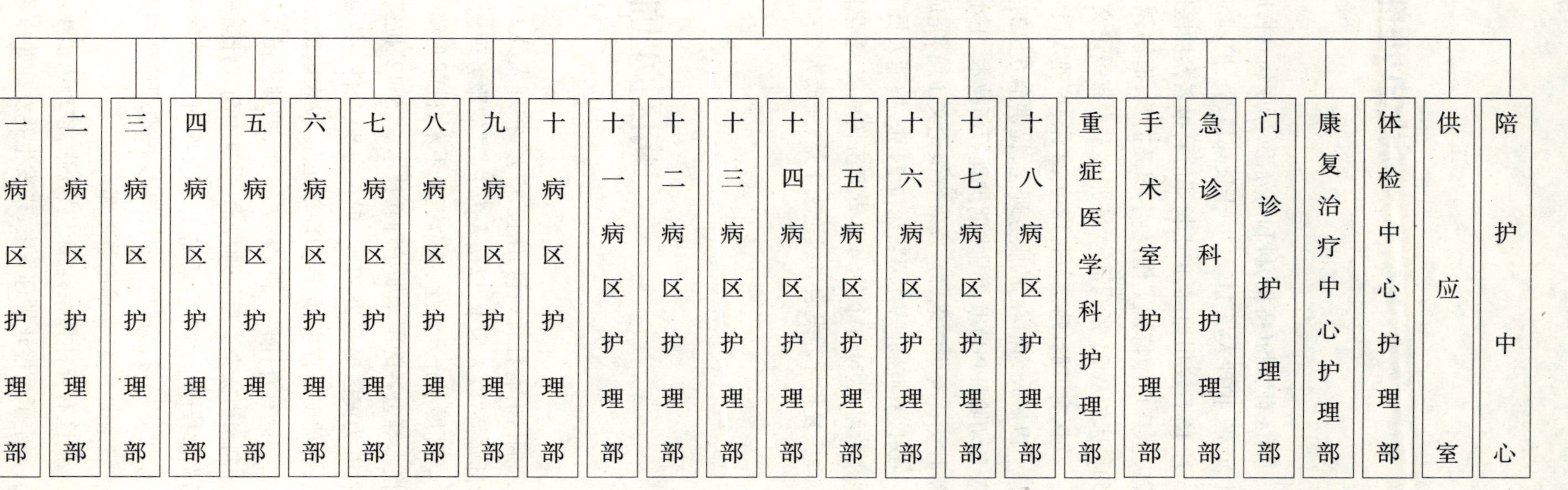

一病区护理部

2008 年，一病区有肛肠（痔瘘）科和内分泌（糖尿病）科，床位 41 张，其中肛肠（痔瘘）科 21 张、内分泌（糖尿病）科 20 张，护理人员 11 人，护士长郑倩君。护理部本着“以人为本，质量为先”的服务理念做好各项工作。5 月 12 日汶川地震，护士长郑倩君报名参加医院救援队，前往陇南地区进行灾伤救治，武文红调入医院灾区病房做特护工作，科室积极捐款、捐物，奉献爱心。12 月内分泌科分出归入十六病区，肛肠（痔瘘）科床位从 21 张调整为 24 张。发表省级论文 1 篇，完成大会交流论文 2 篇。

2009 年，一病区有肛肠（痔瘘）科，床位 24 张，护理人员 11 人。6 月，郑倩君调出，崔俊燕任副护士长。护理部树立“以病人为中心”的服务理念，提供全方位的优质护理服务。开展了直肠癌患者围术期护理、痔上黏膜环切除（PPH）患者围术期护理等新技术。王小萍被评为优秀工作者，吴双红被评为优秀护士，崔俊燕被评为优秀带教老师。发表省级论文 1 篇，完成大会交流论文 3 篇。

2010 年，一病区有肛肠（痔瘘）科，床位 24 张，护理人员 11 人，副护士长崔俊燕。1 月，崔俊燕赴广东省中医院进修学习，为期 3 个月。4 月青海玉树地震，李惠敏、武文红被抽调到医院灾区病房工作，崔俊燕做个案心理康复指导。发表省级论文 1 篇，完成大会交流论文 3 篇。

二病区护理部

2008 年，二病区有脊柱骨一科，床位 35 张，护理人员 12 人。4 月，张晓岚护士长调出，万迎霞任副护士长。护理部坚持“以人为本，以病人为中心”的服务理念，全面提升护理服务质量，使患者满意度保持在 90%以上。开展了介入治疗、关节镜下手术、椎间盘镜下手术、人工股骨头置换术、全髋关节置换术、膝关节置换术等患者的围术期护理新技术。“5·12”抗震救灾中，病区负责接诊由灾区成县转来的重症骨折患者，并为灾区捐款 2850 元，捐衣物 80 余件。年度考核获得患者满意度调查第 1 名，护理操作考核第 2 名，护理观摩查房“最佳护理单元”。发表国家级论文 2 篇、省级论文 1 篇。

2009 年，二病区有脊柱骨一科，床位 35 张，护理人员 12 人，护士长万迎霞。开展了微波治疗仪操作技术、电脑控制牵引床牵引后护理技术、半身中药气疗熏蒸护理等新技术。5 月，护理部获卫生部、全国妇联和总后勤部授予全国卫生系统“巾帼文明岗”荣誉称号。9 月，床位调整为 38 张。10 月，万迎霞赴广东省中医院进修学习，为期 3 个月。年度护理理论考核获集体第 2 名、操作考核第 2 名。发表国家级论文 2 篇、省级论文 1 篇，参编论著 1 部。

2010 年，二病区有脊柱骨一科，床位 38 张，护理人员 13 人，护士长万迎霞。在玉树抗震救灾中收治重伤员 2 名，制定了个性化护理方案，未发生并发症并痊愈出院。5 月，护理部成为医院首批“优质护理服务试点病房”，在加强基础护理的基础上，推出温馨服务。制作了便民服务袋、温馨提示牌；研制了用于防止足部压疮的水袋。开展了脊柱侧弯矫形围术期护理、多关节置换围术期护理等新业务。张燕琴、白蕾琪分别赴广东省中医院进修学习。年度护理理论考核集体第二名，护理操作考核第二名，满意度调查第二名。万迎霞获个人理论考核第一名，李思静获第二名。发表国家级论文1篇、省级论文3篇，参与编写论著1部。

三病区护理部

2008年，三病区有创伤骨一科，床位50张，护理人员12人，护士长高天虹。开展了电脑骨折治疗仪、动静脉脉冲治疗仪的护理操作新技术；开展了中药热敷、中药涂擦等中医护理技术。在“5·12”抗震救灾中，大家捐款捐物、奉献爱心。发表省级论文2篇，完成医院中青年学术交流论文4篇。

2009年，三病区有创伤骨一科。6月，高天虹调出，裴重重任副护士长。9月，床位从50张调为53张，护理人员13人。开展了人工股骨头置换术、全髋关节置换术、腰椎钉棒系统固定术的围术期护理新技术。裴重重获全省护理技能大赛三等奖。发表省级论文1篇，完成医院中青年学术交流论文5篇。

2010年，三病区有创伤骨一科，床位53张，护理人员14人，副护士长裴重重。开展了多关节置换术围术期护理新技术。在舟曲特大泥石流灾害发生后，组建爱心病房，承担部分伤病员的救护工作，收到锦旗一面。吴玲民、裴重重分别前往广东省中医院进修学习。12月组建整复骨科，设置床位20张，创伤骨一科床位调整为33张。发表省级护理论文2篇，完成医院中青年学术交流论文3篇。

四病区护理部

2008年，四病区有肾病科和呼吸科，床位40张，其中肾病科25张、呼吸科15张，护理人员12人。4月，刘叶荣副护士长调出，白会玲任副护士长。开展了中药高位结肠透析治疗新技术；支气管镜下诊断、治疗配合技术。12月，呼吸科搬迁到3号楼8楼归入十六病区，风湿病科由1号楼7楼搬迁至1号楼4楼归入四病区。床位由12张增至15张，白会玲调出，王莉任副护士长。发表省级护理论文4篇。

2009年，四病区有肾病科和风湿科，床位40张，其中肾病科25张、风湿科15张，护理人员13人，副护士长王莉。开展了血液透析治疗技术、末梢血糖监测技术。9月，李晓萍任四病区（血液净化中心）护士长。9月20日，风湿科搬迁至3号楼9楼十八病区，肾病科搬迁至2号楼1楼八病区，王莉调出，刘秀芳任副护士长。科室相继开展了中频理疗、中药足浴等中医护理技术项目。11月，由于八病区成立“甲流病房”，肾病科再次由八病区搬迁至四病区。康红燕借调到“甲流病房”工作。发表国家级论文5篇、省级论文3篇，完成省级交流论文1篇、院内交流论文1篇。

2010年，四病区有肾病科，床位26张，护理人员15人(含血透室4人)，护士长李晓萍(血液净化中心)，副护士长刘秀芳。4月14日，青海玉树地震，医院在四病区成立了"爱心病房"，刘秀芳副护士长全面负责灾区病房护理管理工作。18日晨，10名灾区伤员转入科室，医院抽调有经验的护士长和部分护理人员积极投入全面救护工作，提供个性化护理，经治疗护理后10名患者痊愈出院。其间科室为灾区捐献衣物28件，捐款900元。8月，刘秀芳到广东省中医院进修学习，为期3个月。发表国家级论文4篇、省级论文4篇。

五病区护理部

2008年，五病区有脊柱骨二科，床位50张，护理人员13人，护士长贾文芳。开展了经皮外周静脉插管(PICC)技术；中药热敷、中药涂擦、中药灌肠、中药气疗等中医护理技术。被中华中医药学会授予"全国中医特色护理优秀科室"。12月23日，增设床位至53张。发表国家级论文1篇。

2009年，五病区有脊柱骨二科，床位53张，护理人员13名。6月，贾文芳调出，张德娟任副护士长。开展了颈外静脉置管术后观察及护理新技术，改进了中药热敷操作流程和中药气疗流程。赵昭被评为医院优秀护士。发表省级论文2篇。

2010年，五病区有脊柱骨二科，床位53张，护理人员14人，副护士长张德娟。院内实行APN连续排班模式；自创手提式基础护理小筐；自制"丹参红花酒精液"，做到了全年无压疮发生。相继开展了拔罐、刮痧、头部按摩等中医特色护理技术。在舟曲特大泥石流灾害发生后，组建"爱心病房"，承担伤病员救护工作，收到伤病员送来锦旗一面。护理部成为第二批优质护理病房，接受全省优质护理服务检查。张德娟被卫生厅授予舟曲抢险救灾先进个人。张德娟赴广东省中医院进修3个月。6月组建运动创伤骨科，12月设置床位15张，脊柱骨二科调整床位为38张。护理部获年度护理病历书写评比第二名。发表省级论文2篇。

六病区护理部

2008年，六病区有创伤骨二科，床位50张，护理人员12人，护士长冯玉香。2月，李韡任副护士长。3月，冯玉香护士长赴美国俄克拉荷马州参加"医师交流项目"，为期6个月。开展了全髋关节置换围术期护理、外固定支架术后护理等新技术；开展了中药溻渍、中药涂擦、中药灌肠等中医护理操作技术。12月，冯玉香调出。发表国家级论文6篇、省级论文2篇，在研护理课题1项，出版专著1部。

2009年，六病区有创伤骨二科，床位53张，护理人员12人，副护士长李韡。开展了粉碎性髋臼骨折围术期护理等新技术。刘旭琴到甘肃古浪支农1年。发表国家级论文2篇、省级3篇，在研护理课题

1项,参编专著1部。

2010年,六病区有创伤骨二科,床位53张,护理人员14人,副护士长李韡。开展了深静脉置管术后患者护理、人工全髋关节置换术后患者护理等新技术。刘旭琴主持的"应用黄连酊湿性换药防治Ⅲ—Ⅳ期压疮的临床护理研究"立项研究。6月组建康复骨科,12月设置床位15张,创伤骨二科调整床位为38张。李韡赴广东省中医院进修学习3个月;11月赴英国伯明翰进修学习,为期1个月,带回了先进的护理理念与管理经验。

七病区护理部

2008年,七病区有儿科、针灸科和风湿病科,床位42张,其中儿科8张、针灸科22张、风湿病科12张,护理人员12人。4月,万迎霞副护士长调出,王莉任副护士长。开展了小儿静脉留置针技术,中频理疗技术、中药塌渍、中药保留灌肠等操作技术。12月,风湿病科搬迁至1号楼4楼归入四病区,针灸科搬迁至3号楼6楼归入十六病区,儿科搬迁到2号楼3楼暂借心内科床位8张。王莉调出,白会玲任副护士长,七病区粉刷装修。发表省级护理论文1篇。

2009年6月,儿科、手足微创骨科搬迁至1号楼7楼归入七病区,床位51张,其中儿科8张、手足微创骨科43张,护理人员14人,副护士长白会玲。开展交腿皮瓣转移术后护理、断肢(指)再植术后护理等新技术。发表国家级论文3篇。

2010年,七病区有儿科、手足微创骨科,床位51张,其中儿科8张、手足微创骨科43张,护理人员14人,副护士长白会玲。开展了足背动脉逆行转移治疗拇指缺损的护理新技术。发表国家级论文1篇、省级论文1篇。

八病区护理部

2008年,八病区有手足微创骨科,床位27张,护理人员12人,副护士长杨春林。9月率先在院内实行APN连续排班模式,提高了工作效率,做到了全年患者零投诉。主要开展交腿皮瓣转移术后护理、断肢(指)再植术后护理等新技术。发表国家级论文2篇。

2009年6月,杨春林护士长调出,手足微创骨科搬迁至1号楼7楼归入七病区。9月20日,经过重新装修后肾病科搬迁至2号楼1楼八病区,设置床位26张,护理人员15人(含血透室4人),刘秀芳任副护士长。11月,八病区成立"甲流病房",肾病科由八病区搬迁至1号楼4楼归入四病区。

2010年4月,青海玉树地震,医院在八病区成立了"爱心病房",设置床位40张,李晓萍护士长全面负责灾区病房护理管理工作。医院抽调有经验的护士长、部分护理人员和陪护中心人员全面投入救护工作,提供个性化护理,进行心理干预,加强生活护理。全院护士自发捐款捐物,奉献爱心。经过精心治疗和护理,39 名伤员陆续康复出院。11 月,李晓萍被评为全省卫生系统玉树抗震救灾医疗卫生救援先进个人。

九病区护理部

2008 年,九病区有消化科,床位 35 张,护理人员 13 人,护士长郭秀珍。护理部针对不同病症患者,改进了中药直肠滴入法、中药热敷法操作流程。开展了胃息肉镜下切除的护理配合新技术。郭秀珍参与完成厅级课题"健胃清肠合剂口服用于结肠镜检查前肠道准备清洁效果的临床研究"1 项。发表国家级论文 1 篇、省级论文 1 篇。

2009 年,九病区有消化科。6 月,郭秀珍调出,倪角角任副护士长。9 月,床位调整为 45 张,护理人员 15 名。开展了肝病治疗仪、中频脉冲穴位治疗仪及胃肠动力治疗仪的使用技术,同时开展了深静脉置管和经皮外周静脉插管 PICC 等护理新技术。发表省级论文 1 篇。

2010 年,九病区有消化科,床位 45 张,护理人员 15 人,副护士长倪角角。8 月,床位减至 40 张,消化科更名为脾胃病(消化)科。护理人员积极创新,用胃管代替普通的灌肠管给高位肠梗阻的患者实施灌肠,通过临床观察,效果较满意;对于不完全肠梗阻的患者采取健胃清肠合剂口服加灌肠,效果理想;中药熏洗对于改善失眠和过敏性紫癜患者下肢皮肤瘙痒疗效显著;对内窥镜治疗及检查患者开展护理指导和健康宣教。分别派陈辉、倪角角到广东省中医院进修学习 3 个月,带回了热奄包(粗盐和吴茱萸)在胃痛患者中使用的新技术。年度护理文件书写第三名;操作考核第三名。

十病区护理部

2008 年,十病区有心血管疾病防治中心,床位 50 张(含 CCU6 张),护理人员 16 人,副护士长李晓萍。开展了心外手术体外循环配合、心脏介入手术术中配合及围术期护理等新技术。12 月,床位调整为 53 张。发表省级论文 1 篇。

2009 年,十病区有心血管疾病防治中心,床位 53 张(含 CCU6 张),护理人员 17 人,护士长李晓萍。3 月,床位减至 47 张。护理人员配合心脏介入手术 366 例,护理开胸手术患者 50 例。完成著作 1 部,发表国家级论文 3 篇、省级 2 篇,完成会议交流论文 1 篇,参与科研 1 项。9 月,李晓萍调出,王莉任副护士长。

2010 年,十病区有心血管疾病防治中心,床位 47 张(含 CCU6 张),护理人员 21 人。对科室护士进行了心脏重症监护病房(CCU)轮训;督促新护士落实 200 次静脉穿刺,提高了专科技术水平。副护士长王莉配合科室开展心脏介入手术577例,护理开胸手术患者106例。发表国家级论文1篇、省级1篇,完成会议交流论文3篇,参与科研1项。

十一病区护理部

2008年,十一病区有普外科、泌尿外科和神经外科,床位57张,其中普外科25张、泌尿外科16张、神经外科16张,护理人员12人,护士长唐锐。开展了术前体外临时心脏起搏器安装患者的护理、选择性肝肾血管栓塞术患者的护理、经膀胱镜前列腺汽化电切术患者的护理、输尿管断裂端吻合术患者的护理、脑室腹腔分流术的护理等新技术。协同护理部制定了"甘肃省中医院危重手术患者交接表"。开展了中药热敷、足浴、中频理疗等中医护理技术。在"三聚氰胺奶粉"救治事件中,泌尿外科成立"爱心病房",收住患儿28人,通过爱心护理,患儿痊愈出院。

2009年,十一病区有普外科、泌尿外科和神经外科,床位57张,其中普外科25张、泌尿外科16张、神经外科16张,护理人员14人,护士长唐锐。实行腕带制度,实行弹性排班。开展了经膀胱镜汽化前列腺切除术后护理等新技术。开展中药热敷、中药理疗、中药保留灌肠等中医护理技术。外派进修人员1名。唐锐获得全省卫生行业护理岗位技能大赛一等奖,并荣获甘肃省卫生厅、共青团甘肃省委"全省青年岗位能手"称号。发表国家级论文1篇、省级论文2篇,完成医院中青年学术交流论文4篇。

2010年,十一病区有普外科、泌尿外科和神经外科,床位57张,其中普外科25张、泌尿外科16张、神经外科16张,护理人员14人,护士长唐锐。注重专科护理,细化了外科手术肠道准备操作流程;明确了特殊药品(如胰岛素等)使用后勾签制度;制作"输血小助手""特殊药品使用手册"等口袋辅助工具。制定了"护患沟通小册子",提倡微笑服务,不断提高护理满意率。9月,妇科归入十一病区,设置床位5张。开展了ERCP(内窥镜逆行胰腺管造影术)护理、数码射频静脉曲张手术护理、腔镜双侧甲状腺部分切除手术护理、妇科子宫肌瘤手术护理、阴式子宫及附件切除术护理、三镜联合胆道一期缝合治疗胆道结石手术护理、经尿道双极等离子前列腺撬拔术护理、腹腔镜结肠冗长症切除术护理、婴幼儿先天性脊膜膨出修补术等护理新技术。徐迎春、杨衍迪分别到广东省中医院进修学习2个月。唐锐获得全省护理技能大赛二等奖。参与省级科研2项,发表省级论文1篇,完成交流论文1篇。

十二病区护理部

2008年,十二病区有脊柱骨三科和小儿骨科,床位65张,其中脊柱骨三科35张、小儿骨科30张,护理人员13人,护士长陈涛。相继开展了中药涂擦、中药热敷、电脑骨折治疗仪等中医护理操作技术。"5·12"抗震救灾中,接受灾区伤员数名,积极救护,提供优质护理,并为灾区捐款捐物。陈涛获"全省抗震救灾先进个人”。12月，脊柱骨三科病床由35张增至40张。刘春雨担任副护士长。发表省级论文2篇。

2009年，十二病区有脊柱骨三科和小儿骨科，床位65张，其中脊柱骨三科35张、小儿骨科30张，护理人员15人。副护士长刘春雨。3月，陈涛护士长调出。配合完成骨科GCP（药物临床实验质量管理规范）认证。开展了中药熏洗、中药溻渍、全科治疗仪等中医护理技术。10月，程如意赴广东省中医院进修学习，为期3个月。发表省级护理论文3篇，完成院内中青年学术交流5篇。

2010年，十二病区有脊柱骨三科和小儿骨科，床位65张，其中脊柱骨三科35张、小儿骨科30张，护理人员17人。副护士长刘春雨赴广东省中医院进修学习3个月。学习回来后，结合创建“优质护理服务示范医院”和“优质护理服务示范病房”精神，加强基础护理工作，为患者提供优质护理服务和亲情护理。实行护理人员APN连续排班模式，加强专科护士培训。在特大灾害中，积极捐款捐物，并到“爱心病房”做灾伤护理。全年发表国家级护理论文2篇。

十三病区护理部

2008年，十三病区有关节骨科和肿瘤及血管病介入科，床位60张，其中关节骨科48张、肿瘤及血管病介入科12张，护士12人，护士长马小娟。3月，配合医院完成GCP认证工作。6月，孙焱到医院重症监护病房学习，为期3个月。10月，实行APN连续排班模式。开展了PICC置管术；耳穴按压技术；复杂人工全髋关节置换术（先天性髋臼及股骨近端发育不良特制假体S-rom的应用）术后护理；骨肉瘤综合保肢疗法（术前化疗，股骨远端特制肿瘤假肢置换，术后化疗）护理；骨巨细胞瘤复发并病理性骨折，特制肿瘤假体置换术后护理；棘突纵割椎管扩大成形术（黑川法）术后护理等技术。12月，关节骨科床位调整为50张。护理部在第三季度满意度调查中排全院第一名，年终获护理优秀教学奖。

2009年，十三病区有关节骨科和肿瘤及血管病介入科，床位62张，其中关节骨科50张、肿瘤及血管病介入科12张，护士16人，护士长马小娟。开展了全髋关节、全膝关节、肘关节、踝关节翻新修复术后康复护理；经皮肝穿门静脉血栓溶栓术后护理；经皮肝穿无水酒精注射恶性肿瘤消融术后护理等新技术；使用电磁热疗仪、电脑熏蒸治疗仪、电脑骨折治疗仪等仪器进行护理工作。外出进修人员2人，发表省级论文3篇。

2010年，十三病区有关节骨科和肿瘤及血管病介入科，床位62张，其中关节骨科50张、肿瘤及血管病介入科12张，护士16人，护士长马小娟。自制了“致病人家属一封信”“健康宣教温馨提示牌”“责任护士提示卡”“化疗药物标示带”等；开展了人工全髋关节术后假体周围骨折Type4型假体翻修术后护理，人工髋关节结核融合术后的人工全髋关节置换术后护理，膝关节骨性关节炎并内翻畸形胫骨开放截骨术后护理，上腔静脉滤器植入术后护理等新技术；开展了高频热疗仪及气压循环治疗仪的规范操作和广泛应用技术，其中气压循环治疗预防下肢静脉血栓获新技术新业务奖，填补了医院空白。全年积极应对突发公共卫生事件，“4·14”青海省玉树地震，抽调尹晓慧、张晶去医院灾区病房工作。“5·12”护士节那天，科室护理人员到灾区病房为患者阿虎送去衣物、牛奶、鲜花，奉献爱心。舟曲、成县泥石流灾害期间，科室积极救治及护理灾区患者1名。分别选派孙焱、马小娟赴广东省中医院进修学习，为期3个月。孙焱获甘肃省卫生厅“青年岗位能手”荣誉称号。发表国家级论文2篇。

十四病区护理部

2008年，十四病区有老年病科（干部病房），床位30张，护理人员15人。护士长韩小玲。2月，高雪华任副护士长。3月，韩小玲护士长调出。护理部坚持“以病人为中心，关爱老人，让老人感受爱”的服务理念，优化服务流程，倡导微笑服务，努力做好老年患者和干部的保健业务和健康教育。2月组建眼科病房，6月设置床位15张，老年病科床位调整为33张。开展了72小时动态血糖监测、泪道冲洗、结膜囊冲洗、颞部皮下注射、剪眼睫毛等护理新技术。护理部获“全国中医特色护理优秀科室”荣誉称号，医院年度满意度调查得第一名，教学查房得第一名，护理文件书写获得第三名。姚小芳获甘肃省卫生厅“优秀护士”称号，张爱萍获医院“十佳护士”称号，高雪华主持的“住院患者对中医特色护理服务认知和需求的调查研究”立项研究。发表国家级论文1篇。

2009年，十四病区有老年病科（干部病房）和眼科，床位48张，其中老年病科33张、眼科15张，护理人员15人，副护士长高雪华。配合医院完成了GCP（药物临床实验质量管理规范）的认证工作；配合完成眼科手术室的筹建工作，制定了眼科手术室质量考核细则。引进并开展了24小时动态血压监测、24小时动态心电图监测、中央遥测监护系统、经络导频仪等仪器的操作技术。高雪华主编的《中医护理导论》出版。发表国家级论文3篇。

2010年，十四病区有老年病科（干部病房）和眼科，床位48张，其中老年病科33张、眼科15张，护理人员16人，副护士长高雪华。3月，护理部被医院列为第一批“优质护理服务示范病房”，增加护理员4名，成立了“基础护理服务小组”，制定了基础护理服务病人评估表、基础护理服务工作流程和“三短六洁”的护理标准。10月实行APN连续排班模式，并实行7S管理模式，以提高护士人文素养和个人修养为主线，进而提高工作质量。研制了“金豉清口液”对患者进行口腔护理；研制了清消止痛膏用于药物外渗性静脉炎及局部肿痛、老年病人关节痛、风湿性关节痛。高雪华主持的“住院患者对中医特色护理服务认知和需求的调查研究”结题。参加医院中青年学术交流，完成论文8篇。

十五病区护理部

2008年，十五病区有脑病（神经内）科，床位38张，护理人员12人，护士长赵燕。科室引进了中央监护系统，设置了脑电图动态监护的重症监护病房（NICU）。仪器的引进，使科室形成集医疗、护理和密切观察为一体的诊疗监护体系，是神经系统重症患者诊治的重要场所，可以显著提高神经内科危重症病人的抢救成功率,减少致残率和死亡率。还配合开展了微创下椎颅血肿清除术和脑脊液置换术的护理,提高了脑出血患者的生存质量。开展了中药熏洗、热敷、针灸等中医护理操作项目。6月,增加床位32张,共设病床70张。选派刘晓霞到兰州大学附属医院脑科进修脑电图动态监护3个月。赵燕荣获甘肃省"优秀护理管理者"称号,李清华荣获甘肃省中医院"十佳护士"称号。12月,病床由70张减至64张,袁冰华任副护士长。发表国家级论文4篇、省级论文2篇。

2009年,十五病区有脑病(神经内)科,床位64张,护理人员20人。6月,赵燕调出,杨春林任护士长、郭雪梅任副护士长。实行人文关怀,安装了晾衣架,配置了微波炉。引进并开展了全脑血管造影(DSA)仪、生物反馈治疗仪的护理配合技术;开展了中药保留灌肠、按摩、拔火罐等中医操作项目。李西兄在西安"西北五省护理学术研讨会"学术论文交流中获二等奖,并获中医院"优秀护士"称号。发表国家级论文3篇、省级论文8篇。

2010年,十五病区有脑病(神经内)科,床位64张,护理人员23人,护士长杨春林、副护士长郭雪梅。护理部实行APN连续排班模式。开展了动脉瘤弹簧圈栓塞术、颈内动脉狭窄支架植入术、椎动脉狭窄支架植入术、静脉窦血栓溶栓术等护理新技术;开展了蜡疗、刮痧等中医护理操作项目。分别选派出郭雪梅、刘晓霞去广东省中医院进修脑病护理。年度理论考试获第三名。发表国家级论文4篇、省级论文1篇。

十六病区护理部

2008年12月,医院筹建成立了十六病区,有针灸科、内分泌科和呼吸科,床位80张,其中针灸科40张、内分泌科25张、呼吸科15张,护理人员18人,护士长冯玉香,副护士长刘秀芳。开展了中频理疗技术、血糖仪检测技术,拔罐、中药热敷、中药足浴等中医护理操作技术。针对新组建团队,重点加强技术操作培训和专科知识培训,努力提高护理人员的整体素质和患者满意率。发表国家级论文2篇。

2009年,十六病区有针灸科、内分泌科和呼吸科,床位80张,其中针灸科40张、内分泌科25张、呼吸科15张,护理人员18人,护士长冯玉香,副护士长刘秀芳。开展了微量泵注射技术、心电监护技术、糖尿病足护理技术、支气管镜治疗配合技术等。6月,冯玉香、刘秀芳调出,郭云霞任护士长,杨小芳、丁玉芬任副护士长,护理人员增加到20人。10月,内分泌科、呼吸科归入十七病区,十六病区有针灸科。开展了经络灸导仪治疗颈椎病、腰椎间盘突出症、强直性脊柱炎等疾病技术;微波治疗仪治疗腰腿痛及深部疼痛技术;中药热敷治疗面瘫、颈椎病、腰腿痛等技术。发表学术论文5篇,完成交流论文2篇。

2010年,十六病区有针灸科,床位40张,护理人员14人,护士长郭云霞。科室围绕卫生部开展的优质护理服务示范工程,重点加强基础护理工作和健康宣教的落实,加强床头交接班制度和巡回工作,实行了APN连续排班模式,使护理工作连续而有序地进行。在抗震救灾活动中,分别派杨舒涵和俞好莉在"爱心病房"工作,组织全科护理人员捐款捐物,奉献爱心。改进了褥疮换药方法;开展了双向内经诊断系统用于经络检测技术、脉图诊断及升压导平系统治疗等新技术。11月开展了特色门诊理疗工作，方便了门诊就诊患者。分批选派宋国红和郭云霞到广东省中医院进修学习3个月，派赵丽媛到医院急诊科学习、姜涛到心脏重症监护室(CCU)学习。发表国家级论文2篇、省级论文1篇。

十七病区护理部

2009年10月，内分泌科和呼吸科归入十七病区，设置床位40张，其中内分泌科25张、呼吸科15张，护理人员13人，副护士长丁玉芬。开展了中药足浴、中药热敷、中药涂擦等中医护理操作项目。11月14日“联合国糖尿病日”，配合内分泌(糖尿病)科举办了免费测血糖、测血压义诊咨询活动。11月25日，在3号楼8楼成立了“糖尿病之家”，建立了糖尿病患者宣教园地，每月进行2次糖尿病健康教育知识讲座，为患者提供了相互交流的平台，增强了糖尿病防治意识和技能。

2010年，十七病区有内分泌科和呼吸科，床位40张，其中内分泌科25张、呼吸科15张，护理人员13人，副护士长丁玉芬。以“细节决定成败，态度决定一切”为服务理念，开展微笑服务，采用多媒体形式为糖尿病患者和呼吸道疾病患者进行入院、住院、出院健康教育。开展了床旁心电监护、动脉穿刺、糖尿病治疗仪治疗技术、糖化血红蛋白的测定技术，同时还配合开展了中药足浴，中药溻渍等中医护理操作项目。获年度“教学质量优秀科室”，发表国家级论文2篇、省级论文1篇。

十八病区护理部

2009年9月20日，风湿病科从1号楼4楼搬迁至3号楼9楼，筹建成立了十八病区，设置床位37张，护理人员12人，副护士长杨小芳。首次开展了中药辨证离子导入、蜡疗等新业务；开展了颈椎病、腰椎间盘突出症、关节病等小针刀术后患者护理技术。学习并掌握了数控治疗仪、中频脉冲治疗仪、恒温蜡疗仪等设备的操作技术，突出特色治疗和护理，发挥中医药治疗风湿病的优势。全年发表国家级论文1篇、省级论文1篇。

2010年，十八病区有风湿病科，床位37张，护理人员15人，副护士长杨小芳。3月，科室被设为“优质护理示范病房”。紧紧围绕“为了一切病人，为了病人一切，一切为了病人”的“三个一切”目标，开展微笑服务，主动解决患者疑难问题。制定了“风湿病科患者满意度调查表”，每月发放2次，根据患者提出的意见及建议进一步改进工作；根据“基础护理服务项目”制定出了科室的基础护理服务内容30多项；制定出了各班职责与工作流程，努力做到了护理无缝隙。将病房环境、病人清洁度、健康宣教、传呼呼叫次数、技术操作、病人满意度等纳入责任护士绩效考核范围。自科室开展优质护理以来共收到患者表扬信30多份，锦旗1面。患者满意度调查名列全院第一名。本年度在原有蜡疗刷蜡法的基础上新开展了“蜡饼法”和“蘸蜡法”护理技术；四黄水蜜贴敷法等护理技术。全年发表国家级学术论文8

篇、省级论文2篇。

重症医学科护理部

2008年,重症监护病房(ICU)有床位8张,护理人员10人,护士长张丽平。护理部本着“一切以病人为中心,一切为病人”的服务宗旨,出色地完成了各种急救、监护任务。全年重点做好三级质控,改变服务意识,切实抓好护理工作质量,制定和健全了各种规章制度,如《ICU物品消毒隔离制度》《ICU培训制度》等。积极开展动脉血气针(专用)技术,以抽血速度快、成功率高、减少病人痛苦为操作优点,受到患者的一致好评;引进了密闭式吸痰装置,能有效留取痰培养标本,减少污染、减轻护理操作的难度。“5·12”汶川地震,张丽平跟随医院救援队前往陇南地区进行救治工作,科室医护人员踊跃捐款捐物,24小时保持通讯畅通,随时准备奔赴灾区。在“三鹿奶粉”事件中,袁冰华被选派到儿科提供技术支持。全年无护理不良事件及纠纷发生,患者满意度始终在90%以上,年终评比中获得“甘肃省优秀护理集体”。全年带教实习生69人,培训临床护理人员4人。

2009年,重症监护病房(ICU)有床位8张,护理人员13人。6月张丽平调出,袁冰华任副护士长。8月,重症监护病房(ICU)更名为重症医学科,ICU护理部更名为重症医学科护理部。护理部积极畅通科室抢救绿色通道,探索抢救程序,组织并实施了“二人抢救法”及“三人抢救法”。开展了口咽通气管在吸痰中的应用技术、密闭式胸腔引流装置护理等新技术。崔小娟被选派到广东省中医院ICU进修学习3个月。年度获“患者满意度调查”第二名,护理技术操作第三名。袁冰华、董润泽获得医院“优秀护士”称号;董润泽被评为“优秀带教”。发表国家级论文2篇,完成交流论文1篇。

2010年,重症医学科有床位8张,护理人员15人,副护士长袁冰华。在优质护理服务活动中,为患者提供全程、连续、一站式服务。在玉树地震、舟曲泥石流等突发事件中,邸晓燕被派往“爱心病房”工作,科室收治灾区重症患者数名,制订了个性化护理计划,确保了每一位患者的生命安全和生活质量。开展了动脉置管术、创可贴在气管切开封管时的应用等新技术。分别选派3名护理人员去广东省中医院重症医学科进修学习,提升了护理质量。年度获得“患者满意度调查”第三名;袁冰华获“百日医疗安全活动”先进个人;董润泽获“优秀带教”;杜丽梅、崔小娟代表医院参加“全省护理技能操作大赛”,分别获得个人二等奖和三等奖及团体一等奖的好成绩,为医院争得了荣誉。发表国家级论文2篇,完成交流论文1篇。

手术室护理部

2008年,手术室有麻醉手术科,开设手术间10间,护理人员20人,护士长张雪霞。配合完成手术

3867台,无一例差错事故发生。积极畅通绿色通道,对各种急、危、重症手术病人做到细节服务、准备充分、时间紧凑,保障了手术工作的顺利进行。新开展了室间隔缺损和房间隔缺损修补术、动脉导管未闭修补术、二尖瓣及三尖瓣瓣膜置换术、腹腔镜下胆囊切除术等的手术配合。"5·12"汶川地震,李文娟跟随医院救援队前往陇南地区进行救治工作,科室积极捐款捐物。发表国家级论文3篇。

2009年,手术室有麻醉手术科,开设手术间10间,护理人员23人,护士长张雪霞。配合完成手术4319台,无一例差错事故发生。6月,谢圆被任命为副护士长。新开展了膀胱镜下前列腺增生切除术、心脏搭桥手术等手术的护理配合。谢圆和郭雪梅前往北京阜外心血管病医院进修学习6个月。发表省级论文3篇。

2010年,手术室有麻醉手术科,开设手术间10间,护理人员24人,护士长张雪霞,副护士长谢圆。配合完成手术5152台。根据医院感染管理要求,对手术器械开展快速生物监测新技术。3月,淘汰了部分物品甲醛熏蒸的消毒方法,采用小包装进行过氧化氢低温等离子消毒。开展了腹腔镜下阑尾及甲状腺切除手术的配合及肾脏肿物及肾切除手术的配合。分批选派王宇馨和李文娟前往广东省中医院进修学习。青海玉树发生地震灾情后,派出谢圆和孙静波跟随医院救援队前往地震灾区,在灾区协助救治伤员1000余人,得到了灾区群众和各级领导的赞赏。发表国家级学术论文3篇、省级2篇。

急诊科护理部

2008年,急诊科设有留观床位8张、抢救床位2张,护理人员11人,护士长郭云霞。护理部坚持"以病人为中心,质量为本,服务为先"的服务理念,优化服务流程,倡导感动服务,化解医患和护士之间的矛盾,并积极改进服务流程,方便病人就诊。努力做好急诊科"窗口"的形象,并做好"急"字文章。开展了中心静脉压测量技术等新业务,开展了中药涂擦、中药灌肠等中医护理操作项目。发表国家级论文1篇、省级论文1篇。

2009年,急诊科设有留观床位8张、抢救床位2张,护理人员12人,6月郭云霞调出,张丽娟任副护士长。护理部认真恪守"全国青年文明号"信用公约:"诚信为本,有诺必践,恪尽职守,率先垂范",加强服务意识,紧紧围绕"为了一切病人,为了病人一切,一切为了病人"的"三个一切",开展微笑服务,加强护患沟通,努力提高护理服务质量。重视三无人员的病情处理、基础护理和三餐饮食,及时了解病情、帮忙联系家属或救助站,全年救助三无病人达10余人次。开展了萨博心肺复苏系统在心跳呼吸骤停患者抢救中的应用技术、三腔二囊管在抢救消化道出血患者中的应用等新技术。张丽娟在全省护理技能大赛中获得个人二等奖。发表国家级论文1篇,完成医院中青年学术交流论文7篇。

2010年,急诊科设有留观床位8张、抢救床位2张,护理人员13人,副护士长张丽娟。7月,配合医院新建了门诊输液大厅,提供纸巾、水杯、雨伞、便签、无陪护患者床头一杯水等便民服务。不断优化就诊流程,及时进行分诊,对急危重患者采取开通急诊绿色通道优先检查、缴费、取药等措施,减少候诊、取药的时间。开展了亚低温治疗仪操作技术、颈外静脉穿刺技术、动脉穿刺等新技术。6月组建急诊骨科,12月急诊骨科设留观床8张。张丽娟、廖雨婷、湛静在全省护理技能大赛中,分别获得个人二等奖、三等奖及团体一等奖。发表省级论文1篇，完成医院中青年学术交流论文5篇。

门诊护理部

2008年，门诊综合治疗中心设治疗室7间、治疗床13张、电动牵引床位1张，护理人员8人，护士长武纪玲。开展了膝关节关节腔注射、关节穿刺等新技术。开展了中药涂擦、中药热敷、艾灸、拔火罐、贴耳穴等中医护理操作技术。发表国家级论文1篇。

2009年，门诊综合治疗中心设治疗室6间、治疗床13张、电动牵引床1张，护理人员8人。6月，武纪玲调出，石瑞芳任副护士长。开展了髋关节关节腔注射新技术。年度获"三基理论"考试第一名，"患者满意度调查"第一名。发表国家级论文1篇、省级论文2篇。

2010年，4月成立门诊护理部，护理人员8人，副护士长石瑞芳。治疗室调整为3间，静脉采血室1间，治疗床3张。青海玉树地震救灾中，抽调谭小花、李萍、李玉萍到"爱心病房"工作。9月，石瑞芳到广东省中医院进修学习。开展了踝关节关节腔注射技术。年度理论考试排名第一。

康复治疗中心护理部

2008年，中医康复治疗中心有护理人员1人，护士长付金钰。科室主要开展中频理疗、热敷、拔罐、血糖监测、疼痛远红外线治疗等业务。12月，付金钰调出。

2009年，中医康复治疗中心有护理人员1人。2月，崔兰玲任护士长。4月，中医康复治疗中心更名为康复治疗中心，挂靠老年病科，主要开展干部保健业务，为干部预约专家、挂号看病、陪同检查，同时做好各种治疗咨询和疾病康复指导。

2010年，康复治疗中心有护理人员1人，护士长崔兰玲。在前期开展干部保健业务的基础上，完善了干部保健健康档案的建立工作，开展了足疗、蜡疗、脊柱梳理治疗和失眠治疗等新业务，拓宽了干部保健治疗领域。

体检中心护理部

2008年，体检中心有护理人员3人，护士长崔兰玲。护理部始终坚持"以人为本，服务为先，走出去引进来”的服务理念，优化服务流程，改进工作方法，方便体检人员体检。完成了26个团体单位、全院职工的健康体检和造册工作；完成了省保健局安排的干部健康体检工作，共计4107人次。在工作中不断更新知识，做好各种疾病的预防和健康宣教，深入到社区并到体检单位进行健康指导，取得了一定的社会效益和经济效益。

2009年，体检中心有护理人员3人。2月，崔兰玲调出，陈涛任护士长。科室信守“走出去引进来”的服务理念，主动上门到各单位联系体检业务，发放传单，做好疾病健康教育，提高了满意度。同时重视检后工作，加强宣教，防病于未然。4月，新成立的健康咨询科、治未病科隶属于体检中心，配合完成了科室的筹建工作以及常见病、多发病的宣教资料整理工作，定期到门诊做健康咨询，解答病人及家属疑问。共完成28个单位5469人次的健康体检。发表省级论文1篇，参加医院中青年学术交流1篇。

2010年，体检中心有护理人员3人，护士长陈涛。科室以开拓市场业绩为工作重心，抓紧、抓好、抓实、抓出实效为目标，圆满完成了当年的工作任务。建立了一系列有特色的体检套餐和流程，提升体检质量和吸引力。新开展了全身健康扫描仪(鹰眼DDFAO)操作技术。登报宣传新的检查手段；印制健康教育宣传资料，宣传科普知识；跟踪回访体检人员，提高了健康教育效果及就医的长效机制。共完成31个单位7581人次的健康体检。发表省级护理论文1篇，参与科学技术成果鉴定1项。

供应室

2008年，供应室设有工作间6间，护理人员8人，护士长李晓娟。主要向全院临床科室集中供应换药碗、纱布、棉球、无菌干罐等。5月，引进了纸塑包装袋及封口机，对使用频率较低的诊疗器械(如舌钳、压舌板、开口器等)进行单独纸塑包装，另外对部分临床科室必备但使用频率较低的治疗包(如静脉切开包、气管切开包等)进行纸塑包装，延长灭菌包的有效期，减少反复灭菌的损耗以及对器械的损伤。发表国家级论文1篇，参编专著1本。

2009年，供应室设有工作间6间，护理人员9人，护士长李晓娟。6月，李晓娟调出，马彩云任副护士长。护理人员认真学习卫生部颁布的《医院消毒供应中心管理规范》《医院消毒供应中心清洗消毒及灭菌技术操作规范》《医院消毒供应中心清洗消毒及灭菌效果监测标准》等规范，并根据卫生部的三项行业标准，将供应室和临床各科存在的问题进行归纳总结，整理为书面文字材料上报护理部。同时，在全院范围内实行下收下送，全面服务于临床。另外，积极参与医院新消毒供应中心的选址、平面设计、装修计划等，申请所需设备。7月，马彩云参加了甘肃省压力容器操作培训班，取得压力容器上岗证。9月，开展纸塑小包装棉球、纱布、棉垫等新技术。11月，开展标准B-D测试包进行B-D测试，全面检测灭菌器的性能，提前预测灭菌器可能出现的问题，解决了人工打包所造成的对灭菌器的漏测。

2010年，供应室设有工作间6间，护理人员9人，副护士长马彩云。4月，慕熙霞、胡玉香参加了甘肃省压力容器操作培训班，取得压力容器上岗证。5月，开展快速生物监测新技术，全面检测灭菌器灭菌效果，保证灭菌合格后的物品才能发放到临床科室，并每月抽查包装后治疗包的清洗质量与包装质量，严把质量关，发现问题及时处理。10月，开展单把器械纸塑小包装新技术，代替了临床骨外科系统换药室消毒液浸泡器械灭菌的工作，确保了频繁使用单把器械的灭菌质量，降低院内感染。9月，马彩云赴广东省中医院消毒供应中心进修学习，为期1个月。发表国家级论文4篇。

陪护中心

2008年8月，甘肃省中医院陪护中心注册登记，配护士2人，护理员9人，负责人吴圃萍，属于护理部管理。主要在院内外开展"一对一"的陪护服务工作，满足住院病人及其家属的需要，减轻病人和家属的负担，履行"心想病人、服务病人"的职责。自成立以来，规范制定了《护理员职业道德规范》《护理员工作守则》《护理员管理制度》《陪护人员管理细则》等工作制度。对新分配到岗的9名陪护人员进行3~5天的岗前培训和每周定期业务学习，使她们进一步熟悉了护患沟通技巧、生活护理技巧、功能康复技巧和一些简单的手法按摩技巧。加强与临床科室的联系，不断改进工作方法，提高护理满意度。先后在二病区、三病区、十一病区、十二病区、十三病区、十五病区开展了陪送、陪检工作，并负责全院周一至周五中午、夜间急诊取送药工作。12月，申请增加护理人员，向全院各病区推行陪送、陪检工作。全年共向院内外委派护工500余人次；陪送、陪检新住院患者800余人次。

2009年，陪护中心有护士2人，护理员18人，负责人吴圃萍。制定了《陪检人员岗位职责》《陪检人员工作流程》《陪检人员工作内容》《各项检查前注意事项》等工作制度。对新分配来的护理员进行岗前培训，每周定期召开工作总结会，纠正工作中的偏差，加强护患沟通，提供人性化的护理服务。每月底对护理员进行考核，考核结果与工资挂钩。11月，在全院范围内开展了急诊药品和标本的取送工作，更加满足了临床各病区的需要，提高了护理满意度。全年共向院内外委派护工600余人次，陪检新住院患者2000余人次。

2010年，陪护中心有护士2人，护理员18人，负责人吴圃萍。4月15日晚7时50分，医院接诊救治第一批来自青海玉树灾区的转运伤员，陪护中心按照护理部部署暂停临床陪检工作，安排护理人员20人（包括吴圃萍和周福淑）到灾区病房工作，在李晓萍护士长的带领下，分三班轮流进入灾区病房，负责37名伤病员的生活护理及陪检工作。在工作中，护理人员发扬了不怕脏、不怕累的精神，重点为藏族同胞们做好生活护理（包括喂水、喂饭、洗脚、擦身、翻身、拍背、梳头、接大小便等），并及时陪同安排优先检查。8月15日晚，医院接受诊治第一批来自舟曲特大泥石流的转运伤员，陪护中心全体护理人员于当晚进入了灾区病房，负责15位患者的饮食起居和陪送、陪检工作，解决了临床护理工作的后顾之忧，得到了临床各科室及功能检查科室的肯定，受到了院各级领导的多次表扬。全年共向院内外委派护工700余人次，陪检10000余人次。

医技科室工作

医技科室设置图

2008 年医技科室设置图

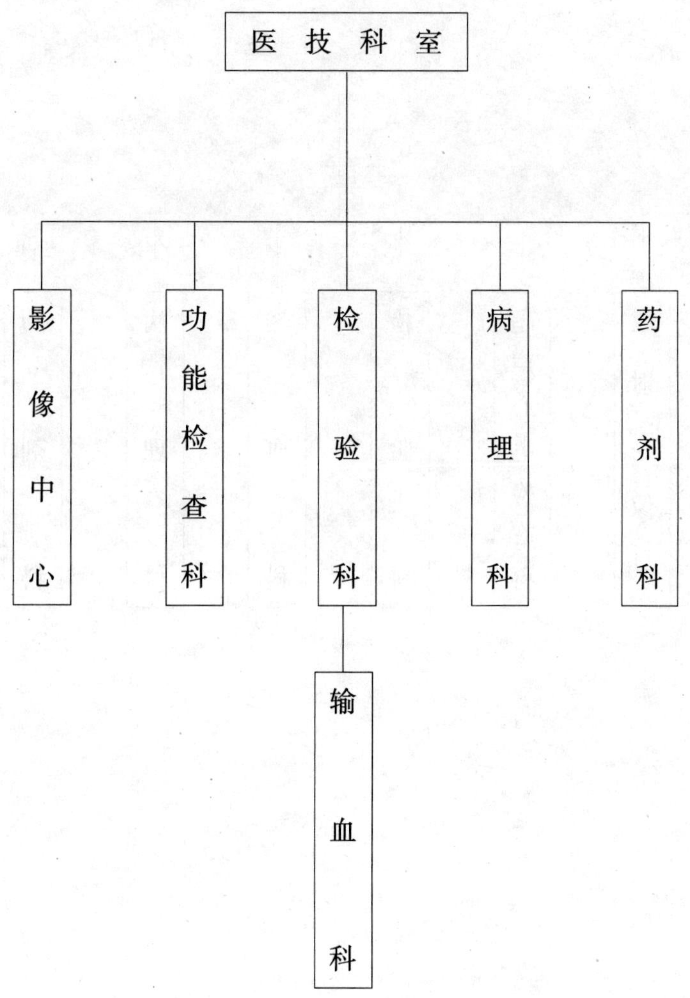

2009 年医技科室设置图

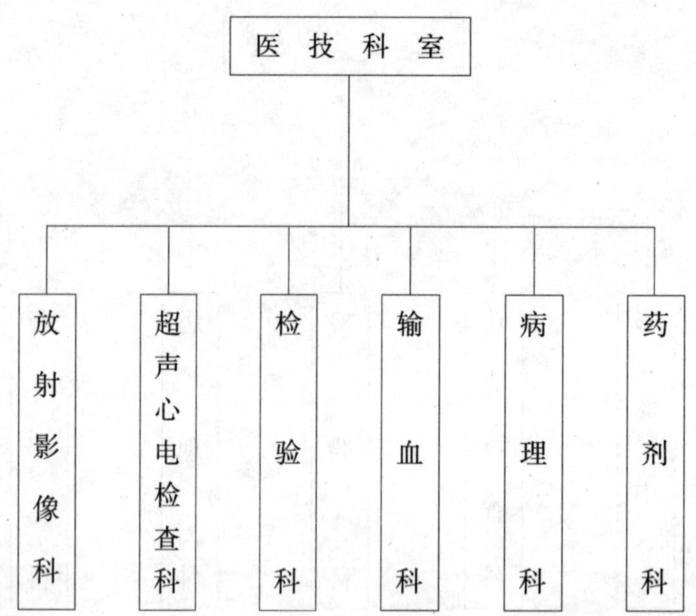

2010年医技科室设置图

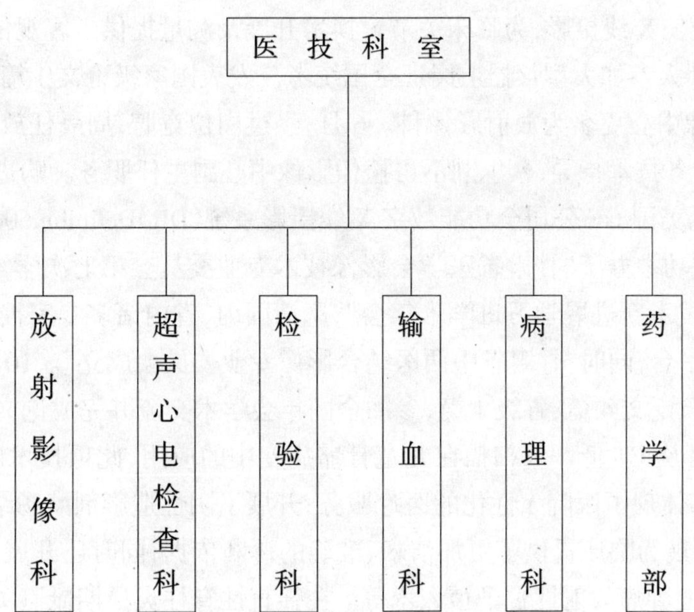

放射影像科

2008 年,在开展 MRU、MRA、MRCP 业务的基础上,又相继开展了膝关节的 PDWI、GRE 及斜矢状位小视野扫描,对半月板及关节软骨的显示更加清晰,为临床提供了更好的依据;脑梗塞 DWI 的应用,提高了脑梗塞的诊断准确性和及时性,为临床早期治疗脑血管病提供了客观诊断依据。CT 在原有设备的基础上开发出 CT 血管造影术(CTA)、多平面重建等新技术。影像中心技术组利用现有设备,开展了双下肢负重位,全长 X 线摄影,为临床关节置换术开展及测量提供了客观依据。10 人次外出进修学习、参加学术会议,5 人参加大型仪器上岗证全国统考。发表国家级论文 1 篇、省级 3 篇。

2009 年 5 月,影像中心更名为放射影像科。6 月,经过岗位竞聘,周晟任放射影像科主任,王闻奇任副主任,赵奋国任业务技术指导,蔡忠刚不再担任影像中心副主任职务。购进了意大利 GMM800mA 多功能数字化 X 线机、美国 GE 公司全功能数字 X 线摄影系统(DR)Definium6000(新飞天)。11 月 6 日至 11 月 8 日在医院成功举办了“甘肃省医学会影像技术专业委员会第七次学术年会暨甘肃省第二届中医系统影像诊断及技术新进展学习班学术年会”,邀请国内、省内诸多专家授课,为甘肃省影像事业的发展提供了交流的平台,同时“甘肃省中西医结合影像专业委员会成立”。10 人外出进修学习、参加学术会议。发表国家级论文 4 篇、省级 1 篇,参加全国年会学术交流并完成论文 1 篇。

2010 年,开展了螺旋 CT 低剂量扫描在儿童骨骼病变中的应用,此项技术的开展减少了 CT 检查患儿 X 线的吸收剂量,体现了医院人性化的医疗服务;开展了阴性造影剂灌肠结、直肠病变 CT 增强扫描技术,此项技术的开展为临床提供了更加清晰、准确的诊断依据;同时还开展了 CT 引导下穿刺活检技术,CT、MRI 引导下的肿瘤放射性粒子植入术等。在强直性脊柱炎早期骶髂关节 MRI 的早期诊断方面也有力地支持了临床工作。承担了各大中专院校的影像实习、见习工作,并承担部分地区医院的进修带教工作。发表国家级论文 16 篇、省级 2 篇,结题科研 2 项,在研科研 4 项。

超声心电检查科

2008 年,配合新成立的心血管中心开展“胡大一先心病儿童爱心工程”工作,科室抽调人员下乡,先后筛查儿童 5000 余人,筛出先心病近 200 余人。配合心血管中心新开展了先心病介入手术的术前筛选、术中监测、术后评价;开展经食道超声心动图检查。同临床科室合作开展引导穿刺治疗,并立项省科技厅科研“超声引导经皮-肝穿刺双介入术在门脉高压症治疗中的应用研究”1 项。为地震灾区转诊来的患者提供最方便快捷的服务,积极配合临床科室诊断和治疗。“三聚氰胺奶粉事件”发生后,响应卫生部及省卫生厅为食用“受三聚氰胺污染的婴幼儿配方奶粉”的婴幼儿免费诊断治疗的要求,无偿检查儿童2000余人次。发表国家级论文1篇。

2009年5月,功能检查科更名为超声心电检查科。6月,经过岗位竞聘,盛丽任超声心电检查科主任,张宝洲任副主任。配合临床科室新开展了前列腺、子宫附件经腔内超声检查、穿刺组织活检及穿刺治疗项目;肝、肾、卵巢囊肿穿刺硬化治疗及超声引导穿刺组织活检(身体各个部位的肿块);颈动脉内中膜测定、颈动脉粥样斑块、斑块稳定性的测定。同时开展的骨骼肌肉软组织及外周神经的超声诊断,填补了省内在该领域的空白。8月,科室搬至1号楼1楼新改建成的超声心电检查科,诊室由4间增加到9间。发表国家级论文2篇。

2010年3月,科室引进PACSE叫号系统,将工作站设备进行局域网连接,实现了科内资源共享,主任全方位监控,提高了诊断质量和工作效率。3月至5月参加省民政厅先心病救治爱心项目,先后在酒泉、张掖、定西三地区十余县市进行先心病普查,筛查病人2000多人次。在玉树、舟曲、成县发生的突发性自然灾害时,完成诊查76人次。8月购置了飞利浦公司的高档腹部彩超仪和百胜公司的中高档全身彩超仪,11月住院患者全部实行了彩超检查。开展的新项目有:大隐静脉内径的测量、描记和大隐静脉曲张射频手术治疗的术中引导和监测。发表国家级论文1篇、省级3篇。

检验科

2008年,参加卫生部及全省临床检验中心组织的生化、临检、免疫、细菌室间质量评估活动,取得良好成绩。为符合卫生部对出凝血时间检测方法的要求,购进法国STAGO-compact全自动血凝仪一台,用于检测PT、INR、APTT、TT、FIB、D-二聚体,为临床出血性疾病、血栓、用药监测等诊断、治疗方面提供依据。12月,宋宝根不再担任检验科主任。发表国家级论文4篇、省级2篇。

2009年6月,经过岗位竞聘,程炟任检验科主任,梁勤任副主任。购进德国罗氏e-411电化学发光分析仪、日本奥林巴斯2700生化分析仪、迈瑞五分类血细胞分析仪。临床基因扩增实验室开展了乙肝DNA、丙肝RNA和结核DNA检测;生化室新增了前蛋白和胆碱酯酶检测;临检室开展了骨髓细胞的组化染色;免疫室新增了抗环瓜氨酸肽(CCP)检测;细菌室开展了多种耐药酶的检测。主要开展的新技术有:细胞毒方法检测B27抗原,电化学发光法检测肿瘤标志物、C肽、胰岛素、TSH、T_3、T_4、FT_3、FT_4、抗甲状腺球蛋白抗体、抗甲状腺过氧化物酶抗体,末梢血和急诊血细胞分析实现了五分类,实验准确度达到了新的高度。参加卫生部及全省临床检验中心组织的生化、临检、免疫、细菌室间质量评估活动,取得较好成绩。参加省内外各种学习班14人次,发表国家级论文8篇,主编论著1部。

2010年,在增收节支的同时,狠抓科室的检验质量。遵照临床实验室管理办法的规定,每日做室内质控,积极参加卫生部临床检验中心和甘肃省临床检验中心组织的室间质评,参评项目均获得优良成绩;参加的甘肃省疾控中心组织的HIV病毒抗体检测,成绩优秀。3月,医院获得甘肃省临床检验中心颁发的2009年度甘肃省临床检验质量控制优秀单位。医院与金域检验中心合作,开展了高血压五项(AII、COR、ALD、心钠素、内皮素)检验、性激素六项(促卵泡激素、促黄体生成素、雌二醇、黄体酮、睾酮、催乳素)检验、贫血三项(铁蛋白、叶酸、维生素B_{12})检验、血管炎四项(ANCA、ANCA-MPO、ANCA-

PR3、ACA)检验、同型半胱氨酸的检验、乳头瘤病毒定性检查、抗线粒体抗体检验、戊肝两项检验等新项目,为临床提供更优质的服务。完成医院感染监测任务15批次,为医院提供了耐药菌谱。参加省内外各种学习班9次。发表国家级论文2篇、省级论文1篇,主编论著1部。12月,邢福军任检验科副主任(主持工作),程烜不再担任检验科主任。

输血科

2008年,输血科属于检验科管理,程烜任输血科副主任(兼)。主要为临床提供全血及各类成分血。共提供红细胞3281.5单位,全血30单位,血小板38单位,血浆2039.5单位。12月,邢福军为输血科副主任,程烜不再兼任输血科副主任。

2009年,邢福军担任输血科副主任。科室建章立制,按照临床用血规范建立了输血科管理文件目录等。6月,经过竞聘上岗,陈进凡任输血科主任,邢福军不再担任输血科副主任职务。贾福苏、董小梅、冯宗强和郭星星调入科室。11月,输血科由门诊2楼搬迁到住院部2号楼3楼南侧。增购医用血液冷藏箱HXL-358,医用低温保存箱DX-40L262,海尔HDC-冰箱和海尔BCL-BD冰柜,冰冻血浆融化箱,TDZ5-WS型台式低速离心机。加强与省血液中心的交流和联系,在血源紧缺的情况下确保了临床用血,全年为临床提供各类红细胞4281.5单位,全血360单位,血小板68单位,血浆5748.375单位。发表国家级论文2篇,省级科研立项1项。

2010年,参加省内外各类临床输血安全管理培训班,邀请血液中心专家郝惠珍主任来院为全院医护人员讲授"科学、合理用血"及"输血科质量管理"学术讲座。经过积极筹备于11月开展自体输血,医院抽护士李萍到输血科工作。购置XHZ-ⅢA型血小板恒温震荡仪1台。为临床提供各类红细胞6404.5单位,全血79.5单位,血小板67单位,冷沉淀25单位,自体输血40单位、48人次。发表国家级论文6篇,在研科研1项,

病理科

2008年,购进莱卡CM1900冰冻切片机一台,填补了医院术中病理检查只能做细胞学而不能做组织学的空白,为外科手术术中切片检查提供了诊断和治疗依据。参加省抗癌协会主办的"骨与软组织肿瘤规范化治疗新进展学习班",黄小玲参与授课,使医院在骨肿瘤病理诊断方面取得了新的突破。下乡支农人员1名。新分配研究生1名。发表国家级论文1篇、省级3篇。

2009年6月,经过岗位竞聘,黄小玲任病理科主任。科室购进滴宝薄层液基制片机一台,开展膜式液基薄层细胞学技术(TCT)细胞学检查项目。积极开展术中骨及软组织冰冻切片检查,在甘肃省首届

“宝盈徕卡杯”冰冻切片比赛中，荣获二等奖。参加“2009年病理年会暨病理新技术新进展研讨会”等各种讲座，使科室诊断水平逐步提高。

2010年，科室选派1人前往广东省人民医院及康都病理检测中心学习，使科室人员的薄层液基细胞学制片技术及诊断水平进一步提高。积极参与国家自然基金项目“不同浓度麝香酮对外源性骨髓间充质干细胞体内迁移作用与机制研究及其引经理论初探”及“Survinvin、VEGF在成骨性良性、交界性及恶性肿瘤中的表达及意义”。1人取得病理硕士学位，1人取得甘肃省病理学会委员资格。发表省级论文1篇。

高压氧治疗中心

2008年，高压氧治疗中心主要开展的治疗项目有CO中毒、脑血管疾病、缺血缺氧性疾病、神经衰弱、失眠等。科室人员相继轮训，3人拿到国家医政司颁发的上岗培训合格证，全年完成治疗量7093人次。发表国家级论文1篇。

2009年6月，高压氧治疗中心挂靠脑病（神经内）科管理，东红调往脑病（神经内）科，不再担任高压氧副主任职务。科室在人员少的情况下，完成了高压氧舱的年检工作，全年完成治疗量8075人次。

2010年，高压氧治疗中心配合临床科室对患者进行氧疗，达到了满意疗效。对一例器官切开的昏迷患者，进行了大面罩罩内吸氧30次，工作人员舱内陪同，正确指导，保障了患者的生命安全。全年完成治疗量7487人次。

药学部

2008年，科室以临床服务为中心，突出中医药特色，充分发挥中药优势，拓宽服务业务。在药品供应、制剂生产、临床药学服务、科研等方面圆满完成了预定任务。完成了10个院内新制剂的注册；参加了汶川地震的抗震救灾药品配备工作；积极配合临床应对突发事件；成功举办了全省“中药加工炮制暨中药制剂”学习班；拓宽改建煎药室，增加了4台DP2000-3W(3+1型)电脑搅拌煎药包装一体的煎药机，使煎药室符合相关技术标准。全年发表国家级论文2篇、省级8篇。完成科研鉴定2项，立项2项，获奖3项。完成药品销售62620496万元，自制药品销售2156488.49万元。12月，宋宝根为药剂科技术指导。

2009年3月，宋宝根、姜华不再担任药剂科副主任（兼）。6月，经过岗位竞聘，罗燕梅任药剂科主任，李喜香任副主任，宋宝根、李开贵任药剂科业务技术指导，姜华调往中药研究院任所长并兼任中心实验室主任。科室坚持“以病人为中心，以质量为核心”的服务理念，加强与临床科室的合作和联系，严把药品质量，不断改进工作方式和服务质量。每月对门诊处方开展抽查，对全院抗生素用药情况进行统计和分析，为临床合理用药提供了可靠的依据。在保证医院药品供应的同时，完成了9个院内自制新品种的制剂申报及注册。积极参与甲型H1N1流感的防治，生产"甲流"一号煎液4万袋并在院内外发放。举办了"全省医院临床药学暨中药饮片鉴别技能大赛研讨班"。全年出版专著1部，发表国家级论文2篇、省级11篇，完成科研鉴定2项，立项2项，接受中医院校学习生及地县进修人员共计66名。派2名药学人员去相关单位进修学习，2人参加全国学术培训和研讨会。全年完成药品销售76578412.53万元，自制药品销售2685134.72万元。12月，罗燕梅调离医院，刘效栓任药剂科主任。

2010年，在完成正常生产的情况下，加强了医院药事管理工作，每季度召开一次药事管理委员会会议，安排部署医院药事管理工作；严格执行卫生厅关于合理用药的有关规定，对用药连续3个月排名前两位的4个品种做出了暂时停用3个月的处理；调整了医院药品品种结构。严肃采购纪律，执行国家物价政策和医院采购、验收、养护、发放等制度。根据省卫生厅药品招标结果，及时调整中标品种的进货渠道和进货价格，完成了中标药品网上采购工作。积极努力，保证了医院日常医疗、抗震（玉树地震）和抗洪（舟曲泥石流）救灾所需的药品供应、特殊病情和急救病人抢救过程中的用药需求。完成了制剂室的改造，改善了制剂室的生产环境，建立健全了各项操作规程和规章制度，对工作人员进行了脱产培训，顺利通过了医疗机构制剂许可证5年1次的换证工作。对制剂室进行了合理的工序调整，成立了提取室，新设调度1人，安排制剂室各个班组的生产计划。积极向卫生厅申报全省医疗机构推广使用的制剂品种，有23个院内制剂获批在全省医疗机构推广使用。对药房进行了房屋粉刷和装修，增加了相应的设备和设施，完善了各项规章制度和工作记录，改变了服务理念，提高了工作态度，使医院的药房管理上了一个新的台阶。药房被兰州市食品药品监督管理局评为"兰州市规范化药房示范单位"。在医院加工炮制条件不能满足需求的情况下，加工室的同志创新工作，秉承了传统加工工艺，保证了饮片质量，年内完成饮片炮制加工46.6吨。在完成炮制加工的同时包装中药洗剂9.1万袋。积极开展临床药学工作，选派1名临床药师进入临床参与用药方案的设计，参与医院感染科的药物监测。参加了甘肃省抗菌药物合理用药监测网、卫生部合理用药监测网。在全省抗菌药物知识大赛中，张民同志获得个人二等奖。加强了药品质量管理，对医院自制制剂进行批批检验，全年共检验171批次。同时制定了新注册13种制剂的质量标准，完成了原来注册的40个医院制剂的重新注册申报工作，采购补充检验所用的标准品、对照品，添置了必需的检验玻璃仪器和化学试剂。成功协办了甘肃省首届中药炮制大赛，并取得了团体第一名、个人前三名的好成绩，其中，沈涛同志荣获了甘肃省"五一"劳动奖章，杨小源、张宏武、张晓明、葛新春、黄清杰5名同志获得"甘肃省职工岗位技术标兵"称号，医院获得省总工会等四部门联合下发的优秀组织奖。在青海玉树地震和舟曲泥石流灾害的救治过程中，药剂科全体同志积极主动，加班加点采购救灾药品、生产院内制剂，在保证临床需求的情况下，为收治灾区患者的兰大一院等6家医院提供了"损伤胶囊"等7个品种，合计9.6万元的院内制剂，保证了救灾药品的需求。同时开发了陇中牌"伤科洁肤液""清热解毒合剂"等5个新制剂，在救治伤员过程中起到了很好的治疗作用。完成了省卫生厅重点学科的申报和验收工作，药剂科被省卫生厅评为甘肃省临床医学重点学科——中医药剂科。与此同时，药剂科也顺利通过了国家中医药管理局组织的"全国中医管理年活动"的检查。完成了全省"中成药合理使用"继续教育项目。积极开展科研创新工作，全年完成科研鉴定4项，科研立项6项，获得市（厅）级科技进步奖二等奖3项，出版专著2部，发表国家级论文7篇、省级13篇。制定了科室文化建设的计划，每个月精选一个主题，在全科进行培训。组织了2次文体活动，举办了1次“团结和考核”的辩论赛。通过开展多种形式的文体活动，达到了教育职工、提高科室凝聚力的作用。全年完成药品销售89774718.32万元，自制药品销售3796065.91万元。12月，撤销药剂科，成立药学部。刘晓栓任药学部主任，马新换任药学部副主任（正科级），兼制剂科科长。

甘肃省中医院年鉴2008—2010

THE YEARBOOK OF GANSU PROVINCE HOSPITAL OF TRADITIONAL CHINESE MEDICINE 2008-2010

研究院工作

研究院设置图

2008 年研究院设置图

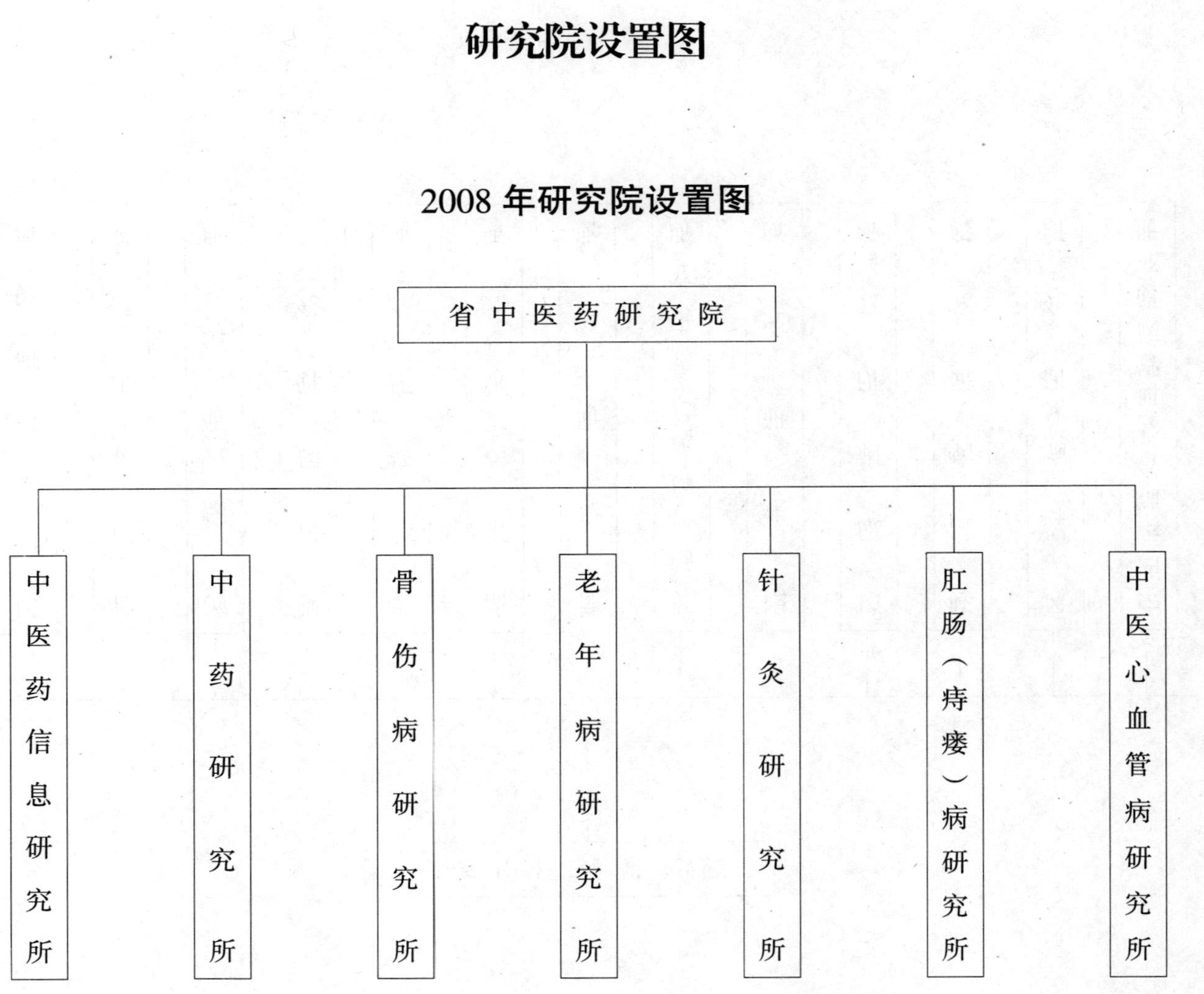

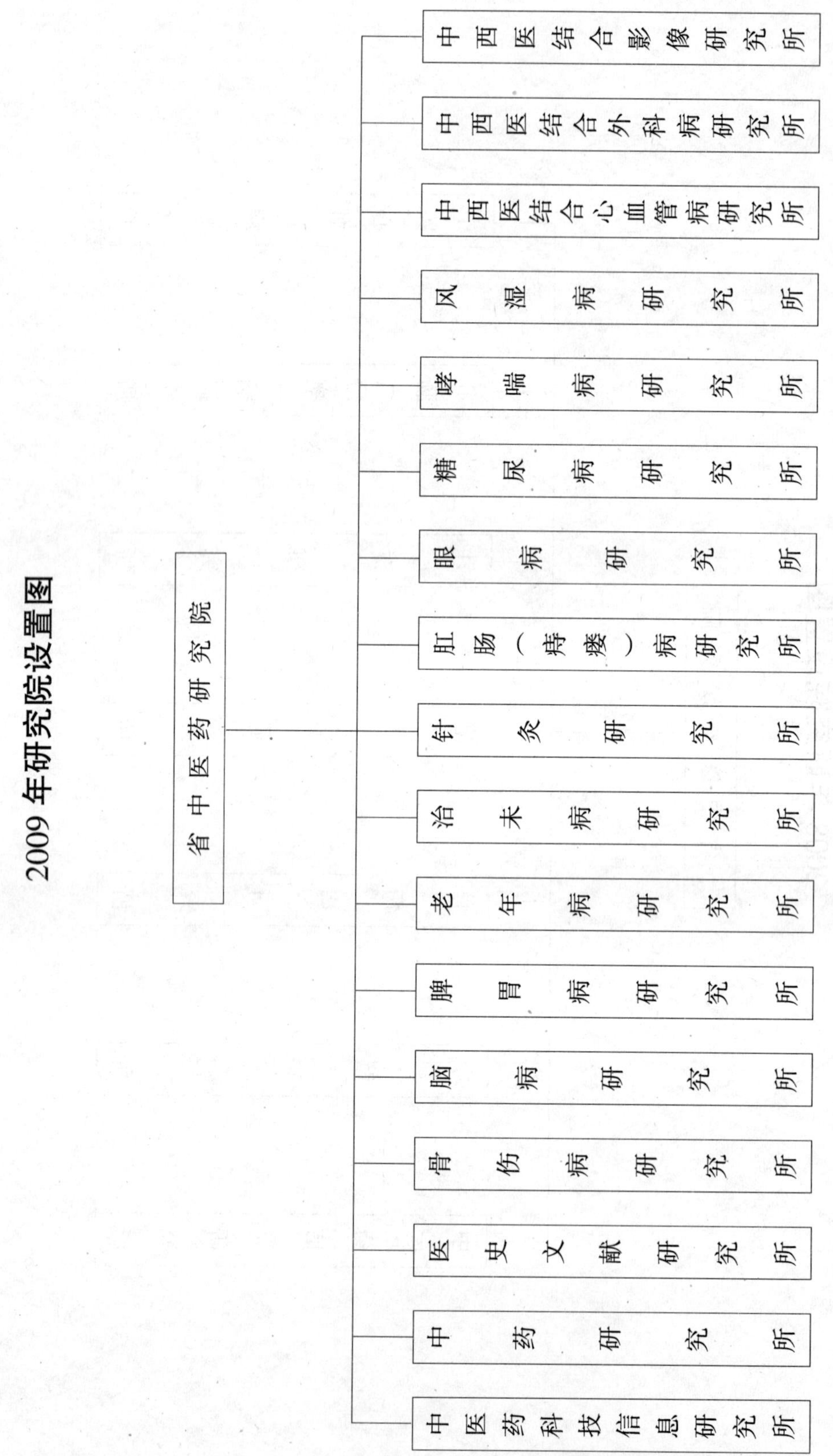

2009年研究院设置图

2010年研究院设置图

省中医药研究院

- 中医药科技信息研究所
- 中药研究所
- 医史文献研究所
- 骨伤病研究所
- 脑病研究所
- 脾胃病研究所
- 老年病研究所
- 治未病研究所
- 针灸研究所
- 肛肠（痔瘘）病研究所
- 眼病研究所
- 糖尿病研究所
- 哮喘病研究所
- 风湿病研究所
- 中西医结合心血管病研究所
- 中西医结合外科病研究所
- 中西医结合影像研究所
- 肾病研究所
- 肿瘤研究所
- 儿科研究所
- 皮肤病研究所
- 耳鼻喉病研究所
- 中西医结合外周血管介入研究所

中医药科技信息研究所

2007 年 8 月，省中医药研究院由甘肃省中医院托管，成立中医药信息研究所，潘文任所长，主要承担《甘肃中医》杂志的编辑、发行工作。2008 年，完成了《甘肃中医》《甘肃省中医药信息》《甘肃省发展中医论坛》的编辑出版工作。杂志全年刊载文章 400 余篇，审读 900 万字符，编校 1500 万字符。由甘肃省卫生厅批准成立了"甘肃省中医药科技查新检索中心"，中心由潘文所长负责，并配备了两名专职查新人员（受过专门的查新技术培训），查新人员专业涉及中医妇科、中医内科和中西医结合，同年完成了 30 余项课题的查新。选派柳树英同志参加科技期刊学会主办的主编、编辑人员培训班，程涛同志参加了全国查新人员上岗培训，均拿到了上岗证。张丽君同志通过了全国编辑人员中级职称考试，拿到了合格证，并已被医院聘任。全所科研立项 2 项，结题 1 项，获奖 2 项，其中由潘文主持的"清下达下法治疗热淋的临床与实验研究" 课题被列入 2008 年甘肃省自然科学基金和中青年科技研究基金计划项目。潘文主持的"全国中医药科技期刊的发展现状、存在问题及对策的研究"课题，被中国高等学校自然科学学报研究会基金委员会立项。潘文主持完成的"阴洁尔康外用抗菌洗液治疗外阴、阴道假丝酵母菌病的临床与实验研究"课题获 2008 年甘肃省皇甫谧中医药科技进步奖三等奖，潘文参与的课题"陇中损伤散对激素性股骨头坏死疗效与作用机制的实验研究"获甘肃省科技进步奖二等奖。全所人员还撰写并在省级杂志上发表学术论文 3 篇。

2009 年，圆满完成《甘肃中医》《骨伤论坛》《甘肃省中医药信息》《甘肃省中医药学会学术年会论文集》《甘肃省中医院中青年学术论文集》的编辑出版工作。杂志全年刊载文章 800 余篇，审读 1000 余万字符，编校 1600 余万字符。全年完成 97 个课题的查新工作。于 7 月 17 日至 7 月 21 日举办了国家级继续教育学习班——"中医药科研申报及科研论文写作学习班"。甘肃省科技厅郑华平副厅长和甘肃省卫生厅中医药管理局郑贵森局长出席了开幕式并发表了讲话。本次学习班组织了强大的教师队伍，其中博士研究生导师 2 名，硕士研究生导师 5 名，博士 4 名。参加培训的学员有 100 多名。《甘肃中医》杂志还与佛慈制药有限公司签订了为期 1 年的广告宣传合同，为佛慈制药有限公司也为甘肃的中医事业、甘肃的品牌企业做了宣传，此外还开设了"佛慈文化"和"佛慈医药"等栏目，不仅为佛慈开创了宣传的新视角，也为研究所杂志树立了品牌。《甘肃中医》杂志按期制作医院科室宣传材料，对中医院的学科、专业、特色进行系列介绍和推广。选派柳树英去华西医科大学参加了中国循证医学中心举办的"循证医学长期培训班"，进行了为期 3 个月的系统学习；康开彪参加了由中国科技期刊编辑学会主办的"科技期刊编辑培训班"，并且通过考试拿到了编辑上岗证书。潘文、张丽君参加由中国科技期刊编辑学会主办的"第 9 期中国科技期刊编辑手段现代化培训班"。牛崇信在北京参加了全国科技查新人员业务培训班，程涛参加了"全国中医药科技查新培训班暨中医药信息化建设研讨会"。科研立项 1 项，结题 1 项，潘文主持的甘肃省中医药项目"归甲疏通胶囊治疗输卵管阻塞性不孕症的临床研究"课题已通过省科技厅组织的鉴定，达到国内领先水平。柳树英申报了院级课题 1 项。12 月，中医药研究院内设机构人员进行调整，中医药科技信息研究所所长潘文，成员程涛、康开彪、张丽君、柳树英、张敏、牛崇信、李小娟。发表国家级论文 4 篇、省级论文 9 篇。

2010 年，完成《甘肃中医》《骨伤论坛》《甘肃省中医药信息》《甘肃省中医药学会学术年会论文集》《甘肃省中医院中青年学术论文集》的编辑出版工作，全年刊载文章 900 余篇，审读 1200 万字符，编校 1800 万字符。完成中医药科技查新 110 项。为提高刊物的编校质量，特聘请甘肃省期刊审读专家、原《西北师范大学学报》(自然科学版)主编赵更吉老师在出刊之前对《甘肃中医》杂志进行预审读。2010 年引进一名出版专业毕业、从事出版专业工作多年，并具有初、中级出版专业职业资格证和硕士学位的工作人员。为了有效地防止学术不端行为的发生，推进学科的进步，协调编辑部与作者、编辑部与网络期刊之间的关系，保护作者与期刊编辑部的合法权益，维护公共利益，避免违反学术规范及在科研资源、学术地位等方面的不正当竞争，推动全社会形成版权保护和抵制学术不端行为的良好道德舆论氛围，10 月份开始对所有投稿稿件进行“学术不端检测”，对有学术不端行为的稿件一律不予刊发。本年度研究所注重人才培养，提高人员素质：张敏、李晓娟、王安萍等同志参加了由中国科技期刊编辑学会主办的“科技期刊编辑培训班”，均通过考试拿到了编辑上岗证书；康开彪、张丽君参加了由清华同方举办的“优先数字化出版平台培训班”；潘文、程涛、牛崇信参加了“中国中医药文献检索中心工作研讨培训会议”。今年全所科研立项 1 项，获奖 1 项，其中“中医药科技信息研究所 2011—2013 年建设任务”为甘肃省中医药研究院研究所科研项目。由潘文主持的甘肃省中医药项目“归甲疏通胶囊治疗输卵管阻塞性不孕症的临床研究”荣获兰州市科学技术进步奖三等奖。全所人员发表学术论文 14 篇，其中国家级杂志 3 篇、核心期刊 2 篇。2 月，潘文所长当选为甘肃省中医药研究院副院长，并当选为中华中医药学会编辑出版分会副主任委员，在文化分会 2010 年换届会上当选为中华中医药学会文化分会常务理事，在信息分会当选为第一届常务委员，在甘肃省中医药学会换届会议上当选为甘肃省中医药学会副会长兼秘书长，在甘肃省中西医结合学会换届会议上当选为甘肃省中西医结合学会常务理事。中华中医药学会拟将个别质量高、信誉好、被同行认可的地方杂志在变更刊名和主单位后纳入到学会系列期刊中，研究所及时抓住了机遇，经取得主管单位、主办单位同意，并与中华中医药学会协商，将《甘肃中医》杂志更名为《西部中医药》，并增加中华中医药学会为杂志第二主办单位，将杂志纳入中华中医药学会系列期刊，目前已完成了前期准备，并将变更材料上报至国家新闻出版总署。2010 年 11 月，中国科技信息研究所公布了《中国科技核心期刊目录(2010)》，《甘肃中医》杂志有幸被收录其中，并颁发了“中国科技核心期刊收录证书”。

中药研究所

2007 年 8 月，省中医药研究院由省中医院托管，整合省中医院和省中医药研究院在中医药临床和科研方面的力量，成立中药研究所，姜华任所长，罗燕梅兼副所长。研究工作重点是科研工作。2008 年，工作重点是实验中心建设。年初，经院领导研究和决策，决定在中药研究所的基础上成立中医药实验中心，为中医院和中医药研究院的科研和人才培养提供一个科研实践平台。在王阳副院长的亲自筹划和领导下，科室配合院后勤部门的同志们，参与了实验中心的部分筹建工作，撰写详细的实验室规划并与院科研部、财务部共同向省科技厅申报了实验室平台建设经费申请材料，并在实验中心的房屋装修和设备购置方面提供合理的建议。在实验中心的后期实验仪器和办公设备搬运过程中，完成了设备的摆放和安装。下半年实验和办公设备已基本到位。下设三个实验室：中药临床制剂实验室，中药临床分子生物学实验室，中草药化学及中药检测实验室。并接受了国家卫生部、中医药管理局及省上领导的视察，得到了积极的肯定。7月，新分配来一名卫生毒理学硕士研究生。研究所遵守院里的各项管理制度，完成了年初计划的各项工作任务。8月，制定了《实验室人员岗位管理制度》《安全管理规范》《实验试剂管理、使用制度》等十多项管理制度，并将这些制度上墙，要求全中心人员严格遵守。为保证实验操作的规范，制定了《Waters1525型高效液相色谱仪标准操作规程》《TU-1201紫外-可见分光光度计的标准操作规程》《CP225D赛多利斯电子天平标准操作规程》等详细的操作规程共12项，并对研究人员进行了重新培训。10月，研究所对所承担的科研项目“中药新剂型——小儿解热中空栓剂的研制与药学研究”进行了科研鉴定，省科技厅组织的专家鉴定组一致认为这项科研成果达到了国内领先水平。本年度，姜华SCI论文“Antioxidant activities of extracts and flavonoid compounds from Oxytropis falcate Bunge”发表在*Natural Product Research*上。

2009年，中药研究所增设2个实验室，分别是细胞生物学实验室和免疫组化实验室。在人员配备上，已有中药化学、中药制剂、毒理学和中医内科专业研究人员共6人：博士2人，硕士2人，本科2人。着力提升实验室的硬件设施。3月，派出研究员上省内多家大型实验中心实地考察，并请教数位科研专家对装修设计方案和要购置的仪器设备进行多方论证。随后购置了紫外分光光度计和生物安全柜各1台。4月，实验室二期装修方案和其他仪器设备购置计划已完成并提交至院内相关部门进行审核和招标。完成省委组织部委托培养“甘霖计划”甘南藏医药研究院藏族藏药进修生1名，该同志在中心实验室进修1年，学习了中药薄层色谱、紫外检测和高效液相色谱检测等实验技术，在科研课题申报、设计、实施等方面得到了很大提高，圆满完成了进修计划。7月份协助中医药信息情报研究所举办了国家级中医药继续教育项目“中医药科研及科研论文写作学习班”，实验室两位博士在学习班上就科研课题申报和国家自然基金申报做了详尽而精彩的专题讲座。同时，全所积极申报国家和省、市等各级科研项目。今年共申报国家自然基金1项，省科技厅项目4项，省中医药管理局项目3项，兰州市科技局项目1项和院级科研项目2项。在院领导的支持下，3月，派出一名同志去中国循证医学中心学习循证医学和系统评价，回来后先后两次在全院内做了循证医学和临床科研等方面的讲座。12月，中药研究所人员调整为所长姜华，副所长刘效栓（兼），成员李喜香、杨丽霞、乔莉、杨沛霖、薛世萍、李秀娟、李晓东、胡君茹、詹文强。年度共发表论文6篇，其中SCI 2篇（“Chemical composition and antioxidant activity of the essential oil from Oxytropis falcate Bunge”，*Journal of Essential Oil Research*.“Screening for fractions of Oxytropis falcata Bunge with antibacterial activity”，*Natural Product Research*.），国家级核心期刊2篇，国家级学术会议1篇，省级期刊1篇，甘肃省中医药学术年会投稿4篇。“中药新剂型——小儿解热中空栓剂的研制与药学研究”获甘肃省皇甫谧中医药科技奖三等奖。

2010年，工作重点是着力提升实验室的硬件设施。在人才方面，增加了一位药物分析专业的硕士研究生，另有一名有丰富制剂经验的药剂师加入。选送两位同志出去进修：3月，薛世萍到兰州军区兰州总医院，主修：细胞生物学；10月，李晓东到中国中医药研究院，主修：中药药理学。中药研究所有专业研究人员共6人，其中博士2人、硕士3人、本科1人。硬件建设方面，细胞生物学实验室和动物室完成了整体装修，招标采购的大部分实验仪器设备已到位。已安装的主要实验仪器设备有自动铺板仪、薄层成像自动扫描仪、制备液相色谱仪、压片机、荧光倒置显微镜、生物安全柜等。有3位研究生进入实验室开展课题。实验室也承接并完成了一项骨科新药研制项目“滑膜炎Ⅰ号”的研制工作。9月，中药研究所成功主办了国家级继续教育项目“中医药科研申报、科研及论文写作研讨班”，来自全省十多个地县的共107名学员在科研申报、科研方法及论文写作方面进行了学习。科研工作方面，主持完成“藏药镰形棘豆活性组分的筛选”通过甘肃省科技厅科学技术成果鉴定；与甘肃中医学院附属医院合作的科研课题“抗增生胶囊制备工艺及质量标准的研究”也通过甘肃省科技厅科学技术成果鉴定。由姜华主持申请的兰州市生物医药研究专项“新药‘陇中损伤散胶囊’临床前药学研究”立项，获得10万元的经费资助；省科技厅科研院所科技开发专项“中药注射剂不良反应的循证医学研究”获得2万元资助；由杨丽霞与北京中医药大学合作的科技部国际科技合作项目“中药复方治疗糖尿病肾病肾间质纤维化作用靶点和机制研究(2009DFA31520)”，获得11万元的科研经费；由李晓东主持申请的院内中青年科研项目“9种医院中药制剂微生物限度检查方法的建立”课题，获得立项，获资助0.5万元。实验室共发表论文10篇，其中在国家级发表7篇、省级学术期刊发表论文3篇。郭敏的“不同生长期独一味中山栀苷甲酯和8-O-乙酰山栀苷甲酯的含量研究”获甘肃省中医院中青年第十五届学术年会二等奖，薛世萍“补充钙剂治疗儿童铅中毒效果的系统评价”获三等奖，中药研究所获得这次学术年会的集体优秀奖。

医史文献研究所

2009年12月，医史文献研究所成立。张延昌任所长，潘文任副所长(兼)。成员张参军、田雪梅、柳树英、张敏。研究所主要以武威汉代医简研究为重点，进行了《武威汉代医简三十年研究论文汇编》及“《武威汉代医简》所载治法、方药治疗风湿病的相关研究”等课题的研究。这些工作都为文献所下一步的工作奠定了坚实的研究基础。

2010年7月，袁仁智和吕有强作为专职研究人员进入文献所工作，为医史文献研究所的创建及今后的发展提供了人力支撑。同时，文献所亦进行了办公设备的更新与升级，添置了办公桌椅、书柜，新配了电脑、电话以及照相摄像器材，并建立了文献所图书室，藏书近100册，科研条件得到一定改善，为文献所日常工作的顺利进行奠定了基础，自此医史文献研究所正式步入了新的发展阶段。通过研究院启动基金项目立项及审批，文献所积极响应中医药研究院关于研究所科研启动基金项目申报的号召，确定了“武威汉代医简‘理法方药’源流研究”及“日藏敦煌吐鲁番医药卷子的整理与研究”两个课题，两项目均在省科技厅专家主持的评审中获得总分第一名，顺利地通过了立项及审批。由袁仁智负责申报了甘肃省科技厅自然基金项目“新辑敦煌和吐鲁番医药卷子文献整理及研究”。启动《皇甫谧研究集成》的编纂工作，开展了武威汉代医简出土地实地调研。9月8日，国家中医药管理局下发《关于支持甘肃省中医药事业发展的意见》，文中明确指出“打造甘肃中医药文化品牌。支持地方政府和莫高窟管理部门在敦煌博物馆内设敦煌医学分馆。全国中医药文化建设试点单位向甘肃倾斜，将庆阳岐伯圣景、平凉灵台皇甫谧文化园、敦煌博物馆医学分馆、武威汉简医学城(雷台园)等作为全国中医药文化宣传教育基地进行建设”。按照此文件精神，结合医史文献研究所的研究课题“武威汉代医简‘理法方药'源流研究"及武威汉简医学城(雷台园)建设规划,医史文献研究所在院领导的大力支持下,通过与武威市相关部门积极协商后,医史文献所一行3人于10月20日至22日前往武威进行了为期3天的实地调研。内容主要包括:1.了解了武威旱滩坡地带的地理地貌及有关武威汉代医简的传说、故事、遗留的土单验方等。2.与武威市相关部门座谈,了解、研究、规划武威汉代医简城(雷台园)进行全国中医药文化教育基地建设项目的情况。3.到武威市(县)博物馆、文化馆、考古所采访有关对武威汉代医简的最新研究;到武威市(县、乡)医院采访名中医、老中医有关对武威汉代医简所载方药的临床运用情况等。4.与武威相关部门密切交流,适时宣扬省中医院、中医药研究院对武威汉代医简研究的最新进展与应用情况。武威汉代医简的深入研究,作为甘肃医学的四面旗帜之一,武威汉代医简研究一直是医史文献所的工作重点。通过对武威汉代医简出土后的各种研究资料的系统整理,了解了武威汉代医简的研究现状,明确了武威汉代医简的研究意义和研究重点,确立了今后研究的方向,成功地完成了院级课题的申报任务以及"武威汉代医简方药研究"的部分撰写工作。11月,由国家中医药管理局、中华中医药学会组织的"中华名医研究项目课题——中华古代名医名著研究集成"系列丛书的第八本大型著作——《皇甫谧研究集成》确定由甘肃省中医药研究院主持编写。该书的资料搜集及编纂工作具体由医史文献所承担,初期工作于11月正式启动。

骨伤病研究所

骨伤病研究所成立于1993年,科级建制。研究所现拥有高级技术职称人员6人、中级1人、初级2人,其中博士2人、硕士5人。研究所成立以来,以甘肃省骨伤科临床医学中心为依托,在甘肃省中医骨伤科医疗、教学、科研等方面做出了较突出的贡献,发展方向由以前的临床研究为主逐渐转变为基础与临床并重的发展模式。2007年8月,为整合医院和省中医药研究院在中医药临床和科研方面的力量,骨伤病研究所划归为省中医药研究院内设机构。为配合国家中医药管理局第一批重点研究室的建设工作,成立甘肃省中医院"陇中骨伤诊疗重点研究室"。

2009年12月,骨伤病研究所成员调整,谢兴文任所长(兼),成员张德宏、杨波、邓强、赵军、李红专、周明旺、叶丙霖、张彦军等。研究所成功申报国家中医药管理局重点研究室。

2010年,新增硕士1人。投入200余万元完成了中心实验室设备的购置与装修,目前均已投入使用。开展了中药提取、分离、质量标准检测,以及中药药理、毒理等研究,并能开展细胞培养、聚合酶链反应(PCR)、免疫组化等实验项目,并与甘肃中医学院初步达成了协议,成立甘肃中医学院、甘肃省中医药研究院中医骨伤科学研究生联合培养基地,相互合作共同培养骨伤科学研究生。目前研究所"骨伤病研究所科研基金启动项目"的5项课题均进展顺利,其中课题"消定膏贴剂的制备工艺及透皮吸收促进剂的研究"及"腰椎小关节非对称性与腰椎间盘突出的相关性研究"已基本完成。成功申请了2项国家自然科学基金。近期积极申报的甘肃省卫生行业科研计划项目"腰椎不同角度及深度置入椎弓根螺钉对把持力影响的研究"及"兰州市青少年脊柱侧凸的流行病学筛查"已获得审批,并努力申报了甘肃省杰出青年科学基金项目。目前,骨伤病研究所主持和参与科研项目共9项,其中国家级3项(国家自然基金项目2项)、省部级3项、地厅级3项。发表学术论文51篇。

脑病研究所

2009年12月,脑病研究所成立。李妍怡任所长(兼),杨瑞龙和张崇岳任副所长(兼),成员东红、胡敏棣、杨涛、刘志军、柳直、南学彦、张谦等。研究所以脑病科、神经外科为依托和平台,以脑血管疾病的防治为主要研究方向,以“佛手”系列方药为研究重点,进行了“补脑膏治疗血管性痴呆的临床及实验研究”“佛手养心安神汤治疗神经衰弱症的临床和实验研究”“佛手定眩合剂治疗眩晕症的临床观察和实验研究”等课题的研究。

2010年,新增博士1人(王晓萍)、硕士2人(曹骅、张学基)。李妍怡被聘为第五批省级中医师承指导老师,东红被甘肃中医学院聘为中西医结合内科学硕士研究生导师。购置FM08150078型自停式开颅钻1台、血小板聚集仪1台、多功能蛋白分析仪1台。新开展了缺血性脑血管病诊疗,引进了神经介入新技术(全脑血管造影术、脑血管狭窄支架植入术、动脉瘤栓塞术等)。制定了脑研所工作目标和规划:1.建立中医脑病学临床研究室,研究中医脑病学的内涵和外延:内涵包括中医脑的解剖定位、脑的生理病理特点、脑病的病因病机、脑病的诊法与辨证、脑病常见症状的辨证要点、脑病的治则治法、脑病的护理、各类脑病的诊治规律及其预后、脑病的预防、脑的养生等,涉及的主要中医病症有中风、眩晕、痴呆、头痛、口僻、厥证、脱证、闭证、昏迷、痿证、痉证、癫狂症、郁证、健忘、颤证、不寐、多梦、耳鸣等。西医脑病、神经科诊疗技术、脑病病理、病理生理、发病机理、诊断及治疗方法、研究手段及现代脑的研究进展为本学科的外延部分,并包含一些边缘交叉学科的相关内容,如预防医学、心身医学、精神病学、养生康复、细胞分子生物学、临床流行病学等。2.以现有的二级脑病实验室为基础,通过投入资金、扩建实验室面积、购置新仪器设备和补充实验室专职技术人员,与医院检验科、功能检查科、影像中心和导管室及研究院中心实验室共享资源,大力发展和完善相关科研基础实验室,如脑血管病实验室、神经免疫实验室、临床神经肌肉病理实验室、神经心理实验室、临床神经电生理实验室、神经影像研究室等,从而支撑研究所的正规化、科学化发展,为科学研究夯实基础,加强科学研究。以中风膏、补脑膏的临床科研成果为基础,一方面深入研究其作用机制,另一方面完善和扩大“佛手”系列方的研究。这些工作都为脑研所下一步的工作奠定了坚实的研究基础。发表论文16篇,完成科研5项,在研科研7项,接收甘肃中医学院本科实习生60余名,培养硕士研究生12名。

脾胃病研究所

脾胃病研究所成立于2009年12月,廖志峰任所长(兼),田旭东任副所长(兼)。成员李生财、武正权、陈世旺、马润琳。研究所把肝纤维化、肝硬化、萎缩性胃炎、消化性溃疡、消化道大出血、溃疡性结肠炎、急性重症胰腺炎、胃食管反流病等疾病的中西医治疗作为主攻目标，对消化系统常见病形成了一整套有特色优势的诊疗方案，诊治方面有独特的治疗手段及专病专药。

2010年，新增卢雨蓓、马国珍、刘清君3位工作人员，为研究所的工作提供了人力支持。开展的主要特色疗法共计16种，如制萎扶胃丸治疗萎缩性胃炎伴肠化、增生；运脾法治疗慢性胃炎；中药内镜下注入法；健胃清肠合剂治疗粘连性肠梗阻；益气活血法（丹参、黄芪注射液）治疗肝纤维化；消臌饮治疗肝硬化低蛋白血症；直肠滴注中药疗法；中药导入结肠系统疗法等。形成有特色的诊疗规范5种，如《慢性胃炎中医诊疗规范》《肝硬化中医诊疗规范》《消化性溃疡中医诊疗规范》《上消化道出血中医诊疗规范》《溃疡性结肠炎中医诊疗规范》。研究所成立以来，依托于强大的临床基础，积极开展脾胃病相关研究，在舒劲的主持下完成省中医药管理局重点科研项目1项"制萎扶胃丸防治肝纤维化的机制研究"；田旭东牵头，李生财、武正权、陈世旺为骨干开展了院内支撑课题"健胃系列制剂的发展与应用研究"；李生财主持开展在研项目"强肝抗纤胶囊防治肝纤维化的机理研究""脑肠肽-Ghrelin与'肝胃不和'的相关性研究"也取得了阶段性成果。

老年病研究所

老年病研究所于1994年在原干部病房的基础上成立。著名中西医结合内科主任医师刘国安教授任所长。2003年被评为甘肃省重点学科室，2005年被评为甘肃省中医管理局中医重点专科，2007年8月，整合医院和省中医药研究院在中医药临床和科研方面的力量，老年病研究所划归为省中医药研究院内设机构。2008年1月，孙涛毕业分配至科室工作。6月，科室病床由30张增至33张。省科技支撑计划"中药复方通脑丸防治脑动脉硬化症临床及实验研究"项目立项。同年，研究所被评为国家中医药管理局"十一五"重点专科协作组成员单位。12月，医院聘刘国安为科室技术指导，刘国安不再担任科室主任职务，副主任郦雅珺主持工作。

2009年，通过国家药物临床试验基地评审。举办了省级中医药继续教育项目"中西医结合防治老年心脑血管疾病及老年保健高级研修班"。全年发表国家级论文5篇、省级2篇，出版专著《中医老年保健与养生》1部。甘肃省中医药管理局中医药项目"抑瘤栓经微导管肝动脉内注射栓塞作用的可行性研究"通过鉴定，达到国内领先水平。12月，老年病研究所人员调整，刘国安任技术指导兼名誉所长，郦雅珺任所长（兼），成员曹红霞、李正军、雷作汉、孙涛、张华丽。研究所以老年病科为依托，坚持"中医辨证，西医诊病，中药为主，西药为辅，内调外治，扬长补短，提高疗效"的二十八字方针，进一步加强老年病的研究和系列方药研制。

2010年，开展的特色疗法共计10余种，研制了系列药品"通冠丸"，临床应用表明"通冠丸"可以控制老年冠心病的症状、防治休克、心衰等并发症；依据中医理论提出"养心健脑"的治疗原则，研制的"通脑丸"对防治"脑动脉硬化症""高血压病"具有良好效果；研究所在防治糖尿病及并发症上着力研究，改进传统方药，重用活血化瘀药，以槐米为主药，研制的"糖肾康"对延缓及治疗糖尿病肾病有一定作用;中药“肠炎3号”具有温补脾肾、清热除湿之功效,直肠滴入治疗慢性溃疡性结肠炎效果显著,通过小量药物缓入肠道,渗透压小,保证药物充分与黏膜面接触、弥散、吸收、转运,比常用的保留灌肠法吸收药物更为确切可靠;研制的降龙擦剂治疗带状疱疹及遗留神经痛疗效显著。形成的3个特色中医诊疗方案有“胸痹心痛中医诊疗规范”“消渴中医诊疗规范”“眩晕中医诊疗规范”。研究所成立以来,依托于强大的临床基础,积极开展老年病相关研究,邴雅珺主任主持的“Ⅱ型糖尿病中医证型的客观化研究”由兰州市科技局立项研究;邴雅珺主任主持的课题“抑栓瘤经微导管注射治疗原发性肝癌的可行性研究”获甘肃省皇甫谧中医药科技奖三等奖。发表国家级论文10余篇,举办学术交流会3次,参加国际学术会议5次,参加全国性学术会议10余次。4月,康复治疗中心挂靠老年病科(干部病房),不再独立设科。

治未病研究所

2009年12月,治未病研究所成立。赵继荣任所长(兼),成员王玉珠、邴雅珺、陈国廉。

2010年,研究所治未病中心增加吴全人、闫晓霞两位工作人员。继续研究2009年立项省级科研课题“敦煌医学中治未病思想在老年病中的研究”。7月,立项院级科研课题“治疗腰椎间盘突出症的新方法——姿态调衡法”和“治未病中中医体检规范化的研究”2项。在赵继荣的带领下重点开展腰椎间盘突出症的治疗和预防。“治疗腰椎间盘突出症的新方法——姿态调衡法”是一种无创伤、简单易行、效果良好的功能锻炼方法。对200例经过基础治疗的腰椎间盘突出症患者,进行了姿态调衡法与传统五点支撑法治疗的对比研究。说明姿态调衡法是一种简单易行、效果良好的功能锻炼方法,适用于腰椎间盘突出症的治疗和预防。在王玉珠的带领下重点开展了“敦煌医学中治未病思想在老年病中的研究”,对相关老年病的方药进行了整理。开展了“治未病中中医体检规范化的研究”。对1200人进行中医体检并与其危险因素进行了观察。发表有关治未病研究的国家级论文2篇,参加治未病国家级会议2次。各相关科室重点开展了“冬病夏治”。针灸科应用自制的“中医贴剂”选用不同的穴位预防感冒、提高免疫力,对哮喘、肺心病、慢支进行“冬病夏治”。呼吸科应用自制的“中医口服汤剂”配合自制的“中医贴剂”对哮喘、肺心病、慢支进行“冬病夏治”。这些工作都为研究所下一步的工作奠定了坚实的研究基础。

针灸研究所

1981年3月27日,成立了“甘肃省中医院针灸研究室”,金安德主任医师任研究室主任。1984年2月24日,经甘肃省卫生厅批准更名为“甘肃省中医院针灸研究所”,张涛清任名誉所长,吕人奎任副所长。1985 年 11 月 25 日，经甘肃省政府批准更名为“甘肃皇甫谧针灸研究所”，张涛清任名誉所长，金安德任所长，刘福任副所长。1992 年 5 月，马明非任所长，刘福任副所长。1994 年 3 月 2 日，“甘肃皇甫谧针灸研究所”划归甘肃省中医药研究院。2007 年 8 月，甘肃省中医院正式托管甘肃省中医药研究院，且整合甘肃省中医院和省中医药研究院的力量，针灸研究所划归为省中医药研究院内设机构。科主任张洪涛兼任针灸研究所所长。2008 年 1 月，袁涛、赵霞毕业分配至科室工作。12 月，科室从 1 号楼 7 楼搬至 3 号楼 7 楼，归入十六病区，床位由 22 张增至 40 张，增设了体疗室。发表论文 4 篇：《矩阵针刺治疗 48 例腱鞘囊肿疗效观察》《背部排罐治疗慢性疲劳综合征疗效观察》《耳体穴配合治疗神经性耳聋 32 例》《耳压法治疗不寐 82 例临床观察》。

2009 年 12 月，针灸研究所成员调整，张洪涛任所长(兼)，成员陈国廉、金钰钧、袁涛、赵霞、蒋花等。研究所主要以各种针刺方法治疗临床疾病为研究内容，进行了“注线法治疗高血压的临床疗效观察”“滞针法联合面瘫咀嚼剂治疗顽固性面瘫的临床研究”等课题的研究，这些工作都为研究所下一步的工作奠定了坚实的基础。

2010 年 7 月以后，医院引进多名针灸专业硕、博士研究生，为针灸研究所今后的发展提供了更好的人力支撑。同时，更新与升级了研究所多种现代化办公设备，购置了一批新的医疗器械，为以后的临床研究及学术交流提供了更好的保障，使针灸研究所步入了一个新的发展阶段。张洪涛主持的甘肃省科技厅自然基金项目“注线法治疗高血压的临床疗效观察”通过了研究院启动基金项目立项及审批；“滞针法联合面瘫咀嚼剂治疗顽固性面瘫的临床研究”通过了立项及审批。与此同时，国家中医药管理局下发了《关于支持甘肃省中医药事业发展的意见》，文中明确指出“打造甘肃中医药文化品牌”，省委、省政府也积极支持我省中医事业的发展，且针灸已经成功加入联合国科教文组织非物质文化遗产。在这些政策及外部环境良好的氛围下，针灸研究所抓住契机，积极参与各类学术交流，扩大在全省乃至全国的影响力，参加了 2010 年敦煌国际针法灸法操作交流会，并与药学研究所合作共同开发面瘫咀嚼剂，以加快自身的发展。

肛肠(痔瘘)病研究所

1993 年 4 月，“甘肃省中医院痔瘘咨询培训中心”成立，科级建制。2007 年 6 月更名为甘肃省中医药研究院肛肠(痔瘘)病研究所，将工作重点由培训咨询转向科研。8 月，为整合省中医院和省中医药研究院在中医药临床和科研方面的力量，肛肠(痔瘘)病研究所划归为省中医药研究院内设机构，科主任左进兼任肛肠(痔瘘)病研究所所长。研究所以肛肠(痔瘘)科为基地，对西北地区肛肠(痔瘘)方面疾病(发病原因、地域特点、中医诊疗特点、疾病预后及转归、新技术新药开发推广等方面)进行研究。2008 年，积极申报“肛肠科常用中药制剂的研制”项目获得通过，获得资助基金 10 万元。研制出系列自制药品。接收硕士研究生 1 名。参与举办甘肃省肛肠学术会议交流 1 次，举办全省肛肠病新进展学习班 1 期。2009 年 7 月，“三黄栓的临床研究及工艺改造”科研课题通过鉴定，达到国内领先水平。12 月，研究所人员调整，左进任所长(兼)，杨宏武任副所长(兼)，成员甄熙奎、吴世铖等。

2010年，以肛肠病的中医药结合治疗及预防研究为工作重心，以肛肠科常见病、多发病及大肠肿瘤为重点，进行肛肠科疾病的研究工作。研究所成员通过进修学习，积极引进新技术，拓展新业务，开展了便秘患者结肠慢传输试验检查；对有条件的患者施行无痛、微创的PPH手术。厅列中医药科研计划项目“三黄栓的临床研究及工艺改造”获得皇甫谧中医药科技奖二等奖，其中3个子课题获得甘肃省中医药研究院科研启动资金10万元。出版专著1部。积极申报科研项目2项，发表学术论文10余篇。

眼病研究所

2009年12月，眼病研究所成立，刘永民任所长(兼)，罗向霞任副所长(兼)，成员慕明燕、苏莉、樊莹、刘永红。建所后队伍不断扩大，拥有1名博士、4名硕士、3名本科生；设备不断完善，拥有手术显微镜、电脑验光机、角膜曲率测量仪、非接触眼压检测仪、超声乳化机、眼科A/B超、视野机、间接检眼镜、同视机、弱视训练仪等仪器设备，眼底血管荧光造影仪等。根据眼科临床业务特长，逐步形成了各种眼病的研究方向，一是对复杂性白内障手术方式的改进临床观察研究，二是对中医药治疗各类眼底疾病临床观察，三是对斜弱视诊治及各类斜视手术的临床观察。

2010年，眼科研究所申报立项甘肃省中医药研究院科研启动基金项目3项，刘永民主持2010年科技厅、卫生厅眼科项目共2项，发表相关国家级期刊论文1篇，国家级、省级会议论文10余篇。重视继续教育人才培养，选派2人参加北京、上海眼科长期培训，加强与国内及省内同行交流学习，并组织人员参加眼科学术会议5人次。

糖尿病研究所

2009年12月，糖尿病研究所成立。张定华任所长(兼)，成员杨丽霞、张东鹏、王晓晖。研究所主要开展糖尿病的中药临床疗效研究、中药制剂研究、中药质量标准研究、中药药效及机理研究、中药细胞药理研究等。并积极申报科研课题。

2010年，成功申请到各级科研课题共计6项，其中国家级合作课题1项，省级课题1项，地厅级及院级课题3项，获取科研经费总计30.5万元。其中，研究所启动基金项目“中医药防治糖尿病及并发症的临床方案优化及机制研究”获取研究经费10万元。该课题是在长期临床实践的基础上，针对糖尿病发病前的预防、发病后的血糖稳定，及其并发症糖尿病肾病、糖尿病周围神经病变、糖尿病视网膜病变，总结出系列中药组方(糖前康、糖稳康、糖网康、糖肾康、糖痹康)。甘肃省中医药管理局重点项目“糖肾康胶囊治疗早期糖尿病肾病的临床研究”获取研究经费5万元。该课题针对糖尿病肾病筛选出临床有效复方糖肾康,并制作成胶囊剂,然后进行早期糖尿病肾病的临床疗效观察。甘肃省科技厅自然科学研究基金计划"糖痹康胶囊治疗糖尿病周围神经病变的临床观察及与C肽的相关研究"获取研究经费3万元。该课题针对糖尿病周围神经病变,筛选出临床有效复方糖痹康,并制作成胶囊剂型,然后进行临床疗效观察。兰州市科技局科研课题"糖前康胶囊治疗糖尿病前期(IFG、IGT)的临床观察及对胰岛素抵抗指数、IL-18表达的影响"针对糖尿病发病前期阶段,筛选出临床有效复方糖前康,并制作成胶囊剂型,然后进行临床疗效观察。与北京中医药大学合作课题"科技部国际科技合作项目(2009DFA31520)""中药复方治疗糖尿病肾病肾间质纤维化作用靶点和机制研究"获取研究经费11万元。该课题主要针对糖尿病肾病的主要发病机制肾间质纤维化,进行中药复方止消通脉宁颗粒的大鼠含药血清干预体外培养的人肾小管上皮细胞,以肾间质纤维化的关键环节TGF-Smad信号转导途径为主要研究内容,从细胞水平、分子水平探讨了糖尿病肾病的发病机制及中药复方的干预作用。全所成员在申请课题的同时,积极开展糖尿病的研究工作,研究成果主要体现在论文著作方面,在国家级核心期刊、省级期刊成功发表学术论文共计8篇。

哮喘病研究所

2009年12月,哮喘病研究所成立。王兰娣任所长(兼),成员王辉、史东静、闫晓霞。研究所主要以哮喘研究为重点,进行了支气管哮喘、咳嗽变异性哮喘、鼻炎等课题的研究。这些工作都为哮喘病研究所下一步的工作奠定了坚实的研究基础。

2010年7月,黄芸进入哮喘研究所工作,为哮喘病研究所的创建及今后的发展提供了人力支撑。同时,哮喘病研究所购置了过敏原检测技术和肺功能检测仪,科研条件有一定改善,为哮喘病研究所工作的顺利开展奠定了基础。通过研究院启动基金项目立项及审批,哮喘病研究所积极响应中医药研究院关于研究所科研启动基金项目申报的号召,确定了"鼻炎-哮喘综合征"及"鼻康胶囊对变应性鼻炎的临床研究"两个课题,两项目均在省科技厅专家主持的评审中顺利地通过了立项及审批。由王兰娣负责申报了兰州市项目"鼻康胶囊对变应性鼻炎的临床研究和远期疗效研究"。组织所内人员进行哮喘病的宣教、义诊,制定中医治疗哮喘的原则,研制了院内自制药品桑菀胶囊治疗咳嗽变异性哮喘、鼻康胶囊治疗过敏性鼻炎,并跟踪观察其远期疗效及对肺功能的影响。积极参加医院组织的各项活动以及院外学术团体的会议,王兰娣参与"全省呼吸病新进展"的培训活动,并担任省中西医结合学会理事,世界中西医联盟呼吸分会理事。

风湿病研究所

2009年12月,风湿病研究所成立,王海东任所长(兼),成员田雪梅、王智明、李伟青。研究所从事风湿病的临床和基础研究,主要开展中医特色疗法治疗风湿性疾病的临床研究,中藏药治疗风湿性疾病的基础研究。

2010年研究所开始探索中医特色疗法治疗风湿性疾病的临床研究,主要有以下方法:1.小针刀疗法治疗风湿性疾病所致的小关节病变。在既往采用小针刀治疗风湿性疾病所致的大关节病变的基础上,尝试性开展小针刀治疗风湿性疾病所致的小关节的病变,对类风湿关节炎所致的腕部、掌指关节、第一跖趾关节疼痛功能障碍,取得了明显的效果,积累了丰富的经验,从而使类风湿关节炎小关节病变所致关节功能障碍形成很难逆转的观点成为历史,缓解了患者的痛苦,提高了患者的生活质量。2.引入蜡疗法治疗风湿性疾病所致的疼痛和肿胀。根据患者的病情和我科设备配置,采用蘸蜡法、刷蜡法、蜡块覆盖法三种方法治疗风湿性疾病所致的关节疼痛和功能障碍,具有明显的消肿止痛效果,明显提高了治疗效果,减少了患者住院日,同时提高了中医药治疗风湿性疾病的比重,增加了科室的经济收入。3.研制了清热Ⅱ号。针对清热Ⅰ号使用时间长,治疗病种单一的现状,适时研制了清热Ⅱ号,对于痛风性关节炎、类风湿关节炎、滑膜炎等出现红肿热痛等症状,能够清热解毒、消肿止痛,在临床应用过程中,取得了较好疗效。在从事中医药特色疗法治疗风湿性疾病的临床研究的同时,研究所还积极从事风湿性疾病的理疗及中藏药治疗风湿性疾病的基础研究,由王海东主持的与甘肃东升电子有限公司联合开展的"数控电磁治疗仪治疗风湿四病的临床研究"课题2010年结题,科技成果登记号:2010y002。并研制产生了数控电磁治疗仪这一缓解风湿疼痛的新仪器。风湿病研究所成立以来,中医药研究院拨出专项资金支持各研究所的科研工作,研究所积极响应中医药研究院关于研究所科研启动基金项目申报的号召,通过研究院启动基金项目立项及审批,确定了"活血痛痹颗粒新药开发"课题,在省科技厅专家主持的评审中,顺利地通过了立项及审批。2010年研究所新申报课题还有:1.嘛呢骨痹胶囊增强大鼠骨化作用的机理研究,为甘肃省科技厅技术研究与开发专项计划项目,项目编号:1004TCYA027。2.《武威汉代医简》所载治法、方药治疗风湿病的相关研究,为甘肃省卫生厅项目,项目编号:GZK-2010-23。发表国家级论文9篇。

中西医结合心血管病研究所

2007年8月,为整合省中医院和省中医药研究院在中医药临床和科研方面的力量,中医心血管病研究所划归为省中医药研究院内设机构,科主任徐义先兼任中医心血管病研究所所长。研究所依托心血管疾病防治中心(心内科、心胸外科)的临床平台,探索中医、中西医诊治疾病的方法和发生、发展规律,为临床提供科研和技术支持。2008年,厅列中医药科研课题"芪乌调脂颗粒治疗家族性高甘油三酯血症的有效性研究"立项。3月至6月,作为"胡大一爱心工程"协作单位,与靖远县政府、县卫生局合作,开展了"胡大一爱心工程"——先天性心脏病普查工作,免费筛查靖远县18个行政乡中小学生9万余人,筛查出先天性心脏病190人,并签订了就诊协议,完成手术90余例。开展新技术9项:心脏三维立体标测下(Carto)房颤射频消融术;快速心律失常的导管消融术;缓慢心律失常的临时性/永久性心脏起搏器植入术;冠状动脉造影术/PCI术;低温体外循环技术;先天性心脏病矫治术/根治术;冠状动脉搭桥术;主动脉夹层腔内隔绝术;先天性心脏病介入封堵术。

2009年,博士科研启动基金项目"芪乌调脂颗粒防治冠状动脉粥样硬化斑块的实验研究"立项,甘肃省中医药管理局中医药科研项目"芪乌调脂颗粒治疗家族性高甘油三酯血症的有效性研究"、自选项目"甘肃省靖远县中小学生先天性心脏病调查及治疗"通过鉴定,并分别达到国内先进和领先水平。发表省级论文6篇,出版专著《心脏外科医生临床实践》1部。12月,中医药研究院内设机构及人员进行调整,中医心血管病研究所更名为中西医结合心血管病研究所,徐义先任所长(兼),成员党建中、崔文建、杨宝平、吴荣、包海军、李永忠、秦立军。

2010年,中西医结合心血管病研究所临床及基础研究不断发展,人员队伍不断扩充,拥有1名博士,6名研究生,4名本科生。心血管专业设备不断完善,购置了主动脉球囊反驳泵、有创血流动力学监测系统、呼吸机、无线生命体征监护系统、体外循环机、临时起搏器等,使研究所的硬件水平达到了国内领先水平。建立了重症监护病房,配备了先进的床头监护系统和抢救设备,为重症病人的监护提供了良好的医疗保障。研究所还建立了介入导管室,配备了数字血管造影机、多导电生理记录仪、射频消融仪、心脏三维立体定位系统等,开展各种手术700余台次。形成中西医结合、中医特色鲜明、综合实力突出的心血管病研究所。由徐义先所长主持的"芪乌调脂颗粒治疗家族性高甘油三酯血症的有效性研究"及由党建中主任医师主持的"靖远县中小学生先天性心脏病流行病学调查"课题均已完成并结题,均达到国内先进水平。在国内各级期刊发表学术论文11篇。完成"柏子养心片"药物临床实验12页。

中西医结合影像研究所

2009年10月,中西医结合影像研究所成立。周晟任所长(兼),盛丽任副所长(兼)、王闻奇任副所长,成员张宝洲、唐治、靳金龙、贾润慧。本研究所的发展方向及目标是深入开展骨肌系统CT、MR诊断,骨肌及胃肠道B超诊断,胸部、腹部及骨肌系统CT引导下穿刺活检,CT、MR和B超引导下腹部及盆腔囊肿的中医硬化治疗,CT、MR引导下椎间盘臭氧消融术,CT、MR引导下实体肿瘤射频消融及粒子植入术。积极申报和参与国家级、省级科技项目,拓宽研究领域,加强学科建设,加强团队建设,培养高层次科研人才。

2010年,成功申请到各级科研课题共计4项,省级课题3项,地厅级及院级课题1项,获取科研经费总计18万元。其中,研究所启动基金项目"关节低场MR规范化扫描研究"获取研究经费10万元。

该课题是在长期临床实践的基础上,针对膝关节、踝关节、肩关节及肘关节扫描,在临床及诊断认可的基础上,规范扫描序列,提高图像质量,节约扫描成本。甘肃省科技厅科技支撑项目"对 CT 增强扫描患者的心理及行为干预研究"获取科研经费 3 万元。甘肃省科技厅项目"超声引导经皮-肝穿刺双介入术在门脉高压治疗中的应用研究",获取科研经费 3 万元。全所成员在申请课题的同时,积极开展中西医结合影像的研究工作,研究成果主要体现在论文著作方面,经过努力工作,在国家级核心期刊、省级期刊成功发表学术论文共计 21 篇,撰写专著 3 部。2011 年 4 月周晟参加由上海中医药大学主办的国家"十二五"规划教材《医学影像学》的编写,2011 年 7 月周晟参加由哈尔滨中医药大学主办的国家"十二五"规划教材《骨伤影像学》的编写,提高了影像诊断的水平,扩大了医院的知名度。

中西医结合外科病研究所

2009 年 12 月,中西医结合外科病研究所成立。唐晓勇任所长(兼),杨维建任副所长(兼),成员何国华、巫资明、汪佳明。研究所主要以外科病的中西医结合治疗为重点,积极发挥医药相长、中西并举的优势,开展"健胃清肠合剂"及"健胃消胀合剂"在肠梗阻中的应用,为中西医结合外科的发展奠定了基础。

2010 年,成功组织申报并立项甘肃省中医药研究院项目启动基金项目 3 项,包括"快速通道外科在普外科的临床应用""甘谷县磐安地区血小板减少症流行病学调查""肠血凝康对兔肠缺血改善"。为加强对外交流与合作,唐晓勇前往丹麦进行快速通道外科的培训及交流学习,为"快速通道外科在普外科的临床应用"项目的开展奠定坚实的理论及实践基础,也是快速通道外科项目的开始阶段。其核心是减少机体应激反应,主要内容包括:加强手术前后心理辅导、改进麻醉方式、注意术中保温、减少水钠潴留、早期拔管、早期进食和提前下床活动。培训结束后,通过大量查阅文献,掌握了快速康复外科在国内外的发展动态及趋势,并进入项目临床研究的具体实施阶段,先后开展胆囊手术、结肠癌手术、胃癌手术等快速通道外科项目的临床应用,并取得很好的临床疗效。"甘谷县磐安地区血小板减少症流行病学调查" 项目已经完成前期相关因素调查表格设计工作, 并拟于 2011 年 10 月份联合中研院、检验科等协作科室至甘谷进行项目的调查工作,进入项目具体实施阶段。在完成科研工作的同时,成功承办甘肃省外科专业年会。唐晓勇及杨维建先后参加青海省玉树地震灾害及甘肃省舟曲泥石流灾害的医疗救援工作。

肾病研究所

2010 年 4 月,肾病研究所成立。靳锋任所长(兼),成员李永新、张竹君、李文艳、丁文君。研究所主要以糖尿病肾脏疾病的临床与基础研究为重点，进行了糖尿病肾病的发病机制以及中药干预机理等课题的研究。这些工作都为肾病研究所下一步的工作奠定了坚实的研究基础。2010年，肾病研究所启动基金项目“糖尿病肾脏疾病的发病机制及中药干预机理的研究”获取研究经费10万元。该课题是在长期临床实践的基础上，针对糖尿病肾脏疾病的发病机理，总结出中药组方（补肾活血胶囊）。除了完成科研工作外，肾病研究所进行了办公设备的更新与升级，添置了办公桌椅、书柜，新配了电脑、电话以及实验仪器，不仅在一定程度上改善了科研条件，而且肾病研究所自此正式步入了新的发展阶段。拥有开展本专科工作必需的设备，现已研发院内制剂4种，用于肾脏疾病的临床治疗，取得了显著疗效。同时开展肾功能检测、早期肾损害检测、泌尿系感染病原体的检测、继发性肾脏疾病相关的免疫学检测及肾脏疾病预后判断的指标检测。10月，靳锋应兰州佛慈制药有限责任公司和印度尼西亚医药协会的邀请，在印度尼西亚四省进行为期一周的学术讲学。为系统学习血液净化技术，科室抽调李永新等三人到南京医科大学第二附属医院血液净化中心系统研修血液净化以及深静脉置管、动静脉内瘘成形术和肾脏病理活检等关键技术。

肿瘤研究所

2010年4月，肿瘤研究所成立，王兰英任所长（兼），成员杜自忠、倪红、黄邦荣。研究所主要完成了“癌症患者生活质量改善的优化方案”的设计并进一步组织实施。该课题通过消症止痛膏的实验研究，进一步证实消症止痛膏外敷对各种癌性疼痛患者的镇痛、抗炎作用及安全性，开发有效的新型止痛制剂，为临床广泛应用提供实验依据；通过探究消症止痛膏外敷联合微波治疗对癌痛患者的镇痛及生活质量的影响，评价其临床有效性、安全性及最佳适应人群；通过探究鸦胆子油介入联合深部热疗对原发性肝癌患者生活质量及免疫功能的影响。目前研究所已初步完成了消症止痛膏的制作，各项工作准备逐步完成。

儿科研究所

2010年4月，儿科研究所成立。原睿任所长（兼），成员石宗珂、樊彩娥、韩娟、杨志华。研究所主要以儿科常见病、多发病的防治为重点，进行了“儿咳清合剂”的组方优化及前期临床观察的研究，并积极申报相关病种的课题。这些工作都为儿研所下一步的工作奠定了坚实的研究基础。儿研所在克服资金短缺和设施简陋的基础上，以研究院启动基金项目立项及审批为契机，积极响应中医药研究院关于研究所科研启动基金项目申报的号召，确定了“儿咳清合剂对小儿支原体肺炎免疫功能影响临床与实验研究”“儿癜消合剂治疗小儿过敏性紫癜临床与实验研究”“麻杏化瘀汤对小儿肺炎喘嗽临床及实验研究”及“儿食消治疗小儿厌食症临床与实验研究”四项课题，其中“儿咳清合剂对小儿支原体肺炎免疫功能影响临床与实验研究”及“儿食消治疗小儿厌食症临床与实验研究”顺利地通过了立项及审批。目前已完成“儿咳清合剂”的组方优化、院内制剂的制备及“儿咳清合剂”治疗小儿支气管炎、支气管肺炎、咳嗽变异性哮喘的临床观察。通过临床观察，“儿咳清合剂”对小儿支气管炎、支气管肺炎、咳嗽变异性哮喘与对照组比较，效果显著，且在临床观察过程中，所有观察患儿无不良反应。初步表明“儿咳清”治疗小儿支气管炎、支气管肺炎、咳嗽变异性哮喘疗效显著。“儿食消合剂”已经通过对小儿厌食的前期临床观察，疗效显著。目前正在进行组方的优化和实验研究的前期准备。除了完成儿研所的工作外，还承担甘肃省中医院儿科住院病人及急诊病人的救治工作，并且积极参加院内外的各项活动，不断提升儿研所成员的业务能力。

皮肤病研究所

2010 年 9 月，皮肤病研究所成立，李树君任所长（兼），成员李和平、贾育蓉、张玉琴、雒玉辉、王敏。研究所主要以中医药治疗皮肤病为研究方向，重点进行皮肤病相关中药外用制剂的临床和实验研究。皮肤病研究所依托甘肃省中医药研究院中心实验室、甘肃省中医院检验科，利用分析天平、核酸蛋白分析仪、低温高速离心机、酶标仪、CO_2 培养箱、超净工作台、PCR 扩增仪等仪器进行试验研究。在现有条件下，进行了皮肤病相关外用中药制剂的临床研究：针对皮肤科常见病、多发病——痤疮、瘙痒性皮肤病、各类浅部真菌病，总结出一系列外用中药组方（银花痤疮酊、肤痒舒喷剂、洁癣酊）在临床试用。研究所将此系列方作为长期的研究计划，进行临床疗效观察、院内制剂开发、药理药效研究，将应用性研究与基础性研究相结合，将临床实践与科研相结合，理论结合实际，通过进一步筛选、优化组方，从而确立系列方的临床疗效，阐明作用机制，开发出中医药治疗皮肤病的系列外用制剂，使科室现有的、临床疗效确切的一些外用制剂规范化，达到院内制剂使用的标准，以便使该系列制剂更安全和有效地为广大患者服务。组织申报启动课题“中医外用制剂治疗皮肤病的临床观察与实验研究”1 项，发表国内专业论文 4 篇。

耳鼻喉病研究所

2010 年 4 月，耳鼻喉科研究所成立，王辉任所长（兼），成员赵江涛、王中霞、于洁。研究所以“慢性咽炎中西医结合治疗疗效评价研究”为研究目标，展开了对病例的临床治疗和收集，进行了初步研究计划，进行了人员的任务分配和编排，对本地区病例的分型进行了初步的确定和分类等。这些都为下一步的研究工作奠定了坚实的理论和实施基础。研究进展情况：1.研究所项目基本按计划进行，进行了开题的各项准备,包括本课题要筛选病例的详细情况,为具体工作的开展、实施奠定了基础。2.申请购买了新的鼻内窥镜系统,对鼻部手术的开展提供了更好的条件和平台。3.下一步工作计划:按照项目既定计划,进行研究所项目的开展和实施。并同时进行其他项目的计划和进行,开展新项目。积极进行科室的建设和发展,以临床和科研并进的方式使科室整体水平得到提高。

中西医结合外周血管介入研究所

2010 年 11 月,中西结合外周血管研究所成立,张毅任副所长,成员杜自忠、展锐、王晨。主要研究目标为中西结合外周血管疾病。主要开展了鼻咽部纤维血管瘤、颌内动脉出血介入栓塞术、外伤性股深动脉出血的介入栓塞术、骨肿瘤栓塞治疗疼痛、胃冠状静脉栓塞术治疗上消化道出血、左颌面部血管瘤介入栓塞术等 10 项新技术新方法。共承担 3 项科研。发表国家级论文 4 篇。

甘肃省中医院年鉴2008—2010

THE YEARBOOK OF GANSU PROVINCE HOSPITAL OF TRADITIONAL CHINESE MEDICINE 2008-2010

专项管理委员会

2008—2010年专项管理委员会

第三届伦理委员会（2009-06-18）

主 任 李盛华

副主任 冯守文 舒 劲 李兴勇 赵继荣

委 员 李妍怡 盛 丽 徐义先 张定华 潘 文 姜 华 黄小玲 谢兴文 张德宏 杨宏武 马郑萍 罗向霞 周 晟 程 烜 徐柏林 赵 燕

田国平（医院法律顾问）

吴心音（七里河区建兰路街道王家堡社区书记）

胡相元（七里河检察院公诉科科长）

秘 书 邓 强

日常工作由医务部负责

第十二届学术委员会（2009-06-18）

主 任 李盛华

副主任 冯守文 舒 劲 李兴勇 赵继荣

委 员 王自立 刘国安 廖志峰 李妍怡 闵云山 盛 丽 王承祥 韩 艳 徐义先 左 进 赵道洲 沈玉鹏 张定华 潘 文 姜 华 罗燕梅 杨维建 靳 锋 王海东 张敏思 黄小玲 谢兴文 党建中 刘永民 张洪涛 王兰娣 赵永强 周 晟 程 烜 杨宏武 马郑萍 张崇岳 杜自忠 罗向霞

日常工作由科研科负责

第八届质量管理委员会（2009-06-18）

主 任 李盛华

副主任 孙援朝 冯守文

委 员 马忠祥 舒 劲 李兴勇 赵继荣 谢兴文 卫晓雯 罗克龙 韩 艳 胡雅杰 安富德 刘梦华 张德宏 郑 慧 杨宏武 马郑萍 马真琴 马小明 杨 波 周毓萍 王 颖 罗向霞 杨雅静 李贵臻 赵 军 张晓岚 刘廷梦

日常工作由经营管理科负责

第十二届医疗事故鉴定委员会（2009-06-18）

主 任 李盛华

副主任 冯守文 舒 劲 李兴勇 赵继荣

委　员　王自立　刘国安　廖志峰　李妍怡　闵云山　孙其斌　盛　丽　王承祥　韩　艳
　　　　姜　礼　徐义先　左　进　赵道洲　张定华　罗燕梅　杨维建　靳　锋　王海东
　　　　杨宏武　邓　强

(一)内科专业组

组　长　赵继荣

副组长　杨宏武

委　员　王自立　刘国安　廖志峰　李妍怡　徐义先　张定华　靳　锋　王海东　张敏思
　　　　张洪涛　王兰娣　邴雅珺　田旭东　王兰英　张参军　马郑萍　陈国廉　崔文建
　　　　杜自忠

(二)骨外科专业组

组　长　李兴勇

副组长　邓　强

委　员　王承祥　姜　礼　赵道洲　左　进　张剑峰　樊成虎　杨维建　冯康虎　米仲祥
　　　　王　辉　李树君　党建中　刘永民　唐晓勇　李卫平　柳海平　赵永强　关永林
　　　　何志军　张崇岳　谭　萍　张丽平

(三)医技专业组

组　长　冯守文

副组长　杨宏武(兼)

委　员　闵云山　盛　丽　罗燕梅　黄小玲　周　晟　程　烜　陈进凡　张宝洲　李喜香
　　　　王闻奇　梁　勤

日常工作由医务部负责

第三届院报编辑委员会(2009-06-18)

总　　编　李盛华

副 总 编　孙援朝　冯守文　马忠祥　舒　劲　李兴勇　赵继荣

主　　编　孙援朝(兼)

副 主 编　罗克龙(常务)　卫晓雯

编　　委　南国正　张德宏　王　颖　孙锦艳　杨继红　杨灵歌　邓　强　张　磊　张丽平
　　　　　杨沛霖　赵　军　刘叶荣　刘廷梦

责任编辑　徐柏林　海青岳　裴学军　李　亮

日常工作由党务部负责

第十届感染管理委员会(2009-06-18)

主　任　李兴勇

副主任　冯守文　舒　劲　赵继荣

委　员　安富德　杨宏武　马郑萍　马真琴　王　颖　周毓萍　李贵臻　张定华　张剑峰
　　　　罗燕梅　靳　锋　王海东　张敏思　冯康虎　黄小玲　党建中　米仲祥　刘永民
　　　　唐晓勇　王兰娣　张洪涛　赵永强　田旭东　张崇岳　谭　萍　杨瑞龙　柳海平

程　烜　原　睿　杜自忠　杨宝平　张雪霞　马彩云

日常工作由感染管理科负责

第十一届感染管理委员会(2010-03-11)

主　任　舒　劲

副主任　冯守文　李兴勇　赵继荣

委　员　安富德　杨宏武　马郑萍　马真琴　王　颖　周毓萍　李贵臻　张定华　张剑峰
张敏思　脱承德　冯康虎　王海东　黄小玲　米仲祥　刘效栓　靳　锋　党建中
刘永民　唐晓勇　王兰娣　张洪涛　赵永强　田旭东　张崇岳　谭　萍　杨瑞龙
柳海平　程　烜　原　睿　杜自忠　杨宝平　陈进凡　张雪霞　马彩云

日常工作由医院感染管理科负责

第九届药事管理委员会(2009-06-18)

主　任　舒　劲

副主任　冯守文　李兴勇　赵继荣

委　员　卫晓雯　李妍怡　王承祥　韩　艳　张定华　赵道洲　罗燕梅　靳　锋　王海东
张敏思　冯康虎　李树君　刘永民　唐晓勇　王兰英　王兰娣　赵永强　邴雅珺
田旭东　张参军　杨雅静　邓　强　杨继红　崔文建　原　睿　李喜香　杜自忠

日常工作由药剂科负责

第十届药事管理委员会(2010-03-05)

主　任　舒劲

副主任　冯守文　李兴勇　赵继荣

委　员　卫晓雯　李妍怡　王承祥　韩　艳　张定华　赵道洲　刘效栓　靳　锋　王海东
徐义先　张敏思　冯康虎　邴雅珺　党建中　李树君　刘永民　唐晓勇　王兰英
张洪涛　王兰娣　赵永强　田旭东　张参军　杨雅静　杨宏武　杨继红　崔文建
原　睿　杜自忠　张崇岳　李喜香

秘　书　刘效栓

日常工作由药剂科负责

第三届护理质量管理委员会(2009-06-18)

主　任　李兴勇

副主任　马郑萍

成　员　马真琴　张丽平　赵　燕　郭秀珍　冯玉香　吴圃萍　崔兰玲　唐　锐　张雪霞
郭云霞　马小娟　杨春林　陈　涛　李晓萍　万迎霞　高雪华

日常工作由护理部负责

第二届输血管理委员会(2009-06-18)

主　任　冯守文

副主任　赵继荣　杨宏武

委　员　赵道洲　樊成虎　冯康虎　马郑萍　周毓萍　陈进凡　党建中　米仲祥　唐晓勇
赵永强　田旭东　李卫平　张参军　何志军　张崇岳　谭　萍　梁　勤

日常工作由输血科负责

第二届医疗废物管理委员会(2009-06-18)

主　任　李兴勇

副主任　安富德　周毓萍

委　员　马郑萍　马真琴　罗燕梅　周　晟　程　烜　谭　萍　陈进凡　邓　强　李贵臻
张雪霞　李晓萍

日常工作由感染管理科负责

第九届爱国卫生运动及综合治理委员会(2009-06-18)

主　任　李兴勇

副主任　赵国杰　安富德

委　员　罗克龙　韩　艳　胡雅杰　刘梦华　赵道洲　张定华　张德宏　马郑萍　马真琴
马小明　杨　波　周毓萍　王　颖　杨雅静　张　磊　张丽平　张定华　赵道洲
李秦生　周　琪　南国正　张文斌　黄仕君　田旭东　陈进凡　鄢卫平　孙锦艳
乔　莉　张雪霞　袁冰华　石瑞芳　张丽娟

日常工作由总务部负责

第三届医疗设备(卫生材料)管理与招标委员会(2009-06-18)

主　任　冯守文

副主任　舒　劲　李兴勇　赵继荣

委　员　谢兴文　卫晓雯　胡雅杰　杨宏武　杨　波　马郑萍　杨雅静　李贵臻　盛　丽
徐义先　左　进　张定华　赵道洲　樊成虎　靳　锋　姜　华　罗燕梅　张敏思
黄小玲　邴雅珺　刘永民　唐晓勇　赵永强　田旭东　杨瑞龙　周　晟　程　烜
谭　萍　张雪霞

秘　书　刘叶荣

日常工作由招标采购部负责

第二届通用设备物资管理与招标委员会(2009-06-18)

主　任　李兴勇

副主任　卫晓雯　安富德

委　员　马小明　马真琴　杨　波　杨雅静　张文斌　邓　强　杨继红　张丽平　李贵臻
徐柏林　杨沛霖　张　磊　刘叶荣　刘廷梦　李喜香

日常工作由招标采购部负责

第三届行风建设工作领导小组(2009–06–18)

组　长　李盛华
副组长　孙援朝
成　员　冯守文　马忠祥　舒　劲　李兴勇　赵继荣　赵国杰　谢兴文　卫晓雯
下设办公室
主　任　卫晓雯(兼)
成　员　罗克龙　胡雅杰　安福德　张定华　赵道洲　张德宏　郑　慧　杨宏武　马郑萍
　　　　马小明　杨　波　王　颖　杨雅静　李秦生　周　琪　田旭东　张文斌　南国正
　　　　黄仕君　鄢卫平　李贵臻　孙锦艳　乔　莉
日常工作由纪委负责

第二届安全与保密工作领导小组(2009–06–18)

组　长　李盛华
副组长　冯守文　马忠祥　舒　劲　李兴勇　赵继荣
成　员　谢兴文　卫晓雯　罗克龙　韩　艳　胡雅杰　安富德　李妍怡　盛　丽　罗燕梅
　　　　张德宏　郑　慧　杨宏武　马郑萍　马真琴　马小明　杨　波　周毓萍　王　颖
　　　　罗向霞　周　晟　程　烜　李贵臻　赵　军　张晓岚　刘廷梦
日常工作由院务部负责

第四届人事制度改革领导小组(2009–06–18)

组　长　李盛华
副组长　孙援朝
成　员　冯守文　马忠祥　舒　劲　李兴勇　赵继荣　赵国杰　谢兴文　卫晓雯
领导小组办公室
主　任　卫晓雯(兼)
成　员　罗克龙　韩　艳　刘梦华　胡雅杰　安富德　张德宏　郑　慧　杨宏武　马郑萍
　　　　马真琴　张晓岚
秘　书　杨灵歌
日常工作由人力资源部负责

第二届医院信息管理领导小组(2009–06–18)

组　长　李盛华
副组长　舒　劲
成　员　谢兴文　罗克龙　韩　艳　胡雅杰　刘梦华　安富德　张德宏　郑　慧　杨宏武
　　　　马郑萍　马真琴　马小明　杨　波　周毓萍　王　颖　罗向霞　杨雅静　赵　军
　　　　张晓岚　刘廷梦

日常工作由信息科负责

第二届基本建设领导小组(2009-06-18)

组　长　李盛华
副组长　马忠祥　李兴勇
成　员　孙援朝　冯守文　舒　劲　赵继荣　赵国杰　谢兴文　卫晓雯　罗克龙　胡雅杰
　　　　安富德　张德宏　郑　慧　杨宏武　马郑萍　马真琴　马小明　杨　波　周毓萍
　　　　杨雅静　徐柏林　张　磊　杨沛霖　刘叶荣　刘廷梦
下设办公室
主　任　马忠祥
副主任　卫晓雯　马小明
成　员　郑　慧　杨雅静　张　磊　赵晨明　仝风光　胡英杰　杨　晶　路　平
日常工作由基建部负责

第三届物价管理领导小组(2009-06-18)

组　长　李盛华
副组长　舒　劲　李兴勇　赵继荣
成　员　卫晓雯　胡雅杰　盛　丽　罗燕梅　杨宏武　马郑萍　马真琴　杨　波　杨雅静
　　　　周　晟　程　烜　田旭东　徐柏林　杨继红　邓　强　赵　军　刘叶荣　李贵臻
　　　　张晓岚　刘廷梦　张雪霞
日常工作由财务部负责

第五届继续教育工作领导小组(2009-06-18)

组　长　舒　劲
副组长　李兴勇　赵继荣
成　员　谢兴文　罗克龙　韩　艳　胡雅杰　闵云山　张德宏　郑　慧　杨宏武　马郑萍
　　　　马真琴　周毓萍　罗向霞
日常工作由临床教学部负责

第六届应对突发医疗事件抢救领导小组(2009-06-18)

组　长　赵继荣
副组长　舒　劲　李兴勇
成　员　杨宏武　马郑萍　刘国安　李妍怡　徐义先　王承祥　张定华　盛　丽　赵道洲
　　　　罗燕梅　张敏思　靳　锋　冯康虎　杨维建　党建中　刘永民　米仲祥　唐晓勇
　　　　邴雅珺　周　晟　张参军　张崇岳　程　烜　谭　萍　杨瑞龙　崔文建　杜自忠
　　　　原　睿　张雪霞　袁冰华　张丽娟
日常工作由医务部负责

第二届合理用药评估工作小组(2009-06-18)

组　长　赵继荣

副组长　舒　劲　杨宏武

成　员　周毓萍　罗燕梅　刘国安　廖志峰　李妍怡　闵云山　徐义先　左　进　赵道洲
樊成虎　靳　锋　王海东　张敏思　党建中　米仲祥　刘永民　赵永强　唐晓勇
原　睿　王兰英　王兰娣　张参军　谭　萍

日常工作由医务部负责

第三届消防安全领导小组(2009-06-18)

组　长　李兴勇

副组长　安富德

成　员　马真琴　张文斌　徐柏林　邓　强　杨继红　赵　军　张　磊　刘叶荣　李贵臻
刘廷梦　李喜香　张丽平　郭晓义

日常工作由总务部负责

第八届计划生育领导小组(2009-06-18)

组　长　冯守文

副组长　卫晓雯　郑　慧

成　员　安富德　马真琴　王　颖　黄小玲　田旭东　杨继红　张　磊　柳海平　李喜香
王春爱　崔兰玲　刘翠林　李　亮

日常工作由预防保健科负责

第一届创建无烟医院工作领导小组(2008-11-18)

组　长　李盛华

副组长　李谦英

成　员　孙援朝　冯守文　马忠祥　舒　劲　王　阳

第二届创建无烟医院工作领导小组(2010-02-01)

组　长　李盛华

副组长　妥建福

成　员　孙援朝　冯守文　马忠祥　舒　劲　李兴勇　赵继荣

第三届创建无烟医院工作领导小组(2010-07-14)

组　长　李盛华　妥建福

副组长　孙援朝　冯守文　马忠祥　舒　劲　李兴勇　赵继荣

日常工作由医院爱国卫生运动委员会负责

第一届医院职业暴露防护工作领导小组(2010-05-20)

组　长　冯守文

成　员　马忠祥　舒　劲　李兴勇　赵继荣

下设办公室

主　任　王　颖

成　员　周毓萍　马郑萍　马真琴　邓　强　杨玉翠

办公室设在公共卫生科

专家组

组　长　赵继荣

成　员　王承祥　赵道洲　靳　锋　唐晓勇　党建中　张参军　盛　丽　黄小玲　周　晟
谭　萍　李贵臻　梁　勤

第五届卫生技术高级职称推荐小组(2008-07-25)

组　长　李盛华

副组长　李谦英　冯守文　舒　劲

成　员　王　舒　李　强　刘国安　廖志峰　李妍怡　闵云山　孙其斌　周　杰　张定华
盛　丽　姜　礼　左　进　韩　艳　赵道洲　赵继荣　黄腾辉　王承祥　樊成虎
罗燕梅　潘　文　刘梦华　王　颖

第六届卫生技术高级职称推荐小组(2009-09-02)

组　长　李盛华

副组长　冯守文　舒　劲　李兴勇　赵继荣

成　员　王自立　刘国安　廖志峰　李妍怡　闵云山　王承祥　盛　丽　韩　艳　姜　礼
左　进　赵道洲　张定华　张剑峰　沈玉鹏　黄小玲　罗燕梅　徐义先　潘　文
姜　华　杨维建　樊成虎　王　颖　马郑萍　郑　慧

第七届卫生技术高级职称推荐小组(2010-08-09)

组　长　李盛华

副组长　妥建福　冯守文　李兴勇

成　员　王自立　刘国安　廖志峰　潘　文　王承祥　盛　丽　韩　艳　姜　礼　宋宝根
左　进　赵道洲　张定华　刘效栓　杨维建　樊成虎　王海东　张敏思　冯康虎
沈玉鹏　王玉珠　王　颖　马郑萍

第五届专业技术职务聘任委员会(2009-12-28)

主　任　李盛华

副主任　妥建福

委　员　孙援朝　冯守文　马忠祥　舒　劲　李兴勇　赵继荣　赵国杰　谢兴文　王自立
刘国安　廖志峰　李妍怡　闵云山　王承祥　盛　丽　韩　艳　左　进　赵道洲

徐义先 杨维建 潘 文 姜 华 王海东 杨宏武 王 颖 马郑萍 郑 慧

日常工作由人力资源部负责

第一届干部保健委员会(2008-11-10)

主 任 李盛华

副主任 舒 劲

成 员 王自立 刘国安 廖志峰 李妍怡 孙其斌 盛 丽 张延昌 徐义先 赵继荣
左 进 罗燕梅 张定华 王承祥 张剑峰 周 晟 程 烜 李树君 张洪涛
刘永民 党建中 赵永强 唐晓勇

下设办公室

主 任 杨宏武

成 员 王玉珠 邴雅珺 陈国廉 崔兰玲 付金钰

甘肃省中医院年鉴2008—2010

THE YEARBOOK OF GANSU PROVINCE HOSPITAL OF TRADITIONAL CHINESE MEDICINE 2008-2010

人　物

人物简介

王兰英 女,生于1963年5月。2009年12月晋升为中医内科主任医师,现任医院肿瘤科主任。世界中医药学会联合会肿瘤专业委员会理事,中国抗癌协会肿瘤传统医学专业委员,中华中医药学会肿瘤分会委员,中国抗癌协会临床肿瘤学协作专业委员会会员,甘肃省医学会医疗事故技术鉴定专家库成员。

先后在上海中医药大学附属龙华医院、上海复旦大学附属肿瘤医院、北京中医药大学东直门医院等多家医院肿瘤专业科室进修、参观、学习。对肿瘤的综合治疗如化疗、放疗、生物免疫治疗、分子靶向治疗、基因治疗、介入治疗、内分泌治疗、热疗等有一整套治疗新理念。以中医药为主、西医化疗为辅治疗多腔膜积液、消化、呼吸系统肿瘤,积累了一定经验。对于原发性肝癌,以先介入后中医中药治疗方法,收到较好疗效。发表学术论文30篇,主编著作2部,参编著作1部。主持科研2项,其中一项获2009年甘肃省皇甫谧中医药科技奖二等奖。主编的《中医与介入治疗肿瘤学》获第十二届中国西部地区优秀科技图书二等奖。

王兰娣 女,生于1965年10月,陕西白水人。2002年5月晋升为中医内科副主任医师,现任医院呼吸科主任、省中医药研究院哮喘病研究所所长。省中医药学会理事。2010年12月入选甘肃省卫生厅领军人才。

1989年毕业于甘肃中医学院,同年分配至甘肃省中医院工作,师承甘肃省名老中医廖志峰。擅长支气管哮喘、鼻炎、慢性阻塞性肺疾病、支气管扩张、肺间质纤维化、肺癌、肺心病等呼吸系统疾病的诊治,尤其是在支气管哮喘的中西医治疗方面有独特的临床经验。研制"桑菀胶囊"治疗支气管哮喘、"鼻康胶囊"治疗鼻炎、中药穴位贴敷治疗呼吸系统慢性病。主编出版专著《中西医结合呼吸病学》和《小儿感冒与发热的防与治》2部,主持的"桑菀胶囊治疗咳嗽变异性哮喘"科研课题达到国内领先水平,并获甘肃省皇甫谧中医药科技奖二等奖。参与其他科研课题4项,发表论文20余篇。

王承祥 男,生于1953年8月,甘肃靖远人。2008年4月晋升为中西医结合骨科主任医师,现任医院关节骨科技术指导。硕士生导师,入选甘肃省领军人才第一层次,甘肃省中医院首席专家。中华中医药学会骨伤分会常务委员,世界中医药学会联合会骨伤科专业委员会委员,甘肃省骨伤科临床医学中心副主任,甘肃省中西医结合学会副主任委员,甘肃中医骨科学会委员,《甘肃中医》杂志编委。

1974年7月毕业于定西卫校,同年9月在靖远矿务局总医院从事骨科临床工作,1993年调入甘肃省中医院。从事骨科临床、教学及科研工作近35年,对老年骨病、骨质疏松症、骨与关节感染等关节外科、脊柱外科及骨与关节疑难危重症有独到见解,擅长人工髋、膝关节置换和翻修重建等手术。对胫骨高位截骨术治疗膝关节骨性关节炎并膝内翻畸形的术式进行了不断的改进,对胫骨高位截骨术治疗膝关节骨性关节炎并膝内翻畸形的疗效与体重指数的关系进行了长期的研究。提出动静力平衡失衡是颈椎病发病的基础,调整脊柱新的平衡是治疗该病的有效手段。

作为省级学术带头人在丰富的临床经验基础上,突出科研能力,主持参与完成科研项目10项,获省部级科技进步奖5项,其中中华中医药学会科学技术进步二等奖1项,甘肃省皇甫谧中医药科学技术奖二等奖1项、三等奖1项,甘肃省科学技术进步奖二、三等奖各1项;兰州市科学技术进步奖二等奖1项。目前在研省级科研项目2项。参与出版骨科专著3部,发表国家级、省级学术论文30余篇。2006年被评为“甘肃省卫生厅全省优秀医务工作者”。

王 辉 男,生于1951年8月,吉林蛟河人。2009年12月晋升为中医耳鼻喉主任医师,现任医院耳鼻喉科主任、省中医药研究院中西医结合耳鼻喉病研究所所长。中华中医药学会耳鼻喉专业委员会副主任委员,甘肃省中医药学会眼、耳鼻喉专业委员会主任委员。

1968年在甘肃省武威市插队,1971年分配至甘肃省中医院药剂科工作,1974年赴北京中医药大学学习中医专业,1978年毕业重新分配至甘肃省中医院工作,从事中医耳鼻喉科临床工作至今。擅长中医耳鼻喉科疑难杂症的诊治。参与厅级科研3项,以副主编参编专著一部,在国家级及省级杂志发表论文近20篇。

王想福 男,生于1969年12月,甘肃天水人,中共党员。2009年12月晋升为中医骨科副主任医师,现任医院脊柱骨二科副主任。甘肃省第七批“西部之光”访问学者。甘肃省医学会手外科学会委员,甘肃省中西医结合学会骨科学分会委员。

1991年毕业于甘肃中医学院,同年分配至甘肃省中医院工作,2007获得医学硕士学位。擅长微创手术治疗脊柱疾患,如经皮激光汽化减压治疗腰椎间盘突出症、后路椎间盘镜(MED)下腰椎间盘摘除术、经皮椎体成形和后凸成形术。开展了颈椎管狭窄症的棘突纵割式切开椎管扩大成形术、颈椎间盘突出症的颈椎前路复位内固定术(ACDF)、髋臼周围截骨和髋臼旋转截骨术治疗髋臼发育不良等。还擅长成人关节外科疾病的诊治,在四肢骨与关节损伤、骨髓炎、畸形愈合等方面积累了较丰富的经验。发表医学论文10余篇,承担完成省级科研2项,主编专著1部。

邓 强 男,生于1970年8月,甘肃秦安人,中共党员。2009年4月晋升为中医骨科副主任医师,现任医院设备科副主任(主持工作)。甘肃省骨伤科临床医学中心常务秘书,甘肃省中西结合学会骨科专业委员会委员,《中华现代外科学杂志》编委,中国管理科学研究院学术委员会特约研究员。医院“334”人才。2010年12月入选甘肃省卫生厅领军人才。

1995年6月毕业于甘肃中医学院,同年分配至医院工作。先后在脊柱颅脑骨科、微创骨科工作,2002—2004年研修甘肃中医学院骨伤硕士班全部课程并结业,2004年9月至2005年8月在第二军医大学第一临床医学院长海医院骨科进修学习。曾任甘肃省中医院脊柱骨二科副主任、医务部副主任。擅长用各种中医手段治疗颈肩腰腿痛疾患及四肢骨折的微创治疗,亦能熟练用西医传统手术治疗脊柱疾病及各种骨折,也能使用现代激光汽化、臭氧、射频消融、椎间盘镜等微创手段治疗颈椎病、腰椎间盘突出症,对脊柱不稳引起的颈肩腰腿痛的诊治积累了一定的经验。主持甘肃省科技厅科研1项,主持甘肃省卫生厅科研2项,参与完成甘肃省科学技术厅科研项目已通过省级科研鉴定3项,成果达国内领先水平。主编出版《中西医结合脊柱疾病治疗学》和《简明脊柱外科学》2部,参编专著1部。发表国家级、省级论文10余篇。2008年获甘肃省万名医师支援农村卫生工程优秀医疗队队长称号,2010年度获甘肃省卫生系统舟曲特大泥石流救灾先进个人称号。

史文宇 男,生于1972年11月,甘肃定西人。2010年7月晋升为中医骨科副主任医师,现任医院脊柱骨三科副主任。甘肃省第五批中医传承工作继承人。甘肃省中西结合学会骨伤分会会员,中华医学会骨科学会脊柱微创学组会员。医院“334”人才。2010年12月入选甘肃省卫生厅领军人才。

1993年7月毕业于甘肃中医学院,同年分配到甘肃省中医院工作,从事中医骨伤专业近20年,积累了较丰富的临床经验，擅长脊柱创伤、脊柱退行性疾病(腰椎间盘突出、颈椎病、腰椎管狭窄、腰椎滑脱等)、脊柱畸形、脊柱结核、脊柱脊髓肿瘤及其他脊柱疾病，以及四肢骨关节创伤、骨病的手法、手术治疗。主持完成省、厅级科研课题4项，达到国内领先水平，其中获甘肃省皇甫谧中医药科技奖二等奖1项。主编专业论著2部，国家、省级核心期刊发表论文20余篇。2008年获甘肃省卫生系统抗震救灾先进个人称号。

东　红　女，生于1967年9月，陕西澄城人。2009年4月晋升为中医内科主任医师，现在医院脑病(神经内)科工作。甘肃中医学院兼职教授，中西医结合学科硕士生导师。甘肃省中西医结合学会理事，甘肃省中医药学会心脑专业委员会副主任委员。

1990年7月毕业于甘肃中医学院医疗系，同年分配到甘肃省中医院工作。从事临床医疗工作20余年。擅长心脑血管疾病、老年病的诊治。主持完成"佛手养心安神汤治疗神经衰弱症临床和实验研究"省级科研课题，获甘肃省皇甫谧中医药科技奖三等奖。参与完成省级科研课题3项，分获甘肃省皇甫谧中医药科技奖二等奖和甘肃省科技进步奖三等奖。参编出版专著1部，发表学术论文20余篇。

石宗珂　女，生于1963年1月。2010年7月晋升为中医儿科主任医师。甘肃中医学院兼职教授，中华儿科学会甘肃省儿科学会会员，甘肃省中医儿科专业委员会常务委员，甘肃省手足口病防治专家组成员。

1985年7月毕业于甘肃中医学院临床医疗系，同年分配至甘肃省中医院工作，从事儿科临床工作近30年，积累了丰富的诊断、治疗婴幼儿疾病的经验。解决儿科各种危重病及疑难病的诊治，擅长儿科呼吸系统、消化系统疾病的中西医结合诊治，尤其在小儿肺炎、慢性咳嗽、反复呼吸道感染、儿童哮喘及变态反应性疾病以及小儿厌食、腹泻、紫癜等方面有独到的治疗经验。主持完成的"小儿复感宁合剂防治反复呼吸道感染临床观察和研究"厅级科研课题达到国内领先水平，并获2006年度甘肃省皇甫谧中医药科技奖二等奖。参与完成省厅级科研5项，曾在国家级、省级刊物上发表论文20余篇。

冯康虎　男，生于1962年3月，甘肃兰州人。2009年4月晋升为中西医结合骨科主任医师，现任医院创伤骨二科主任。甘肃中医学院兼职教授，兼任甘肃省中西结合学会骨伤科专业委员会委员。

擅长对多发伤、复合伤及其并发症的诊治。大量开展全髋置换及翻修、骨盆骨折、四肢各种复杂骨科手术。率先在省内开展同侧下肢股骨髁上骨折、胫骨骨折利用同一髌腱小切口行GSH及胫骨髓内钉固定手术和骶髂关节脱位行复位空心螺钉固定术。主持完成省级科研2项，发表学术专业论文10余篇。

李卫平　男，生于1966年9月，甘肃环县人。2009年10月晋升为中医骨科主任医师，现任医院小儿骨科主任。中华医学会小儿骨科专业委员会委员，中国中西医结合学会骨伤专业委员会委员，医院"334"人才。

1990年6月毕业于甘肃中医学院临床医疗系，同年分配到甘肃省中医院工作。从事骨科临床工作20余年，对各种先天、发育畸形治疗有丰富的临床经验。主持完成省科技厅科研课题"可调式外固定架治疗3岁以下儿童发育性髋脱位临床研究"1项，参与完成国家中医药管理局中医临床诊疗技术整理与研究项目和省级科研课题各1项，分获国家中医药科技奖二等奖和河南省中医药科技进步奖二等奖，参编出版骨科专著1部，在国家级及省级杂志发表专业论文10余篇。

李兴勇　男，生于1963年8月，甘肃榆中县人，中共党员。2009年12月晋升为骨科主任医师，现任医院副院长、省中医药研究院院长。兰州医学院硕士研究生，享受国务院政府特殊津贴专家，甘肃省五一劳动奖章获得者，全省医德医风先进工作者，甘肃省"555"创新人才第二层次，白银市"十大杰出

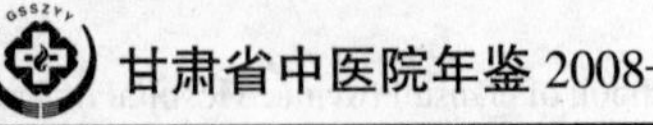

青年”,白银市“153”工程跨世纪培养人才,白银市“155”创新人才先进工作者。甘肃中医学院硕士研究生导师,兼任甘肃省中西医结合学会理事、甘肃省医院协会常务理事等职务。

1987年8月,分配至白银市第二人民医院工作。2009年5月,调入甘肃省中医院任副院长。2010年1月,任甘肃省中医药研究院院长。从事骨科临床工作20余年,擅长关节镜的临床应用、关节置换术的治疗。引进了“AO”技术,使白银市第二人民医院成为最先应用该技术的医院;最早在白银地区开展人工关节置换术、先天性髋关节脱位矫形术、DSH和DCS等新业务,引进多功能外固定架交锁髓内针。2004年8月赴德国海德堡进修学习,回国后又邀请德国著名骨科专家施瓦贝博士来甘开展工作,与德国专家一起先后开展的“胫骨内侧高位截骨治疗膝内翻畸形术”“多段截骨延长术治疗多发性骨骺发育不良”“特种医用海绵治疗骨结核感染”等技术填补了国内该领域的空白。主持完成科研课题7项,其中“白银市小学生脊柱侧弯的调查与研究”课题2003年获甘肃省科技进步奖三等奖,“断肢(指)再植术的临床应用”课题1998年获白银市科技进步奖二等奖,“小切口动力髋螺钉治疗高龄股骨粗隆间骨折的临床研究”“白银市气象因素与脑卒中的相关性研究”课题2009年获得白银市科学技术进步奖二等奖。发表国家级、省级专业论文18篇,其中3篇论文获国家级优秀论文奖。

米仲祥 男,生于1963年1月,甘肃庆阳人,中共党员。2009年9月晋升为中西医结合骨科主任医师,现任医院创伤骨一科主任。甘肃省中医药师承教育指导老师,中国康复医学会骨关节专业委员会委员。

1986年7月毕业于兰州医学院医疗系。先后在西峰市人民医院、甘肃稀土公司职工医院工作。1997年11月调入甘肃省中医院工作,任甘肃省中医院脊柱颅脑科副主任。2005年1月任康复骨科副主任(主持工作),11月任老年骨科副主任。2006年8月任老年骨科主任。从事骨科临床工作25年,积累了丰富的临床经验,擅长脊柱疾患的诊治、人工髋膝关节置换及复杂骨折的手术治疗。开展了刮匙法颈椎间盘切除植骨融合术、锚定法单开门颈椎管扩大成形术、胸腰椎前路一期病灶清除植骨融合内固定术、胸腰椎后路横突间颗粒状自体骨植骨术、颈腰椎体间cage融合术等脊柱外科手术。主持完成甘肃省科技攻关项目“锚定法单开门颈椎管扩大成形术的临床应用研究”,达到国内先进水平。参与完成省级科研2项,发表学术论文20余篇。

刘效栓 男,生于1964年3月,甘肃永登人,中共党员。2003年3月晋升为主任药师,现任医院药学部主任。兼任甘肃省药学会理事,甘肃省执业药师协会理事,甘肃省中医学院兼职教授,《中药材》杂志编委。

1986年7月兰州医学院药学系毕业,同年分配至酒钢医院工作,2009年12月调入甘肃省中医院工作。2000年起先后担任酒钢医院医技党支部书记,药剂科主任,药学部副主任、主任,药械部部长,综合部部长,药学专业学科带头人。2004年取得兰州大学药学院在职研究生学历。2009年12月起先后担任甘肃省中医院药剂科主任、药学部主任。研究方向为医院制剂的开发。

从事医院药学工作25年,致力于医院制剂的开发研究和临床药学工作。主持完成了“和胃止痛颗粒”等9个医院制剂的研发,开展了急性中毒药物快速鉴定方法的研究,积极推进和开展临床药学工作。发表论文30多篇。主持完成科研项目10多项,其中1项获甘肃省科技进步奖三等奖,3项获市级科技进步奖二等奖,2项获兰州市科技进步奖三等奖。

张文贤 男,生于1974年4月,甘肃榆中人,中共党员,骨科主治医师。天津中医药大学在读博士研究生,医院“334”人才,2010年12月入选甘肃省卫生厅领军人才。

1997年7月毕业于甘肃中医学院中医骨伤专业,同年分配至榆中县第二人民医院工作。2005年7

月甘肃中医学院中医骨伤科硕士研究生毕业后，分配至甘肃省中医院，先后在小儿骨科、创伤骨科工作。2008 年 9 月至 2009 年 9 月在中国人民解放军第四军医大学唐都医院全军骨科中心进修。2009 年 9 月考取天津中医药大学在读博士研究生。2010 年 5 月被甘肃省中医院列入“334”第三梯队培养人才。2010 年 11 月被甘肃省卫生厅列入甘肃省卫生厅领军人才。主持完成“中药银杏叶提取物联合神经干细胞移植治疗急性脊髓损伤的实验研究”课题 1 项，参与完成省厅级科研课题 3 项，主编出版《骨性关节炎——膝关节骨性关节炎的病理研究与临床诊治》专著 1 部，发表国家级专业论文 5 篇。

芦少敏 女，生于 1965 年 10 月，甘肃靖远人。2010 年 7 月晋升为中医内科主任医师。甘肃中医学院兼职教授，硕士研究生导师。中华中医药学会糖尿病分会委员，甘肃省中医药学会糖尿病分会委员。

1989 年 6 月毕业于甘肃中医学院中医医疗系，同年分配至甘肃省中医院工作，先后在心脑科、老年病科从事临床工作，2007 年调至内分泌科工作至今。工作 20 余年来，积累了丰富的临床经验，尤其擅长中西医结合治疗糖尿病、甲状腺疾病、肾上腺疾病、高血压病、代谢综合征、更年期综合征、骨质疏松等内分泌系统的疑难杂症及老年心脑血管疾病。

主持和参与科研课题 7 项。主持的“补脑膏治疗多发性神经病临床及实验研究”厅级科研课题获甘肃省皇甫谧中医药科技奖二等奖；参与完成的省级科研课题分获甘肃省医学科技奖三等奖和甘肃省皇甫谧中医药科技奖三等奖。主持省科技厅在研课题“糖痹康胶囊治疗糖尿病周围神经病变(DNP)的临床观察及与 C 肽的相关研究”的研究；参与在研课题 1 项。参编出版专著 2 部，发表省级及国家级学术论文 20 余篇。

汪付田 男，生于 1965 年 2 月，甘肃甘谷人。2004 年 7 月晋升为副主任中药师。“西部之光”访问学者。

1988 年 7 月毕业于甘肃中医学院中药系中药专业。2005 年 7 月毕业于沈阳药科大学药学专业，本科学历。1988 年 7 月分配到甘肃省中医院工作至今，先后分别从事中药炮制、中药调制、中药制剂，具有一定的中药鉴定、中药炮制、中药制剂研发经验与技术。主持的“虎杖通络擦剂的制备及临床疗效观察”“双花滴耳液的研制及治疗化脓性中耳炎的临床研究”2 项科研课题均达到国内领先水平，“虎杖通络擦剂的制备及临床疗效观察” 获得甘肃科技创新作品二等奖，“双花滴耳液的研制及治疗化脓性中耳炎的临床研究”获 2010 年度甘肃省皇甫谧中医药科技奖二等奖。主编《中药炮制与临床》专著 1 部，参编出版专著 1 部，发表省级及国家级学术论文 20 余篇。

沈玉鹏 女，生于 1962 年 4 月，甘肃民勤人。2008 年 4 月晋升为中医儿科主任医师，曾任医院儿科主任。中医儿科学会甘肃分会副主任委员、副秘书长，中华儿科学会会员，《甘肃中医》《中医儿科》编委，甘肃中医学院兼职教授。

1984 年甘肃中医学院毕业分配至甘肃省中医院，从事小儿科临床工作 26 年，治疗小儿常见病和多发病取得良好的疗效。尤其对小儿反复呼吸道感染、小儿肾病、小儿腹泻及小儿厌食有独到经验，对危重病人抢救积累了丰富的经验，辨证应用中药治疗小儿肺炎、肾炎、肾病综合征取较好的疗效。主持完成“肠灵灌肠液治疗小儿腹泻临床研究”省级科研课题。参与完成的省级科研课题获甘肃省皇甫谧科技成果二等奖，发表省级及国家级学术论文 20 余篇，作为编委参与编写我国第一部病毒性疾病中医诊疗专著《病毒性疾病中医诊疗全书》。现有省级在研项目 1 项。

陈志龙 男，生于 1972 年 10 月，甘肃陇西人，骨科主治医师。医院“334”人才，2010 年 12 月入选甘肃省卫生厅领军人才。

1993 年 7 月甘肃省中医学校毕业分配至甘肃省中医院工作。2008 年 9 月至 2009 年 3 月在上海市第六人民医院进修学习。2008 年 9 月参加国际内固定研究学会(AO/ASIF)创伤骨科培训中心(中国)举办的 AO 创伤治疗技术学习班并结业。2009 年度被评为医院优秀医生。2010 年 5 月,被医院确定为"334"人才第三层次培养对象。甘肃省卫生厅领军人才。

主持的"消肿止痛合剂预防骨折术后下肢深静脉血栓形成的临床研究"科研课题达到国内先进水平。参研课题 1 项。主编出版《实用骨科临床检查与诊断技术》专著 1 部,参编出版骨科专著 1 部,发表省级及国家级学术论文 8 篇。

宋宝根　男,汉族,生于 1951 年 4 月,河南郑州人。2008 年 4 月晋升为主任药师,现任医院药学部技术指导。历任甘肃省中医院药剂科副主任、医疗器械科科长、检验科主任及药学部技术指导等职。

1976 年毕业于沈阳药学院(现沈阳药科大学),从事药学专业技术工作 35 年,曾担负库房管理、灭菌制剂、中草药制剂、药品检验等工作。善于中药制剂现代化的研究以及制剂的质量控制。主持完成了科研课题 2 项,其中获甘肃省医药科技进步三等奖 1 项;参与完成了科研课题 3 项,分获甘肃省卫生厅科技进步二等奖、三等奖。主编《医院制剂注解》药学专著 1 部;在《中国药学杂志》《中成药》《中国中药杂志》《中国医院药学杂志》发表学术论文 10 余篇。曾参加中国第十二批援助马达加斯加医疗队,并荣获马达加斯加共和国骑士勋章一枚。

妥建福　男,东乡族,生于 1962 年 11 月,甘肃临夏人,中共党员。兼任甘肃省人大常委会委员,甘肃省人大常委会民族侨务委员会委员,现任医院党委书记、党委委员。

1984 年 7 月西北民族学院医疗系毕业,本科学历,医学学士学位。同年在临夏县医院参加工作,2009 年 7 月调入甘肃省中医院,任医院党委书记、党委委员。先后任临夏回族自治州卫生局副局长、局长;积石山县县委副书记、副县长;广河县县委副书记、代县长、县长,广河县委书记等职。系甘肃省第十一次党代会代表,第十届、十一届省人大代表,曾被国家卫生部、铁道部、解放军总后勤部评为"全国卫生防疫工作先进个人",在全省防治"非典"工作中被甘肃省委评为"优秀共产党员",被中共甘肃省委、甘肃省人民政府授予"全省民族团结进步模范个人"荣誉称号,被中共甘肃省委、甘肃省军区党委评为"党管武装好书记"。

任医院党委书记期间,提出"团结奋斗、共谋发展、服务患者、惠及职工"为党委工作的总体思路,结合业务工作实际,进一步加强和改进党委中心组学习,指导科学发展,强调发挥每个班子成员的作用、每位中层干部的作用、每个共产党员的作用,使党的思想组织、作风建设得到进一步加强。

张剑峰　男,生于 1962 年 4 月,甘肃省兰州市人。2008 年 4 月晋升为中医五官主任医师,曾任医院口腔科主任。

1984 年 7 月毕业于甘肃中医学院医疗系,同年分配到甘肃省中医院口腔科工作。从事口腔临床工作 27 年,在口腔内科、口腔外科、口腔正畸、口腔修复等方面积累了丰富的临床经验。特别在牙周疾病、口腔黏膜病(复发性溃疡、急性溃疡性口炎、口腔扁平苔藓、慢性唇炎、化疗放疗后的口腔溃疡)等,运用中医辨证施治治疗上积累了丰富的临床经验,取得了良好的治疗效果。主持或参与科研课题 5 项,取得省级科研成果二等奖 1 项、三等奖 1 项,市级科研成果三等奖 1 项。主持的"洁龄痈液治疗下颌智齿冠周炎的实验研究"获兰州市科技进步奖三等奖;在研科研项目甘肃省技术与开发专项计划项目"生骨再造散对下颌骨骨折愈合影响的临床及实验研究"和兰州市科技计划项目"佛手溃疡颗粒对顽固性口腔溃疡的临床疗效及作用机制研究"2 项。参编出版专著 1 部,在国家级医学刊物发表论文 10 余篇,省级刊物发表论文 6 篇。

张敏思　女,生于 1964 年 11 月,江苏沭阳人,中共党员。2008 年 4 月晋升为中医内科主任医师,现任医院甘南路特色门诊部主任。甘肃省医学会医疗事故技术鉴定专家库成员、政府采购专家库成员、科技厅课题评审成果鉴定专家库成员。

1988年7月毕业于北京中医药大学中医专业，同年分配至甘肃省中医院从事临床工作。先后在心脑科、胸内科、急诊风湿科、ICU、医院甘南路特色门诊部、陇上名医馆工作。从事临床工作20余年，积累了心、脑、肺、疑难危重症等临床各学科的理论知识和丰富的临床经验。2001年创建医院重症监护病房，并逐步步入正轨，成为全院急危重症患者的抢救基地。主持完成了"牡芍合剂镇痛作用的药效学研究及临床观察""牡芍合剂镇痛机理的临床与实验研究"系列科研研究，其中"牡芍合剂镇痛作用的药效学研究及临床观察"科研课题获甘肃省皇甫谧中医药科技奖三等奖。主持研制的"牡芍合剂"适用于各类疼痛，价廉效好。参研科研3项，其中1项获甘肃省科学技术进步奖二等奖。参编出版专著3部，其中《中医痰病学》获中华中医药学会科学著作三等奖。发表省级及国家级学术论文20余篇。

邴雅珺 女，生于1965年10月，辽宁人，民革党员。2009年12月晋升为中医内科主任医师，现任老年病科主任、省中医药研究院老年病研究所所长。甘肃中医学院硕士研究生导师，甘肃省卫生厅领军人才，医院"334"人才。甘肃省中医药学会老年病专业委员会副主任委员及秘书长，甘肃省中西医结合学会糖尿病专业委员会委员，中国中西医结合学会虚证与老年病专业委员会青年委员，中国北方老年医学协会理事。

1988年毕业于甘肃中医学院，同年分配至甘肃省中医院老年病科工作。从事老年病专业工作20余年，坚持"西医诊病，中医辨证，中药为主，西药为辅，内调外治，扬长补短，提高疗效"的中西医结合治病原则。擅长中西结合治疗老年糖尿病及其并发症、老年性高血压病、冠心病、心律失常、顽固性心力衰竭、脑动脉硬化症、脑中风后遗症、慢性支气管炎、支气管哮喘、慢性阻塞性肺气肿、肺心病、慢性阻塞性肺疾病、慢性胃及十二指肠溃疡、慢性溃疡性结肠炎、肝硬化、顽固性失眠、带状疱疹、老年前列腺增生、亚健康等疾病及老年内科疑难杂症。主持完成科研3项，获甘肃省皇甫谧中医药科技奖2项。主编与参编医学专著3部，先后发表论文20余篇。

张德宏 男，生于1968年1月，甘肃榆中人，中共党员。2009年10月晋升为中医骨科主任医师，现任医院院务部副主任(主持工作)。医院"334"人才。甘肃省中西医结合学会骨伤科专业委员会秘书长。2006年被甘肃鑫报评为首届"甘肃群众喜爱的中青年名中医"。

1992年毕业于甘肃中医学院医疗系，本科学历，学士学位，同年分配至甘肃省中医院工作至今。从事骨科临床工作19年。2000年赴北京中日友好医院骨科学习1年。2010年3月22日至29日在新加坡国际管理学院参加现代医院高级管理课程学习。能熟练运用传统中医正骨手法治疗四肢、关节创伤性疾病，擅长中西医结合治疗脊柱及骨肿瘤疾患，对腰腿痛、股骨头缺血性坏死、儿童先后天畸形的诊治。主持的"踇外翻第一跖骨外移截骨与足部负重比例变化的临床前应用基础研究"甘肃省自然科学基金科研课题达到国内领先水平。参与完成省部级科研3项，参编出版骨科专著2部，在国家级及省级学术期刊上发表学术论文10余篇。

罗向霞 女，生于1975年4月，甘肃庄浪人，中共党员。2008年11月晋升为中医眼科副主任医师，现任医院科研科主任、省中医药研究院眼科研究所副所长。"西部之光"访问学者。

2008年毕业于成都中医药大学，获得中医五官(眼科)博士学位。2008年至今在甘肃省中医院眼科工作。2009年入选国家中组部"西部之光"访问学者，在北京同仁医院眼科交流1年。2010年被选派参加甘肃省卫生厅组织的丹麦眼科医院交流学习3个月。从事中医眼科与中西医结合眼科学的临床、科研与教学10余年，长期致力于眼底病及糖尿病眼部并发症的中医、中西医结合治疗方法及其作用机制的研究，主攻中医药治疗出血性眼病与糖尿病性视网膜病变以及眼底病的诊断。擅长糖尿病性视网膜病变、视网膜静脉阻塞、视网膜血管炎、Eales 病、年龄相关性黄斑变性、中心性浆液性脉络膜视网膜病变、视网膜色素变性、葡萄膜炎、青光眼、视神经病变、干眼症、过敏性眼病、视疲劳等的治疗。参加完成“863”国家重大科技专项 1 项，参加完成 2008 国家科技支撑计划重点项目和 2008 国家自然基金面上项目各 1 项。参研在研科研项目 2 项，在国家级刊物发表论文 17 篇，在 SCI-E 发表论文 1 篇。

周　晟　男，生于 1968 年 8 月，甘肃陇西人，中共党员。2005 年 5 月晋升为影像诊断副主任医师，现任医院放射影像科主任。中国中西医结合学会影像专业委员会常务委员，甘肃省中西医结合学会影像专业委员会主任委员，中华医学会甘肃省放射专业委员会委员，甘肃省中西医结合学会常务理事。医院“334”人才，2010 年 12 月入选甘肃省卫生厅领军人才。

1992 年毕业于兰州医学院，同年分配至甘肃省中医院放射科工作。1995 年在兰州军区兰州总医院进修半年。1998 年在上海新华医院进修半年。2010 年 6 月 21 日至 6 月 29 日在新加坡国际管理学院参加现代医院高级管理课程学习。

从事影像诊断专业 19 年，对全身各系统 X 线、CT、MRI 影像诊断有一定造诣，尤其在骨关节病变及骨肿瘤影像学诊断方面积累了丰富的经验。主持完成省科技厅科研 5 项，其中“低场 MR 诊断膝关节软骨损伤与关节镜结果的对照研究”科研课题 2010 年获甘肃省医学科技三等奖；参与完成的科研课题分别获 2010 年度中华中医药学会科学技术奖、2008 年皇甫谧中医药科技奖一等奖及 2009 年甘肃省科技进步奖二等奖；主持、参与在研科研 4 项，为国家(“十五”)科技攻关计划项目“芪参益气滴丸对心肌梗死二级预防的临床试验研究”中心负责人。出版专著《MRI 诊断及临床问答》及《骨肿瘤影像诊断与治疗学》2 部，在国家级、省级刊物发表论文 30 余篇。

杨维建　男，生于 1964 年 10 月，湖南新宁人，中共党员。2008 年 10 月晋升为普外科主任医师，现任医院普外科副主任。医院“334”人才。甘肃中医学院中医外科学硕士生导师，中国中西医结合学会普通外科学会青年委员，甘肃省外科学专业委员会委员，甘肃省抗癌协会胃癌专业委员会副主任委员，甘肃省外科学专业委员会肛肠外科学组副组长，甘肃省中西医结合学会常务理事。

1986 年毕业于甘肃中医学院，获学士学位，同年分配到酒钢医院普外科，曾担任酒钢医院外科学部秘书、肛肠外科主任、普外科主任医师。2006 年调入甘肃省中医院普外科，擅长消化道肿瘤、微创外科、中西医结合治疗肠梗阻、肠瘘。开展了肝癌切除术、十二指肠瘘十二指肠憩室化手术、腹腔镜肝脓肿切开引流术、腹腔镜肝脾破裂修补术、腹腔镜直肠癌根治术、腹腔镜结肠冗长切除术、腹腔镜残余胆囊切除手术、腹腔镜精索静脉曲张高位结扎术、胆总管囊肿切除肝管空肠吻合术、脾囊肿脾部分切除术、自发性脾破裂脾动脉超选栓塞术、甲状腺旁腺肿瘤切除术、超低位直肠癌经骶尾切除保肛手术(Mason 术)、“三镜”联合、胆道一期缝合治疗梗阻性黄疸胆总管结石等治疗工作。参编出版专著 1 部，发表科研论文 10 余篇，主持完成科研多项。

柳海平　男，生于 1968 年 2 月，甘肃庄浪人，中共党员。2010 年 10 月晋升为中医骨科主任医师，现任医院关节骨科主任。甘肃省卫生系统青年岗位能手，国家级名老中医药学术经验继承人，“西部之光”访问学者。甘肃省中西医结合学会骨伤专业委员会委员，甘肃省中医学会骨伤专业委员会委员，甘肃省抗癌协会肉瘤专业委员会委员。医院“334”人才，2010 年 12 月入选甘肃省卫生厅领军人才。

1991 年 7 月毕业于甘肃中医学院，同年分配到甘肃省中医院工作。从事骨科临床工作近 20 年，在骨与关节损伤、骨肿瘤、脊柱及关节退行性疾患、周围神经损伤等诊治上积累了丰富的经验，对股骨头坏死、髋膝关节骨性关节炎有较深入的系统研究，形成了中西医结合分期分型论治的科学治疗方案。

擅长人工全髋、全膝关节置换术及翻修术。在省内较早开展了微创小切口人工全髋、全膝关节置换术和经皮球囊扩张椎体成形术及人工桡骨小头置换术。主持或作为主要完成人参与完成了省部级科研项目5项,其中获中华中医药学会科学技术奖二等奖1项,获兰州市科技进步奖二等奖1项,获皇甫谧中医药科技奖二等奖2项。在国内主要学术刊物上发表论文20余篇,参编学术专著3部。

胡敏棣 女,生于1966年10月,甘肃平凉人。2010年7月晋升为中医内科主任医师,医院"334"人才。甘肃中医学院兼职教授,甘肃省医学会物理医学与康复专业委员会委员。

1990年毕业于甘肃中医学院,同年分配至甘肃省中医院,在中医脑病科从事临床工作。长期从事中西医结合脑血管疾病的临床研究及治疗。尤擅长脑血管疾病的诊治及神经康复。主持的"佛手定眩合剂治疗眩晕症的临床观察和实验研究"厅级科研达到国内领先水平。参与完成省厅级科研4项,其中获甘肃省皇甫谧中医药科技奖二等奖2项、三等奖1项,获甘肃省科学技术进步奖三等奖1项。参编出版专著2部,发表省级及国家级学术论文20余篇。

党建中 男,生于1964年7月,甘肃民勤人。2009年12月晋升为心胸外科主任医师,现任医院心胸外科主任。

1987年7月毕业于兰州医学院医疗专业,大学学历,同年分配至武威地区医院心胸外科工作,2006年12月调入甘肃省中医院心胸外科,组建了心胸外科。独立完成先心病房、室间隔缺损以及动脉导管未闭、法洛四联症、三尖瓣下移、心内膜垫缺损等矫治术,风心病瓣膜置换术,冠状动脉搭桥术,主动脉夹层腔内隔绝术,升主动脉瘤主动脉瓣及升主动脉置换术,食管上中下段癌、贲门癌根治术,肺癌根治术,纵隔肿瘤切除术等。主持完成的"甘肃省靖远县中小学生先天性心脏病调查及治疗"科研课题达到国内领先水平。主编《心脏外科医生临床实践》专著1部,发表省级及国家级学术论文15篇。

黄小玲 女,生于1962年10月,广西北流人,中共党员。2009年4月晋升为病理主任医师,现任医院病理科主任。甘肃中医学院兼职教授。兼任甘肃省病理学会委员,甘肃省肉瘤专业委员会委员,甘肃省抗癌协会会员,甘肃省医学会医疗事故技术鉴定专家库成员,兰州市医学会医疗事故技术鉴定专家库成员,中华医学会病理学会会员。

1985年毕业于兰州医学院医疗系,获学士学位,同年分配至甘肃省中医院工作。从事病理工作26年,在骨及软组织、消化系统和呼吸系统的常见疾病及肿瘤诊断方面积累了丰富的经验。主持及参与科研项目4项,其中主持了省科技厅在研项目"Survivin、VEGF、TSP-1在骨良性、交界性、恶性成骨性肿瘤中的表达及意义",参与国家自然基金项目"不同浓度麝香酮对外源性骨髓间充质干细胞体内迁移作用与机制研究及其引经理论初探"。发表省级及国家级学术论文20余篇。

谢兴文 男,生于1972年2月,甘肃甘谷人,民盟盟员。2006年晋升为中医骨科副主任医师,现任省中医药研究院副院长、骨伤病研究所所长。中华中医药学会骨伤科专业委员会委员,甘肃省中医药学会常务理事,甘肃省中医药学会骨伤科分会副秘书长。2007年9月入选"西部之光"访问学者。2008年10月,入选陇原青年创新人才。2010年1月,获甘肃省直机关"十大杰出青年"。2010年12月入选甘肃省卫生厅领军人才。

擅长髋、膝关节置换术,关节部位骨折、髋臼骨折等手术治疗和中西医结合治疗。中医药辨证治疗骨性关节炎、膝关节滑膜炎、股骨头坏死、颈椎病、腰椎间盘突出症等。主持国家自然科学基金项目"不同浓度麝香酮对外源性骨髓间充质干细胞体内迁移作用与机制研究及其引经理论初探"、甘肃省自然科学基金项目"不同化瘀方法对骨髓间充质干细胞增殖、成骨分化、迁移影响的实验研究"、陇原青年创新人才扶持项目"骨折三期辨证不同治法在骨折愈合中对骨髓间充质干细胞分化方向的影响"、甘肃省中医药管理局课题“颈椎病中医证型规范化研究”；参与国家自然基金项目1项、省级科研2项和市级科研1项。作为主编秘书参与了国家“十五”规划七年制教材《中医骨伤科学》的出版，参编出版骨科专著1部。参与的科研课题获甘肃省教育厅科技进步奖二等奖2项，获得中华中医药学会科学技术奖三等奖2项。发表论文39篇，其中中文核心期刊12篇。

靳 锋 男，生于1964年9月，甘肃兰州人，中共党员。2008年4月晋升为中医内科主任医师，现任医院肾病科主任。医院名中医，甘肃中医学院兼职教授、硕士研究生导师。甘肃省中医肾病学会副主任委员。

1986年毕业于甘肃中医学院中医系，同年分配至甘肃省中医院工作。1994年获主治医师资格，2001年获副主任医师资格，2007年获主任医师资格。主要从事中西医结合急慢性肾炎、肾功能不全、肾病综合征、泌尿系感染、过敏性紫癜等临床诊治和科研工作，采用中医中药、中医外治技术（包括序贯式中药结肠透析疗法、中药蒸汽药浴、激光离子导入穴位敷贴等）对治疗肾病临床疗效显著。主持完成省级科技计划项目“肾炎胶囊治疗肾病综合征Ⅱ型临床及实验研究”等科研课题2项，主参编专著2部，在国家级及省级杂志发表学术论文10余篇。

樊成虎 男，生于1963年11月，甘肃民勤人。2008年4月晋升为中医骨科主任医师，现任医院脊柱骨一科主任。甘肃中医学院兼职教授、硕士生导师。甘肃省中西医结合骨科专业委员会副主任委员。2006年被甘肃鑫报评为首届“甘肃群众喜爱的中青年名中医”。

1986年7月，毕业于甘肃中医学院医疗系，分配至甘肃省中医院从事骨科临床工作25年。擅长脊柱、创伤骨科，积极开展新技术，具有创新精神，能独立开展各种颈椎前后路手术、微创椎间盘镜下髓核摘除术、腰椎间盘人工髓核置换术、脊柱减压固定融合术、经皮椎体成形术、经皮微创椎弓根钉内固定术、脊柱畸形矫形术和射频消融术等。主持完成省、市级科研2项，其中“弧形滑槽式外固定器治疗第一掌骨骨折”科研课题获兰州市科学技术进步奖三等奖；主编出版《实用骨科手册》专著1部；在国家级、省级杂志发表论文20余篇。

副高级职务人员一览表

姓名	性别	出生年月	学历	毕业学校	现专业技术资格及取得时间	现专业技术职务及受聘时间	科室
脱承德	男	1962–11	本科	甘肃中医学院	副主任医师 2005–09	副主任医师 2008–04	重症医学科
卢雨蓓	女	1971–06	本科	甘肃中医学院	副主任医师 2007–09(师带徒)	副主任医师 2008–04	脾胃病(消化)科
何志军	男	1970–07	在职本科生	甘肃中医学院(成教)	副主任医师 2007–09(破格)	副主任医师 2008–04	手足微创骨科
包海军	男	1966–09	硕士研究生	兰州大学	副主任医师 2004–10	副主任医师 2008–04	心胸外科
张宝玲	女	1967–02	本科	兰州医学院	副主任医师 2007–09	副主任医师 2008–04	麻醉手术科
杨惠秋	女	1961–10	在职本科	兰州医学院(夜大)	副主任医师 2006–09	副主任医师 2008–04	超声心电检查科
赵奋国	男	1956–08	中专	兰医护校	副主任技师 2007–09(破格)	副主任技师 2008–04	放射影像科
陈进凡	男	1965–12	在职本科生	西安交大(成教)	副主任检验技师 2007–09	副主任检验技师 2008–04	输血科
杨继红	女	1967–07	在职本科生	中央广播电视大学	高级会计师 2007–12	高级会计师 2008–04	财务部
张景华	女	1970–12	在职本科生	西北师范大学(自考)	档案专业副研究馆员 2007–12	副研究馆员 2008–04	院务部
李生财	男	1972–1	博士研究生	成都中医药大学	副主任医师 2008–12	副主任医师 2008–11	脾胃病(消化)科
吴荣	男	1973–03	博士研究生	中国中医科学院	副主任医师 2008–11	副主任医师 2008–11	心内科
尤从新	男	1970–05	本科	甘肃中医学院	副主任医师 2008–10	副主任医师 2009–04	脊柱骨一科
宫玉锁	男	1973–09	在职硕士生	兰州医学院(成教)	副主任医师 2008–10	副主任医师 2009–04	创伤骨二科
裴生太	男	1970–10	本科	甘肃中医学院	副主任医师 2008–10	副主任医师 2009–04	小儿骨科
柳永明	男	1968–02	本科	甘肃中医学院	副主任医师 2008–10	副主任医师 2009–04	脊柱骨三科
田雪梅	女	1971–08	本科	甘肃中医学院	副主任医师 2008–10	副主任医师 2009–04	风湿病科

续表

姓名	性别	出生年月	学历	毕业学校	现专业技术资格及取得时间	现专业技术职务及受聘时间	科室
张竹君	女	1965-06	硕士研究生	兰州大学	副主任医师 2008-10	副主任医师 2009-04	肾病科
陈国廉	男	1965-09	本科	北京中医学院	副主任医师 2008-10	副主任医师 2009-04	康复治疗中心
刘永民	男	1965-05	本科	兰州医学院	副主任医师 2008-10	副主任医师 2009-04	眼科
赵永强	男	1968-10	本科	兰州医学院	副主任医师 2008-10	副主任医师(院内聘任)2009-04	泌尿外科
李晋凤	女	1966-03	在职本科生	兰州大学(自考)	副主任医师 2008-10(单位有效)	副主任医师 2009-04	口腔科
王春爱	女	1970-07	在职硕士生	兰州大学	副主任医师 2008-10	副主任医师 2009-04	麻醉手术科
梁勤	女	1972-11	在职本科生	兰州医学院(成教)	副主任检验师 2008-10	副主任检验师 2009-04	检验科
余有庆	男	1952-03	中专	定西卫校	副主任药师 2008-10(破格)	副主任药师 2009-04	药剂科
马郑萍	女	1965-07	在职本科生	西安交大网络教育学院	副主任护师 2008-10(单位有效)	副主任护师 2009-04	护理部
郭秀珍	女	1963-03	在职本科生	成人自考(兰州大学)	副主任护师 2008-10(单位有效)	副主任护师 2009-04	护理部
刘旭琴	女	1964-08	在职本科生	甘肃中医学院(成教)	副主任护师 2008-10	副主任护师 2009-04	医务部(含随访科、干部保健处)
王煜	男	1971-07	在职大专生	甘肃中医学院(成教)	副主任医师 2009-10(破格)	副主任医师 2009-12	王自立名医工作室
杨涛	女	1974-07	在职硕士生	兰州大学	副主任医师 2009-10	副主任医师 2009-12	脑病(神经内)科
杨波	男	1972-09	本科	甘肃中医学院	副主任医师 2009-10	副主任医师 2009-12	招标采购部
赵军	男	1973-03	本科	甘肃中医学院	副主任医师 2009-10	副主任医师 2009-12	医保科
刘文霞	女	1965-08	在职大专生	北京中医药大学(函授)	副主任医师 2009-10	副主任医师 2009-12	针灸科
尚亚婷	女	1969-11	在职本科生	甘肃中医学院	副主任医师 2009-10	副主任医师 2009-12	针灸科
王学军	男	1969-10	本科	兰州医学院	副主任医师 2009-10	副主任医师 2009-12	普外科
张崇岳	男	1965-10	本科	石河子医学院	副主任医师 2009-10	副主任医师 2009-12	神经外科

续表

姓名	性别	出生年月	学历	毕业学校	现专业技术资格及取得时间	现专业技术职务及受聘时间	科室
谭萍	女	1964–12	在职本科生	兰州医学院(成教)	副主任医师 2009–10	副主任医师 2009–12	麻醉手术科
张邦能	男	1970–10	在职本科生	兰州医学院(成教)	副主任检验师 2009–10	副主任检验师 2009–12	检验科
顾万红	男	1968–02	本科	兰州医学院	副主任药师 2009–10	副主任药师 2009–12	药剂科
马真琴	女	1965–05	在职本科生	甘肃中医学院	副主任护师 2009–10	副主任护师 2009–12	门诊部
刘红喜	男	1973–04	本科	兰州医学院	副主任医师 2008–10	副主任医师 2010–07	创伤骨二科
许彩凤	女	1970–10	在职硕士生	甘肃中医学院	副主任医师 2008–10	副主任医师 2010–07	妇科
安福	男	1969–02	本科	兰州医学院	副主任医师 2008–10	副主任医师 2010–07	脊柱骨三科
李玉吉	男	1970–04	在职硕士生	兰州大学	副主任医师 2008–10	副主任医师 2010–07	小儿骨科
汪佳明	男	1975–11	本科	兰州大学医学院	副主任医师 2008	副主任医师 2010–07	普外科
邢福军	男	1967–06	在职大专生	兰州医学院(夜大)	副主任检验技师 2009–10	副主任检验技师 2010–07	城关门诊部陇上名医馆

甘肃省中医院年鉴2008—2010

THE YEARBOOK OF GANSU PROVINCE HOSPITAL OF TRADITIONAL CHINESE MEDICINE 2008-2010

荣　誉

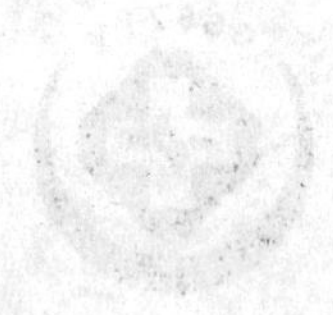

先进集体

2008 年

ICU 护理单元被甘肃省人事厅、甘肃省卫生厅、甘肃省红十字会评为甘肃省优秀护理服务集体；

第四党支部被中共甘肃省卫生厅党组评为甘肃省卫生厅系统优秀基层党支部；

院长办公室被中共甘肃省卫生厅党组评为甘肃省卫生厅系统文明单位(科、室)；

财务部被甘肃省卫生厅评为 2007 年度省卫生厅系统财务决算先进单位；

人力资源部被甘肃省卫生厅评为全省卫生人才工作先进单位；

人力资源部被兰州市七里河区统计局评为劳资统计先进集体；

《甘肃中医》杂志获甘肃省新闻出版局“优秀期刊奖”。

2009 年

脊柱骨一科护理单元被卫生部、全国妇联、总后勤部卫生部授予全国卫生系统护理专业“巾帼文明岗”荣誉称号；

甘肃省中医院被评为“2009 年度基本医疗保险定点医疗机构先进单位”；

人力资源部被兰州市七里河区统计局评为服务业统计先进单位；

消化科被卫生部、国家食品药品监督管理局、国家中医药管理局授予“全国医药卫生系统先进集体”荣誉称号。

2010 年

护理部被中华中医药学会评为第二届全国中医护理先进集体；

护理部获甘肃省卫生厅系统 2008—2010 年度文明科室荣誉称号；

护理部获 2010 年全省卫生行业护理岗位技能大赛团体一等奖；

第四党支部获甘肃省卫生厅系统 2008—2010 年度优秀党组织荣誉称号；

急诊骨科被省卫生厅授予全省卫生系统玉树抗震救灾医疗卫生救援先进集体称号；

感染管理科被卫生部全国医院感染监控管理培训基地评为 2010 年感染横断面调查先进集体；

放射影像科被甘肃省医学会影像技术专业委员会评为最佳影像质量奖；

人力资源部被兰州市七里河区统计局评为劳动情况统计先进单位。

先进个人

2008 年

李盛华被中国科学技术协会评为中国科协抗震救灾先进个人；

李盛华被甘肃省卫生厅评为甘肃省万名医师支援农村卫生工程优秀院长；

李谦英被中国卫生思想政治工作促进会评为全国卫生系统优秀思想政治工作者；

李谦英被中共中央宣传部、国家中医药管理局等部委评为“中医中药中国行”优秀工作者；

鄢卫平被中共中央、国务院、中央军委评为全国抗震救灾模范，

鄢卫平被中共甘肃省委评为抗震救灾优秀共产党员；

鄢卫平被卫生部、国家食品药品监督管理局、国家中医药管理局、总后勤部卫生部评为抗震救灾医药卫生先进个人；

鄢卫平被中共甘肃省直属机关工委评为抗震救灾优秀共产党员；

韩艳被中华全国妇女联合会评为“全国三八红旗手”，被甘肃省妇女联合会评为“甘肃省三八红旗手”；

廖志峰被国家人事部、卫生部、国家中医药管理局评为全国卫生系统先进工作者；

杨宏武被卫生部、国家食品药品监督管理局、国家中医药管理局、总后勤部卫生部评为抗震救灾医药卫生先进个人；

周云霞被卫生部、国家食品药品监督管理局、国家中医药管理局、总后勤部卫生部评为抗震救灾医药卫生先进个人；

张参军被国家中医药管理局评为第三批继承工作优秀继承人；

廖志峰被甘肃省人民政府授予“甘肃省名中医”荣誉称号；

张延昌被甘肃省人民政府授予“甘肃省名中医”荣誉称号；

舒劲被中共甘肃省直属机关工委评为 2006—2007 年度省直机关优秀共产党员；

李妍怡被中共甘肃省卫生厅党组评为甘肃省卫生厅系统优秀共产党员；

潘文被中共甘肃省卫生厅党组评为甘肃省卫生厅系统优秀共产党员；

张雪霞被中共甘肃省卫生厅党组评为甘肃省卫生厅系统优秀共产党员；

罗克龙被中共甘肃省卫生厅党组评为甘肃省卫生厅系统优秀党务工作者；

冯守文、罗克龙、赵军、张崇岳、周毓萍、李喜香、史文宇、周明旺、陈涛、邵杰被甘肃省人事厅、甘肃省卫生厅评为全省卫生系统抗震救灾工作先进个人；

冯守文被甘肃省民政厅评为甘肃省社会组织抗震救灾先进个人；

张定华被甘肃省卫生厅直属单位党委评为甘肃省卫生厅系统“巾帼建功”先进个人；

王颖、赵燕被甘肃省人事厅、甘肃省卫生厅、甘肃省红十字会评为甘肃省优秀护理管理者；

张晓岚、刘惠玲、姚小芳、刘旭琴四名同志被甘肃省人事厅、甘肃省卫生厅、甘肃省红十字会评为甘肃省优秀护士；

陈进凡被甘肃省卫生厅评为甘肃省万名医师支援农村卫生工程优秀医疗队长；

顾万红、赵铁华、王世太、杨惠秋、贾国龙、裴生太、甄熙奎、王磊、汪俊红被甘肃省卫生厅评为甘肃省万名医师支援农村卫生工程优秀医疗队员；

王晨、魏国俊被甘肃省卫生厅评为甘肃省万名医师支援农村卫生工程优秀共产党员；

罗克龙被全国医院报刊协会评为优秀编辑；

海青岳、贾青重被全国医院报刊协会评为全国医院报刊抗震救灾宣传先进个人；

赵军被民进中央评为民进全国抗震救灾优秀会员，被民进甘肃省委员会评为优秀会员；

李立被中国农工民主党甘肃省委员会评为优秀农工党员；

杨沛霖被兰州市七里河区统计局评为劳资统计先进个人。

2009年

李盛华被中华中医药学会评为优秀志愿者；

李盛华被中华中医药学会评为先进会员；

李盛华被甘肃省卫生厅评为甘肃省实施万名医师支援农村卫生工程项目优秀支援医院院长；

杨维建被中国医师协会授予“第五届中国医师提名奖”；

陈国廉被中华中医药学会授予“首届全国中医药康复保健优秀人才”；

张丽平被甘肃省精神文明建设指导委员会办公室、甘肃省卫生厅授予“全省医德医风建设标兵”；

张丽平在全省卫生行业护理岗位技能大赛决赛中荣获优秀指导老师二等奖；

党建中被甘肃省精神文明建设指导委员会办公室、甘肃省卫生厅授予“全省医德医风建设先进个人”；

王海东被甘肃省精神文明建设指导委员会办公室、甘肃省卫生厅授予“全省医德医风建设先进个人”；

张洪涛被甘肃省精神文明建设指导委员会办公室、甘肃省卫生厅授予“全省医德医风建设先进个人”；

张建平在全省卫生行业急救技能大赛中获得一等奖，被甘肃省卫生厅、共青团甘肃省委授予“全省青年岗位能手”称号；

曹发文在全省卫生行业急救技能大赛中获得二等奖，被甘肃省卫生厅、共青团甘肃省委授予“全省青年岗位能手”称号；

李栋在全省卫生行业急救技能大赛中获得三等奖，被甘肃省卫生厅、共青团甘肃省委授予“全省青年岗位能手”称号；

唐锐在全省卫生行业护理岗位技能大赛决赛中获得一等奖，被甘肃省卫生厅、共青团甘肃省委授予“全省青年岗位能手”称号；

张丽娟在全省卫生行业护理岗位技能大赛决赛中获得二等奖，被甘肃省卫生厅、共青团甘肃省委授予“全省青年岗位能手”称号；

裴重重在全省卫生行业护理岗位技能大赛决赛中获得三等奖，被甘肃省卫生厅、共青团甘肃省委授予“全省青年岗位能手”称号；

甄熙奎被甘肃省卫生厅、共青团甘肃省委授予“2008—2009年度全省卫生系统青年岗位能手”荣誉称号；

程晓华被甘肃省卫生厅评为全省药品集中采购先进工作者；

张琳被甘肃省卫生厅评为全省药品集中采购先进工作者；

张彦彩被中国农工民主党甘肃省委员会授予抗震救灾优秀农工党员；

郑修丽被甘肃省卫生厅评为甘肃省实施万名医师支援农村卫生工程项目优秀医疗队队长；

邓强被甘肃省卫生厅评为甘肃省实施万名医师支援农村卫生工程项目优秀医疗队队长；

尤从新被甘肃省卫生厅评为甘肃省实施万名医师支援农村卫生工程项目优秀医疗队员；

张竹君被甘肃省卫生厅评为甘肃省实施万名医师支援农村卫生工程项目优秀医疗队员；

王巍被甘肃省卫生厅评为甘肃省实施万名医师支援农村卫生工程项目优秀医疗队员；

于洁被甘肃省卫生厅评为甘肃省实施万名医师支援农村卫生工程项目优秀医疗队员；

杨佳华被甘肃省卫生厅评为甘肃省实施万名医师支援农村卫生工程项目优秀医疗队员；

田雪梅被甘肃省卫生厅评为甘肃省实施万名医师支援农村卫生工程项目优秀党员；

贺彩东被甘肃省卫生厅评为甘肃省实施万名医师支援农村卫生工程项目优秀党员；

南国正被甘肃省卫生厅系统工会委员会评为优秀工会工作者；

陈进凡被甘肃省卫生厅系统工会委员会评为优秀工会积极分子；

杨继红被甘肃省卫生厅系统工会委员会评为优秀工会积极分子；

乔莉被兰州市七里河区统计局评为服务业统计先进个人。

2010 年

李盛华被卫生部评为卫生部有突出贡献中青年专家；

李盛华被省卫生厅授予全省卫生系统舟曲特大泥石流灾害医疗卫生救援先进个人；

李盛华获得中华中医药学会“全国中医药科学普及金话筒奖”；

李盛华被中华中医药学会评为“科技之星”；

李盛华被甘肃省中医药学会评为甘肃省中医药学会优秀工作者；

舒劲被甘肃省总工会等四部门联合授予全省职工技能大赛优秀组织者；

舒劲被甘肃省中医药学会评为甘肃省中医药学会优秀工作者；

赵继荣、张磊、张德娟、曹发文被卫生厅授予全省卫生系统舟曲特大泥石流灾害医疗卫生救援先进个人称号；

张磊被卫生厅授予全省卫生系统舟曲特大泥石流灾害医疗卫生救援先进个人称号；

张德娟被卫生厅授予全省卫生系统舟曲特大泥石流灾害医疗卫生救援先进个人称号；

曹发文被卫生厅授予全省卫生系统舟曲特大泥石流灾害医疗卫生救援先进个人称号；

潘文被卫生厅党组授予省卫生厅系统 2008—2010 年度优秀党员荣誉称号；

潘文被医院党委评为 2008—2010 年度优秀共产党员；

潘文被中华中医药学会评为“科技之星”；

潘文被甘肃省中医药学会评为甘肃省中医药学会优秀工作者；

谢兴文被卫生厅授予全省卫生系统玉树抗震救灾医疗卫生救援先进个人荣誉称号；

谢兴文被共青团甘肃省直机关工委、甘肃省直机关青年联合会评为第二届甘肃省直机关“十大杰出青年”；

卫晓雯、张定华、杨宏武被卫生厅党组授予省卫生厅系统 2008—2010 年度优秀党员荣誉称号；

张定华被卫生厅党组授予省卫生厅系统 2008—2010 年度优秀党员荣誉称号；

杨宏武被卫生厅党组授予省卫生厅系统 2008—2010 年度优秀党员荣誉称号；

罗克龙被卫生厅授予全省卫生系统玉树抗震救灾医疗卫生救援先进个人荣誉称号；

罗克龙被卫生厅评为全省卫生行业精神文明建设先进个人；

罗克龙获得省卫生厅系统 2008—2010 年度优秀党务工作者荣誉称号；

罗克龙被中国中医药报社授予 2009 年度《中国中医药报》优秀通讯员称号；

李和平被中共甘肃省委、省政府、甘肃省军区联合授予舟曲抢险救灾模范称号；

郑慧被中共甘肃省委组织部评为全省干部档案管理工作先进个人；

沈涛被甘肃省总工会授予甘肃省“五一劳动奖章”；

沈涛、杨小源、张宏武、黄清杰、葛新春、张晓明被甘肃省总工会等四部门联合授予甘肃省技术标兵荣誉称号；

杨宏武、唐晓勇、李晓萍被卫生厅授予全省卫生系统玉树抗震救灾医疗卫生救援先进个人荣誉称号；

徐柏林被省卫生厅评为全省卫生行业精神文明建设先进个人；

刘效栓、田旭东、邓强被省卫生厅授予全省卫生系统舟曲特大泥石流灾害医疗卫生救援先进个人称号；

许彩凤被省卫生厅评为甘肃省实施万名医师支援农村卫生工程县乡联动项目优秀医疗队长，李玉吉、代长泉、汪付田、石宗珂、苟占彪、张婷、柳渊洁被评为优秀医疗队员，刘红喜、安福被评为优秀共产党员；

乔莉被兰州市七里河区统计局评为劳动情况统计先进工作者；

刘效栓被兰州市食品药品监督管理局评为2009年度药品不良反应报告和监测工作先进个人；

张丽娟、张敏被共青团甘肃省直属机关工委评为2009年度直属机关优秀共青团员；

张丽平被省卫生厅评为全省卫生行业护理岗位技能大赛优秀指导老师一等奖；

孙炎、康娟、李学学被共青团甘肃省直属机关工委授予2009年度省直机关"岗位能手"荣誉称号；

闵云山、廖志峰、张延昌、王颖被甘肃省中医药学会评为甘肃省中医药学会优秀工作者；

韩艳、张德宏、王海东、田雪梅、田旭东、张参军被甘肃省中医药学会评为甘肃省中医药学会优秀会员；

张民被甘肃省卫生厅评为全省抗菌药物管理及临床合理应用知识竞赛二等奖，张建平、苟占彪获得优秀奖；

唐锐、张丽娟、杜丽梅、湛静、崔小娟被省卫生厅评为全省卫生行业护理岗位技能大赛二等奖，廖玉婷、郭云霞获得三等奖。

樊彩娥、赵道洲分别被甘肃中医学院表彰为优秀带教教师、优秀实习管理工作者；

田旭东、唐晓勇、唐锐、李树君、靳锋、王闻奇、魏立莉、董润泽、陈雅玲、李尧琴被张掖医学高等专科学校评为临床教学基地优秀临床带教教师；

胡雅杰被中国卫生经济学会评为中国卫生经济学会第六届理事会优秀工作者；

刘翠林被民革中央委员会授予基层工作先进个人荣誉称号；

张彦彩被中国农工民主党甘肃省委员会授予优秀农工党员荣誉称号。

甘肃省中医院年鉴2008—2010

THE YEARBOOK OF GANSU PROVINCE HOSPITAL OF TRADITIONAL CHINESE MEDICINE 2008~2010

资料统计

人事统计表

2008—2010年各类人员一览表

单位：人

年份	职工总数	卫生技术人员合计	中医					西医					中西医结合					中药					西药					护理					医技					其他专业技术人员				行政管理人员	工勤人员
			小计	正副主任医师	主治医师	医师	医士	小计	正副主任医师	主治医师	医师	医士	小计	正副主任医师	主治医师	医师	医士	小计	正副主任药师	主管药师	药师	药士	小计	正副主任药师	主管药师	药师	药士	小计	正副主任护师	主管护师	护师	护士	小计	正副主任技师	主管技师	技师	技士	小计	副高级	中级	初级		
2008	726	591	201	105	50	45	1	103	24	36	43	0	6	0	0	6	0	28	5	15	2	6	32	7	12	13	0	194	10	120	43	21	27	7	18	2	0	34	3	11	20	39	62
2009	755	619	219	101	56	61	1	118	26	36	56	0	6	0	0	6	0	28	5	15	3	5	20	5	12	13	0	190	10	117	52	21	27	7	18	2	0	40	1	11	28	37	59
2010	812	679	252	100	59	92	1	130	31	38	61	0	6	0	0	6	0	31	6	15	6	4	33	6	12	15	0	196	9	110	56	21	31	7	18	6	0	42	2	7	33	36	55

2008—2010 年职工增加一览表

截至 2010 年 12 月 31 日

姓名	性别	参加工作时间	进院时间	原单位或毕业学校	备注
脱承德	男	1984-07	2008-01	武威市人民医院	调入
罗向霞	女	2008-07	2008-07	成都中医药大学	分配
王中霞	女	2008-07	2008-07	福建中医学院	分配
郑　烈	男	2008-07	2008-07	甘肃中医学院	分配
张小华	女	2008-07	2008-07	兰州大学	分配
蒋小芳	女	2008-07	2008-07	甘肃中医学院	分配
徐迎春	女	2008-07	2008-07	安徽医科大学	分配
贾云鹏	男	2000-04	2008-07	兰州大学	分配
范东英	女	2008-07	2008-07	皖南医学院	分配
蒋　花	女	2008-07	2008-07	黑龙江中医药研究院	分配
张建平	男	1996-07	2009-02	长风职工医院	调入
赵永强	男	1991-08	2009-02	省建职工医院	调入
于志慧	女	1993-10	2009-02	省建职工医院	调入
刘永民	男	1988-07	2009-02	兰州市第一人民医院	调入
聂晓燕	女	1997-07	2009-02	民勤西渠卫生院	调入
杨宝平	男	1996-08	2009-02	酒泉市人民医院	调入
张　敏	女	2009-03	2009-03	西北师范大学	分配
薛雁文	女	2009-04	2009-04	兰州大学	分配
李兴勇	男	1987-08	2009-05	白银市二院	调入
张凌云	男	1997-09	2009-05	兰州大学	分配
肖国民	男	2009-06	2009-06	天津中医学院	分配
田广芳	女	1997-07	2009-06	七里河区中医院	调入
王晓萍	女	2009-06	2009-07	广州中医药大学	分配
李　兴	男	2009-07	2009-07	广州中医药大学	分配

续表

姓名	性别	参加工作时间	进院时间	原单位或毕业学校	备注
刘丽娟	女	2009-07	2009-07	广州中医药大学	分配
黄　芸	女	2009-07	2009-07	天津中医药大学	分配
李伟青	男	2004-07	2009-07	辽宁中医药大学	分配
周黎黎	女	2009-07	2009-07	成都中医药大学	分配
贾　潇	男	2009-07	2009-07	成都中医药大学	分配
秦立军	男	2009-07	2009-07	中南大学	分配
郭　敏	女	2000-07	2009-07	四川大学华西药学院	分配
陈世海	男	2000-07	2009-07	兰州大学临床医学院	分配
陈　明	男	2003-03	2009-07	兰州大学临床医学院	分配
孙　平	男	2009-07	2009-07	兰州大学临床医学院	分配
曹　骅	男	1995-07	2009-07	兰州大学临床医学院	分配
贾润慧	女	2009-07	2009-07	兰州大学临床医学院	分配
强　群	女	2009-07	2009-07	兰州大学基础医学院	分配
李　莉	女	2009-07	2009-07	兰州大学药学院	分配
石丽丽	女	2009-07	2009-07	兰州大学公共卫生学院	分配
杨丽萍	女	2009-07	2009-07	兰州大学公共卫生学院	分配
雒玉辉	女	2009-07	2009-07	泸州医学院	分配
王久夏	男	2009-07	2009-07	甘肃中医学院	分配
张彦军	男	2006-02	2009-07	甘肃中医学院	分配
张玉琴	女	1995-08	2009-07	甘肃中医学院	分配
李季文	男	2009-07	2009-07	甘肃中医学院	分配
蒋媛媛	女	2009-07	2009-07	兰州大学	分配
张　敏（十一病区）	女	2009-07	2009-07	兰州大学	分配
李东青	女	2009-07	2009-07	甘肃中医学院	分配
曹宏丽	女	2009-07	2009-07	甘肃中医学院	分配
张　媛	女	2009-07	2009-07	甘肃中医学院	分配
安玉玲	女	2009-07	2009-07	甘肃中医学院	分配

续表

姓名	性别	参加工作时间	进院时间	原单位或毕业学校	备注
吴云云	女	2009-07	2009-07	湖北中医学院	分配
黎媛媛	女	2009-07	2009-07	兰州大学	分配
郝佳琳	女	2009-08	2009-08	兰州商学院	分配
朱　琳	女	2009-08	2009-08	西北师范大学	分配
张小娟	女	2009-08	2009-08	西北师范大学	分配
俞小艳	女	2009-10	2009-10	上海中医药大学	分配
张玉昌	男	2009-08	2009-08	甘肃中医学院	分配
妥建福	男	1984-07	2009-08	广河县委	调入
李艳萍	女	2001-07	2009-09	甘肃中医学院	分配
杜　马	男	2009-12	2009-12	甘肃政法学院	分配
刘永红	男	2009-12	2009-12	福建中医学院	分配
权金林	女	1987-12	2009-12	武威卫生学校	调入
王喜萍	女	1991-07	2009-12	定西市第二人民医院	调入
苏　莉	女	1992-10	2010-02	兰州电机有限责任公司	调入
巫资明	男	1988-07	2010-02	兰州电机有限责任公司	调入
黄宗涛	男	2004-08	2010-02	榆中县中医院	调入
张欣宏	女	2010-06	2010-06	西南财经大学	分配
杜自忠	男	1995-07	2010-06	兰州电机有限责任公司	调入
李冬梅	女	1994-07	2010-06	兰州电机有限责任公司	调入
慕明燕	女	1993-08	2010-06	兰州市第一人民医院	调入
汪佳明	男	1997-07	2010-06	中核兰州铀浓缩有限公司职工医院	调入
薛建军	男	1995-08	2010-06	兰州市第一人民医院	调入
刘效栓	男	1986-07	2010-07	酒钢医院	调入
马新换	男	1997-07	2010-07	佛慈药厂	调入
李　非	男	2010-07	2010-07	成都中医药大学	分配
毕军伟	男	2010-07	2010-07	成都中医药大学	分配
李建省	男	2007-03	2010-07	上海中医药大学	分配

续表

姓名	性别	参加工作时间	进院时间	原单位或毕业学校	备注
袁仁智	男	1992-07	2010-07	南京中医药大学	分配
柴守范	男	2010-07	2010-07	南京中医药大学	分配
曹希勤	男	2010-07	2010-07	大连医科大学	分配
张云霞	女	2010-07	2010-07	甘肃中医学院	分配
梁　曦	女	2010-07	2010-07	甘肃中医学院	分配
徐　中	男	2010-07	2010-07	兰州大学	分配
杜改焕	女	2010-07	2010-07	甘肃中医学院	分配
吕　娟	女	2010-07	2010-07	甘肃中医学院	分配
郭　军	女	2010-07	2010-07	甘肃中医学院	分配
薛雅娟	女	2010-07	2010-07	陕西中医学院	分配
赵志亮	男	2010-07	2010-07	成都中医药大学	分配
张学基	男	2010-07	2010-07	大连大学	分配
吕有强	男	2010-07	2010-07	陕西中医学院	分配
权晓理	男	1989-06	2010-10	庆阳市中医院	调入
王天宝	男	2010-07	2010-07	兰州大学	分配
雷宁波	男	2010-07	2010-07	福建中医药大学	分配
王志勇	男	2010-07	2010-07	北京中医药大学	分配
雒永生	男	2010-07	2010-07	陕西中医学院	分配
周　君	男	2010-07	2010-07	甘肃中医学院	分配
何万庆	男	2010-07	2010-07	兰州大学	分配
郭平德	男	2010-07	2010-07	甘肃中医学院	分配
刘朝晖	男	2010-07	2010-07	北京中医药大学	分配
杨镇源	男	2010-07	2010-07	陕西中医药大学	分配
任耀全	男	2010-07	2010-07	甘肃中医学院	分配
豆金彦	女	2010-07	2010-07	甘肃中医学院	分配
禚　君	女	2010-07	2010-07	陕西中医学院	分配
陈二林	男	2010-07	2010-07	兰州大学	分配

续表

姓名	性别	参加工作时间	进院时间	原单位或毕业学校	备注
田　莉	女	2010-07	2010-07	甘肃中医学院	分配
蒲　宁	女	2010-07	2010-07	北京中医药大学	分配
王　芬	女	2010-07	2010-07	甘肃中医学院	分配
兰鹏飞	男	2010-07	2010-07	甘肃中医学院	分配
张学梅	女	2010-07	2010-07	甘肃中医学院	分配
周思彤	女	2010-07	2010-07	西北师范大学	分配
王永胜	男	2010-07	2010-07	兰州大学	分配
吴　玮	女	2010-07	2010-07	兰州大学	分配
杨巧玲	女	2010-07	2010-07	苏州大学	分配
任智慧	女	2010-07	2010-07	甘肃中医学院	分配
潘　婷	女	2010-07	2010-07	甘肃中医学院	分配
徐亚楠	女	2010-07	2010-07	甘肃中医学院	分配
王　静	女	2010-07	2010-07	陕西中医学院	分配
王安萍	女	2010-07	2010-07	西北师范大学	分配
陆丽琴	女	2010-07	2010-07	兰州商学院	分配
石丽竹	女	2010-07	2010-07	西北师范大学	分配
原明明	女	2010-07	2010-07	西北师范大学	分配
刘晏平	男	2010-07	2010-07	西北师范大学	分配
来帅	男	2010-07	2010-07	兰州理工大学	分配
徐春梅	女	2010-07	2010-07	南京审计学院	分配
杨　旭	男	2010-07	2010-07	兰州商学院	分配
陶　静	女	2010-07	2010-07	兰州商学院	分配
刘　野	男	2010-07	2010-07	甘肃中医学院	分配
李晓斌	男	2010-07	2010-07	陕西中医学院	分配
赵宏廷	男	2010-07	2010-07	贵州中医学院	分配
史晓伟	男	2010-07	2010-07	甘肃中医学院	分配
王　敏	男	2010-07	2010-07	甘肃中医学院	分配

续表

姓名	性别	参加工作时间	进院时间	原单位或毕业学校	备注
何炎鸿	男	2010–07	2010–07	西安交通大学	分配
杨　宁	男	2010–07	2010–07	西安交通大学	分配
杜　敏	女	1991–12	2010–08	甘肃省肿瘤医院	调入
胥文娟	女	2010–07	2010–07	甘肃中医学院	分配
马琴国	女	2010–07	2010–07	甘肃中医学院	分配
高小恒	男	2010–07	2010–07	江西中医学院	分配
张　莉	女	2010–07	2010–07	甘肃中医学院	分配
张　慧	女	1989–08	2010–07	庆阳市人民医院	调入
崔金梁	男	2010–07	2010–07	广州中医药大学	分配
魏　曼	女	2010–07	2010–07	南通大学	分配
肖卫琼	女	2005–12	2010–11	湖南洞口镇卫生院	调入
王亮亮	女	2004–08	2010–07	甘肃路桥建设集团	调入

2008—2010 年职工减少一览表

截至 2010 年 12 月 31 日

姓名	性别	职称(职务)技术等级	变更情况	
			时间	去向
王巧梅	女	副主任护师	2008-01-31	退休
张秀荣	女	工人	2008-01-31	退休
王淑琴	女	主管护师	2008-02-29	退休
孙　华	女	主管护师	2008-03-31	退休
尹大鹏	男	副主任医师	2008-03-31	退休
许福明	男	主任医师	2008-04-30	退休
张玉莲	女	高级工	2008-06-30	退休
石　斌	女	护师	2008-07-16	辞职
李　强	男	主任医师	2008-07-31	退休
徐凡平	女	医师	2008-08-28	(考博)中国中医科学院
宋玉芳	女	护师	2008-08-29	退休
黄腾辉	男	主任医师	2008-08-31	退休
赵世民	男	中级工	2008-08-31	退休
武惠英	女	主管技师	2008-10-31	退休
谢俊花	女	高级工	2008-12-31	退休
苗晓琦	女	护师	2009-01-14	调出(中医学校)
叶瑞兰	女	高级工	2009-01-31	退休
张　毅	男	医师	2009-02-16	(考博)南京大学
仝增智	女	主管护师	2009-02-28	退休
马玉琳	女	主管护师	2009-02-28	退休
程素杰	女	护师	2009-02-28	退休
香小妹	女	护师	2009-02-28	退休
李　娟	女	高级工	2009-02-28	退休

续表

姓名	性别	职称(职务)技术等级	变更情况	
			时间	去向
张延昌	男	主任医师	2009-02-28	退休
刘 忠	男	副主任医师	2009-03-31	退休
纪茂华	男	科长	2009-03-31	退休
周 杰	男	主任医师	2009-04-02	调出(山东中医药大学第二附属医院)
贾青重	男	助理馆员	2009-06-23	调离(甘肃画院)
徐彩琴	女	主管护师	2009-06-30	退休
李玉华	女	副主任药师	2009-07-31	退休
姚正凯	男	副主任医师	2009-08-25	调离(珠海市二院)
司丽章	女	聘干	2009-09-23	去世
李建红	女	副主任医师	2009-09-30	退休
刘国安	男	主任医师	2009-10-31	退休
贾桂敏	女	主治医师	2009-10-31	退休
赵 乐	男	副处级	2009.10.31	退休
马双玲	女	会计员	2009-10-31	退休
宁敏忠	女	高级工	2009-11-30	退休
王 晶	女	硕士	2009-12-08	辞职
罗燕梅	女	主任药师	2009-12-14	调离(南京市江宁区人民医院)
赵彦清	女	主管护师	2009-12-31	退休
樊粉娥	女	药士	2009-12-31	退休
王世玲	女	会计员	2010-01-31	退休
王东霞	女	高级工	2010-01-31	退休
林 希	女	主管护师	2010-02-28	退休
包 珠	男	正县级	2010-02-28	退休
徐美芬	女	主管护师	2010-02-28	退休
周慧文	女	主管护师	2010-03-31	退休
秦雪峰	女	副主任医师	2010-04-01	调离(上海)

续表

姓名	性别	职称(职务)技术等级	变更情况	
			时间	去向
陈国廉	男	副主任医师	2010-04-01	调离
郑修丽	女	副主任药师	2010-04-01	调离
肖淑惠	女	高级工	2010-04-30	退休
郭金荣	男	高级工	2010-06-28	去世
魏曼华	女	会计员	2010-07-21	辞职
刘丽娟	女	转科人员	2010-07-21	辞退
燕中	男	主任医师	2010-07-30	退休
廖志峰	男	主任医师	2010-08-30	退休
柴　倜	女	主管护师	2010-09-17	去世
盛丽芬	女	助理会计师	2010-09-30	退休
王彩玲	女	主管护师	2010-09-30	退休
王秀娟	女	主管护师	2010-09-30	退休
马润琳	女	主治医师	2010-10-27	辞职
李谦英	男	正地级干部	2010-10-31	退休
王菊香	女	副主任护师	2010-10-31	退休
韩小玲	女	主管护师	2010-12-16	辞职
杨秀芳	女	助理会计师	2010-12-31	退休
何素梅	女	高级工	2010-12-31	退休

医疗相关统计表

医院主要医疗指标完成情况统计表(2008—2010年)

年度	2008	2009	2010
入院人数(人)	11384	13581	17129
平均开放床位(张)	695	760	800
实际占用床位(张)	629	732	828
床位周转次数(次)	16.5	17.7	21.3
床位使用率(%)	90.6	96.2	103.5
平均床位工作日(天)	331	344	378
平均住院日(天)	20	19	17.2
治愈率(%)	51.6	45.2	45.8
好转率(%)	44.7	51.7	51.4
死亡率(%)	0.7	0.4	0.5
抢救成功率(%)	55.0	67.8	61.6
西医诊断符合率(%)	100	100	100
中医药治疗率(%)	16.8	20.3	25.0
中医诊断符合率(%)	100	100	100
辨证论治优良率(%)	100	100	100
急危重疑难病收治率(%)	29.8	24.4	5.9
甲级病历率(%)	100	100	100
待查率(%)		0.9	0.1

2008 年度临床科室医疗指标统计表

科室	门诊人次				住院部床位使用率						
	门诊人数（人）	日均人数（人）	中医药治疗率（%）	治疗人数（人）	入院人数（人）	平均住院日（天）	平均开放床位（张）	实际占用床位（张）	床位周转次数（次）	床位使用率（%）	平均床位工作日（天）
脑病（神经内）科	7462	26	100		757	28	54	55	13.7	101.6	372
脊柱骨一科	4963	17	100		724	17	35	33	21.0	93.8	343
创伤骨一科	20799	72	100		958	18	50	48	19.5	95.1	348
呼吸科	4367	15	100		216	18	15	11	14.9	74.8	273
肾病科	7466	26	100		249	31	25	17	10.1	89.3	327
脊柱骨二科	4848	17	100		755	22	50	45	15.0	90.9	333
创伤骨二科	6412	22	100		768	22	50	46	15.6	91.9	336
针灸科	2816	10	100	17892	339	30	22	29	15.1	127.9	480
风湿病科	3970	14	100		201	17	12	9	16.8	76.5	280
儿科	9537	33	75.8		221	9	8	5	26.8	65.7	241
脊柱骨三科	6642	23	100		689	18	35	35	19.9	98.9	362
消化科	19894	69	100		564	19	35	37	16.4	102.3	386
心血管疾病防治中心	3138	11	100		697	15	50	29	14.4	58.8	215
普外科	2801	10	70.0		413	14	25	16	17.0	62.3	228
肛肠（痔瘘）科	4277	15	100		441	13	21	15	20.7	72.7	266
小儿骨科	6823	24	100		660	17	30	31	22.0	102.6	376
肿瘤及血管病介入科	2119	7	100		134	18	12	7	11.2	59.2	217
手足微创骨科	5465	19	100		475	24	27	31	17.7	115.9	424
关节骨科	7341	26	100		750	21	48	44	15.9	90.8	332

续表

科室	门诊人次				住院部床位使用率						
	门诊人数（人）	日均人数（人）	中医药治疗率(%)	治疗人数（人）	入院人数（人）	平均住院日（天）	平均开放床位（张）	实际占用床位（张）	床位周转次数（次）	床位使用率(%)	平均床位工作日(天)
神经外科	2068	7	100		292	20	20	16	18.9	100.4	368
口腔科	2692	9	59.6								
耳鼻喉科	5448	19	81.2								
皮肤疮疡科	19992	70	100								
急诊科	26405	72	21.8	8299							
门诊综合治疗中心	802	3	100	14919							
推拿科	3154	11	100	9046							
妇科	10173	36	100	7938							
老年病科	4180	15			508	22	32	28	15.8	96.1	346
内分泌科	3211	11			286	28	20	24	14.6	121.3	444
体检中心	64										
退休专家门诊	20737	72									
其他门诊人次	935			47810							
康复治疗中心				1088							
眼科					75	4	8	2	8.88	21.6	74
泌尿外科					212	17	16	11	12.9	68.8	252
合计	234432	818	91.8	106992	11384	20	695	629	16.5	90.6	331

2009 年度临床科室医疗指标统计表

科室	门诊人次				住院部床位使用率						
	门诊人数（人）	日均人数（人）	中医药治疗率(%)	治疗人数（人）	入院人数（人）	平均住院日（天）	平均开放床位（张）	实际占用床位（张）	床位周转次数（次）	床位使用率(%)	平均床位工作日(天)
脑病（神经内)科	10379	44	100		957	26	64	72	14.8	112.7	411
脊柱骨一科	5377	23	100		831	17	36	38	22.8	105.5	385
创伤骨一科	21526	90	100		958	18	51	46	18.5	89.8	328
呼吸科	4071	17	100		265	19	15	14	17.6	92.7	339
肾病科	6836	29	100		305	31	25	27	11.9	107.4	396
脊柱骨二科	6085	26	100		839	22	51	50	16.3	98.8	361
创伤骨二科	5854	25	100		772	21	51	46	15.0	89.4	326
针灸科	2610	11	100	16623	458	35	38	45	11.8	117.3	434
风湿病科	3377	14	100		415	20	21	23	18.8	111.4	406
儿科	8897	37	78.5		282	10	8	8	36.0	94.8	346
脊柱骨三科	5869	25	100		716	18	35	36	20.3	103.6	378
消化科	20385	86	100		716	19	37	38	19.1	104.1	375
心血管疾病防治中心	3755	16	100		789	15	47	33	20.9	70.2	258
普外科	2754	12	72.0		559	14	25	20	22.2	79.8	291
肛肠（痔瘘)科	4480	19	100		576	13	24	20	23.4	84.6	306
小儿骨科	5840	25	100		615	17	30	28	20.7	93.7	342
肿瘤及血管病介入科	1845	8	86.5		199	15	12	9	16.4	73.8	269
手足微创骨科	6298	26	100		607	20	36	36	16.6	100.9	368
关节骨科	7802	33	100		887	18	50	46	17.5	92.1	336
神经外科	2048	9	100		281	20	16	15	17.8	92.4	337

续表

科室	门诊人次				住院部床位使用率						
	门诊人数（人）	日均人数（人）	中医药治疗率（%）	治疗人数（人）	入院人数（人）	平均住院日（天）	平均开放床位（张）	实际占用床位（张）	床位周转次数（次）	床位使用率（%）	平均床位工作日（天）
口腔科	2836	12									
耳鼻喉科	4433	19									
皮肤疮疡科	21097	87	100								
急诊科	29231	80	28.5	9708							
门诊综合治疗中心	1602	7	100	15999							
推拿科	2799	12	100	8397							
妇科	10296	43	100	8459							
老年病科	2957	12	100		546	20	33	31	16.8	93.2	340
内分泌科	3541	15	100		404	25	25	29	15.8	118.2	424
退休专家门诊	17595	74									
其他门诊人次	109			46130							
康复治疗中心				1362							
眼科	3992	17			385	10	15	11	25.7	72.5	264
泌尿外科	2211	9	71.6		219	19	16	11	13.4	67.0	245
心理咨询门诊	613	3									
疼痛科	531	2									
合计	240662	1011	91.0	106678	13581	19	760	732	17.7	96.2	344

2010年度临床科室医疗指标统计表

科室	门诊人次				住院部床位使用率						
	门诊人数（人）	日均人数（人）	中医药治疗率(%)	治疗人数（人）	入院人数（人）	平均住院日（天）	平均开放床位(张)	实际占用床位(张)	床位周转次数(次)	床位使用率(%)	平均床位工作日（天）
脑病（神经内）科	10691	45	100		1168	24	64	80	18.0	125.0	456
脊柱骨一科	6965	29	100		1041	16	38	42	27.3	111.3	406
创伤骨一科	11818	50	100		899	18	52	46	17.5	88.1	322
肺病（呼吸)科	4602	19	100		385	17	15	18	25.5	11.9	433
肾病科	7302	31	100		393	28	26	31	15.0	120.5	440
脊柱骨二科	6652	28	100		955	20	52	51	18.7	97.3	358
创伤骨二科	7180	30	100		906	21	52	53	17.4	101.8	374
针灸科	6980	178	100	35302	837	22	40	50	20.8	126.1	460
风湿病科	4383	18	100		736	18	37	36	19.7	97.4	355
儿科	10873	47	75.0		406	7	8	8	50.1	102.1	372
脊柱骨三科	6881	29	100		803	17	35	38	22.8	108.1	395
脾胃病（消化)科	19355	81	100		902	17	40	42	22.6	105.1	383
心血管疾病防治中心	5285	22	100		1066	15	47	44	22.7	92.8	339
普外科	3183	13	76.0		669	14	25	22	26.8	88.9	325
肛肠（痔瘘)科	4872	20	100		826	11	24	26	34.7	108.4	396
小儿骨科	5805	24	100		642	17	30	29	21.0	97.1	354
肿瘤及血管病介入科	1928	8	82.8		290	12	12	10	24.0	85.6	312
手足微创骨科	8755	37	100		866	18	45	46	19.3	103.2	377
关节骨科	9234	39	100		982	17	50	49	19.7	98.2	359
神经外科	3285	14	100		318	19	16	16	19.9	98.6	360

续表

科室	门诊人次				住院部床位使用率						
	门诊人数（人）	日均人数（人）	中医药治疗率(%)	治疗人数（人）	入院人数（人）	平均住院日（天）	平均开放床位(张)	实际占用床位(张)	床位周转次数(次)	床位使用率(%)	平均床位工作日（天）
口腔科	3143	13	55.0								
耳鼻喉科	5075	21	70.0								
皮肤疮疡科	21528	90	100								
急诊科	37140	102	31.5	11126							
急诊骨科	148										
整复骨科	147				24						
妇科	11446	48	100	10537	56						
老年病科	2838	12	100		663	16	33	31	19.7	94.3	344
内分泌科	4654	20	100		529	20	25	31	21.2	125.1	457
康复骨科	48				15						
退休专家门诊	17556	74	100								
其他门诊人次	5057			45387							
康复治疗中心				1232							
眼科	4228	18	65.0		462	9	15	12	30.3	77.1	282
泌尿外科	2192	9	73.6		277	17	16	13	17.5	79.0	288
心理咨询门诊	314	1									
疼痛科	857	4									
名医工作室	2179										
运动创伤科	122				13						
麻醉手术科	488										
合计	265189	1114	91.5	103584	17129	17.2	800	828	21.3	103.5	378

2008—2010 年手术病例统计表

单位:例

年度	普外科	心血管疾病防治中心	脊柱骨一科	泌尿外科	脊柱骨二科	创伤骨一科	创伤骨二科	脊柱骨三科	手足微创骨科	小儿骨科	关节骨科	神经外科	妇科	眼科	其他	合计
2008	271	113	329	105	290	526	456	315	292	482	580	90			6	3855
2009	384	76	417	123	400	506	456	330	383	444	678	71		44	24	4336
2010	465	74	498	154	519	544	594	416	581	458	739	67	23	31	130	5293

教学、进修、实习统计表

2008 年继续教育项目统计表

序号	项目名称	项目负责人	会议级别	起止时间	举办地点	人数	I 类学分
1	全国中医脾胃胰胆疾病学习班	廖志峰	国家级	2008-09-25—09-30	甘肃省中医院	145	6
2	全省医院制剂暨中药加工炮制学习班	罗燕梅	省级	2008-09-20—09-30	甘肃省中医院	76	9
3	骨科护理新进展学习班	王颖	省级	2008-09-08—09-13	甘肃省中医院	285	7
4	第八届甘肃省中西医结合骨科高级医师进修班	李盛华	省级	2008-09-03—12-31	甘肃省中医院	31	25
5	中医医院国有资产管理培训班	胡雅杰	省级	2008-10-25—11-08	甘肃省中医院	65	7
6	甘肃省中西医结合脑病学习班	李妍怡	省级	2008-11-08—11-12	甘肃省中医院	22	6

2009 年继续教育项目统计表

序号	项目名称	项目负责人	会议级别	起止时间	举办地点	人数	I 类学分
1	中医药科研申报及科研论文写作学习班	潘文	省级	2009-07-17—07-22	甘肃省中医院	108	12
2	第九届甘肃省中西医结合骨科高级医师进修班	李盛华	省级	2009-07-23—07-28	甘肃省中医院	109	12
3	护理应急能力与灾害救援护理技术培训班	王颖	省级	2009-11-04—11-18	甘肃省中医院	84	8
4	中医脾胃病诊疗及老中医经验学习班	廖志峰	省级	2009-05-15—05-19	甘肃省中医院	108	6
5	医院内部控制财务管理	胡雅杰	省级	2009-09-25—09-30	甘肃省中医院	350	10
6	中医经典理论与临床实践提高班	赵继荣	省级	2009-08-09—08-12	甘肃省中医院		5
7	全省中医系统影像诊断及技术新进展学习班	周晟	省级	2009-11-05—11-10	甘肃省中医院	123	8
8	第九届肛肠学术研讨会暨肛肠新进展学习班	左进	省级	2009-09-24—09-27	甘肃省中医院	54	6
9	中西医结合防治老年心血管疾病与老年保健高级研修班	刘国安	省级	2009-10-23—10-26	甘肃省中医院	82	6
10	中西医结合脑病学习班	李妍怡	省级	2009-12-18—12-22	甘肃省中医院	72	6
11	全省医院临床药学暨中药饮片鉴别技能大赛	罗燕梅	省级	2009-08-07—08-12	甘肃省中医院	152	9
12	甘肃省风湿病中西医结合新进展暨武威汉代医简方药研究运用学习班	张延昌	省级	2009-04-23—04-26	甘肃康乐	88	6

2010 年继续教育项目统计表

序号	项目名称	项目负责人	会议级别	起止时间	举办地点	人数	I 类学分
1	中医药科研设计与申报及论文写作研讨班	姜华	国家级	2010-09-17—09-19	甘肃省中医院	107	12
2	中西医结合骨科微创治疗新技术学习班	李盛华	国家级	2010-09-09—09-10	甘肃省中医院	140	12
3	裴正学教授临床经验研讨暨中西医结合脑病学习班	李妍怡	国家级	2010-12-18—12-22	甘肃省中医院	72	6
4	脾胃病中医诊治经验学习班	廖志峰	省级	2010-11-12—11-14	甘肃省中医院	124	6
5	中医药教学技巧学习班	韩艳	省级	2010-07—2010-10	甘肃省中医院	155	10
6	糖尿病及其并发症中西医结合防治培训班	郦雅珺	省级	2010-10-30—11-05	甘肃省中医院	92	7
7	甘肃省中医药学会针刀医学专业委员会 2010 年学术年会暨针刀医学推广学习班	王海东	省级	2010-08-19—08-22	甘肃省中医院	104	10
8	中医护理理论及技能操作培训班	马郑萍	省级	2010-08-20—08-28	甘肃省中医院	520	10
9	中医学习经典培训班	舒劲	省级	2010-07—2010-10	甘肃省中医院	278	10
10	中成药的合理使用	刘效栓	省级	2010-10-23—10-28	甘肃省中医院	234	10
11	新医改形势下如何做好财务管理培训	胡雅杰	省级	2010-11-17—11-29	甘肃省中医院	94	10

2008 年职工外出进修学习一览表

科室	姓名	起止时间	进修学习内容	进修单位	备注
普外科	何国华	2008-02-15—2009-02-15	肝胆外科	北京 301 医院	北京
老年病科	韩小玲	2008-03-03—2008-07-31	研修护理	新加坡	
手足微创骨科	王亚伟	2008-03-08—2009-02-01	显微外科	浙江温岭医院	
创伤骨二科	冯玉香	2008-04-01—2008-09-31	第二批赴美国俄克拉荷马州医师研修团	美国俄克拉荷马州	美国
功能检查科	程娟	2008-04-01—2008-10-01	心电图	浙江大学医学院附属邵逸夫医院	杭州
针灸科	肖红	2008-05-07—2008-11-07	援外医疗法语培训	甘肃省卫生厅培训中心	兰州
针灸科	孙力	2008-09-24—2009-03-24	针灸	江苏省中医院	
感染管理科	田雁	2008-05-07—2008-11-07	援外医疗法语培训	甘肃省卫生厅培训中心	兰州
药剂科	陈耀章	2008-05-07—2008-11-07	援外医疗法语培训	甘肃省卫生厅培训中心	兰州
脑病(神经内)科	张谦	2008-05-08—2008-08-08	脑电图	南京医科大学附属医院脑病医院	
影像诊断中心	王闻奇	2008-08-01—2009-02-01	CT、磁共振	山东省医学影像学研究所	
小儿骨科	陈志龙	2008-09-01—2009-03-31	四肢显微骨科	上海六院	
脊柱骨二科	张文贤	2008-09-05—2009-09-06	骨科	第四军医大学第二附属医院唐都医院	西安

2009年职工外出进修学习一览表

科室	姓名	起止时间	进修学习内容	进修单位	备注
院务部	冯守文	2009-08-12—2009-08-23	医院管理培训		台湾
医务部	杨宏武	2009-04-01—2009-10-31	甘肃省首届西学中学习班	甘肃省中医院	兰州
护理部	冯玉香	2009-10-15—2009-10-20	西北五省第十六届护理学术交流会		西安
科研科	徐霞	2009-03-01—2009-05-30	系统评价培训	华西医科大学	成都
科研科	罗向霞	2009-10-10—2010-10-08	一年西部之光眼科项目	北京同仁医院	
感染管理科	程麦莉	2009-09-21—2009-09-26	重点科室医院感染控制		广州
药剂科	张民	2009-05-25—2010-05-25	进修临床药师	上海卫生部新华医院	
药剂科	梁海宁	2009-06-24—2009-12-23	进修学习	江苏省中医院	南京
输血科	陈进凡	2009-10-27—2009-10-31	全省安全输血与供血培训班	兰州战友宾馆	
检验科	梁勤	2009-09-25—2009-09-29	检验质控学习班		成都
检验科	程烜	2009-10-28—2009-10-28	性病诊疗培训班	兰州市疾控中心	
检验科	乔登嫣	2009-10-28—2009-10-28	性病诊疗培训班	兰州市疾控中心	
中心实验室	薛世萍	2009-03-01—2009-05-30	系统评价培训	华西医科大学	成都
影像中心	王晨	2009-02-23—2009-08-23	血管病介入	西安唐都医院	
影像中心	赵奋国	2009-09-22—2009-09-30	全国影像学术会		武汉
影像中心	周晟	2009-11-07—2009-11-15	骨关节影响进展学习班		上海
影像中心	靳金龙	2009-11-13—2009-11-18	全国多层螺旋CT新技术及临床应用规范化指导班		北京
影像中心	王闻奇	2009-10-30—2009-11-02	第十次全国中西医结合影像学术研讨会		上海
影像中心	陈晓飞	2009-09-17—2009-09-23	csit 第17次全国学术大会		武汉
影像中心	汪新柱	2009-07-10—2009-07-15	医院PACS系统全面开发与应用培训班		张家界

续表

科室	姓名	起止时间	进修学习内容	进修单位	备注
超声心电检查科	高晓玲	2009-11-04—2009-11-12	全国第三期大型复杂疑难心电图高层阅图培训班		泰安
创伤骨一科	魏国俊	2009-08-21—2009-09-03	急诊急救业务技能及应急管理高级研修班		兰州
创伤骨二科	申建军	2009-08-21—2009-09-03	急诊急救业务技能及应急管理高级研修班		兰州
脊柱骨二科	张绍文	2009-04-01—2009-10-31	甘肃省首届西学中学习班	甘肃省中医院	兰州
脊柱骨二科	李红专	2009-08-21—2009-09-03	急诊急救业务技能及应急管理高级研修班		兰州
脊柱骨三科	程如意	2009-09-24—2009-12-19	护理	广东省中医院	广州
手足微创骨科	李岩	2009-08-03—2010-02-03	骨科	无锡市手外科医院	
小儿骨科	李卫平	2009-10-18—2009-10-22	脊髓及下肢畸形学习班		郑州
肛肠(痔瘘)科	甄熙奎	2009-02-27—2009-08-28	胃肠肛科	中山大学附属第六医院附属肛门医院	广州
肛肠(痔瘘)科	左进	2009-10-16—2009-10-18	全国第十三次中医肛肠学术交流会		西安
普外科	王学军	2009-04-01—2009-10-31	甘肃省首届西学中学习班	甘肃省中医院	兰州
普外科	王学军	2009-11-02—2010-05-02	腹腔镜		广州
心胸外科	党建中	2009-04-01—2009-10-31	甘肃省首届西学中学习班	甘肃省中医院	兰州
心胸外科	刘明	2009-08-21—2009-09-03	急诊急救业务技能及应急管理高级研修班		兰州
神经外科	柳直	2009-09-11—2009-09-15	第六届全国颅脑外伤诊治及脑出血综合治疗新进展学习提高		上海
肿瘤及血管病介入科	王兰英	2009-11-27—2009-11-27	中国抗癌协会肿瘤传统医学专业委员会换届暨青年委员会成立大会		北京
肿瘤及血管病介入科	王兰英	2009-04-01—2009-07-30	肿瘤、血液科	北京东直门医院	
肿瘤及血管病介入科	王兰英	2009-11-06—2009-11-08	2009 年国际中医药肿瘤学术大会		天津
肿瘤及血管病介入科	杜自忠	2009-10-31—2009-11-01	全国介入放射学新技术研讨会暨第六届全国介入放射学组成立大会		苏州
脑病(神经内)科	杨瑞龙	2009-02-20—2010-02-20	脑病科	首都医科大学宣武医院	北京

续表

科室	姓名	起止时间	进修学习内容	进修单位	备注
脑病(神经内)科	胡敏棣	2009-10-27—2009-10-29	中国残联康复技术康复医学培训	甘肃省康复中心	兰州
脑病(神经内)科	赵小红	2009-10-27—2009-10-29	中国残联康复技术康复医学培训	甘肃省康复中心	兰州
脑病(神经内)科	李西兄	2009-10-27—2009-10-29	中国残联康复技术康复医学培训	甘肃省康复中心	兰州
脑病(神经内)科	李西兄	2009-10-15—2009-10-20	西北五省第十六届护理学术交流会		西安
脑病(神经内)科	赵俊喜	2009-11-12—2009-11-18	首届中西医结合诊治脑病临床新进展高级研修班		北京
针灸科	安珂	2009-04-07—2010-01-31	中医经典学习班	甘肃省中医学院	兰州
针灸科	尚亚婷	2009-10-21—2009-10-28	“9+1+1”超市型学习班及特色疗法论坛		南京
老年病科	郦雅珺	2009-09-17—2009-09-24	老年医学学术会		哈尔滨
体检中心	王玉珠	2009-11-09—2009-11-11	治未病健康工程与健康服务产业学术会		广州
中医康复治疗中心	陈国廉	2009-10-27—2009-10-30	全省康复医学新进展培训班	兰州饭店	
内分泌科	王煜	2009-11-9—2009-11-11	著名中医药学家学术传承高层论坛 ——先进名医工作室(站)经验介绍		广州
消化科	田旭东	2009-10-15—2009-10-19	全国第二十一次脾胃病学术交流会		深圳市
消化科	芦雨蓓	2009-07-29—2009-11-29	超声内镜学习班	上海长海医院	上海
消化科	陈世旺	2009-08-03—2010-08-02	消化内科	北京友谊医院消化科	
肾病科	李永新	2009-04-07—2010-01-31	中医经典学习班	甘肃省中医学院	兰州
心内科	崔文建	2009-05-04—2010-05-04	心血管病	天津泰达国际心血管疾医院	
重症监护中心	薛海霞	2009-08-21—2009-09-03	急诊急救业务技能及应急管理高级研修班		兰州
重症监护中心	张敏思	2009-08-21—2009-09-03	急诊急救业务技能及应急管理高级研修班		兰州
急诊科	张参军	2009-10-23—2009-10-25	2009 西部重症医学论坛学术会议		兰州
急诊科	张参军	2009-08-21—2009-09-03	急诊急救业务技能及应急管理高级研修班		兰州

续表

科室	姓名	起止时间	进修学习内容	进修单位	备注
急诊科	马红梅	2009-08-21—2009-09-.03	急诊急救业务技能及应急管理高级研修班		兰州
口腔科	王巍	2009-04-01—2009-10-31	甘肃省首届西学中学习班	甘肃省中医院	兰州
皮肤疮疡科	李树君	2009-10-28—2009-10-28	性病诊疗培训班	兰州市疾控中心	
皮肤疮疡科	李和平	2009-10-28—2009-10-28	性病诊疗培训班	兰州市疾控中心	

2010 年职工外出进修学习一览表

科室	姓名	起止时间	进修学习内容	进修单位	备注
院务部	李盛华	2010-03-15—2010-03-26	卫生服务与管理学习考察		巴西、阿根廷
院务部	冯守文	2010-06-21—2010-06-29	现代医院高级管理课程培训	新加坡国际管理学院	
院务部	马忠祥	2010-03-22—2010-03-30	现代医院高级管理课程培训	新加坡国际管理学院	
院务部	马忠祥	2010-04-12—2010-04-21	医院管理培训班		台湾
院务部	舒劲	2010-03-22—2010-03-30	现代医院高级管理课程培训	新加坡国际管理学院	
院务部	舒劲	2010-04-16—2010-04-26	医院感染管理考察交流		台湾
院务部	李兴勇	2010-03-22—2010-03-30	现代医院高级管理课程培训	新加坡国际管理学院	
院务部	李兴勇	2010-09-25—2010-10-08	临床医学		德国
院务部	赵继荣	2010-06-21—2010-06-29	现代医院高级管理课程培训	新加坡国际管理学院	
院务部	张德宏	2010-03-22—2010-03-30	现代医院高级管理课程培训	新加坡国际管理学院	
党务部	妥建福	2010-10-20—2010-11-10	区域卫生规划培训班		法国
党务部	孙援朝	2010-03-05—2010-03-25	公共卫生管理		澳大利亚
党务部	罗克龙	2010-03-22—2010-03-30	现代医院高级管理课程培训	新加坡国际管理学院	
纪委办公室	卫晓雯	2010-03-22—2010-03-30	现代医院高级管理课程培训	新加坡国际管理学院	
人力资源部	郑慧	2010-03-22—2010-03-30	现代医院高级管理课程培训	新加坡国际管理学院	
对外联络部	刘梦华	2010-03-22—2010-03-30	现代医院高级管理课程培训	新加坡国际管理学院	
医务部	杨宏武	2010-03-22—2010-03-30	现代医院高级管理课程培训	新加坡国际管理学院	
护理部	张丽平	2010-01-07—2010-04-04	护理	广东省中医院	广州
护理部	张丽平	2010-07-29—2010-08-09	护理管理		香港、台湾
护理部	马郑萍	2010-03-22—2010-03-30	现代医院高级管理课程培训	新加坡国际管理学院	

续表

科室	姓名	起止时间	进修学习内容	进修单位	备注
供应室	马彩云	2010-09-01—2010-10-01	护理	广东省中医院	广州
门诊部	马真琴	2010-06-21—2010-06-29	现代医院高级管理课程培训	新加坡国际管理学院	
公共卫生科	王颖	2010-05-11—2010-05-13	全省医务人员布鲁氏菌病师资培训班		兰州
公共卫生科	王颖	2010-06-21—2010-06-29	现代医院高级管理课程培训	新加坡国际管理学院	
感染管理科	周毓萍	2010-04-16—2010-04-26	医院感染管理考察交流		台湾
感染管理科	周毓萍	2010-06-21—2010-06-29	现代医院高级管理课程培训	新加坡国际管理学院	
科研科	罗向霞	2009-10-10—2010-10-08	一年期西部之光眼科项目	北京同仁医院	
信息科	刘廷梦	2010-06-21—2010-06-29	现代医院高级管理课程培训	新加坡国际管理学院	
财务部	胡雅杰	2010-03-22—2010-03-30	现代医院高级管理课程培训	新加坡国际管理学院	
审计科	杨雅静	2010-03-22—2010-03-30	现代医院高级管理课程培训	新加坡国际管理学院	
经营管理科	张晓岚	2010-06-21—2010-06-29	现代医院高级管理课程培训	新加坡国际管理学院	
招标采购科	杨波	2010-06-21—2010-06-29	现代医院高级管理课程培训	新加坡国际管理学院	
医保办	赵军	2010-06-21—2010-06-29	现代医院高级管理课程培训	新加坡国际管理学院	
总务部	安富德	2010-03-22—2010-03-30	现代医院高级管理课程培训	新加坡国际管理学院	
基建部	杨沛霖	2010-06-21—2010-06-29	现代医院高级管理课程培训	新加坡国际管理学院	
临床教学部	韩艳	2010-03-22—2010-03-30	现代医院高级管理课程培训	新加坡国际管理学院	
临床教学部	闵云山	2010-03-22—2010-03-30	现代医院高级管理课程培训	新加坡国际管理学院	
药剂科	刘效栓	2010-07-18—2010-07-26	现代医院高级管理课程培训	新加坡国际管理学院	
药剂科	姜华	2010-07-18—2010-07-26	现代医院高级管理课程培训	新加坡国际管理学院	
医疗设备科	薛军	2010-06-04—2010-06-08	医学计量与临床工程师高级研修班		上海
医疗设备科	杨杰	2010-07-24—2010-08-02	第二期医用氧舱维护管理人员和操作人员培训		上海

续表

科室	姓名	起止时间	进修学习内容	进修单位	备注
医疗设备科	李贵臻	2010–06–21–2010–06–29	现代医院高级管理课程培训	新加坡国际管理学院	
检验科	梁勤	2010–05–11—2010–05–13	全省医务人员布鲁氏菌病师资培训班		兰州
检验科	梁勤	2010–05–13—2010–05–15	全省寄生虫病防治信息系统培训班		兰州
检验科	梁勤	2010–05–14—2010–05–17	碘缺乏病实验室检测新技术与质量控制培训班		兰州
中心实验室	薛世萍	2010–03–04—2010–07–31	进修医学实验技术		兰州
放射影像科	靳金龙	2010–07–15—2011–07–15	进修学习影像新技术	解放军总医院	北京
放射影像科	吴晓琴	2010–07–24—2010–07–26	影像数字化与医学影像新技术		上海
放射影像科	周晟	2010–08–27—2010–08–31	第十一次全国中西医结合医学影像学术研讨会		武汉
放射影像科	汪新杜	2010–10–16—2010–10–17	中国数字医学论坛		安徽合肥
放射影像科	陈晓飞	2010–04–10—2010–10–14	进修学习	北京积水潭医院	
放射影像科	周晟	2010–06–21—2010–06–29	现代医院高级管理课程培训	新加坡国际管理学院	
超声心电检查科	盛丽	2010–06–15—2010–06–18	上海超声会诊中心肌肉骨骼系统超声诊断学习班		上海
超声心电检查科	盛丽	2010–06–21—2010–06–29	现代医院高级管理课程培训	新加坡国际管理学院	
超声心电检查科	吴荣	2010–05–09—2010–11–12	超声科	北京阜外心血管病医院	
高压氧治疗中心	李俊英	2010–08–15—2010–08–23	2010 年第六期医用高压氧专业上岗培训班		上海
手术室	李文娟	2010–04–06—2010–06–30	护理	广东省中医院	广州
手术室	王宇馨	2010–09–01—2010–11–01	护理	广东省中医院	广州
手术室	张雪霞	2010–11–01—2010–11–31	护理	广东省中医院	广州
手术室	谢圆	2010–12–01—2010–12–31	护理	广东省中医院	广州
麻醉科	王春爱	2010–04–04—2010–10–09	麻醉手术科	首都医科大学附属北京安贞医院	

续表

科室	姓名	起止时间	进修学习内容	进修单位	备注
肛肠(痔瘘)科	左进	2010-10-14—2010-10-17	2010 年全国肛肠学术交流大会		福州
肛肠(痔瘘)科	左进	2010-07-18—2010-07-26	现代医院高级管理课程培训	新加坡国际管理学院	
肛肠(痔瘘)科	崔俊燕	2010-01-07—2010-04-04	护理	广东省中医院	广州
脊柱骨一科	万迎霞	2010-08-22—2010-08-26	护理	广东省中医院	广州
脊柱骨一科	张燕琴	2010-09-01—2010-11-01	护理	广东省中医院	广州
脊柱骨一科	张德娟	2010-11-01—2010-11-31	护理	广东省中医院	广州
脊柱骨一科	樊成虎	2010-07-18—2010-07-26	现代医院高级管理课程培训	新加坡国际管理学院	
脊柱骨一科	樊成虎	2010-09-25—2010-10-08	临床医学		德国
脊柱骨二科	王想福	2010-09-10—2011-09-10	一年西部之光医疗项目	北京积水潭医院	
脊柱骨二科	赵道洲	2010-07-18—2010-07-26	现代医院高级管理课程培训	新加坡国际管理学院	
脊柱骨二科	赵道洲	2010-09-25—2010-10-08	临床医学		德国
脊柱骨三科	刘春雨	2010-01-07—2010-04-04	护理	广东省中医院	广州
创伤骨一科	吴玲民	2010-07-01—2010-09-05	护理	广东省中医院	广州
创伤骨一科	米仲祥	2010-07-18—2010-07-26	现代医院高级管理课程培训	新加坡国际管理学院	
创伤骨一科	裴重重	2010-12-01—2010-12-31	护理	广东省中医院	广州
创伤骨二科	申建军	2011-01-14—2011-01-17	骨科优势病种中医诊疗方案培训班		杭州
创伤骨二科	李韡	2010-04-06—2010-06-30	护理	广东省中医院	广州
创伤骨二科	李韡	2010-10-20—2010-11-10	护理管理	英国波恩威尔学院	
创伤骨二科	张金花	2010-07-01—2010-09-05	护理	广东省中医院	广州
创伤骨二科	冯康虎	2010-09-25—2010-10-08	临床医学		德国
手足微创骨科	白会玲	2010-11-03—2010-12-03	2009 年全省甲型 H1N1 流感重症和危重病例救治师资视频培训班		兰州

续表

科室	姓名	起止时间	进修学习内容	进修单位	备注
手足微创骨科	张春艳	2010-07-01—2010-09-05	护理	广东省中医院	广州
手足微创骨科	蒋振兴	2010-09-15—2011-03-15	手足微创骨科	山东省立医院	
手足微创骨科	白会玲	2010-11-01—2010-11-31	护理	广东省中医院	广州
关节骨科	赵振文	2010-06-11—2010-06-13	第二届全国膝关节置换专题研讨会		北京
关节骨科	叶丙霖	2011-01-14—2011-01-17	骨科优势病种中医诊疗方案培训班		杭州
关节骨科	孙焱	2010-01-07—2010-04-04	护理	广东省中医院	广州
关节骨科	马晓娟	2010-10-08—2010-10-31	护理	广东省中医院	广州
关节骨科	王承祥	2010-07-18—2010-07-26	现代医院高级管理课程培训	新加坡国际管理学院	
关节骨科	王承祥	2010-09-25—2010-10-08	临床医学		德国
小儿骨科	李卫平	2010-10-15—2010-10-17	小儿肢体畸形防治专业委员会成立暨第二届国家级脊髓检查综合诊治学习班		河南郑州
普外科	何国华	2010-05-12—2010-05-14	中央补助地方包虫病防治项目技术培训班		兰州
普外科	杨维建	2010-11-26—2010-11-28	第三届中国外科医师年会		北京
普外科	赵铁华	2010-02-21—2011-05-21	微创外科	长海医院	上海
普外科	唐晓勇	2010-01-05—2010-04-05	医师研修班		丹麦
泌尿外科	贾云鹏	2010-04-18—2010-10-18	第六批赴美国俄克拉荷马州医师研修团	美国俄克拉荷马州	美国
神经外科	徐迎春	2010-09-01—2010-11-01	护理	广东省中医院	广州
脑病(神经内)科	胡敏棣	2010-07-02—2010-07-07	神经损伤级别康复治疗新进展高级研讨班		兰州
脑病(神经内)科	李妍怡	2010-11-19—2010-11-22	第二届中西医结合脑病诊治新进展高级研讨班		北京
脑病(神经内)科	赵俊喜	2010-03-13—2010-09-17	脑病科	长春中医药大学附属医院	
脑病(神经内)科	郭雪梅	2010-10-08—2010-10-31	护理	广东省中医院	
脑病(神经内)科	刘晓霞	2010-11-01—2010-12-31	护理	广东省中医院	

续表

科室	姓名	起止时间	进修学习内容	进修单位	备注
脑病(神经内)科	李妍怡	2010-07-18—2010-07-26	现代医院高级管理课程培训	新加坡国际管理学院	
针灸科	张洪涛	2010-08-11—2010-08-14	国际针法灸法技术演示暨学术大会		兰州
针灸科	金钰钧	2010-08-11—2010-08-14	国际针法灸法技术演示暨学术大会		兰州
针灸科	王立群	2010-08-11—2010-08-14	国际针法灸法技术演示暨学术大会		兰州
针灸科	安珂	2010-08-11—2010-08-14	国际针法灸法技术演示暨学术大会		兰州
针灸科	李永升	2010-04-15—2010-10-15	援外医疗法语培训	甘肃省卫生厅	
针灸科	郭云霞	2010-07-01—2010-08-05	护理	广东省中医院	
内分泌科	王晓晖	2010-05-09—2010-05-15	甲状腺疾病教育项目		西安
内分泌科	丁玉芬	2010-04-06—2010-06-30	护理	广东省中医院	
内分泌科	张定华	2010-07-18—2010-07-26	现代医院高级管理课程培训	新加坡国际管理学院	
心血管防治中心	包海军	2010-05-24—2011-06-03	心胸外科	北京阜外心血管病医院	
心血管防治中心	杨珺	2010-06-13—2011-06-13	体外循环科进修学习	北京阜外心血管病医院	
心血管防治中心	马海英	2010-10-18—2011-01-18	护理	广东省中医院	
重症监护中心	袁冰华	2010-10-03—2010-11-03	全省甲型 H1N1 流感重症和危重病例救治师资视频培训班		兰州
重症监护中心	杨珺	2010-06-15—2011-06-15	学习体外循环机的使用	北京阜外心血管病医院	
重症监护中心	薛海霞	2010-09-07—2011-03-07	进修学习呼吸 ICU	北京朝阳医院	
重症监护中心	脱承德	2010-10-20—2010-10-24	第三届重症与血流动力学大会		北京
重症监护中心	袁冰华	2010-10-08—2010-10-31	护理	广东省中医院	
重症监护中心	杜丽梅	2010-11-01—2010-12-31	护理	广东省中医院	
重症监护中心	脱承德	2010-07-18—2010-07-26	现代医院高级管理课程培训	新加坡国际管理学院	
脾胃病(消化)科	武正权	2010-04-20—2010-04-22	国家中管局“十一五”重点专科协作组第四次工作会议		长沙

续表

科室	姓名	起止时间	进修学习内容	进修单位	备注
脾胃病(消化)科	陈世旺	2009-08-03—2010-08-02	进修学习消化内科、内镜		北京
肾病科	刘秀芳	2010-07-01—2010-080-5	护理	广东省中医院	广州
肾病科	靳锋	2010-07-18—2010-07-26	现代医院高级管理课程培训	新加坡国际管理学院	
血透室	李晓萍	2010-07-01—2010-08-05	护理	广东省中医院	广州
血透室	李晓萍	2010-10-19—2010-12-02	护理	南京医学院第二附属医院	
血透室	靳芳	2010-10-19—2010-12-03	护理	南京医学院第二附属医院	
血透室	陈学梅	2010-10-19—2010-12-05	护理	南京医学院第二附属医院	
风湿病科	王爱华	2010-02-20—2011-02-02	风湿免疫科进修学习	第四军医大学西京医院	
风湿病科	王海东	2010-07-18—2010-07-26	现代医院高级管理课程培训	新加坡国际管理学院	
肿瘤及血管病介入科	王兰英	2010-06-10—2010-06-12	第十二次全国中西医结合肿瘤学术大会		宁波
肿瘤及血管病介入科	王兰英	2010-07-18—2010-07-26	现代医院高级管理课程培训	新加坡国际管理学院	
肿瘤及血管病介入科	杜自忠	2010-09-08—2010-09-12	第九届中国介入放射学学术大会		广州
心内科	陈雅玲	2010-09-01—2010-11-30	护理		丹麦
老年病科	邴雅珺	2010-07-18—2010-07-26	现代医院高级管理课程培训	新加坡国际管理学院	
体检中心	王玉珠	2010-12-02—2010-12-03	“治未病”预防保健服务试点单位第六次会议		上海
体检中心	陈涛	2010-09-01—2010-10-01	护理	广东省中医院	广州
门诊护理部	石瑞芳	2010-09-01—2010-10-01	护理	广东省中医院	广州
急诊科	张参军	2010-03-19—2010-03-23	医疗质量管理与医疗纠纷处理培训班学习		兰州
急诊科	张参军	2010-12-03—2010-12-05	甘肃省重症医学年会危重症急救与机械通气新进展学习班		兰州
急诊科	廖雨婷	2010-11-01—2010-12-31	护理	广东省中医院	广州
眼科	慕明燕	2010-06-27—2010-07-01	斜视与小儿眼科国际高峰论坛暨儿童视光学与视能矫正学习		上海

续表

科室	姓名	起止时间	进修学习内容	进修单位	备注
眼科	刘永民	2010-07-01—2010-07-04	全国第九次中医、中西医结合眼科学术年会		西宁
眼科	罗向霞	2010-01-05—2010-04-05	医师研修班		丹麦
耳鼻喉科	王辉	2010-09-10—2010-09-21	全国中医耳鼻喉科学术年会		北京
耳鼻喉科	王辉	2010-07-18—2010-07-26	现代医院高级管理课程培训	新加坡国际管理学院	
口腔科	张剑峰	2010-10-21—2010-10-23	中华口腔医学年会		兰州
妇科	陈玉庆	2010-04-01—2010-07-30	进修学习妇科	兰大一院生殖中心	兰州
妇科	王磊	2010-03-30—2011-03-31	进修学习妇科	上海红十字会国际医院	上海
心理咨询门诊	周云霞	2010-10-23—2010-01-23	台湾八里疗养院医护师培训班		台湾
中医药研究院	赵国杰	2010-03-22—2010-03-30	现代医院高级管理课程培训	新加坡国际管理学院	
中医药研究院	谢兴文	2010-06-21—2010-06-29	现代医院高级管理课程培训	新加坡国际管理学院	
中医药研究院	谢兴文	2010-07-18—2010-07-26	现代医院高级管理课程培训	新加坡国际管理学院	
中医药研究院	潘文	2010-06-21—2010-06-29	现代医院高级管理课程培训	新加坡国际管理学院	
中医药研究院	潘文	2010-09-25—2010-10-08	临床医学		德国
中药药研究院	李晓东	2010-10-08—2011-09-08	中药理	中国中医科学院	

2008—2010 年接收进修、实习人员统计

项目 年度	进修人次数	实习人次数
2008	44	760
2009	64	492
2010	124	412

科研立项、鉴定、获奖统计表

2008 年科研课题立项一览表

序号	项目来源	项目名称	起止时间	项目组主要成员	划拨经费（万元）	项目编号
1	国家中医药管理局中医药科学技术专项	武威汉代医简方药研究	2008-02—2010-01	张延昌 田雪梅 杨扶德 王爱华 吴 燕 张宏武 孙其斌	4	06-07JP45
2	省自然科学基金	甘肃独一味种质资源及优先保护种群研究	2007-11—2009-11	闵云山 顾秀琰 杨小源 王 昕 杜 平 刘丽莎 焦正花 李秀娟	2	0803RJZA060
3	省自然科学基金	血管内皮生长因子促进损伤脊髓血管新生和神经元恢复的实验研究	2008-01—2009-12	关永林 李盛华 石正洪 刘 忠 安 福	2	0803RJZA055
4	省自然科学基金	桑菀胶囊对变异性哮喘患者肺功能改善的临床研究	2008-01—2009-07	王兰娣 樊彩娥 闵云山 闫晓霞 刘叶荣 郭荣兰 史东静 安玉芬	2	0803RJZA066
5	省科技支撑计划	自负重站立动力位 DR 片对腰椎曲度影响的影像学评价	2007-10—2009-10	王闻奇 曹红霞 周 晟 梁改琴 吴 英 贾有福 靳金龙 唐 治 张晓明	2	0804NKCA093
6	省科技支撑计划	中药复方通脑丸防治脑动脉硬化症临床及实验研究	2008-01—2010-12	邴雅君 曹红霞 李正军 雷作汉 杨 芳 刘国安 韩小玲 刘 艳 孟庆峰 刘 凯	3	0804NKCA089
7	省科技支撑计划	杜仲腰痛丸治疗职业性腰背痛的临床研究及毒理学研究	2008-02—2010-02	赵继荣 李红专 徐 磊 朱换平 邓 强 张绍文 杨 峰 张天太 赵 军	2	0804NKCA086
8	省技术研究与开发	超声引导经皮-肝穿刺双介入术在门脉高压症治疗中的应用研究	2008-01—2009-09	张宝洲 高小平 杜自忠 盛 丽 李建红 田旭东 吕永鑫 郭乐艳 陈梦雅	2	0805TCYA031
9	省技术研究与开发	中医护理技术（穴位按压）促进社区产妇宫体恢复的研究	2007-02—2009-10	周毓萍 白凤霞 马真琴 王慧琴 王巧茸	2	0805TCYA034
10	甘肃省教育厅	“5·12”大地震甘肃灾区骨伤病流行病学调查与处置对策研究	2008-07—2010-06	李盛华 李红专 周明旺 王 舒 王 玉 宋 渊 叶丙霖	5	0806B-03
11	甘肃省教育厅	“5·12”大地震甘肃灾区多发病流行病学调查与中医诊疗对应方案研究	2008-07—2010-06	冯守文 李盛华 韩 艳 程 烜 周毓萍 李喜香	5	0806B-04
12	厅列中医药科研课题	中风膏对大鼠脑缺血再灌注损伤的保护作用及机制的研究	2008-01—2009-12	刘志军 杨 涛 胡敏棣 窦友义 张 谦 杨瑞龙 赵俊喜	1	GZK-2008-3
13	厅列中医药科研课题	益气化湿胶囊对慢性肾功能不全继发高尿酸血症的影响	2008-01—2009-12	李永新 王俭勤 靳 锋 李文艳 张竹君	1	GZK-2008-11

续表

序号	项目来源	项目名称	起止时间	项目组主要成员	划拨经费（万元）	项目编号
14	厅列中医药科研课题	健胃止泻胶囊配溃结合剂灌肠对溃疡性结肠炎溃疡修复及肠表皮生长因子的影响	2008-01—2010-01	廖志峰 田旭东 卢雨蓓 陈世旺 廖 挺	1	GZK-2008-27
15	厅列中医药科研课题	患者对中医特色护理服务认知和需求的调查研究	2006-09—2008-09	高雪华 韩小玲 王 颖 马郑萍 赵小红 王 莉 郭云霞	1	GZK-2008-4
16	厅列中医药科研课题	芪乌调脂颗粒治疗家族性高甘油三酯血症的有效性研究	2007-10—2008-10	徐义先 杨阿妮 杨永生 崔文建 杨宝平 李小萍 颜 洋	1	GZK-2008-15
17	厅列中医药科研课题	中药银杏叶提取物联合腺病毒介导 NT-3 基因的神经干细胞移植治疗急性脊髓损伤的实验研究	2007-11—2009-11	张文贤 吕江宏 白登彦 赵道洲 刘红喜 张晓刚 李盛华	1	GZK-2008-10
18	厅列中医药科研课题	经微导管中药灌注栓塞治疗原发性肝癌的临床应用研究	2007-10—2010-10	周 晟 张 毅 曹红霞 王闻奇 王 晨 靳金龙 梁改琴 张晓明	1	GZK-2008-12
19	厅列中医药科研课题	射贝止咳液对小儿咳嗽变异性哮喘免疫调节作用的研究	2007-11—2009-12	樊彩娥 王兰娣 陈 弘 赵勤英 程 烜 李喜香 赵晓英	1	GZK-2008-18
20	厅列中医药科研课题	中西医结合非手术综合治疗膝关节骨性关节炎方案的规范化研究	2007-12—2008-12	杨 波 李盛华 何志军 李晓萍 张亚维	1	GZK-2008-27
21	厅列重点中医药科研课题	中风膏联合阿司匹林对脑梗死二级预防作用的临床研究	2009-01—2011-12	李妍怡 杨瑞龙 刘志军 胡敏棣 窦友义 赵俊喜 杨 涛 张小荣 张 谦 邵 亚	10	GZK-2009-14
22	厅列重点中医药科研课题	制萎扶胃浓缩丸防治慢性萎缩性胃炎的机制研究	2008-10—2011-10	舒 劲 罗燕梅 任 远 李生财 胡晓东 李喜香 吴国泰	10	GZK-2009-19
23	厅列重点中医药科研课题	神经根型颈椎病症候规范、疗效评价方案优化	2009-01—2011-12	李盛华 谢兴文 张晓刚 赵继荣 关永林 李 宁 李红专 周明旺	10	GZK-2009-20
24	兰州市科技计划项目	微孔钛复合接骨板的研制	2007-09—2009-08	何志军 李盛华 杨 波 赵 萍 李 岩 王亚伟 宋 渊 蒋振兴	2	2008-1-56
25	兰州市科技计划项目	附炎栓的制备及药效学研究	2007-03—2009-03	古秋莉 李喜香 王 磊 闵云山 罗燕梅	2	2008-1-59
26	兰州市科技计划项目	陇中尿石康糖浆对三聚氰胺所致婴幼儿泌尿系统结石临床疗效观察	2008-09—2010-03	刘国安 沈玉鹏 盛 丽 赵永强 李正军 秦雪峰 焦正花 刘 艳 郭 军	5	
27	省基础平台建设计划	甘肃省中医药研究院中医药实验中心建设	2007-11—2009-11	李盛华 姜 华 罗燕梅 王海东 潘 文 闵云山	20	0807TTCA013
28	省中青年科学基金	清上达下法治疗热淋的临床与实验研究	2008-01—2009-12	潘 文 王 煜 张参军 康开彪 靳 锋 马 骏 王自立	2	0806RJYA011

2008 年科研鉴定一览表

序号	项目来源	项目名称	鉴定时间	项目组主要成员	鉴定水平	鉴定号
1	省科技厅攻关项目	牡芍合剂镇痛机理的临床与实验研究	2008-01	程　烜　张敏思　马小明　游志红　姚双吉　张丽平　郑修丽　薛海霞	国内领先	甘科鉴字〔2007〕543 号
2	省教育厅	陇中损伤散防治激素型股骨头坏死的影像学实验研究	2008-01	李盛华　周　晟　李纪兰　周明旺　张彦彩	国内领先	甘科鉴字〔2007〕640 号
3	省教育厅	陇中损伤散防治激素型股骨头坏死的实验研究	2008-01	李盛华　张万祥　宋　渊　孙锦艳	国内领先	甘科鉴字〔2007〕579 号
4	省科技厅科学事业费	姿态调整治疗腰椎间盘突出症的临床研究	2008-01	柳　直　柳永明　南学彦　樊小青　张崇岳　温剑涛　安　福　曹林忠　牛喜信	国内领先	甘科鉴字〔2007〕470 号
5	省科技厅攻关项目	经皮激光汽化减压配合手法调衡治疗腰椎间盘突出症的临床及实验研究	2008-05	赵继荣　李盛华　徐　磊　张德宏　石　敏　张绍文　李红专　张天太　李　岩	国内领先	甘科鉴字〔2008〕101 号
6	省科技厅攻关项目	带蒂筋膜脂肪瓣联合纤维蛋白封闭剂预防硬膜外瘢痕粘连的实验研究	2008-07	安　福　蒋宜伟　党跃修　史文宇　关永林　陈志龙　贾福苏　姜玲艳	国内领先	甘科鉴字〔2008〕207 号
7	省科技厅科学事业费	双花滴耳液的研制及治疗化脓性中耳炎的临床研究	2008-04	汪付田　顾海铮　常守元　黄玉兰　陈耀章　罗文蓉　王　辉　高晓红	国内领先	甘科鉴字〔2008〕085 号
8	厅列中医药科研计划	环形钻开髓减压植入缝匠肌蒂髂骨栓并中药治疗股骨头缺血性坏死	2008-05	刘　忠　南学彦　张雪霞　温剑涛　李　生　柳永明　邓　强　柳　直	国内领先	甘科鉴字〔2008〕084 号
9	厅列中医药科研课题	脏腑背腧排罐疗法治疗疲劳综合征临床研究	2008-06	陈国廉　郑修丽　肖国民　付金钰　张　普　周永芬　侯　娟	国内领先	甘科鉴字〔2008〕130 号
10	省科技厅科学事业费	柔肤愈裂搓贴体外抑菌试验及毒性研究	2008-09	李喜香　张邦能　刘梦华　贾育蓉　李树君　李永辉　王卫东	国内领先	甘科鉴字〔2008〕331 号
11	厅列中医药科研课题	调脂颗粒干预高脂血症的临床及实验研究	2008-11	张定华　曹红霞　郦雅珺　程　烜　王　颖　杨　芳　雷作汉　刘国安	国内领先	甘科鉴字〔2008〕370 号
12	厅列中医药科研课题	止血宁海绵减少手术出血的临床研究	2008-09	谭　萍　李喜香　刘叶荣　刘志汉　罗燕梅　柳海平　焦正花　李秀娟	国内领先	甘科鉴字〔2008〕367 号
13	省科技厅科学事业费	消定巴布剂的研制及初步评价研究	2008-12	闵云山　罗燕梅　焦正花　李秀娟　罗文蓉　李喜香　展　锐	国内领先	甘科鉴字〔2008〕507 号
14	兰州市科技局项目	中风膏对大鼠脑出血后脑组织 IL-6、TNF-α 及 IL-1β 的调节作用	2008-12	杨瑞龙　胡敏棣　刘志军　张丽娟　窦友义　张　谦　杨　涛　李妍怡	国内领先	甘科鉴字〔2008〕467 号

续表

序号	项目来源	项目名称	鉴定时间	项目组主要成员	鉴定水平	鉴定号
15	省科技厅攻关项目	中风膏对成年大鼠脑缺血后海马神经元再生的影响	2008-12	李妍怡 东 红 杨瑞龙 窦友义 胡敏棣 张 谦 邵 亚	国内领先	甘科鉴字〔2008〕459 号
16	厅列中医药项目	佛手定眩合剂治疗眩晕症的临床观察和实验研究	2008-12	胡敏棣 杨 涛 刘 全 周毓萍 杨瑞龙 张小荣 李妍怡	国内领先	甘科鉴字〔2008〕457 号
17	省教育厅科技攻关项目	补脑膏对成年大鼠脑缺血后海马神经元再生的影响	2008-12	李妍怡 赵宇冰 李云合 赵俊喜 芦少敏 姜 礼 张 谦	国内领先	甘科鉴字〔2008〕458 号
18	自选课题	补肺益寿合剂 I 号治疗肺系疾病临床和实验研究	2008-12	王 煜 张竹君 浦斌红 张参军 王 炯 张丽君	国内领先	甘科鉴字〔2008〕435 号
19	厅列中医药项目	健胃清肠合剂口服用于结肠镜检查前肠道准备效果的临床护理研究	2008-12	王 颖 郭秀珍 高雪华 马郑萍 韩小玲 王晓玲 廖志峰 田旭东	国内领先	甘科鉴字〔2008〕613 号
20	自选课题	“阴洁尔康外用抗菌洗液”治疗外阴阴道假丝酵母菌病的临床与实验研究	2008-01	潘 文 瞿东晖 王 玲 康开彪 陈 涵 李 静	国内领先	甘科鉴字〔2007〕640 号
21	省科技厅科学事业费	中药新剂型——小儿解热中空栓剂的研制与药学研究	2008-05	姜 华 刘 滢 詹文强 顾秀琰 胡君茹 宋宝根	国内领先	甘科鉴字〔2008〕134 号

2008年科研获奖一览表

序号	项目来源	项目名称	获奖类别	项目组主要成员	获奖等级
1	省教育厅科研项目	陇中损伤散对激素性股骨头坏死疗效与作用机制的实验研究	甘肃省科技进步奖	李盛华 潘 文 姚正凯 周 晟 谢兴文 周明旺 宋 渊 李纪兰	二等奖
2	省教育厅科研项目	补脑膏治疗血管性痴呆的临床和实验研究	甘肃省科技进步奖	李妍怡 刘志军 胡敏棣 杨 涛 窦友义 杨瑞龙 东 红	三等奖
3	省教育厅科研项目	陇中损伤散对激素性股骨头坏死疗效与作用机制的实验研究	甘肃省皇甫谧中医药科技奖	李盛华 姚正凯 周 晟 潘 文 周明旺 宋 渊 李纪兰 孙锦艳	一等奖
4	省教育厅科研项目	补脑膏治疗血管性痴呆的临床和实验研究	甘肃省皇甫谧中医药科技奖	李妍怡 刘志军 胡敏棣 杨 涛 窦友义 杨瑞龙 东 红 刘力昌 张可兰	二等奖
5	省科技厅科学事业费	柔肤愈裂搓贴的研制及药效学研究	甘肃省皇甫谧中医药科技奖	李喜香 刘梦华 贾育蓉 闵云山 李天庆 焦正花	二等奖
6	省科技厅科学事业费	佛手养心安神汤治疗神经衰弱症临床和实验研究	甘肃省皇甫谧中医药科技奖	东 红 舒 劲 孙 娜 张崇岳 芦少敏 窦友义 杨 涛 李妍怡	三等奖
7	省科技厅科学事业费	姿态调衡法治疗腰椎间盘突出症的临床研究	甘肃省皇甫谧中医药科技奖	柳 直 柳永明 南学彦 樊小青 张崇岳 温剑涛 安 福 曹林忠 牛喜信 刘 忠 米仲祥	三等奖
8	中国卫生经济学会	卫生事业单位国有资产管理制度研究	中国卫生经济学会第八批招标课题	胡亚杰 郝 伟 杨继红 王兆华 王江红	三等奖
9	甘肃省科学事业费项目	杜仲腰痛丸治疗腰椎间盘突出症的临床实验研究	兰州市科技进步奖	赵继荣 张思胜 赵建邦 高 辉 陈伯祥 王亚伟 杨 峰 汪福田 徐 磊 赵宇斌	二等奖
10	自选课题	“阴洁尔康外用抗菌洗液”治疗外阴阴道假丝酵母菌病的临床与实验研究	甘肃省皇甫谧中医药科技奖	潘 文 瞿东晖 王 玲 康开彪 陈 涵 李 静	三等奖

医院新药成果一览表

序号	成果来源	成果名称	项目负责人	新药临床批号	批准部门
1	国家中医管理局	嘛呢骨痹胶囊的新药开发	王海东	2008L00366	国家食品药品监督管理局

2009年科研课题立项一览表

序号	项目来源	项目名称	起止时间	项目组主要成员	划拨经费（万元）	项目编号
1	中国卫生经济学会	医疗机构药品零差率后的财政补助和医疗服务价格政策研究	2009-04—2009-10	胡雅杰 郝伟 杨继红 刘延梦 孟玉霞 邓煦伟 王兆华 王江红 李平	1	卫学字2009（09号）
2	省自然科学研究基金计划	射干扶正口服液的制备及对小鼠 H_{22} 肝癌的药效学实验研究	2008-10—2010-12	王红丽 展锐 焦正花 杨灵歌 罗燕梅 徐霞 刘树明 李秀娟 吕洲杰	3	096RJZA039
3	省自然科学研究基金计划	不同化瘀方法对骨髓间充质干细胞增殖、成骨分化、迁移影响的实验研究	2009-08—2012-08	谢兴文 陈克明 李盛华 蓝旭 李宁 叶丙霖	3	096RJZA040
4	省自然科学研究基金计划	消肿止痛合剂防治急性脊髓损伤的实验研究	2008-12—2009-12	邓强 陈志龙 杨峰 宋渊 徐霞 李盛华 张天太	3	096RJZA041
5	省自然科学研究基金计划	茴香枳术汤对大鼠粘连性肠梗阻的实验研究	2008-12—2009-12	唐晓勇 王东红 盛丽 柳渊洁 黄小玲 王自立 刘强光 林野泉	3	096RJZA042
6	省科技支撑计划	“5·12”大地震甘肃灾区骨伤病、多发病流行病学调查与中医处置对策研究	2008-05—2010-07	李盛华 冯守文 周毓萍 周明旺 程烜 李红专 韩艳 李喜香 裴泓波 宋渊 叶丙霖 薛红丽	5	090NKCA064
7	省科技支撑计划	强直性脊柱炎早期骶髂关节MRI量化评定与临床相关性研究	2008-12—2010-12	唐治 周晟 李盛华 曹红霞 王闻奇 张彦彩 靳金龙 陈晓飞	2	090NKCA066
8	省技术研究与开发专项计划	敦煌医学中治未病思想对老年病防治的研究	2008-10—2010-10	王玉珠 周毓萍 程烜 潘文 李应存 王立群 杨维建 李晓娟 王彦斐 田军	2	0912TCYA039
9	省技术研究与开发专项计划	甘西鼠尾主要化学成分生物合成途径的研究	2009-10—2012-10	杨小源 王昕 刘丽莎 顾秀琰 闵云山 詹文强 杨雅莉 王艳 李晓东	2	0912TCYA002
10	省技术研究与开发专项计划	肠毒清口服液对SD大鼠全身炎症反应综合征的治疗及作用机制的研究	2009-05—2011-10	陈进凡 张宝洲 田卫花 汪福田 刘媛 柳渊洁 杨育红	2	0912TCYA001
11	省中青年科技基金计划	脏腑背腧排罐疗法治疗缓解期支气管哮喘的临床研究	2008-08—2010-08	陈国廉 马树祥 王兰娣 崔建美 肖国民 张普	5	099RJYA002
12	兰州市科技计划项目	MARK标记分次曝光负重位下肢全长X线摄影技术研究	2008-10—2009-10	周晟 陈晓飞 贾有福 汪新杜 李清花 赵奋国 张彦彩 王闻奇 李学飞	1.5	2009-1-69
13	兰州市科技计划项目	补脑膏对大鼠脑缺血再灌注损伤的保护作用及机制的研究	2008-01—2009-12	李妍怡 杨瑞龙 窦友义 张谦 胡敏棣 杨涛 刘志军 赵俊喜	1.5	2009-1-58

续表

序号	项目来源	项目名称	起止时间	项目组主要成员	划拨经费（万元）	项目编号
14	兰州市科技计划项目	佛手溃疡颗粒对顽固性口腔溃疡临床疗效及作用机制的研究	2009-01—2010-12	张剑峰 李晋凤 成子禄 杨瑞龙 东 红 窦友义 刘志军 李妍怡	2	2009-1-71
15	兰州市科技计划项目	肉苁蓉的分子鉴定研究	2009-06—2010-10	顾秀琰 王 昕 闵云山 刘丽莎 吴 迪	1.5	2009-1-59
16	博士科研启动基金项目	血管内皮细胞生长因子促进损伤脊髓功能恢复的实验研究	2010-01—2012-12	关永林	3	
17	博士科研启动基金项目	补脑膏含药血清对 pc12 细胞缺氧损伤凋亡的影响	2010-01—2012-12	王晓萍	3	
18	博士科研启动基金项目	糖网康调控 VEGF 视网膜血管保护作用实验研究	2010-01—2012-12	罗向霞	3	
19	省自然科学研究基金计划	多层螺旋 CT 低剂量照射儿童骨骼优化策略研究	2008-03—2011-08	张彦彩 王华明 周 晟 朱小忠 邓 强 唐 治 陈晓飞 梁改琴	3	096RJZA038
20	省技术研究与开发专项计划	中风膏抗动脉粥样硬化作用及机制的实验研究	2009-01—2010-12	东 红 杨瑞龙 窦友义 杨 芳 刘志军 李妍怡	3	0912TCYA014
21	省技术研究与开发专项计划	VEGF 在大鼠脊髓损伤后股骨骨痂形成过程中的表达	2009-01—2010-01	安 福 刘文忠 关永林 陈志龙 李盛华	2	0912TCYA033
22	省技术研究与开发专项计划	甘肃省亚健康人群中医基本征候特征的流行病学研究	2009-03—2011-01	张小荣 杨瑞龙 张 谦 吴全人 李妍怡 赵俊喜 杨 涛 刘志军	2	0912TCYA034
23	博士科研启动基金项目	藏药羌活鱼有效成分对骨髓间充质干细胞增殖及向成骨细胞分化与成骨能力影响的实验研究	2009-11—2012-12	谢兴文 姜 华 李 宁 杨丽霞 叶丙霖 李晓东 许 伟 王春晓	3	
24	博士科研启动基金项目	藏药镰形棘豆药材及其总黄酮类成分中黄酮成分的含量测定方法研究	2009-09—2012-09	姜华	3	
25	博士科研启动基金项目	强肝抗纤胶囊防治肝硬化的机制研究	2009-10—2012-10	李生财 田旭东 罗燕梅 武正权 顾立萍 田卫花	3	
26	博士科研启动基金项目	芪乌调脂颗粒防治冠状动脉粥样硬化斑块的实验研究	2009-09—2011	吴 荣	3	
27	博士科研启动基金项目	止消通脉宁干预肾小管上皮细胞分泌细胞外基质成分的研究	2009-09—2011-09	杨丽霞	3	

2009 年科研鉴定一览表

序号	项目来源	项目名称	鉴定时间	项目组主要成员	鉴定水平	鉴定号
1	省中医药管理局中医药项目	抑瘤栓经微导管肝动脉内注射栓塞作用的可行性研究	2009-02	邴雅珺 张 毅 王兰英 吴靖祺 闵云山	国内领先	甘科鉴字〔2009〕211 号
2	省技术研究与开发专项计划	陇中Ⅰ号-汽雾透皮疗法对膝关节炎相关因子及临床疗效的研究	2009-07	赵道洲 张晓岚 邓 强 陈进凡 边鹏飞 张德娟 尤从新 张文贤 李盛华	国内领先	甘科鉴字〔2009〕187 号
3	省科技厅科学事业费项目	可调式体位支架治疗三岁以下儿童发育性髋关节脱位的临床研究	2009-07	李卫平 张文贤 张天太 贾文芳 赵 军 王华明 孙世财	国内先进	甘科鉴字〔2009〕201 号
4	省科技厅中青年科技基金项目	踇外翻第一跖骨外移截骨与足部负重比例变化的临床前应用基础研究	2009-07	张德宏 王想福 王华明 刘叶荣 谭 萍 裴生太 闵云山 代长泉 尚亚婷	国内领先	甘科鉴字〔2009〕202 号
5	省自然科学研究基金计划	桑菀胶囊对咳嗽变异性哮喘患者肺功能改善的临床研究	2009-07	王兰娣 樊彩娥 闵云山 闫晓霞 刘叶荣 史东静 安玉芬 郭荣兰	国内领先	甘科鉴字〔2009〕233 号
6	省科技厅中青年科技基金项目	C-met、Gal-3、VEGF 在甲状腺肿瘤中的表达及其意义	2009-08	杨宏武 王学军 马 岚 朱艳芳 徐 霞 邓 强 田 军 赵 军 刘庆龙	国内领先	甘科鉴字〔2009〕247 号
7	省中医药管理局中医药项目	骨刺消巴布剂的研究开发与应用	2009-07	董 林 张 磊 匡钱华 魏国君 罗燕梅 冯康虎 宋宝根 邢 涛 何 花	国内先进	甘科鉴字〔2009〕209 号
8	省中医药管理局中医药项目	芪乌调脂颗粒治疗家族性高甘油三酯血症的有效性研究	2009-07	徐义先 杨阿妮 吴 荣 杨永生 崔文建 王发娟 杨宝平 李晓萍 颜 洋	国内先进	甘科鉴字〔2009〕219 号
9	省中医药管理局中医药项目	三黄栓的临床研究及工艺改造	2009-07	左 进 马 英 王 炯 甄熙奎 吴世铖 郭有雷 李 立 贺彩东	国内领先	甘科鉴字〔2009〕237 号
10	省中医药管理局中医药项目	黄连町防治骨外固定器及骨牵引针眼炎症的临床护理研究	2009-07	冯玉香 李景萍 申建军 李 韡 刘旭琴 王彩霞 王 莉 燕 中	国内领先	甘科鉴字〔2009〕208 号
11	省中医药管理局中医药项目	化积止痛巴布剂穴贴配合中药内服对大鼠肝癌抑瘤作用的影响	2009-08	王兰英 黄邦荣 王爱朝 李喜香 倪 红 展 锐 杨佳华 马小娟 吴柏宏	国内领先	甘科鉴字〔2009〕269 号
12	自选项目	甘肃省靖远县中小学生先天性心脏病调查及治疗	2009-08	党建中 谭 萍 徐义先 包海军 脱承德 杨永生 李 栋 孟庆鑫 杨 莉 崔文建 杨宝平 杨阿妮 刘 明 李晓萍 冯宁秀	国内领先	甘科鉴字〔2009〕255 号
13	省教育厅项目	“5·12”大地震甘肃灾区骨伤病流行病学调查与处置对策研究	2009-12	李盛华 李红专 周明旺 王 舒 宋 渊 叶丙霖	国内领先	甘科鉴字〔2009〕660 号

续表

序号	项目来源	项目名称	鉴定时间	项目组主要成员	鉴定水平	鉴定号
14	省教育厅项目	“5·12”大地震甘肃灾区多发病流行病学调查与中医诊疗对应方案研究	2009-12	冯守文 李盛华 周毓萍 程 烜 李喜香 韩 艳 陈 成 张东鹏 裴泓波 薛红丽	国内领先	甘科鉴字〔2009〕651 号
15	省科技厅科技支撑计划项目	“5·12”大地震甘肃灾区骨伤病、多发病流行病学调查与中医处置对策研究	2009-12	李盛华 冯守文 周毓萍 周明旺 程 烜 李红专 韩 艳 李喜香 陈 成 裴泓波 宋 渊 叶丙霖 薛红丽 张东鹏	国内领先	甘科鉴字〔2009〕619 号
16	省科技厅科技支撑计划项目	低场 MR 诊断膝关节软骨损伤与关节镜结果的对照研究	2009-12	周 晟 李盛华 杨灵歌 曹红霞 王闻奇 靳金龙 雷林革 贾润慧 张晓明 梁改琴 贾有福	国内领先	甘科鉴字〔2009〕614 号
17	省中医药管理局中医药项目	消肿止痛合剂预防骨折术后下肢深静脉血栓形成的临床研究	2009-12	陈志龙 邓 强 陈进凡 赵道洲 李盛华 代长泉 安 福	国内先进	甘科鉴字〔2009〕649 号
18	自选课题	胆胰宁对大鼠慢性胰腺炎的实验研究	2009-12	唐晓勇 盛 丽 赵铁华 刘盈骅 李正军 刘梦华 刘国安 李 强 朱晓铭 刘强光 林野泉 马文卓 王 军 李 亮	国内领先	甘科鉴字〔2009〕630 号
19	省科技厅科技支撑计划项目	针刀松解枕下三角治疗椎动脉型颈椎病疗效评价	2009-12	王海东 鄢卫平 金钰钧 赵俊喜 田雪梅 王智明 杨小芳 李伟清	国内领先	甘科鉴字〔2009〕832 号
20	省中医药管理局中医药项目	归甲疏通胶囊治疗输卵管阻塞性不孕症的临床研究	2009-12	潘 文 张锁庆 康开彪 柳树英 黄锦兰 马 俊 姜 华	国内领先	甘科鉴字〔2009〕589 号

2009 年科研获奖一览表

序号	项目来源	项目名称	获奖类别	项目组主要成员	获奖等级
1	省教育厅项目	陇中损伤散对激素性股骨头坏死疗效与作用机制的实验研究	中华中医药学会科学技术奖	李盛华 潘 文 谢兴文 周 晟 周明旺 宋 渊 叶丙霖	三等奖
2	省科技厅科学事业费	杜仲腰痛丸治疗腰椎间盘突出症的临床实验研究	甘肃省科技进步奖	赵继荣 张思胜 赵建邦 高 辉 陈伯祥 王亚伟 杨 峰 汪福田 徐 磊 赵宇斌	三等奖
3	厅列中医药科研课题	甘肃省七地区上消化道出血发病规律回顾性研究及流行病学调查	甘肃省皇甫谧中医药科技奖	王兰英 邴雅珺 倪 红 李永新 张 平 王新舜 夏小军	二等奖
4	厅列中医药科研课题	健胃清肠合剂口服用于结肠镜检查前肠道准备效果的临床护理研究	甘肃省皇甫谧中医药科技奖	王 颖 郭秀珍 高雪华 马郑萍 韩小玲	二等奖
5	省科技厅科学事业费	十宝散对开放性软组织损伤兔的碱性成纤维细胞生长因子(b-FGF)及其转化生长因子 b1(TGF-b1)表达的影响	甘肃省皇甫谧中医药科技奖	史文宇 赵道洲 王艳琴 安 福 张鹏贵	二等奖
6	省科技厅攻关项目	中风膏对成年大鼠脑缺血后海马神经元再生的影响	甘肃省皇甫谧中医药科技奖	李妍怡 东 红 杨瑞龙 窦友义 胡敏棣	三等奖
7	自选课题	补肺益寿合剂Ⅰ号治疗肺系疾病临床和实验研究	甘肃省皇甫谧中医药科技奖	王 煜 张竹君 浦斌红 张参军 王 炯	三等奖
8	兰州市科技计划项目	洁齩痈液治疗下颌智齿冠周炎的实验及临床研究	兰州市科技进步奖	张剑峰 李晋凤 李红专 程 煊 孔文祯 东 红 向 新	三等奖
9	省科技厅科学事业费	中药新剂型——小儿解热中空栓剂的研制与药学研究	甘肃省皇甫谧中医药科技奖	姜 华 刘 滢 詹文强 顾秀琰 胡君茹	三等奖

2010 年科研课题立项一览表

序号	项目来源	项目名称	起止时间	项目组主要成员	划拨经费（万元）	项目编号
1	国家自然基金项目（面上项目）	非创伤性股骨头坏死中医体质类型及其相关基因多态性研究	2011-01—2013-12	李盛华 周明旺 潘 文 柳海平 王晓萍 谢兴文 颜春鲁 周 晟 叶丙霖 张 锐	29	81072821/H2710
2	技术研究与开发专项计划	青海玉树地震兰州骨伤病流行病学调查	2010-04—2010-12	李盛华 谢兴文 赵继荣 周明旺 宋 渊 叶丙霖 张彦军 张玉昌 王久夏 柴喜平 周 军 郭平德	5	1004TCYA008
3	省自然科学研究基金计划	铁箍膏巴布剂的制备及质量标准研究	2009-12—2011-12	乔 莉 焦正花 张小华 杨沛霖 闵云山 沈 涛	3	1010RJZA129
4	省自然科学研究基金计划	注线法治疗高血压病的临床观察及实验研究	2009-12—2012-12	张洪涛 脱承德 蒋 花 邱连利 刘文霞 尚亚婷 孙 力 金钰红 赵 霞 袁 涛	3	1010RJZA130
5	省自然科学研究基金计划	虹膜固定型人工晶体在无晶体眼治疗中的临床研究	2010-01—2011-12	刘永民 樊 莹 罗向霞 慕明燕 苏 莉 张 黎 王亦山 刘永红 李 媛 张国文郑广志	3	1010RJZA136
6	省自然科学研究基金计划	豆腐果苷对大鼠坐骨神经慢性压迫性模型脊髓背角神经元的影响	2009-06—2011-06	王春爱 王迎斌 贾国龙 谢建琴 闫 宁 郭云霞 周匹军 张敏思	3	1010RJZA139
7	省自然科学研究基金计划	脊髓损伤后神经细胞凋亡相关抑制蛋白表达的实验研究	2010-01—2012-12	赵道洲 张绍文 贾文芳 王想福 张天太 杨 峰 朱焕平 张 磊 吴锦秋	3	1010RJZA153
8	省自然科学研究基金计划	青黛糊剂用于根管充填的临床研究	2010-01—2012-04	王 巍 王建卫 雷 涛 向 新 周剑平	3	1010RJZA188
9	省自然科学研究基金计划	止痛膏质量标准及药效学研究	2010-10—2013-05	闵云山 焦正花 顾秀琰 张小华 罗文蓉 沈 涛 李秀娟	3	1010RJZA206
10	省自然科学研究基金计划	参附注射液对老年大鼠心肌缺血再灌注损伤保护作用的实验研究	2010-01—2011-12	薛建军 张凌云 董 燕 王世太 张雪霞 谭 萍 张宝玲 李 岩 严宛鸿	3	1010RJZA209
11	省自然科学研究基金计划	糖痹康胶囊治疗糖尿病周围神经病变的临床观察及与 C 肽的相关研究	2009-11—2011-11	芦少敏 张定华 张东鹏 王海东 李喜香 连 琯 王 煜 王晓晖	3	1010RJZA213
12	省自然科学研究基金计划	大剂量岷当归配伍川芎抗大鼠脑缺血再灌注损伤炎症反应的机理研究	2010-01—2011-12	李妍怡 东 红 窦友义 王晓萍 杨瑞龙 刘志军 张 谦	3	1010RJZA215
13	科技支撑计划-社会发展类	CT 增强扫描患者的心理疏导及行为干预研究	2010-08—2012-08	周 晟 梁改琴 贾有福 王闻奇 陈晓飞 靳金龙 吴 英 贾润慧	3	1011FKCA122
14	卫生行业计划项目	瞳孔缘环行切除在葡萄膜炎并发复杂性白内障手术治疗中的应用研究	2010-09—2012-09	刘永民 樊 莹 慕明燕 罗向霞 苏 莉 张 黎 王亦山	2	GSWST2010-26

续表

序号	项目来源	项目名称	起止时间	项目组主要成员	划拨经费（万元）	项目编号
15	省中医药管理局项目	桡骨远端骨折电子智能夹板的临床开发研究	2010-01—2013-08	赵道洲　邓　强　吴锦秋　厚兴旺　王想福　朱换平　赵继荣　李盛华	10	GZK-2010-Z4
16	省中医药管理局项目	养阴生肌膜的药理学研究基础	2009-10—2012-12	李喜香　姜玲艳　舒　劲　李天庆　李季文　张晓明　李秀娟	10	GZK-2010-Z13
17	省中医药管理局项目	糖肾康胶囊治疗早期糖尿病肾病的临床研究	2009-12—2011-10	张定华　张东鹏　金　华　芦少敏　王　煜　连　琄　王晓晖　丁玉芬	5	GZK-2010-2
18	省中医药管理局项目	健胃清肠合剂在肠道准备的临床及实验研究	2009-11—2012-11	杨维建　邓　毅　赵铁华　唐　锐　任　远　田旭东　蔡忠刚　巫资明	2	GZK-2010-10
19	省中医药管理局项目	1999—2008 年甘肃省中医药科研项目评估	2008-10—2010-10	徐　霞　李东强　郑　慧　吴建军　闵云山	2	GZK-2010-19
20	兰州市科技局项目	制萎扶胃丸的工艺研究	2008-10—2011-10	舒　劲　焦正花　罗燕梅　杨小源　罗文蓉　李喜香　李秀娟　张小华　吕洲杰　展文强	1	2010-1-75
21	兰州市科技局项目	糖前康胶囊治疗糖尿病前期(IFG、IGT）的临床观察及对胰岛素抵抗指数、IL-18 表达的影响	2011-01—2013-12	张定华　王晓晖　张东鹏　李喜香　盛　丽　芦少敏　王　煜	1	2010-1-76
22	兰州市科技局项目	鼻康胶囊对过敏性鼻炎的远期临床疗效及作用机制研究	2009-10—2011-10	王兰娣　潘　文　徐　霞　闫晓霞　王　辉　贾福苏　陈　弘　闵云山	3	2010-1-169
23	兰州市科技局项目	椎间盘镜微创技术治疗腰椎间盘突出症的临床规范化研究	2009-09—2011-10	李红专　赵继荣　赵　军　唐晓栋　朱换平　王玉泉　李盛华	自筹经费	2010-ZD-03
24	兰州市科技局项目	手法配合机械牵引中药热敷治疗腰腿痛临床研究	2010-06—2011-12	陈　杰　张　堃　鄢卫平　陈　文　柳　直　王玉泉　牛喜信	自筹经费	2010-ZD-07
25	院级重点课题	中药蒸汽热敷机的研制及临床应用	2010-01—2011-12	朱换平　苏建宁　李红专　王想福　杨　峰　吴锦秋　柴喜平　谈东辉	1	
26	院级重点课题	膝骨性关节炎中医体质与调体治疗的临床研究	2010-01—2012-06	周明旺　李盛华　王承祥　柳海平　谢兴文　叶丙霖　张　锐　王久夏　田栓磊　王晓萍	1	
27	院级重点课题	小剂量氯胺酮复合芬太尼术后镇痛对下肢关节置换术病人细胞免疫功能的影响	2010-01—2011-06	张凌云　谭　萍　薛建军　李　岩　周　骁　刘志汉　贾国龙　严宛鸿	1	

续表

序号	项目来源	项目名称	起止时间	项目组主要成员	划拨经费（万元）	项目编号
28	院级重点课题	中药消定膏配合损伤散治疗骨坏死的临床疗效观察	2009-11—2011-11	何志军 李盛华 王兴盛 赵 萍 蒋振兴	1	
29	院级重点课题	口腔唾液淀粉酶与糖尿病不同证型关系的实验研究	2010-03—2012-03	张邦能 张定华 田卫花 芦少敏 杨灵歌	1	
30	院级普通课题	斗谱编排与药品信息编码对中药调剂的影响	2010-01—2010-12	沈 涛 李喜香 刘高宏 王 磊 梁海宁 黄清杰 张承军 葛新春	0.5	
31	院级普通课题	临床模拟训练教学模式的应用性研究	2009-12—2011-12	孙锦艳 闵云山 韩 艳 王晓蓉 徐 霞 高雪华	0.5	
32	院级普通课题	兰州市三甲医院医务人员亚健康状况调查及影响因素研究	2010-03—2011-05	石丽丽 闵云山 黎媛媛 王晓萍 李艳萍 杨丽萍 李 莉 吴芸芸	0.5	
33	院级普通课题	分析研究2006—2009年医院疾病谱变化规律与学科建设和医疗质量监测的关系	2010-03—2011-12	杨丽萍 黎媛媛 杨宏武 邓 强 刘庆龙 田 军 石丽丽	0.5	
34	院级普通课题	陇中脾中药洗剂配合膝关节镜治疗膝骨性关节炎的临床对照研究	2010-01—2011-12	赵振文 王承祥 柳海平 孔令俊 柴喜平	0.5	
35	院级普通课题	亚健康人群“气虚血瘀”证型与血流变等检验指标相关性研究	2010-02—2011-12	梁 勤 程 烜 张竹君 张邦能 乔登嫣 柳渊洁 靳 峰 田卫花	0.5	
36	院级普通课题	清热逐风合剂对大鼠急性痛风性关节炎细胞因子IL-1、TNF-α、IL-4的影响	2010-02—2010-12	王爱华 王智明 田雪梅 吴 燕 李伟青 杨小芳 王海东	0.5	
37	教研项目	临床教学质量监控体系的建立与评价	2009—2011	韩 艳 孙锦艳 舒 劲 闵云山 王晓蓉 李妍怡 潘 文 原 睿 马郑萍	0.4	甘中教研2009-ZB
38	博士科研启动基金项目	食管癌不同征候PLC结合蛋白及证方对其作用的研究	2010-12—2012-12	李建省 潘 文 脱承德 丁文君 雷旭东 王兰英 吕 娟	3	
39	博士科研启动基金项目	佛手益气活血汤对大鼠血栓闭塞性脉管炎模型的治疗作用及其机理研究	2011-01—2013-09	柴守范 潘 文 何国华 李建省 袁仁智 曹红霞 连 琄	3	
40	国家自然基金项目（地区科学基金项目）	不同浓度麝香酮对外源性骨髓间充质干细胞体内迁移作用与机制研究及其引经理论初探	2011-01—2013-12	谢兴文 李喜香 黄小玲 叶丙霖 李 晶 许 伟 徐世红	25	81060299/H2710

续表

序号	项目来源	项目名称	起止时间	项目组主要成员	划拨经费（万元）	项目编号
41	技术研究与开发专项计划	中药注射剂不良反应的循证医学研究	2010-01—2011-12	郑　慧　薛世萍　杨丽霞　徐　霞　杨灵歌　乔　莉　姜　华　李晓东	2	1004TCYA038
42	技术研究与开发专项计划	生骨再造散对下颌骨骨折愈合影响的临床及实验研究	2010-01—2012-12	张剑峰　李红专　李晋凤　王晓晖　刘惠玲　唐晓栋	3	1004TCYA016
43	技术研究与开发专项计划	嘛呢骨痹胶囊增强大鼠骨化作用的机理研究	2010-03—2012-09	王海东　王智明　田雪梅　王爱华　吴　燕　李伟青	3	1004TCYA027
44	省中医药管理局项目	强肝抗纤胶囊防治肝纤维化的机制研究	2010-01—2013-01	李生财　田旭东　王凤仪　武正权　程　涛　顾立萍　田卫花	2	GZK-2010-6
45	省中医药管理局项目	佛手通瘀汤预防髋关节置换术后下肢深静脉血栓形成的临床研究	2009-10—2011-10	董　林　魏国俊　邢　涛　匡钱华	2	GZK-2010-16
46	省中医药管理局项目	《武威汉代医简》所载治法、方药治疗风湿病的相关研究	2010-03—2011-12	田雪梅　王海东　王智明　王爱华　吴　燕　李伟青　张延昌	1	GZK-2010-23
47	省中医药管理局项目	应用黄连酊湿性换药防治Ⅲ–Ⅳ期压疮的临床护理研究	2009-01—2011-01	刘旭琴　刘叶荣　李　韡　冯玉香　马郑萍　李尧琴　王彩霞	1	GZK-2010-45
48	省中医药管理局项目	麝香促进兔软组织损伤感染创面愈合的实验研究	2009-10—2011-12	张亚维　李盛华　唐　锐　杨　波	1	GZK-2010-49
49	兰州市科技局项目	2 型糖尿病中医证型的客观化研究	2010-12—2013-12	郦雅珺　李正军　曹红霞　王争艳　雷作汗　孙　涛　李应东　刘国安	1	2010-1-77
50	兰州市科技局项目	激素性股骨头坏死三种造模方法的比较研究	2010-12—2012-12	赵道洲　代长泉　金钰钧　陈志龙　王亚伟　宋　敏	1	2010-1-78
51	兰州市科技局项目	新药“陇中损伤胶囊”临床前药学研究	2010-12—2013-03	姜　华　李盛华　谢兴文　李晓东　薛世萍　朱荣祖　杨玉华　詹文强　胡君茹	10	2010-1-161
52	院级普通课题	通天口服液治疗偏头痛的文献研究	2010-01—2011-06	柳树英　潘　文　康开彪　牛崇信　程　涛　李晓娟	0.5	
53	院级普通课题	10 种医院口服中药制剂微生物限度检查方法建立和验证	2010-01—2011-12	李晓东　姜　华　焦正花　杨丽霞　薛世萍　刘高宏	0.5	
54	院级普通课题	糖网康治疗非增殖期糖尿病视网膜病变的临床研究	2010-01—2011-12	王晓晖　张定华　刘永民　王　磊　张东鹏　连　瑄	0.5	
55	博士科研启动基金项目	新辑敦煌和吐鲁番医药卷子整理及文献研究	2011-01—2013-12	袁仁智　潘　文　吕友强　张参军　柳树英　程　涛　牛崇信	3	

2010 年科研鉴定一览表

序号	项目来源	项目名称	鉴定时间	项目组主要成员	鉴定水平	鉴定号
1	甘肃省科技攻关项目	消臌饮治疗肝硬化低蛋白血症的临床观察及急性毒性研究	2010–06	田旭东 张学平 廖志峰 薛 媛 卢雨蓓 武正权 廖 挺 闵云山 陈世旺	国内领先	甘科鉴字〔2010〕133 号
2	甘肃省科学事业费项目	旋牵手法治疗椎动脉型颈椎病手法标准操作规程(sop)的研究	2010–06	鄢卫平 高 辉 柳 直 戴玉景 温剑涛 陈国栋	国内领先	甘科鉴字〔2010〕159 号
3	兰州市科技局项目	附炎栓的制备及药效学研究	2010–06	古秋莉 展 锐 李喜香 闵云山 刘效栓 王 磊 姜玲艳 李秀娟 焦正花 李 莉	国内先进	甘科鉴字〔2010〕139 号
4	兰州市科技局项目	消定膏治疗急性软组织损伤的临床研究	2010–07	樊成虎 尤从新 王亚宁 史文宇 唐晓栋 王玉泉 马智勇 柴吉敏	国内领先	甘科鉴字〔2010〕188 号
5	兰州市科技局项目	MARK 标记分次曝光负重位下肢全长 X 线摄影技术研究	2010–07	周 晟 陈晓飞 贾有福 汪新柱 李清花 王闻奇 张彦彩 赵奋国 李学飞	国内领先	甘科鉴字〔2010〕153 号
6	省中医药管理局中医药项目	射贝止咳液对小儿咳嗽变异性哮喘免疫调节作用的研究	2010–06	樊彩峨 王兰娣 陈 弘 赵晓英 程 烜 李芳娟 赵勤英 李喜香	国内领先	甘科鉴字〔2010〕197 号
7	省中医药管理局中医药项目	经微导管中药灌注栓塞治疗原发性肝癌的临床应用研究	2010–07	周 晟 曹红霞 王闻奇 贾润慧 靳金龙 马建科 张闻光 张彦彩	国内领先	甘科鉴字〔2010〕154 号
8	省中医药管理局中医药项目	患者对中医特色护理服务认知和需求的调查研究	2010–07	高雪华 韩小玲 王 颖 马郑萍 赵小红 王秀锋 王 莉 郭云霞	国内领先	甘科鉴字〔2010〕224 号
9	省中医药管理局中医药项目	消定膏的治疗标准及药效学研究	2010–07	杨沛霖 焦正花 王晓红 吕洲杰 闵云山 李秀娟 古秋莉	国内领先	甘科鉴字〔2010〕263 号
10	省中医药管理局中医药项目	益气化湿胶囊对慢性肾功能不全继发高尿酸血症的影响	2010–07	李永新 孟陆亮 靳 锋 李文艳 张竹君 王俭勤	国内领先	甘科鉴字〔2010〕267 号
11	自选项目	矩阵针灸治疗突发性耳聋的临床研究	2010–07	张洪涛 王 辉 赵 霞 代 梅 刘文霞 尚亚婷 肖 红 孙 力 金钰红 袁 涛 蒋 花 安 珂	国内领先	甘科鉴字〔2010〕172 号
12	省中医药管理局中医药项目	中药银杏叶提取物联合神经干细胞移植治疗急性脊髓损伤的实验研究	2010–09	张文贤 吕江宏 冯康虎 白登彦 刘红喜 徐玉德 申建军	国内先进	甘科鉴字〔2010〕304 号
13	省技术研究与开发专项	青海玉树地震兰州骨伤病流行病学调查	2010–12	李盛华 周明旺 谢兴文 赵继荣 郭平德 宋 渊 叶丙霖 张彦军 王久夏 张玉昌 周 君	国内领先	甘科鉴字〔2010〕867 号

续表

序号	项目来源	项目名称	鉴定时间	项目组主要成员	鉴定水平	鉴定号
14	省技术研究与开发专项	中医护理技术(穴位按压)促进社区产妇宫体恢复的研究	2010–12	周毓萍 王 磊 朱 怡 程麦莉 石丽丽 窦 丽 白凤霞 张洪涛	国内领先	甘科鉴字〔2010〕873 号
15	省自然基金计划项目	血管内皮生长因子促进损伤脊髓血管新生和神经元恢复的实验研究	2010–12	关永林 李盛华 石正洪 谭劲赟	国内领先	甘科鉴字〔2010〕873 号
16	省自然基金计划项目	茴香枳术汤对大鼠粘连性肠梗阻的实验研究	2010–12	唐晓勇 王东红 盛 丽 柳渊洁 黄小玲 王自立 刘强光 李 亮 王维斌	国内领先	甘科鉴字〔2010〕536 号
17	省中医药管理局中医药项目	制萎扶胃浓缩丸防治慢性萎缩性胃炎的机制研究及急性毒性实验研究	2010–12	舒 劲 李喜香 吴国泰 李生财 任 远 罗燕梅 田旭东	国内领先	甘科鉴字〔2010〕868 号
18	省中医药管理局中医药项目	消肿止痛合剂预防人工髋关节置换术后异位骨化形成的临床研究	2010–12	柳海平 李玉吉 王新军 杨景祥 李盛华 王承祥 陈进凡 汪俊红	国内领先	甘科鉴字〔2011〕030 号
19	省中医药管理局中医药项目	玉红膏对开放性软组织损伤兔的 b-FGF 及其 TGF-B1 表达的影响	2010–12	史文宇 赵道洲 万迎霞 王亚宁 尤从新 唐晓栋 王玉泉 张鹏贵 张春雷 李盛华	国内领先	甘科鉴字〔2010〕870 号
20	省中医药管理局中医药项目	颈椎病中医证型规范化研究	2010–12	谢兴文 汪俊红 李 宁 马真卿 李红专 王春晓	国内领先	甘科鉴字〔2010〕869 号
21	甘肃省卫生厅科教处	甘肃省妇女宫颈 HPV 感染分型检测与宫颈病变的相关性研究	2010–12	杜 敏 周庆云 陈玉庆 王玥元 石清芳 田 芳 唐兆瑞 司天斌	国内领先	甘科鉴字〔2010〕0649 号
22	甘肃省卫生厅科教处	全身静脉化疗与盆腔介入化疗在宫颈癌术前的疗效对比研究	2010–12	杜 敏 张 琳 石 敏 张庆明 司天斌 吕 瑞 丁 燕	国内领先	甘科鉴字〔2010〕0648 号
23	省科技厅科学事业费	糖肾康胶囊治疗 DN 与 RAS 相关机理的研究	2010–12	张定华	国内领先	
24	省中医药管理局中医药项目	藏药镰形棘豆活性组分的筛选	2010–07	姜 华 辛仲斌 詹文强 胡君茹 刘 霞 蒋生祥 李晓东 杨丽霞 薛世萍	国内领先	甘科鉴字〔2010〕315 号
25	自选课题	数控电磁仪治疗风湿四病疼痛的疗效评价研究	2010–01	王海东 王爱华 赵小英 田雪梅 王智明 吴 燕 杨小芳 李伟青 马训升 邱安东	国内先进	甘科鉴字〔2010〕002 号

2010 年科研获奖一览表

序号	项目来源	项目名称	获奖类别	项目组主要成员	获奖等级
1	省科技支撑计划	“5·12”大地震甘肃灾区骨伤病、多发病流行病学调查与中医处置对策研究	甘肃省科技进步奖	李盛华 冯守文 周毓萍 周明旺 程 烜 李红专 韩 艳	三等奖
2	省科技攻关项目	低场 MR 诊断膝关节软组织损伤与关节镜结果的对照研究	甘肃医学科技奖	周 晟 李盛华 杨灵歌 曹红霞 王闻奇	三等奖
3	省科技支撑计划	“5·12”大地震甘肃灾区骨伤病、多发病流行病学调查与中医处置对策研究	甘肃省皇甫谧中医药科技奖	李盛华 冯守文 周毓萍 周明旺 程 烜 李红专 韩 艳	二等奖
4	省科技厅科学事业费	双花滴耳液的研制及治疗化脓性中耳炎的临床研究	甘肃省皇甫谧中医药科技奖	汪付田 顾海铮 常守元 黄玉兰 陈耀章 罗文蓉 王 辉	二等奖
5	省自然科学研究基金计划	桑菀胶囊治疗咳嗽变异性哮喘的临床研究	甘肃省皇甫谧中医药科技奖	王兰娣 樊彩娥 闵云山 闫晓霞 刘叶荣 史东静 安玉芬	二等奖
6	厅列中医药科研计划	三黄栓的临床研究及工艺改造	甘肃省皇甫谧中医药科技奖	左 进 马 英 王 炯 甄熙奎 吴世铖 郭有雷 李 立	二等奖
7	厅列中医药科研计划	调脂颗粒干预高脂血症的临床及实验研究	甘肃省皇甫谧中医药科技奖	张定华 曹红霞 邴雅珺 程 烜 王 颖	三等奖
8	厅列中医药科研计划	抑瘤栓经微导管肝动脉内注射栓塞作用的可行性研究	甘肃省皇甫谧中医药科技奖	邴雅珺 张 毅 王兰英 吴靖祺 闵云山	三等奖
9	厅列中医药科研计划	黄连酊防治骨外固定器及骨牵引针眼炎症的临床护理研究	甘肃省皇甫谧中医药科技奖	冯玉香 李景萍 申建军 李 韡 刘旭琴	三等奖
10	省科技厅科学事业费	消定膏巴布剂的研制及初步评价研究	兰州市科技进步奖	闵云山 焦正花 李秀娟 罗文蓉 罗燕梅	二等奖
11	省科技攻关项目	经皮激光汽化减压配合手法调衡治疗腰椎间盘突出症的临床及相关实验研究	兰州市科技进步奖	赵继荣 李盛华 徐 磊 张德宏 石 敏 张绍文 李红专	三等奖
12	中国卫生经济学会第十批招标课题	医疗机构药品零差率后的财政补助和医疗服务价格政策研究	中国卫生经济学会招标课题	胡雅杰 杨继红 郝 伟 刘廷梦 孟玉霞	三等奖
13	省教育厅项目	陇中损伤散防治股骨头坏死、骨质疏松症和骨折的疗效及机制研究	中华中医药学会科学技术奖	李盛华 潘 文 谢兴文 周明旺 周 晟 王想福 宋 渊 叶丙霖	三等奖
14	厅列中医药科研计划	归甲疏通胶囊治疗输卵管阻塞性不孕症的临床研究	兰州市科技进步奖	潘 文 张锁庆 康开彪 柳树英 黄锦兰 马 骏 姜 华	三等奖

2008—2010年出版学术著作题录

（按时间顺序排列）

序号	著作者及著作方式	学术著作名称	出版单位、时间
1	刘忠主编	脊柱内固定手术学	兰州大学出版社，2008
2	孔文祯主编	新编血液检验手册	兰州大学出版社，2008
3	余有庆主编	中药临床备要	甘肃文化出版社，2008
4	刘旭琴主编	骨科常见病的护理	甘肃文化出版社，2008
5	马郑萍主编	实用护理健康教育手册	甘肃民族出版社，2008
6	王兰英主编	痢疾的预防与治疗	甘肃民族出版社，2008
7	刘国安主编	中医老年保健与养生	甘肃民族出版社，2008
8	张文贤主编	膝关节骨性关节炎的病理研究与临床诊治	甘肃科技出版社，2008
9	姚正凯主编	骨伤科临床便览	甘肃科技出版社，2008
10	李盛华主编	骨伤科微创技术	人民卫生出版社，2009
11	温剑涛主编	颈椎外科学	科学技术文献出版社，2009
12	刘国安主编	中医老年保健与养生	甘肃民族出版社，2009
13	周晟主编	实用核磁共振成像诊断与临床问答	兰州大学出版社，2009
14	李芳娟主编	常见疾病的实验室检查	兰州大学出版社，2009
15	张绍文主编	简明脊柱外科学	甘肃文化出版社，2009
16	王兰英主编	中医与介入治疗肿瘤学	甘肃民族出版社，2009
17	李和平主编	简明中西医皮肤病诊疗	甘肃民族出版社，2009
18	鄢卫平主编	颈腰椎病的中西医结合治疗学	甘肃民族出版社，2009
19	史文宇主编	骨伤疾病内外治法	甘肃民族出版社，2009
20	王煜主编	糖尿病的防治问答	甘肃民族出版社，2009
21	高雪华主编	中医护理导论	甘肃民族出版社，2009
22	党建中主编	心脏外科医生临床实践	甘肃科技出版社，2009
23	陈志龙主编	实用骨科临床检查与诊断技术	甘肃科技出版社，2009
24	陈玉庆主编	当代临床医学丛书	中国古籍出版社，2009
25	李和平主编	皮肤病的防治问答	甘肃民族出版社，2010
26	贾育蓉主编	小儿皮肤病的防与治	西安交通大学出版社，2010
27	汪付田主编	中药炮制与临床	第四军医大学出版社，2010
28	赵小英主编	常见皮肤性病检验与诊治	兰州大学出版社，2010
29	张参军主编	感冒的防治问答	甘肃民族出版社，2010
30	谢朝晖主编	中西医结合骨伤疼痛诊疗学	学苑出版社，2010
31	王煜主编	王自立医案选	甘肃科技出版社，2010
32	张新丽主编	肾病的防治问答	甘肃民族出版社，2010
33	刘叶荣主编	社区护理学	甘肃文化出版社，2010
34	王兰娣主编	小儿感冒发热防与治	西安交通大学出版社，2010

2008 年论文题录

姓名	论文题目	发表期刊	发表时间
安桂香	心脏起搏器安置术前后的护理体会	甘肃中医	2008(01)
安福	带蒂筋膜脂肪瓣联合纤维蛋白封闭剂预防硬膜外瘢痕粘连的实验研究	甘肃医药	2008(07)
邴雅珺	除湿饮治疗老年湿热内蕴型亚急性湿疹 31 例临床研究	甘肃中医	2008(11)
邴雅珺	化瘀心痛胶囊治疗血瘀气滞型冠心病的临床疗效观察	甘肃中医学院学报	2008(10)
邴雅珺	HPLC 测定温骨祛痹巴布剂中三七皂苷 R_1 的含量	中成药	2008(11)
邴雅珺	降龙擦剂治疗老年带状疱疹 82 例疗效观察	中华医学写作杂志	2008(11)
邴雅珺	小柴胡汤临床应用举隅	中华医学写作杂志	2008(09)
邴雅珺	老年冠心病中医证治体会	医药与保健	2008(10)
邴雅珺	健脾护肝汤治疗老年乙肝后肝硬化 63 例疗效观察	医学创新与研究	2008(12)
陈国廉	背部排罐治疗慢性疲劳综合征疗效观察	中国针灸	2008(06)
陈弘	中西医结合治疗骨转移癌疼痛 23 例疗效观察	云南中医中药杂志	2008(10)
陈弘	盐酸纳洛酮配合丹红注射液治疗中枢性眩晕 3 例疗效观察	云南中医中药杂志	2008(08)
陈世旺	上消化道出血诊治体会总结	中国社区医师	2008(19)
陈玉庆	Ezrin 在子宫内膜疾患中的不同表达	中国新医学论坛	2008(04)
陈玉庆	调周法治疗崩漏的体会	中国保健	2008(06)
陈玉庆	自制中药洗剂治疗老年性阴道炎的临床观察	中国现代医生	2008(11)
程晓华	白芷的临床应用进展	中国医药卫生	2008(02)
程烜	牡芍合剂对骨折术后疼痛模型大鼠丘脑中 β–内啡肽及八肽胆囊收缩素的影响	中国中医药信息杂志	2008(10)
东红	运动神经元病的研究进展	中华实用中西医杂志	2008(02)
董林	骨刺消巴布剂治疗急性软组织损伤临床观察	中国中医药信息杂志	2008(11)
樊成虎	陇中中药洗剂治疗膝关节骨性关节炎 60 例临床观察	甘肃中医	2008(12)
冯康虎	骨刺膏对家兔皮肤的刺激性研究	中华实用中西医杂志	2008(04)
冯康虎	骨刺膏镇痛作用的药理研究	甘肃中医	2008(06)
冯玉香	美国 INTEGRIS Baptist 医学中心的护理管理与人性化服务	中华实用中西医杂志	2008(10)
付金钰	胫骨高位截骨术后的护理体会	中医正骨	2008(01)
高天虹	高龄股骨颈骨折患者行人工股骨头置换术后的护理体会	甘肃中医	2008(09)
高晓玲	房室同步不良时的超声心动图表现	中华实用中西医杂志	2008(10)
高雪华	丰富护理管理内容　提高护理管理质量	护理职业教育	2008(12)

续表

姓名	论文题目	发表期刊	发表时间
顾立萍	骨癌组织中 Dnmt1 的表达及其临床意义	西北国防医学杂志	2008(10)
顾立萍	CPG 岛甲基化表型与胃癌	中国肿瘤临床与康复	2008(04)
顾万红	20 种甘肃地产药材中铅、砷、镉、铜的含量测定	卫生职业教育	2008(09)
顾秀琰	龙胆与混淆品桃儿七、八角莲的鉴别	甘肃中医	2008(10)
郭秀珍	1 例双胎妊娠晚期合并急性胰腺炎护理体会	中华实用中西医杂志	2008(05)
郭秀珍	临床带教中护生法律意识的培养	甘肃中医	2008(12)
郭雪梅	巧用乳酸清洗湿化瓶	护士职业教育	2008(10)
韩艳	病毒性心肌炎中医临床研究进展	中华实用中西医杂志	2008(11)
胡君茹	小儿解热中空栓剂体外抑菌作用的研究	甘肃中医	2008(02)
胡敏棣	中风膏配合康复训练治疗中风 98 例临床观察	中华实用中西医杂志	2008(03)
胡敏棣	佛手定眩合剂治疗椎-基底动脉供血不足 TCD 指标观察	中华实用中西医杂志	2008(01)
黄小玲	改良 W-G 染色在胃幽门螺旋杆菌诊断的应用价值	中华实用中西医杂志	2008(02)
贾文芳	PICC 置管在临床护理中的应用	甘肃中医	2008(12)
蒋花	苍龟探穴法针刺治疗中风后腕关节痉挛 1 例	上海针灸杂志	2008(07)
焦正花	消定膏巴布剂的体外透皮吸收实验研究	甘肃中医	2008(10)
金钰红	矩阵针刺治疗 48 例腱鞘囊肿疗效观察	甘肃中医	2008(11)
康开彪	王自立主任医师治疗热淋经验点滴	甘肃中医	2008(11)
孔文祯	全自动生化分析 HITACH17080 仪的维护和保养	甘肃科技	2008(11)
李和平	中医治疗寻常银屑病之体悟	中华实用中西医杂志	2008(08)
李和平	异病同治——下肢炎性结节性疾病的中医辨证治疗	中华实用中西医杂志	2008(10)
李和平	中医综合治疗青年痤疮 152 例	中华实用中西医杂志	2008(09)
李晋凤	智齿冠周炎临床诊治进展	职业卫生教育	2008(11)
李立	便秘与妇科疾病探讨	甘肃中医	2008(11)
李平	浅谈医院成本核算	甘肃中医	2008(11)
李琼	HPLC 法测定二十五味珍珠丸中没食子酸的含量	甘肃中医	2008(11)
李盛华	“5·12”地震陇南灾区上肢骨折调查与分析	甘肃中医	2008(12)
李盛华	甘肃陇南地震灾区 575 例骨折伤情分析	甘肃中医	2008(11)
李盛华	陇中损伤散治疗激素性股骨头坏死 24 例	甘肃中医	2008(11)
李盛华	陇中损伤散治疗激素性股骨头坏死的实验研究	中国中医骨伤科杂志	2008(06)
李盛华	“5·12”地震陇南灾区下肢骨折情况调查与分析	甘肃中医	2008(10)
李盛华	陇中损伤散治疗激素性股骨头缺血性坏死模型兔的影像学研究	甘肃中医	2008(06)

续表

姓名	论文题目	发表期刊	发表时间
李盛华	甘肃省中医药发展战略研究	甘肃中医	2008(S1)
李盛华	制止医院暴力,维护医疗安全	甘肃中医	2008(S1)
李盛华	汶川地震陇南灾区伤情调查与分析	中国骨伤	2008(10)
李卫平	可调式人体位支架治疗小儿发育性髋关节脱位 30 例	中华实用中西医杂志	2008(03)
李晓娟	消毒供应室质量管理的探讨	甘肃中医	2008(12)
李秀娟	我院 104 例药物不良反应报告分析	甘肃医药	2008(02)
李学学	浅谈颈椎损伤患者的现场救护与临床护理应对	甘肃中医	2008(06)
李妍怡	佛手瓜蒌胶囊对心肌缺血家兔血清 NO、NOS 及 GSH-PX 活性的影响	中西医结合心脑血管病杂志	2008(02)
梁改琴	CT 增强扫描中对造影剂不良反应的观察及防治	中华现代护理学杂志	2008(07)
梁海宁	祛风颗粒制备工艺的改进	甘肃中医	2008(09)
梁勤	我院医务人员白细胞各项参数调查	国际检验医学杂志	2008(07)
刘红喜	脂肪栓塞综合征的诊断与治疗	中华实用中西医杂志	2008(06)
刘红喜	DHS 治疗股骨粗隆间骨折	中华实用中西医杂志	2008(13)
刘梦华	浅谈实习护生护患沟通能力的培养	卫生职业教育	2008(12)
刘梦华	浅议临床护理科研如何选题	中华实用中西医杂志	2008(11)
刘庆龙	医患沟通在处理医患矛盾中的应用	中华实用中西医杂志	2008(10)
刘叶荣	老年便秘的认识及护理概况	甘肃中医	2008(09)
刘志军	以多发性周围神经病为突出表现的 Churge-Strauss 综合征 1 例报告	中风与神经疾病杂志	2008(02)
刘忠	环型钻开髓减压缝匠肌蒂髂骨栓植入并中药治疗股骨头坏死 110 例评价	中华实用中西医杂志	2008(12)
刘忠	前路减压植骨内固定治疗胸腰椎骨折	兰州大学学报	2008(09)
柳海平	消肿止痛合剂预防人工全髋关节置换术后异位骨化的形成	中华实用中西医杂志	2008(08)
柳树英	祛风胜湿活血法治疗慢性溃疡性结肠炎 27 例临床观察	甘肃中医	2008(12)
柳渊洁	δ 胆红素高胆红素血症中检测的临床意义研究	中国社区医师	2008(02)
柳直	姿态调衡法治疗腰椎间盘突出症的临床研究	甘肃中医	2008(06)
柳直	姿态调衡法治疗腰椎间盘突出症的生物力学机理初探	甘肃中医	2008(07)
柳永明	脊柱结核的外科治疗	中华实用中西医杂志	2008(06)
吕江宏	复方丹参注射液与常用西药抗生素配伍禁忌初探	中华实用中西医杂志	2008(07)
骆元斌	骨促结缔组织增生性纤维瘤 1 例	中国医药	2008(05)
雒生梅	循证护理在脑损伤护理中的应用	甘肃中医	2008(02)
马彩云	浅谈护理美学在工作中的重要性	现代医学与临床	2008(08)

续表

姓名	论文题目	发表期刊	发表时间
马真琴	四肢骨外伤患儿家长心理护理的体会	中华实用中西医杂志	2008(12)
马郑萍	胸腰椎压缩骨折的分期辨证施护	中华实用中西医杂志	2008(01)
米仲祥	前路一期病灶清除植骨内固定治疗胸腰椎结核	中华实用中西医杂志	2008(12)
苗凤花	手术室护理带教体会	中国应用护理杂志	2008(10)
苗晓琦	肛肠疾病术后尿潴留预防及阶梯调护方案	甘肃中医	2008(10)
闵云山	消定巴布膏剂的质量控制方法研究	中成药	2008(02)
潘蓉	麻醉机螺纹管的细菌学监测及护理对策	中华实用中西医杂志	2008(08)
潘文	中医学是中华民族文化的优秀代表	甘肃中医	2008(12)
乔登嫣	加强对实习学生医院感染的教育	中国社区医师	2008(10)
尚亚婷	耳压治疗不寐8例临床观察	甘肃中医	2008(10)
尚亚婷	耳体穴配合治疗神经性耳聋32例	甘肃中医	2008(12)
申建军	黄连酊治疗骨外固定器针眼炎症临床疗效观察	中国中西医结合杂志	2008(10)
史东静	中西医结合治疗急性病毒性心肌炎35例	光明中医	2008(11)
舒劲	王自立主任医师“运脾”系列方剂数据分析初探	甘肃中医	2008(06)
舒劲	制萎扶胃丸治疗慢性萎缩性胃炎疗效观察	中国中医药信息杂志	2008(05)
舒劲	李树楷主任医师治疗脾胃病经验	中国中医急症	2008(05)
孙锦艳	对医学院校实习生教学查房的几点建议	甘肃中医	2008(11)
谭萍	止血宁海绵治疗急性创伤出血30例	中国中医药信息杂志	2008(06)
谭萍	非体外循环下冠状动脉旁路移植术的麻醉	甘肃科技	2008(08)
唐锐	骨盆骨折合并尿道断裂患者的围术期护理	甘肃中医	2008(10)
田旭东	王自立“治肝必柔肝、柔肝先养肝”思想探悉	中国中医药信息	2008(02)
田雪梅	类风湿性关节炎合并痛风治验	甘肃中医	2008(12)
汪付田	HPIC法则定双花滴耳液中绿原酸的含量	中国中医药信息杂志	2008(01)
汪俊红	46例骶椎滑脱治疗总结	现代医学与临床	2008(02)
汪俊红	全髋关节置换术后异位骨化的防治	中华实用中西医杂志	2008(04)
王春爱	腔镜下行大隐静脉剥脱术致皮下气肿1例报道	中国普外基础与临床杂志	2008(08)
王海东	中药对RA细胞因子影响的实验研究进展	甘肃中医	2008(10)
王辉	逍遥散加减治疗主观性耳鸣的临床观察	世界中西医结合杂志	2008(05)
王兰英	廖志峰治疗肺系疾患经验拾萃	中国中医药信息杂志	2008(01)
王兰英	甘肃省七地区影响上消化道出血发病率的相关因素分析	甘肃中医	2008(05)
王兰英	甘肃省上消化道出血发病规律与干支周期的关系	中国中医药信息杂志	2008(07)

续表

姓名	论文题目	发表期刊	发表时间
王兰英	年代节气变化与上消化道出血中医证型的关系	中国中医药信息杂志	2008(12)
王兰英	生存质量与中医肿瘤临床疗效评价的研究	中华实用中西医杂志	2008(11)
王兰英	抗肿瘤中药研究发展	中华实用中西医杂志	2008(11)
王兰英	泰勒宁的不良反应与合理应用	中华实用中西医杂志	2008(12)
王磊	玫参颗粒治疗围绝经期综合征 30 例疗效观察	新中医	2008(10)
王立群	针刺治疗带状疱疹 78 例	中医研究	2008(05)
王闻奇	CT 引导下骨穿刺活检的临床应用价值	中华临床医学月刊	2008(09)
王闻奇	CT 诊断膀胱憩室及憩室内结石 1 例	中华临床医学月刊	2008(09)
王想福	尺骨截骨环状韧带重建术治疗儿童陈旧性孟氏骨折	中华实用中西医杂志	2008(09)
王想福	手法复位石膏固定治疗儿童孟氏骨折	中华实用中西医杂志	2008(10)
王想福	动力髋螺钉治疗股骨粗隆间骨折 65 例疗效观察	中华实用中西医杂志	2008(10)
王想福	手法复位石膏外固定治疗婴幼儿发育性髋关节脱位临床疗效观察	卫生职业教育	2008(12)
王想福	肘外侧入路外侧进针交叉克氏针固定治疗儿童肱骨髁上骨折	中华实用中西医杂志	2008(11)
王彦斐	疾病的康复与个体的自信心	现代医学与临床	2008(08)
王颖	术前系统化护理防治腰椎间盘突出症手术后便秘	甘肃中医	2008(11)
王颖	结合中医情志谈灾后心理危机干预	中华实用中西医杂志	2008(08)
王玉珠	中药内调与外敷相结合治疗老年带状疱疹及免疫学研究	中华实用中西医杂志	2008(06)
王煜	补肺益寿合剂Ⅰ号对肺气虚大鼠 ET-imRNA 表达的影响	中国中医药科技	2008(04)
王煜	王自立主任医师应用经方治验举隅	中医研究	2008(09)
王智明	白芙汤联合西药治疗寒湿瘀血阻络、肝肾亏虚 RA 的临床研究	甘肃中医	2008(01)
魏国俊	陈旧性髌腱断裂的治疗	中华实用中西医杂志	2008(06)
魏国俊	腓骨上段移植治疗桡骨远端骨巨细胞瘤病段骨截除后骨缺损	中华实用中西医杂志	2008(05)
温剑涛	后路椎体间融合治疗腰椎退变性不稳	中国保健	2008(08)
文玉玲	浅谈医疗纠纷的成因与防范	中华实用中西医杂志	2008(04)
吴荣	王阶教授运用成方经验介绍	新中医	2008(07)
吴荣	基于支持向量机的名老中医治疗冠心病症候要素研究	北京中医药大学学报	2008(08)
吴荣	强胰降糖胶囊治疗 2 型糖尿病临床观察	中华中医药学刊	2008(08)
吴荣	基于数据挖掘的名老中医冠心病诊疗规律研究	中华中医药学刊	2008(12)
吴世铖	三黄栓的实验研究	中国肛肠病杂志	2008(10)
武纪玲	玻璃酸钠注射方法及护理体会	中华实用中西医杂志	2008(08)
谢朝晖	神经阻滞在骨科非手术病人急性疼痛治疗中的应用	中华实用中西医杂志	2008(10)

续表

姓名	论文题目	发表期刊	发表时间
邢福军	舒普深及常用抗生素对革兰氏阳性球菌和革兰氏阴性杆菌药敏试验结果比较	甘肃科技	2008(12)
邢涛	动力髁钢板治疗股骨髁上骨折18例	中华实用中西医杂志	2008(04)
邢涛	动力髋螺钉治疗老年股骨转子间骨折47例	甘肃中医学院学报	2008(06)
徐霞	规范教学查房模式 提高医学生临床实践技能	中华实用中西医杂志	2008(04)
薛海霞	乌司他丁治疗ARDS临床观察	山东医药	2008(46)
鄢卫平	针灸、按摩、中药外敷治疗膝关节骨性关节炎128例	甘肃中医	2008(11)
杨萍	腰椎间盘突出症髓核摘除术后尿潴留的预防及护理干预	中华临床医学月刊	2008(10)
杨涛	中风膏治疗缺血性中风临床观察	中国中医药信息杂志	2008(04)
杨维建	原发性小肠肿瘤16例诊治分析	内分泌外科杂志	2008(03)
杨雅静	内部管理审计在医疗机构中的应用	甘肃中医	2008(09)
杨雅静	加强内部管理审计防范基层会计风险	财会研究	2008(09)
杨雅静	浅谈医用耗材的规范性管理	甘肃中医	2008(11)
杨雅静	医院项目建设投资效益审计的思考	财会研究	2008(12)
余有庆	日光性皮炎治疗经验拾零	甘肃中医	2008(04)
余有庆	中药加工炮制质量与制剂质量相关性探讨	中国实用新医学	2008(01)
张邦能	柔肤愈裂搓贴的体外抑菌实验研究	中华实用中西医杂志	2008(09)
张宝玲	臂丛神经阻滞辅以局麻用于锁骨骨折手术的麻醉效果观察	中华实用中西医杂志	2008(09)
张德宏	空心松质骨螺钉内固定治疗儿童股骨颈骨折	中华实用中西医杂志	2008(18)
张德宏	经皮椎体成形术及球囊扩张椎体后凸成形术的临床应用进展	中华实用中西医杂志	2008(12)
张定华	血脂异常的中医药研究进展	中医研究	2008(02)
张洪涛	针灸治疗肠易激综合征的临床疗效观察	中国临床研究	2008(01)
张磊	骨刺消巴布剂对各种疼痛的治疗观察	中华实用中西医杂志	2008(12)
张绍文	腰椎间盘突出症手术疗效不佳原因分析及对策	中华实用中西医杂志	2008(01)
张绍文	锚定法改良单开门颈椎管成形术配合中药热敷防治术后轴性症状的疗效观察	中国骨伤	2008(12)
张天太	椎间盘镜手术治疗腰椎间盘突出145例体会	中国社区医师	2008(02)
张天太	经皮激光治疗腰椎间盘减压术治疗腰椎间盘突出症疗效观察	中华实用中西医杂志	2008(10)
张文贤	神经干细胞信号转导通路的研究进展	中国修复重建外科杂志	2008(04)
张小岗	关节镜下治疗退行性膝关节病52例小结	中华实用中西医杂志	2008(10)
张小岗	中药洗剂治疗骨关节固定综合征174例报告	中华实用中西医杂志	2008(11)
张晓菊	对手足外伤患儿家长心理护理的体会	甘肃省中医药学会2008年学术年会论文集	2008(10)

续表

姓名	论文题目	发表期刊	发表时间
张祥	王自立主任医师运脾思想	中华名老中医学实验传承宝库	2008(04)
赵道洲	十宝散促进软组织损伤修复过程中B-FGF及TGF-β_1表达的实验研究	中国骨伤	2008(09)
赵继荣	腰椎间盘突出症有限手术治疗及髓核病理观察相关分析	中国骨伤	2008(09)
赵继荣	杜仲腰痛丸对髓核非压迫性突出大鼠背根节中P物质含量的影响	中国骨伤	2008(03)
赵江涛	梅尼埃病治疗探讨	中医正骨	2008(02)
赵江涛	无耳漏性中耳炎15例探讨	卫生职业教育	2008(12)
赵江涛	慢性中耳炎并迷路瘘管探讨	中华实用中西医杂志	2008(12)
赵军	后路椎间盘镜与开放手术治疗腰椎间盘突出症临床疗效分析	中华实用中西医杂志	2008(12)
赵军	中医药治疗脊髓损伤25例	颈腰痛杂志	2008(01)
赵俊喜	针刀疗法为主治疗颈椎病140例临床观察	甘肃中医	2008(11)
赵新华	骨筋膜室综合征护理干预	甘肃中医	2008(03)
赵新华	临床工作中容易导致护理纠纷的原因分析与防范措施	中华实用中西医杂志	2008(10)
赵新华	急性呼吸窘迫综合征护理干预	中华实用中西医杂志	2008(11)
郑慧	医院档案资源价值与利用分析	中华实用中西医杂志	2008(12)
姜华	Antioxidant Activities of Extracts and Flavaioid Compounds from Oxgtropis Falcate Bunge	甘肃中医	2008(10)

2009年论文题录

姓名	论文题目	发表期刊	发表时间
安桂香	先天性心脏病介入封堵术的护理体会	中华实用中西医杂志	2009(07)
安玉芬	川芎嗪注射粉针剂治疗慢性肺心病急性发作40例	中华实用中西医杂志	2009(08)
安玉芬	中西医结合治疗肺心病急性发作66例	中华实用中西医杂志	2009(07)
白会玲	结肠透析治疗慢性肾功不全的观察及护理	中国中医药科技	2009(12)
白会玲	人性化护理在支气管镜检查中的应用	甘肃中医	2009(05)
白会玲	糖尿病肾病的临床护理体会	中华实用中西医杂志	2009(03)
邴雅珺	麦门冬汤的临床应用	中华实用中西医杂志	2009(02)
曹红霞	调脂颗粒治疗代谢性综合征的临床观察	中华实用中西医杂志	2009(12)
曹红霞	厄贝沙坦治疗老年性高血压肾病的临床观察	中华实用中西医杂志	2009(08)
曹红霞	老年人高黏血症合并高脂血症与高血压、高血糖的关系	中华医学写作杂志	2009(10)
曹红霞	牛黄及其相关中药制剂脑保护作用的实验研究进展	中华实用中西医杂志	2009(10)
曹红霞	中汇糖脉康干预2型糖尿病前期的临床试验	中国中医药信息杂志	2009(12)
柴玉琼	肝硬化合并上消化道出血的临床护理	甘肃中医	2009(04)
陈成	影响炭药品质及其止血作用的相关因素	中国中医药现代远程教育	2009(04)
陈弘	丹红注射液对一氧化碳中毒患者血液流变性的影响	中国中医急症	2009(10)
陈弘	丹红注射液联合纳洛酮治疗急性脑梗死41例临床观察	内蒙古中医药	2009(10)
陈弘	丹红注射液治疗冠心病不稳定型心绞痛34例临床观察	云南中医中药杂志	2009(10)
陈弘	丹红注射液治疗冠心病不稳定型心绞痛临床观察	内蒙古中医药	2009(06)
陈弘	中西医结合治疗急性一氧化碳中毒迟发性脑病31例疗效观察	云南中医中药杂志	2009(05)
陈弘	中西医结合治疗糖尿病周围神经病变疗效观察	中华实用中西医杂志	2009(09)
陈弘	中西医结合治疗晚期非小细胞肺癌31例	云南中医中药杂志	2009(09)
陈弘	中西医结合治疗中枢性眩晕68例疗效观察	内蒙古中医药	2009(09)
陈弘	中药治疗心脏神经官能症36例疗效观察	云南中医中药杂志	2009(06)
陈弘	自拟通淋排石汤配合西药治疗尿路结石46例	云南中医中药杂志	2009(07)
陈辉	老年股骨颈骨折的围手术期护理	中国社区医师	2009(05)
陈杰	机械牵引配合中药热敷治疗腰腿痛66例小结	中华实用中西医杂志	2009(12)
陈杰	两例陈旧性髌腱断裂髌韧带重建术报告	中华实用中西医杂志	2009(10)
陈进凡	116例过敏性哮喘血清变应原检测结果分析	中国社区医师	2009(02)
陈进凡	消肿止痛合剂预防骨折术后下肢深静脉血栓形成的实验研究	中华实用中西医杂志	2009(10)
陈涛	147例中老年干部高尿酸血症与常见病的关系	甘肃中医	2009(12)

续表

姓名	论文题目	发表期刊	发表时间
陈秀萍	肺心病患者便秘的护理体会	中华实用中西医杂志	2009(07)
陈学梅	氧气雾化吸入在治疗慢性阻塞性肺疾病中的护理	甘肃中医	2009(02)
陈玉庆	通乳散癖汤治疗乳腺增生症的临床观察	中国医师杂志	2009(01)
陈玉庆	自拟滋阴固冲汤治疗老年性阴道炎 63 例临床观察	中国社区医师	2009(11)
陈志龙	消肿止痛合剂预防骨折术后下肢深静脉血栓形成的临床观察	甘肃中医	2009(12)
程烜	牡芍合剂对骨折术后疼痛模型大鼠丘脑中 β-内啡肽及八肽胆囊收缩素影响的时效性	国际检验医学杂志	2009(03)
程烜	我院格兰氏阳性杆菌耐药情况分析	国际检验医学杂志	2009(03)
崔兰玲	心血管病变早期检测与血管健康维护的护理干预	甘肃中医	2009(09)
党建中	基层医院体外循环心脏不停跳直视手术分析	中华实用中西医杂志	2009(04)
党建中	经右心房切口行室缺修补术 24 例分析	中华实用中西医杂志	2009(06)
党建中	手术损伤所致乳糜胸的诊断和治疗	甘肃科技	2009(10)
党建中	胸部创伤致左冠状动脉前降支夹层一例	中国胸心血管外科临床杂志	2009(10)
党建中	针刺足三里配合大承气汤治疗食管贲门癌术后胃排空功能减弱	甘肃中医	2009(10)
党建中	体外循环心内直视下先心病矫治手术 102 例临床总结	卫生职业教育	2009(05)
邓强	单枚椎间融合器结合椎弓根内固定治疗腰椎滑脱症	临床骨科杂志	2009(05)
邓强	俯卧按压点穴手法配合中药熏洗治疗颈性头痛的临床观察	甘肃中医	2009(10)
丁文君	从致高血糖的八因素探讨 2 型糖尿病治疗的新途径	甘肃中医	2009(02)
董林	骨刺消巴布剂对白兔皮肤的刺激性研究	中华实用中西医杂志	2009(02)
董润泽	慢性阻塞性肺疾病的健康教育	中华实用中西医杂志	2009(10)
杜自忠	进展期胃癌术前介入治疗的临床疗效观察	中国介入放射学	2009(01)
樊彩娥	射贝止咳液对小儿咳嗽变异性哮喘 50 例疗效观察	中医儿科杂志	2009(11)
樊彩娥	射贝止咳液对小儿咳嗽变异性哮喘免疫调节作用的研究	中华实用中西医杂志	2009(09)
范玉霞	下肢骨折术后深静脉血栓形成原因及预防性护理	甘肃中医	2009(10)
冯守文	“5·12”大地震甘肃陇南灾区多发病流行病学调查	临床荟萃	2009(04)
冯守文	荆防清热汤治疗震后感冒 107 例疗效分析	中国中医药信息杂志	2009(03)
冯玉香	黄莲酊防治骨外固定器针孔炎症 80 例效果分析	中华实用中西医杂志	2009(04)
冯玉香	乳腺癌的辨证施护	中华实用中西医杂志	2009(05)
高天虹	早期康复护理对髋部骨折术后关节功能恢复的影响	卫生职业教育	2009(03)
高晓玲	P 波离散度的临床应用	中华实用中西医杂志	2009(12)
高雪华	住院患者对中医特色护理认知和需求的调查研究	中华实用中西医杂志	2009(07)
苟占彪	ICU 医疗纠纷的原因及防范措施	中外医学研究	2009(13)

续表

姓名	论文题目	发表期刊	发表时间
古秋莉	附炎栓的抗炎药理作用研究	中国社区医师	2009(11)
顾秀琰	3种中药注射剂治疗冠心病心绞痛的成本-效果分析	中国药房	2009(06)
郭秀珍	健胃清肠合剂口服用于结肠镜检查肠道准备效果的临床护理研究	中华临床护理杂志	2009(09)
何志军	中药内服配合熏洗治疗跟痛症60例	甘肃中医	2009(12)
黄邦荣	裴正学教授治疗癫痫之经验	中华实用中西医杂志	2009(05)
黄清杰	中药临床炮制不可废	甘肃中医	2009(11)
贾福苏	血清总胆汁酸(TBA)测定在各肝病中的应用	中国社区医师	2009(03)
贾云鹏	中药对大肠埃希菌抗生素耐药性逆转作用的实验研究	陕西中医	2009(03)
贾文芳	撬式架固定治疗儿童肱骨髁上骨折的护理	中华实用中西医杂志	2009(04)
焦正花	消定膏巴布剂的制备及刺激性实验研究	甘肃中医	2009(09)
金钰钧	嘛呢止痛搽剂治疗风湿寒性关节痛的临床疗效评价	中华实用中西医杂志	2009(04)
靳芳	血液透析患者的心理护理	甘肃中医	2009(02)
康开彪	清利通淋汤与三金片治疗热淋的疗效比较	甘肃中医	2009(09)
雷作汉	刘国安治疗小儿急性胃炎经验	中医杂志	2009(03)
雷作汉	慢性萎缩性胃炎中医因机证治谈	河南中医	2009(06)
李芳娟	HBV血清学指标与前S_1抗原相关性分析	中国社区医师	2009(05)
李和平	从《素问·上古天真论》看中医心身医学观	中华实用中西医杂志	2009(02)
李红专	脊柱调衡手法对腰神经后支卡压综合征的作用探讨	甘肃中医	2009(08)
李盛华	“5·12”地震陇南灾区上肢骨折情况调查与分析	中国中医骨伤科杂志	2009(04)
李盛华	陇中损伤散对激素性骨头坏死兔氧自由基的影响	中医正骨	2009(06)
李盛华	汶川大地震甘肃省灾民心理状况调查	中国公共卫生	2009(05)
李盛华	汶川大地震后甘肃陇南等灾区人群焦虑状况调查分析	中国社会医学杂志	2009(06)
李盛华	腰椎间盘突出症疼痛的免疫学理论探讨	中国骨伤	2009(04)
李盛华	中药诱导骨髓间充质干细胞向神经样细胞分化的研究进展	甘肃中医	2009(12)
李韡	全髋关节置换患者的护理干预	中华实用中西医杂志	2009(11)
李西兄	卒中单元护理管理模式引入神经内科病房初探	中华实用中西医杂志	2009(04)
李西兄	卒中单元护理人员工作压力分析与对策	中华实用中西医杂志	2009(02)
李西兄	卒中单元患者的心理护理	中华实用中西医杂志	2009(02)
李喜香	养阴生肌膜工艺条件的筛选	中国实验方剂学杂志	2009(08)
李晓娟	老年住院患者的安全管理	甘肃中医	2009(10)
李晓萍	急性S-T段抬高型心肌梗死溶栓治疗的护理体会	甘肃中医	2009(09)

续表

姓名	论文题目	发表期刊	发表时间
李晓萍	射频消融术系统治疗15例房颤的护理体会	甘肃中医	2009(10)
李永升	攒竹穴治疗呃逆	世界针灸	2009(02)
李永新	结肠治疗机治疗慢性肾功能不全35例	甘肃中医	2009(01)
厉红霞	医院流动人员人事档案管理的现状及对策	卫生职业教育	2009(07)
梁改琴	介入治疗13例肾动脉狭窄患者的护理	中华实用中西医杂志	2009(08)
刘高宏	双花滴眼液急性毒性实验研究	甘肃中医	2009(09)
刘惠玲	全麻术中并发体温过低的相关因素分析及护理干预	甘肃中医	2009(01)
刘军刚	医院药房拆零药品的管理讨论	甘肃医药	2009(03)
刘文霞	粗针弹拨法治疗中风偏瘫68例临床观察	临床和实验医学杂志	2009(07)
刘文霞	冬病夏治疗法治疗慢性支气管炎的临床应用和思路	光明中医	2009(05)
刘文霞	针灸治疗面肌痉挛研究现状分析	中国社区医师	2009(10)
刘晓霞	出血性卒中患者的临床护理体会	甘肃中医	2009(02)
刘秀芳	三叶钢板治疗30例肱骨近端骨折的肩关节功能锻炼	中华实用中西医杂志	2009(04)
刘燕	减少皮下注射低分子肝素并发症的探讨	甘肃中医	2009(10)
刘叶荣	咳嗽变异性哮喘的临床护理	中华实用中西医杂志	2009(02)
柳海平	老年股骨颈骨折的治疗方法选择	中国骨伤	2009(02)
柳海平	微创小切口人工髋关节置换术治疗老年移位性股骨颈骨折效果分析	卫生职业教育	2009(09)
柳树英	单用鸡内金治疗遗尿经验浅谈	中国中医药信息杂志	2009(07)
柳树英	直肠滴注疗法的临床应用及实验研究进展	新中医	2009(02)
柳直	颈椎前(外)侧入路应用于上胸段疾病治疗的体会	甘肃医药	2009(06)
柳直	姿态调衡法治疗腰椎间盘突出症疗效观察	山东医药	2009(04)
吕洲杰	非洛地平缓释片致胃出血1例	中国现代应用药学	2009(03)
吕洲杰	我院2007年8月—12月抗微生物药物应用的调查分析	甘肃医药	2009(01)
罗向霞	Effect of Qiming Granule (芪明颗粒) on Retinal Blood Circulation of Diabetic Retinopathy: A Multicenter Clinical Trial	中国结合医学杂志	2009(10)
马小娟	下肢深静脉留置导管护理常见问题分析与体会	中华实用中西医杂志	2009(10)
马真琴	转变门诊服务理念构建和谐医患关系	中华实用中西医杂志	2009(03)
马郑萍	新任护士长的培训思路	甘肃中医	2009(11)
马郑萍	影响我院健康教育开展的原因分析	中华实用中西医杂志	2009(08)
苗凤花	胸腰椎骨折手术体位摆放中使用腰椎俯卧架在术中的应用及护理措施	中华实用中西医杂志	2009(10)
潘荣	116例老年危重患者髋关节置换术的麻醉	甘肃医学	2009(06)
潘荣	Bentall手术1例手术配合	中华实用中西医杂志	2009(08)

续表

姓名	论文题目	发表期刊	发表时间
潘文	归甲疏通胶囊对急性渗出性炎症和慢性增生性炎症影响的实验研究	卫生职业教育	2009(12)
潘文	归甲疏通胶囊对血液流变学和微循环的影响	甘肃中医	2009(10)
潘文	归甲疏通胶囊治疗输卵管阻塞性不孕症28例	中国中医药信息杂志	2009(03)
沈玉鹏	含三聚氰胺奶粉引起婴幼儿泌尿系结石30例调查与分析	中医儿科杂志	2009(05)
沈玉鹏	陇中尿石康糖浆治疗婴幼儿泌尿系结石42例	甘肃中医	2009(02)
盛丽	RA膝关节高频超声与X线研究	中华实用中西医杂志	2009(12)
宋玉春	小儿肱骨髁上骨折的护理	中华实用中西医杂志	2009(04)
苏芳赟	谈老人静脉穿刺技巧	中华实用中西医杂志	2009(07)
孙其斌	女性特发性胸椎棘突骨膜炎的手法治疗及预防	甘肃中医	2009(10)
谭萍	116例老年危重患者髋关节置换术的麻醉	甘肃医学	2009(06)
唐锐	中心静脉导管在1例大量胸腹水患者治疗中的护理体会	甘肃中医	2009(09)
田广芳	循证护理在预防儿童下肢手术气囊止血带并发症中的实践	甘肃中医	2009(11)
田雪梅	武威汉代医简之瘀方治疗类风湿关节炎42例	中医研究	2009(09)
万迎霞	护患纠纷分析及防范	中华实用中西医杂志	2009(09)
汪付田	均匀设计法筛选复方当归巴布剂的基质处方	西北药学杂志	2009(05)
王江红	从管理角度浅谈医院内部控制的重点	现代医药卫生	2009(19)
王江红	医院固定资产使用效益的管理和评价	甘肃中医	2009(08)
王江红	医院财务的现金流量表中几项特殊调整事项	中华现代医学管理杂志	2009(08)
王江红	医院业务收入确认标准的探讨	中华现代医学管理杂志	2009(07)
王彩霞	对术前患者进行心理干预的体会	甘肃中医	2009(08)
王彩霞	骨折手术患者合并糖尿病的护理	中华实用中西医杂志	2009(06)
王彩霞	浅谈循征护理与发展趋势	科技促进发展	2009(12)
王彩霞	损伤后便秘的中医辨证施护	甘肃中医	2009(07)
王彩霞	下肢骨折术后早期功能锻炼的护理体会	科技促进发展	2009(11)
王彩霞	应激理论知识在临床护理工作中的应用体会	中华实用中西医杂志	2009(17)
王发娟	CARTO三维标测下射频消融房颤术的护理	中华实用中西医杂志	2009(06)
王发娟	CCU患者的不良心理反应及护理体会	科技促进发展	2009(11)
王海东	针刀联合药物治疗强直性脊柱炎髋关节改变46例体会	中华中医药学会	2009(05)
王海东	针刀治疗类风湿关节炎膝关节病变临床体会	中国中医骨伤科杂志	2009(11)
王红丽	氟丙汀的临床应用及作用机制	中国医药导刊	2009(09)
王华明	GartlandⅢ型儿童髁上骨折手术操作技术体会	中国实用医学杂志	2009(09)

续表

姓名	论文题目	发表期刊	发表时间
王辉	养阴清肺汤治疗喉源性咳嗽的临床研究	际医学中医中药分册	2009(01)
王辉	中医药治疗儿童肺脾气虚型慢性鼻窦的炎临床观察	中国中医药信息	2009(02)
王江红	医院对财务的现金流量表中几项特殊调查事项	中华现代医院管理杂志	2009(08)
王兰娣	流行性感冒与中医辨证思路	甘肃中医	2009(12)
王兰娣	桑菀胶囊治疗咳嗽变异性哮喘 90 例疗效观察	中国中医药信息杂志	2009(04)
王兰娣	中药穴位贴敷联合补肺益寿合剂治疗慢性阻塞性肺疾病 71 例	甘肃中医学院学报	2009(06)
王兰娣	中药治疗肺泡蛋白沉着症 1 例	陕西中医	2009(09)
王磊	中医经穴按压治疗产后子宫复旧不全的临床观察	卫生职业教育	2009(09)
王磊	自拟活血祛瘀汤治疗黄褐斑 33 例	甘肃中医	2009(10)
王世太	喉罩在小儿眼科手术麻醉中的应用	中华实用中西医杂志	2009(11)
王巍	氢氧化钙碘甘油糊剂在根管填充中的疗效评价	中国社区医师	2009(08)
王闻奇	螺旋 CT 三期增强扫描对进展期胃癌的诊断价值	中华实用中西医杂志	2009(03)
王想福	Lindgren 术式治疗拇外翻足跖骨头下压力的实验研究	中华实用中西医杂志	2009(06)
王晓晖	P38MAPK 与新生大鼠成骨细胞的增殖、分化和凋亡	中国临床康复	2009(09)
王晓玲	胃肠道息肉高频电摘除并发症的预防及护理干预	中华实用中西医杂志	2009(11)
王彦斐	主管护师的尴尬	中华实用中西医杂志	2009(12)
王颖	丰富护理管理内涵，提升护理服务品质	中华实用中西医杂志	2009(08)
王颖	健胃清肠合剂口服与其他方法用于结肠镜检查肠道准备清洁效果的对比分析	中华实用中西医杂志	2009(12)
王颖	脑血管疾病的防与护	中华实用中西医杂志	2009(12)
王玉珠	中药内调外敷治疗老年带状疱疹的临床观察	甘肃中医	2009(06)
王煜	王自立老师运用温通法治疗麻痹性肠梗阻经验探析	甘肃中医	2009(12)
王智明	张延昌巧用《武威汉代医简》方药治疗风湿病经验	中医研究	2009(12)
王智明	张延昌治疗类风湿关节炎经验	中医研究	2009(06)
王智明	张延昌主任医师巧用《武威汉代医简》方药治疗风湿病临床经验	中医研究	2009(12)
王中霞	中药治疗儿童慢性鼻窦炎的临床观察	甘肃科技	2009(11)
魏国俊	19 例儿童股骨颈骨折的治疗报告	中华实用中西医杂志	2009(06)
魏莉莉	如何培养护生(士)的健康教育意识和能力	中华实用中西医杂志	2009(12)
温剑涛	导致妊娠期妇女住院治疗的创伤性损伤分析	中国妇幼保健	2009(12)
文玉玲	浅谈中医药立法急需解决的问题	中华实用中西医杂志	2009(10)
吴英	胸腰椎压缩骨折的中西医结合护理	甘肃中医	2009(12)
武纪玲	陇中脾消定散用于治疗急性软组织损伤的疗效观察	中华实用中西医杂志	2009(06)

续表

姓名	论文题目	发表期刊	发表时间
武纪玲	浅谈护理健康教育的作用及重要性	甘肃中医	2009(06)
谢朝晖	参附注射液对大鼠骨骼肌缺血再灌后酶组织化学的影响	甘肃中医	2009(01)
谢朝晖	硬膜外注射恩再适对复杂性局部疼痛综合征的临床研究	中华中西医学	2009(12)
谢兴文	各型颈椎病中医证型的研究进展	甘肃中医	2009(12)
谢兴文	益气化瘀补肾方对大鼠慢性脊髓损伤后影响的实验研究	上海中医药杂志	2009(08)
刑福军	256例中风“危警”患者血液流变学及血清体液免疫水平观察	中国社区医师	2009(06)
刑福军	D-二聚体检测及主要临床应用	卫生职业教育	2009(01)
徐玉德	腰椎间盘突出症术后腰椎间盘炎2例报告	中华实用中西医杂志	2009(19)
徐玉娥	中药配方颗粒优劣势分析	实用医药杂志	2009(04)
薛建军	不同剂量异丙酚在小儿先心术中对炎性因子的影响	中华实用中西医杂志	2009(06)
薛建军	不同剂量异丙酚在小儿先心术中对炎性因子及NF-κB的影响	中国医学实践杂志	2009(04)
薛建军	异丙酚在体外循环下炎性反应中作用的研究进展	甘肃科技纵横	2009(03)
薛世萍	兰州市398例学龄前儿童家庭膳食制作人营养KAP调查	中国妇幼保健	2009(10)
鄢卫平	腰椎间盘突出症的中医辨证施治	甘肃中医	2009(11)
杨阿妮	李泉云老师运用苓桂术甘汤经验	甘肃中医	2009(09)
杨阿妮	芪乌调脂颗粒治疗家族性高甘油三酯血症40例	甘肃中医	2009(03)
杨波	锁骨钩钢板治疗肩锁关节脱位合并锁骨远端骨折疗效分析	中华实用中西医杂志	2009(05)
杨波	膝关节骨性关节炎中西医结合非手术综合治疗规范方案分析	中华实用中西医杂志	2009(07)
杨春林	腓肠神经营养筋膜皮瓣修复小腿及足软组织缺损护理体会	中华实用中西医杂志	2009(10)
杨芳	中西医治疗胰岛素抵抗的临床经验	中华实用中西医杂志	2009(03)
杨峰	成人原发性腰椎间盘炎43例诊治体会	颈腰痛杂志	2009(05)
杨宏武	原癌基因C-net和半乳糖凝素-3在甲状腺肿瘤中的表达	兰州大学学报	2009(03)
杨灵歌	浅谈医院管理团队的建设	甘肃中医	2009(03)
杨灵歌	现代医院人才资源的“留”与“流”	甘肃中医	2009(01)
杨瑞龙	裴正学教授治疗高血压的经验	中华实用中西医杂志	2009(01)
杨沛霖	双花滴耳液的镇痛实验研究	甘肃中医	2009(06)
杨小芳	1例肠系膜上动脉栓塞介入治疗护理体会	中华实用中西医杂志	2009(04)
杨小芳	1例复杂腹主动脉瘤腔内隔绝术患者的护理体会	甘肃中医	2009(07)
杨丽霞	脂肪细胞因子与代谢综合征关系研究进展	中国公共卫生	2009(10)
杨志华	从痰瘀论治小儿肺炎喘嗽	甘肃中医	2009(12)
姚小芳	酒精湿热敷对药物性静脉炎的护理干预	中华实用中西医杂志	2009(10)

续表

姓名	论文题目	发表期刊	发表时间
袁冰华	1 例气管切开术后意外脱管的原因分析和护理	中华实用中西医杂志	2009(10)
袁涛	矩阵针灸治疗面肌痉挛疗效观察	甘肃中医	2009(11)
岳秀英	疼痛患者的心理护理	甘肃科技纵横	2009(02)
湛静	急诊护理纠纷原因分析及防范对策	内蒙古中医药	2009(10)
张宝玲	腰硬联合麻醉在老年患者髋关节置换术中的临床应用	中华实用中西医杂志	2009(09)
张崇岳	自主性颅内压升高治疗外伤性硬膜外积液的体会	中华实用中西医杂志	2009(08)
张德宏	第一跖骨头外移截骨治疗拇外翻的临床研究	甘肃中医学院学报	2009(06)
张德宏	经颈前路手术治疗下颈椎骨折脱位合并脊髓损伤	中国中医骨伤科杂志	2009(06)
张德宏	消定膏外敷治疗痛风性关节炎 29 例	甘肃中医	2009(02)
张定华	调脂颗粒治疗高脂血症 113 例临床观察	中国中医药信息杂志	2009(04)
张东鹏	甘肃省武都县地震后内科多发病流行病学调查分析报告	甘肃中医	2009(08)
张洪涛	矩阵针灸治疗突发性耳聋的疗效观察	临床和实验医学杂志	2009(07)
张慧军	从气机升降理论探讨脾胃病的治疗	甘肃中医	2009(01)
张堃	不同能流密度体外冲击波对骨质疏松兔股骨髁部松质骨影响的实验研究	中国骨质疏松杂志	2009(06)
张丽平	全髋关节置换康复护理	中华实用中西医杂志	2009(10)
张丽平	如何提高护理人员的服务意识	中华实用中西医杂志	2009(09)
张凌云	小剂量氯胺酮预处理对大鼠肠缺血再灌注后肾脏血红素加氧酶 1 表达的影响	兰州大学学报	2009(06)
张谦	病毒性脑炎的脑电图分析及其临床意义	中华实用中西医杂志	2009(07)
张谦	中风膏对脑出血急性期大鼠炎性细胞因子的影响	甘肃中医	2009(10)
张婷	宁县地区 90 例贫血患者的临床特点分析	中外医学研究	2009(12)
张小娟	护士人性化服务在临床的应用	甘肃中医	2009(01)
张新丽	王自立主任医师治疗骨髓增生异常的治疗经验	中医研究	2009(08)
张新丽	王自立主任医师治疗尿路感染经验	甘肃中医	2009(08)
张新丽	中西医结合治疗泌尿系结石 89 例	中华实用中西医杂志	2009(03)
张新丽	临床重用白术举隅	甘肃中医	2009(07)
张雪霞	三腔管引起呼吸心跳骤停 1 例的护理体会	中华实用中西医杂志	2009(09)
张雪霞	手术室预防手术切口感染的护理干预	中华实用中西医杂志	2009(10)
张艳琴	中药熏蒸在痹症中的应用	甘肃中医	2009(08)
张燕琴	骨科护生带教存在的问题及对策	甘肃中医	2009(01)
张致萍	颈椎骨折伴高位截瘫的护理	甘肃中医	2009(10)
张祖萍	深静脉临时性留置导管在血液透析中的应用及护理体会	甘肃中医	2009(12)

续表

姓名	论文题目	发表期刊	发表时间
张祖萍	维持性血液透析患者低血压的预防及护理体会	中华实用中西医杂志	2009(11)
赵道洲	陇中Ⅰ号-汽雾透皮疗法治疗膝骨关节炎的临床对比研究	中华实用中西医杂志	2009(02)
赵继荣	两种不同方法治疗腰椎间盘突出症疗效观察	颈腰痛杂志	2009(02)
赵军	坐位拔伸旋转手法配合中药熏洗热敷治疗神经根型颈椎病	甘肃中医	2009(11)
赵俊喜	镇静安神针法治疗失眠的临床观察	中华实用中西医杂志	2009(05)
赵世霞	护患纠纷及防范措施试析	中华实用中西医杂志	2009(07)
赵小红	浅谈脑卒中的护理与康复	中华实用中西医杂志	2009(05)
赵小红	中风患者的饮食护理	中华实用中西医杂志	2009(08)
赵小红	中药热敷治疗颈椎病的临床观察及护理	中华实用中西医杂志	2009(11)
赵小英	血清谷氨酰转移酶检测对急性心肌梗死的诊断价值	中华实用中西医杂志	2009(09)
赵小英	血清总胆汁酸与Ⅲ型前胶原、Ⅳ型胶原联合检测对肝纤维化的诊断意义	中国社区医师	2009(05)
赵小英	262 株铜绿假单胞菌金属 β-内酰胺酶检测及耐药性分析	中华实用中西医杂志	2009(01)
赵燕	半导体激光治疗中后肩痛 50 例	中国激光医学杂志	2009(02)
郑慧	浅谈卫生职业教育院校毕业生档案管理	卫生职业教育	2009(04)
郑慧	浅谈医院人事档案利用过程中的保密工作	甘肃中医	2009(01)
郑慧	志书编写过程中档案资源中的利用价值	档案	2009(04)
周明旺	创伤性骨化性肌炎的诊疗现状	中国中医骨伤科杂志	2009(04)
周晟	MARK 标记分次曝光法在下肢全长 X 线摄影技术中的应用价值	中国医学影像技术	2009(09)
周晟	肾盏憩室并憩室内结石 1 例	实用放射学杂志	2009(06)
周晟	髓内神经鞘瘤 1 例报道并文献复习	中国中西医结合影像学杂志	2009(12)
周晟	心理疏导在 CT 增强扫描中的应用	中华实用中西医杂志	2009(11)
周骁	舒芬太尼联合罗呱卡因的硬膜外自控镇痛	甘肃科技纵横	2009(06)
周毓萍	地震致骨伤患者情志失调分析及中医调护	中国社区医师	2009(05)
周毓萍	中医经穴按压促进产褥期妇女子宫缩复	中国初级卫生保健	2009(12)
朱换平	腰椎术后非炎性发热中医辨证分型及用药	甘肃中医学院学报	2009(10)
朱小忠	螺旋 CT 在儿童骨骼低剂量照射应用的必要性	中华实用中西医杂志	2009(12)
朱晓铭	局麻下行无张力疝修补术 50 例临床体会	中国保健	2009(11)
朱晓铭	通络利胆汤治疗胆囊切除术后综合征的临床观察	中华实用中西医杂志	2009(12)
朱晓铭	中西医结合治疗粘连性肠梗阻 180 例体会	中国社区医师	2009(11)

2010年论文题录

姓名	论文题目	发表期刊	发表时间
安桂香	微创介入胸主脉瘤腔内隔绝术的护理体会	甘肃中医	2010(03)
安柯	针刺治疗突发性耳聋37例	中国社区医师	2010(06)
安柯	面瘫膏外敷治疗陈旧性面瘫218例	中华实用中西医杂志	2010(02)
白会玲	结肠透析在慢性肾衰临床治疗中的观察及护理	中国社区医师	2010(05)
边笑梅	椎颅穿刺引流治疗脑出血护理干预	中华实用中西医杂志	2010(09)
蔡忠刚	早产儿缺血缺氧性脑病的CT诊断特点	中国优生优育	2010(01)
曹红霞	中江糖脉康干预2型糖尿病前期的临床试验	中国中医药信息杂志	2010(02)
曹红霞	亚健康与慢性疲劳综合征之辨析	甘肃中医	2010(03)
曹红霞	调脂颗粒对代谢综合征患者血压、血脂的影响	中国中医药科技	2010(02)
巢磊	金融危机对卫生信息化建设的影响及应对措施与防范策略	甘肃中医	2010(03)
陈成	中药毒副作用机理探析	中国民族民间医药	2010(11)
陈成	陈应贤治验五则	中医研究	2010(05)
陈国栋	归灵内托散治疗脊柱梅毒11例	中国中医药信息杂志	2010(09)
陈萍	中药外敷治疗类风湿性关节炎的观察及护理	中华实用中西医杂志	2010(03)
陈延	小针刀在治疗强直性脊柱炎的临床护理体会	中华实用中西医杂志	2010(09)
陈志龙	钛制弹性髓内钉治疗儿童股骨干骨折临床观察	中国中医骨伤科杂志	2010(03)
程涛	浅论“医”《易》相通	甘肃中医	2010(02)
陈玉庆	中药坐浴治疗围绝经期泌尿生殖道症状的疗效观察	中华实用中西医杂志	2010(02)
代长泉	弹性钉治疗儿童下肢长管状骨骨折	中国当代医药	2010(06)
邓强	2009年度甘肃中医院骨科住院患者(兰州市居民)病种调查分析	甘肃中医	2010(06)
丁文君	醒胰降糖灵对实验性糖尿病大鼠血糖及免疫功能的影响	中国实验方剂学杂志	2010(13)
丁玉芬	更年期综合征患者的舒适护理	甘肃中医	2010(12)
董润泽	浅谈ICU护理管理	中华实用中西医杂志	2010(04)
杜敏	宫颈病变与HPV感染相关研究进展	卫生职业教育	2010(11)
杜敏	宫颈癌术前不同治疗方法对手术的影响分析	中国现代医生	2010(10)
杜敏	宫颈癌术前不同治疗方法的对比研究	甘肃科技	2010(09)
杜敏	宫颈癌手术前的综合治疗	甘肃医药	2010(10)
杜自忠	晚期胃癌多血管化疗栓塞的临床价值	中国介入放射学	2010(23)
樊成虎	消定膏治疗急性软组织损伤130例	甘肃中医	2010(12)
樊成虎	消定膏外敷治疗急性软组织损伤的临床研究	甘肃中医	2010(02)

续表

姓名	论文题目	发表期刊	发表时间
樊成虎	高龄髋关节置换术后同侧股骨近端骨折的治疗	临床骨科杂志	2010(03)
冯守文	京帮炮制拾遗2则	光明中医	2010(05)
高天虹	股骨粗隆间骨折的护理研究进展	中华实用中西医杂志	2010(07)
高侠	无线网络在医院信息化建设中的应用	甘肃中医	2010(03)
古秋莉	妇炎栓的质量标准研究	中国社区医师	2010(02)
顾立萍	双侧乳腺实性神经内分泌癌1例临床病理分析	甘肃中医	2010(12)
顾洋菲	数字化在临床医疗中的应用	甘肃中医	2010(05)
关永林	脊髓损伤后毛细血管新生与血管内皮生长因子mRNA的表达	兰州大学学报	2010(12)
郭雪梅	中药热敷治疗椎-基底动脉供血不足性眩晕的临床观察	中华实用中西医杂志	2010(05)
韩娟	论《小儿药证直诀》调理脾胃的学术思想	甘肃中医	2010(03)
胡敏棣	综合康复治疗面神经麻痹疗效观察	中华实用中西医杂志	2010(10)
胡敏棣	早期康复训练对卒中患者的生存质量的影响	中风与神经疾病杂志	2010(11)
胡敏棣	康复训练对卒中后假性延髓性麻痹吞咽障碍患者疗效观察	中华实用中西医杂志	2010(11)
胡敏棣	半导体激光治疗神经痛临床观察	中华实用中西医杂志	2010(08)
胡玉香	供应室护理带教中入科教育的重要性	中华实用中西医杂志	2010(05)
黄宗涛	单味中药及其有效成分防治肾纤维化的实验研究概况	中国中西医结合肾病杂志	2010(04)
黄清杰	目前中药饮片切制存在的问题及对策	中国民族民间医学	2010(08)
贾福苏	浅议成分血及其临床输血路径	中华实用中西医杂志	2010(06)
贾文芳	随访工作在构建和谐医患关系中的作用	甘肃中医	2010(10)
贾育蓉	中药煎剂加压喷雾治疗痤疮机理分析	中国中医药信息杂志	2010(04)
贾育蓉	"荣皮止痒浴液"治疗寻常型银屑病112例疗效观察	中国社区医师	2010(07)
姜华	HPLC法测定藏药镰形棘豆中鼠李柠檬素的含量	中国实验方剂学杂志	2010(01)
姜礼	医院疾病预防控制工作之问题与思考	中华实用中西医杂志	2010(01)
姜礼	非手术疗法治疗急性肠梗阻91例	中医研究	2010(06)
蒋花	推针手法治疗椎-基底动脉系统短暂性脑缺血发作20例	中医研究	2010(10)
姜伟宇	如何实现医院财务目标管理	甘肃中医	2010(06)
姜伟宇	加强医院管理提升医院核心竞争力	中华实用中西医杂志	2010(05)
蒋振兴	AO微型钢板内固定并早期功能康复在掌指骨骨折治疗中的应用	甘肃中医	2010(07)
焦正花	三黄膏质量标准研究	中国中医药信息杂志	2010(07)
靳锋	温阳化湿法治疗慢性肾盂肾炎	山西中医	2010(09)
康开彪	中医药治疗输卵管阻塞性不孕症的现状	甘肃中医	2010(12)

续表

姓名	论文题目	发表期刊	发表时间
康开彪	清利通淋汤治疗泌尿系感染120例临床观察	新中医	2010(11)
李芳娟	1320例乙型肝炎病毒标记物组合模式分析	中国社区医师	2010(02)
李跟旺	损伤散致过敏反应2例	甘肃医药	2010(04)
李贵臻	如何提高医疗设备的维修效率	医疗装备	2010(09)
李季文	HPLC-ELSD测定胡芦巴降糖缓释片中薯蓣皂苷元的含量	中国现代中药	2010(10)
李婧	多发伤骨折急救及重症监护病房护理	中华实用中西医杂志	2010(03)
李平	对当前医院管理会计的研究	甘肃中医	2010(09)
李清花	脑血管造影术患者的心理特点分析及护理	中华实用中西医杂志	2010(01)
李盛华	中医药治疗脊髓损伤的研究进展	中国中医骨伤科杂志	2010(11)
李盛华	中药诱导骨髓间充质干细胞向神经样细胞分化的研究进展	中国骨伤	2010(03)
李盛华	陇中损伤散含药血清对大鼠骨髓间充质干细胞增殖与成骨性分化的影响	中国中医骨伤科杂志	2010(03)
李盛华	脊髓损伤的治疗现状与进展	中国骨伤	2010(01)
李盛华	脊髓损伤的治疗现状与进展	甘肃中医	2010(02)
李树君	辨证论治男性病探讨	中华实用中西医杂志	2010(02)
李伟青	滋阴清热法对阴虚内热型SLE激素撤减影响的观察	中国社区医师	2010(08)
李伟青	滋阴清热法治疗阴虚内热型SLE的疗效观察	中华实用中西医杂志	2010(04)
李晓东	中药植物多糖降血糖作用的研究进展	甘肃中医	2010(11)
李晓东	9种医院中药制剂微生物限度检查方法的建立	中国实验方剂学杂志	2010(05)
李晓娟	医务人员的职业危险因素分析与防护	卫生职业教育	2010(10)
李晓娟	糖尿病患者社区管理模式的探讨	甘肃中医	2010(06)
李研怡	补脑膏治疗血管性痴呆70例	中医研究	2010(01)
李永新	益气化湿胶囊干预腺嘌呤诱导大鼠高尿酸血症肾损伤的研究	甘肃中医	2010(05)
李永新	益气化湿胶囊对腺嘌呤肾衰大鼠BunScr及造血功能的影响	中医研究	2010(05)
李永新	学习刘宝厚教授湿热不除、蛋白难消经验的体会	中医研究	2010(06)
李永忠	急性心肌梗死早期伴发二尖瓣关闭不全对患者预后的影响	临床心血管病杂志	2010(01)
李永忠	高血压左室肥厚患者血清胰岛素生长因子-Ⅰ、Ⅲ型前胶原浓度变化及临床意义探讨	临床荟萃	2010(08)
李永忠	丹红注射液治疗急性ST段抬高型心肌梗死PCI术后早期心绞痛的临床观察	甘肃中医	2010(10)
梁改琴	心理疏导及行为干预对CT增强扫描患者检查成功率影响的对比研究	中国初级卫生保健	2010(10)
梁改琴	CT增强扫描的护理体会	中华实用中西医杂志	2010(03)
梁改琴	1例造影剂过敏反应休克抢救成功得体会	中华医师杂志	2010(04)

续表

姓名	论文题目	发表期刊	发表时间
梁勤	SYSMEX XT-1800i 全自动血细胞分析仪应用体会	实验与检验医学	2010(10)
林希	浅谈亚健康人群的中医护理	甘肃中医	2010(02)
刘春岩	面对全民皆医保　医院将如何发展	甘肃中医	2010(01)
刘春雨	构建护理信息化体系、提升护理管理水平	中华实用中西医杂志	2010(08)
刘高宏	高速逆流色谱技术在中药有效成分分离领域中应用	甘肃中医	2010(11)
刘慧玲	腹腔镜下筋膜交通支结扎术导致广泛皮下气肿 1 例原因分析	中华实用中西医杂志	2010(05)
刘廷梦	浅谈对医院收费的管理与措施方法	价值工程	2010(12)
刘效栓	附炎栓质量标准研究	中国中医药信息	2010(12)
刘雅琴	心电图 T 波交替	中外健康文摘	2010(07)
刘燕	急性心肌梗死左前降支急诊介入治疗中心律失常的分析及护理	中华临床护理杂志	2010(10)
刘叶荣	影响糖尿病患者健康教育的因素分析及护理措施	卫生职业教育	2010(08)
刘叶荣	黄莲酊湿性换药治疗溃疡期压疮的临床护理观察	中华实用中西医杂志	2010(04)
陈玉庆	中药坐浴治疗围绝经期泌尿生殖道症状的疗效观察	中华实用中西医杂志	2010(02)
刘迎萍	中西医结合治疗宫颈糜烂 126 例	中国中医药现代远程教育杂志	2010(05)
柳海平	膝后内侧小切口入路治疗后交叉韧带胫骨止点撕脱性骨折	中国骨伤	2010(01)
柳树英	清热化瘀、益气养阴法治疗川崎病分析	甘肃中医	2010(02)
柳渊洁	丹参通心络联用治疗对老年冠心病患者超敏 C 反应蛋白的影响	中国社区医师	2010(06)
柳直	旋牵手法治疗椎动脉型颈椎病标准操作规程	卫生职业教育	2010(06)
吕江宏	急性脊髓损伤方药研究概况	甘肃中医	2010(10)
吕永鑫	超声诊断处女膜闭锁、阴道积血 11 例	甘肃科技	2010(10)
罗莉	蜡疗法治疗 RA 疼痛疗效观察及护理体会	中华实用中西医杂志	2010(06)
罗艳萍	中药熏洗治疗 RA 疼痛疗效观察及护理体会	中华实用中西医杂志	2010(03)
雒生梅	陇南市地震伤员的心理状况调查与护理	甘肃中医	2010(08)
雒生梅	护理不安全因素的探讨及预防对策	中华实用中西医杂志	2010(05)
马茜茜	小针刀治疗颈椎病的疗效观察与护理	中华实用中西医杂志	2010(06)
马晓莹	急诊留观病人的健康教育体会	医学信息	2010(12)
马雅静	医院后勤社会化及其财务管理	中华实用中西医杂志	2010(01)
马英	复杂性肛瘘的治疗体会	中外医疗	2010(08)
马真琴	门诊挂号排队现象的探讨	中华医学探讨杂志	2010(05)
马真琴	急诊护理质量控制中的缺陷和对策	医学信息	2010(11)
马郑萍	护生岗前培训及实习反馈评价分析对提高临床护理带教工作的作用	卫生职业教育	2010(10)

续表

姓名	论文题目	发表期刊	发表时间
马郑萍	发挥中医特色护理在救治伤员中的作用	中国社区医师	2010(10)
苗凤花	浅谈门诊患者就医心理特点及护理措施	医学信息	2010(11)
闵云山	消定巴布剂的药效学初步评价	卫生职业教育	2010(03)
闵云山	高效液相色谱法测定甘肃野生与家种柴胡中柴胡皂苷 ad 的含量	中国当代医药	2010(08)
缪文捷	医学影像专业带教经验总结	卫生职业教育	2010(03)
南学彦	中药在骨折愈合中的促进作用	中华实用中西医杂志	2010(08)
倪红	通络方外洗防治奥沙利铂致外周神经病变临床观察	中国中医药信息杂志	2010(10)
倪红	化积止痛膏合益气化积方治疗肝癌疼痛临床观察	中国中医药信息杂志	2010(08)
聂晓燕	浅谈糖尿病患者的健康教育	中华实用中西医杂志	2010(09)
聂晓燕	72 例支气管哮喘患者的护理观察	中华实用中西医杂志	2010(01)
牛崇信	甘肃省农民中医药科普需求的调查及分析	甘肃中医	2010(11)
潘文	中医药科普三十年发展综述	甘肃中医	2010(09)
潘文	清利通淋汤解热抗炎作用实验	中国实验方剂学杂志	2010(11)
潘文	归甲胶囊对大鼠输卵管炎性阻塞的影响	兰州大学学报	2010(06)
潘文	对医院文化内容的思考	中医药管理杂志	2010(03)
潘蓉	58 例青海玉树地震伤员及陪护者心理健康状况评估及相关护理措施	中华实用中西医杂志	2010(06)
权金林	Ⅰ类手术切口围手术期预防性使用抗菌药物调查	卫生职业教育	2010(11)
任筠	医用卫生耗材零库存管理模式探讨	卫生职业教育	2010(08)
沈涛	中药斗谱编排与药品信息编码结合应用研究	中国药房	2010(12)
盛丽	中医药治疗肠梗阻的研究进展	中华实用中西医杂志	2010(10)
史文宇	玉红膏促进软组织损伤修复过程中相关因子表达的实验研究	中国中医骨伤科杂志	2010(07)
史文宇	弹响指分期治疗体会	中国中医骨伤科杂志	2010(06)
舒劲	附炎栓制备工艺的研究	中国中医药信息杂志	2010(11)
孙锦艳	临床模拟训练教学在实践教学中的应用	甘肃中医	2010(11)
孙力	针灸治疗单纯性肥胖症 20 例小结	中国医学新进展	2010(08)
孙力	长针透刺调理督任法治疗抑郁症 24 例疗效观察	中华实用中西医杂志	2010(10)
孙其斌	传统悬吊式颈椎牵引椅的弊端与改进	卫生职业教育	2010(10)
唐锐	急性胰腺炎的中西医结合护理	甘肃中医	2010(10)
唐晓勇	术中胆道造影 151 例应用体会	中国普外基础与临床杂志	2010(03)
唐晓勇	茴香枳术汤治疗术后粘连性肠梗阻 30 例临床观察	中国社区医师	2010(03)
唐晓勇	茴香枳术汤治疗术后粘连性肠梗阻 30 例	北京医学	2010(05)

续表

姓名	论文题目	发表期刊	发表时间
唐晓勇	胆胰康对慢性胰腺炎大鼠血清超氧化物歧化酶活性、羟脯氨酸含量及胰腺病理的影响	甘肃中医	2010(01)
滕璐灵	医疗体制改革对医院信息化建设的要求、举措和对策	甘肃中医	2010(08)
田旭东	廖志峰学术思想之“和”探悉	甘肃中医	2010(06)
田广芳	数控电磁治疗仪辅助治疗类风湿性关节炎的护理观察	甘肃中医	2010(12)
田雪梅	针刀松懈治疗神经根型颈椎病所致顽固性颈肩痛 48 例	中国社区医师	2010(08)
田雪梅	小针刀松解配合瘀方治疗椎动脉型颈椎病 80 例	中华实用中西医杂志	2010(08)
汪付田	薏苡仁油-羟丙基-β-环糊精包合物制备工艺研究	中国中医药信息杂志	2010(10)
王爱华	中药抗抑郁治疗对 RA 疗效的影响	中华实用中西医杂志	2010(04)
王爱华	清热逐风合剂对大鼠急性痛风性关节炎细胞因子 IL-IB、TNF、IL-4 的影响	中华实用中西医杂志	2010(05)
王春爱	盐酸戊乙奎醚在老年无痛胃镜检查中的应用观察	甘肃科技纵横	2010(06)
王春爱	丙泊酚对组胺所致豚鼠气道高反应影响的实验研究	甘肃医药	2010(06)
王海东	针刀治疗类风湿性关节炎膝关节病变临床体会	按摩与康复医学	2010(02)
王海东	针刀松解枕下三角治疗颈源性眩晕的治疗评价	中华实用中西医杂志	2010(04)
王海东	针刀松解枕下三角治疗颈源性耳鸣的疗效观察	中国社区医师	2010(07)
王海东	运用武威汉代医简“治鲁氏青行解解腹方”治疗风湿病体会	中医研究	2010(03)
王海东	嗎呢止痛搽剂治疗颈肩腰腿痛机理的实验研究	医学信息	2010(04)
王红丽	中药注射剂不良反应成因及合理应用	中国医药指南	2010(04)
王江红	论医院宣传策略和换位思考	卫生职业教育	2010(06)
王兰娣	流行性感冒与中医辨证思路	甘肃中医	2010(02)
王兰英	化积止痛巴布剂穴位贴敷配合益气化积内服对 H_{22} 荷瘤小鼠的抑瘤作用	中国中医药信息杂志	2010(11)
王立群	中药头痛汤治疗偏头痛 155 例疗效观察	中华实用中西医杂志	2010(06)
王立群	针刺治疗偏头疼 83 例疗效观察	甘肃中医学院学报	2010(01)
王维斌	高低频超声在婴幼儿泌尿系结石超声诊断中的联合应用	甘肃科技	2010(02)
王闻奇	脊柱曲度的放射线测量进展	中华实用中西医杂志	2010(06)
王闻奇	DR 对站立动力位腰椎曲度变化的诊断价值	中华实用中西医杂志	2010(24)
王晓红	消定膏质量标准的研究	中国中医药现代远程教育	2010(03)
王晓晖	从脾虚、血瘀论治成人迟发自身免疫性糖尿病	中华实用中西医杂志	2010(08)
王晓晖	步长脑心通对 2 型糖尿病患者 60 例颈动脉中膜厚度及血液	世界中医药	2010(01)
王晓亮	类风湿性关节炎病人的护理体会	中华实用中西医杂志	2010(05)
王晓琳	中药牡丹皮免煎颗粒与其饮片中有效成分含量的对比研究	甘肃中医	2010(12)

续表

姓名	论文题目	发表期刊	发表时间
王兴盛	红花注射液联合多西环素对兔急性脊髓损伤后 MMP-2、12 表达及神经功能的影响	甘肃中医	2010(03)
王艳琴	当归多糖对肺纤维化大鼠肺功能和肺系数的影响	甘肃中医	2010(11)
王猋	老年股骨颈骨折后预防压疮的护理体会	甘肃中医	2010(05)
王颖	谈康复护理在脑卒中的应用	甘肃中医	2010(09)
王玉珠	中药内调外用治疗老年性皮肤瘙痒症 60 例	中医研究	2010(06)
王煜	补肺益寿合剂Ⅱ号治疗肺阴虚证的研究	中医研究	2010(11)
王智明	运用武威汉代医简“治东海白水侯所奏方”治疗风湿病体会	中华民族民间医学	2010(05)
王智明	红花注射液治疗类风湿性关节炎的疗效观察	中华实用中西医杂志	2010(05)
魏国俊	中医综合治疗老年骨质疏松性胸、腰椎压缩性骨折 169 例	甘肃中医	2010(11)
魏淑兰	骨折患者的中医饮食调护	甘肃中医	2010(03)
温剑涛	中西医结合治疗绝经后骨质疏松症	中国临床实践杂志	2010(03)
温剑涛	手术治疗腰椎间盘突出症的并发症分析	中华现代医学与临床	2010(10)
文玉玲	浅谈保持中医药特色所需的管理体制	中华实用中西医杂志	2010(05)
吴荣	麻仁软胶囊预防急性心肌梗死后便秘临床疗效	中西医结合心脑血管疾病	2010(09)
吴荣	基于贝叶斯网络的名老中医治疗冠心病辨证规律研究	中国中医药信息杂志	2010(05)
吴双红	中度颅脑损伤亚低温治疗的临床护理	中华护理杂志	2010(01)
吴燕	类风湿关节炎的诊治	中国社区医师	2010(07)
吴英	两种自控镇痛的效果及副作用对比研究	实用护理学杂志	2010(06)
肖正国	石膏本草考证	中国中医药现代远程教育	2010(01)
肖正国	鸡血红花搽剂治疗面瘫的临床研究	中国民族民间医药	2010(06)
肖正国	红花搽剂加鸡血乙醇提取物配合针灸治疗面瘫 37 例	中医研究	2010(09)
谢朝晖	神经阻滞配合手法治疗颈型颈椎病疗效观察	中华实用中西医杂志	2010(08)
谢朝晖	浮针结合枝川疗法治疗胸腰背肌筋膜炎	中医临床研究	2010(09)
谢兴文	中医药救治 35 名玉树地震伤员总结	甘肃中医	2010(12)
谢兴文	中药单味或单体诱导骨髓间充质干细胞向成骨细胞分化的研究概况	中国中医骨伤科杂志	2010(10)
谢兴文	细胞因子对骨髓干细胞间充质干细胞向成骨细胞分化的影响	中华中医药现代远程教育	2010(07)
谢兴文	35 例青海地震灾区伤员的伤情与防治分析	甘肃中医	2010(06)
谢圆	护理本科临床带教中存在的问题及对策	卫生职业教育	2010(12)
徐霞	对膝关节周围骨折术后功能活动度(ROM)的系统评价	中国中医骨伤科杂志	2010(10)
薛世萍	藏药甘青青兰的药学研究进展	中国中医药信息杂志	2010(09)
鄢卫平	颈椎前路手术治疗颈椎病 58 例	中国中医骨伤科杂志	2010(11)

续表

姓名	论文题目	发表期刊	发表时间
杨晔	浅谈中药不良反应的发生与预防	甘肃医药	2010(08)
杨阿妮	心动过速性心肌病临床诊治体会	临床荟萃	2010(07)
杨阿妮	李泉云主任医师临证标本观	中医研究	2010(08)
杨阿妮	高脂血症的中医药治疗进展	甘肃中医	2010(10)
杨宝平	射频消融治疗非器质性心脏病室性心律失常的临床研究	卫生职业教育	2010(10)
杨春林	全脑血管造影围术期护理	中国社区医师	2010(08)
杨峰	铍针治疗肱骨外上髁炎 68 例临床观察	中华实用中西医杂志	2010(10)
杨宏武	外剥内扎注射治疗环状混合痔的临床观察	甘肃中医	2010(12)
杨宏武	甲状腺肿瘤中 C-met 蛋白表达与血管生成及预后的关系	兰州大学学报	2010(06)
杨丽霞	中药复方防治胃纤维化的试验研究概况	中国实验方剂学杂志	2010(08)
杨丽霞	线粒体基因突变与糖尿病相关性研究进展	国际遗传学杂志	2010(04)
杨丽霞	人肾小管上皮细胞 HK-2 的培养及生长曲线的测定	中国实验方剂学杂志	2010(08)
杨丽霞	刘铜华教授治疗糖尿病肾病顽固性蛋白尿验案	甘肃中医	2010(07)
杨丽霞	转化生长因子-β_1 诱导人肾小管上皮细胞增殖的实验研究	中国中西医结合肾病杂志	2010(10)
杨灵歌	在医院经营中引入品牌战略	中华现代中西医杂志	2010(04)
杨萍	尿激酶在溶栓治疗中的临床观察及护理	中华实用中西医杂志	2010(09)
杨瑞龙	中风膏对脑缺血再灌注损伤大鼠脑组织中 Glu、NMDA-R1 及海马神经元内钙离子浓度的影响	中国社区医师	2010(07)
杨瑞龙	中风膏对脑缺血再灌注损伤大鼠脑组织一氧化氮、内皮素-1 含量的影响	中医研究	2010(06)
杨小芳	类风湿性关节炎的护理体会	中华实用中西医杂志	2010(04)
杨勇	中医综合治疗法治疗神经根型颈椎病 59 例	甘肃中医学院学报	2010(04)
杨志华	七味白术散治疗小儿脾虚泄泻 50 例疗效观察	甘肃中医	2010(12)
叶丙霖	关节炎丸对类风湿性关节炎大鼠血清 IL-1、IL-6 和 TNF-α 含量的影响	卫生职业教育	2010(07)
尹晓慧	青海玉树地震伤员心理干预	护理学报	2010(11)
尤从新	中药汽疗治疗急性腰扭伤疗效观察	甘肃中医	2010(10)
于金春	上消化道出血患者的专科护理	甘肃中医	2010(12)
原睿	芩青咳停方治疗咳嗽变异性哮喘临床疗效观察	中华实用中西医杂志	2010(02)
原睿	儿食消汤治疗小儿厌食症 100 例疗效观察	中医儿科杂志	2010(06)
展锐	玉仙汤对肿瘤患者生存质量及机体免疫功能的影响	甘肃中医	2010(04)
张翠荣	双侧髋关节假体置换术的护理探讨	甘肃科技纵横	2010(01)
张德娟	手术全期心理干预对手术患者的影响	甘肃中医	2010(12)

续表

姓名	论文题目	发表期刊	发表时间
张定华	糖肾康对实验性糖尿病大鼠肾组织 P27 蛋白含量的影响	中华实用中西医杂志	2010(03)
张东鹏	红花注射液治疗糖尿病周围神经病变 120 例临床疗效观察	中华实用中西医杂志	2010(09)
张宏武	常用几种中药加工炮制经验浅谈	现代中药研究与实践	2010(05)
张华丽	张学文教授治疗难治性胃病 1 例分析	甘肃中医	2010(03)
张剑峰	中药洁龈痛液对下颌智齿冠周炎致病菌的抑菌实验研究	卫生职业教育	2010(12)
张磊	骨刺消巴布剂对膝骨性关节炎疼痛的治疗观察	中华实用中西医杂志	2010(07)
张丽君	从编辑角度谈"辨证"与"辩证"	甘肃中医	2010(06)
张丽平	广东省中医院进修见闻	甘肃医药	2010(12)
张民	生脉注射液致双眼球结膜充血 1 例	中国药师	2010(06)
张敏	在校大学生中医药科普需求与宣传的调查研究——102 份兰州市调查表分析	甘肃中医	2010(10)
张敏	"症""证""征"标准化用法的探讨	甘肃中医	2010(03)
张锐	后外侧小切口全髋关节置换术 87 例的临床分析	中国社区医师	2010(07)
张天太	中医药治疗膝关节骨性关节炎 128 例分析	甘肃中医	2010(11)
张天太	姚树国主任医师治疗颈椎病的经验总结	中华实用中西医杂志	2010(12)
张文贤	中药银杏叶提取物联合腺病毒介导神经营养素-3 基因的神经干细胞移植治疗急性脊髓损伤的实验研究	中国中医骨伤科杂志	2010(05)
张小华	消定膏对二甲苯致小鼠耳郭急性炎症的影响及致敏性研究	甘肃中医	2010(09)
张小娟	浅谈导医服务在医院发展中的作用	甘肃中医	2010(10)
张晓菊	浅谈怎样培养实习护士的病历书写能力	中华现代中西医杂志	2010(12)
张晓菊	门诊导医分诊工作的探讨	中华临床护理杂志	2010(11)
张晓岚	陇中Ⅰ号汽雾透皮疗法 80 例膝骨性关节炎的观察与护理	甘肃中医	2010(11)
张晓岚	148 例腰椎间盘突出症联合方法疗效观察	甘肃医药	2010(10)
张新丽	王自立临床验方拾零	中国中医药信息杂志	2010(05)
张新丽	中西医结合治疗糖尿病肾病 60 例	山西中医	2010(03)
张新丽	四金排石汤治疗泌尿系结石 58 例	中医学报	2010(03)
张雪霞	术后镇痛发生尿潴留相关因素及护理干预	中国中医药信息杂志	2010(05)
张彦彩	中西医结合介入灌注治疗中早期股骨头缺血坏死的临床疗效评价及影像研究	卫生职业教育	2010(04)
张彦彩	螺旋 CT 低剂量扫描研究进展	中国医学影像技术	2010(07)
张彦彩	颈椎病主要影像学检查方法及价值评价	甘肃科技	2010(05)
张彦彩	降低螺旋 CT 辐射剂量策略	国际医学放射学杂志	2010(03)
张彦彩	低场强 MRI 对脊髓型颈椎病的诊断	中国骨伤	2010(07)

续表

姓名	论文题目	发表期刊	发表时间
张彦军	中西医结合治疗腰椎间盘突出症 113 例	甘肃中医	2010(11)
张永萍	下肢深静脉血栓介入治疗的临床护理	中华实用中西医杂志	2010(09)
张祖萍	吸附无肝素透析临床应用及护理体会	中国社区医师	2010(12)
赵道洲	陇中Ⅱ号方汽雾透皮疗法治疗肌筋膜炎 186 例	中华实用中西医杂志	2010(10)
赵奋国	通用型 X 线机踏板电动转盘的研制	中国医疗器械杂志	2010(06)
赵继荣	新型 C 形椎管内骨折块复位器治疗胸腰椎骨折的临床研究	中国中医骨伤科杂志	2010(11)
赵继荣	经皮激光汽化减压对腰椎力学结构的影响	骨科	2010(03)
赵继荣	MED 技术治疗腰椎间盘突出症相关因素分析	中国中医骨伤科杂志	2010(10)
赵俊喜	针刺治疗顽固性带状疱疹后遗神经痛 31 例	中医研究	2010(03)
赵萍	血管内皮细胞 VEGF 在鼠尾再植术后的表达及加味活血祛瘀糖浆干预的实验研究	甘肃中医	2010(02)
赵世霞	射频闭合治疗大隐静脉曲张的护理体会	中华实用中西医杂志	2010(07)
赵霞	针刺配合循经走罐调治亚健康状态的疗效观察	中华实用中西医杂志	2010(10)
赵铁华	胆胰宁对慢性胰腺炎大鼠胰腺组织 SOD 及血清 HATGF-β 的影响	中医研究	2010(05)
赵新华	慢性肾衰患者中药灌肠治疗期间情志与饮食调护	中华实用中西医杂志	2010(10)
赵燕	养阴生肌散治疗 24 例溃疡期褥疮	中国民间疗法	2010(05)
赵燕	压疮护理的研究现状	中国临床研究	2010(08)
赵燕	循证护理在急性重症中风患者预防压疮中的应用	卫生职业教育	2010(09)
赵燕	溃疡期压疮应用养阴生肌散的临床护理研究	中国临床研究	2010(10)
赵昭	浅谈临床护士心理压力及对策	中华实用中西医杂志	2010(02)
甄熙奎	运脾颗粒对慢传输型便秘患者结肠动力的影响	中国肛肠病杂志	2010(10)
甄熙奎	外剥内扎加内括约肌部分切断术治疗环状混合痔的临床观察	中国肛肠病杂志	2010(08)
甄熙奎	左进教授治疗高位复杂性肛瘘的经验	甘肃中医	2010(11)
甄熙奎	硝硼散坐浴治疗肛肠病术后肿痛疗效观察	中国社区医师	2010(11)
甄熙奎	PPH 治疗混合痔 32 例临床体会	甘肃医药	2010(11)
郑慧	卫生职业院校学生档案管理存在的问题与对策	甘肃中医	2010(08)
郑慧	浅议卫生职业院校学生档案管理的现状与对策	卫生职业教育	2010(10)
周晟	中西医结合介入灌注栓塞治疗原发性肝癌的研究进展	甘肃中医	2010(01)
周晟	心理疏导及行为干预在 CT 增强扫描中的应用	甘肃中医	2010(11)
周晟	心理疏导及行为干预对提高 CT 增强扫描患者检查成功率对比研究	中国优生优育	2010(05)
周晟	脊髓髓内神经鞘瘤 1 例	中国中西医结合影像学杂志	2010(02)

续表

姓名	论文题目	发表期刊	发表时间
周毓萍	中医经穴按压促进产褥期妇女子宫缩复	中国初级卫生保健	2010(04)
周毓萍	兰州市社区产褥期妇女对中医护理服务认知和需求的调查分析	中国初级卫生保健	2010(06)
周云霞	李泉云主任治疗湿阻中焦证验案举隅	甘肃中医	2010(08)
周云霞	李泉云主任惊恐治验	中华实用中西医杂志	2010(09)
朱宏慈	供应室护士职业危害因素分析与防护对策	中华实用中西医杂志	2010(10)
朱琳	我国医院编外用工管理模式探析	甘肃中医	2010(05)
朱小忠	转变医疗理念　正确认识临床路径	卫生职业教育	2010(11)
朱小忠	婴幼儿 DDH 蛙式外固定后的特殊摄片技术	中国优生优育	2010(04)
朱小忠	螺旋 CT 低剂量照射在儿童骨骼应用评价	中国优生优育	2010(05)

2007—2008年新技术、新业务

一、率先引进新仪器设备开展新业务，取得显著效益者5项			
序号	名称	开展人	开展科室
1	磁共振成像系统(MRI)检查	影像中心全体	影像中心
2	结肠治疗机治疗慢性肾功能不全	肾病科全体	肾病科
3	动态血糖检测仪行24小时动态血糖检测	张定华、邴雅珺	内分泌(糖尿病)科、老年病科(干部病房)
4	超声乳化治疗白内障	刘永民	眼科
5	声阻抗测定仪行声阻抗、咽鼓管压力测定	王辉、赵江涛	耳鼻喉科

二、利用原有设备仪器，开展新的检查、治疗项目，取得显著效益者1项			
序号	名称	主持人	科室
1	肌电图诱发电位仪测定脑干诱发电位(BAEP)、视觉诱发电位(VEP)、体感诱发电位(SEP)	神经内科全体	脑病(神经内)科

三、提出具有创新精神的改革方案，经实施后取得明显经济效益或降低成本者2项			
序号	名称	主持人	科室
1	卒中单元	李妍怡	脑病(神经内)科
2	中医药科技查新检索	潘文	中医药科技信息研究所

四、科研成果推广应用于临床，取得显著效益者1项			
序号	名称	主持人	科室
1	脏腑背腧排罐疗法	陈国廉	中医康复治疗中心

五、引进新的治疗方法或手术方法，填补院内空白者45项			
序号	名称	主持人	科室
1	自负重位分次曝光下肢全长X线摄影	陈晓飞	影像中心
2	骨骼肌肉系统及软组织疾病彩色多普勒检查	彩超室	功能科
3	彩超颈部动脉粥样斑块的稳定性检查及评价	彩超室	功能科
4	便携式彩超对先心病介入治疗的术中监测、术后评估	彩超室	功能科
5	改良W-G试剂在细胞学及病原体检查中的应用	黄小玲	病理科
6	微创神经介入镇痛术治疗慢性疼痛	谢朝晖	麻醉科
7	重度膝关节屈曲挛缩(或内翻并骨缺损)畸形的全膝关节置换术	王承祥等	关节骨科
8	颈椎后路双开门椎管扩大成形术	王承祥等	关节骨科
9	人工桡骨小头置换术	柳海平	关节骨科
10	椎间盘切除Cage融合术治疗颈椎病、腰椎管狭窄症等	米仲祥、邓强	创伤骨一科、脊柱骨二科
11	自制C型椎体复位器治疗胸腰椎骨折	赵继荣等	脊柱骨二科

续表

12	C-D 技术治疗青少年脊柱侧弯	温剑涛	脊柱骨三科
13	Ⅰ期后路钉棒加前路钢板术治疗下颈椎骨折脱位	关永林	脊柱骨三科
14	脑室腹腔分流术	张崇岳等	神经外科
15	后颅窝肿瘤切除术	张崇岳等	神经外科
16	小腿内侧皮瓣联合小腿外侧皮瓣修复胫前软组织缺损	何志军	手足微创骨科
17	纵隔肿瘤侵袭性胸腺瘤切除术	党建中	心血管防治中心
18	体外循环直视下升主动脉及主动脉瓣置换术	党建中	心血管防治中心
19	体外循环直视下二尖瓣、主动脉瓣置换术	党建中	心血管防治中心
20	体外循环直视下各种先心病矫治术	党建中	心血管防治中心
21	非体外循环下冠状动脉旁路移植术	党建中	心血管防治中心
22	食管中、下段癌左开胸食管胃主动脉弓上重建术	党建中	心血管防治中心
23	缩窄性心包炎心包剥脱术	党建中	心血管防治中心
24	食管上段癌食管切除,食管-胃颈部吻合术	党建中	心血管防治中心
25	低温体外循环技术	崔文建	心血管防治中心
26	永久性、临时性心脏起搏器置入术	徐义先	心血管防治中心
27	心内电生理检查	徐义先	心血管防治中心
28	选择性冠状动脉造影+支架置入术(PCI 术)	徐义先	心血管防治中心
29	心脏三维标测(Carto)房颤射频消融术	徐义先	心血管防治中心
30	先天性心脏病介入封堵术	徐义先	心血管防治中心
31	主动脉夹层腔内隔绝术	徐义先	心血管防治中心
32	经皮经腔血管内支架置入术治疗腹主动脉瘤	张毅等	肿瘤及血管病介入科
33	尿失禁膀胱颈部悬吊术	赵永强	泌尿外科
34	经尿道膀胱破裂修补+尿道断裂吻合术	赵永强	泌尿外科
35	前列腺电切及汽化电切术	赵永强	泌尿外科
36	耻骨经膀胱前列腺摘除术	赵永强	泌尿外科
37	肾下垂悬吊固定术	赵永强	泌尿外科
38	膀胱肿瘤及颈部梗阻电切术	赵永强	泌尿外科
39	肾积水输尿管狭窄输尿管成形加置双“J”管术	赵永强	泌尿外科
40	肾输尿管先天畸形,肾输尿管成形术	赵永强	泌尿外科
41	肾脏部分切除术	赵永强	泌尿外科
42	创伤性膈疝手术	杨维建	普外科
43	低位直肠癌保肛手术	杨维建、左进	普外科、肛肠科
44	贲门失弛缓症食道括约肌切开术	杨维建	普外科
45	十二指肠狭窄扩张并支架植入术	田旭东、卢雨蓓	消化科

2009—2010年新技术、新业务

医疗类			
序号	项目名称	开展人	开展科室
1	SPGRE序列对膝关节软骨损伤的诊断	周晟等	放射影像科
2	自体血回输技术	陈进凡	输血科
3	阴式全子宫+双侧附件切除术	杜敏	妇科
4	经皮三叉神经温控射频热凝术治疗三叉神经痛	谢朝晖	疼痛科
5	“萨博”心肺复苏系统治疗心跳呼吸骤停	张参军	急诊科
6	TCT技术	黄小玲等	病理科
7	特殊染色试剂W-G在阴道分泌物中应用	黄小玲、骆元斌	病理科
8	研发了(复方萱草颗粒、姜石肠炎康颗粒、痛风平颗粒、清热解毒合剂、伤科洁肤液)五种新制剂	刘效栓等	药剂科
9	外伤性脾破裂部分脾动脉套叠栓塞治疗	杜自忠等	肿瘤介入科
10	高频热疗治疗癌症	王兰英	肿瘤介入科
11	椎体成形术	杜自忠	肿瘤介入科
12	上腔静脉滤器植入术	杜自忠	肿瘤介入科
13	经皮选择颌动脉栓塞术治疗颌面部血管瘤	杜自忠	肿瘤介入科
14	左侧锁骨下动脉闭塞支架置入血管成形术	李妍怡、曹骅	脑病科
15	前交通动脉瘤弹簧圈栓塞术	李妍怡、曹骅	脑病科
16	右侧颈内动脉重度狭窄支架置入血管成形术	李妍怡、曹骅	脑病科
17	上矢状窦血栓形成静脉窦溶栓术	李妍怡、曹骅	脑病科
18	Ilizorow支架行股骨延长(8厘米)治疗	裴生太	小儿骨科
19	取喙肩韧带重建喙锁韧带并锁骨钩钢板固定治疗陈旧性Ⅳ度肩锁关节脱位	申建军、徐玉德	创伤骨二科
20	闭合复位外固定架固定术治疗耻骨上下支骨折分离移位	董林等	创伤骨一科
21	脊柱侧凸位胸前路矫形术	邓强、张天太	脊柱骨二科
22	Ilizarow技术治疗骨折术后骨不连	王想福等	脊柱骨二科
23	外伤后骨骺板骨桥形成切除术	王想福、吴锦秋	脊柱骨二科
24	全脊柱椎弓根螺钉技术治疗青少年重度特发性脊柱侧弯	关永林	脊柱骨三科
25	经椎弓根“蛋壳技术”行骨肿瘤切除、灭活治疗腰椎体骨囊肿	关永林	脊柱骨三科
26	臂丛神经损伤神经转位修复术	何志军、赵萍	手足微创骨科
27	髋关节结核关节融合术后人工全髋关节置换术	王承祥等	关节骨科
28	人工全髋关节置换术后假体周围骨折使用wagnerSL人工全髋关节翻修术	王承祥等	关节骨科

续表

医疗类			
序号	项目名称	开展人	开展科室
29	应用成人内窥镜对小儿患者的治疗和应用	田旭东等	脾胃病(消化)科
30	电子胃镜下高龄食管癌患者扩张并食管支架植入术	田旭东等	脾胃病(消化)科
31	单纯视网膜脱离环扎+垫压+冷凝+放液术	苏莉	眼科
32	眼内容物剜除+义眼台植入术	苏莉	眼科
33	共同性外斜视矫正术	慕明燕	眼科
34	弱视治疗	慕明燕	眼科
35	虹膜夹持型人工晶体治疗无晶体眼	刘永民	眼科
36	人工晶体移位手术治疗	刘永民	眼科
37	青光眼小梁切除术	刘永民	眼科
38	上睑下垂矫正术	刘永民	眼科
39	角膜穿通伤(联合外伤性白内障)手术治疗	刘永民	眼科
40	青光眼睫状体冷冻术	刘永民	眼科
41	翼状胬肉切除+角膜缘干细胞移植术	刘永民	眼科
42	膀胱镜下经尿道碎石术	赵永强、张建平	泌尿外科
43	腹腔镜精索静脉结扎术	赵永强、张建平	泌尿外科
44	经尿道前列腺撬拔术	赵永强、潘志强	泌尿外科
45	经尿道前列腺等离子切除术	赵永强、陈明	泌尿外科
46	阴茎硬节症硬节切除阴茎成形术	赵永强、潘志强	泌尿外科
47	钴激光治疗技术	赵永强、潘志强	泌尿外科
48	膝六刀治疗类风湿关节炎所致的膝关节功能障碍技术	王海东	风湿病科
49	糖尿病并发症检查箱(主要明确诊断糖尿病周围血管并发症的特异性检查)	张定华	内分泌科
50	糖尿病治疗仪(药物超声雾化、药物离子导入、电脑冲刺激温热按摩、热力效应五位一体)	张定华	内分泌科
51	吻合器痔上黏膜环切术(PPH)	左进、甄熙奎	肛肠科
52	少量钡餐胃肠传输功能检查在慢传输便秘的应用	左进、甄熙奎	肛肠科
53	TCI 靶控技术在脊柱手术中的应用	谭萍等	麻醉科
54	双有创监测技术在危重病人麻醉手术中的应用	王春爱等	麻醉科
55	等容性血液稀释技术联合控制性降压在脊柱手术中的应用	薛建军等	麻醉科
56	喉罩(LMA)技术在短小手术中的应用	王世太等	麻醉科
57	射频消融治疗非器质性心脏病室性心律失常	徐义先	心内科
58	经静脉植入 ICD 治疗小儿 brugada 综合征	杨宝平	心内科

续表

医疗类			
序号	项目名称	开展人	开展科室
59	PCI 治疗无保护左室干病变	徐义先	心内科
60	温血灌注心肌保护体外循环技术	崔文建	心胸外科
61	体外循环技术下心脏手术	崔文建	心胸外科
62	深低温心肌保护体外循环技术	崔文建	心胸外科
63	胸腔镜下肺部球形病灶切除术	党建中	心胸外科
64	股动脉血管吻合术	党建中	心胸外科
65	深低温心肌保护体外循环技术下先心病动脉导管未闭修补术	党建中	心胸外科
66	体外循环直视下左房巨大黏液瘤切除术	党建中	心胸外科
67	彩超下大隐静脉内径测量，描记 B 超术中监测引导	盛丽	超声心电检查科
68	经腔内彩超检查(包括经直肠前列腺检查、经阴道妇科检查)	盛丽等	超声心电检查科
69	耳声发射检查设备	王辉、王中霞	耳鼻喉科
70	鼻内窥镜下鼻窦功能性手术及鼻腔肿物摘除术、鼻中隔矫正术	王辉、王中霞	耳鼻喉科
71	左半肝切除术	李徐生等	普外科
72	“三镜”联合胆道一期缝合治疗梗阻性黄疸胆总管结石	杨维建等	普外科
73	硬膜前间隙修补术	唐晓勇等	普外科
74	先天性下肢肌间静脉扩张联合超声闭合术	唐晓勇等	普外科
75	腹腔镜肝脏手术	杨维建等	普外科
76	腹腔镜辅助下远端胃癌根治术、胃空肠 Rouxen-y 吻合术	何国华等	普外科
77	腹腔镜下右侧甲状腺次全切、左侧甲状腺瘤摘除术	何国华等	普外科
78	空气波压力循环治疗	马小娟	十三病区
79	全自动全身健康信息扫描系统(鹰眼 DDFAO)	王玉珠、阎晓霞	体检中心

管理类			
序号	项目名称	开展人	开展科室
1	汶川、玉树、舟曲自然灾害骨伤病和多发病流行病学调查及中医药处置对策	李盛华、冯守文等	课题组
2	患者护理交接表	马忠祥、马郑萍等	护理部
3	医院感染横断面调查	舒劲、周毓萍等	感染管理科
4	学术不端检测	潘文、康开彪等	中医药科技信息研究所
5	病区 7S 管理	高雪华等	十四病区护理部
6	教学质量控制体系建设	舒劲、韩艳等	临床教学部

其他统计表

2008—2010 年财务收支统计表

单位:万元

项目 \ 年度	2008	2009	2010
事业收入	14739	18143	22975
其中:医疗收入	8416	10392	13787
药品收入	6236	7649	8953
财政补助收入	4391	6993	5338
事业支出	15688	19479	25751
其中:医疗支出	9289	11354	14154
药品支出	5905	7318	8578
固定资产	13082	14718	16162
新增万元以上设备	739	1554	1487

2008—2010 年固定资产统计表

单位:万元

<table>
<tr><th>项目 \ 年度</th><th>2008</th><th>2009</th><th>2010</th></tr>
<tr><td>固定资产总额</td><td>13082</td><td>14718</td><td>16162</td></tr>
<tr><td>其中:房屋及建筑物</td><td>5413</td><td>5476</td><td>5859</td></tr>
<tr><td>医疗设备</td><td>5928</td><td>7128</td><td>7964</td></tr>
<tr><td>通用设备</td><td rowspan="2">1501</td><td rowspan="2">1817</td><td rowspan="2">1992</td></tr>
<tr><td>办公设备</td></tr>
<tr><td>交通设备</td><td>205</td><td>262</td><td>312</td></tr>
<tr><td>图书</td><td>35</td><td>35</td><td>35</td></tr>
</table>

2008—2010 年购入大型设备统计表

资产名称	规格型号	数量	计量单位	单价(元)	购进日期	使用科室	金额(元)
肺功能仪	spiroLab2	1	台	45500	2008-01-01	呼吸科	45500
十二道心电图机	ECG-9130P	1	台	35800	2008-01-01	体检中心	35800
红外线乳腺诊断仪	JY-2501D	1	台	37000	2008-01-01	放射影像科	37000
联想电脑	联想	2	台	5500	2008-01-01	经营管理科	11000
交换机	H3C	2	台	13350	2008-01-01	信息科	26700
机顶盒		1	台	27000	2008-01-01	医务部	27000
超锋利剪刀	7007-218	1	把	10154	2008-03-01	麻醉手术科	10154
器械盒	2410-01	1	个	13437	2008-03-01	麻醉手术科	13437
精细镊子	3003-05	1	把	14970	2008-03-01	麻醉手术科	14970
精细镊子	4004-280	1	把	15624	2008-03-01	麻醉手术科	15624
精细持针器	6006-32	1	把	16121	2008-03-01	麻醉手术科	16121
精细镊子	4004-98	1	把	17195	2008-03-01	麻醉手术科	17195
精细镊子	4004-262	1	把	17351	2008-03-01	麻醉手术科	17351
精细镊子	4004-224	1	把	18006	2008-03-01	麻醉手术科	18006
主动脉侧壁钳	3003-72	1	把	22534	2008-03-01	麻醉手术科	22534
精细剪刀	7007-590	1	把	25517	2008-03-01	麻醉手术科	25517
超锋利剪刀	7007-499	1	把	26616	2008-03-01	麻醉手术科	26616
精细持针器	6006-120	1	把	28056	2008-03-01	麻醉手术科	28056
HP 笔记本	HP	1	台	12300	2008-03-01	院务部	12300
声阻抗测听仪	AT-235	1	台	66500	2008-04-01	耳鼻喉科	66500
超声聚焦治疗仪	CZF	1	套	319000	2008-04-01	妇科	319000
显微镜	CX31-32C02	1	台	13500	2008-04-01	检验科	13500
生物安全柜	HFSAFE-900	1	台	42500	2008-04-01	检验科	42500
全自动血凝仪	COMPACT	1	台	369000	2008-04-01	检验科	369000
体内除颤配件		1	套	25000	2008-04-01	十病区	25000
除颤起搏监护仪	M1722	1	台	25000	2008-04-01	十病区	25000
心内除颤仪	LIPEPAK20	1	台	85000	2008-04-01	十病区	85000
医用病床		37	张	2480	2008-04-01	十病区	91760
B 超	全数字黑白 DP-9900	1	台	156000	2008-04-01	体检中心	156000
压力蒸汽灭菌器	CT-ZJ-A 型	1	台	10300	2008-04-01	眼科	10300

续表

资产名称	规格型号	数量	计量单位	单价(元)	购进日期	使用科室	金额(元)
手术显微镜	YZ20P	1	台	13500	2008-04-01	眼科	13500
眼科A超	ODM-1000A	1	台	25000	2008-04-01	眼科	25000
电磁吸盘磨刀机	TDM-550	1	台	15000	2008-04-01	药剂科	15000
电子天平	CP225D	1	台	22600	2008-04-01	药剂科	22600
剁刀式切药机	D74-10 天津	1	台	26000	2008-04-01	药剂科	26000
调剂柜	1840*750*500	1	架	39000	2008-04-01	药剂科	39000
数字平板断面影像重建	软件	1	套	95000	2008-04-01	肿瘤及血管病介入科	95000
全数字平板专用处理技术	软件	1	套	95000	2008-04-01	肿瘤及血管病介入科	95000
全新智能轮廓追踪技术	软件	1	套	95000	2008-04-01	肿瘤及血管病介入科	95000
心脏血管旋转造影	软件	1	套	95000	2008-04-01	肿瘤及血管病介入科	95000
冰箱	海尔 HXC-106	1	台	10400	2008-04-01	输血科	10400
UPS	3KVA	1	台	10900	2008-04-01	药剂科	10900
动态血糖检测仪	CGMS	1	套	105280	2008-05-01	老年病科	105280
电子喉镜	HJ-7	1	台	133000	2008-05-01	耳鼻喉科	133000
动态血糖检测仪	CGMS	1	套	105280	2008-05-01	内分泌(糖尿病)科	105280
胰岛素泵	MMT-712WWB	2	台	59800	2008-05-01	内分泌(糖尿病)科	119600
冰 帽(医用低温治疗仪)	YYM-1B	1	台	20000	2008-05-01	脑病(神经内)科	20000
冰 帽(医用低温治疗仪)	YYM-1B	1	台	20000	2008-05-01	脑病(神经内)科	20000
结肠治疗机	Cleang Master	1	套	154800	2008-05-01	肾病科	154800
电脑验光仪	RM-8800	1	套	59500	2008-05-01	眼科	59500
硬盘复制机	DD-218	1	台	22500	2008-05-01	医疗设备科	22500
裂隙灯显微镜	LX-1	1	台	23000	2008-06-01	眼科	23000
海尔空调					2008-06-01	心血管疾病防治中心	14300
除颤起搏监护仪	M1722				2008-07-01	心血管疾病防治中心	72500
冷冻切片机	CM1900	1	台	326000	2008-07-01	病理科	326000
中药汽疗仪	B型	1	套	45000	2008-07-01	中医康复治疗中心	45000
多参数监护仪	STAR-8000A	1	台	12800	2008-07-01	脑病(神经内)科	12800
双摇普通病床		35	张	1380	2008-07-01	脑病(神经内)科	48300
血液透析机	DBB-27+BMP	1	台	170000	2008-07-01	肾病科	170000
多参数监护仪	STAR-8000A	1	台	12800	2008-07-01	手足微创骨科	12800

续表

资产名称	规格型号	数量	计量单位	单价(元)	购进日期	使用科室	金额(元)
大药架		15	个	1030	2008-07-01	药剂科	15450
照相机	尼康 D3	1	套	42900	2008-08-01	党务部	42900
多参数监护仪	STAR-8000A	1	台	12800	2008-08-01	老年病科	12800
胸骨锯	开胸 4 型(含胸骨铣)	1	台	26000	2008-08-01	神经外科	26000
打印机		6	台	2600	2008-08-01	药剂科	15600
离心泵	IRG150-400A	1	台	13800	2008-09-01	总务部	13800
离心泵	IRG150-400A	1	台	13800	2008-09-01	总务部	13800
B 超	迈瑞 DP-9900	1	台	198000	2008-09-01	超声心电检查科	198000
电脑骨折愈合仪	HGB	1	台	41800	2008-09-01	脊柱骨二科	41800
中药煎药机	YF-Y13	2	台	14800	2008-09-01	药剂科	29600
多参数监护仪	STAR-8000A	2	台	12800	2008-09-01	普外科	25600
传呼系统	亚华 72	1	台	24090	2008-09-01	脑病(神经内)科	24090
手提式 X 射线透视仪	BJI-1X	1	台	28500	2008-09-01	手足微创骨科	28500
内窥镜系统	输尿管肾镜	1	台	80180	2008-10-01	泌尿外科	80180
内窥镜系统	前列腺部分	1	台	86660	2008-10-01	泌尿外科	86660
内窥镜系统	膀胱尿道镜	1	台	133660	2008-10-01	泌尿外科	133660
内窥镜系统	主机部分	1	台	191200	2008-10-01	泌尿外科	191200
灌注泵软件系统	M-4700-95	1	套	95800	2008-10-01	心血管疾病防治中心	95800
灌注泵	CFP001	1	台	300000	2008-10-01	心血管疾病防治中心	300000
柯达 IP 板	14*17	5	块	11000	2008-10-01	放射影像科	55000
柯达 IP 板	10*12	5	块	11000	2008-10-01	放射影像科	55000
模具、冲模	9G 大蜜丸	1	套	12000	2008-10-01	药剂科	12000
模具、冲模		2	套	10000	2008-10-01	药剂科	20000
半自动胶囊填充机	DTJ-C	1	台	45000	2008-10-01	药剂科	45000
平板式泡置包装机	DPB-250E	1	台	48000	2008-10-01	药剂科	48000
机房防护工程					2008-10-01	总务部	48000
电脑中频治疗仪	TL980	1	台	14000	2008-11-01	门诊综合治疗中心	14000
数字震动感觉阙值检查仪		1	台	17000	2008-11-01	内分泌(糖尿病)科	17000
糖尿病并发症检查箱		1	台	38000	2008-11-01	内分泌(糖尿病)科	38000
椅子		24	把	450	2008-11-01	院办	10,800
集中办公隔断		46	套	1075	2008-11-01	总务部	49460

续表

资产名称	规格型号	数量	计量单位	单价(元)	购进日期	使用科室	金额(元)
大C工程					2008-11-01	总务部	352758
全自动呼吸机	Drager Savina	1	台	265000	2008-12-01	重症医学科	265000
便携式B超	海鹰 HY-270F	1	台	11800	2008-12-01	超声心电检查科	11800
车载除颤仪	Rdsponder1000	1	台	14300	2008-12-01	急诊科	14300
动态血沉积压测试仪	SD-100	2	台	14500	2008-12-01	检验科	29000
微波治疗仪	MTC-3 型	1	台	20000	2008-12-01	泌尿外科	20000
开颅电钻	LegendEHS EM100-A	1	台	206000	2008-12-01	神经外科	206000
手术显微镜	YZ20T4	1	台	40000	2008-12-01	麻醉手术科	40000
超声乳化仪	眼力健 Soveneign Compact	1	台	370000	2008-12-01	眼科	370000
组合壁柜	10*50*2.5	1		11998	2008-12-01	总务部	11998
综合楼暖气改造					2008-12-01	总务部	108529
药剂科改造					2008-12-01	总务部	80000
综合楼改造					2008-12-01	总务部	231472
维修工程					2008-12-01	总务部	28892
综合楼会议室					2008-12-01	总务部	168586
三号楼维修改造					2009-01-01	总务部	800000
电脑视野计	BIO-1000	1	套	52000	2009-01-20	眼科	52000
取材柜	1500*750*1900 全不锈钢	1	台	40000	2009-01-20	病理科	40000
文件柜		14	台	1000	2009-01-30	药物临床试验办公室	14000
药品柜		10	台	1100	2009-01-30	药物临床试验办公室	11000
圈椅		18	把	863	2009-01-30	二病区	15540
三号楼维修改造					2009-02-01	总务部	400050
电测听仪	AD229e	1	台	83000	2009-02-20	耳鼻喉科	83000
机械心肺复苏系统	1007 型	1	台	142500	2009-02-20	急诊科	142500
眼科专用 A/B 超	1007 型	1	套	59500	2009-02-20	眼科	59500
同视机	TY-TSJ	1	台	25200	2009-02-20	眼科	25200
非接触眼压仪	NT-2000	1	台	86000	2009-03-20	眼科	86000
肝病治疗仪	WLGY -801 豪华型	1	台	132000	2009-03-20	消化科	132000
血液黏度仪	LG-R-80A	1	台	197000	2009-03-20	检验科	197000

续表

资产名称	规格型号	数量	计量单位	单价	购进日期	使用科室	金 额
五分类血液细胞分析仪	BC-5300	1	套	38000	2009/3/20	检验科	38000
多参数监护仪	STAR-8000A	1	台	12800	2009/3/20	关节骨科	12800
动态心电记录盒	BI-9000	2	台	12000	2009/3/20	超声心电检查科	24000
空气消毒机		3	台	4500	2009/3/20	针灸科	13500
打印机		5	台	2230	2009/3/20	药剂科	11150
海信彩电	21 寸	25	台	748	2009/4/16	十六病区	18700
H3C 交换机	LS1300	2	台	6180	2009/4/16	信息科	12360
全制动脚轮双摇床	ABS	10	张	1600	2009/4/28	老年病科	16000
高速冷冻离心机	Neofuge 13R	1	台	39000	2009/4/28	PCR 实验室	39000
精密移液器	0.5 -100l 10 -200l 20 -200l 100-1000l	8	台	1800	2009/4/28	PCR 实验室	14400
单摇床		20	张	1400	2009/4/28	针灸科	28000
全制动脚轮双摇床	ABS	10	张	1600	2009/4/28	针灸科	16000
单摇床		12	张	1400	2009/4/28	内分泌(糖尿病)科	16800
全制动脚轮双摇床	ABS	13	张	1600	2009/4/28	内分泌(糖尿病)科	20800
单摇床		8	张	1400	2009/4/28	呼吸科	11200
全制动脚轮双摇床	ABS	7	张	1600	2009/4/28	呼吸科	11200
多参数监护仪	STAR-8000A	1	台	12800	2009/4/28	呼吸科	12800
高压灭菌器	LMQ.C	1	台	22800	2009/4/28	检验科	22800
医用血液冷藏箱	HXL-358	1	台	49000	2009/5/20	输血科	49000
医用低温保存箱	DW-40L262	1	台	19000	2009/5/20	输血科	19000
电脑服务器		1	台	24000	2009/5/21	医务部	24000
笔记本电脑		1	台	16700	2009/5/21	医务部	16700
高频探头	DP-9900 (75L38HA)	1	个	45000	2009/5/30	超声心电检查科	45000
24 小时血压监测仪		1	套	30000	2009/5/30	超声心电检查科	30000
24 小时血压监测仪盒		1	个	20000	2009/5/30	超声心电检查科	20000
微电脑多功能腰椎治疗机	DYY-4	1	台	30000	2009/5/30	创伤骨一科	30000
电脑中药熏蒸多功能治疗机	dx2-1	1	台	16000	2009/5/30	创伤骨一科	16000
微电脑多功能腰椎治疗机	DYY-4	1	台	30000	2009/5/30	关节骨科	30000

续表

资产名称	规格型号	数量	计量单位	单价(元)	购进日期	使用科室	金 额
电脑中药熏蒸多功能治疗机	dx2-1	1	台	16000	2009-05-30	关节骨科	16000
微电脑多功能腰椎治疗机	DYY-4	1	台	30000	2009-05-30	脊柱骨一科	30000
电脑中药熏蒸多功能治疗机	dx2-1	1	台	16000	2009-05-30	脊柱骨一科	16000
眼科手术显微镜	OMS-800ST	1	台	338000	2009-05-30	眼科	338000
便携式多导睡眠治疗仪	YH-1000c	1	台	48000	2009-05-31	呼吸科	48000
一号楼维修改造					2009-06-01	总务部	366000
数码复印机	理光	1	台	18900	2009-06-03	药物临床试验办公室	18900
服务器	HP115G5	1	台	10200	2009-06-22	信息科	10200
服务器	HP380G5	1	台	31000	2009-06-22	信息科	31000
扫描机	TSC244	25	台	2000	2009-06-22	信息科	50000
打描栓	TSC244	20	台	900	2009-06-22	信息科	18000
氩气刀系统	APC9000	1	台	128000	2009-06-30	消化科	128000
全制动脚轮双摇床	ABS	12	张	1600	2009-06-30	手足微创骨科	19200
微波治疗仪	WKD-VII	1	台	17600	2009-06-30	关节骨科	17600
电脑		4	台	5380	2009-07-20	信息科	21520
电脑		7	台	3980	2009-07-20	检验科	27860
打印机	DS1000	10	台	2230	2009-07-20	信息科	22300
胰岛素泵	MMT-712WWB	3	台	39867	2009-07-30	内分泌(糖尿病)科	119600
腹腔镜光源	X8000 史塞克	1	台	64000	2009-07-30	普外科	64000
空气消毒机	kdsj-y120	3	台	8600	2009-07-30	麻醉手术科	25800
胰导素泵	MMT-712WWB	3	台	39867	2009-07-30	脑病(神经内)科	119600
一号楼维修改造					2009-08-01	总务部	48000
全自动生物组织	LS-305B	1	台	49000	2009-08-06	病理科	49000
海信空调		2	台	8600	2009-08-15	院务部	17200
病理石蜡包埋机	LS-100	1	台	21000	2009-08-20	病理科	21000
病理包埋冷台机	LS-101	1	台	15000	2009-08-20	病理科	15000
办公家具		1	台	13000	2009-08-20	党务部	13000
电脑		4	台	4380	2009-08-30	招标采购部	17520
笔记本电脑	THINKT400	1	台	18570	2009-08-30	院务部	18570
笔记本电脑	THINKT400	1	台	18570	2009-08-30	院务部	18570

续表

资产名称	规格型号	数量	计量单位	单价(元)	购进日期	使用科室	金额(元)
笔记本电脑	THINKT400	1	台	18570	2009-08-30	院务部	18570
笔记本电脑	THINKT400	1	台	18570	2009-08-30	院务部	18570
笔记本电脑	THINKX200	1	台	17580	2009-08-30	院务部	17580
笔记本电脑	THINKX200	1	台	17580	2009-08-30	院务部	17580
笔记本电脑	THINKX200	1	台	17580	2009-08-30	院务部	17580
交换机		1	台	11000	2009-08-30	信息科	11000
电脑		3	台	4380	2009-09-20	临教部	13140
电脑		4	台	4380	2009-09-20	医保科	17520
电脑		6	台	4380	2009-09-20	财务部	26280
笔记本电脑		1	台	17580	2009-09-20	党务部	17580
网络交换机		1	台	38700	2009-09-20	信息科	38700
网络交换机		1	台	71000	2009-09-20	信息科	71000
网络交换机		1	台	114400	2009-09-20	信息科	114400
网络交换机		1	台	55600	2009-09-20	信息科	55600
网络交换机		1	台	28000	2009-09-20	信息科	28000
网络交换机		1	台	90300	2009-09-20	信息科	90300
网络交换机		2	台	50000	2009-09-20	信息科	100000
电脑		100	台	3700	2009-09-20	信息科	370000
音响器材		1	套	29000	2009-09-20	党务部	29000
电子内窥镜	OLYMPUS	1	套	2600000	2009-09-30	消化科	2600000
紫外线分光光度仪	UV-1800	1	台	80000	2009-09-30	中心实验室	80000
双人单面净化工作台	SW-CJ-2FD	1	台	13500	2009-09-30	中心实验室	13500
旋转蒸发仪	RE1002	1	台	14500	2009-09-30	中心实验室	14500
红外水分测定仪	DHS20	1	台	14800	2009-09-30	中心实验室	14800
离心机		1	台	19000	2009-09-30	输血科	19000
超声工作站	LW-PACS-US-SA200	1	台	32800	2009-09-30	超声心电检查科	32800
24 小时血压监测仪		1	套	30000	2009-09-30	老年病科	30000
24 小时心电监测仪		1	套	28000	2009-09-30	老年病科	28000
24 小时心电监测仪盒		1	个	20000	2009-09-30	老年病科	20000
24 小时血压监测仪盒		1	个	20000	2009-09-30	老年病科	20000
心电遥测盒		3	个	20000	2009-09-30	老年病科	60000

续表

资产名称	规格型号	数量	计量单位	单价	购进日期	使用科室	金额
心电遥测仪		1	套	49000	2009-09-30	老年病科	49000
便携式十二导心电图机		1	台	25000	2009-09-30	老年病科	25000
电脑中药熏蒸多功能仪	DX2-1	1	台	16000	2009-09-30	脊柱骨三科	16000
微电脑多功能腰椎治疗仪		1	台	30000	2009-09-30	脊柱骨三科	30000
电脑中药熏蒸多功能仪	DX2-1	1	台	16000	2009-09-30	创伤骨二科	16000
微电脑多功能腰椎治疗仪		1	台	30000	2009-09-30	创伤骨二科	30000
数码耳镜	AM311H	1	个	15000	2009-10-01	耳鼻喉科	15000
麻醉机	Fablustiyo vl-stax	2	套	365000	2009-10-01	麻醉手术科	730000
注射泵	TCI	2	台	29000	2009-10-01	麻醉手术科	58000
双道微量注射泵	WZS-50F6	6	台	7500	2009-10-01	麻醉手术科	45000
全数字化X线摄像系统（DR）	飞天/OPERA	1	套	4980000	2009-10-01	放射影像科	4980000
电脑	联想	55	台	3700	2009-10-01	信息科	203500
汽车	三菱越野车	1	辆	344000	2009-10-01	总务部	344000
空调设备(工程)	七拖一	1	套	51926	2009-11-01	超声心电检查科	51926
实验台	1500/3200/1000*750	1	套	10075	2009-11-01	输血科	10075
智能肛周熏洗仪	JS-808	1	台	37000	2009-11-01	肛肠(痔瘘)科	37000
内固定取出工具包	BS-2	1	套	49000	2009-11-01	麻醉手术科	49000
电钻	YDJZ-Ⅱ	3	台	5800	2009-11-01	麻醉手术科	17400
ABS床头单摇床		15	张	900	2009-11-01	肾病科	13500
ABS床头双摇床		10	张	1600	2009-11-01	肾病科	16000
打印机		4	台	2650	2009-11-01	财务部	10600
汽车	别克旅行车	1	辆	283000	2009-11-01	总务部	283000
联想电脑		6	台	3980	2009-11-03	放射影像科	23880
联想电脑		2	台	5200	2009-11-04	放射影像科	10400
冰冻血浆融化箱	KHR-Ⅱ	1	台	33000	2009-12-01	输血科	33000
打印机		20	台	1750	2009-12-01	信息科	35000
条码打印机		6	台	2400	2010-01-01	信息科	14400
打印机	DS1000	10	台	2050	2010-01-01	信息科	20500
三号楼维修改造					2010-01-01	总务部	249014

续表

资产名称	规格型号	数量	计量单位	单价(元)	购进日期	使用科室	金额(元)
亚低温治疗仪	HGT-200Ⅱ	1	台	32600	2010-01-01	急诊科	32600
施夹钳	EL414	1	把	12000	2010-01-01	普外科	12000
针刀床	XYST-9	1	台	12000	2010-01-01	风湿病科	12000
微波治疗仪	WKD-VⅡ	1	台	17600	2010-01-01	脊柱骨一科	17600
腹部牵开器	JM-Ⅱ	1	套	22000	2010-01-01	普外科	22000
生物阅读器	3M290	1	台	69800	2010-01-01	麻醉手术科	69800
移动式摄像设备	TMS5/HQ	1	台	218000	2010-01-01	放射影像科	218000
CT 高压注射器	A60	1	台	119000	2010-02-01	放射影像科	119000
低温等离子灭菌仪	CASP-120	1	套	168000	2010-02-01	麻醉手术科	168000
体外高频热疗机	HG-2000Ⅲ	1	台	780000	2010-02-01	肿瘤及血管病介入科	780000
生物刺激反馈系统	MYOTRAC	1	套	219000	2010-02-01	脑病(神经内)科	219000
多参数生物反馈系统	INFINITI400	1	套	121000	2010-02-01	脑病(神经内)科	121000
无创血流动力检测仪	CSM3000	1	套	446000	2010-02-01	重症医学科	446000
投影机	日立 HCP-8000X	1	台	34800	2010-03-01	心血管疾病防治中心	34800
交换机		2	台	6075	2010-03-01	放射影像科	12150
防火墙		1	台	50000	2010-03-09	信息科	50000
防火墙		2	台	50000	2010-03-09	信息科	100000
打印机	联想	10	台	1750	2010-03-29	信息科	17500
电动气压止血仪		5	台	12800	2010-03-30	麻醉手术科	64000
密集架		16	组	1708	2010-04-06	财务部	27328
急救车	全功能型	1	辆	226500	2010-04-16	总务部	226500
电脑	联想	7	台	4600	2010-04-30	超声心电检查科	32200
智能持续正压呼吸机	BMC-630	2	台	9000	2010-04-30	呼吸科	18000
动态血压盒	MEDILOG	2	个	19000	2010-04-30	脑病(神经内)科	38000
电路在线维修测试仪	HN2600DX/B	1	套	100000	2010-04-30	医疗设备科	100000
除颤监护仪	ZOLL M SERI	1	台	68000	2010-04-30	医疗设备科	68000
离心机	L550	1	台	13800	2010-04-30	检验科	13800
全自动洗板机	RT-3100	1	台	37000	2010-04-30	检验科	37000
全自动酶标分析仪	RT-6100	1	台	44200	2010-04-30	检验科	44200
静脉闭合系统	VNUS	1	台	450000	2010-04-30	普外科	450000
移动硬盘	HP300G	17	台	3000	2010-05-12	信息科	51000

续表

资产名称	规格型号	数量	计量单位	单价(元)	购进日期	使用科室	金额(元)
服务器	HP580DLG5	1	套	150000	2010-05-12	信息科	150000
服务器	HP580DLG5	1	套	67000	2010-05-12	信息科	67000
UPS	SHVT30KHS	1	套	288300	2010-05-12	信息科	288300
十二道心电图机	ECG-9130P	1	台	35000	2010-05-30	脑病(神经内)科	35000
激光治疗仪	MDC-1000-3	2	台	45000	2010-05-30	脑病(神经内)科	90000
全自动起立床	YK-8000B2	2	台	35000	2010-05-30	脑病(神经内)科	70000
吞咽障碍治疗仪	VITALSTIM	2	台	45000	2010-05-30	脑病(神经内)科	90000
柯达感绿增感屏	10*12	4	块	2650	2010-05-30	放射影像科	10600
柯达感绿增感屏	30*40	4	块	2850	2010-05-30	放射影像科	11400
超声心电科网络版	LW-PACS	1	套	200000	2010-05-30	超声心电检查科	200000
超声刀	SONOSURG	1	台	380000	2010-05-30	普外科	380000
动态血压分析系统	MEDILOG	1	套	48300	2010-05-30	内分泌(糖尿病)科	48300
熏蒸治疗机		1	台	30000	2010-05-30	脊柱骨二科	30000
海信电视	55寸	1	台	12500	2010-06-03	超声心电检查科	12500
轿车		1	辆	189000	2010-06-07	总务部	189000
电脑	联想	18	台	4000	2010-06-30	信息科	72000
电脑	联想	3	台	4000	2010-06-30	脑病(神经内)科	12000
服务器	IBM	1	台	20000	2010-06-30	院务部	20000
打印机	联想	17	台	1800	2010-06-30	信息科	30600
电脑	联想	4	台	5000	2010-06-30	心血管疾病防治中心	20000
电脑	联想	3	台	5000	2010-06-30	麻醉手术科	15000
电脑	联想	3	台	5000	2010-06-30	院务部	15000
二号楼维修改造				113000	2010-06-30	总务部	113000
住院楼维修改造				28046	2010-06-30	总务部	28046
住院楼维修改造				24245	2010-06-30	总务部	24245
住院楼维修改造				507509	2010-06-30	总务部	507509
住院楼维修改造				215882	2010-06-30	总务部	215882
住院楼维修改造				847983	2010-06-30	总务部	847983
住院楼维修改造				568274	2010-06-30	总务部	568274
住院楼维修改造				279841	2010-06-30	总务部	279841
康复器材	龙福康	1	批	48800	2010-06-30	脑病(神经内)科	48800

续表

资产名称	规格型号	数量	计量单位	单价(元)	购进日期	使用科室	金额(元)
带袖防护围裙	HRCS-Ⅱb	3	件	4100	2010-06-30	麻醉手术科	12300
前后防护围裙	Ⅱ	4	件	4050	2010-06-30	麻醉手术科	16200
微波治疗仪	WB-3000B	2	台	10000	2010-06-30	风湿病科	20000
动态血压监测盒	MOBIL-O-GR	2	台	19775	2010-06-30	老年病科	39550
动态心电图监测盒	MGY-H12	2	台	19775	2010-06-30	老年病科	39550
无菌送物车	13501	2	台	6290	2010-06-30	供应室	12580
用友软件		1	套	89000	2010-07-26	信息科	89000
床单位消毒机	LK/CXD	9	台	10000	2010-07-30	护理部	90000
计算机辅助扫描	DDFA0-USB	1	套	970000	2010-07-30	体检中心	970000
电脑煎药机	DP2000	5	台	16000	2010-07-30	药剂科	80000
数据库备份软件		1	套	142000	2010-08-17	信息科	142000
糖尿病治疗仪	KJ-5000	1	台	119800	2010-08-31	内分泌(糖尿病)科	119800
自动调压呼吸机	REMSTAR	1	台	15000	2010-08-31	呼吸科	15000
全功能呼吸工作站	AVEA	1	套	374000	2010-08-31	心血管疾病防治中心	374000
格力空调	KFR-72GW	2	套	5500	2010-09-08	急诊科	11000
格力空调	KFR-72GW	2	套	5500	2010-09-08	财务部	11000
ROSE 软件		1	套	30000	2010-09-17	信息科	30000
轿车		1	辆	361000	2010-09-28	总务部	361000
血小板恒温振荡仪	XHZ-A	1	台	26000	2010-09-30	输血科	26000
客观听觉诊断测试仪		1	台	120000	2010-09-30	耳鼻喉科	120000
卤素头灯		1	台	46303	2010-09-30	心胸外科	46303
手术放大镜		1	台	39800	2010-09-30	心胸外科	39800
心电工作站	MECG-200	2	台	13500	2010-09-30	超声心电检查科	27000
立式管道泵	TRG150	1	台	11800	2010-10-09	总务部	11800
脊椎梳理床		1	台	25800	2010-10-30	干部保健处	25800
熏蒸治疗机		1	台	30000	2010-10-30	干部保健处	30000
多参数监护仪	PM-9000E	2	台	39000	2010-10-30	麻醉手术科	78000
血小板聚集仪	SC-2000	1	台	115000	2010-10-30	十五病区	115000
格力空调	KFR-32GW	7	台	2300	2010-11-23	老年病科	16100
彩色超声波诊断系统	MYLAB 60	1	套	1470000	2010-11-30	超声心电检查科	1470000
多参数监护仪	PM-7000	1	台	18800	2010-11-30	关节骨科	18800

续表

资产名称	规格型号	数量	计量单位	单价(元)	购进日期	使用科室	金额(元)
电脑骨伤治疗仪	LGT-2000	1	台	49800	2010-11-30	关节骨科	49800
多参数监护仪	PM-7000	1	台	18800	2010-11-30	小儿骨科	18800
熏蒸治疗机		1	台	30000	2010-11-30	针灸科	30000
远红外按摩理疗床	ALC-2	1	台	30000	2010-11-30	针灸科	30000
颈腰椎治疗多功能牵引床		1	台	30000	2010-11-30	针灸科	30000
多功能牵引床		2	台	18000	2010-11-30	针灸科	36000
颈椎牵引器		4	台	10000	2010-11-30	针灸科	40000
多功能牵引床		1	台	30000	2010-11-30	小沟头门诊	30000
脊椎疾病治疗仪	QK-S09	2	台	14800	2010-11-30	小沟头门诊	29600
全科治疗仪	QK-C02F	2	台	7000	2010-11-30	小沟头门诊	14000
多参数监护仪	PM-7000	1	台	18800	2010-11-30	消化科	18800
多参数监护仪	PM-7000	1	台	18800	2010-11-30	二病区	18800
多参数监护仪	PM-7000	1	台	18800	2010-11-30	普外科	18800
多参数监护仪	PM-7000	1	台	18800	2010-11-30	五病区	18800
多参数监护仪	PM-7000	1	台	18800	2010-11-30	妇科	18800
多参数监护仪	PM-7000	3	台	18800	2010-11-30	脑病(神经内)科	56400
空气波压力循环治疗仪	LGT-2200	1	台	23800	2010-11-30	肿瘤及血管病介入科	23800
医用遥控透视 X 线机	F1108-V	1	台	166000	2010-11-30	体检中心	166000
手术无影灯	F7262	5	台	55770	2010-11-30	麻醉手术科	278850
震动式筛药机		1	台	13040	2010-11-30	药剂科	13040
电脑		20	台	4270	2010-12-02	信息科	85400
锅炉房燃气改造				994646	2010-12-30	总务部	994646

2008—2010 年基建项目及投资统计表

单位:万元

项目 \ 年度	2008	2009	2010	合计
门诊医技综合楼	1749.92	1345.88	4585.49	7681.29
病房用传呼系统	1.00			1.00
综合业务用房粉刷	23.15			23.15
住宅对讲机	10.52			10.52
住宅楼粉刷	11.69			11.69
改扩建彩钢简易房	42.40	40.00		82.40
锅炉改造	14.60			14.60
综合楼暖气	10.85			10.85
综合楼十楼会议室装修	16.86			16.86
综合楼供氧工程	17.56	22.45		40.01
综合楼六、七、八楼粉刷	2.50	19.91	2.49	24.90
药剂科改造	8.00			8.00
医院信息管理系统升级		27.30		27.30
一号楼特色治疗室隔断及阳台封闭		15.00	6.59	21.59
一号楼病房粉刷改造		50.00	34.80	84.80
功能科新建房屋		21.00	32.03	53.03
一号楼上下水管网改造		30.50	81.75	112.25
一号楼医用供养设备带		28.90		28.90
一号楼电梯改造		36.60	2.42	39.02
北区住宅楼		64.57	81.53	146.10
二、三号楼改造项目		12.50	4.56	17.06
学生公寓新建卫生间		14.00		14.00
小二楼维修加固		2.80	11.18	13.98
功能监察科新建房二层彩钢教室		4.80		4.80
影像体检防护工程		5.60	4.20	9.80

续表

项目 \ 年度	2008	2009	2010	合计
十吨锅炉维修		2.40	11.38	13.78
昌盛植物油公司办公用房粉刷		4.20	9.10	13.30
门诊二、三楼粉刷改造		7.32		7.32
新建污水房		1.80		1.80
小沟头门诊产权置换			399.32	399.32
医院电子病历			15.00	15.00
亮化工程			15.59	15.59
门诊二楼改造装修			26.00	26.00
住院部楼监控工程			7.80	7.80
住院部二号楼一楼、三号楼九楼中心供氧工程			11.30	11.30
发热门诊、输血科改造			2.80	2.80
燃气管道和锅炉安装			188.66	188.66
油脂厂配电室与药剂科粉碎机机房基坑工程			2.00	2.00
门诊输液大厅			20.66	20.66
五号楼智能水表上水管网改造			16.24	16.24
锅炉房改造及装修			21.60	21.60
暖气管网改造			12.75	12.75
锅炉房配电柜及电源			5.67	5.67
药剂科制剂室粉刷改造			19.67	19.67
小沟头门诊装修			22.50	22.50
药剂科粉刷药(库)房			8.82	8.82
血透中心维修改造工程			44.80	44.80
一、二号楼消防改造工程			44.31	44.31
锅炉房新建平房及马路工程			8.10	8.10
合计	159.13	411.65	1175.62	1746.40